【宋】杜大珪 編　顧宏義 蘇賢 校證

名臣碑傳琬琰集校證

一

上海古籍出版社

歷代碑誌彙編

本書爲全國高等學校古籍整理研究工作委員會項目
國家古籍整理出版專項經費資助項目

總目録

前言……一
凡例……一
目録……一
序……一
原書目録……一
上集……一
中集……五七一
下集……一七〇九
附録……二三九七
附録一　各家著録及題跋……二三九九
附録二　琬琰集删存目録……二三二七
附録三　宋杜大珪皇朝名臣續碑傳琬琰録爲僞書考……二三三三

附録四　朱熹張忠獻公浚行狀考異……二三四七
附録五　徵引書目……二三七七
人名索引……二四〇九

前言

宋朝以「尚文」爲國策，甚重視史鑒作用，編纂有卷帙繁富之「官史」。同時，宋代經濟發達，雕版印刷技術普及，文籍傳佈遠較前代便捷，故民間私家史籍之編修亦頗爲興盛。因此，作爲官私史籍之重要補充，宋人多有將衆人之碑誌、傳記等彙編成册者，然因歷年久遠，流傳至今且頗具影響者僅有南宋杜大珪所編之名臣碑傳琬琰集一書。

一、編撰者與成書、初刊時間

杜大珪，生平履歷無考，因書前目録署曰「眉州進士」，故知其眉州（今四川眉山）人。又因宋時有稱「進士及第而於時無官，謂之前進士」①之習俗，則推知杜大珪嘗舉進士而未入仕。又本書序末署時曰「紹熙甲寅暮春之初謹書」，甲寅乃紹熙五年（一一九四年），故知杜大珪乃南宋孝宗、光宗時人。

琬琰集書前有序，然未署名，舊時多有稱杜大珪自序者，然序中又云此書乃「好事者因集神道、誌銘、家傳之著者爲一編」，古時「好事者」云云雖不全爲貶意，然一般不會用作自稱及稱呼關係密切之親朋等，故其顯非杜大珪之自序，而疑爲此書刊刻時請人所撰之序。因書序撰於紹熙五年，則知其成書當在此前。從書中避諱等情況

① （宋）司馬光撰，（元）胡三省注：資治通鑑卷二五三注文，中華書局一九九二年版，第八二二二頁。

分析，本書上、中、下三集各部分之避諱雖寬嚴不一，或避或否，避諱方式亦頗多變，然或可據以考定其成書或刊版時間稍有先後之異。如：

上集之卷九王珪高衛王瓊決策定難顯忠基慶之碑第一葉上第六行「而景欲太上皇帝御名患中原」，「太上皇帝御名」六字作雙行小字注文，而本書文淵閣四庫全書本、王珪華陽集卷四九高衛王神道碑銘作「搆」，知其爲避高宗趙構諱，高宗於紹興三十二年六月退位而稱「太上皇帝」，直至淳熙十四年十月駕崩。然書中又有多處「構」字卻未避諱。又上集中避孝宗諱「慎」字之處有：卷八第四葉上第十四行，「慎」字上加墨圈作「慎」；卷八第八葉下第六行、卷二十七第四葉下第七行，「慎」字缺末筆；卷九第七葉上第七行，「慎」改作「謹」。然亦有多處「慎」字未避諱。至於光宗諱「惇」、嫌諱「敦」字，僅卷三第五葉下第二行「惇」字缺末筆，其餘多不避。

中集之卷二第一葉上第八行，卷四十五第六葉下第十三行、第七葉上第十二行，「慎」字缺末筆；卷六第四葉上第十五行「未嘗不兢兢畏懼」，「懼」，司馬光集卷七六太子太保龐公墓誌銘作「慎」；卷十五第四葉上第十五行，卷五十三第一葉下第十三行、第六葉下第三行，三處「謹」字皆當作「慎」，此皆爲避孝宗諱。又中集卷五十第六葉上第十五行、第七葉上第三行，卷五十五第一葉上第十四行、十五行與下第四行，「惇」字缺末筆，乃避光宗諱。其餘諸處「惇」字大都未避諱。

下集之卷三第七葉下第十行「知秦州曹瑋今上舊諱數言」，「今上舊諱」四字作雙行小字注文，據宋史孝宗紀，孝宗於紹興三十年二月間立爲皇子，賜名瑋；三十二年五月立爲皇太子，改名昚①，故云「瑋」字爲「今上舊諱」。又卷三第一葉上第十一行，卷十二第七葉下第三行，「慎」字缺末筆。又卷十三第八葉下第十二行、第十三行，「惇」

① （元）脱脱等：宋史卷三三孝宗紀一，中華書局一九八五年版，第六一六、六一七頁。

字缺末筆；卷十五第五葉上五行、八行、十一行、十二行，「敦」字缺末筆。其餘諸處孝宗、光宗諱皆未避。

此外，書中上集卷十四第九葉下第五行、下集卷二十二第二葉下第十行兩處寧宗諱「擴」字皆未避，此外嫌名諱「廓」字亦不避。又下集末卷二十五書虞雍公守唐鄧事，署時「紹熙二年上元」。故推知本書上集當刊刻於孝宗朝，有少量刻版成於光宗初年，中、下兩集當編成、刊刻於孝宗、光宗時，全書當最終刊成於紹熙五年「暮春」前後。

二、書名與編纂之旨

本書分上、中、下三集，計一百零七卷，其中上集二十七卷，中集五十五卷，下集二十五卷。其書名，諸傳本大都題作「新刊名臣碑傳琬琰之集」，明清以來書目著録頗有不同，有「名臣碑傳琬琰集」、「宋名臣琬琰集」、「宋名臣琬琰録」、「宋琬琰集」、「琬琰集」等名稱。清代以來，世人多習稱本書曰「名臣碑傳琬琰集」，而「宋名臣琬琰集」以下諸名，皆屬本書之省稱或别稱。故本次整理即取「名臣碑傳琬琰集」爲名，簡稱琬琰集。

「名臣碑傳琬琰集」謂何？「琬琰」，美玉也，書顧命云：「弘璧、琬琰在西序。」孔傳云：「大璧、琬琰之圭爲二重。」後以「琬琰」譽稱書刻有美文麗藻之碑石，如唐玄宗孝經序云：「寫之琬琰，庶有補於將來。」其取「琬琰」二字爲書名者，據現見史料，當以五代末、北宋初王溥所編纂之琬琰集爲最早。仁宗時人黄鑑談苑記載：「周世宗時，王溥薦向拱平鳳翔，又薦守京兆。拱臨行，問溥所欲，溥曰：『長安石刻，悉欲得之。』拱購至三千本以獻，溥命分録爲琬琰集百卷，未成而卒。」①然所收録者不限於碑銘墓誌，且以彙編前人碑誌、傳記而名之曰「琬琰」者，當以杜大珪本書爲嚆矢。而杜大珪以「琬琰」命名彙編本朝諸貴宦名臣碑誌傳記之書，當取其「菁華」之義。

① （宋）朱勝非：紺珠集卷一一黄鑑談苑，上海古籍出版社文淵閣四庫全書本。

再論「碑傳」。琬琰集收録自北宋太祖朝至南宋孝宗朝間名臣顯宦之神道碑、墓誌銘、行狀及傳記等計二百五十六篇，其中上集五十一篇，中集一百二十三篇，下集八十二篇。若以文體分，計有神道碑四十九篇，墓誌銘八十九篇，墓表六篇，行狀二十二篇，題曰曾鞏撰之隆平集列傳四十四篇①，實録附傳二十七篇，別傳四篇，碑陰二篇，其他功蹟記序引、功蹟記、墓碣、書墓誌後、家傳、自傳、序、傳跋、真贊、記事、賜謚指揮、謚議、復謚議各一篇，而以碑（含墓誌銘、墓表）、傳（含行狀、列傳等）爲主，故取以爲名。

至於「名臣」，文選卷四十七三國名臣序贊題注曰：「名臣謂有賢才、立功業，垂名於後代者也。」對此，琬琰集書前序言：「國朝人物之盛，遠追唐虞三代之英，秦漢以來鮮儷矣。自建隆、乾德之肇造，暨建炎、紹興之中天，因時輩出，豐功偉烈，焜耀方册。雖埋光鏟采、位不稱其德者，亦各有紀於時。」即其書收録碑傳共二百五十六篇，被傳者二百三十七人（内中含四人附傳；又有多人既録載其神道碑，又録入其墓誌銘或行狀、別傳等）。其中官至宰相者五十三人，執政者四十九人，其餘多官爲天子近臣、三衙將帥、節度使等顯宦，此即序中所稱「因時輩出，豐功偉烈，焜耀方册」者；又有部分著名處士、下僚或布衣等，前者如魏閑、种放、林逋、邵雍、徐復等人，後者「若張文蔚、韓惟忠、何澤諸人，多無事蹟可言」，卻因其爲名宰相之父或祖，故得「濫廁於名臣之列」②，此即序中所謂「埋光鏟采、位不稱其德者」。

然而琬琰集中如丁謂、王欽若、吕惠卿、章惇、曾布之類「當時所謂姦邪，而並得預於名臣」，故頗見爭議，清館臣即以爲「其去取殊爲未當」。然朱子名臣言行録、趙汝愚名臣奏議亦濫及於丁謂、王安石、吕惠卿

---

① 按，其下集卷七合於孫學士何傳之路振傳當屬獨立之一篇，故採録自隆平集者實爲四十四篇。又，下集卷二一沖晦處士徐復傳，雖亦爲曾鞏所撰，然與隆平集卷一五徐復傳並非一篇。

② 洪業等編：琬琰集删存卷首序，上海古籍出版社一九九〇年版，第二頁。

諸人，蓋時代既近，恩怨猶存，其所甄別，自不及後世之公。此亦事理之恒，賢者有所不免，固不能獨爲大珪責矣」①。然據此書名及朱熹之八朝名臣言行録、趙汝愚之宋朝名臣奏議等，可知宋時所謂「名臣」，多據事功而言，與後世如清人之理解有異。

杜大珪編撰琬琰集之目的，如其書序指出：皇宋名臣「因時輩出，豐功偉烈，焜耀方册」，然「欲求之記事之書，則灝灝噩噩，未易單究。雜出於野史見聞者，其事又裂而不全，未足以觀其人之出處本末」。而散見諸處之名臣碑傳如前賢「韓退之韓洪碑、杜牧之譚忠傳」，其所記載「質諸正史而皆合」，大可彌補史傳不足之缺憾，便於「學者將階此以考信於得失之迹」。故杜大珪「因集神道、誌銘、家傳之著者爲一編，以便後學之有志於前言往行者」而有考焉。

三、編撰體例

對於琬琰集之編撰體例，清館臣嘗於名臣碑傳琬琰集提要中指出：

（是書三集）起自建隆、乾德，訖於建炎、紹興，大約隨得隨編，不甚拘時代、體製。要其梗概，則上集神道碑，中集誌銘、行狀，下集别傳爲多。多採諸家别集，而亦間及於實録、國史，一代鉅公之始末，亦約略具是矣。②

四庫全書簡明目録亦云琬琰集「蒐録名臣碑傳，上起建隆，下訖紹興，不拘時代，亦不拘體製，無所删竄，亦無所去取，但隨得隨編，共成三集，皆全載原文，以待後人之論定」。以爲如此則「較以當代之人權當代之流品，曲徇愛憎，徒釀朋黨者，其用心相去遠矣」③。而民國時哈佛燕京學社引得編纂處於琬琰集删存序中卻指斥「其書去

① （清）永瑢等：四庫全書總目卷五七名臣碑傳琬琰集，中華書局一九八一年版，第五二〇頁。
② 四庫全書總目卷五七名臣碑傳琬琰集，第五二〇頁。
③ （清）敕撰：四庫全書簡明目録卷六名臣碑傳琬琰之集，上海古籍出版社文淵閣四庫全書本。

取漫無標準」，故其書「由體製言，則得少失多，難稱著作之上乘。特所録者，近多不見於他書，其於宋代知人論世之學，尚不無少許裨助，故較爲可取耳」①，即琬琰集之編纂體例幾無可取，而大致僅具史料價值。此後諸論及本書體例者，對琬琰集删存序偏頗之説稍有訂正，然大體仍依據清館臣之觀點而有所發揮而已②。上述説法，頗有可再加討論者。

其一，琬琰集所收載諸名臣碑傳，乃上起建隆，下訖孝宗時期。與清館臣所稱琬琰集「蒐録名臣碑傳，上起建隆，下訖紹興」者不同，琬琰集收録之南宋時期名臣碑傳，如下集卷二十二劉公（珙）行狀、卷二十四李公（顯忠）行狀與卷二五書虞雍公（允文）守唐鄧事等，所述皆屬孝宗乾道、淳熙間事，且書虞雍公守唐鄧事實撰成於光宗紹熙二年。

其二，以文體爲類之編纂「體製」。清館臣雖稱琬琰集「不拘體製」，然仍云「要其梗概，則上集神道碑，中集誌銘、行狀，下集別傳爲多」。具體而言，上集大都題爲神道碑，僅卷十二吴武安公玠神道碑後附功績記序引、功績記二篇，因述吴玠事而附焉。中集卷一至卷三十七大都爲墓誌銘，間録墓表三篇及碑陰、書墓誌後、真贊各一篇；卷四十三至卷五十五爲行狀；卷三十八至卷四十二雖以墓誌銘爲主，然間有墓表、神道碑、墓碣、行狀、家傳、書序以及隆平集傳三篇，文體不一。下集卷一至卷二十一以實録附傳、隆平集列傳爲主，兼及別傳、自傳，傳主皆屬北宋人；卷二十二至卷二十五爲行狀、墓誌銘、神道碑以及記事等，除書末王昱墓誌銘一篇外傳主皆爲南宋名臣。

① 琬琰集删存卷首序，第二頁。
② 參見羅炳良南宋史學史，人民出版社二〇〇八年版，第二二四至二二八頁。

爲能符合以文體類編之要求，琬琰集中還存在有故意篡改碑誌傳記題名以達到變更其文體之現象。如上集卷二十五范仲淹种公世衡神道碑，檢范文正公文集卷一五題作「東染院使种君墓誌銘」。據長編卷一百三十五慶曆二年「是春」條注有「仲淹作世衡墓誌稱慶曆二年春」云云，涑水記聞卷九載世衡築青澗城，其注有「出希文所作墓誌」之文，則范仲淹所撰實屬「墓誌銘」而非「神道碑」。然种世衡乃北宋中期名將，杜大珪將其與同爲當時名將狄青神道碑編於一卷，由於上集所收爲神道碑，故將此「墓誌銘」改題「神道碑」以求文體劃一。

又如，中集卷四十程太師元白墓誌銘，歐陽脩居士集卷二十一作「袁州宜春縣令贈太師中書令兼尚書令冀國公程公神道碑銘」，據歐陽脩與程文簡公七通有云「欲使撰述先公神道碑」①，邵博邵氏聞見後録亦稱「歐陽公追作神道碑」②，可見其屬「神道碑」；卷四十一程太師坦墓誌銘，王珪華陽集卷四十七作「國子博士致仕贈太師中書令兼尚書令追封成國公程公神道碑銘」，且云及「墓碑之未立」故而撰此碑文，則此實爲「神道碑」。上述兩通神道碑，大抵因收録於中集，故皆被改題曰「墓誌銘」。

雖然琬琰集諸碑傳編輯大抵依據文體，卻未能始終嚴格遵循。如中集以墓誌銘、行狀爲主，下集以傳記爲主，然中集卷三十八又收入出自隆平集之种處士放傳、林和靖逋傳、王團練中正傳三篇，下集卷二十二至二十五又收入行狀、墓誌銘、神道碑等，其編排稍顯紊亂而不盡合理。然細加推究，此一現象亦與琬琰集除大抵據文體編纂之體例外，又採用以其傳主生平或履歷歸類之編纂傾向有關。

其三，依其傳主生平或履歷歸類之編纂傾向。

① （宋）歐陽修：歐陽脩全集書簡卷二與程文簡公七通之三，中華書局二〇〇一年版，第二三六〇頁。
② （宋）邵博：邵氏聞見後録卷一六，中華書局一九八三年版，第一二八頁。

在依據文體編纂之「體製」下，琬琰集又將「蒐録」之碑傳，按傳主生平或履歷等情況類别編纂。如上集所收録者大都爲神道碑，然再作細分，卷一爲太宗、神宗「御製」碑文兩篇，卷二至卷十四載録宰執大將之神道碑十八通，大多蒙天子御賜「碑額」，並命執政大臣或詞臣撰作碑文者。僅卷七宋景文公祁神道碑例外，乃宋祁卒後二十年，其子來求范鎮撰碑文「以表於墓道」，而附於其兄宋元憲公庠忠規德範之碑後；又卷十二吳武安公玠神道碑，雖未蒙天子賜碑額，然碑文乃高宗命中書舍人王綸所撰。至卷十五以下所載諸大臣、將帥等神道碑，則皆未蒙天子賜碑額，而其碑文亦非天子命詞臣秉筆撰文，故歸之一類。至於中集卷一至卷四十二大都爲墓誌，其下爲行狀。其中卷三十三以上爲諸臣墓誌；而自卷三十四至卷三十八，所載大都爲以文學著名之官員、以文聞名之處士；卷三十九至四十一所載墓誌，即前人所謂「若張文蔚、韓惟忠、何澤諸人，多無事蹟可言」而得「濫廁於名臣之列」者，然琬琰集中集卷四十二末有按語云此四卷所録「雖非一時柱石大臣，而皆源祥基慶，以大其後，爲時名臣，有足觀考，故特附之於此」，即因其子孫爲名宰執大臣，其「源祥基慶」之「有足觀考」者，且據邵博所云如「程文簡公父元白官止縣令，以文簡貴，贈太師，類無可書。歐陽公追作神道碑，至九百餘言，世以爲難。韓忠獻公曾祖惟古無官，以忠獻貴，贈太保，益無可書。李邦直追作神道碑，至三百餘言，其文無一賸語，世尤以爲難也」①，故予以收録。

下集所載文體稍亂，然細加探尋，仍隱含一定編例，如：所録曾鞏隆平集諸傳，卷三爲諸宰相之傳，卷五爲諸將帥之傳，卷六爲諸執政之傳，卷七大體爲諸文學名臣之傳，卷八爲諸宰執之傳等。實録諸傳，卷十三文彦博、劉摯皆宰相，卷十四王安石、吕惠卿，卷十八蔡確、章惇皆屬「新黨」，卷十九范祖禹、鄒浩、劉安世乃屬名侍

① 邵氏聞見後録卷一六，第一二八至一二九頁。

從，而曾布、曾肇兄弟收載於卷二十。又卷二十一雖抄録實録附傳與雜傳，然邵雍、徐復與程顥、程頤兄弟四人皆屬以學問著名當時者，與其上諸以事功、文章知名之傳主不同。至於卷二十二至卷二十五所載劉珙、劉子羽及李顯忠之行狀、墓誌銘、神道碑等，其文題乃照録原文，與全書其他部分所載碑傳文題大多嘗加處理者頗有不同，推知此當似最後編纂附入者，故而與下集主要收載別傳之文體頗不相合。

「碑陰」、「書墓誌後」之類文字，多有補充相關碑誌之效用。如上集卷十二收載吴武安公玠神道碑，又有張發吴武安公功績記序引、明庭傑功績記；中集卷二田諫議錫墓誌銘下附司馬光碑陰，卷七孫待制甫墓誌銘下附司馬光書墓誌後等皆屬此類。又如中集卷三十八劉秘書恕墓碣下附司馬光劉秘書恕十國紀年序，既有表彰劉恕史學成就之意，且序文本身亦較爲詳細記述劉恕生平仕歷；下集卷二十二劉公行狀，有云「謹案令甲，考公品秩，實應誄行易名之典，其姓名事迹，又當得書信史，以示來世。故敢狀其鄉里、世系、歷官、行事之實如右，以告於太常、考功，并移太史氏」，即行狀上進朝廷本以爲請謚之用，故與朝廷賜謚指揮、謚議與覆謚議合爲一組文件，而附録於劉公行狀之下。由此可見琬琰集「蒐録名臣碑傳」實有其編例，並非如清館臣所言「不拘體製」而「無所去取，但隨得隨編」。

其四，諸碑傳編輯大略以時代爲序。

前人如清館臣嘗指訐琬琰集編纂「大約隨得隨編，不甚拘時代」。此後曹元忠進而認爲「其書隨得隨編，不拘時代」，「誠如四庫館臣之言」①。然細探琬琰集編纂情況，清館臣之評語並不全然，而曹元忠删去「大約」、「甚」諸字，致其説過於絶對而頗難成立。琬琰集之編纂，確可發現其中「大約隨得隨編」之痕跡。如於有限篇幅

① 曹元忠：宋槧殘本新刊名臣碑傳琬琰之集跋，載文藝雜誌一九一八年第七期。

内，時見個别「名臣」既收載其神道碑，又不避重複而載録其墓誌銘或行狀等，同時又有衆多名臣闕載。如同爲太宗朝宰相，薛居正、盧多遜則取録隆平集之傳，而沈倫則失載；同爲慶曆三年仁宗親授之名諫官，王素、歐陽脩、余靖皆録有碑誌，而蔡襄則失載，且蔡襄之墓誌乃歐陽脩所撰，收載於居士集；又同爲蘇門四學士，晁補之墓誌得收入，而張耒、黄庭堅、秦觀皆闕載。諸如此類，不一而足。尤其是下集卷二十五滕宗諒王昱墓誌銘并序，乃是本書最末一篇，因王昱爲仁宗時人，官止崇文院校勘、秘閣校理，事迹亦乏善可陳，且宋史卷四百六十六張繼能傳載其有失職之罪：景德「四年，宜州卒陳進爲亂。……初至柳州，限江不能渡。知州王昱望賊遁走，城遂陷」，實難稱之爲「名臣」。此當因同卷書虞雍公守唐鄧事文字不多，故於下集刊印之際「隨得隨編」而臨時附録以成卷者。

如上文所言，本書大略依文體編排，「上集神道碑，中集誌銘、行狀，下集别傳爲多」，而同一文體者則大體依傳主年代先後爲序，北宋在前，南宋在後。如：上集卷二至卷十四載録天子賜碑額之碑文，其中卷十一之前爲北宋諸臣，而南宋吴玠、韓世忠、吴璘之神道碑置於卷十二至卷十四。中集卷一至卷三十三爲諸大臣墓誌銘，而南宋趙開、唐重、楊椿之墓誌銘置於卷三十二、卷三十三；卷四十三至卷五十五爲諸行狀，而南宋杜莘老、張浚之行狀即置於卷五十四、卷五十五。下集卷三至卷九所載北宋前五朝（太祖、太宗、真宗、仁宗、英宗）名臣傳取自曾鞏隆平集，故隆平集以後之北宋後四朝名臣傳記，則取録自編纂於南宋前期之神宗、哲宗、徽宗諸朝實録附傳①；而最後之卷二十二至卷二十五所收載者，基本爲南宋大臣之行狀、碑誌等。

① 按，琬琰集所收載神宗、哲宗、徽宗實録附傳，皆於高宗紹興年間重修，參見（宋）王應麟玉海卷四八紹興重修神宗實録、紹興重修哲宗實録、紹興徽宗實録，江蘇古籍出版社、上海書店一九九〇年版，第九一〇至九一一頁。

此外，琬琰集中集卷十八司馬文正公光墓誌銘「皆手札當世要務」下有小字注曰：「已上墓誌全文，悉取蘇文忠公所撰司馬公行狀，惟删出行狀所載公……六七事外，皆行狀全文，故不復載録，獨録范公所序而銘之之文云。」而檢蘇軾司馬文正公光行狀全文正收載中集卷五十一，即因卷五十一已載有與此墓誌銘文字略同之行狀，故此處予以删節，僅録其序文和銘文，并將范鎮所作原銘文附載於後。可證此中集卷十八司馬文正公光墓誌銘、卷五十一司馬文正公光行狀當同時編纂，故有卷十八注文如此。因此，雖書中部分碑誌傳記之編序稍有紊亂，然就全書而言，其編纂具有相當「體製」，而非全然「隨得隨編，不拘時代」者。

其五，本書大都載録碑誌傳記全文，然少數文篇存在删略文字現象。

四庫全書簡明目録卷六稱杜大珪編纂琬琰集時「無所删竄，亦無所去取，……皆全載原文，以待後人之論定」。此語亦屬過當，按書中部分文篇實存在删節取捨現象。如曹元忠所云：

館臣又謂其無所删竄，亦無所去取，似未盡然。按中集蜀公范鎮司馬文正公光墓誌銘：「公諱光，字君實，自兒童凜然如成人。至既没，其後□遺奏八紙上之，皆手札當世要務。」大珪注云：「已上墓志全文悉取蘇文忠公所撰司馬公行狀，……故不復載，獨録范公所序而銘之之文云。」樞密院編修官朱熹張忠獻公浚行狀後，大珪記云：「右張忠獻公行狀，其全文僅四萬言，工程急迫，未能全刊，故稍删節。然凡公之大勳勞、大議論，大忠大節，不敢稍遺焉。」則亦未嘗無删竄也。又中集自文忠公富弼富秦公言墓誌銘以至景文公宋祁宋府君玘行狀此四卷後，大珪記云：「右富秦公已下至宋府君玘十五人碑銘，雖非一時柱石大臣，而皆源祥基慶，以大其後，爲時名人，有足觀考，故特附之於此。」則亦未嘗無所去取也①。

① 曹元忠：宋槧殘本新刊名臣碑傳琬琰之集跋，載文藝雜誌一九一八年第七期。

如上所云，司馬文正公光墓誌銘、張忠獻公浚行狀兩文，一因與司馬公行狀文字重複而「獨録范公所序而銘之文」，其餘「不復載」；一因「全文僅四萬言，工程急迫，未能全刊，故稍删節」，即據比對朱熹行狀原文，其實際删節者多達二萬餘字。然細檢全書諸碑誌傳記，其有所節略文字者並非僅此兩文，如上集卷四載歐陽脩程文簡公琳旌勞之碑，若與歐陽修居士集卷二十三鎮安軍節度使同中書門下平章事贈太師中書令程公神道碑銘相比對，可發現前者節略文字多處。詳析其文，可見琬琰集删節原文字句，並非隨意而爲。如琬琰集所收載之張忠獻公浚行狀，雖已删略朱熹晦庵集卷九十五少師保信軍節度使魏國公致仕贈太保張公行狀達二萬餘字，然其文義仍頗爲明晰，讀後有渾然一體之感，若非比對原文，並不易看出其删節之痕迹，體現其删節者具有相當水準之文字功力。

此外，琬琰集中碑誌列傳之篇題，除下集卷二十二至卷二十五諸篇外，大多經杜大珪修潤節略。如中集卷八歐陽修王文安公堯臣墓誌銘，居士集卷三十三收載此文題曰尚書户部侍郎參知政事贈右僕射文安王公墓誌銘；朱熹張忠獻公浚行狀，晦庵集卷九十五題曰少師保信軍節度使魏國公致仕贈太保張公行狀。

由於琬琰集大略依文體編排，而同一文體者則大體依傳主年代先後爲序，再按傳主生平或履歷等情況類别編纂等編纂體例，杜大珪與書序等並未明確述及，且在實際編纂中也存在時有自紊其例之處，故而清館臣得出此書「大約隨得隨編，不甚拘時代、體製」之結論。此後學者大抵沿用館臣之説而加以發揮之。如有所謂「知大珪之心所以隨得隨編者，在乎深恐靖康以前文獻無徵，於是汲汲焉迫而出之」①之説法，又有論者以爲如此「隨得隨編」，乃因北宋所撰名臣碑誌，至光宗時已「多有遺佚」，故杜大珪只得「大量採録」隆平集傳文，以作爲宋太

① 曹元忠：宋槧殘本新刊名臣碑傳琬琰之集跋，載文藝雜誌一九一八年第七期。

祖至神宗五朝之傳記資料①。此皆似求之過深而與實際情況不甚符合。

四、資料來源

關於琬琰集所載碑誌傳文之來源，清館臣以爲其「多採諸家别集，而亦間及於實録、國史」②。琬琰集計收碑誌傳文二百五十六篇，其中曾鞏文四篇，隆平集傳四十四篇，歐陽脩文三十六篇，王珪文十四篇，王安石、范鎮、范仲淹文各十一篇，宋祁文十篇，蘇軾、司馬光文各九篇，李清臣、范祖禹文各七篇，曾肇文六篇，富弼文五篇，畢仲游、蘇轍文各三篇，孫抃、韓琦、王禹偁、張商英、秦觀、朱熹文各二篇，太宗、神宗、王綸、張發、明庭傑、趙雄、王曮、晏殊、李燾、劉岑、陳良祐、張耒、程顥、劉敞、張方平、李宗諤、蘇頌、晁補之、查籥、劉安世、劉玶、張栻、張掄、任燮、滕宗諒文各一篇，其餘爲實録附傳二十七篇，官方文書之賜謚指揮、宋若水謚議、張叔椿覆謚議各一篇。因此，就本書實際情況而言，其採録自隆平集、實録諸傳頗多，當非「間及」而已。

琬琰集中注明取録自實録之傳，載於下集卷一、卷二及卷十至卷二十，加上卷二十一之程顥、程頤兩傳。據實録體例，於大臣卒日附載其傳，稱「附傳」。由此可據傳主之卒日推知卷十以下之實録附傳，係出自北宋神宗、哲宗、徽宗三朝實録。如：唐參政介傳、鄭翰林獬傳、吴給事中復傳、陳成肅公升之傳四篇乃採自神宗實録，吕正獻公公著傳、文忠烈公彦博傳、劉右丞摯傳、王荆公安石傳、吕汲公大防傳、馮文簡公京傳、韓侍郎維傳、蔡忠懷公確傳、范直講祖禹傳、王懿恪公拱辰傳、韓太保縝傳、程宗丞顥傳十二篇採自哲宗實録，吕

① 見羅炳良：南宋史學史，第二二六頁。

② 四庫全書總目卷五七名臣碑傳琬琰集，第五二〇頁。

參政惠卿傳、張少保商英傳、章丞相惇傳、鄒司諫浩傳、劉諫議安世傳、曾文肅公布傳、曾舍人肇傳、程侍講頤傳八篇採自徽宗實録。據玉海卷四十八載，神宗實録初修撰於元祐年間，紹聖時重修，至南宋紹興時再修，六年書成上進；哲宗實録初修撰於徽宗前期，至南宋紹興時重修，八年書成以進；又紹興七年詔修徽宗實録，二十八年書成，至乾道五年秘書少監李燾請重修，淳熙四年書成。因琬琰集所載係出神宗實録、哲宗實録諸傳，述事多及紹興年間，且對王安石變法大都持批評態度，故知其屬紹興重修本。至於徽宗實録，可能亦採録自淳熙重修本。

至於卷一潘武惠公美傳、王中書全斌傳，卷二張文定公齊賢傳三篇，雖標示採録自實録，然其傳首未標明傳主薨卒之年月日，傳末卻附録子孫之官宦情況，如王中書全斌傳首載「王全斌，并州太原人」，篇末載録其「子審鈞至崇儀使、富州刺史、廣州兵馬鈐轄，審鋭至供奉官、閤門祇候」，其體例同於國史之傳，然與琬琰集收録之其餘二十四篇實録附傳體例明顯不合，而今存錢若水等撰之宋太宗實録殘本内所載大臣附傳，亦無記録傳主子孫官職之例；且王中書全斌傳中又載「天禧二年，録其孫永昌爲三班奉職」，按王全斌卒於開寶九年六月，故當列傳於太祖實録中，因太祖實録經多次重修，最後一次修訂成書於真宗天禧元年①，故不當有天禧二年之記事。而太祖、太宗、真宗三朝國史撰成於仁宗天聖八年，故有學者認爲其當録自三朝國史列傳②。琬琰集將源出自宋國史之潘武惠公美傳等三傳改題曰「實録」，其原因今已難詳悉，或是欲與此下採録自實録附傳相呼應。

---

① 玉海卷四八咸平重修太祖實録，第九〇八至九〇九頁。

② 見羅炳良杜大珪名臣碑傳琬琰集的編纂特點與史學價值，載天津社會科學二〇一〇年第五期。

琬琰集中集卷三十八，下集卷三、卷五至卷八收載曾鞏所撰列傳四十四篇，皆採録自隆平集。余嘉錫以爲隆平集乃曾鞏「純就五朝國史加以刪修」①，故宋人亦以有「國史」視隆平集者，如宋末元初俞琰席上腐談卷下云：「國史王中正傳，太史曾鞏所撰也，名臣碑傳琬琰集云咸平年間，捷至南康軍遇異人，自言姓趙，久之，又見於茅山，命求鉛汞，教以作金法。」②此太史曾鞏所撰之國史王中正傳，即隆平集卷十八所載之王中正傳，亦收載於琬琰集中集卷三十八，題曰王中正。然琬琰集爲何選取此四十四篇傳文，其原因不詳。

經比勘琬琰集與隆平集相關之四十四篇列傳，可見其間文字時有詳略異同之别。爲此，有學者通過比勘李若谷傳（載隆平集卷七；亦載琬琰集下集卷六，題曰參政李公若谷）之文句，以爲若排除其版本流傳中産生之訛誤，則其間文句詳略異同現象，可説明「琬琰集所録，當爲國史初稿，而編入隆平集者，曾鞏又做了少量的潤色與訂正」③。此説似不確。如琬琰集之參政李公若谷有「累擢至諫議大夫、集賢院學士、龍圖閣直學士」句，隆平集卷七於「龍圖閣直學士」下尚有「樞密直學士、龍圖閣學士」十字。此十字屬琬琰集抄刊時脱漏，還是曾鞏後又修訂增補，僅就此處文字甚難判斷。前文已述及杜大珪對琬琰集所收載之碑誌行狀嘗有刪節，而經比勘相關文字，亦可得出隆平集諸傳文字被收載時同樣嘗經刪略之推斷。

如下集卷八宋宣獻公綬有云：「端明殿，後唐初置學士，馮道、趙鳳首當其任。太平興國中改爲文明殿學士，至是又置端明殿學士以寵綬。」隆平集卷七宋綬傳於「文明殿學士」下尚有「以授李昉，未幾殿災，重建改曰文

① 余嘉錫：四庫提要辯證卷五史部三隆平集二十卷，中華書局一九八〇年版，第二五九頁。
② （元）俞琰：席上腐談卷下，上海古籍出版社文淵閣四庫全書本。
③ 見（宋）曾鞏撰，王瑞來校證：隆平集校證王瑞來前言隆平集考述，中華書局二〇一二年版，第二五頁。

德，遂不復置學士」二十字。即就叙述宋綬仕履而言，宋宣獻公綬雖被删節上述二十字，其傳文之從順卻無甚妨礙。又卷三李文正公昉有「李濬與宗諤同歲同月，後一日」云云，其「後一日」，隆平集卷四李昉傳作「後一日生，其卒亦後一日」。其傳文因少七字而語義稍有闕，然其所欲表達之文義尚可推知，且諸版本所載皆同，似非屬抄刊時所遺漏者。其他琬琰集傳文較隆平集闕少三五字之例頗多，雖其語義略有闕失，然同樣其文句大抵可通，如卷七孫學士何云孫何、孫僅「皆冠天下士」，隆平集卷十三孫何傳於「皆」上有「兄弟」二字；卷六包孝肅公拯有「御史不避二府薦舉」，隆平集卷十一包拯傳以及東都事略卷七三包拯傳於「御史」上有「諫官」二字，皆是。

然隆平集卷七李若谷傳載李淑奏疏中引洪範曰「僭，常暘若」。按「常」字，尚書洪範作「恒」，此乃宋人因避真宗諱而改字。檢諸本，國家圖書館藏原鐵琴銅劍樓本、日本静嘉堂文庫藏舊陸氏皕宋樓本、清鈔本（文海出版社宋史資料萃編據之影印）皆作「常」，惟文淵閣四庫全書本作「恒」。據傳文，李淑奏疏在仁宗朝，依宋制，須避國諱而改「恒」作「常」，即李淑奏疏原文當作「常」字。故庫本作「恒」，乃屬清館臣妄改，與上述杜大珪有意删略之例不同。

此外，隆平集今存大都爲明、清刊本，如通行本清康熙彭期七業堂刊本，其所據底本爲明萬曆本，「脱落訛舛，意莫能通，讀不可句」①，故其本乃據他本或他書訂正原本訛脱頗多，然其中亦有訂正不確者，甚或以不誤爲誤者。如隆平集卷九錢若水傳云錢「自翰林草詔賜趙保忠云：『不斷繼遷，開狡兔之三穴；潛歸光嗣，持首鼠之兩端。』太宗深嘉之」。其「歸」字，琬琰集下集卷六學士錢公若水及宋史卷二百六十六錢若水傳、續資治通鑑長編卷三六淳化五年十一月庚戌條、宋朝事實類苑卷四十錢若水引金坡遺事等皆作「疑」。史載「趙保忠聞李繼隆

① 隆平集校證附録一引清彭期校刻凡例，第六五三頁。

將兵來討趙保吉（即李繼遷），乃先擒其母及妻子、卒吏壁野外，上言已與保吉解仇，貢馬五十匹，乞罷兵。上怒，立遣中使命繼隆移兵擊保忠。於是繼隆兵壓境，保忠反爲保吉所圖」，保忠狼狽「走還城中」。其指揮使趙光嗣嘗入貢，「頗輸誠款，詔補供奉官，再遷禮賓副使。保忠動靜，光嗣必以聞。及保忠陰結保吉，光嗣潛知之，因出家財散士卒，誓以效順。保忠既還，光嗣執之」，開門迎李繼隆入夏州①。顯然，隆平集錢若水傳作「歸」字不確，其當屬後世刊刻者不明「疑」之史實而誤改。又如下集卷三李文正公昉有云「太宗征太原，過常山，賜羊酒，俾於居第讌集」，按「太宗」，隆平集卷四李昉傳作「太祖」，誤。據宋太宗實録卷七十六至道二年二月癸酉條李昉附傳云其「從征太原，車駕次常山。常山，即昉之故里，有居第園林焉，賜羊酒，俾爲讌樂，自丞相、卿大夫、藩侯悉預會。又召班白故老，置酒盡歡，如是者七日，公卿皆賦詩以美其事，刊於石」②，可證。再如琬琰集下集卷七楊文公億云楊億幼時「能言，母口授以小經，隨即記誦」。其中「小經」，宋史卷三百〇五楊億傳同，然隆平集卷十三楊億傳作「孝經」。按，新唐書卷四十四選舉志上云：「凡禮記、春秋左氏傳爲大經，詩、周禮、儀禮爲中經，易、尚書、春秋公羊傳、穀梁傳爲小經。」然此爲唐制。宋太宗實録卷三十三雍熙二年四月丙子條載詔令曰：「今後以周易、尚書，各爲一科，而附以論語、爾雅、孝經三小經。」③則隆平集此處作「孝經」者，似後人因不明宋制而改字。楊文公億又云「上詰有司不時召」、「億封還詞頭」，其「詰」、「詞頭」，隆平集楊億傳作「詔」、「詔書」，顯屬不妥，亦當出後人之妄改。類似例證頗多，此不一一。

① （宋）李燾：續資治通鑑長編卷三五淳化五年三月丁丑條，中華書局二〇〇四年版，第七七五至七七六頁。按，以下簡稱長編。

② （宋）錢若水：宋太宗實録卷七六至道二年二月癸酉條引李昉附傳，甘肅人民出版社二〇〇五年版，第一六〇頁。

③ 宋太宗實録卷三三雍熙二年四月丙子條，第七三頁。

綜上，隆平集今傳本及琬琰集引録者，因傳抄寫刻中存在舛誤脱漏以及校改或否、或改誤處，致文字出現異同詳略之别，對此當可視作不同版本處理，若視一爲初稿、一爲修訂，則其證據似不充分。

又清館臣以爲琬琰集所載除實録、隆平集諸傳外，「多採諸家别集」。檢琬琰集所載録諸碑誌别傳等，其撰文者除太宗、神宗「御撰」兩篇外，多爲宰执名臣。北宋時期計有王禹偁、李宗諤、晏殊、范仲淹、滕宗諒、宋祁、富弼、韓琦、歐陽脩、張方平、孫抃、司馬光、王安石、王珪、曾鞏、范鎮、劉敞、蘇頌、程顥、蘇軾、蘇轍、劉安世、李清臣、范祖禹、曾肇、張商英、張耒、秦觀、晁補之、畢仲游等三十人，大都爲文學名臣，有文集行世，其中僅滕宗諒等數人，史書未記載其嘗有文集。然琬琰集中碑誌，據填諱等情况辨析，似有相當部分或大部分取録自拓本或單篇傳本。如上集卷六王安石賈文元公昌朝神道碑，中集卷二王安石曾諫議致堯墓誌銘等，亦載於臨川先生文集、王文公文集，然其文字頗有異同，可據以推知其當非採録自文集。又如河南程氏文集卷四程顥邵康節先生雍墓誌銘，卷十一載有程頤明道先生行狀、明道先生墓表，然琬琰集於中集卷三十四載録邵康節先生雍墓誌銘，下集卷二十一載録實録程宗丞顥傳，卻未收録程頤明道先生行狀、明道先生墓表。因孝宗時程氏文集傳習者頗衆，若云杜大珪未見未知，似無可能。則推知程顥邵康節先生雍墓誌銘，似亦非録自程氏文集。

至於琬琰集所收録南宋前期諸名臣之碑傳，如下集卷二十三載録劉子羽墓志銘、神道碑，分别爲張栻與朱熹所撰，其文題及著者署名作：

宋故右朝議大夫充徽猷閣待制致仕彭城縣開國子食邑五百户贈少傅劉公墓誌銘

承事郎、充秘閣修撰、權發遣江陵軍府、主管荆湖北路安撫司公事、馬步軍都總管、兼本路營田使、賜紫金魚袋張栻撰并書篆蓋。

又：

宋故右朝議大夫充徽猷閣待制致仕彭城縣開國子食邑五百户贈少傅劉公神道碑銘

表姪宣教郎、權發遣南康軍事兼管内勸農事朱熹撰并書。

承事郎、充秘閣修撰、權發遣江陵軍府、主管荆湖北路安撫司公事張栻篆額。

雖然張栻所撰墓誌銘亦收載於南軒集卷三十七，朱熹所撰神道碑收載於晦庵集卷八十八，然據琬琰集記載此碑誌之題名及著者、書者、篆額者款式，則顯然表明其直接源自碑誌拓本，而非張、朱文集。

又如下集卷二十二載劉珙宋故觀文殿學士太中大夫知建康軍府事兼管内勸農使充江南東路安撫使馬步軍都總管兼營田使兼行宫留守彭城郡開國侯食邑一千六百户食實封二百户賜紫金魚袋贈光禄大夫劉公行狀、中書門下省賜謚指揮、宋若水謚議與張叔椿覆謚議，其賜謚指揮、謚議、覆謚議三篇乃官署文書，而劉珙贈光禄大夫劉公行狀實朱熹代筆，收載於晦庵集卷九七，有云：「珙謹案令甲，考公品秩，實應誄行易名之典，其姓名事迹，又當得書信史，以示來世。故敢狀其鄉里、世系、歷官、行事之實如右，以告于太常考功，并移太史氏。」則此行狀乃爲請謚而上，故琬琰集亦當採録自藏府，或源出傳主劉珙家族所藏，而非取録自朱熹文集。

關於琬琰集資料來源，尚有兩點需加説明者。其一，下集卷三李文定公迪題下有注曰「遺直之碑闕」，卷八吕文靖公夷簡題下注曰「懷忠之碑闕」，劉丞相沆題下注曰「思賢之碑闕」。或稱由此知宋廷欽賜李迪遺直之碑、吕夷簡懷忠之碑、劉沆思賢之碑，至杜大珪時已無實物，故不得不轉録隆平集保存之傳文①。此説實不確。

按李迪，張方平集卷三十六載有大宋故推誠保德崇仁守正翊戴功臣開府儀同三司太子太傅致仕上柱國隴西郡開國公食邑八千一百户食實封二千四百户贈司空侍中謚文定李公神道碑銘，云李迪卒於慶曆七年冬十一

① 見羅炳良：南宋史學史，第二二六頁。

月壬子，次年閏正月丙午葬於鄆城縣鄧侯鄉，「越三月，申命史臣譔揚休烈，表之神隧」。據長編卷一百六十五，張方平於慶曆八年八月丁丑自翰林學士落職出知滁州，即張方平乃以翰林學士受天子之命撰李公神道碑銘。宋史卷三百一十李迪傳載李迪卒，「帝篆其墓碑曰『遺直之碑』，又改所葬鄧侯鄉曰遺直鄉」。則仁宗賜碑額「遺直」乃在李迪「改所葬鄧侯鄉曰遺直鄉」之際，時在張方平撰李公神道碑銘後，故而李公神道碑銘中未述及天子賜碑額事。又按呂夷簡，張方平集卷三十六有故推誠保德宣忠亮節崇仁協恭守正翊戴功臣開府儀同三司守太尉致仕上柱國許國公食邑一萬八千四百户食實封七千六百户贈太師中書令謚文靖呂公神道碑銘，云其卒於慶曆三年，葬於四年十一月，其子宗簡「推諸孤之志，舉烝彝景鐘之義，以請於上。有命史臣俾敷揚其休烈」。宋史卷三百一十一呂夷簡傳稱其與王曾「並相，後曾家請御篆墓碑，帝因慘然思夷簡，書『懷忠之碑』四字以賜之」。時在皇祐間。則天子所書賜「遺直之碑」、「懷忠之碑」，乃指碑額，並非指嘗有御撰或詞臣奉敕撰有神道碑文，而張方平所撰李迪、呂夷簡神道碑故在，琬琰集稱「遺直之碑闕」、「懷忠之碑闕」者乃誤。

至於劉沆，宋史卷二百八十五劉沆傳稱「沆長於吏事，性豪率，少儀矩。然任數，善刺探權近過失，陰持之，以軒輊取事，論者以此少之。卒，贈左僕射兼侍中。知制誥張瓌草詞詆沆，其家不敢請謚。帝爲篆墓碑曰『思賢之碑』」。則此「思賢之碑」亦僅屬天子所書碑額而已，且未見有詞臣奉敕撰碑文之記載。故琬琰集稱「思賢之碑闕」者，亦不確。

其二，琬琰集所收之宰執名臣碑誌傳記起宋初，迄孝、光宗時，其傳主範圍頗爲廣泛，然細加辨析，可見其中蜀人或有蜀地仕宦經歷者占有相當高之比例。就北宋而論，王珪、范鎮、范百禄、范祖禹爲成都府（益州）人，陳堯佐、鮮于侁爲閬州人，張唐英、張商英爲蜀州人，石揚休、孫抃、蘇序、蘇洵、蘇軾、蘇轍、陳希亮、張文蔚爲眉州人，楊繪爲漢州人，蘇易簡、蘇舜欽爲梓州人，何澤爲仙井監人；而范雍、張錫、蘇安世三人，其祖上皆自唐末或五代時入蜀居住，宋初蜀亡，始自蜀遷出。又呂餘慶、張詠、馬知節、程琳、韓億、孫沔、文彥博、田況、王素、宋祁、吴中復、趙抃、張方平、馮京、吕公弼、吕大防皆嘗知成都府（益州）；而馬亮、李士衡、曾致堯、孫甫、韓琦、王拱辰、范純仁嘗仕宦於川中，武將王全斌、康延澤、曹彬、曹翰、張綸、高繼勳嘗統兵駐守蜀地。就南宋而言，有上集卷十二至卷十四之吴武安公玠神道碑、韓忠武王世忠中興佐命定國元勳之碑、吴武順王璘安民保蜀定功同德之碑等，中集卷三十二至卷三十三、卷五十四至卷五十五之趙待制開墓誌銘、唐資政公重墓誌銘、楊文安公椿墓誌銘、杜御史莘老行狀、張忠獻公浚行狀，下集卷二十二至卷二十五劉珵贈光禄大夫劉公行狀、張栻贈少傅劉公墓志銘、朱熹贈少傅劉公神道碑銘、張掄贈開府儀同三司李公行狀、任燮虞雍公守唐鄧事等，其傳主吴玠、吴璘、趙開、張浚、劉子羽有保蜀之功，韓世忠、李顯忠皆屬出身西北之名將，又唐重、楊椿、杜莘老皆四川眉州人，虞允文爲近鄰眉州之隆州人，張浚爲漢州人，趙開爲普州人；又劉子羽爲建州人，劉珙乃劉子羽之子，至於全書末篇之王昰墓誌銘，其王昰亦建州人。如此情況，當與杜大珪爲眉州人，有搜集涉蜀名臣碑傳之便利因素，似亦含褒揚邦賢之意相關。至於下集最後四卷所收載諸篇碑誌傳記，大多涉及建人，或許琬琰集乃杜大珪於閩中編訖，並刊印於福建有關。清王文進文禄堂訪書記卷二亦云此傳世之宋本乃「宋建刻本」。

五、文獻價值

因時代久遠，當年杜大珪所搜集之名臣碑誌傳文，不少僅見載於琬琰集。其中宋諸朝實録及部分宋人文集如孫抃孫文懿集、范鎮范蜀公集、李清臣淇水集、富弼富文忠集、張商英張無盡集以及太宗、神宗之御集①今皆不傳。又如曾肇曲阜集（亦稱曾文昭公集）宋後散佚，清人據鮑士恭家藏本收入四庫全書，然僅存四卷，而琬

① 宋史卷二〇八藝文志七别集著録太宗御集一百二十卷、神宗御集一百六十卷，第五三三一頁。

琰集所收之王學士存墓誌銘、彭待制汝礪墓誌銘、曾太師公亮行狀三篇，即爲今傳本曲阜集所闕； 畢仲游西臺集傳本久絶於世，今本乃清館臣自永樂大典中輯出，裒合爲二十卷，已非原貌，琬琰集所收載孫威敏公沔神道碑一文，即爲四庫本西臺集所無。 據統計，有七十一篇宋人碑誌傳文僅存於琬琰集，即：

孫抃寇忠愍公準旌忠之碑、丁文簡公度崇儒之碑，范鎮宋景文公祁神道碑、吕惠穆公公弼神道碑、范忠獻公雍神道碑，李清臣王太師珪神道碑、韓獻肅公絳忠弼之碑，王曮吴武順王璘安民保蜀定功同德之碑，富弼吕文穆公蒙正神道碑，畢仲游孫威敏公沔神道碑； 晏殊馬忠肅公亮墓誌銘，富弼張樞密奎墓誌銘、范文正公仲淹墓誌銘、富秦公言墓誌銘、王文正公曾行狀，張商英張御史唐英墓誌銘、何廬江隱侯澤墓誌銘，范鎮石工部揚休墓誌、宋諫議敏求墓誌銘、司馬文正公光墓誌銘、王尚書陶墓誌銘、鮮于諫議侁墓誌銘、陳少卿希亮墓誌銘、羲叟檢討墓誌銘、張寺丞文蔚墓誌銘，李清臣孫學士洙墓誌銘、吴正憲公充墓誌銘、韓太保惟忠墓表、曾博士易占神道碑、韓忠獻公琦行狀，曾肇王學士存墓誌銘、彭待制汝礪墓誌銘、曾太師公亮行狀，李燾趙待制開墓誌銘，劉岑唐資政公重墓誌銘，陳良祐楊文安公椿墓誌銘，李宗諤曹武惠王彬行狀，查籥楊杜御史莘老行狀； 實録之潘武惠公美傳、王中書全斌傳、張文定公齊賢傳（上述三傳實爲國史傳）、吕正獻公公著傳、文忠烈公彦博傳、劉右丞摯傳、王荆公安石傳、吕參政惠卿傳、唐參政介傳、鄭翰林獬傳、吴給事中復傳、陳成肅公升之傳、吕汲公大防傳、馮文簡公京傳、張少保商英傳、韓侍郎維傳、蔡忠懷公確傳、章丞相惇傳、范直講祖禹傳、鄒司諫浩傳、劉諫議安世傳、曾文肅公布傳、曾舍人肇傳、王懿恪公拱辰傳、韓太保縝傳、程宗丞顥傳、程侍講頤傳，劉安世范蜀公鎮傳跋，（劉珙） 賜謚指揮，宋若水謚議，張叔椿覆謚議，張掄故太尉威武軍節度使提舉萬壽觀食邑六千一百户食實封貳阡户隴西郡開國公致仕贈開府儀同三司李公行狀，任燮虞雍公守唐鄧事。 其中如中集卷三十三楊文安公椿墓誌銘之傳主楊椿，高宗朝官至參知政事，然宋史未爲其立傳，故據此墓誌銘得以詳悉楊椿生平、家世、履歷等。

因宋史本傳等史籍記述傳主生平履歷，通常載其官爵高者而略其低者，尤其早年成長與從學經歷、仕途初登、任職州縣以及章疏、議論等具體情況，往往語焉不詳，甚至忽略不載。而碑誌、行狀之類，大都歷述傳主仕履、功業、行誼、著述、生卒享年、葬地等，其官職任罷年月時亦多一一記録，且往往詳載傳主去世時之品階勳爵等，即所謂「其議論之同異，遷轉之次序，拜罷之歲月，則較史家爲得真」①，而所記傳主著述情況，亦常較他書爲詳，且多有不著録於宋史藝文志及宋代書目者。如上集卷三丁文簡公度崇儒之碑載其嘗自京西轉運使任上「又徙長葛，治單鎮許，人宜之。歲中，授祠部員外郎」；詳載其著述云：「所著詩論、制誥、奏議、碑頌等離爲七十卷，藏於家。致道雅正，文辭純緻，較漢、唐名賢不少減。又譔録邇英聖覽十卷，龜鑑精義三卷，慶曆兵録五卷，慶曆繕邊録一卷，國朝具員一卷，編年總録八卷，大唐史略一百卷，管子要略五篇，備邊要覽十篇，寰海後圖。」皆不見載於他書。又如上集卷十四吴武順王璘安民保蜀定功同德之碑備述吴璘守德順經過，卷十五吕文穆公蒙正神道碑載吕蒙正訓誡子弟之事，中集卷五十四杜御史莘老行狀載其事迹及所上奏章，下集卷一潘武惠公美傳載其早年事迹及征幽州失敗貶官詔等，亦皆爲本書所獨載。至於傳主逝世與下葬經過，以及碑誌撰寫因由、撰者與傳主關係等，大多僅載之碑誌、行狀，而爲他書所未及者。

古人碑誌、行狀，一般會追述傳主家世如父祖三世之名、贈官等，亦間有傳主遠祖之記載與其家族遷徙與落户情況，及其配偶之贈封、子孫之出仕、女兒之婚嫁等記録。如上集卷二寇忠愍公準旌忠之碑詳載：

> 其先出上谷昌平，蓋春秋時司寇蘇公有勞於王室，因官以命氏。後世率多聞人，若東漢恂子翼漕河内，破蘇茂，畫像雲臺，爲中興勳臣。曾孫侍中榮以辦絜亡匿，宗黨潛散它土，故譜牒亡傳。又數世，有徙居馮翊者，

① 四庫全書總目卷五七名臣碑傳琬琰集，第五二〇頁。

籍于三峰下，遂爲華州下邽人。曾祖賓、祖廷良，以唐末亂不仕。父湘，博古嗜學，有文章名。晉開運中登甲科，冠多士，後應辟爲魏王記室終焉，知人者惜之。以公貴，封燕、陳、晉三國公，贈官至太師、尚書令。曾祖母白氏、祖母鄭氏、母趙氏，封許、陳、曹三國太夫人。……公前娶許氏，故給事中仲宣之女，不及準貴而亡。再娶宋氏，故左衛上將軍邢公延渥之女，封晉國夫人。準無子，以弟之子隨爲後。隨勁介有履行，終于殿中丞。女四人：長適樞密使、尚書吏部侍郎、同中書門下平章事王曙，次適太府卿畢慶長，次又爲畢氏繼室，次適司封員外郎、直史館張子畢。孫四人：長謜，贊善大夫；次誦、諴，並大理評事；次諭，未仕。

按，隆平集卷四、東都事略卷四十一寇準傳未載其父祖與子嗣情況，宋史卷二百八十一寇準傳僅云「父相，晉開運中，應辟爲魏王府記室參軍」，「無子，以從子隨爲嗣」，過於簡略。又如元史臣主要依據宋國史、實録來修纂宋史，然琬琰集所收入之國史傳、實録附傳中，亦時載有未見於宋史本傳之傳主男性後代等情況。因此，此類碑誌、行狀，可據以考訂史事闕失者頗多，從而對於研究當時人物、家族史、社會階層狀況及宋代政治、軍事、經濟、文化等，具有無可替代之價值。故近世學人有鑒於琬琰集網羅放失，徵文備獻，足爲宋史研究之羽翼，哈佛燕京學社引得編纂處於一九三八年「因擇録其所載宋實録及已失佚於宋集諸文，共八十篇，彙編一書，釐爲三卷，名之曰琬琰集删存，以爲留心天水一朝史事者之參考」①。

① 琬琰集删存卷首序，第二頁。按，此語稍有不確，即：琬琰集删存卷一太宗趙中令普神道碑亦載於李攸宋朝事實卷三御製。卷二張耒晁太史補之墓志銘亦載於張耒集卷六一；曾肇曾舍人鞏行狀亦載於曾文昭公集卷三。卷三劉玶宋故觀文殿學士太中大夫知建康軍府事兼管内勸農使充江南東路安撫使馬步軍都總管兼營田使兼行宫留守彭城郡開國侯食邑一千六百户食實封二百户賜紫金魚袋贈光禄大夫劉公行狀乃朱熹代筆，載於晦庵集卷九七；張栻宋故右朝議大夫充徽猷閣待制致仕彭城縣開國子食邑五百户贈少傅劉公墓志銘亦載於南軒集卷三七；滕宗諒王學士昱墓志銘亦載於吕祖謙編宋文鑑卷一四四。

或有人以爲杜大珪所收録兩宋名臣碑誌傳文多諛墓溢美之辭，存在揚善諱惡偏頗之處。按此説亦不然。所謂諛墓，乃指爲人撰作墓誌而稱譽不以實。史傳唐韓愈爲人撰作墓誌，多溢美之辭，頗有「諛墓」之名。故新唐書卷一百七十六韓愈傳載劉乂云韓愈所得金貨乃「此諛墓中人得耳」。兩宋之際孫覿亦頗爲「諛墓」之文。岳珂桯史卷六鴻慶銘墓云：「孫仲益覿鴻慶集太半銘誌，一時文名獵獵起，四方争輦金帛請，日至不暇給。今集中多云云，蓋諛墓之常，不足咤。獨有武功大夫李公碑列其間，乃儼然一璫耳。亟稱其高風絶識，自以不獲見之爲大恨，言必稱公，殊不怍於宋用臣之論謚也。」然一般而言，碑誌乃墓主子孫、門人等以之表彰其父祖、師長之功德而欲傳譽後世者，而撰作者既受其重托，其措辭之際，如梁谿漫志卷八程文簡碑誌所云：「夫善惡之實，公議不能掩，所謂史官不記，天下亦皆記之矣。」然「凡碑誌等文，或被旨而作，或因其子孫之請，揚善掩惡，理亦宜然。至於是是非非，則天下自有公論」。而「揚善掩惡」亦正屬碑誌文體之特點，蓋世間亦無不揚善諱惡之碑誌耳。故認定其碑誌諛墓與否，乃在其「揚善掩惡」抑或「飾惡爲善」而已。

部分宋人碑傳，既收載於琬琰集，亦載録於傳世之宋人文集、隆平集等文獻。此類載録傳世文獻之碑誌傳文，若與琬琰集進行比勘，多可發現其間存在文句詳略、文字差異等現象，甚至出現某些關鍵處文字之不同，而影響其文義、内容。此中有因歷代傳抄刊印而産生之文字舛誤、衍脱，亦有因一爲原稿、另一爲修訂本而出現之内容文字異同。如琬琰集中集卷五十畢仲游韓儀公丞相忠彦行狀中有云：

官制之行也，章惇爲門下侍郎，而給事中爲之屬，乃奏言：「給事中，東省之屬。凡所封駁，宜先稟而後上。」詔從之。公曰：「嘻！是執政之意也，給事中失其職矣。」

然西臺集卷十五丞相儀國韓公行狀作「官制之行也，章惇爲門下侍郎，而給事中爲之屬，失其職矣」，文義不屬，故推知此處三十四字當爲抄録、刊刻本書時所脱。又如中集卷四宋祁章丞相得象墓誌銘中一段文字：

約之子元方，大理評事，以盛德後，美慶委祥，且復大不疑云。息女五：三夭於室；次適太常寺太祝隴西李上卿，封永昌郡君，上卿今樞密直學士、給事中昭述之子；季尚幼。從子隱之，公素所愛教，實有遺令，相二子治喪。

而景文集卷五十九文獻章公墓誌銘闕載此段内容。此段内容首尾較爲完整，接於記述章得象五子釋之、約之、介之、延之、脩之之後，當爲墓主子弟所補入。此類例證書中尚有若干，如宋祁張文懿公士遜舊德之碑有「戎落叛命，披屬國羌，以動西陲，屯邏怏安，責戰無素。公建遣近臣出護諸將，切敕持重，折賊鋭衝，長纓四絡，以須其潰。公去位五年，賊終納款」五十四字、「三世皆深究浮屠法，取和於天，遺累於人。公爲祖系詩，頗言其詳。漢陽爲讒所軋，叙報不永。委胙在下，必還其初」四十三字、「叶庇宗事，莅薰蘋潔，宜其爲令妻也」十三字與「淬孝礪忠，參持門閥，宜其爲才子也。四女子：孟歸安氏積，爲工部郎中；仲歸李氏昭遘，爲刑部員外郎、集賢校理；叔歸吕氏公孺，爲太常博士；季歸王氏素，爲刑部郎中。柔則順義，錮服委它，宜其得賢婿也」七十八字等，即爲景文集卷五十七張文懿公士遜舊德之碑所闕，其中「戎落叛命」等五十四字失載當另有原因（詳見下文），其餘未予載録之原因大概亦如上文所述。

又如中集卷五十五朱熹張忠獻公浚行狀，文末有編者按語：「右張忠獻公行狀，其全文僅四萬言。工程急迫，未能全刊，故稍删節。然凡公之大勳勞、大論議、大忠大節，不敢少遺焉。」全篇約二萬餘字。按，此篇行狀亦載於朱熹晦庵集卷九十五，全文近五萬字。行狀末，晦庵集署作「乾道三年十月日，左迪功郎、特差監潭州南嶽廟朱熹狀」，而琬琰集作「乾道五年秋八月庚子，左迪功郎、新充樞密院編修官朱熹謹狀」；又經文字比勘，兩者除篇幅繁簡之别外，其文字亦頗有差異之處，甚至有影響文義者，且琬琰集中有「公没五年，上追思公忠烈，慨然感動，詔有司加贈太師，賜謚。太常采公議，以『忠獻』來上，詔可之」三十六字，爲晦庵集所無，因張浚卒於隆興二年（一一六四年），後五年即乾道五年（一一六九年），與晦庵集所云行狀撰於「乾道三年十月日」者不合。由此，並結合相關文字異同等情況辨析，可推知晦庵集所載之行狀當爲朱熹原稿，而琬琰集所載者乃經張浚子弟修訂之文本，並在刊印之際大加删節，從而形成晦庵集、琬琰集收載之張浚行狀，文字繁簡懸殊，且其對張浚之態度及對其事功等之評述亦存在頗值得推究之差異①。

因杜大珪編琬琰集時，所據碑誌傳文之文本乃當時流傳者，或直接據碑誌拓本抄録，而與部分今傳宋人文集等屢經後人翻刻傳抄者不同，故而具有甚高之校勘價值。對此，前人於整理碑誌及宋史、長編等史籍時，已對琬琰集多有利用，如：

清人王昶金石萃編卷一百五十韓蘄王碑後注曰：「碑中缺字甚多，錢君侗在嘉定，有書賈以宋刻杜大珪名臣碑傳求售，乃取此文與碑參校，凡碑闕字，得盡補注。」又如宋史卷三百四十六彭汝礪傳載「歷保信軍推官、武安軍掌書記、潭州軍事推官」，校勘記於「潭州」下云：「原作『彰州』，按宋無『彰州』，據琬琰集中編卷三十一曾肇彭汝礪墓誌銘改。」長編卷二百二十五熙寧四年七月壬辰條載「（蔡）確，晉江人，嘗爲邠州司理參軍，轉運使始至，按其贓罪」，校勘記於「轉運使」下云：「『使』原作『司』，據琬琰集下編卷一八蔡忠懷公確傳及宋史卷四七一蔡確傳改。」

然細檢琬琰集，可據以校訂宋代史籍舛誤者尚有不少。如上集卷十二明庭傑吴武安公功蹟記載吴玠「進檢校少師、奉寧保静軍節度使」。其「保静軍」，宋史卷三百六十六吴玠傳作「保定軍」。按，建炎以來繫年要録卷七十八紹興四年七月丙辰條云：「檢校少保、定國軍節度使、川陝宣撫副使吴玠爲檢校少師、奉寧保静軍節度使，

① 按，詳見本書附録四朱熹張浚行狀考異。

録仙人關之功也。」宋史卷二十七高宗紀亦載紹興四年七月「丙辰，賞仙人關之功，以吴玠爲檢校少師、奉寧保静軍節度使」。則宋史作「保定軍」者實誤。

又，琬琰集中收載隆平集列傳數十篇，因今傳本隆平集乃明以後刊本，而琬琰集所據者屬宋時文本，故可利用琬琰集以校正隆平集相關文字頗多。兹略舉數例如左：

琬琰集下集卷三王文穆公欽若有「王旦欲白」句，隆平集卷四王欽若傳無「欲」字，當脱。按，東都事略卷四九王欽若傳亦有「欲」字。隆平集可據以補入。

卷三李文定公迪云其「康定二年請老，以太子太傅致仕」。按，「二年」，隆平集卷五李迪傳作「元年」。據長編卷一百三十七慶曆二年七月癸丑條載「彰信軍節度使李迪爲太子太傅致仕」，則作「二年」者是。

卷七楊文公億云楊億幼時「能言，母口授以小經，隨即記誦」。按，「小經」，隆平集卷十三楊億傳作「孝經」，然宋史卷三百〇五楊億傳亦作「小經」。據宋太宗實録卷三十三雍熙二年四月丙子條詔曰：「今後以周易、尚書各爲一科，而附以論語、爾雅、孝經三小經。」則此處當以「小經」爲是。又，隆平集楊億傳有云「（楊）徽之在襄，即幕下書疏，一以委億」。琬琰集下集卷七楊文公億作「徽之在襄邸幕下，書疏一以委億」，因真宗繼位前封襄王，故稱「襄邸」，隆平集當據以改正。

卷七柳開有「因謂其從子浩曰：吾觀胡星有光」云云。按，「從子」、「胡星」，隆平集卷十八柳開傳作「子」、「虜星」。據長編卷四十三咸平元年歲末條及東都事略卷三十八、宋史卷四百四十柳開傳皆作「從子」，河東先生集卷十六柳公行狀亦作「姪」。又，「胡星」，宋史柳開傳作「昴宿」。據史記卷二十七天官書云：「昴曰髦頭，胡星也。」正義云：「摇動若跳躍者，胡兵大起。」可證隆平集作「子」、作「虜星」者不確，當據琬琰集校正。

卷八吕文靖公夷簡有云「夷簡請建都大名，示親征之意。或欲修京城，夷簡曰：『此囊瓦城郢計也。』於是建北京」。隆平集卷五吕夷簡傳無此「或欲修京城」五字。按，長編卷一百三十六慶曆二年五月戊午條亦記此事，云吕夷簡建言「宜建都大名，示將親征，以伐其謀。詔既下，（范）仲淹又言：『此可張虚聲爾，未足恃也。城洛陽既弗及，請速修京城。』議者多附仲淹議。夷簡曰：『此囊瓦城郢計也。使敵得渡河而固守京師，天下殆矣。故設備宜在河北。』卒建北京，議者韙之」。則可見此「或欲修京城」五字不可去，隆平集當據補。

卷八宋宣憲公綬有「設少失周防」云云。按，「失」，隆平集卷七宋綬傳作「決」，宋史卷二百九十一宋綬傳作「或陛下有大闕失」。則「決」字似訛。

宋人文集中之碑誌傳文整理，亦可據琬琰集以校正其相應之錯訛及衍脱之處，此亦略舉數例如左：

（一）歐陽脩全集。琬琰集上集卷三歐陽脩晏元獻公殊舊學之碑：「嘗奉敕修土訓及真宗實録。」按，「土訓」，居士集卷二十二晏公神道碑銘作「上訓」。據玉海卷十五地理書祥符土訓録云：「三年十二月癸酉，御史知雜事趙湘言：『車駕祀汾陰，請依周禮置土訓、誦訓，録所經州縣山川古跡風俗，繼日聞奏，以資宸覽。』從之。四年正月戊子，命直集賢院錢易、直史館陳越、秘閣集賢校理劉筠、宋綬修所過圖經，每頓進一卷，賜名土訓纂録。晏殊亦預修土訓。」則作「土訓」爲是。

（二）蘇軾文集。琬琰集中集卷五十一蘇軾司馬文正公光行狀：「準律，因犯殺傷而自首者，得免所因之罪，婦當減二等，不當絞。」按，「二等」，蘇軾文集卷十六司馬温公行狀作「三等」。據司馬光集卷三十八議謀殺已傷案問欲舉自首狀、皇宋通鑑長編紀事本末卷七十五試刑法、文獻通考卷一百七十刑考九詳讞皆作「二等」，則其作「三等」者不確。

（三）蘇轍欒城集。琬琰集下集卷十一蘇轍潁濱遺老傳上：「先君捐館舍，及除喪，神宗嗣位既二年矣。」按，「二年」，欒城集後集卷十二潁濱遺老傳上作「三年」。據琬琰集中集卷四十二老蘇先生洵墓誌銘，蘇洵卒於治平三年四月，則蘇轍除喪時當在熙寧元年中，時神宗繼位已二年。又東都事略卷九十三、宋史卷三百三十九蘇轍傳亦作「二年」。

（四）宋祁景文集。景文集宋本國内久佚，今傳本乃清四庫館臣自永樂大典中輯出，又日本藏有南宋建安麻沙本殘帙三十二卷（全一百五十卷）。琬琰集收録宋祁十篇碑誌傳文，除孫宣公奭行狀、馮侍講行狀亦見於日本存殘本，張忠定公詠行狀又載於宋文鑑卷一百三十六，而別有依據外，其餘七篇，皆可據此以校正四庫本景文集清館臣妄改妄刪之弊。琬琰集上集卷四宋祁張文懿公士遜舊德之碑：「戎落叛命，披屬國羌，以動西陲，屯邏怏安，責戰無素。公建遣近臣出護諸將，切敕持重，折賊鋭衝，長纓四絡，以須其潰。公去位五年，賊終納款。」按，此五十四字，文淵閣四庫全書本景文集卷五十七張文懿公士遜舊德之碑闕。似當屬其述及「戎落」之類詞語而被清館臣刪落。

此類清館臣妄改妄刪之例頗夥，如琬琰集上集卷九王珪高衛王瓊決策定難顯忠基慶之碑：「與其子適將虜命至。」按，「虜」，文淵閣四庫本華陽集卷四十九高衛王神道碑銘作「敵」。又中集卷四十五蘇頌孫文懿公抃行狀：「以失信於戎狄而啓其窺覦之心。」按，「戎狄」，中華書局整理本蘇魏公文集卷六十三孫公行狀作「外邦」①。此類情況皆屬清廷刪改諱礙文字而致然。

（五）蘇頌蘇魏公文集。琬琰集中集卷四十五蘇頌孫文懿公抃行狀云及其「以所生杞國太夫人喪去位。……遭嫡母崇國太夫人憂」。按，蘇魏公文集卷六三孫公行狀無「所生」二字，而「嫡母」作「所生母」，其所記嫡母、所

① 按，此中華書局整理本所據之底本乃清道光間蘇廷玉重刊本，亦源出四庫全書本，參見（宋）蘇頌：蘇魏公文集卷首王同策等前言，中華書局一九八八年版，第八～九頁。

生母正與琬琰集相反。據周必大文忠集卷二十九京西北路制置安撫使孫公昭遠行狀稱昭遠「曾祖著明，贈太子少師；妣崇國太夫人樊氏、杞國太夫人李氏。祖抃」云云，則崇國太夫人樊氏當是嫡母，蘇魏公文集卷六十三孫公行狀所載似誤。孫文懿公抃行狀又云「至和元年春，貴妃張氏薨，仁宗傷悼累日，追册爲皇后」。按，「累日」，蘇魏公文集卷六十三孫公行狀作「即日」。然據長編卷一百七十六載，張貴妃薨在至和元年正月癸酉，追册爲皇后在丁丑日。則作「即日」者不確。

綜上可見，琬琰集所收録之大部分碑誌傳文，雖亦見載於傳世宋人文集與史籍中，然仍具有不可替代之文本校勘與學術研究價值。

此外，杜大珪編彙碑傳資料而成琬琰集，影響後世頗大，明至近代陸續有此類史書問世，如明徐紘明名臣琬琰録、清錢儀吉碑傳集、繆荃孫續碑傳集、閔爾昌碑傳集補等，蔚爲大觀，遂成爲古代傳記類文獻之重要類别。

六、版本源流

琬琰集於紹熙五年（一一九四年）前後刊成，然南宋諸書目皆未見著録，亦少見有宋人嘗加引録或述及。宋末元初俞琰席上腐談卷下載「國史王中正傳，太史曾鞏所撰也，名臣碑傳琬琰集」云云，此爲今見文獻中最早引述杜大珪琬琰集者。至元代编纂宋史，因國史院藏書不足，故袁桷於脩遼金宋史搜訪遺書條列事狀中列出所需补充之書，於「纂修史傳，必當先以實録小傳，附入九朝史傳，仍附行狀、墓誌、神道碑，以備去取」條首列琬琰集一書①。可見琬琰集之史料價值，元人已有頗爲充分之認識。約至明代嘉靖、萬曆間，始見

①（元）袁桷：清容居士集卷四一修遼金宋史搜訪遺書條列事狀，上海古籍出版社文淵閣四庫全書本。

私家藏書目録著録琬琰集，如晁瑮晁氏寶文堂書目著録「宋明臣琬琰録」，「明」旁注小字曰「名」。其他如鈕緯會稽鈕氏世學樓珍藏圖書目著録「名臣碑傳琬琰集一百另七卷，宋刊本，宋杜大珪編。自序。每頁十四行，行二十二字」，明確記載其卷數與編撰者。又李鶚翀江陰李氏得月樓書目摘録著録琬琰集，亦稱「宋版」。入清後，著録琬琰集之書目頗多，其著明版本者如：汪憲振綺堂書目著録二十四册，云内鈔補六册，爲季滄葦藏本，稱「宋紹熙原刊本」。馬瀛馬氏唫香館藏書目著録「宋板」四套。孫星衍孫氏祠堂書目、瞿鏞鐵琴銅劍樓藏書目録、朱學勤結一廬書目、陸心源皕宋樓藏書志皆著録有「宋刊本」。潘祖蔭滂喜齋藏書記著録「宋刻名臣碑傳琬琰集一百七集」，又著録「宋刻名臣碑傳琬琰集殘本二十七卷，一函五册」，並云「此宋刻小字本也。每半葉十五行，行二十五字，較前一本爲精」。著録作「元板」之書目有徐乾學傳是樓宋元板書目著録三十本，陳徵芝帶經堂書目著録「元刻配明鈔本」一部等。此外，明、清諸家書目尚著録有抄本數部。

今所傳宋刊本或宋刻元明遞修本、諸抄本等，皆於書名前冠以「新刊」二字，書中頗多俗體字，如「禮」作「礼」，「繼」作「継」，「舉」作「夆」，「學」作「斈」，「廟」作「庿」等，且其文中對宋國諱如高宗「構」、孝宗「慎」等字及其嫌名，亦存在時避時否、改字不嚴等現象，推知今所傳諸宋本當屬紹熙五年以後書坊重刻本，然其於「新刊」時是否嘗有所增删、校正，則今已無考。現藏國内外諸圖書館之琬琰集諸本，據歷來書目、相關史料記録及沈津宋刻本新刊名臣碑傳琬琰之集版本質疑①等所載，計有二十部。其中（一）大陸諸圖書館所藏：國家圖書館藏原常熟瞿氏鐵琴銅劍樓藏本（上集卷四至七、十一配抄本），中華再造善本據以影印。國家圖書館又藏有兩殘

① 沈津：書海揚舲録宋刻本新刊名臣碑傳琬琰之集版本質疑，廣西師範大學出版社二〇一六年版，第一六三至一六九頁。

本，一題「宋刻本」，存七十六卷（上、下集全，中集存卷三十二至五十五，其中上集卷十一、下集卷十九至二十二配清鈔本，中集卷三十二至四十二配另一宋刻明修本）；一存三十七卷（存上集卷十六至二十七、下集全）。浙江省圖書館藏一部，即原仁和孫氏壽松堂藏本（其中配補明鈔本頗多），此即四庫全書之底本。天一閣博物館藏一部，乃馮孟顓捐贈。上海圖書館藏有四部，即原朱氏結一廬本（有補鈔缺頁）；其餘爲殘本，一本存中集卷三十九、四十，一本存十六册，又一本爲原馬玉堂、潘祖蔭遞藏本（存中集卷二十九至五十五）。華東師範大學圖書館藏袁寒雲舊藏本一部（闕上集卷十一及卷十二首兩葉）。上海博物館藏原曹元忠藏本一部，題「宋刻本」，存八十三卷。南京圖書館藏一部，存五卷（中集卷三十一至三十五）。遼寧省圖書館藏一部，題「宋刻本」，存三十一卷（中集卷一至三十一）。湖南圖書館藏一部，上集卷一至十三配清鈔本。四川圖書館藏一部。上述諸本，除題「宋刻本」者外，皆作「宋刻元明遞修本」。（二）臺灣地區藏本：臺北「國圖」藏一部，乃南潯劉氏嘉業堂舊藏，題「宋建刻本」，存五十六卷。臺北「中研院」傅斯年圖書館藏一部，乃原鄧邦述群碧樓藏「南宋末刻本」，存一百零五卷（闕上集卷十一、中集卷二十五，又脱二十餘葉，偶有鈔配）。臺北「故宫博物院」藏二部，其一爲沈仲濤研易樓舊藏宋建刻本，其二爲明覆宋刊本。（三）國外藏本主要有二部：一爲日本静嘉堂文庫藏舊陸氏皕宋樓藏本，題「南宋末刊本」（卷十一等處有抄配），另一爲美國哈佛燕京圖書館藏宋刻元明遞修本。此外，除現存諸閣四庫全書收入琬琰集外，尚有數部明、清抄本傳世，主要有明末毛晉鈔本（今藏天津圖書館）與清經鉏堂鈔本（今藏國家圖書館），馬瀛、丁丙遞藏之清鈔本（今藏南京圖書館），清嶽雪樓孔氏鈔本（今藏吉林省圖書館）。又有臺北「國圖」藏清怡府舊藏鈔本（存上集、中集卷一至三十六，計六十三卷）；吴重熹、趙鈁等遞藏清鈔本，臺北文海出版社宋史資料萃編所收之琬琰集，即據此本影印。

明、清以來諸家藏書目録及今傳諸本皆一百零七卷，分上、中、下三集。行款，卷首序爲半葉七行，行十二字；目録半葉十四行；正文半葉十五行，每行二十五字①；注文小字雙行。諸刊本板心大都爲白口（傅增湘藏園群書經眼録云「間有黑口」），雙順魚尾，上魚尾下有字作「琬琰」（或去「王」作「宛炎」）加卷數，下魚尾下記頁數，間鏤刻工姓「何」、「王」等一字；上下單闌，左右雙邊（清經鉏堂鈔本四周單邊）。且無論刻本、抄本，其述及宋代皇帝、太后等處，率皆上空字，蓋沿自宋版舊式。而諸鈔本之行款大抵據刻本。大概因此之故，琬琰集諸刊本，多被定爲宋刻本或宋刻元明遞修本，然清代以來學者亦時有辨其不然者。如莫友芝言其所見之宋刊元明遞修本（即今藏浙江圖書館之壽松堂本）「稱宋本，實明初刊本」②，羅振常善本書所見録卷二史部亦稱此本爲「明初覆刊宋本」。吴昌綬編嘉業堂藏書志卷二史部傳記類云於嘉業堂藏「宋刻殘本」外，「虞山瞿氏亦藏有宋本，行數同，惟行首卷字下有『第』字，各卷首尾仍標名，以是知此書宋時有兩本也。曩見各家所藏皆明時覆刻」。而潘景鄭著硯樓讀書記明覆宋本名臣碑傳琬琰集亦云「其書流傳藏家，沿稱宋槧，就余目覩，未敢置信，實皆明代覆本而已」。又，沈津先生亦認爲哈佛燕京圖書館藏本乃「爲明代所刻，絶非宋本，也非元明遞修」③。

---

① 按，藏園訂補郘亭知見傳本書目、增訂四庫簡明目録標注云陽湖孫淵如所藏本每葉二十行。然孫氏此本，歷來著録皆云半葉十五行，與他本同，莫氏當誤「三十」作「二十」。而標注該條乃見於邵章所爲續録，末云「莫友芝謂實明初刊本」，知迻録自郘亭知見傳本書目，惟將原文「每頁二十行」改作「半葉十行」。

② （清）莫友芝撰，傅增湘訂補：藏園訂補郘亭知見傳本書目卷五上史部七傳記類，中華書局一九九三年版。

③ 參見沈津：書海揚舲録宋刻本新刊名臣碑傳琬琰之集版本質疑，第一六九頁。又，沈津又云傳世宋刻本或宋刻元明遞修本上未見一方明人藏書之印，而疑「抑或此書本身即爲明代所刻」。按，清潘祖蔭滂喜齋藏書記載其所藏本「舊爲項藥師藏書」，上有「檇李項藥師藏」、「浙西世家」、「萬卷樓藏書記」三藏印。項藥師即萬曆間嘉興藏書家項靖，字藥師，乃明嘉靖間項篤壽之裔。參見沈紅梅：明代嘉興項氏兄弟藏書考略，載圖書館工作與研究二〇〇八年第七期。然項氏此本似已佚。

清人汪憲振綺堂書目有「季滄葦藏本，宋紹熙原刊本」之説，大概據琬琰集序云初刊於南宋紹熙五年而言，並無確據。清吴昌綬嘉業堂藏書志卷二云嘉業堂藏有宋刻殘本與虞山瞿氏藏宋本「行數同，惟行首卷字下有『第』字，各卷首尾仍標名」，由此以爲「此書宋時有兩本也」。此虞山瞿氏藏本即鐵琴銅劍樓藏宋刻元明遞修本。沈津進而辨别其上集卷一第一行「碑」、「集」字下有斷版，第五行中「梅」字有斷版，第六行第一字「應」字第三筆一撇僅存一半，又此行中「忠」字中缺一點等版式、文字差異，認爲國家圖書館藏鐵琴銅劍樓本、浙江省圖書館藏孫氏壽松堂本、華東師範大學圖書館藏袁寒雲舊藏本與臺北「故宫博物院」藏沈仲濤研易樓本當屬一版；並指出日本静嘉堂文庫藏陸氏皕宋樓本因無上述特徵，故與鐵琴銅劍樓等本「不同版」①。然經細勘静嘉堂本與鐵琴銅劍樓本，發現兩本部分版葉之版式、文字等特徵一致，當屬一版。如上集卷三第五葉末五行爲例（見下頁圖。左爲鐵琴銅劍樓本，右爲静嘉堂本），對勘其版式、文字筆畫等，可見兩者顯屬一版，只是據其字畫完整、清晰等情況判斷，當以静嘉堂本刷印爲早。其鐵琴銅劍樓本、静嘉堂本部分「同版」、部分「不同版」之原因，可能因後世有版片補配所致。

琬琰集今傳全帙諸本當以静嘉堂本、鐵琴銅劍樓本爲較佳。清瞿鏞鐵琴銅劍樓藏書目録卷十稱其所藏本「楮墨精好，洵爲宋槧之善本」。且瞿氏嘗對其所藏本做過校勘，如上集卷七末載「乙亥秋日，以壽松堂孫氏藏宋刊本校勘一過。鳳起記」一行題記可證。日本静嘉堂文庫本即當年陸氏皕宋樓藏宋刊本，據静嘉堂漢籍分類目録史部傳記類總録門琬琰集條宋刊下注曰「補寫」。經比對，静嘉堂本與鐵琴銅劍樓本皆存在脱葉、錯葉等現象，如：

① 沈津：書海揚舲録宋刻本新刊名臣碑傳琬琰之集版本質疑，第一六七頁。

宗社當付外廷窮索證逮蕩鋤兇醜以正國家典刑乃欲依違貸
罪黨邪固爭之聲色俱厲及晡然後已數月懇請解職授紫宸殿
學士翰林侍讀學士復改觀文殿學士歷刑兵二部侍郎合宮均
慶陵尚書右丞近時政府罷免例從外職獨公入覲中講還即闔
門靜居寵衮進退若不在已素康寧一日以疾聞 上亟遣中貴

宗社當付外廷窮索證逮蕩鋤兇醜以正國家典刑乃欲依違貸
罪黨邪固爭之聲色俱厲及晡然後已數月懇請解職授紫宸殿
學士翰林侍讀學士復改觀文殿學士歷刑兵二部侍郎合宮均
慶陵尚書右丞近時政府罷免例從外職獨公入覲中講還即闔
門靜居寵衮進退若不在已素康寧一日以疾聞 上亟遣中貴

（一）上集卷十李清臣韓獻肅公絳忠弼之碑「天子成服苑中」之「中」字以下至「公乃一心」一葉，静嘉堂本闕，且錯置爲另一篇佚名撰殘文一葉，而鐵琴銅劍樓本不誤。詳此殘篇之文義，當亦屬韓絳碑誌之類，然頗異於韓獻肅公絳忠弼之碑，其中又引録哲宗詔文，其文字亦未見他書記載，又其版式、字體等同全書其他部分，半葉十五行，行二十五字。

（二）上集卷十六韓琦張忠定公詠神道碑「天禧六年終于陳之私第」之「第」以下至本碑文末，及歐陽脩曾諫議大夫致堯神道碑整篇文字，與中集卷十六范鎮宋諫議敏求墓誌銘「命舉人以官」至「福禄來叢」一葉，静嘉堂本乃互換錯置，鐵琴銅劍樓本皆不誤。

（三）上集卷十八范仲淹李觀察士衡神道碑「以通事舍人掖之」以下至本碑文末一葉文字，與中集卷十八范忠文公鎮墓誌銘「三省侍從臺閣之臣皆往觀焉」以下至「尚告來者」一葉文字，静嘉堂本乃互換錯置，鐵琴銅劍樓本皆不誤。

（四）上集卷二十三畢仲游孫威敏公沔神道碑「褾置陣甚堅」至「不畏强禦而輕進退」一葉，鐵琴銅劍樓本乃係抄補，而静嘉堂本闕。又静嘉堂本於此處錯置一葉文字，不詳其爲何書與撰者，然其文字亦涉及孫沔事跡；又其版式、字體等同全書其他部分，亦半葉十五行，行二十五字。鐵琴銅劍樓本不誤。

（五）上集卷二十七范祖禹趙樞密瞻神道碑，静嘉堂本、鐵琴銅劍樓本皆脱「追尊濮安懿王典禮」至「然其著見之效已暴於天下」一千四百七十一字；而自「炳於後世」至本碑文末文字，静嘉堂本錯置於中集卷十七。又静嘉堂本「售鹽」以下至本誌文末，乃中集卷二十七王珪王懿敏公素墓誌銘中文字，錯置於此，鐵琴銅劍樓本不誤。

（六）中集卷十二富弼范文正公仲淹墓誌銘「出於中旨」至「治饒未久，徙潤」一葉文字，與下集卷十二蘇轍潁濱遺老傳下「一争之後」之「之後」以下至「至誠之功，存於不息。有」一葉文字，静嘉堂本乃互換錯置。鐵琴銅劍樓本不誤。

（七）中集卷十七王珪賈文元公昌期墓誌銘「請修唐書」以下至本碑文末一葉，静嘉堂本闕，鐵琴銅劍樓本不闕。

（八）中集卷二十六蘇轍蘇文忠公軾墓誌銘「東古河」以下至「復兼端明殿、翰林侍讀二學士」一葉文字，静嘉堂本脱，且錯置入上集卷二十六吕惠穆公公弼神道碑「路知延州」至「出兵必有功」一葉文字，鐵琴銅劍樓本不誤。

（九）中集卷三十曾肇王學士存墓誌銘「且先帝」以下至「輟視朝一日」間一葉文字，静嘉堂本闕，且錯置他書一葉文字，其版式如半葉十五行、行二十五字同，而字體略異，辨析其所錯置入文字内容，當屬王存行狀、神道碑之類文字，然不見載於現存其他史籍。鐵琴銅劍樓本不誤。

（一〇）中集卷三十一范鎮陳少卿希亮墓誌銘「爲先」以下至本墓誌末、王安石蘇員外安世墓志銘自本墓誌題名以下至「遇事强果，未嘗」合一葉，静嘉堂本闕，且錯置入中集卷九賈翰林黯墓誌銘「方進用」至「不願磨勘也，是亦」一葉文字，鐵琴銅劍樓本不誤。

（一一）中集卷四十六宋祁孫宣公奭行狀「勞再遷尚書屯田員外」以下至「則西至蔡上」半葉計三百六十八字，静嘉堂本闕，且錯置入中集卷四十八李清臣韓忠獻公琦行狀半葉文字； 而卷四十八韓忠獻公琦行狀闕此半葉文字。鐵琴銅劍樓本同静嘉堂本。

（一二）下集卷七徐常侍鉉、楊文莊公徽之兩篇及「王翰林禹偁同前」七字合一葉，静嘉堂本錯置於孫學士何篇下，鐵琴銅劍樓本不誤。

（一三）下集卷八宋宣憲公綬「中正舊第爲道觀」以下至劉丞相沆「事楊」一葉，静嘉堂本闕，且錯置入上集卷八王太師珪神道碑「嘗爲三司鹽鐵判官」至「臣恐祖」一葉文字。鐵琴銅劍樓本不誤。

推究出現上述情況之原因，似當爲静嘉堂本刊印畢裝訂錯誤造成，因琬琰集各卷首末僅標示其卷數，而不指明其爲上集抑或中集、下集，故易致裝訂之誤，上述（二）、（三）、（六）、（八）、（一三）等皆爲此故。而（一）、（四）、（九）等，所摻入者乃屬版式、字體大致相同或相近之他書文字，似亦爲同一刻書者所刻印之書，故致裝訂有誤。相比較静嘉堂本、鐵琴銅劍樓本，鐵琴銅劍樓本此類錯誤較少，此恐與鐵琴銅劍樓本乃經元明遞修，已更正如此頗爲明顯之錯誤有一定關係。此外，亦存在鐵琴銅劍樓本闕葉，而静嘉堂本不闕之現象，如鐵琴銅劍樓本上集卷五蘇軾富鄭公弼顯忠尚德之碑「諫垣集三卷」以下一葉半爲抄補，而静嘉堂本乃不闕。又因静嘉堂本刷印時間較早，故文字較爲清晰、完整，而鐵琴銅劍樓本則版面漫漶處較多，文字亦因此而時現殘破、闕失。因此，本次整理，即以静嘉堂本作爲底本，而以收入中華再造善本之國家圖書館藏常熟瞿氏鐵琴銅劍樓本爲主要對校本。又，文淵閣四庫全書本，據四庫採進書目載兩淮商人馬裕家呈送琬琰集八本，浙江省第四次孫仰曾家呈送琬琰集十六本，安徽省呈送名臣碑傳十二本，則文淵閣四庫全書抄本（簡稱「庫本」）當以孫仰曾家壽松堂藏刊本爲底本，而校勘以另外兩本；臺灣文海出版社影印清鈔本乃臺北「國圖」所藏吴重熹、趙鈁等遞藏本（簡稱「文海本」），故亦用作對校本。而參校以清後期海寧楊文蓀稽瑞樓藏影宋舊鈔本（簡稱「舊鈔本」）、琬琰集删存，以及宋元史籍如宋史、續資治通鑑長編、建炎以來繫年要録、宋朝南渡十將列傳，以及宋人文集所載之神道碑、墓誌銘、行狀等。

古代碑誌傳文，大都爲傳主家屬子弟、友朋鄉黨及同僚等撰作，故其内容除撰寫者筆誤、誤記及其刻印傳抄中産生之訛誤外，難免還存在「爲尊長者諱」以及因黨争、人事等原因而産生之回避、諱飾甚至故意虚構、纂改史實等現象，如古人所謂家傳、表誌、行狀等「皆子弟門生所以標榜其父師者，自必揚其善而諱其惡，遇有功處輒遷就以分其美，有罪則隱約其詞以避之」①；「若誌狀，則全是本家子孫、門人掩惡溢美之辭，又不可盡信」②；「凡碑誌等文，或被旨而作，或因其子孫之請，揚善掩惡，理亦宜然」③。因此，限於碑傳類文章隱惡揚善之特殊體例，故碑誌傳文内容難以做到完全客觀之記述，往往存在與其他史料互異甚至相互矛盾、不足徵信之處。爲此，本次整理並對因撰者誤記史實及其有意諱避而與他書記載不同或矛盾處，引録相關史料以示其異，或辨析其史源，或考證其舛誤，或指出隱諱失實之處，以正其謬，以祛其疑，同時對少量疑難之處如涉及人物、地理與職官、禮儀制度乃至碑誌、銘文等用典處，予以適當注釋，置於每篇碑誌傳文之後，以爲讀者公正評價歷史人物、考證歷史事件，以及更合理地閲讀利用本書提供便利。

整理琬琰集之事，約開始於二〇〇九年，至今已逾十年。這期間嘗獲得全國高校古籍整理委員會項目支持，於版本調查、校證時多得友朋幫助，吕曉閩協助版本著録收藏調查工作，在此一併致以誠摯之感謝。歲逢庚子而事有非常，而亦遂得以盡全力完成全稿。然限於學識等，其中紕漏不足之處定有不少，切望博識之士有以指正之。

顧宏義

庚子九月於海上夢湖書屋

① （清）趙翼：廿二史劄記卷二三宋史各傳迴護處，中華書局一九八四年版，第五〇一頁。

② （宋）周密：齊東野語卷二符離之師引澗上閒談，中華書局一九八三年版，第三四頁。

③ （宋）費衮：梁谿漫志卷八程文簡碑誌，上海古籍出版社一九八五年版，第九六頁。

凡例

一、本次整理，以日本静嘉堂文庫藏舊陸氏皕宋樓藏本（簡稱静嘉堂本）爲底本，通校以收入中華再造善本之國家圖書館藏常熟瞿氏鐵琴銅劍樓本、文淵閣四庫全書本（簡稱庫本）與臺灣文海出版社影印臺北「國圖」所藏清吴重熹、趙鈁等遞藏鈔本（簡稱文海本），並參校以清後期海寧楊文蓀稽瑞樓藏影宋舊鈔本（簡稱舊鈔本）、琬琰集删存，與宋元史籍如宋史、續資治通鑑長編、建炎以來繫年要録、宋朝南渡十將列傳以及宋人文集所載之神道碑、墓誌銘、行狀等。

二、底本中存在之撰碑傳者筆誤及其刻印傳抄中産生之訛誤等，通過版本校、他校等方法予以指出或更正，所撰校記置於本頁下，以便省覽。

三、底本之異體字一般予以保留；俗體字、版别字改爲通行正字，不另出校。底本因避諱而缺筆之字，改爲正字，不另出校；因避宋諱所改之字則予保留，於校記中加以説明。

四、古代碑誌傳文，大都由傳主家屬子弟、友朋鄉黨及同僚等所撰作，其内容難免存在「爲尊長者諱」以及因黨争、人事等原因而産生之回避、諱飾甚至故意虚構、纂改史實等現象。故本次整理，對本書所載碑傳，因撰者誤記史實及其有意諱避而存在與他書記載不同或矛盾處，並引録相關史料以示其異，或辨析其史源，或考證其舛誤，或指出隱諱失實之處，以正其謬，以祛其疑，同時對部分疑難者如涉及人物、地理與職官、禮儀制度乃至碑誌、銘文等用典處，予以簡要注釋，作爲「辨證」置於每篇碑誌傳文之後，以爲研究者公正評價歷史人物、考證歷史事件以及更合理地閲讀利用本書提供便利。

五、辨證文字内多節引文獻史料，而時有引文不全等情況出現，故特於文中加括號以注明其人姓名等，如「（吕）夷簡」、「楊大年（億）」、「張侍中（耆）」等。

六、校記、辨證文字内所引用文獻，一般僅注明其書名，其撰者、版本等情況詳見書末所附徵引書目。

七、本書所收個别碑誌傳文，有與傳世文本如别集、拓本等所載文字内容差異頗大者，爲便於閲讀利用，故特將此等文字置於相關碑誌傳文之下；若其碑誌傳文與傳世文本僅存在少量字句異文或有詳略之異，則摘録此類異同文字置於校記内，不再另録整篇文字。

八、底本上集卷十李清臣韓獻肅公絳忠弼之碑、卷二十三畢仲游孫威敏公沔神道碑及中集卷三十曾肇王學士存墓誌銘中分别錯入一葉文字，而不詳其爲何書及其撰者，然辨其文義，當與韓絳、孫沔與王存事跡相涉，故分别録置於各篇碑誌之後，以爲參考。

九、底本於上、中、下三集之前分别著有目録，其文字時有與書中實際碑傳名不一者，故本次整理將三集目録合併爲一，置於書前，稱「原書目録」，而又據書中碑傳名别撰目録。

一〇、本次整理將與本書相關之文字置於書末作爲附録：有關歷代書目著録琬琰集之題記等，以各書目撰作時代爲序，作爲「附録一」。「附録二」爲民國時哈佛燕京學社引得編纂處所編纂琬琰集删存目録。中華再造善本金元編史部收有題名宋杜大珪編纂之皇朝名臣續碑傳琬琰録一書，然此書實爲後人所僞造，本整理者嘗撰宋杜大珪皇朝名臣續碑傳琬琰録爲僞書考一文以爲辨析，特附書後爲「附録三」。本書中集卷五十五朱熹張忠獻公浚行狀，即朱熹晦庵集卷九十五所載之少師保信軍節度使魏國公致仕贈太保張公行狀，然經比勘文字，兩者篇幅相差甚鉅，本整理者嘗撰有朱熹張忠獻公浚行狀考異一文，指出收録於晦庵集者乃朱熹所撰初稿，而載録於本書者實屬張浚子弟門人修改之本，故亦附載於書後以爲「附録四」。「附録五」爲徵引書目。

一一、本次整理所徵引之文獻，若其書名文字較長者，則使用其簡稱，標示如左：

簡稱	全稱
北盟會編	三朝北盟會編
長編	續資治通鑑長編
長編紀事本末	皇宋通鑑長編紀事本末
晁志	郡齋讀書志校證
陳録	直齋書録解題
大事記講義	類編皇朝大事記講義
晦庵集	晦庵先生朱文公文集
臨川集	臨川先生文集
南軒集	南軒先生文集
十將傳	宋朝南渡十將列傳
宋宰輔編年録	宋宰輔編年録校補
通鑑	資治通鑑
通考	文獻通考

要録　　建炎以來繫年要録
漁隱叢話　　苕溪漁隱叢話

一二、爲方便檢索，特編製人名索引（含碑誌傳文之撰者與墓主、傳主）附於最末。

目録

上集

卷一　趙中令公普神道碑　太宗皇帝　三
　　　兩朝顧命定策元勳之碑　神宗皇帝　一六
卷二　寇忠愍公準旌忠之碑　孫抃　三三
　　　王文正公旦全德元老之碑　歐陽脩　四八
卷三　晏元獻公殊舊學之碑　歐陽脩　五九
　　　丁文簡公度崇儒之碑　孫抃　六七
卷四　程文簡公琳旌勞之碑　歐陽脩　七七
　　　張文懿公士遜舊德之碑　宋祁　八四
卷五　富鄭公弼顯忠尚德之碑　蘇軾　九五
卷六　司馬文正公光忠清粹德之碑　蘇軾　一一九
　　　賈文元公昌朝神道碑　王安石　一二八
卷七　宋元憲公庠忠規德範之碑　王珪　一四一
　　　宋景文公祁神道碑　范鎮　一五〇
卷八　趙清獻公抃愛直之碑　蘇軾　一五九
　　　王太師珪神道碑　李清臣　一七二
卷九　高衛王瓊決策定難顯忠基慶之碑　王珪　一八三
　　　高康王繼勳克勤敏功鍾慶之碑　王珪　一九三
卷十　韓獻肅公絳忠弼之碑　李清臣　一九九
卷十一　范忠宣公純仁世濟忠直之碑　曾肇　二一七
卷十二　吴武安公玠神道碑　王綸　二三九
　　　吴武安公功績記序引　張發　二五二

功蹟記　明庭傑　二五六
卷十三　韓忠武王世忠中興佐命定國元勳之碑　趙雄　二七一
卷十四　吳武順王璘安民保蜀定功同德之碑　王曮　三一五
卷十五　吕文穆公蒙正神道碑　富弼　三三三
陳文惠公堯佐神道碑　歐陽脩　三四一
卷十六　張忠定公詠神道碑　韓琦　三四九
曾諫議大夫致堯神道碑　歐陽脩　三六二
卷十七　馮勤威公守信神道碑　王安石　三六九
康刺史延澤神道碑　王禹偁　三七三
卷十八　張刺史綸神道碑　范仲淹　三八一
李觀察士衡神道碑　范仲淹　三九〇
卷十九　馬正惠公知節神道碑　王安石　三九九
王武恭公德用神道碑　歐陽脩　四〇八
卷二十　范文正公仲淹神道碑　歐陽脩　四一七
趙康靖公槩神道碑　蘇軾　四三二
卷二十一　周安惠公起神道碑　王安石　四四三
王待制質神道碑　歐陽脩　四四七
卷二十二　夏文莊公竦神道碑　王珪　四五三
龐莊敏公籍神道碑　王珪　四六二
卷二十三　余襄公靖神道碑　歐陽脩　四七七
孫威敏公沔神道碑　畢仲游　四八四
卷二十四　歐陽文忠公脩神道碑　蘇轍　四九七
卷二十五　狄武襄公青神道碑　王珪　五一九
种院使世衡神道碑　范仲淹　五二九
卷二十六　吕惠穆公公弼神道碑　范鎮　五四一
范忠獻公雍神道碑　范鎮　五四九
卷二十七　周侍郎沆神道碑　司馬光　五五七
趙樞密瞻神道碑　范祖禹　五六三

中集

卷一　馬忠肅公亮墓誌銘　晏殊　五七三
卷二　田諫議錫墓誌銘　范仲淹　五八七
碑陰　司馬光　五九三
滕待制宗諒墓誌銘　范仲淹　五九四

	曾諫議致堯墓誌銘	王安石	六〇一
卷三	田太傅況墓誌銘	王安石	六〇七
	蔡文忠公齊墓誌銘	范仲淹	六一三
卷四	杜祁公衍墓誌銘	歐陽脩	六二一
	章丞相得象墓誌銘	宋　祁	六三〇
卷五	王文正公曾墓誌銘	宋　祁	六四一
	胡太傅宿墓誌銘	歐陽脩	六五五
	王文正公曾碑陰	宋　祁	六六二
卷六	龐莊敏公籍墓誌銘	司馬光	六六五
	高文莊公若訥墓誌銘	宋　祁	六七九
卷七	王待制質墓誌銘	范仲淹	六八九
	孫待制甫墓誌銘	歐陽脩	六九四
	書墓誌後	司馬光	七〇〇
卷八	王文安公堯臣墓誌銘	歐陽脩	七〇三
	吴正肅公育墓誌銘	歐陽脩	七一一
卷九	張翰林錫墓誌銘	歐陽脩	七一九
	賈翰林黯墓誌	王　珪	七二二
卷十	范忠獻公雍墓誌銘	范仲淹	七三一
	張樞密奎墓誌銘	富　弼	七三七
卷十一	張恭安公存墓誌銘	司馬光	七四三
	胡尚書則墓誌銘	范仲淹	七四九
卷十二	范文正公仲淹墓誌銘	富　弼	七五七
	杜待制杞墓誌銘	歐陽脩	七七二
卷十三	郭將軍逵墓誌銘	范祖禹	七七七
卷十四	孔中丞道輔墓誌銘	王安石	七九七
	張御史唐英墓誌銘	張商英	八〇一
	沈翰林遘墓誌銘	王安石	八〇六
卷十五	許待制元墓誌銘	歐陽脩	八一一
	吕諫議公綽墓誌銘	王　珪	八一五
卷十六	石工部揚休墓誌	范　鎮	八二三
	宋諫議敏求墓誌	范　鎮	八二七
卷十七	賈文元公昌期墓誌銘	王　珪	八三五
卷十八	司馬文正公光墓誌銘	范　鎮	八四七
	范忠文公鎮墓誌銘	蘇　軾	八四九
卷十九	唐質肅公介墓誌銘	王　珪	八六九
	邵安簡公亢墓誌銘	王　珪	八七九

卷二十　薛簡肅公奎墓誌銘　歐陽脩　八八七
程文簡公琳墓誌銘　歐陽脩　八九四
卷二十一　楊諫議偕墓誌銘　歐陽脩　九〇一
謝學士絳墓誌銘　歐陽脩　九〇六
卷二十二　張文定公方平墓誌銘　蘇軾　九一一
卷二十三　滕學士甫墓誌銘　蘇軾　九三九
司馬諫議康墓誌銘　范祖禹　九五〇
卷二十四　呂中丞誨墓誌銘　司馬光　九五五
王尚書陶墓誌銘　范鎮　九六三
鮮于諫議侁墓誌銘　范鎮　九六九
卷二十五　孫學士洙墓誌銘　李清臣　九七七
楊待制繪墓誌銘　范祖禹　九八〇
卷二十六　蘇文忠公軾墓誌銘　蘇轍　九八九
卷二十七　吴正憲公充墓誌銘　李清臣　一〇一五
王懿敏公素墓誌銘　王珪　一〇二四
卷二十八　梁莊肅公適墓誌銘　王珪　一〇三三
王懿敏公素真贊　蘇軾　一〇四二
卷二十九　范資政百禄墓誌銘　范祖禹　一〇四五
卷三十　蘇丞相頌墓誌銘　曾肇　一〇六一
王學士存墓誌銘　曾肇　一〇七七
卷三十一　陳少卿希亮墓誌銘　范鎮　一〇八九
蘇員外安世墓誌銘　王安石　一〇九六
彭待制汝礪墓誌銘　曾肇　一一〇〇
卷三十二　趙待制開墓誌銘　李燾　一一一一
卷三十三　唐資政公重墓誌銘　劉岑　一一二五
楊文安公椿墓誌銘　陳良祐　一一三三
卷三十四　梅直講聖俞墓誌銘　歐陽脩　一一四三
劉學士敞墓誌銘　歐陽脩　一一四八
晁太史補之墓誌銘　張耒　一一五七
邵康節先生雍墓誌銘　程顥　一一六三
卷三十五　胡先生瑗墓表　歐陽脩　一一六九
孫先生復墓誌銘　歐陽脩　一一七二
徂徠先生石介墓誌銘　歐陽脩　一一七五
孔處士旼墓誌銘　王安石　一一七九
卷三十六　石校理曼卿墓表　歐陽脩　一一八三
梅給事詢墓誌銘　歐陽脩　一一八七

尹學士洙墓誌銘　歐陽脩　一一九三
墓表　韓琦　一一九九
卷三十七
蘇長史舜欽墓誌銘　歐陽脩　一二〇七
王翰林洙墓誌銘　歐陽脩　一二一一
尹博士源墓誌銘　歐陽脩　一二一七
卷三十八
劉秘書恕墓碣　范祖禹　一二二一
十國紀年序　司馬光　一二二六
羲叟檢討墓誌銘　范鎮　一二三〇
魏處士閑墓誌銘　司馬光　一二三二
种處士放傳　曾鞏　一二三四
林逋　曾鞏　一二三九
王中正　曾鞏　一二四一
卷三十九
富秦公言墓誌銘　富弼　一二四五
賈令君注墓誌銘　宋祁　一二四八
田公紹方墓誌銘　范仲淹　一二五三
蘇職方序墓誌銘　曾鞏　一二五六
卷四十
程太師元白墓誌銘　歐陽脩　一二六一
瀧岡阡墓表　歐陽脩　一二六四
謝尚書濤神道碑　范仲淹　一二六八
劉磨勘府君式家傳　劉敞　一二七五
卷四十一
韓太保惟忠墓表　李清臣　一二七九
張寺丞文蔚墓誌銘　范鎮　一二八二
程太師坦墓誌銘　王珪　一二八四
何廬江隱侯澤墓誌銘　張商英　一二八八
卷四十二
老蘇先生洵墓誌銘　歐陽脩　一二九一
又墓表　張方平　一二九五
曾博士易占神道碑　李清臣　一三〇一
孫府君庸墓誌銘　王禹偁　一三〇五
宋府君玘行狀　宋祁　一三〇八
卷四十三
曹武惠王彬行狀　李宗諤　一三一三
曹武穆公瑋行狀　王安石　一三二九
卷四十四
王文正公曾行狀　富弼　一三三九
張忠定公詠行狀　宋祁　一三四六
卷四十五
孫文懿公抃行狀　蘇頌　一三五五
卷四十六
孫宣公奭行狀　宋祁　一三七七
馮侍講行狀　宋祁　一三八五

卷四十七　蔡文忠公齊行狀　歐陽脩　一三九五
孫待制甫行狀　曾鞏　一四〇〇
卷四十八　韓忠獻公琦行狀　李清臣　一四〇七
卷四十九　李黄門清臣行狀　晁補之　一四三九
曾舍人鞏行狀　曾肇　一四五七
卷五十　韓儀公丞相忠彦行狀　畢仲游　一四六九
卷五十一　司馬文正公光行狀　蘇軾　一四八九
卷五十二　曾太師公亮行狀　曾肇　一五二七
卷五十三　鮮于諫議侁行狀　秦觀　一五三九
李中丞常行狀　秦觀　一五四八
卷五十四　杜御史莘老行狀　查籥　一五五七
卷五十五　張忠獻公浚行狀　朱熹　一五六七

下集

卷一　潘武惠公美傳　實録　一七一一
王中書全斌傳　實録　一七二〇
卷二　張文定公齊賢傳　實録　一七二九
卷三　范魯公質　曾鞏　一七四五
魏丞相仁浦　曾鞏　一七四七
王文康公溥　曾鞏　一七五〇
薛文惠公居正　曾鞏　一七五二
盧丞相多遜　曾鞏　一七五四
李文正公昉　子宗諤　曾鞏　一七五六
吕正惠公端　兄餘慶　曾鞏　一七六一
李文靖公沆　曾鞏　一七六五
向文簡公敏中　曾鞏　一七六七
王文穆公欽若　曾鞏　一七七〇
丁晉公謂　曾鞏　一七七七
李文定公迪　曾鞏　一七八一
卷四　畢文簡公士安傳　畢仲游　一七八七
卷五　李處耘　子繼隆　曾鞏　一八〇三
侍中曹公利用　曾鞏　一八一〇
李漢超觀察　曾鞏　一八一四
郭進巡檢　曾鞏　一八一七
党進節使　曾鞏　一八一九
曹翰節使　曾鞏　一八二〇

符彥卿太師　曾　鞏　一八二五
卷六　參政李公若谷　曾　鞏　一八二九
學士錢公若水　曾　鞏　一八三六
包孝肅公拯　曾　鞏　一八四一
卷七　陶翰林穀　曾　鞏　一八四七
戚學士綸　曾　鞏　一八四九
徐常侍鉉　曾　鞏　一八五二
楊文莊公徽之　曾　鞏　一八五五
王翰林禹偁　曾　鞏　一八五七
孫學士何　曾　鞏　一八六〇
宋文安公白　曾　鞏　一八六二
楊文公億　曾　鞏　一八六四
柳開　曾　鞏　一八七一
蘇學士易簡　子耆　孫舜欽　曾　鞏　一八七六
劉羲叟　曾　鞏　一八七九
卷八　吕文靖公夷簡　曾　鞏　一八八三
竇參政偁　曾　鞏　一八八八
魯肅簡公宗道　曾　鞏　一八九二
盛文肅公度　曾　鞏　一八九五
韓忠憲公億　曾　鞏　一八九九
宋宣憲公綬　曾　鞏　一九〇三
劉丞相沆　曾　鞏　一九〇九
卷九　范蜀公鎮傳　司馬光　一九一五
傳跋　劉安世　一九二〇
卷十　吕正獻公公著傳　實　録　一九二七
卷十一　潁濱遺老傳上　蘇　轍　一九四五
卷十二　潁濱遺老傳下　蘇　轍　一九六七
卷十三　文忠烈公彦博傳　實　録　一九八九
劉右丞摯傳　實　録　二〇〇七
卷十四　王荆公安石傳　實　録　二〇二一
吕參政惠卿傳　實　録　二〇四〇
卷十五　唐參政介傳　實　録　二〇五一
鄭翰林獬傳　實　録　二〇五六
吴給事中復傳　實　録　二〇六〇
陳成肅公升之傳　實　録　二〇六四
卷十六　吕汲公大防傳　實　録　二〇七一

馮文簡公京傳　實録　二〇七六
張少保商英傳　實録　二〇八五
卷十七　韓侍郎維傳　實録　二〇九五
卷十八　蔡忠懷公確傳　實録　二一一一
章丞相惇傳　實録　二一二七
卷十九　范直講祖禹傳　實録　二一三五
鄒司諫浩傳　實録　二一四五
劉諫議安世傳　實録　二一五〇
卷二十　曾文肅公布傳　實録　二一五七
曾舍人肇傳　實録　二一六五
王懿恪公拱辰傳　實録　二一七三
韓太保縝傳　實録　二一七九
卷二十一　邵康節先生雍傳　范祖禹　二一八九
沖晦處士徐復傳　曾鞏　二一九一
程宗丞顥傳　實録　二一九四
程侍講頤傳　實録　二一九九
卷二十二　宋故觀文殿學士太中大夫知建康軍府事兼管内勸農使充江南東路安撫使馬步軍都總管兼營田使兼行宮留守彭城郡開國侯食邑一千六百户食實封二百户賜紫金魚袋贈光禄大夫劉公行狀　劉珵　二二〇七
賜謚指揮　二二二八
謚議　宋若水　二二三〇
覆謚議　張叔椿　二二三二
卷二十三　宋故右朝議大夫充徽猷閣待制致仕彭城縣開國子食邑五百户贈少傅劉公墓誌銘　張栻　二二三五
宋故右朝議大夫充徽猷閣待制致仕彭城縣開國子食邑五百户贈少傅劉公神道碑銘　朱熹　二二四七
卷二十四　故太尉威武軍節度使提舉萬壽觀食邑六千一百户食實封貳阡户隴西郡開國公致仕贈開府儀同三司李公行狀　張掄　二二六一
卷二十五　書虞雍公守唐鄧事　任燮　二二八九
王昱墓誌銘并序　滕宗諒　二二九三

序

國朝人物之盛，遠追唐虞三代之英，秦漢以來鮮儷矣。自建隆、乾德之肇造，暨建炎、紹興之中天，因時輩出，豐功偉烈，焜耀方册。雖埋光鏟采、位不稱其德者，亦各有紀於時。欲求之記事之書，則灝灝噩噩，未易單究。雜出於野史見聞者，其事又裂而不全，未足以覩其人之出處本末。好事者因集神道、誌銘、家傳之著者爲一編，以便後學之有志於前言往行者。韓退之韓洪碑、杜牧之譚忠傳，今質諸正史而皆合。學者將階此以攷信於得失之迹，不爲無助云。紹熙甲寅暮春之初謹書。

原書目録

新刊名臣碑傳琬琰之集目録上

眉州進士　杜大珪　編

卷一　太宗皇帝御製
趙中令公普神道碑
神宗皇帝御製
韓忠獻公琦兩朝顧命定策元勳之碑
卷二　寇忠愍公準旌忠之碑　文懿公　孫抃
王文正公旦全德元老之碑　文忠公　歐陽脩
卷三　晏元獻公殊舊學之碑①　文忠公　歐陽脩
丁文簡公度崇儒之碑　文懿公　孫抃
卷四　程文簡公琳旌勞之碑　文忠公　歐陽脩
張文懿公士遜舊德之碑　景文公　宋祁
卷五　富鄭公弼顯忠尚德之碑　文忠公　蘇軾
卷六　司馬文正公光忠清粹德之碑　文忠公　蘇軾
賈文元公昌朝神道碑　荆公　王安石
卷七　宋元憲公庠忠規德範之碑　文恭公　王珪
宋景文公祁神道碑　忠文公　范鎮
卷八　趙清獻公抃愛直之碑　文忠公　蘇軾
王文恭公珪神道碑　黄門　李清臣
卷九　高衛王瓊決策定難顯忠基慶之碑　文恭公　王珪
高康王繼勳克勤敏功鍾慶之碑　文恭公　王珪

① 晏元獻公殊舊學之碑　「殊」原作「珠」，據文海本改。

卷十　韓獻肅公絳忠弼之碑　黄門　李清臣
卷十一　范忠宣公純仁世濟忠直之碑　文昭公　曾肇
卷十二　吴武安公玠神道碑　中書舍人　王綸
吴武安公功績記序引　岐下　張發
功績記　明庭傑
卷十三　韓忠武王世忠中興佐命定國元勳之碑　沂公　趙雄
卷十四　吴武順公璘安民保蜀定功同德之碑　翰林學士　王曮
卷十五　吕文穆公蒙正神道碑　文忠公　富弼
陳文惠公堯佐神道碑　文忠公　歐陽脩
卷十六　張忠定公詠神道碑　忠獻公　韓琦
曾諫議大夫致堯神道碑　文忠公　歐陽脩
卷十七　馮勤威公守信神道碑　荆公　王安石
康刺史延澤神道碑　翰林　王禹偁
卷十八　張刺史綸神道碑　文正公　范仲淹
李觀察士衡神道碑　文正公　范仲淹
卷十九　馬正惠公知節神道碑　荆公　王安石
王武恭公德用神道碑　文忠公　歐陽脩
卷二十　范文正公仲淹神道碑　文忠公　歐陽脩
趙康靖公概神道碑　文忠公　蘇軾
卷二十一　周安惠公起神道碑　荆公　王安石
王待制質神道碑　文忠公　歐陽脩
卷二十二　夏文莊公竦神道碑　文恭公　王珪
龐莊敏公籍神道碑　文恭公　王珪
卷二十三　余襄公靖神道碑　文忠公　歐陽脩
孫威敏公沔神道碑　學士　畢仲游
卷二十四　歐陽文忠公脩神道碑　文定公　蘇轍
卷二十五　狄武襄公青神道碑　文恭公　王珪
种公世衡神道碑　文正公　范仲淹
卷二十六　吕惠穆公公弼神道碑　忠文公　范鎮
范忠獻公雍神道碑　忠文公　范鎮
卷二十七　周侍郎沆神道碑　文正公　司馬光
趙樞密瞻神道碑　太史　范祖禹

新刊名臣碑傳琬琰之集目録中

眉州進士　杜大珪　編

卷一　馬忠肅公亮墓誌銘　元獻公　晏殊

卷二　田諫議錫墓誌銘　文正公　范仲淹

田諫議碑陰　文正公　司馬光

滕待制宗諒墓誌銘　文正公　范仲淹

曾諫議致堯墓誌銘　荆公　王安石

卷三　田太傅況墓誌銘　荆公　王安石

蔡文忠公齊墓誌銘　文正公　范仲淹

卷四　杜祁公衍墓誌銘　文忠公　歐陽脩

章文獻公得象墓誌銘　景文公　宋祁

卷五　王文正公曾墓誌銘　景文公　宋祁

胡太傅宿墓誌銘　文忠公　歐陽脩

王文正公曾碑陰　景文公　宋祁

卷六　龐莊敏公籍墓誌銘　文正公　司馬光

高文莊公若訥墓誌銘　景文公　宋祁

卷七　王待制質墓誌銘　文正公　范仲淹

孫待制甫墓誌銘　文忠公　歐陽脩

卷八　王文公堯臣墓誌銘①　文忠公　歐陽脩

吴正肅公育墓誌銘　文忠公　歐陽脩

卷九　張翰林錫墓誌銘　文忠公　歐陽脩

賈翰林黯墓誌銘　文恭公　王珪

卷十　范忠獻公雍墓誌銘　文正公　范仲淹

張樞密奎墓誌銘　文忠公　富弼

卷十一　張恭安公存墓誌銘　文正公　司馬光

胡尚書則墓誌銘　文正公　范仲淹

卷十二　范文正公仲淹墓誌銘　文忠公　富弼

杜待制杞墓誌銘　文忠公　歐陽脩

卷十三　郭將軍逵墓誌銘　太史　范祖禹

卷十四　孔中丞道輔墓誌銘　荆公　王安石

張御史唐英墓誌銘　丞相　張商□②

沈翰林遘墓誌銘　荆公　王安石

---

① 王文公堯臣墓誌銘　「王文公」當作「王文安公」，脱一「安」字。

② 丞相張商□　按：底本爲墨釘，當爲「英」字。

卷十五
許待制元墓誌銘 文忠公 歐陽脩
呂諫議公綽墓誌銘 文恭公 王珪
卷十六
石工部揚休墓誌銘 忠文公 范鎮
宋諫議敏求墓誌銘 忠文公 范鎮
卷十七
賈文元公昌朝墓誌銘 文恭公 王珪
卷十八
司馬文正公光墓誌銘 忠文公 范鎮
范忠文公鎮墓誌銘 文忠公 蘇軾
卷十九
唐質肅公介墓誌銘 文恭公 王珪
邵安簡公亢墓誌銘 文恭公 王珪
卷二十
薛簡肅公奎墓誌銘 文忠公 歐陽脩
程文簡公琳墓誌銘 文忠公 歐陽脩
卷二十一
楊諫議偕墓誌銘 文忠公 歐陽脩
謝學士絳墓誌銘 文忠公 歐陽脩
卷二十二
張文定公方平墓誌銘 文忠公 蘇軾
卷二十三
滕學士甫墓誌銘 文忠公 蘇軾
司馬諫議康墓誌銘 太史 范祖禹
卷二十四
呂中丞誨墓誌銘 文正公 司馬光
王尚書陶墓誌銘 忠文公 范鎮
鮮于諫議侁墓誌銘 忠文公 范鎮
卷二十五
孫學士洙墓誌銘 黃門 李清臣
楊待制繪墓誌銘 太史 范祖禹
卷二十六
蘇文忠公軾墓誌銘 文定公 蘇轍
卷二十七
吳正憲公充墓誌銘 黃門 李清臣
王懿敏公素墓誌銘 文恭公 王珪
卷二十八
梁莊肅公適墓誌銘 文恭公 王珪
王懿敏公素真贊 文忠公 蘇軾
卷二十九
范資政百祿墓誌銘 太史 范祖禹
卷三十
蘇丞相頌墓誌銘 文昭公 曾肇
王學士存墓誌銘 文昭公 曾肇
卷三十一
陳少卿希亮墓誌銘 忠文公 范鎮
蘇員外安世墓誌銘 荆公 王安石
彭待制汝礪墓誌銘 文昭公 曾肇
卷三十二
趙待制開墓誌銘 待制 李燾
卷三十三
唐資政重墓誌銘 修撰 劉岑
楊文安公椿墓誌銘 御史 陳良祐
卷三十四
梅直講聖俞墓誌銘 文忠公 歐陽脩

劉學士敞墓誌銘　文忠公　歐陽脩
晁太史補之墓誌銘　直閣　張耒
邵康節先生雍墓誌銘　明道先生　程顥
卷三十五
胡先生瑗墓表　文忠公　歐陽脩
孫先生復墓誌銘　文忠公　歐陽脩
石徂徠先生介墓誌銘　文忠公　歐陽脩
孔處士旼墓誌銘　荆公　王安石
卷三十六
石校理曼卿墓誌銘　文忠公　歐陽脩
梅給事詢墓誌銘　文忠公　歐陽脩
尹學士洙墓誌銘　文忠公　歐陽脩
尹學士洙墓表　忠獻公　韓琦
卷三十七
蘇長史舜欽墓誌銘　文忠公　歐陽脩
王翰林洙墓誌銘　文忠公　歐陽脩
尹博士源墓誌銘　文忠公　歐陽脩
卷三十八
劉秘書恕墓碣　太史　范祖禹
劉秘書恕十國紀年序　文正公　司馬光
劉檢討羲叟墓誌銘　忠文公　范鎮
魏處士閑墓誌銘　文正公　司馬光
种處士放傳　太史　曾鞏
林和靖逋　太史　曾鞏
王團練中正　太史　曾鞏
卷三十九
富秦公言墓誌銘　文忠公　富弼
賈令君注墓誌銘　景文公　宋祁
田公紹芳墓誌銘　文正公　范仲淹
蘇職方序墓誌銘　舍人　曾鞏
卷四十
程太師元白墓誌銘　文忠公　歐陽脩
瀧岡阡墓表　文忠公　歐陽脩
謝尚書濤神道碑　文正公　范仲淹
劉磨勘式家傳　公是先生　劉敞
卷四十一
韓太保惟忠墓表　黄門　李清臣
張寺丞文蔚墓誌銘　忠文公　范鎮
程太師坦墓誌銘　文恭公　王珪
何廬江隱侯澤墓誌銘　丞相　張商英
卷四十二
老蘇先生洵墓誌銘　文忠公　歐陽脩
又墓表　文定公　張方平
曾博士易占神道碑　黄門　李清臣

孫府君庸墓誌銘　翰林　王禹偁
宋府君玘行狀　景文公　宋祁
卷四十三　曹武惠王彬行狀　少卿　李宗諤
曹武穆公瑋行狀　荆公　王安石
卷四十四　王文正公曾行狀　文忠公　富弼
張忠定公詠行狀　景文公　宋祁
卷四十五　孫文懿公抃行狀　丞相　蘇頌
卷四十六　孫宣公奭行狀　景文公　宋祁
馮侍講元行狀　景文公　宋祁
卷四十七　蔡文忠公齊行狀　文忠公　歐陽脩
孫待制甫行狀　舍人　曾鞏
卷四十八　韓忠獻公璿行狀①　黄門　李清臣
卷四十九　李黄門清臣行狀　太史　晁補之
曾舍人鞏行狀　文昭公　曾肇
卷五十　韓儀公丞相忠彦行狀　學士　畢仲游
卷五十一　司馬文正公光行狀　文忠公　蘇軾
卷五十二　曾太師公亮行狀　文昭公　曾肇
卷五十三　鮮于諫議侁行狀　學士　秦觀
李中丞常行狀　學士　秦觀
卷五十四　杜御史莘老行狀　少卿　查籥
卷五十五　張忠獻公浚行狀　樞密院編修官　朱熹

新刊名臣碑傳琬琰之集目録下

眉州進士　杜大珪　編

卷一　潘武惠公美傳　太史
王中書全斌傳　太史
卷二　張文定公齊賢傳　太史
卷三　范魯公質傳　太史曾鞏
魏丞相仁浦　太史曾鞏
王文康公溥　太史曾鞏
薛文惠公居正　太史曾鞏
盧丞相多遜　太史曾鞏
李文正公昉　子宗諤　太史曾鞏
吕正惠公端　兄餘慶　太史曾鞏
李文靖公沆　太史曾鞏
向文簡公敏中　太史曾鞏

① 韓忠獻公璿行狀　「璿」當作「琦」。

王文穆公欽若　太史曾鞏
丁晉公謂　太史曾鞏
李文定公迪　太史曾鞏
卷四　畢文簡公士安傳　學士畢仲游
卷五　李良僖公處■傳①　太史曾鞏
曹侍中利用　太史曾鞏
李太傅漢超　太史曾鞏
郭觀察進　太史曾鞏
党節度進　太史曾鞏
曹太尉翰　太史曾鞏
符太傅彥卿　太史曾鞏
卷六　李參政若谷傳　太史曾鞏
錢學士若水　太史曾鞏
包孝肅公拯　太史曾鞏
卷七　陶翰林穀傳　太史曾鞏
戚學士綸　太史曾鞏
徐常侍鉉　太史曾鞏
楊文莊公徽之　太史曾鞏
王翰林禹偁　太史曾鞏
孫學士何　太史曾鞏
宋文安公白　太史曾鞏
楊文公億　太史曾鞏
柳侍御開　太史曾鞏
蘇學士易簡　太史曾鞏
劉檢討羲叟　太史曾鞏
卷八　呂文靖公夷簡傳　太史曾鞏
竇參政偁　太史曾鞏
魯肅簡公宗道　太史曾鞏
盛文肅公度　太史曾鞏
韓忠獻公億②　太史曾鞏
宋宣獻公綬　太史曾鞏
劉丞相沆　太史曾鞏
卷九　范忠文公鎮傳　文正公　司馬光
傳跋　諫議　劉安世
卷十　呂正獻公公著傳　太史

① 李良僖公處■傳　「處■」當作「處耘」。
② 韓忠獻公億　「忠獻」當作「忠憲」。

卷十一　潁濱遺老傳上　文定公　蘇轍
卷十二　潁濱遺老傳下　文定公　蘇轍
卷十三　文潞公彦博傳　太史
劉右丞摯傳　太史
卷十四　王荆公安石傳　太史
吕參政惠卿傳　太史
卷十五　唐參政介傳　太史
鄭翰林獬　太史
吴給事中復　太史
陳成肅公升之　太史
卷十六　吕汲公大防傳　太史
馮文簡公京傳　太史
張少保商英傳　太史
卷十七　韓侍郎維傳　太史
卷十八　蔡忠懷公確傳　太史
章丞相惇傳　太史
卷十九　范直講祖禹傳　太史
鄒司諫浩傳　太史
劉諫議安世傳　太史
卷二十　曾文肅公布傳　太史
曾文昭公肇　太史
王懿恪公拱辰　太史
韓太保縝傳　太史
卷二十一　邵康節先生雍　太史　范祖禹
徐沖晦處士復傳　舍人　曾鞏
程宗丞顥　太史
程侍講頤　太史
卷二十二　劉觀文珙行狀　從事郎　呼①
賜謚指揮
謚議　太常博士　宋若水
覆謚議　考功郎　張叔椿
卷二十三　劉待制子羽墓誌銘　祕閣修撰　張栻
劉待制碑銘　宣教郎　朱熹
卷二十四　李太尉顯忠行狀　知閤門事　張掄
卷二十五　虞雍公守唐鄧事　眉山　任燮
王學士昱墓誌銘　南陽　滕宗諒

① 從事郎呼　「呼」當作「玶」，即劉玶，當脱「劉」字。

上集

名臣碑傳琬琰集上卷一

太宗皇帝御製[一]　趙中令公普神道碑[二]

唐堯在位，聖賢謂之叶符；虞舜得人，天地以之開泰。八方理定，千載會昌，必旌柱石之材①，以觀其壯節；鹽梅之寄，以濟其和平。是故應運握圖，明王聖帝，受天寶命，開國成家，無不用忠確間世之臣，光輔基業②；股肱心膂之士，共同甘辛。萬代通規，一時遭遇，保全令德，克荷洪勳者，其故真定王普之謂矣。

王姓趙氏，字則平。其先顓頊之裔，佐禹平水土，是謂伯翳，帝堯賜姓曰嬴氏③。造父其後也，有功於周穆王，受封於趙。周德下衰，叔帶去周適晉。六卿取晉，遂開國焉。今爲常山人也[三]。

王蘊人倫之風概，稟山嶽之儀形④。晦而不彰，寬而無撓，竭其誠志，有始有終，無善不臧，非義勿取。頃自

① 必旌柱石之材　「材」原作「林」，據宋朝事實卷三御製引太師魏國公尚書令真定王神道碑改。
② 光輔基業　「光」原作「先」，據宋朝事實卷三御製引太師魏國公尚書令真定王神道碑改。
③ 帝堯賜姓曰嬴氏　「曰」原作「白」，據庫本及宋朝事實卷三御製引太師魏國公尚書令真定王神道碑改。
④ 稟山嶽之儀形　「形」，宋朝事實卷三御製引太師魏國公尚書令真定王神道碑作「型」。

我太祖從周世宗南平淮甸，水陸兼行，龍虎震威，號令始發，捷如響應①，冥契人神。是時，擒其僞將皇甫暉於滁上[四]。王時爲郡之參佐，斷事明敏，獄無冤者。太祖聞名，召見與語，深器之[五]。洎後太祖仗鉞左馮[六]，因辟爲同州節度推官，歷滑臺、許田、睢陽三鎮從事[七]。其在幕府也，恭謹畏慎，盡竭赤誠，夜思晝行，勿矜勿伐。可謂龍吟虎嘯，雲起風從，如懷萬頃之陂，遭遇承平之運②。太祖光宅天下，龍躍商丘，知有佐時之才，早定君臣之契，擢爲諫議大夫、樞密學士，仍頒金紫以榮之。

是歲，上黨帥李筠叛[八]，太祖將議親征，委之留守，調發軍實。王以爲聖上躬擐甲胄，臣子宜效驅馳，乃陳懇上言，乞扈從鑾輅[九]。洎中塗，進策曰：「陛下初登寶位，應天順人，將制虓雄③，光耀神武。兵機貴速，不尚巧遲④。若倍道兼行，掩其倉卒，所謂自天而下，可一戰而成擒也⑤。」太祖深納其言，舉兵速進。未至高平⑥，李筠果擁衆出戰[一〇]。于時靈旗指寇，勇士齊心，叛帥自焚，餘黨就戮。旋又維揚帥李重進苞藏禍心⑦，阻抗王命[一一]。太祖便殿召對，問攻取之策[一二]。王籌其擅修孤壘⑧，倚恃長淮，而士卒離心，資糧乏絶，以順討逆，動

---

① 捷如響應　「響應」，宋朝事實卷三御製引太師魏國公尚書令真定王神道碑作「影響」。

② 遭遇承平之運　「運」，宋朝事實卷三御製引太師魏國公尚書令真定王神道碑作「會」。

③ 將制虓雄　「虓」，庫本及宋朝事實卷三御製引太師魏國公尚書令真定王神道碑作「驍」。

④ 不尚巧遲　「巧」，宋朝事實卷三御製引太師魏國公尚書令真定王神道碑作「迂」。

⑤ 可一戰而成擒也　「可一戰」，宋朝事實卷三御製引太師魏國公尚書令真定王神道碑作「不戰」。

⑥ 未至高平　宋朝事實卷三御製引太師魏國公尚書令真定王神道碑作「未詣長平」。

⑦ 旋又維揚帥李重進苞藏禍心　「苞」，庫本及宋朝事實卷三御製引太師魏國公尚書令真定王神道碑作「包」。

⑧ 王籌其擅修孤壘　「擅」，宋朝事實卷一御製引太師魏國公尚書令真定王神道碑作「繕」。

必成功。太祖深然之，乃親御六師，長駈淮楚。不踰數月①，果致盪平。駕迴，疇其功②，賞階級，授金紫，加太保，充樞密使[一三]，仍賜功臣之號。

爰自累代以來，朝廷多故，諸侯專制，兵甲亂常，加以僭僞未平，師旅未備，餘風未殄，思有以革之[一四]。王以庶務草創，深惟遠圖，利害靡不言，纖微靡不達，忠盡其力，言如轉規，啓心不疑，振舉風俗，故得遐邇悦服，政令惟新，皆其功也。乾德中，拜門下侍郎、同中書門下平章事[一五]，因之大用，出於流品矣。我太祖觀其才智③，凡事責成，既升近密之權，可觀立功之效。英聲爲之間出，文物爲之復興。勠力同心，如石投水，固以蕭張讓德，姚宋推功，魚水之歡，未足爲比。惟誠惟信，少是少非。揚歷艱難④，上副弼諧之任；明哲兼濟，聿臻命世之才。忠順其言，純誠克著。恢張出之於人表，翊戴以助於康平。狥公滅私，不忘片善；用心合道，逆耳求知。開寶六年，太祖以王始佐創業，克致昇平，伐罪吊民，開拓疆土，下西蜀，平南越，擒吴會，來北戎，威德綏懷，無遠不至，雲龍際會，大道合符，十有餘年矣，知無不爲，甚煩神用，務均勞逸，以優蓋臣。尋授太傅，佩相印，持節河陽[一六]。

洎朕嗣守丕圖，勤修庶政，腹心之寄，中外攸同。特授太尉⑤，使相如故[一七]。乃睠并汾，民墜塗炭，戎車一駕，逆壘宵降。既静妖氛，爰覃爵賞，改太子太保[一八]，增加井賦。北連朔嶠，東盡海嵎，禹穴唐郊，盡爲王土。朕嘗念往年之舊德，褒賞輔弼之殊勳。帷幄之謀，明於果斷，思置之左右前後，任之以耳目股肱。粤自藩垣，入

---

① 不踰數月　「踰」原作「渝」，據庫本與宋朝事實卷三御製引太師魏國公尚書令真定王神道碑改。

② 疇其功　「疇」，庫本及宋朝事實卷三御製引太師魏國公尚書令真定王神道碑作「酬」。

③ 我太祖觀其才智　「太祖」原作「太宗」，據庫本及宋朝事實卷三御製引太師魏國公尚書令真定王神道碑改。

④ 揚歷艱難　「揚」，庫本作「涉」，宋朝事實卷三御製引太師魏國公尚書令真定王神道碑作「敭」。

⑤ 特授太尉　「太尉」，宋朝事實卷三御製引太師魏國公尚書令真定王神道碑作「太嶽宮」，似誤。

居廊廟①，久渴弼諧之道②，更資調燮之能，遂徵授守司徒兼侍中、昭文館大學士〔一九〕。三階已正，百度惟貞，憂國忘家，直亮在意。嘗誡諸弟、諸子，以爲「受寵逾分，富貴逼身，一領名藩，再登上相，以身許國，私家之事，吾弗預焉。嘗念頃自有密升于宰輔，出入三十餘年，未嘗爲親屬而求恩澤〔二〇〕。爾等各宜砥礪，無尚吾過」。故自始至末，親黨無居清顯者。昔春秋美晉大夫羊舌肸「謀而鮮過，惠訓不倦」，王復有焉。

八年，以襄鄧之俗，獄訟攸煩，惠彼疲民，寄之元老〔二一〕。下車布政，鄉閭阜安。事有未便於民者，削而去之；利於民者，舉而行之。豪猾畏威，鰥寡懷惠。暨改轅襄漢，民之去思，如失父母。時已得病於南陽，經年未差，就移漢水，重鎮便藩。常思報主之誠，每懷憂國之志③，迺心王室，時有箴規。上表引唐姚元崇十事〔二二〕，陳古今治亂之由，極人臣獻納之意。興懷慷慨，詞甚激切，揣摩時事，居安慮危。此又其忠藎也。

朕以歷代籍田，其禮久廢，勸農務本，其可忽諸？乃命有司，舉行舊典，改元布慶，帝載惟熙，造膝沃心，惠我耆德。而王久違宸扆，思拜闕庭，既累進於直言，宜再踐於寢廟④。復授守太保兼侍中、昭文館大學士〔二三〕。登雲霄之上位⑤，擢列辟之崇資。燭幽明而無怠無荒，報恩榮而可大可久。刑政之務，知無不爲，功績播於謀猷，群庶謂之明哲。獻替之職，理事皆通，不憚劬勞，夙夜匪懈，可以傳聞清世，書于簡編。而連歲

---

① 入居廊廟　「居」原作「屋」，據庫本及宋朝事實卷三御製引太師魏國公尚書令真定王神道碑改。

② 久渴弼諧之道　「渴」，庫本及宋朝事實卷三御製引太師魏國公尚書令真定王神道碑作「竭」。

③ 每懷憂國之志　「志」，宋朝事實卷三御製引太師魏國公尚書令真定王神道碑作「忠」。

④ 宜再踐於寢廟　「再」，宋朝事實卷三御製引太師魏國公尚書令真定王神道碑作「載」。

⑤ 登雲霄之上位　「登」，宋朝事實卷三御製引太師魏國公尚書令真定王神道碑作「居」。又，「霄」原作「宵」，據庫本及宋朝事實卷三御製引太師魏國公尚書令真定王神道碑改。

之間，風疹頻發①，願避賢良之路②，乞歸閑散之官。朕以勳舊之臣，方深倚注，命駕臨問，涕泣興言。齒髮雖衰，疴瘵未退，荷天之寵，力所不任。特授太保兼中書令③、洛陽留守。

又經歲，疾勢轉深，上表堅乞退避，以禳災眚④。勉强誨諭，志不可奪。乃册拜守太師，進封魏國公，就便頤養。太醫、中使不絶於路，顒望有瘳，別加殊渥。豈期美疢⑤，遽至彌留[二四]。以淳化三年七月十四日薨於洛陽之私第⑥，享年七十有一。朕覽表驚嗟，悲慟累日。不待巫祝桃茢⑦，親臨其喪，繐服舉哀⑧，輟視朝五日。遣右諫議大夫范杲持節⑨，策贈尚書令，追封真定王，特賜謚曰忠獻⑩。吊祭賵贈之數，並令加等⑪，以盡君臣之禮

---

① 風疹頻發　「疹」，宋朝事實卷三太宗皇帝御製太師魏國公尚書令真定王神道碑作「疾」。

② 願避賢良之路　「良」，宋朝事實卷三太宗皇帝御製太師魏國公尚書令真定王神道碑作「者」。

③ 特授太保兼中書令　「特」原作「持」，據庫本及宋朝事實卷三太宗皇帝御製太師魏國公尚書令真定王神道碑改。

④ 以禳災眚　「眚」原作「青」，據庫本及宋朝事實卷三御製引太師魏國公尚書令真定王神道碑改。

⑤ 豈期美疢　「疢」原作「疹」，據庫本及宋朝事實卷三御製引太師魏國公尚書令真定王神道碑改。按，左傳襄公二十三年云：「季孫之愛我，疾疢也；孟孫之惡我，藥石也。美疢不如惡石。」

⑥ 以淳化三年七月十四日薨於洛陽之私第　「三年」原作「二年」，宋朝事實卷三御製引太師魏國公尚書令真定王神道碑及長編卷三三淳化三年七月乙巳條、宋史卷二五六趙普傳、卷五太宗紀均作「三年」，據改；「第」原作「弟」，據庫本及宋朝事實卷三御製引太師魏國公尚書令真定王神道碑改。又，「十四日」，長編卷三三淳化三年七月記作「乙巳」日，宋史卷五太宗紀作「己酉」日。按，是月乙巳爲十四日，而己酉乃十八日，是當朝廷接訃告之日。

⑦ 不待巫祝桃茢　「待」原作「得」，據庫本及宋朝事實卷三御製引太師魏國公尚書令真定王神道碑改。

⑧ 繐服舉哀　「繐」，宋朝事實卷一御製引太師魏國公尚書令真定王神道碑作「賻」。

⑨ 遣右諫議大夫范杲持節　「范杲」原作「范果」，據宋朝事實卷三御製引太師魏國公尚書令真定王神道碑及東都事略、宋史趙普傳改。

⑩ 特賜謚曰忠獻　「特」原作「持」，據庫本及宋朝事實卷三太宗皇帝御製太師魏國公尚書令真定王神道碑改。

⑪ 並令加等　「令」，宋朝事實卷三御製引太師魏國公尚書令真定王神道碑作「給」。

焉。四年二月①，命有司備鹵簿，葬於洛陽北邙之原，而合祔焉。

嗚呼！梁木斯壞，哲人云萎，若濟巨川，予將安寄？王性本俊邁，幼不好學。及至晚歲，酷愛讀書[二五]，經史百家，常存几案②，强記默識，經目諳心，碩學老儒，宛有不及。既博達於今古，尤雅善於談諧。馬伏波詞辯分明，杜征南手不釋卷。見事而敏，抱器自然，壯志無窮，日新其德。許國常存於懷抱，令譽以至於宏彰③。其爲子也，孝養于親，動不違禮。友愛於昆弟，嚴慈於子孫。其仕於公也，奢儉酌中[二六]，貞純許國④，名器能守，謙卑益光。茂德崇勳，輝映朝列。寵遇之盛，今古罕聞。自再入廟堂，時陳規諫，負荷重寄，常懷啓沃之心；竭力輸忠⑤，以待公家之事。有萬石之周慎⑥，孔光之謹密⑦，管葛之智略，房杜之經綸，舉而兼之，斯爲全德。朕於早歲，嘗與周旋，而節操有恒，始終無玷。荷台鉉之任，處輔弼之司⑧。既集大勳，荐膺典册，紀其功烈，宜在旂常。昔唐虞之得臯夔，夏商之任虺益，有周以閎散佐佑，炎漢以蕭曹弼諧，用能寅亮帝謨，緝熙庶績，儔庸比德，今其勝哉！天不憖遺，予何自律？是迺跡其景行，銘之鼎彝⑨，昭巨範於將來⑩，庶令名之不朽。銘曰：

---

① 四年二月　「四年」原作「二年」，據宋朝事實卷三御製引太師魏國公尚書令真定王神道碑改。

② 常存几案　「几案」原作「凡按」，據庫本及宋朝事實卷三御製引太師魏國公尚書令真定王神道碑改。

③ 令譽以至於宏彰　「宏」，宋朝事實卷三太宗皇帝御製太師魏國公尚書令真定王神道碑作「名」。

④ 貞純許國　「純」，宋朝事實卷三太宗皇帝御製太師魏國公尚書令真定王神道碑作「忠」。

⑤ 竭力輸忠　宋朝事實卷三御製引太師魏國公尚書令真定王神道碑作「竭輸忠忱」。

⑥ 有萬石之周慎　「萬石」，宋朝事實卷三太宗皇帝御製太師魏國公尚書令真定王神道碑作「萬石君」。

⑦ 孔光之謹密　「密」，宋朝事實卷三太宗皇帝御製太師魏國公尚書令真定王神道碑作「命」。

⑧ 處輔弼之司　「司」原作「私」，據宋朝事實卷三御製引太師魏國公尚書令真定王神道碑改。庫本作「握輔弼之權」。

⑨ 銘之鼎彝　「銘」原作「昭」，據庫本改。宋朝事實卷三御製引太師魏國公尚書令真定王神道碑作「勒之鼎彝」。

⑩ 昭巨範於將來　「巨」，宋朝事實卷三御製引太師魏國公尚書令真定王神道碑作「臣」。

應運開國，股肱任賢。委以心腹，操執彌堅。實猶令德，王佐周旋①。裨贊明聖，厥位名傳。信之得人②，方言柱礎。魚水同心，君臣盛美。夜寐夙興，有終有始。進思盡忠，見義從矣。退思補過，器識安閒。攀龍附鳳，備歷艱難。縱横志大，接對温顏。官崇荐陟，善惡之間。近密公朝，與奪非類。稟性懷柔，區別利害。踐揚貴職，綽有奇才。經綸宏異，學識通該③。赫赫皇猷，恭恭近侍。任以機權，寵彰名器。啓沃王命，業茂勳崇。南征北伐，平盪姦雄。日侍冕旒，情僞明察。假仗元威④，好生惡殺。若聞諠駭，事不忸怩⑤。堪爲國重，制斷臨時。性直如繩，酌中如砥。孝悌於家，簡編信史。惟公之德，間代英靈。非義不理，庶務乃馨。積善寅緣⑥，敦厚必顯。文教潛敷，聲聞自遠。殊勳表信，追思念功。素推臣節，澤被無窮。奇士挺生，民安俗阜。允洽克從，禮讓規矩。悲風颭颭，夜杳冥冥。咨嗟永隔，精魄長扃。喪此貞純，曷終暮景。魂影已沈，去路斯永。廟堂師傅，丘壠幽泉。勒銘翠琰，不勝潸然⑦。

辨證：

[一]太宗皇帝　初名匡義（九三九～九九七年），太祖弟。太祖建宋後改名光義，開寶八年（九七六年）登基後改名炅。至道三

---

① 王佐周旋　「佐」，宋朝事實卷三太宗皇帝御製太師魏國公尚書令真定王神道碑作「猷」。
② 信之得人　「之」，宋朝事實卷三太宗皇帝御製太師魏國公尚書令真定王神道碑作「任」。
③ 學識通該　「該」字原脱，據庫本及宋朝事實卷三御製引太師魏國公尚書令真定王神道碑補。
④ 假仗元威　「元」，宋朝事實卷三御製引太師魏國公尚書令真定王神道碑作「天」。
⑤ 事不忸怩　「忸」字原脱，據庫本及宋朝事實卷三御製引太師魏國公尚書令真定王神道碑補。
⑥ 積善寅緣　「寅」，庫本即宋朝事實卷三太宗皇帝御製太師魏國公尚書令真定王神道碑作「夤」。
⑦ 不勝潸然　「潸」原作「潸」，據庫本及宋朝事實卷三御製引太師魏國公尚書令真定王神道碑改。

年崩。宋史卷二五六趙普傳云太宗聞趙普卒，「撰神道碑銘，親八分書以賜之」。即本神道碑。按，本書體例，撰者一般置於碑傳名下，然因本碑屬御製，故特置碑名上以示尊貴。下文之神宗皇帝御製兩朝顧命定策元勳之碑同此例。

[二]趙中令公普神道碑　宋朝事實卷三御製亦收録此碑文，題曰「太師魏國公尚書令真定王神道碑」。玉海卷二八祥符太宗御製御書目録云「趙普碑在河南」。按，趙普，隆平集卷四、東都事略卷二六、宋史卷二五六有傳。

[三]今爲常山人也　隆平集趙普傳云其「薊州人。父迥徙常山，又遷洛陽，因占籍焉」。東都事略、宋史趙普傳作「幽州薊人」。趙普世系，可參見建炎以來朝野雜記乙集卷一二趙韓王六世小譜。

[四]擒其僞將皇甫暉於滁上　通鑑卷二九二顯德三年二月戊辰條云周世宗「命太祖皇帝倍道襲清流關。皇甫暉等陳於山下，方與前鋒戰，太祖皇帝引兵出山後；暉等大驚，走入滁州，欲斷橋自守，太祖皇帝躍馬麾兵涉水，直抵城下。暉曰：『人各爲其主，願容成列而戰。』太祖皇帝笑而許之。暉整衆而出，太祖皇帝擁馬頸突陳而入，大呼曰：『吾止取皇甫暉，他人非吾敵也！』手劍擊暉，中腦，生擒之，并擒姚鳳，遂克滁州」。

[五]王時爲郡之參佐至深器之　宋史趙普傳所載略異：「周顯德初，永興軍節度劉詞辟爲從事，詞卒，遺表薦普於朝。世宗用兵淮上，太祖拔滁州，宰相范質奏普爲軍事判官。宣祖卧疾滁州，普朝夕奉藥餌，宣祖由是待以宗分。太祖嘗與語，奇之。時獲盜百餘，當棄市，普疑有無辜者，啓太祖訊鞫之，獲全活者衆。」東都事略趙普傳略同宋史。又，五朝名臣言行録卷一之一中書令韓國趙忠獻王引范蜀公蒙求云：「普爲滁州判官，太祖與語，奇之。會獲盜百餘人，將就死，普意其有冤，啓太祖更訊之，所全活十七八。」

[六]洎後太祖仗鉞左馮　通鑑卷二九三顯德三年十月甲申條云「以太祖皇帝爲定國節度使，兼殿前都指揮使」。胡三省注：「定國軍即同州匡國軍也。太祖登極，避御名，始改爲定國軍。史亦因以後所改軍號書之。」按，左馮，即左馮翊，秦以内史治京師，漢武帝分置左、右内史，後改左内史爲左馮翊。至西魏改曰同州。

[七]歷滑臺許田睢陽三鎮從事　東都事略趙普傳云：「太祖領定國軍節度使，移鎮滑、許，普皆在幕府。最後爲歸德軍節度掌書記。」按，滑臺即滑州義成軍，許田即許州忠武軍，睢陽即宋州歸德軍。

[八]上黨帥李筠叛　宋史卷四八四李筠傳云其於「太祖建隆初，加兼中書令，遣使諭以受周禪，筠即欲拒命，左右爲陳曆數，方僶俛下拜，貌猶不恭。及延使者升階，置酒張樂，遽索周祖畫像懸壁，涕泣不已。賓佐惶駭，告使臣曰：『令公被酒失其常性，幸勿爲訝。』及太原劉鈞以蠟書結筠共舉兵，筠雖緘書上太祖，心已畜異謀，太祖手詔慰撫之。是時，筠子守節爲皇城使，嘗泣諫，筠不聽。太祖又遣守節諭旨曰：『吾聞汝諫汝父，汝父不聽，吾今殺汝，何如汝歸語汝父，我未爲天子時，任自爲之，既爲天子，獨不能臣我耶？』守節白筠，筠謀愈甚，遂起兵」。

[九]乞扈從鑾輅　長編卷一建隆元年八月戊子條載：「初，上征澤、潞，留樞密直學士、右諫議大夫趙普居京師。普因皇弟光義請行，上笑曰：『普豈勝甲冑乎？』許之。」

[一〇]未至高平李筠果擁衆出戰　長編卷一建隆元年四月戊子條云：「昭義反書至，樞密吴延祚言於上曰：『潞州巖險，賊若固守，未可以歲月破。然李筠素驕易無謀，宜速引兵擊之，彼必恃勇出鬭，但離巢穴，即成擒矣。』上納其言。」

[一一]旋又維揚帥李重進苞藏禍心阻抗王命　長編卷一建隆元年九月戊申條云：「淮南節度使、兼中書令滄人李重進，周太祖之甥也，始與上（宋太祖）俱事世宗，分掌内外兵權，而重進以上英武出己右，心常憚焉。恭帝嗣位，重進出鎮揚州，領宿衛如故。及上受禪，命韓令坤代重進爲馬步軍都指揮使。重進請入朝，上意未欲與重進相見，謂翰林學士饒陽李昉曰：『善爲我辭以拒之。』昉草詔云：『君爲元首，臣作股肱，雖在遠方，還同一體。保君臣之分，方契永圖；修朝覲之儀，何須此日？』重進得詔，愈不自安，乃招集亡命，增陴浚隍，陰爲叛背之計。李筠舉兵澤、潞，重進遣其親吏翟守珣間行與筠相結。守珣素識上，往還京師，潛詣樞密承旨李處耘求見，上召問曰：『我欲賜重進鐵券，彼信我乎？』守珣曰：『重進終無歸順之志矣。』上厚賜守珣，許以爵位，且使説重進稍緩其謀，無令二凶並作，分我兵勢。守珣歸，勸重進養威持重，未可輕發，重進信之。上已平澤、潞，則將經略淮南，戊申，徙重進爲平盧節度使，度重進必增疑懼，庚戌，又遣六宅使陳思誨齎鐵券往賜，以慰安之。……陳思誨至淮南，李重進即欲治裝，隨思誨入朝，左右沮之，重進猶豫不決。又自以前朝近親，恐不得全，乃拘留思誨，益治反具。遣使求援於唐，唐主不敢納。揚州都監、右屯衛將軍安友規知重進必反，踰城來奔。重進疑諸將皆不附己，乃囚軍校數十人，軍校呼曰：『吾輩爲周室屯戍，公苟奉周室，何不使吾輩效命？』重進不聽，悉殺之。己未，重進

反書聞。」

［一二］太祖便殿召對問攻取之策　長編卷一建隆元年十月丁亥條云：李重進據揚州反，「上問樞密副使趙普以揚州事宜，普曰：『李重進守薛公之下策，昧武侯之遠圖，憑恃長淮，繕修孤壘。無諸葛誕之恩信，士卒離心；有袁本初之强梁，計謀不用。外絶救援，内乏資糧，急攻亦取，緩攻亦取。兵法尚速，不如速取之。』上納其言」。

［一三］加太保充樞密使　據長編卷一、卷三，平李重進在建隆元年十一月，而趙普爲檢校太保、充樞密使乃在建隆三年十月辛丑，并云：「樞密使不帶正官自普始也。」宋史趙普傳亦稱其於建隆三年拜樞密使、檢校太保。按，歸田録卷二云：「樞密使唐制以内臣爲之，故常與内諸司使、副爲伍，自後唐莊宗用郭崇韜，與宰相分秉朝政，文事出中書，武事出樞密，自此之後，其權漸盛。至今朝遂號爲兩府，事權進用，禄賜禮遇，與宰相均。」默記卷上亦云：「五代自朱梁以用武得天下，政事皆歸樞密院，至今謂之二府。當時宰相但行文書而已。」

［一四］爰自累代以來至思有以革之　涑水記聞卷一云：「太祖既得天下，誅李筠、李重進，召趙普問曰：『天下自唐季以來，數十年間，帝王凡易十姓，兵革不息，蒼生塗地，其故何也？吾欲息天下之兵，爲國家建長久之計，其道何如？』普曰：『陛下之言及此，天地人神之福也。唐季以來，戰鬬不息，國家不安者，其故非他，節鎮太重，君弱臣强而已矣。今所以治之，無他奇巧也，惟稍奪其權，制其錢穀，收其精兵，則天下自安矣。』語未畢，上曰：『卿勿復言，吾已諭矣。』」於是以「杯酒釋兵權」削去禁軍大將統軍之權。「其後，又置轉運使、通判，使主諸道錢穀，收選天下精兵以備宿衛，而諸功臣亦以善終，子孫富貴，迄今不絶。鄉非趙韓王謀慮深長，太祖聰明果斷，天下何以治平？」又云：「太祖既納韓王之謀，數遣使者分詣諸道，選擇精兵。凡其才力伎藝有過人者，皆收補禁軍，聚之京師，以備宿衛。厚其糧賜，居常躬自按閱訓練，皆一以當百。諸鎮皆自知兵力精鋭非京師之敵，莫敢有異心者，由我太祖能强幹弱支，致治於未亂故也。」

［一五］拜門下侍郎同中書門下平章事　宋史趙普傳稱「乾德二年，范質等三相同日罷，以普爲門下侍郎、平章事、集賢殿大學士」。玉壺清話卷六云趙普「既冠台府，參總廟權，參政吕餘慶、薛居正雖副之，但奉行制書，備位而已，不宣制，不預奏事，不押班，每府候對長春殿廬，啓沃大小之務，盡決於公」。

〔一六〕尋授太傅佩相印持節河陽　宋史趙普傳云：「故事，宰相、樞密使每候對長春殿，同止廬中；上聞普子承宗娶樞密使李崇矩女，即令分異之。普又以隙地私易尚食蔬圃以廣其居，又營邸店規利。盧多遜爲翰林學士，因召對屢攻其短。會雷有鄰擊登聞鼓，訟堂後官胡贊、李可度受賕骫法及劉偉僞作攝牒得官，王洞嘗納賂可度，趙孚授西川官稱疾不上，皆普庇之。太祖怒，下御史府按問，悉抵罪，以有鄰爲秘書省正字。普恩益替，始詔參知政事與普更知印、押班、奏事，以分其權。未幾，出爲河陽三城節度、檢校太傅、同平章事。」長編卷一四開寶六年六月丁未條云：「趙普之爲政也專，廷臣多疾之。上初聽趙玭之訴，欲逐普，既止。盧多遜在翰林，因召對，數毁短普，且言普嘗以隙地私易尚食蔬圃，廣第宅，營邸店，奪民利。……自李崇矩罷，上於普稍有間，及趙孚等抵罪，普恩益替。」石林燕語卷五云：「趙中令末年，太祖惡其專。」又卷六云：「韓王獨相十年，後以權太盛，恩遇稍替。」然王夫之宋論卷二太宗乃議云：「傳弟者，非太祖之本志，受太后之命而不敢違耳。迨及暮年，太宗威望隆而羽翼成，太祖且患其偪，而知德昭之不保。普探志以獻謀，其事甚秘，盧多遜窺見以擿發之。太祖不忍於弟，以遵母志，弗獲已而出普於河陽。」

〔一七〕特授太尉使相如故　趙普授檢校太尉年月，據宋宰輔編年録卷二、宋史趙普傳皆云在太平興國八年出爲武勝軍節度使時。又據長編卷一八太平興國二年三月乙亥條載，時「河陽三城節度使趙普來朝，乞赴太祖山陵」，遂「授太子少保，留京師」。則趙普改授太子少保，即罷節度使。故此云「特授太尉，使相如故」者皆不確。按，因開寶末政争，趙普罷相出鎮，故於太宗初年頗受壓制。待趙普卒，太宗爲粉飾君臣際遇，親撰神道碑以賜其家，然於敘述趙普所授官爵間，卻左支右絀，時見舛誤。參見張其凡趙普評傳。

〔一八〕既静妖氛爰覃爵賞改太子太保　按，長編卷二二太平興國六年九月丙午條注曰：「普遷太子太保，正史、實録及百官表並不記。太宗所撰神道碑云：『既静妖氛，爰覃爵賞。』蓋普從征晉陽，以功遷秩也，當在太平興國四年冬十月。行狀則云三年郊祀後遷太子太保。」據行狀，則趙普雖從平北漢，覃賞卻未及。

〔一九〕遂徵授守司徒兼侍中昭文館大學士　長編卷二二太平興國六年九月辛亥條云：「如京使柴禹錫等告秦王廷美驕恣，將有陰謀竊發。上召問普，普對曰：『臣願備樞軸，以察姦變。』退，復密奏：『臣開國舊臣，爲權倖所沮。』因言昭憲顧命及先朝自愬之事。上於宮中訪得普前所上章，并發金匱，遂大感寤，即留承宗京師，召普謂曰：『人誰無過，朕不待五十，已盡知四十九年非矣。』辛亥，以普爲司徒、兼侍中。」注曰：「丁謂談録則云上元夜召普觀燈，即命爲相。亦與正史不合。」按，承宗乃趙普子。丁晉公談録云：「太祖朝，昭憲皇后因不豫，召韓王普至卧榻前，問：『官家萬年千載之後，寶位當付與誰？』普曰：『晉王素有德望，衆所欽服。官家萬年千歲後，合是晉王繼統。』仍上一劄子論之。昭憲密緘題署，藏之於宮内。……洎太祖晏駕，太宗嗣位，忽有言曰：『若趙普在中書，朕亦不得此位。』盧多遜聞之，遂希旨，密加誣譖，將不利於韓王。遽召歸，授太子太保，散官班中。日負憂惕，遂扣中貴密達太宗云：『昭憲皇后寢疾時，臣曾上一劄子論事，時昭憲緘藏在宮中。乞賜尋訪。』果於宮中尋得。太宗大喜，方悟韓王忠赤。是時上元，登樓觀燈，忽有宣旨召趙普赴宴，左右皆愕然。緣太子太保散官，無例赴宴，乃奏曰：『趙普值上辛，在太廟宿齋。』太宗曰：『速差官替來。』少頃，召至，太宗便指於見任宰相沈相公上座，乃顧謂趙曰：『世間姦邪信有之，朕欲卿爲相，來日便入中書。』」沈相公，指沈倫。曲洧舊聞卷一亦云：「世傳太祖將禪位於太宗，獨趙韓王密有所啓，太祖以重違太母之約，不聽。太宗即位，入盧多遜之言，怒甚，召至闕而詰之。韓王曰：『先帝若聽臣言，則今日不睹聖明。然先帝已錯，陛下不得再錯。』太宗首肯者久之，韓王由是復用。」

[一〇] 出入三十餘年未嘗爲親屬而求恩澤　群書考索續集卷三九宋朝恩蔭之濫云：「任子之法，宋初其嚴乎，減齋郎、進馬之額，立蔭補考試之科，其入仕之路至艱也。趙韓王以佐命之功，出入將相二十餘年，而其子之爲六宅使，出於天子之特授，其弟之爲河南推官，猶十年不赴調。」宋會要輯稿職官六九之二二云：「趙普、王旦爲相十二年，子猶白身。」

[一一] 以襄鄧之俗獄訟攸煩惠彼疲民寄之元老　宋宰輔編年録卷二太平興國八年十月己酉條云「趙普罷相，自司徒兼侍中罷爲檢校太尉兼侍中、武勝軍節度使，出鎮鄧州」。時太宗謂人曰：「普於國家有勳力，朕疇昔與之游，今齒髮衰矣。不欲煩以樞務，俾之善地卧治云。」

[一二] 就移漢水重鎮便藩至上表引唐姚元崇十事　據宋史趙普傳云：「雍熙三年春，大軍出討幽薊，久未班師，普手疏」進諫，内引「姚元崇獻明皇十事」。四年乃移山南東道節度使。按，此云「就移漢水，重鎮便藩」，即指趙普自武勝軍節度使移鎮山南東道。神道碑於此所敍歲月先後有誤。又按，趙普奏疏亦載録於宋史趙普傳、長編卷二七雍熙三年五月丙子條。

［二三］復授守太保兼侍中昭文館大學士　宋史趙普傳云「籍田禮畢，太宗欲相呂蒙正，以其新進，藉普舊德爲之表率，册拜太保兼侍中」。

［二四］遽至彌留　玉壺清話卷六云趙普「病久無生意，解所寶雙魚犀帶，遣親吏甄潛者詣上清太平宫醮星，露懇以謝往咎。上清道録姜道元爲公叩幽都，乞神語，神曰：『趙某開國忠臣也，奈何冤累，不可逃。』道元又叩乞所冤者，神以淡墨一巨牌示之，濃煙罩其上，但牌底見『大』字爾。潛歸，公力疾冠帶出寢，涕泣受神語，聞牌底『大』字，公曰：『我知之矣，此必秦王廷美也。然當時事曲不在我，渠自與盧多遜遣堂吏趙白交通，其事暴露，自速其害，豈當咎予？但願早逝，得面辯於幽獄，曲直自正。』是夕，普卒」。

［二五］幼不好學及至晚歲酷愛讀書　玉壺清話卷二云：「太祖嘗謂趙普曰：『卿苦不讀書，今學臣角立，雋軌高駕，卿得無愧乎？』普由是手不釋卷。」又宋史趙普傳稱「普少習吏事，寡學術，及爲相，太祖常勸以讀書。晚年手不釋卷，每歸私第，闔户啓篋取書，讀之竟日。及次日臨政，處決如流。既薨，家人發篋視之，則論語二十篇也」。

［二六］奢儉酌中　長編卷七六大中祥符四年十一月末條注引三朝寶訓卹舊族云：「趙普妻卒，上令中使録其家貲，數甚廣。」涑水記聞卷三云：「太祖時，趙韓王普爲相，車駕因出，忽幸其第。時兩浙錢俶方遣使致書及海物十瓶於韓王，置在左廡下。會車駕至，倉卒出迎，不及屏也。上顧見，問何物，韓王以實對。上曰：『此海物必佳。』即命啓之，皆滿貯瓜子金也。韓王皇恐，頓首謝曰：『臣未發書，實不知。若知之，當奏聞而却之。』上笑曰：『但取之無慮。彼謂國家事皆由汝書生耳。』因命韓王謝而受之。韓王東京宅，皆用此金所修也。」夢溪筆談卷二四雜誌一云：「趙韓王治第，麻擣錢一千二百餘貫，其他可知。蓋屋皆以板爲笪，上以方磚甃之，然後布瓦，至今完壯。」畫墁録云：「趙韓王兩京起第，外門皆柴荆，不設正寢。□□□□三間，小廳事堂中位七間，左右分子舍三間，南北各七位，與堂相差，每位東西廡鑿二井。後園亭榭，制作雄麗，見之使人竦然。」按，野客叢書卷三蕭何强買民田宅有云：「當漢高祖『自將兵擊黥布時，何守關中。上數遣使問相國，何甚岌岌乎，此客恐之以族滅之説，復獻以買田自汙之計。……本朝趙韓王普强買人第宅，聚斂財賄，爲御史中丞雷德驤所劾，不知趙亦用蕭何之術」。

神宗皇帝御製[一]　兩朝顧命定策元勳之碑[二]

熙寧八年六月甲寅①，定策元勳之臣、永興軍節度使、守司徒兼侍中、魏國公、判相州韓琦薨。訃來京師，朕盡然追慟若不勝，詔輟視朝三日，贈尚書令，配享英宗廟庭。七月癸酉，成服于苑中，哭之慟。又敕入内都知、利州觀察使張茂則往護喪事。於是其孤忠彦上公勳德之狀于有司，已而集議尚書省，皆以謂謚公忠獻，無以易。朕念既葬，而墓隧之碑未立②，嘗考大雅烝民之詩，雖美宣王之德，而寔大山甫之功。肇其所生，興其所施，及乎進止威儀、衣服、車馬之盛，莫不與民詠謌之，以慰山甫之心，可謂至矣。蓋臣之致功者大，則君之享福也隆。然則曷可無述③？今觀公之大節所以始，所以終，宜有金石刻之，以著信于後世，而錫訓于子孫，非朕其誰爲之？

惟韓氏遠有世叙，始武子事晉，得封于韓④，遂以爲氏。韓亡，其子孫散之他國，望出博陸。推其族世名爵⑤，而譜猶存。其三世葬安陽。

---

① 熙寧八年六月甲寅　「甲寅」，本書中集卷四八韓忠獻公琦行狀、韓魏公墓誌銘及忠獻韓魏王家傳卷一〇作「二十四日」，長编卷二六五、宋宰輔編年録卷七治平四年九月辛丑條、宋史卷一五神宗紀作「戊午」。按，甲寅爲二十四日，戊午則二十八日，當是朝廷接獲訃告之時。

② 而墓隧之碑未立　「隧」，安陽縣金石録卷六兩朝顧命定策元勳之碑作「陵」。

③ 然則曷可無述　「曷」字原脱，據安陽縣金石録卷六兩朝顧命定策元勳之碑補。

④ 得封于韓　「得」原作「德」，據庫本及安陽縣金石録卷六兩朝顧命定策元勳之碑改。

⑤ 推其族世名爵　「族」原作「术」，據庫本及安陽縣金石録卷六兩朝顧命定策元勳之碑改。

公安陽人，字稚圭。生而有異稟，少好學，夙智早成。天聖五年，公甫冠，擢進士甲科，授將作監丞、同判淄州①。召試學士院，除直集賢院，再遷太常丞②，監左藏庫。歷開封府推官、三司度支判官，改左司諫③。時天異數見，宰相以疾，五日一奉朝請，執政者德輕，不足與論天下事。公連疏中書所行乖失，久不報。又請下御史臺集百官決是非，於是同日詔罷執政者四人[三]。公爲諫官，凡中外職有預責，苟有所知者，未嘗不言。其啓迪上心，則又每以明得失、正綱紀、親忠直、遠邪佞爲急。初，王曾爲宰相，謂公曰：「今言者太激，無補上德。如公言，可謂切而不迂矣。」是時曾望方崇，當時士人罕見獎與。公得其言，益以自信。俄詔同丁度定雅樂。公以阮逸、胡瑗尺律之法出於私見，皆詔罷之，且請用王朴舊樂[四]。遷起居舍人，知諫院，知制誥④，知審刑院。益、利歲大荒，爲劍南三路安撫使⑤，活飢民百餘萬，減冗役數百人，奏除諸郡收市上供綺繡不急之物以便民⑥。趙元昊反，以兵圍延州。又爲陝西安撫使，馳往撫邊，至則賊引去矣。方大將劉平遇賊于百口[五]，以軍敗

---

① 同判淄州　按，「同判」即「通判」。周密齊東野語卷四避諱云：「本朝章憲太后父諱通，嘗改……通判爲同判。」

② 再遷太常丞　「遷」原作「選」，據庫本改。按，忠獻韓魏王家傳卷一云其「明道元年冬，遷太子中允，又改太常丞、直集賢院」。本書中集卷四八韓忠獻公琦行狀、韓魏公墓志銘及東都事略韓琦傳皆稱其「改太常丞、直集賢院」。

③ 改左司諫　忠獻韓魏王家傳卷一云景祐三年「秋，以族貧求外補，得知舒州。將行，除右司諫供職」。按，本書中集卷四八韓忠獻公琦行狀，韓魏公墓誌銘、東都事略韓琦傳、宋史韓琦傳及長編卷一一九、卷一二〇景祐四年五月丙寅條及乙酉條、卷一二一、卷一二二、卷一二三等皆作「右司諫」。然長編卷一一八景祐三年五月戊午、卷一二〇景祐四年六月丙申條亦作「左司諫」。

④ 知制誥　原作「知制詔」，據安陽縣金石録卷六兩朝顧命定策元勳之碑及東都事略、宋史韓琦傳改。

⑤ 爲劍南三路安撫使　東都事略韓琦傳作「益、利歲饑，爲兩路安撫使」。疑「三路」爲「二路」之譌。

⑥ 奏除諸郡收市上供綺繡不急之物以便民　「收」原作「妝」，據庫本改。

被執。監軍黄德和懼罪①，誣言上平實降。朝廷乃勑收其子，命御史臺置獄于河中府[六]。公力爲陳之，平子既蒙釋，又得推恩及其家。

夏竦爲陝西經略安撫招討使②，公以樞密直學士副之。公持攻、守二策以決于上，仁宗欲取攻策，執政者難之[七]。公曰：「元昊以區區數州之地，其衆可知也，顧非舉國不能以内寇。漢拘賊法，城邑之守，未嘗出境謀，此賊所以猖獗而屢勝也。今彼志氣驕惰，我儻併兵從一道出，糧充械利，鼓行而前，宜無堅敵矣。曷不用攻策？」公言雖懇激，然朝廷終以爲不可[八]。俄還涇原，聞元昊遽求盟，公曰：「無約而請和者，謀也。」下令諸將日夜戒嚴。方召兵瓦亭，賊已寇山外。公指圖授任福曰：「此地有險可保，彼雖衆，不足畏也。宜堅壁待之，無得輕出軍，久則勢自歸，且隨躡其後，擊之可有功。」既而又以檄戒福曰：「違節度，雖有功亦斬。」福庸將也，卒爲致敵而死之[九]。夏竦使人收散兵，得公所與檄於福衣帶間，乃言失軍之罪不在公。朝廷猶奪一官，得知秦州。數月，復其官如故[一〇]。

會分陝西爲四路[一一]，改秦鳳經略安撫使。明年，詔易陝西四帥皆爲觀察使，如范仲淹、龐籍二公亦辭。公獨不辭，曰：「上方憂邊甚，臣子忍擇官乎！」頃之，復爲樞密直學士、諫議大夫，又爲陝西經略安撫招討使。公在邊久，積養士氣日益振，又欲用策取横山，以復河南故地，會元昊求稱臣而未遂。公與范仲淹素善，天下稱「韓范」[一二]。仁宗亦知此二人者，遂同除樞密副使，而相與復陳其策上前[一三]。元昊已臣矣，其謀卒不得用。

---

① 監軍黄德和懼罪　「德」字原脱，據庫本及長編卷一二六康定元年二月丙戌條補。

② 夏竦爲陝西經略安撫招討使　「夏竦」原作「憂竦」，據庫本及安陽縣金石録卷六兩朝顧命定策元勳之碑、宋史卷二八三夏竦傳改。

前此，鄭戩代公爲四路帥，遣劉滬、童士廉即降羌所獻地築水洛城①。城役方作②，會戩罷，涇原帥尹洙以爲非便，止之，滬等猶城不已。洙乃械送于獄，且將斬，而戩力爭于朝。公亦以爲水洛可罷，而滬等犯令之罪不可貸[一四]，朝廷命廷臣往視利害。既成，而士廉等詣闕訟其事。是時，公同進用者已悉罷去，公因自請補外[一五]，詔以資政殿學士知揚州，又徙鄆州，徙成德軍。分河北爲四路[一六]，就移定州安撫使、知定州，更本殿大學士、尚書禮部侍郎，以觀文殿學士留再任③，拜武康軍節度④、河東經略安撫使、知并州。

契丹侵我天池⑤，公使裨將蘇安静諭之曰：「爾嘗求我脩池上神廟，今曷見侵也？」虜不服，安静指外橫山、鬼山之麓與之爲約[一七]，不敢踰衍。塞下多閑田，先是國初潘美爲帥時，虜頻出寇鈔，並邊之民甚苦之。美乃令內徙，空其田以爲禁地。公曰：「以虜日加侵，苟失不耕，是將遺虜也。」乃募弓箭手四千户，墾田九千六百頃[一八]。公數罹霜露之疾，願上武康節，罷邊東還，詔聽以節知相州。且疾間，授三司使、工部尚書，尋除樞密使。

---

① 遣劉滬董士廉即降羌所獻地築水洛城　「劉滬董士廉」原作「劉扈童子廉」，據安陽縣金石録卷六兩朝顧命定策元勳之碑及本書中集卷四八韓忠獻公琦行狀、宋史卷二九五尹洙傳與隆平集卷十五尹洙傳、卷十九劉滬傳改。按，下文同改。「水洛」原作「永洛」，據本書中集卷四八韓忠獻公琦行狀、東都事略韓琦傳及宋史韓琦傳、卷八七地理志改。按，下文同改。

② 城役方作　「城」原作「域」，據庫本改。

③ 以觀文殿學士留再任　「觀文殿學士」原作「觀文殿大學士」，韓魏公墓誌銘、長編卷一七一皇祐三年八月癸未條及東都事略、宋史韓琦傳皆作「觀文殿學士」，則「大」字衍，據刪。

④ 拜武康軍節度　「武康軍」原作「武昌軍」，據下文及本書中集卷四八韓忠獻公琦行狀、韓魏公墓誌銘與東都事略、宋史韓琦傳改。

⑤ 契丹侵我天池　「池」原作「地」，據下文及庫本與安陽縣金石録卷六兩朝顧命定策元勳之碑、韓魏公墓誌銘、宋史韓琦傳改。

自國朝剗革僭暴，所積機要文書皆散亂湮鬱，不可考究。諸房比例，前後檢用未嘗同，吏每探高下以市賂①。乃命官條悉删留而論次之②，姦緣以止。其得祖宗御筆所裁，則悉上祕府，以爲世主憲，總千餘秩〔一九〕。後至中書，亦行之。以本官同平章事，進刑部尚書、昭文館大學士、監修國史，封儀國公。仁宗方倚左右大臣以經略太平之務，公因得選勑群司百吏，使奉法循理，各安其職，而天下晏然無事，百姓遂安，刑罰衰止，衣食滋殖，守成之業茂矣。

仁宗在位四十二年，皇嗣未立，而天下共以爲憂。大臣顧避退縮，莫敢爲上言〔二〇〕。公乘間進曰：「皇嗣者，天下安危之所係。自古禍亂之起③，由策不早定也。今陛下春秋高，未有建立，何不擇宗室之賢者而定之，以爲宗廟社稷之計乎？」他日，又進而言曰：「昔漢成帝在位二十五年，議立孝元帝孫定陶王爲子④。成帝在漢非高才主⑤，且能之，以陛下之聰明睿智，奈何久不決也？」始以英宗判宗正寺。英宗稱疾辭，未受命⑥。仁宗以問公，公曰：「名分之未定，去就之所難也。臣切憂之⑦。」帝悟，遂詔立皇子⑧〔二一〕。公復稽首曰：「事定矣，臣

---

① 吏每探高下以市賂　「高」原作「之」，據安陽縣金石録卷六兩朝顧命定策元勳之碑改。

② 乃命官條悉删留而論次之　「删」原作「册」，據安陽縣金石録卷六兩朝顧命定策元勳之碑改。

③ 自古禍亂之起　「古」，長編卷四三七元祐五年正月己丑條引神宗韓琦神道碑作「昔」。

④ 議立孝元帝孫定陶王爲子　長編卷四三七元祐五年正月己丑條引神宗韓琦神道碑作「無子，立弟之子定陶王爲子」。

⑤ 成帝在漢非高才主　「漢」字原脱，據安陽縣金石録卷六兩朝顧命定策元勳之碑補。

⑥ 英宗稱疾辭未受命　「疾」原作「畏」，據安陽縣金石録卷六兩朝顧命定策元勳之碑改。又，長編卷四三七元祐五年正月己丑條引神宗韓琦神道碑作「英宗懇辭不就命」。

⑦ 臣切憂之　「切」，長編卷四三七元祐五年正月己丑條引神宗韓琦神道碑作「竊」。

⑧ 遂詔立皇子　「詔立」，長編卷四三七元祐五年正月己丑條引神宗韓琦神道碑作「立爲」。

復何憂！」時詔雖下，英宗辭益堅，仁宗欣然用其策。英宗既爲皇子，遂入居于慶寧宮。嘉祐八年三月壬申，以仁宗顧命①，奉皇子即皇帝位。於時天氣温晏，宮廷内外，罔不肅然，自畿中市井猶有未知者②。加門下侍郎兼兵部尚書、平章事，進封衛國公，爲仁宗山陵使。

初，英宗暴得疾，皇太后垂簾，權聽軍國事[二二]。及皇躬康復，公乃請乘輿具素仗出祈雨③[二三]。都人猶未識新天子，至是瞻仰天日之表，乃相與言：「君貌類祖宗，真英主也。」皇太后聞之喜，即下令還政[二四]。進左僕射④，兼樞密院事，提舉修仁宗實録。昭陵復土[二五]，上大丞相印綬。英宗親製手詔賜之，語甚眷[二六]。公乃起，不敢辭，辭兼樞密院事，許之。其年南郊大禮，進封魏國公。

以陝西戍兵多，軍常不足，欲籍下民爲義勇[二七]。方議上，諫官司馬光言公曰：「往者常籍之爲民兵⑤，遂涅之爲官軍，父母妻子莫不環顧以泣也。臣願以一身救數萬之命。」英宗曰：「河北、河東亦有義勇，何陝西爲不可？」公於是督使者疾馳往籍之，得十四萬人。光猶上前論其事，英宗曰：「已籍之矣，何獨未知也？」夏賊寇大順城⑥，公即欲停歲賜絶和，以問罪於其主諒祚。大臣或有以寶元⑦、康定之間四方用兵，王師傷

---

① 以仁宗顧命　「顧」原作「願」，據庫本、舊鈔本及安陽縣金石録卷六兩朝顧命定策元勳之碑改。
② 自畿中市井猶有未知者　「畿」原作「幾」，據庫本及安陽縣金石録卷六兩朝顧命定策元勳之碑改。
③ 公乃請乘輿具素仗出祈雨　「具」原作「其」，據庫本改。按，安陽縣金石録卷六兩朝顧命定策元勳之碑無此字。
④ 進左僕射　按長編卷二〇一治平元年閏五月戊辰條作「遷右僕射」，宋史韓琦傳亦作拜「右僕射」，則「左」似當作「右」。
⑤ 往者常籍之爲民兵　「籍之」原作「籍籍」，據琬琰集删存卷一兩朝顧命定策元勳之碑、安陽縣金石録卷六兩朝顧命定策元勳之碑改。
⑥ 夏賊寇大順城　「夏」原作「憂」，據庫本及安陽縣金石録卷六兩朝顧命定策元勳之碑改。
⑦ 大臣或有以寶元　「寶元」原作「保元」，據琬琰集删存卷一兩朝顧命定策元勳之碑改。

敗之事諫于上前[二八]，陰撓其謀者。公曰：「此但膠往迹，何不較今日彼我乎？且諒祚狂童，非有元昊智計，而朝廷邊備乃大過昔日，誠詰之，心必服。」時衆雖屈公，然心不善之也。英宗既用公策，遂遣使賫詔往問罪，而諒祚懼，以表謝于朝廷。會英宗已寢疾，輔臣入起居于便殿。公叩榻問諒祚所上表云何，英宗曰：「亦如前日所料耳[二九]。」於是向之異議者媿服公之謀，且善英宗之聽也。

未幾，即卧内承詔，以朕爲皇太子[三〇]。治平四年正月庚戌，被顧命奉朕即皇帝位。拜司空兼侍中，爲英宗山陵使①。既還，又引故事願罷相，不聽，固請，乃以鎮安武勝軍節度使兼侍中、判相州[三一]，仍虛上宰位侍之，賜興道坊第一區。公因以國朝故事領兩鎮者未嘗有，辭不拜，改淮南節度使。

种諤取綏州，宥州貢不至。既勑備於陝西，又改陝西經略安撫使、判永興軍。或以綏州孤遠，難於饋餉，請棄與賊者，朝廷信之，命公廢焉。公以謂其城扼賊衝，横據山界，并視不平②，不可毁，留詔抗議，以便宜檄邊固守之，乃得存[三二]，迄今爲延州東北形勢之障。公既常有滅賊志，因是乃大揭榜塞上，具陳向背禍福，招來横山之羌，爲進討之計。會關中頻歲不登，邊廪無餘粟，朝廷雖多公策，而時不相之，故其功卒不就。

河北衍地數震，又改河北安撫使、判大名府兼北京留守。公名動外夷，每漢使至契丹，必問公安否。熙寧初，公子忠彦使虜，燕于戎帳。其主顧問胡常使漢者曰：「忠彦之貌肖其父乎？」曰：「然。」遽命工圖之而去。故例，遼使過北都，與留守通書皆不名。明年，來賀同天節副使成堯錫謂接伴曰：「今以韓丞相故，特書名，後人雖欲其名而不得也。」以永興軍節度留再任。公雖留，辭所加命，復判相州[三三]。居二年，乃言：「臣老矣，恐不

---

① 爲英宗山陵使　「陵」字原脱，據庫本及安陽縣金石録卷六兩朝顧命定策元勳之碑補。

② 并視不平　「并」原作「井」，據安陽縣金石録卷六兩朝顧命定策元勳之碑改。

足任事，願乞骸骨以歸。」復以向所加命授之[三四]。公雖在外，朕常璽書訪以機事[三五]。使還，具言公形殆非復在執政日。朕方念公深，遂不能起，可勝慟哉！

公天資忠孝，嶷然如山立，至論大事、決大疑，而辭氣雍容，不見其有憂喜之容也。方天下以爲憂，公獨能蹈危機，進沉斷，上以尊强宗廟社稷，下以慰安元元之心。功高而不矜，位大而不驕，禄富而不侈。自宋興以來，功臣未能遠過也。公爲宰相十年，蓋進人多矣，然未嘗以官職私所親。例得恩澤，先推與其旁支，逮朝廷録遺其子，猶有未命者。公薨前夕，有大星殞于廐中，櫪馬皆鳴。其年十一月庚申，發兩河卒，以一品鹵簿葬公相州安陽縣豐安村之原①。享年六十八歲。

曾祖璆，廣晉府永濟縣令；祖構②，太子中允；父國華，諫議大夫：皆贈太師、中書令兼尚書令，追封齊、燕、魏三國公。男六人：忠彦，太常丞、直龍圖閣；端彦，右贊善大夫；純彦、粹彦、嘉彦，皆大理評事；其一人早卒[三六]。孫男六人[三七]。

維公奉詔立皇子爲皇太子，被顧命立英宗爲皇帝，立朕以承祖宗之緒，可謂定策之元勳之臣矣。或以公安社稷方周勃，政事比姚崇，其言不幾乎！朕既述公以文，遂篆其首曰「兩朝顧命定策元勳之碑」。夫豈特慰公之知，亦將爲天下臣子之勸。銘曰：

嶽祇嶫峨，默降靈氣。匪申匪甫，而相予治。赤精傳圖，繼生仁宗。誰適作相？有來魏公。烈文魏公，匪卜

---

① 以一品鹵簿葬公相州安陽縣豐安村之原　「豐安村」原作「農安材」，據安陽縣金石録卷六兩朝顧命定策元勳之碑、韓魏公墓志銘及忠獻韓魏王家傳改。

② 祖構　原作「祖搆」，據安陽縣金石録卷六兩朝顧命定策元勳之碑、本書中集卷四八韓忠獻公琦行狀、韓魏公墓誌銘及忠獻韓魏王家傳卷一改。

于枚。天實賚予，魏公有來。公治萬事，靡猷不經。進退賞罰①，惟時權衡。晦明風雨，罔拂厥序。男女潔誠，以田以縷。萬物珧珧，四夷舞歌。雖本帝力，公陳亦多。皇有大器，誰嗣誰尸？公陳與予，天命不迷。功成辭隆，視天盈虛②。旂常之載，勤勞終初。乘馬路車③，衮衣赤舄。其誰公如？將相出入。公行不歸，公死是悼。尚想公儀，淚落苑草。永懷英宗，公則配食。我徂于宮，孝思罔極。潔粢碩牲，鍾鼓管絃。從公享之，何千萬年！

辨證：

［一］神宗皇帝　英宗長子。原名仲鍼（一〇四八～一〇八五年），嘉祐八年（一〇六三年）改名頊。治平四年（一〇六七年）登基。

［二］兩朝顧命定策元勳之碑　本碑文又載於安陽縣金石録卷六，題同。按，韓琦，東都事略卷六九、宋史卷三一二有傳。本書中集卷四八載有李清臣韓忠獻公琦行狀；安陽縣金石録卷六載有宋陳薦宋故推忠宣德崇仁保順守正協恭贊治純誠亮節佐運翊戴功臣永興軍節度管内觀察處置等使開府儀同三司守司徒檢校太師兼侍中行京兆尹判相州軍州事□□□□□□使上柱國魏國公食邑一萬六千八百户食實封六千五百户贈尚書令謚忠獻配享英宗廟廷韓公墓誌銘（以下簡稱韓魏公墓誌銘），殘闕，胡昌健撰安陽金石録韓魏公墓誌銘勘誤補正（收入恭州集）一文予以補正。據續湘山野録云：「韓忠獻公神道碑，皇帝御製也，中云：『薨前一夕，有大星殞於園中，櫪馬皆鳴。』又云：『公奉詔立皇子爲皇太子，被顧命立英宗爲皇帝，立朕以承祖

---

① 進退賞罰　「罰」原作「罷」，據庫本及安陽縣金石録卷六兩朝顧命定策元勳之碑改。

② 視天盈虛　「虛」原作「虧」，據安陽縣金石録卷六兩朝顧命定策元勳之碑改。

③ 乘馬路車　「馬」，安陽縣金石録卷六兩朝顧命定策元勳之碑作「彼」。

宗之序，可謂定策元勳之臣。』後銘其碑曰：『公行不歸，中文是悼。尚想公儀，淚落苑草。』後御篆十字，填金，以冠其額曰『兩朝顧命定策元勳之碑』。大哉！夫子之文章也，廣大明白，日星之照江海，不過此辭也。」石林燕語卷二云：「神宗初欲爲韓魏公神道碑，王禹玉爲學士，密詔禹玉具故事有無。禹玉以唐太宗作魏徵碑、高宗作李勣碑、明皇作張説碑、德宗作段秀實碑及本朝太宗作趙普碑、仁宗作李用和碑六事以聞，於是御製碑賜魏公家。或云：即禹玉之辭也。」汪應辰辨云：「熙寧三年十二月，王禹玉參知政事；八年六月，韓魏公薨。此云禹玉爲學士，非也。」

[三]宰相以疾至於是同日詔罷執政者四人　東都事略韓琦傳云：「王隨、陳堯佐爲相，以疾五日一朝，數忿爭。參知政事韓億多私，石中立好戲謔。」又，長編卷一二一寶元元年三月戊戌朔條載是日宰相王隨陳堯佐、參知政事韓億石中立同罷，云「隨與堯佐、億、中立等議政，數忿爭於中書。隨尋屬疾在告，詔五日一朝日赴中書視事。而堯佐復年高，事多不舉。時有『中書翻爲養病坊』之語。……會災異仍見，琦論隨等疏凡十上，堯佐亦先自援漢故事求策免，於是四人者俱罷」。按，韓琦論中書乖失之奏疏，見載於忠獻韓魏王家傳卷一。

[四]公以阮逸胡瑗尺律之法出於私見皆詔罷之且請用王朴舊樂　韓琦論樂奏疏，見載於宋朝諸臣奏議卷九六韓琦上仁宗論詳定雅樂、忠獻韓魏王家傳卷一。

[五]方大將劉平遇賊于百口　宋史卷三二五劉平傳云時宋軍「至萬安鎮，平先發，步軍繼進，夜至三川口西十里止營」。次日「詰旦，步兵未至，平與（石）元孫還逆之，行二十里乃遇步兵。及（黄）德和、万俟政、郭遵所將兵悉至，將步騎萬餘，結陣東行五里，與敵遇」。隆平集卷十九云劉平、石元孫帥軍「結陣東行，至三川口遇賊」。東都事略卷一一〇劉平傳亦云「行至三川口遇賊」。按，「百口」，其義未詳。

[六]命御史臺置獄于河中府　本書下集卷一三文忠烈公彦博傳云：「德和妄奏平等降賊，遣彦博至河中鞫劾，具得姦狀，德和伏誅。」又忠獻韓魏王家傳卷一稱「遣御史文彦博具獄於河東府」。按，作「河東府」者誤。

[七]公持攻守二策以決于上仁宗欲取攻策執政者難之　長編卷一二九康定元年十二月己亥條載「初，晁宗慤等至永興議邊事，夏竦等合奏：『今兵與將尚未習練，但當持重自保，俟其侵軼，則乘便掩殺，大軍蓋未可輕舉。』及劉承宗敗，上復以手詔問師期，

竦等乃畫攻、守二策，遣副使韓琦、判官尹洙馳驛至京師，求決於上」。而乙巳條載當時「上與兩府大臣共議，始用韓琦等所畫攻策也，樞密副使杜衍獨以爲僥倖出師，非萬全計，爭論久之，不聽」。宋史卷二九二田況傳稱「時竦與韓琦、尹洙等畫上攻、守二策，朝廷將用攻策，范仲淹議未可出師」，田況亦上「七不可」之疏反對之。則攻、守二策非韓琦一人之建議，且朝堂上反對攻策者頗夥，且非僅「執政者難之」。

[八]公言雖懇激然朝廷終以爲不可　宋史韓琦傳有云當時「元昊遂寇鎮戎，琦畫攻、守二策，馳入奏。仁宗欲用攻策，執政者難之。琦言」云云，於是「乃詔鄜延、涇原同出征」。長編卷一二九載康定元年十二月乙巳，「詔鄜延、涇原兩路取正月上旬同進兵入討西賊」。丁未，又「詔開封府、京東西、河東路括驢五萬，以備西討，從陝西經略司所上攻策也」。同上卷一三〇慶曆元年正月丁巳條又稱「朝廷既用韓琦等所畫攻策，先戒師期」云云。與此碑文所言頗不同，知碑文所云頗有諱飾。

[九]福庸將也卒爲致敵而死之　長編卷一三一慶曆元年二月己丑條云：「先是，朝廷欲發涇原、鄜延兩路兵討賊，議未決，詔環慶副部署任福乘驛詣涇原計事。會經略安撫使韓琦行邊，趨涇州，而諜者言元昊閱兵折薑會，謀寇渭州。己丑，琦亟趨鎮戎軍，盡出其兵，又募敢勇凡萬八千人，使福將以擊賊。」東都事略卷一一〇任福傳亦云「安撫使韓琦行邊，趨涇州，聞元昊閱兵折薑會，謀入寇，遂以兵萬八千人，命福統諸將擊賊。……琦授福以方略，俾諸將併兵合勢，自懷遠城趨德勝砦，至羊牧隆城出賊之後，如未可戰，則據險設伏待其歸，然後邀擊之。福等既就道，琦又重戒之。福引輕騎數千，與賊戰於張家堡，賊僞北，桑懌引騎趨之，福亦踵其後。會暮，合軍屯好水川。福等追奔三日，至籠竿城北遇賊，距羊牧隆城五里。諸將因前接戰，桑懌先戰没，福繼之，（王）珪及武英而下皆陷焉」。又宋史卷三二五任福傳稱「方元昊傾國入寇，福臨敵受命，所統皆非素撫之兵，既又分出趨利，故至於甚敗」。故此碑文稱任福「庸將」，乃爲開脱韓琦指揮失誤之責。

[一〇]數月復其官如故　據忠獻韓魏王家傳卷二，韓琦於康定二年四月「遂授右司諫」，至「九月，復舊官起居舍人」。

[一一]會分陝西爲四路　長編卷一三四慶曆元年十月甲午條稱陳執中「又言兵尚神密，千里稟命，非所以制勝，宜屬四路各保疆圉，與（張）方平議論略同。朝廷是之」，遂「始分陝西爲四路焉」，以樞密直學士、起居舍人、管勾秦鳳路部署司事兼知秦州韓琦爲禮部郎中，樞密直學士、刑部郎中、管勾涇原路部署司事兼知渭州王沿爲右司郎中，龍圖閣直學士、户部郎中、管

勾環慶路部署司事兼知慶州范仲淹爲左司郎中，龍圖閣直學士、禮部郎中、管勾鄜延路部署司事兼知延州龐籍爲吏部郎中，並兼本路馬步軍都部署、經略安撫緣邊招討使。

〔一二〕公與范仲淹素善天下稱韓范　東都事略卷五九上范仲淹傳云：「仲淹與韓琦俱有威名，軍中爲之語曰：『軍中有一韓，西賊聞之心骨寒；軍中有一范，西賊聞之驚破膽。』」

〔一三〕遂同除樞密副使而相與復陳其策上前　據宋史宰輔表二，慶曆三年四月，韓琦、范仲淹同召爲樞密副使；七月，范仲淹自樞密副使除參知政事。又據長編卷一四九慶曆四年五月壬午朔條，是日「樞密副使韓琦、參知政事范仲淹並對於崇政殿，上四策」云云。則二人「復陳其策上前」時，范爲參知政事已久。

〔一四〕公亦以爲水洛可罷而滬等犯令之罪不可貸　歐陽修全集奏議卷一一論杜衍范仲淹等罷政事狀云：「至如尹洙亦號仲淹之黨，及争水洛城事，韓琦則是尹洙而非劉滬，仲淹則是劉滬而非尹洙。」又群書會元截江網卷二〇本朝集議之公在云「至尹洙號韓范之黨，及争水洛城事，洙則以爲不便，歐陽修言有三利，琦則條十三事以爲不可，各執所見，不務雷同」。按，韓琦奏疏，詳載於長編卷一四九慶曆四年五月壬戌條。

〔一五〕公因自請補外　長編卷一五五慶曆五年三月己未條云「杜衍、范仲淹、富弼既罷，樞密副使、右諫議大夫韓琦上疏言」其事，然「疏入不報，而董士廉又詣闕訟水洛城事，輔臣多主之，琦不自安，懇求補外」。

〔一六〕分河北爲四路　長編卷一六四慶曆八年四月辛卯條云：「下詔分河北兵爲四路，北京、澶懷衛德博濱棣州、通利保順軍合爲大名府路，瀛莫雄霸恩冀滄州、永静乾寧保定信安軍合爲高陽關路，鎮邢洺相趙磁州合爲真定府路，定保深祁州、北平廣信安肅順安永寧軍合爲定州路。凡兵屯將領，悉如其議，惟四路各置安撫使焉。」

〔一七〕公使裨將蘇安静諭之曰至與之爲約　本書中集卷四八韓忠獻公琦行狀云：「契丹吞蝕邊地，公遣將蘇安静抵境上，召酋豪與語曰：『爾移文嘗借天池廟，則皆我地，何可得壞國信義，侵淫詆讕？我邊臣也，爲天子守此土，勢必與爾辯。』契丹理屈，遂歸我冷泉村。代州陽武寨舊用黄嵬山麓爲界，戎人侵不已，公又遣安静塹地立石限之，自此不敢耕山上。」長編卷一七四皇祐五年正月壬戌條云：「寧化軍天池顯應廟在禁地中，久不葺，契丹冒有之。琦遣鈐轄蘇安静抵境上，召其酋豪諭曰：

『爾嘗求我修池神廟，得爾國移文固在，今曷爲見侵也？』契丹無以對，遂歸我冷泉村。代州陽武寨地舊用黄嵬山麓爲界，契丹侵耕不已，琦又遣安静塹地立石限之，自此不敢耕山上。」則知契丹歸天池地與蘇安静於黄嵬山麓立界石爲二事，且「虜不服」亦不合上下文義，「横山鬼山」疑爲「黄嵬山」之譌，碑文此處似有脱誤。

[一八] 塞下多閑田至墾田九千六百頃　按長編卷一七八至和二年二月丙午條云：「先是，潘美帥河東，避寇鈔爲己累，令民内徙，空塞下不耕，號禁地，而忻代州、寧化火山軍廢田甚廣。歐陽修嘗奏乞耕之，詔范仲淹相視，請如修奏。尋爲明鎬沮撓，不克行。及琦至，遣人行視，曰：『此皆我腴田，民居舊跡猶存，今不耕，適留以資敵，後且皆爲敵人有矣。』訂鎬議非是，遂奏代州、寧化軍宜如岢嵐軍例，距北界十里爲禁地，餘則募弓箭手居之。會琦去，即詔（富）弼議，弼請如琦奏。凡得户四千，墾地九千六百頃。」

[一九] 其得祖宗御筆所裁則悉上祕府以爲世主憲總千餘秩　涑水記聞卷一一云：「嘉祐初，樞密院求誓書不獲，又求寧化軍疆境文字，亦不獲。於是韓稚圭曰：『樞密院國家戎事之要，今文書散落如此，不可。』乃命大理寺丞周革編輯之，數年而畢，成千餘卷。」

[二〇] 大臣顧避退縮莫敢爲上言　本書中集卷四八韓忠獻公琦行狀云當時「雖或有言者，而大臣莫敢爲議首」。據長編等所載，當時論及此事者宰執有文彦博、富弼、劉沆、龐籍、王堯臣，侍從有范鎮、司馬光、包拯、趙槩、胡宿、吕誨、邵亢諸人。按長編卷四三七元祐五年正月庚寅條注曰：「蘇轍龍川别志云：『嘉祐二年，仁宗始不豫，皇嗣未建，宰相文、富、韓三公方議所立，參知政事王公堯臣之弟正臣，嘗爲宗室説書官，知十三使之賢，即言之諸公。諸公亦舊知之，乃定議草奏書，即欲上之，而上疾有瘳，即止，堯臣私收奏本。後韓公當國，群臣相繼乞選立宗子，乃定立十三使爲皇子。及仁宗晏駕，皇子踐祚，賞定策之功，以韓公爲首。……英宗之譽，布于諸公，則始于堯臣，而其爲皇子，嗣寶位，則韓公之力，不可誣也。』按：仁宗始不豫，乃至和三年，尋改嘉祐元年，轍稱二年，誤也。」按，此處碑文稱當時大臣「莫敢爲上言」者亦不確。

[二一] 帝悟遂詔立皇子　孫公談圃卷中云：「仁廟皇嗣未立，群臣多言，獨韓魏公有力。一日，殿上陳宗廟大計，上不得已頷之，遂降詔立濮邸。比車駕還宫，不食者再。左右問安否，上垂涕曰：『汝不知我今日已有交代。』宫人有數某妃將入閤者曰：

『何遽使他人爲?』上曰:『是他韓琦已處置了。』復泣下。晚年每遇真廟諱日,群臣拜慰,必聞上慟哭,其聲哀咽。」

[一一二]英宗暴得疾皇太后垂簾權聽軍國事　東都事略韓琦傳云:「英宗暴得疾,慈聖后垂簾聽政。英宗疾甚,有及慈聖語,慈聖不樂。琦與歐陽脩奏事簾前,慈聖嗚咽流涕,具道所以」,韓琦、歐陽修勸慰之,「慈聖默然久之而罷。後數日,琦獨見英宗,英宗曰:『太后待我無恩。』琦曰:『自古聖帝明王不爲少矣,然獨稱舜爲大孝,豈其餘盡不孝也?父母慈愛而子孝,此常事,不足道。惟父母不慈,而子不失孝,乃可稱耳。今但陛下事之未至耳,父母豈有不慈者?』英宗大悟,自是不敢復言」。

[一一三]公乃請乘輿具素仗出祈雨　按長編卷二〇一治平元年四月丁丑條載「權御史中丞王疇欲車駕行幸,以安人心」,故上疏云云,「於是執政及諫官相繼亦有請,上曰:『當與太后議之。』韓琦以白太后,太后曰:『上病新愈,恐未可出。』琦曰:『上意亦自謂可出矣。』太后曰:『今素仗皆未具,更少須。』琦曰:『此細事,不難辦也。』乃詔有司擇日以聞」。又甲申條載司馬光亦上言云云,故於「甲午,祈雨於相國天清寺、醴泉觀」。

[一一四]皇太后聞之喜即下令還政　長編卷二〇一治平元年五月戊申條云:「皇太后出手書還政,是日遂不復處分軍國事。先是,上疾稍愈,自去年秋即間日御前後殿視朝聽政,兩府每退朝,入内東門小殿覆奏太后如初。太后再出還政手書,大臣以白上,輒留之不出。上既康復無他,太后復降詔書還政。韓琦久欲太后罷東殿垂簾,嘗一日取十餘事併以稟上,上裁決如流,悉皆允當。琦退,與同列相賀,因謂曾公亮等曰:『昭陵復土,琦即合求退,顧上體未平,遷延至今。上聽斷不倦如此,誠天下大慶,琦當於簾前先白太后,請一鄉郡,須公等贊成之。』公亮等皆曰:『朝廷安可無公?公勿庸請也。』於是詣東殿,覆奏上所裁決十餘事,太后每事稱善。同列既退,琦獨留,遂白太后,如向與公亮等言。太后曰:『相公安可求退?老身合居深宮,卻每日在此,甚非得已,且容老身先退。』琦即稱前代如馬、鄧之賢,不免貪戀權勢,今太后便能復辟,馬、鄧所不及,因再拜稱賀;且言臺諫亦有章疏乞太后還政,未審決取何日撤簾。太后遽起,琦厲聲命儀鸞司撤簾,簾既落,猶於御屏微見太后衣也。」注曰:「太后還政撤簾事據蔡氏直筆、邵氏見聞録,并參取韓琦家傳及王巖叟別録。及家傳所載太后不樂還政等語,皆虧損聖德,且非事實,今並削去。直筆誤云琦告樞相文彦博,亦不取。」然孫公談圃卷中有云:「曹后稱制日,韓琦欲還政天子,而御寶在太后閣,皇帝行幸即隨駕。琦因請具素仗祈雨,比乘輿還,御寶更不入太后閣。即於簾前具述皇帝聖

德，都人瞻仰，無不歡慰，且言天下事久煩聖慮。太后怒曰：『教做也由相公，不教做也由相公！』琦獨立簾外不去，及得一言有允意，即再拜，駕起，遂促儀鸞司撤簾。上自此親政。」而宋史卷二四二后妃傳上載曹皇后僅云「明年夏，帝疾益愈，即命載撤簾還政，帝持書久不下，及秋始行之」。所載頗多不合。

[二五]昭陵復土　據長編卷一九八，云英宗暴得疾在嘉祐八年三月己卯；卷一九九載昭陵復土在是年十月甲午；卷二〇〇載提舉修仁宗實録在治平元年二月戊辰；卷二〇一載祈雨在是年四月甲午，皇太后出手書還政在五月戊申，韓琦遷右僕射在閏五月戊辰；卷二〇五載韓琦兼樞密院事在治平二年五月甲申，但無進左僕射之記載。可證碑文自「初英宗暴得疾」至「昭陵復土」間所述時序頗有舛亂，當與欲掩飾兩宮不睦之事相關。參見忠獻韓魏王家傳卷五所載。

[二六]英宗親製手詔賜之語甚眷　東都事略韓琦傳云：「琦上還相事，英宗詔曰：『卿有大德于朕，有大功于時，一旦無名謝事，豈不駭天下之耳目，而重朕之過乎？其輔朕使無忝先帝，則卿之終惠也。』」

[二七]以陝西戍兵多軍常不足欲籍下民爲義勇　宋史卷三三六司馬光傳云：「詔刺陝西義勇二十萬，民情驚撓，而紀律疏略，不可用。光抗言其非，持白韓琦。琦曰：『兵貴先聲，諒祚方桀驁，使驟聞益兵二十萬，豈不震慴？』光曰：『兵之貴先聲，爲無其實也，獨可欺之於一日之間耳。今吾雖益兵，實不可用，不過十日，彼將知其詳，尚何懼？』琦曰：『君但見慶曆間鄉兵刺爲保捷，憂今復然，已降勑榜於民，約永不充軍戍邊矣。』光曰：『朝廷嘗失信，民未敢以爲然，雖光亦不能不疑也。』琦曰：『吾在此，君無憂。』光曰：『公長在此地可也，異日他人當位，因公見兵，用之運糧戍邊，反掌間事耳。』琦嘿然，而訖不爲止。不十年，皆如光慮。」據宋史卷一三英宗紀，當時「科陝西户三丁之一，刺以爲義勇軍，凡十三萬八千四百六十五人」。

[二八]大臣或有以寶元康定之間四方用兵王師傷敗之事諫於上前　宋史韓琦傳云韓琦「議停歲賜，絕和市，遣使問罪，樞密使文彦博難之，或舉寶元、康定事」。忠獻韓魏王家傳卷六亦云當時「樞密使文彦博等皆曰：『不可，如此則邊事大起矣。』至引寶元、康定之喪師以動上意」。

[二九]英宗曰亦如前日所料耳　長編卷二〇八治平三年十一月己巳條載：「琦叩御榻曰：『諒祚服罪否？』上力疾顧琦曰：『一如所料。』諒祚所上表雖云『受賜累朝，敢渝先誓』，然尚多游辭，歸罪於其邊吏。乃復賜詔詰之，令專遣使別貢誓表，具言今

後嚴戒邊上酋長，各守封疆，不得點集人馬，輒相侵犯；其鄜延、環慶、涇原、秦鳳等路一帶，久係漢界熟户并順漢西蕃，不得更行劫擄及逼脅歸投；所有漢界不逞叛亡之人，亦不得更有招納。苟渝此約，是爲絶好，餘則遵依先降誓詔，朝廷恩禮，自當一切如舊。」

[三〇] 即卧内承詔以朕爲皇太子　宋史韓琦傳云「帝寢疾，琦入問起居，言曰：『陛下久不視朝，願早建儲以安社稷。』帝頷之，即召學士草制立潁王」。又王鞏聞見近録云：「故事，建儲皆大臣議定，召學士鎖院。英宗皇帝大漸，學士王禹玉當制。上遣御藥院供奉官高居簡就第召張文定至寢幄，文定時在告也。英宗冠白角冠，被黄服，憑几語文定曰：『久不見學士。』意慘然。榻上有紙一幅，上有『明日降詔立皇太子』八字，而未有主名。張公曰：『必潁王也。』盛言潁王身居嫡長而無失德，上頷之。文定乃進紙筆，請其名，上力弱，字疑似不可辨，再請書，乃大書『大大王』三字，遂歸院草制。明日，大臣始知潁王爲皇太子。神宗皇帝每謂文定曰：『國朝以來，卿可謂顧命矣。』」據長編卷二〇八治平三年十二月辛丑條載，當時乃由宰輔先請，而後召張方平草詔，則聞見近録云「明日，大臣始知潁王爲皇太子」者不確。

[三一] 乃以鎮安武勝軍節度使兼侍中判相州　長編紀事本末卷五七宰相不押班云：「治平四年四月乙卯，初，御史中丞王陶等屢言韓琦自嘉祐末專執國柄，君弱臣强，乞行罷退，是日，陶遂極口詆琦，意謂必能逐去。既而上不許，陶始失望。……陶遂劾奏韓琦、曾公亮不臣，至引霍光、梁冀等事爲諭，斥韓琦驕主之色過于霍光。且言欲保全琦族，故劾奏之。」宋史韓琦傳稱「琦執政三世，或病其專，御史中丞王陶劾琦不赴文德殿押班爲跋扈」云云。又宋宰輔編年録卷七治平四年九月辛丑條引丁未録云：「琦即連表家居待罪，詔起視事。王陶又言：『琦雖上表待罪，而卒不肯赴文德殿立班，臣豈可更處風憲？』遂歸卧。明日，上諭翰林學士司馬光曰：『已除卿御史中丞。』光曰：『王陶言宰相不押班，宰相竟不押班，而罷陶憲職，此則言職不可復爲。臣請俟宰相押班，然後受詔。』是時韓琦猶在告，參政吴奎聞詔除陶翰林學士，與光對易，乃上疏論陶。陶復疏奎阿附宰相。於是上批付中書，除陶樞密直學士、知陳州。……至是，山陵復土，韓琦使事已，因稱疾乞上相印，避賢者路。上以詔書慰撫不許。又琦自疏有四當去，復不許。琦更不入中書，請甚堅，於是上夜召張方平議，且曰：『琦志不可奪矣。』方平遂建議宜寵以兩鎮節鉞，且虚府以示復用。乃授琦鎮安武勝等軍節度使、守司徒、檢校太師兼侍中、判相州。」

〔三二〕留詔抗議以便宜檄邊固守之乃得存　據本書中集卷一三郭將軍逵墓誌銘、宋史卷二九〇郭逵傳載，留詔抗議乃郭逵所爲。涑水記聞卷一一云：「及奏得綏州，文潞公爲樞密使，以爲趙諒祚稱臣奉貢，今忽襲取其地，無名，請歸之。時韓魏公爲首相，方求出，上乃以韓公判永興軍兼陝西四路經略使，度其可受可卻以聞。韓公至陝西，言可受。文公以朝旨詰之曰：『若受之則當饋之以糧，戍之以兵，有急當救之，此三者皆有備乎？』韓公對：『不及饋、戍及救，彼自有以當諒祚。』因遺書鄜延，令勿給糧，追還戍兵，若諒祚攻嵬名山，勿救也。時宣徽使郭逵爲鄜延經略使，以爲不可。韓公使司封郎中劉航往督責之，逵固執不從，曰：『如此則降户無以自存，皆潰去矣。』乃奏請築綏州城，置兵戍之，命之曰綏德城，擇降人壯健，刺手給糧，以爲戰兵，得二千餘人。」

〔三三〕公雖留辭所加命復判相州　宋宰相編年録卷七治平四年九月辛丑條引長編云：「熙寧初，河北水溢，地大震，於是以琦判大名府。會王安石作相，行新法，琦上疏論青苗之害，且乞盡罷諸路提舉官。上親袖琦奏出示執政曰：『琦真忠臣，雖在外，不忘王室。朕始謂可以利民，不意乃害民如此，出令不可不審。』上既感悟，欲罷其法，安石怒甚，取琦之章送條例司疏駁，頒天下。又謂吕公著有言藩鎮大臣將興晉陽之師除君側之惡，自草公著責詞，昭著其事，因以摇琦。琦遂辭河北安撫使，徙判相州。」

〔三四〕復以向所加命授之　東都事略韓琦傳云韓琦「復判相州。既至之二年，告老，復除永興軍節度使，未拜而薨」。

〔三五〕公雖在外朕常璽書訪以機事　宋史韓琦傳云「契丹來求代北地，帝手詔訪琦，琦奏」云云。

〔三六〕其一人早卒　本書中集卷四八韓忠獻公琦行狀、韓魏公墓志銘云：「良彦，秘書省校書郎，早卒。」

〔三七〕孫男六人　韩魏公墓志銘云：「孫六人：曰治，大理評事；曰濈，太常寺太祝；曰澡、曰洽、曰浩、曰澄，並幼。」

名臣碑傳琬琰集上卷二

寇忠愍公準旌忠之碑[一]　文懿公孫抃[二]

上祀合宫之明年夏四月[三]，召兩府臣諭之曰：「故太子太傅、萊國公寇準，方嚴鯁亮，有文武偉才。在太宗、真宗朝建大功、立大節，輸謀納忠，誠貫白日。不幸以讒終，朕甚歎嘉之。其勑史氏譔揚勳烈，具誌于石，用垂示來世。」遂以命臣抃。翌日，又下詔賜「旌忠」之額，且親篆以賁寵焉。臣承命恐悸，謹拜手稽首書其事。

公諱準，字平仲。其先出上谷昌平，蓋春秋時司寇蘇公有勞於王室，因官以命氏。後世率多聞人，若東漢恂子翼，漕河內，破蘇茂，畫像雲臺，爲中興勳臣。曾孫侍中榮以辦絜亡匿，宗黨潛散它土，故譜牒亡傳。又數世，有徙居馮翊者，籍于三峰下，遂爲華州下邽人。曾祖賓、祖廷良，以唐末亂不仕①。父湘②，博古嗜學，有文章名。晉開運中登甲科，冠多士，後應辟爲魏王記室終焉，知人者惜之。以公貴，封燕、陳、晉三國公，贈官至太師、尚書令。曾祖母白氏、祖母鄭氏、母趙氏，封許、陳、曹三國太夫人。

---

① 以唐末亂不仕　「末」原作「未」，據庫本改。

② 父湘　「湘」，宋史寇準傳作「相」，當誤。按，長編卷八九天禧元年二月丁酉條、松窗百説「史誤」條皆作「湘」。

準始生，風骨峻爽，與常童不類。及從師入學校，趨隅占對，毅然有成人風采。既冠，讀左氏公羊穀梁傳，不俟講説，不循注疏，三家異同之説，輒援筆剖析以辨明之，辭道理正①，沛若大手。先儒老生曰：「是真所謂宿習者。」年十九，一舉擢進士第，解褐受大理評事、知歸州巴東縣。時太平興國五年也。後三歲②，補大名府成安宰，三遷殿中丞，調兵食于西夏，還差通判鄆州。得召見，稱旨，遂給札試禁中，授右正言，分直東觀③。中謝日，賜緋袍銀魚。汶上之命④。充三司度支推官，俄轉鹽鐵判官公事。會詔百官言邊事，準極疏利病，天子器之。擢署尚書虞部郎中，充樞密直學士[四]，賜金紫，判吏部東銓。未幾，丁曹國太夫人憂，有詔權奪，不得已，起視事。淳化改元，授左諫議大夫，充樞密副使，尋改同知樞密院事[五]，封上谷縣開國男。是年十月，領青州[六]。明年九月，召赴闕，守本官、參知政事[七]，進上谷郡開國侯。至道二年閏七月，知鄧州[八]。

真宗皇帝嗣位，遷尚書工部侍郎。咸平元年五月，移河陽軍。二年八月，改同州。三年夏，朝京師，行次閿鄉，授鳳翔府[九]。五年五月，詔詣行在，轉刑曹、權知開封府[一〇]。六年六月，遷兵部，充三司使[一一]，進封開國公。時始復鹽鐵、度支、户部爲一使。景德元年，特授守本官、同中書門下平章事、集賢殿大學士[一二]。二年十一月，加中書侍郎兼工部尚書。三年二月，罷相[一三]，進刑部尚書、知陝府。祥符初，扈從東封回，遷户部尚書、知天雄軍。四年四月，改兵部尚書。車駕幸亳，權東京留守[一四]。六月，遷檢校太尉、同中書門下平章事，充樞

① 辭道理正　「道」，庫本作「嚴」。
② 後三歲　按隆平集寇準傳云「初，補歸州巴東令，五年不得代」。東都事略寇準傳亦云「在巴東五年不得代」。故此「三」字似爲「五」之譌。
③ 授右正言分直東觀　「右正言」，宋史寇準傳同，然東都事略寇準傳、長編卷三〇端拱二年七月己卯條作「左正言」。按，東觀指史館。
④ 汶上之命　「汶」上疑脱「罷」字。按：汶上，當指鄆州。宋史寇準傳云：「累遷殿中丞、通判鄆州，召試學士院，授右正言、直史館，爲三司度支推官，轉鹽鐵判官。」東都事略寇準傳所載同。

密使①。八年四月，罷機務[一五]，授同中書門下平章事、持節鄧州諸軍事、行鄧州刺史、充武勝軍節度、鄧州管内觀察處置使、知河南府兼西京留守司，移判永興軍。天禧元年二月，换節襄州。三年四月，詔赴京[一六]。六月，特授行中書侍郎兼吏部尚書、同中書門下平章事、充景靈宫使、集賢殿大學士。十二月，改尚書右僕射。四年六月，罷相，授太子太傅，進封萊國公。七月，降授太常卿、知相州②。八月，移守安州，途次棗陽，貶道州司馬。乾興元年二月，再貶雷州司户參軍[一七]。

準疎通博裕，果敢沈毅，能斷大務，不循細檢。喜風幹，善議論，與人無城府，接物無崖岸。顧大義可爲者，必奮勵翔躍，以身先之，其勇若賁獲。至於外險中艱，嶄然涯垠，亦坦坦無退衄意。聞一善，薦道推挽，不進用不已。附離苟合者，疾之如仇讎。初補吏，治二邑，推至信部中，期會賦役③，止計鄉里姓名諭寺門，民赴之無毫髮稽遲者。本道論薦，至有以魯恭、卓茂爲比。嘗奏事真宗④，言切直，上怒起，準以手攀帝衣復御坐，持議益勁，神色瞭然。事既決，乃退。上曰：「此真將相才，吾得之，若唐文皇倚魏鄭公爾。」歲大旱，上問政闕失，準對曰：「在洪範，天人之際若影響，是固刑有所不平爾。祖吉、王淮皆陛下朝臣⑤，頃曲法受財，各伏萬計⑥。吉伏誅，家

---

① 六月遷檢校太尉同中書門下平章事充樞密使　按長編卷八二大中祥符七年六月乙亥條載「兵部尚書寇準爲樞密使、同平章事，王旦薦之也」。則「六月」上當脱「七年」二字。

② 七月降授太常卿知相州　「七月」原作「九月」，按長編卷九六天禧四年七月甲戌條注云「萊公罷在七月」，宋宰輔編年録卷三天禧四年六月丙申條亦云「七月丁丑，準降授太常卿、知相州」，且下文述及「八月移守安州」，則「九」當爲「七」之譌，據改。

③ 期會賦役　「期會」原作「會期」，據庫本及隆平集、東都事略、宋史寇準傳改乙。

④ 嘗奏事真宗　據長編卷三二淳化二年三月己巳條、宋史寇準傳、涑水記聞卷二所載，此乃太宗時事，故「真宗」當爲「太宗」之譌。

⑤ 祖吉王淮皆陛下朝臣　「王淮」原作「王維」，據宋史寇準傳及長編卷三二淳化二年三月己巳條、皇朝編年綱目備要卷四淳化二年三月改。按，下文同改。

⑥ 各伏萬計　「伏」，庫本作「以」。

具籍没；淮止校于私室，仍領濠之定遠簿，蓋參知政事沔同母弟也。陛下重輕如是，亢熯之咎，殆天所誡告。」上嗟悟者久之。

咸平、景德中，契丹頻歲犯塞，多縱遊騎剽略，小不利即引去，僞徜徉無鬭意。準曰：「是狃我也，願朝廷練師徒，簡驍鋭，分據要害地以備之。」是冬果大舉，舉國來寇，越瓦橋，攻高陵，直抵于澶、魏，將飲馬河濡。真宗憂之，召群臣議。或曰：「寇深矣，宜戒嚴京城，益重兵守衛。」或有西、南之幸〔一八〕。準止之曰：「淺議！淺議！方今聖德明備，上合天心；將臣協和，參講師律。若帝馭順動而北，彼黨類自當遁走。設未然，則出兵以撓其謀，堅守以老其衆，顧主客勞逸之狀，我得勝筭必矣。」上悦，於是大駕北征〔一九〕。至澶南城，中外獻言，願駐蹕以觀形勢。準曰：「不過河，則人心未寧，虜氣未懾，非所以取威決勝也。且王超領勁兵屯中山以扼其亢，李繼隆、石保吉以大兵扼其左右肘，四方征鎮赴援日至，何慮而不進？」固争之，連頓首於上前，意氣詞語，憤然感慨。是日，幸北寨〔二〇〕，御北樓，觀視營壁，撫勞部伍。軍民歡呼，自近及遠，聲振于數郡。虜相視怖駭，不能成列。俄而勁弓伏發，殄其元帥〔二一〕。因密奉書以請盟〔二二〕，朝廷始遣曹利用往成之〔二三〕。

御史闕，準取沈毅敢言士塞詔，同列者不悦，屢白吏持例文進〔二四〕。準曰：「宰相所以器百官，今用例，則所謂進賢退不肖，乃虚語耳。」命去之。故士擢用，在準持衡時得人爲多。先帝倦庶政，丁謂曲姦迎合，結權倖以用事。準請間便殿，數其姓名曰：「某與某皆壬人，異時不可輔少主，願更擇方亮大臣爲羽翼。矧皇太子睿德天縱，英聲日茂，延師傅，議經史，默識古今成敗事，見臣寮決機務，周知天下安危計，雖周之成、漢之昭，殆難以擬議。陛下胡不協天人之係望，講宗社之正謀，引登大明，敷照重霄，固祖宗萬世之基本。」言訖，俯伏嗚噎。議未下，明日黨人以急變聞，飛語密中準，準坐此得罪〔二五〕。

既行，過零陵，踰大陂，護兵從騎前後不相屬，溪夷乘間抄掠而去。已而酋長召告之曰：「聞寇準在道，若等奈何竊賢相行槖？神明其祐若乎！」趣遣種人持所掠還準，伏道左引罪且拜①，公慰遣之。至南海，晨旦朝謁從事如常時。謂其子曰：「守法奉正，士人常操，以窮通成敗易之者，非吾意。」先是，署東偏屋瓦數楹，陋不蔽風雨，準完基訪材，揭爲層樓，置几榻其間，經史、老莊及天竺書環列前後，暇或看誦之。賓至，則憑高瞰虚，笑語燕燕，若初無廊廟之貴者。嶠南山水峻絶，其道路往往斬崖瀕澗，曲折高下，馬不能平進。郡縣官有伐竹爲輕輿以迓準者，謝曰：「吾罪人，騎馬足矣。」冒炎溽，捫險阻，日行百里，左右爲之泣下，準昂然無隕穫容色，其度量過人如此。及雷陽，吏以圖獻②，閲視之，首載郡東南門抵海岸凡十里，準恍然悟曰：「吾少時有『到海祇十里③，過山應萬重〔二六〕』之句，迺今日應爾。人生得喪，豈偶然耶？」自是色空夢幻，深諳諦法，危坐終日，寂無它營。天聖元年閏九月，移授銀青光禄大夫、檢校國子祭酒、行衡州司馬。是月七日，以疾終於貶所，年六十三。

嗚呼！非常之功，遇非常之器業然後成；不世之節，待不世之忠賢然後立。且準初繇計府入輔，屬三聖紹統，四隅晏和，上方講稽儒術，尊右文教，以盛太平之形容。敵人睢盱，出我不意，衆號百萬，北方騷然。文紳武綏，策慮倒置。準抗難犯之色，建不拔之議〔二七〕。天威燀揚，霆激而電掣；大惠鋪迪，春煕而日融。民焉息肩，士也卷甲，憬彼氛祲，凝爲至和，逮今三紀矣。而羽書不馳，烽燧不舉，義信惇結，古無與鄰。準之功焉，伏波、尚父之功矣④。洎自秦川再相時，闡闔親政，猾險當路，恟恟中外，靡遑底寧。準密圖本元，深遏萌漸，毅氣一吐，形于明謨，排邪斥疑，濱死不顧。聞準之風者，心魄駭褫，而後知大正不可干，大姦不可肆，大名不可取，大器不

---

① 伏道左引罪且拜　「左」字原闕，據庫本補。

② 吏以圖獻　「圖」，若溪漁隱叢話後集卷二〇寇忠愍引萊公神道碑作「圖經」，當是。

③ 到海祇十里　「祇」原作「抵」，據庫本及隆平集寇準傳、能改齋漫録卷八到海止十里過山應萬重引國史萊公本傳改。

④ 伏波尚父之功矣　庫本作「馬伏波郭尚父之功矣」。

可窺，佞夫忠，懦夫有立志。及真皇棄天下，倖黨斂手，畏伏忠義，兩宮坐朝，庶政平一，輔翊慈惠，卒隆實圖。準之節，霍子孟、狄梁公之節矣。

準篤志于學[二八]，而晉公亡，歲時祠祀，感激泪泣然若孺慕者①，終其身不易。在成安，兄弟以卜葬爲請，準曰：「未也。『父爲士，子爲大夫，葬則士，祭則大夫。』吾先人以文學中高第，卒事王藩，若追贈未逮，則陪臣矣。吾豈忍以士禮葬？」既通顯，乃護二喪還成安，太子遣中貴人勉諭賻卹，恩禮數踰等，大爲搢紳榮。

初，丁崖州貳政②，以諼冒自任，又能陽爲戚施，伺人顏色，密圖忌間之漸。一日，會食政事堂，羹瀝準鬚，謂起以袖徐拂之，準正色曰：「公忝國大臣，乃曲躬爲官長拂鬚耶？」謂大愧。其後邪正寖戾，甚於冰炭，簧言營營，日肆媒孽。準簡固醇挺，未始一疑於心，故及南遷之難，至於天下皆冤之。無幾何，謂敗得竄，道繇海康[二九]。準從者有欲釋憾③，謀不利於謂[三〇]。準知之，陳大席一廡間，設戲具，悉召坐，且命之博奕，因隱几觀焉。謂行，乃罷。

平生著述，於章疏尤工。國政民事無巨細，鉤校利害，爲上悉陳之。其旨粹，其言簡，故多所開益，餘藁即焚滅棄去，雖至戚不得見。好爲詩，警策清悟[三一]，有劉夢得、元微之風格，其氣焰奇拔，則又過之。

準起諸生，兩朝内外更委幾四十載。其間較評銓選，總決浩穰，主財利之煩，膺居留之重，助敷密畫，參告大猷，剖符十藩，持節二鎮，一踐樞弼，再登宰輔。小則糾逖逋隱，刷除弊欺，嚴之以關防，正之以繩墨，差立定格，

---

① 感激泪泣然若孺慕者　「泣」，庫本作「泫」。

② 丁崖州貳政　「州」字原脱，宋史卷二八三丁謂傳稱其「貶崖州司户參軍」，故時有丁崖州之稱，據補。按，庫本作「丁謂貳政」。

③ 準從者有欲釋憾　「從者」，宋史寇準傳作「家僮」。「憾」，庫本作「恨」。

牢不可踰；大則鼓動賢業，彌綸帝載，朝家繫之休戚，政教關之治亂，表正四海，斷焉一德。凡累封户萬三百、真二千七百，爵上公，階勳極品，功臣始賜「推忠佐理」，加「推誠保德崇仁忠亮翊戴」，人臣之遇，其亦至矣。然而不置私第[三二]，不營田園，所得俸賜，皆分給宗黨故舊，去之日，家無餘資。及朝廷許葬洛師，護還之費①，僅能完給。久之，詔復舊官爵，賜謚曰忠愍[三三]。

公前娶許氏，故給事中仲宣之女，不及準貴而亡。再娶宋氏，故左衛上將軍邢公延渥之女[三四]，封晉國夫人。準無子，以弟之子隨爲後。隨勁介有履行，終于殿中丞。女四人：長適樞密使、尚書吏部侍郎、同中書門下平章事王曙，次適太府卿畢慶長，次又爲畢氏繼室，次適司封員外郎、直史館張子畢。孫四人：長諲，贊善大夫；次誦、誠，並大理評事；次諭，未仕。

君子謂公慮己也輕以約，謀國也勇而固，誼在則死不足畏，義亡則生不足惜。勢無以移其操，利無以疚其心。出處始終，孚合大正。昔之垂勳名、載簡編者有幾？宜乎没世三十年而天子思之，生民懷之，搢紳景行之。古風穆然，炳炳如在。詩云：「樂只君子，邦家之基。」準之謂也。銘曰：

太宗膺圖，章聖御極。丕昭武經，誕布文德。準起孤童，遂階貴籍。歷事兩朝，荐釐庶職。剛嚴俊明，篤厚且直。非義不蹈，非忠不迪。開補治具，桓桓智力。指陳機宜，侃侃容色。遼人猖狂，入犯王域。蟻結魏南，狼跳燕北。準抗一言，群類惕息。天嗣繼照，閫慈參翊。猜萌構險，佞間投隙。準矢一謀，姦人踧踖。晏晏萬務，愉愉四國。如石之堅，我社我稷。如山之安，我疆我埸。亮節高峙，讒言衆惑。勞既不圖，咎從而得。風濤暮涉，瘴嶺晨陟。氣陵飛雲，誠貫白日。至于隕世，曾靡憂戚。道無久否，帝用近惜。申詔在庭，俾書其實。海田

① 護還之費 「費」原作「潰」，據庫本改。

變更，陵谷遷易。準之大名，時萬時億。

辨證：

［一］寇忠愍公準旌忠之碑　寇準，隆平集卷四、東都事略卷四一、宋史卷二八一有傳。

［二］孫抃　抃（九九六～一〇六四年）字夢得，初名貫，眉州眉山人。第進士。官至參知政事，以太子少傅致仕。卒，謚文懿。隆平集卷八、事略卷七一、宋史卷二九二有傳；又本書中集卷四五載有蘇頌孫文懿公抃行狀。

［三］上祀合宮之明年夏四月　按大祀指帝王祭祀天地、宗廟等。周禮春官肆師：「立大祀用玉帛、牲牷，立次祀用牲幣，立小祀用牲。」鄭玄注：「鄭司農曰：『大祀，天地；次祀，日月星辰；小祀，司命以下。』玄謂大祀又有宗廟，次祀又有社稷，五祀五嶽，小祀又有司中、風師、山川、百物。」合宮相傳爲黄帝明堂。尸子君治：「夫黄帝曰合宮，有虞氏曰總章，殷人曰陽館，周人曰明堂，皆所以名休其善也。」據宋史卷十二仁宗紀，皇祐二年九月「己酉，朝饗景靈宮。庚戌，饗太廟。辛亥，大饗天地於明堂，以太祖、太宗、真宗配如圜丘，大赦，百官進秩一等」。而三年並未舉行天地、宗廟、明堂祭祀。故宋史寇準傳稱「皇祐四年，詔翰林學士孫抃撰神道碑」。此「四年」當作「三年」。

［四］擢署尚書虞部郎中充樞密直學士　涑水記聞卷二云：「太宗器重準，嘗曰：『朕得寇準，猶唐文皇之得魏鄭公也。』準以虞部員外郎言事，召對稱旨。太宗謂宰相曰：『朕欲擢用寇準，當授以何官？』宰相請用爲開封府推官，上怒曰：『此官豈所以待準者邪？』宰相請用爲樞密直學士，上沈思良久，曰：『且使爲此官可也。』」長編卷三〇端拱二年七月己卯條所載略同，然稱寇準自左正言、直史館擢拜虞部郎中、樞密直學士。

［五］淳化改元授左諫議大夫充樞密副使尋改同知樞密院事　宋史寇準傳云：「淳化二年春，大旱，太宗延近臣問時政得失，衆以天數對。準對曰：『洪範天人之際，應若影響；大旱之證，蓋刑有所不平也。』太宗怒，起入禁中。頃之，召準問所以不平狀，準曰：『願召二府至，臣即言之。』有詔召二府入，準乃言曰：『頃者祖吉、王淮皆侮法受賕，吉贓少乃伏誅；淮以參政沔之弟，盜主守財至千萬，止

杖，仍復其官，非不平而何？』太宗以問沔，沔頓首謝，於是切責沔，而知準爲可用矣。即拜準左諫議大夫、樞密副使，改同知院事。」東都事略寇準傳略同。宋史宰輔表一、長編卷三二載寇準擢樞密副使於淳化二年四月辛巳，碑文稱「淳化改元」者不確。又，按建炎以來朝野雜記甲集卷一〇樞密副使云：「祖宗故事，樞府置使則除副使，置知院則除同知院。淳化二年，太宗既以張遜知密院，於是寇忠愍、温恭肅皆是副使改同知院事。」長編卷三二淳化二年九月甲辰條亦云「知院之名自此始」，并云「自後或以正官或檢校官爲之，秩與副使同」。

［六］領青州　宋史寇準傳云：「準與知院張遜數争事上前。他日，與温仲舒偕行，道逢狂人迎馬呼萬歲。判左金吾王賓與遜雅相善，遜嗾上其事。準引仲舒爲證，遜令賓獨奏，其辭頗厲，且互斥其短。帝怒，謫遜，準亦罷知青州。」按長編卷三四淳化四年六月壬申條所載稍詳，并注云：「僧贊寧作王得一行狀云：『堂吏蘇允淑者，受朝旨沙汰年高選人，七十以上當授散官。有唐州團練判官掌宣與允淑有憾，宣年始三十五，被允淑夾帶高年輩中奏名，授宣爲唐州司馬。宣與僧法燈素友善，以此事爲訴。法燈夙承公厚眷，一日，言此不平于公，公令法燈引至，具得見黜之由。公奏聞，太宗令中使尋訪，召而賜對，仍令上殿，俯邇天顔，問其被抑之故，面轉著作郎，復賜錢百萬，宣諭爲壓驚之貺，授大理法直官。送允淑御史臺，鞫問所因。允淑路由本第，給其押者，言略入見家人輩，押者令入，允淑得便遂自刎，卒。太宗疑及參政寇準，出準爲青州守。其信用皆如此類。』按準罷政，乃緣狂人山呼，與得一行狀不同，當考。」

［七］守本官參知政事　東都事略寇準傳云寇準「始自青州召還也，太宗謂之曰：『卿何來緩邪？』準曰：『臣非召不得至。』太宗曰：『朕子孰可付神器？』準曰：『陛下誠爲天下擇君，謀及婦人不可也，謀及中官不可也，謀及近臣不可也。惟擇所以副天下望者。』太宗屏左右謂曰：『襄王可乎？』準曰：『非臣所知也。』太宗遂以襄王爲開封尹，改封壽王，於是立爲皇太子，人望翕然。太宗曰：『天下心屬太子，將置我何地？』準曰：『顧得所付，天下之福也。』」然羅從彦羅豫章先生文集卷五遵堯録五寇準所云稍異：「太宗久不豫，時準在魏，驛召還，問以後事，準謝曰：『知子莫若父，臣愚不敢與也。』帝曰：『以卿明智不阿順，故以問卿，卿不應辭避。』準再拜請曰：『臣觀諸皇子，誠無不令，至如壽王，得人心深矣。』帝大悦，遂定策以壽王爲太子。」云「時準在魏」者不確。朱熹五朝名臣言行録卷四引遺事亦云「公在青州」。又按，宋史卷一六一職官志一云：「至道元年，詔宰相與參政輪班知印，同升政事堂，押敕齊銜，行則並馬。自寇準始，以後不易。」

［八］知鄧州　宋史寇準傳云至道二年「祠南郊，中外官皆進秩。準素所喜者多得臺省清要官，所惡不及知者退序進之。彭惟節位素居馮拯下，拯轉虞部員外郎，惟節轉屯田員外郎，章奏列銜，惟節猶處其下。準怒，堂帖戒拯毋亂朝制。拯憤極，陳準擅權，又條上嶺南官吏除拜不平數事。廣東轉運使康戩亦言吕端、張洎、李昌齡皆準所引，端德之，洎能曲奉準，而昌齡畏愞，不敢與準抗，故得以任胸臆，亂經制。太宗怒，準適祀太廟攝事，召責端等。端曰：『準性剛自任，臣等不欲數争，慮傷國體。』因再拜請罪。及準入對，帝語及馮拯事，自辯。帝曰：『若廷辯，失執政體。』準猶力争不已，又持中書簿論曲直於帝前，帝益不悦，因歎曰：『鼠雀尚知人意，況人乎？』遂罷準知鄧州。」按宋太宗皇帝實録卷八〇至道三年正月己丑條所云不同：「先是，準知吏部選事，洎掌考功，爲吏部官屬。準年少新進，氣鋭，思欲老儒附己以自大。洎夙夜坐曹視事，每冠帶候準于省門，揖而退，不交一談，準益重之。因召與語，洎捷給，善持論，多爲準規畫，準心伏，遂兄事之，極口誇洎於上。……遂擢用，蓋準推挽之也。既同秉大政，準亦忌之，洎奉事準愈謹，政事一決於準，洎無所參預，專修時政記，甘言諛詞以自媚於上。會議靈州事不稱旨，恐懼，欲自固權寵。上已嫉準事恣，恩寵衰替，洎慮一旦同罷免，因奏事，大言寇準退後多誹謗上，準但色變，不敢自辯，上由是大惡準，旬日罷。」

［九］朝京師行次閿鄉授鳳翔府　長編卷四七咸平三年五月丁亥條載「徙知同州、工部侍郎寇準知鳳翔府，準爲通判劉拯所訟故也」。李燾注曰：「實録别本或云爲通判劉拯從吏所訟，然載此事俱不詳。」又同卷十一月甲午條注引張齊賢傳云「齊賢再入相，數起大獄，又與寇準相傾奪，人以此少之。按，數起大獄，實録當有其事而皆不見記。寇準時又在外，不知齊賢何以傾奪之？豈自同州徙鳳翔，由齊賢故耶？皆當詳考」。

［一〇］五年五月詔詣行在轉刑曹權知開封府　宋史寇準傳云「帝幸大名，詔赴行在所，遷刑部，權知開封府」。據長編卷五二咸平五年五月庚戌條稱：「初，禮部尚書温仲舒知開封府，以繁劇求罷，又面陳不堪外任，願優游臺閣，乃命刑部侍郎寇準代之。」然據宋史真宗紀、長編等，皆未載真宗是年五月前後嘗出京至河北。

［一一］充三司使　按吕氏雜記卷上云：「三司或爲一使，或分三使，自唐歷五代，國初以來，沿革不定，前賢記之詳矣。咸平六年，併鹽鐵、度支、户部爲一，以寇萊公準爲使，自後不復改，凡天下應干財賦事皆主之。」又卷下云：「寇萊公知開封府，張給事佖判三司都勾院，真宗欲用佖爲三司使，辭以不能，帝曰：『誰能之？』曰：『理財之任，舉朝未見其人，姑取名望可以壓人，則寇準可。』乃以寇爲三

司使。」

〔一二〕特授守本官同中書門下平章事集賢殿大學士　宋史寇準傳云「帝久欲相準，患其剛直難獨任。景德元年，以畢士安參知政事，踰月，並命同中書門下平章事，準以集賢殿大學士位士安下」。

〔一三〕三年二月罷相　宋史寇準傳云：「準頗自矜澶淵之功，雖帝亦以此待準甚厚。王欽若深嫉之。一日會朝，準先退，帝目送之，欽若因進曰：『陛下敬寇準，爲其有社稷功邪？』帝曰：『然。』欽若曰：『澶淵之役，陛下不以爲恥，而謂準有社稷功，何也？』帝愕然曰：『何故？』欽若曰：『城下之盟，春秋恥之；澶淵之舉，是城下之盟也。以萬乘之貴而爲城下之盟，其何恥如之！』帝愀然爲之不悅。欽若曰：『陛下聞博乎？博者輸錢欲盡，乃罄所有出之，謂之孤注。陛下，寇準之孤注也。斯亦危矣。』由是帝顧準寖衰。明年，罷爲刑部尚書、知陝州。」長編卷六二景德三年二月戊戌條載寇準罷相，王旦拜相，入謝，真宗「謂曰：『寇準以國家爵賞過求虛譽，無大臣體，罷其重柄，庶保終吉也。』既而命準出知陝州，將行，又遣近臣傳旨戒約」。

〔一四〕車駕幸亳權東京留守　據宋史真宗紀，真宗親謁亳州太清宮在大中祥符七年春。

〔一五〕罷機務　宋史寇準傳云：「林特爲三司使，以河北歲輸絹闕，督之甚急。而準素惡特，頗助轉運使李士衡而沮特，且言在魏時嘗進河北絹五萬而三司不納，以至闕供，請劾主吏以下。然京師歲費絹百萬，準所助纔五萬。帝不悅，謂王旦曰：『準剛忿如昔。』旦曰：『準好人懷惠，又欲人畏威，皆大臣所避；而準乃爲己任，此其短也。』未幾，罷爲武勝軍節度使、同平章事、判河南府。」又長編卷八四大中祥符八年四月壬戌條云：「準爲樞密使，中書有事關送樞密院，礙詔格，準即以聞。上謂旦曰：『中書行事如此，施之四方，奚所取則？』旦拜謝曰：『此實臣等過也。』中書吏既坐罰，樞密院吏皇恐，告準曰：『中書、樞密院日有相干，舊例止令諸房改易，不期奏白而使宰相謝罪。』既而樞密院有事送中書，亦礙詔格，吏得之，欣然呈之旦，旦令卻送與樞密院。吏白準，準大慙，翌日，謂旦曰：『王同年大度如此耶？』旦不答。旦每見上必稱準之才，而準數短之。一日，上謂旦曰：『卿雖談其美，彼專道卿惡。』旦謝曰：『理固當然。臣在相位久，政事闕失必多，準對陛下無所隱，益見其忠直，此臣所以重準也。』上由是愈賢旦。及準自知當罷，使人私於旦，求爲使相，旦大驚曰：『使相豈可求耶？且吾不受私請。』準深恨之。既而上問旦：『準罷，當爲何官？』旦曰：『準未三十，已蒙先帝擢置二府，且有才望，若與使相，令處方面，其風采亦足爲朝廷之光也。』及制出，準入見，泣涕曰：『非陛下知臣，何以至是！』上具道旦所以薦準者，準始媿歎，出語人曰：『王同年器識，非準所可測也。』」

〔一六〕三年四月詔赴京　長編卷九三天禧三年三月乙酉條云：「入内副都知周懷政日侍内廷，權任尤盛，附會者頗衆，往往言事獲從。同輩位望居右者，必排抑之。中外帑庫，皆得專取，而多入其家。性識凡近，酷信妖妄。有朱能者……與親事卒姚斌等妄談神怪事以誘之。懷政大惑，援引能至御藥使，領階州刺史，俄於終南山修道觀，與殿直劉益輩造符命，託神靈，言國家休咎，或臧否大臣。時寇準鎮永興，能爲巡檢，賴準舊望，欲實其事。準性剛强好勝，喜其附己，故多依違之。是月，準奏天書降乾祐山中，蓋能所爲也。中外咸識其詐，上獨不疑。」故於四月中召寇準赴闕。洪邁容齋三筆卷五永興天書論此曰：「大中祥符天書之事，起於佞臣，固無足言。而寇萊公在永興軍，信朱能之詐，亦爲此舉，以得召入，再登相位，馴致雷州之禍，鳳德之衰，實爲可惜。」然涑水記聞卷六云：「王旦疾久不愈，上命肩輿入禁中，使其子雍與直省吏扶之，見于延和殿。勞勉數四，因命曰：『卿今疾亟，萬一有不諱，使朕以天下之事付之誰乎？』旦謝曰：『知臣莫若君，惟明主擇之。』再三問，不對。是時張詠、馬亮皆爲尚書。上曰：『張詠如何？』不對。又曰：『馬亮如何？』不對。上曰：『試以卿意言之。』旦强起舉笏曰：『以臣之愚，莫若寇準。』上憮然，有間，曰：『準性剛褊，卿更思其次。』旦曰：『他人，臣所不知也。臣病困，不任久侍。』遂辭退。旦薨歲餘，上卒用準爲相。」按，王旦卒於天禧元年九月，寇準再拜宰相在三年六月。

〔一七〕乾興元年二月再貶雷州司户參軍　長編卷九六天禧四年八月壬寅條據司馬光記聞云：「自準罷相，繼以三絀，皆非上本意。歲餘，上忽問左右曰：『吾目中久不見寇準，何也？』左右亦莫敢對。上崩，乃責雷州。」又注曰：「徐度國紀：『天禧四年十二月癸丑，對輔臣及王欽若于宣和門北閣子中，上曰：「朕覺四體不康。」丁謂等奏：「近日聖躬稍安，況中外無事，乞寬聖心。」欽若奏：「今來中書、密院公事甚好，又出寇準，朝廷更無事矣。」上云：「除卻寇準後甚靜。」又問：「寇準何在？」宰臣曰：「在道州。」上曰：「輕典。」馮拯曰：「如準包藏禍心，漢、唐之法，皆當族誅，陛下蓋是寬貸。」上曰：「朕曲全之。」于是上色稍怡，命坐賜茶而罷。』不知徐度何從得此，恐必不然。」又歐陽修歸田録卷一云：「寇忠愍公準之貶也，初以列卿知安州，既而又貶衡州副使，又貶道州别駕，遂貶雷州司户。時丁晉公與馮相拯在中書，丁當秉筆，初欲貶崖州，而丁忽自疑，語馮曰：『崖州再涉鯨波，如何？』馮唯唯而已。丁乃徐擬雷州。」曾敏行獨醒雜志卷二云：「公既居道，一日宴客，忽報中人傳敕來，且有持劍前行者，坐客皆失色，公不爲動。中人既至，公謂曰：『願先見敕。』中人出敕示，乃貶雷州司户。因就郡僚假緑綬拜命，終宴而罷。」

〔一八〕或有西南之幸　東都事略寇準傳稱當時「參知政事王欽若，江南人也，請幸金陵；簽書樞密院事陳堯叟，蜀人也，請幸成都」。

〔一九〕於是大駕北征　據宋史卷二八一畢士安傳，時「真宗坐便殿，問策安出。士安與寇準條所以禦備狀，又合議請真宗幸澶淵。士安言澶淵之行，當在仲冬；準謂當亟往，不可緩。卒用士安議」。

〔二〇〕是日幸北寨　宋史寇準傳云是日寇準請真宗進澶州北城，「衆議皆懼，準力爭之，不決。出遇高瓊於屏間，謂曰：『太尉受國恩，今日有以報乎？』對曰：『瓊武人，願効死。』準復入對，瓊隨立庭下，準厲聲曰：『陛下不以臣言爲然，盍試問瓊等？』瓊即仰奏曰：『寇準言是。』準曰：『機不可失，宜趣駕。』瓊即麾衛士進輦，帝遂渡河」。

〔二一〕殄其元帥　宋史寇準傳云：「帝遂渡河，御北城門樓，遠近望見御蓋，踴躍懽呼，聲聞數十里。契丹相視驚愕，不能成列。帝盡以軍事委準，準承制專決，號令明肅，士卒喜悦。敵數千騎乘勝薄城下，詔士卒迎擊，斬獲大半，乃引去。……相持十餘日，其統軍撻覽出督戰。時威虎軍頭張瓌守床子弩，弩撼機發，矢中撻覽額，撻覽死。」東都事略寇準傳所記略同：「真宗即日度河，軍威大震，御城門觀，視營壁，撫勞部伍，軍民懽呼，聲聞數十里。契丹相視怖駭，不能成列。俄而勁弩伏發，射殺其貴將撻覽。契丹懼，因密奉書請盟。」然隆平集寇準傳卻稱「車駕及衛南，而捷書來上」。長編卷五八景德元年十一月甲戌條注亦曰：「撻覽死時，上猶未至澶州。劉攽所作寇準傳及他書皆誤。」按，可證劉攽所作寇準傳及東都事略、宋史寇準傳皆誤承本碑文。

〔二二〕因密奉書以請盟　長編卷五七景德元年閏九月乙亥條云：「初，殿前都虞候、雲州觀察使王繼忠戰敗，爲敵所獲，即授以官，稍親信之。繼忠乘間言和好之利，時契丹母老，頗有厭兵意，雖大舉深入，然亦納繼忠說，於是遣小校李興等四人持信箭，以繼忠書詣莫州部署石普，且致密奏一封，願速達闕下，詞甚懇激。興等言契丹主與母召至車帳前，面授此書，戒令速至莫州送石帥，獲報簡即馳以還。是日，普遣使齎其奏至，上發視之，即繼忠狀。」宋史卷三二四石普傳亦稱「車駕幸澶淵，時王繼忠已陷契丹，契丹欲請和，因繼忠遣人持信箭爲書遺普，且通密表」。然遼史卷一四聖宗紀五載統和二十二年十一月丁卯，「南院大王善補奏宋遣人遺王繼忠弓矢，密請求和，詔繼忠與使會，許和」。同上卷八一王繼忠傳云「二十二年，宋使來聘，遺繼忠弧矢鞭策及求和劄子。……詔繼忠與宋使相見，仍許講和」。按，遼統和二十二年即宋景德元年。宋廷於是年閏九月接獲王繼忠密函，十一月，遼廷方收到宋真宗回復手詔，可證當時乃遼方先求和。遼史如此記載，頗有諱飾。

[一二三] 朝廷始遣曹利用往成之　宋史寇準傳云：「帝遣曹利用如軍中議歲幣，曰：『百萬以下皆可許也。』準召利用至幄，語曰：『雖有敕，汝所許毋過三十萬。過三十萬，吾斬汝矣。』利用至軍，果以三十萬成約而還。」

[一二四] 御史闕準取沈毅敢言士塞詔同列者不悦屢白吏持例文進　長編卷六二景德三年二月戊戌條云：「準在中書，喜用寒畯，每御史闕，輒取敢言之士，他舉措多自任，同列忌之。嘗除官，同列屢目吏持例簿以進，準曰：『宰相所以器百官，若用例，非所謂進賢退不肖也。』因卻而不視。」

[一二五] 準坐此得罪　東都事略寇準傳云：「初，劉后之立也，準及王旦、向敏中皆諫，以爲出於側微，不可，后銜之。及真宗不豫，后參與朝政，準請間曰：『太子睿德天縱，足以任天下之事，陛下胡不協天人之係望，講社稷之丕謀，引登大明，敷照重霄？若丁謂恃才而挾姦，曹利用恃權而使氣，皆不可輔少主。願擇方正大臣，羽翼太子。』真宗然之。準乃屬翰林學士楊億草表請太子監國，且欲進億以代謂。億私語其妻弟張演曰：『數日之後，事當一新。』語稍洩，丁謂夜乘婦人車詣曹利用第，謀其事，遂密以聞。明日，罷準爲太子太傅，封萊國公。踰月，楊崇勳等告内侍周懷政謀廢皇后，奉真宗爲太上皇而傳位太子，復用準爲相。懷政既事泄被誅，又降準爲太常卿、知相州，徙安州，貶道州司馬，再貶雷州司户參軍。」隆平集、宋史寇準傳所載略同。涑水記聞卷六云：「真宗不豫，寇萊公與内侍省都知周懷政密言於上，請傳位皇太子，上自稱太上皇，上許之，自皇后以下皆不預知。既而月餘無所聞。二月二日，上幸後苑，命後宮挑生菜，左右皆散去。懷政伺上獨處，密懷小刀至上所，涕泣言曰：『臣前言社稷大計，陛下已許臣等，而月餘不決，何也？臣請剖心以明忠款。』因以刀劃其胸，僵仆于地，流血淋漓。上大驚，因是疾復作，左右扶輿入禁中。皇后命收懷政下獄，按問其狀。又於宫中索得萊公奏言傳位事，乃命親軍校楊崇勳密告云：『寇準、周懷政等謀廢上，立太子。』遂誅懷政而貶萊公。」東軒筆録卷三亦云：「天禧末，真宗寢疾，章獻明肅太后漸預朝政，真宗意不能平。寇萊公探知此意，遂欲廢章獻，立仁宗，策真宗爲太上皇，而誅丁謂、曹利用等。於是李迪、楊億、曹瑋、盛度、李遵勗等協力，處畫已定，凡誥命，盡使楊億爲之，且將舉事。會萊公因醉漏言，有人馳報晉公，晉公夜乘犢車往利用家謀之。明日，利用入，盡以萊公所謀白太后，遂矯詔罷公政事。及真宗上仙，乃指萊公爲反，而投海上。」

[一二六] 到海祇十里過山應萬重　苕溪漁隱叢話後集卷二〇寇忠愍引萊公神道碑載此詩句，又云：「青箱雜記以爲萊公少時作此

句，遂兆晚年之讖，復齋漫録以爲非是，乃萊公效于武陵詩：『過楚水千里，到秦山萬重。』三書所云，徒爲紛紛，當以碑言爲正也。」

［二七］準抗難犯之色建不拔之議　按葉適習學記言序目卷四八皇朝文鑑二寇準論澶淵事宜云：「余舊聞長老重準力贊親征，且言其凡所規慮皆已先定，非一時偶然而爲者，即此疏也。自太宗世，契丹寇邊，未嘗寧息。真宗甫終諒闇，虜已大入，親驾戎車，亟用祖宗之舊，而傅潛畏懦不戰，范廷召、康保裔敗死，張齊賢、向敏中、吕端、李沆、吕蒙正、畢士安不能爲謀，及王超、李福、王繼忠又敗，上議復出，群臣不敢唯諾；至是母子傾國來寇，其勢尤熾，天下震動，則陳堯叟、王欽若避地南遷之請紛紛出矣。寇準初相，倉猝奉上以行；當時相傳畢士安有『相公交取鶻崙官家』，高瓊有『此處好唤宰相吟兩首詩』之語，其爲策略可見矣。況此疏正是擘移兵馬，寇深則抽那大軍護駕爾，了無奇計，未知諸公何以夸豔如此？前代人主在鞍馬間者固多，然須必勝，不勝則危亡隨之。人主勇於自行，則固不論；若諸將不用命，而大臣將以天子之威壓之，則前傅潛，今王超，終皆不能效死，必求和而後免，辱無大者，而準猶可矜肆以爲功伐乎？……準既不能知人，又不能臨兵，至於委曲調護兩國之間，爲生靈請命，又不能也；而挾萬乘僥幸，然後以和爲功，則余所不敢聞也。」

［二八］準篤志于學　按五朝名臣言行録卷四之二丞相萊國寇忠愍公引談叢云：「萊公在岐，忠定（張詠）任蜀還，不留，既别，顧萊公曰：『曾讀霍光傳否？』曰：『未也。』更無他語。萊公歸取其傳讀之，至『不學無術』，笑曰：『此張公謂我矣。』」

［二九］謂敗得竄道繇海康　東都事略卷四九丁謂傳載丁謂爲真宗山陵使，因雷允恭「既有力於謂，謂德之，故遣允恭修陵域。允恭惑司天邢中和妄言，移皇堂於東南二十步。王曾具奏其事，以謂擅易陵寢，意有不善。……允恭既誅，謂罷相，爲太子少保、分司西京。謂次子玘與女冠劉德妙通，出入謂家，謂坐貶崖州司户參軍」。按，海康，縣名，雷州治所。

［三〇］準從者有欲釋憾謀不利於謂　歸田録卷一云：「比丁之南也，寇復移道州，寇聞丁當來，遣人以蒸羊逆於境上，而收其僮僕，杜門不放出，聞者多以爲得體。」國老談苑卷二亦云：「寇準掾雷康，丁謂謫朱崖，將假路於雷康。準聞之『竄逐誠冤於謂，今謂窮來，而吾僕有剛者，必將致仇，當爲防之』，於是聚令博奕，亦閱之。詰旦，聞夜三更謂往矣，乃令散。」

［三一］好爲詩警策清悟　苕溪漁隱叢話後集卷二〇寇忠愍云：「忠愍詩思悽惋，蓋富於情者。」

［三二］然而不置私第　按邵氏聞見録卷七云：「寇萊公既貴，因得月俸置堂上，有老媪泣曰：『太夫人捐館時，家貧，欲絹一匹作衣衾不可得，恨不及公之今日也。』公聞之大慟，故居家儉素，所卧青帷二十年不易。或以公孫弘事靳之，公笑曰：『彼詐我誠，尚何

愧！』故魏野贈公詩曰：『有官居鼎鼐，無宅起樓臺。』後虜使在廷，目公曰：『此無宅相公耶？』或曰公頗專奢縱，非也。蓋公多典藩，於公會宴設則甚盛，亦退之所謂『甂石之儲，嘗空於私室；方丈之食，每盛於賓筵者』。」

〔三三〕詔復舊官爵賜謚曰忠愍　東軒筆録卷三云寇準遠貶雷州，而「楊億臨死，取當時所爲詔誥及始末事迹，付（李）遵勗收之。至章獻上仙，遵勗乃抱億所留書進呈仁宗，及叙陳本末，仁宗盡見當日曲直，感歎再三，遂下詔湔滌其冤，贈萊公中書令，謚曰忠愍」。

〔三四〕再娶宋氏故左衛上將軍邢公延渥之女　按，宋延渥後改名宋偓，宋史卷二五五有傳。太祖宋后即其長女。石林燕語卷七云：「寇萊公、王武恭公（德用）皆宋偓壻，其夫人明德皇后親妹也。當國主兵，皆不以爲嫌。」汪應辰辨云：「韓宗訓樞密亦宋偓壻，明德當作孝章。」

王文正公旦全德元老之碑[一]　史館修撰歐陽脩[二]

至和二年七月乙未，樞密直學士、右諫議大夫王素奏事殿中，已而泣且言曰：「臣之先臣旦，相真宗皇帝十有八年，今臣素又得待罪侍從之臣。惟是先臣之訓，遺業餘烈，臣實無似，不能顯大，而墓碑至今無辭以刻①。惟陛下哀憐，不忘先帝之臣，以假寵於王氏，而勖其子孫。」天子曰：「嗚呼！惟汝父旦，事我文考真宗，叶德一心，克終厥位，有始有卒，其可謂全德元老矣。汝素以是刻于碑。」素拜稽首，泣而出。明日，有詔史館修撰歐陽脩曰：「王旦墓碑未立，汝可以銘。」臣脩謹按：

故推誠保順同德守正翊戴功臣、開府儀同三司、守太尉、充玉清昭應宮使、上柱國、太原郡開國公、贈太師、尚書令兼中書令、追封魏國公、謚曰文正王公諱旦，字子明，大名莘人也。皇曾祖諱言，滑州黎陽令，追封許國

①　而墓碑至今無辭以刻　「今」原作「令」，據庫本及歐陽修居士集卷二二太尉文正王公神道碑銘并序改。

公；皇祖諱徹，左拾遺，追封魯國公；皇考諱祐①，尚書兵部侍郎，追封晉國公：皆累贈太師、尚書令兼中書令。曾祖妣姚氏，魯國夫人。祖妣田氏，秦國夫人。妣任氏，徐國夫人；邊氏，秦國夫人。公之皇考，以文章自顯周、漢之際②，逮事太祖、太宗爲名臣。嘗諭杜重威使無反漢，拒盧多遜言趙普之謀③，以百口明符彦卿無罪[三]，故世多稱王氏有陰德。公之皇考亦自植三槐于庭，曰：「吾之後世必有爲三公者，此其所以志也。」

公少好學有文。太平興國五年進士及第，爲大理評事、知臨江縣④，監潭州銀場⑤，再遷著作佐郎，與編文苑英華。遷殿中丞⑥，通判鄭、濠二州。王禹偁薦其材任轉運使，驛召至京師，辭不受。獻其所爲文章，得試，直史館，遷右正言⑦、知制誥，知淳化三年禮部貢舉[四]，遷虞部員外郎、同判吏部流内銓、知考課院。右諫議大夫趙昌言參知政事，公以壻避嫌，求解職[五]。太宗嘉之，改禮部郎中、集賢殿修撰。昌言罷，復知制誥，仍兼修撰、判院

---

① 皇考諱祐　「祐」，諸書或作「祐」，或作「祜」。按，晉書卷三四羊祜傳，羊祜字叔子。而王旦父字景叔，故其名當以「祜」字爲是。

② 以文章自顯周漢之際　「周漢」，歐陽修居士集卷二二太尉文正王公神道碑銘并序、宋史卷二六九王祐傳作「漢周」。

③ 拒盧多遜言趙普之謀　「言」，歐陽修居士集卷二二太尉文正王公神道碑銘并序、宋史卷二六九王祐傳作「害」。

④ 知臨江縣　「臨」，東都事略王旦傳、湘山野録卷上同，歐陽修居士集卷二二太尉文正王公神道碑銘并序注曰「一作平」。而宋史王旦傳、文正王公遺事、涑水記聞卷七皆作知岳州平江縣。按，清江三孔集卷一四孔武仲宋岳州平江縣王文正公祠堂記有「故丞相文正王公旦嘗宰岳之平江，既去，其民相與築堂畫像而祠之」，又葉適水心集卷十平江縣王文正公祠堂記亦稱「昔王文正公宰是邑，民甚愛之，生爲奉祠」云云，則當以「知平江縣」爲是。

⑤ 監潭州銀場　「銀場」，涑水記聞卷七作「酒税」。

⑥ 遷殿中丞　「殿」字原闕，據歐陽修居士集卷二二太尉文正王公神道碑銘并序及宋史王旦傳補。

⑦ 遷右正言　「右」，涑水記聞卷七作「左」。

事，召賜金紫。久之，遷兵部郎中居職。真宗即位，拜中書舍人。數日①，召爲翰林學士，知審官院、通進銀臺封駁事。

公爲人嚴重，能任大事，避權遠勢，不可干以私，由是真宗益知其賢。錢若水名能知人，常稱公曰：「真宰相器也。」若水爲樞密副使罷，召對苑中，問誰可大用者，若水言公可用，真宗曰：「吾固已知之矣[六]。」咸平三年，又知禮部貢舉。居數日，拜給事中、同知樞密院事②。明年，以工部侍郎參知政事，再遷刑部侍郎。景德元年，契丹犯邊，真宗幸澶州。雍王元份留守東京，得暴疾。命公馳自行在，代元份留守[七]。二年，遷尚書左丞。三年，拜工部尚書、同中書門下平章事、集賢殿大學士，監修國史[八]。是時，契丹初請盟，趙德明亦納誓約，願守河西故地，二邊兵罷不用，真宗遂欲以無事治天下。公以謂宋興三世，祖宗之法具在，故其爲相，務行故事，慎所改作，進退能否，賞罰必當。真宗久而益信之，所言無不聽，雖他宰相大臣有所請，必曰：「王某以謂如何？」事無大小，非公所言不決。公在相位十餘年，外無夷狄之虞，兵革不用，海内富實，群公百司各得其職，故天下至今稱爲「賢宰相[九]」。

公於用人，不以名譽，必求其實，苟賢且材矣，必久其官，而衆以爲宜某職然後遷。其所薦引，人未嘗知[一〇]。寇準爲樞密使，當罷，使人私公，求爲使相。公大驚曰：「將相之任，豈可求耶？且吾不受私請。」準深

① 數日　宋史王旦傳、涑水記聞卷七作「數月」，當是。

② 居數日拜給事中同知樞密院事　「同」字原脱，據宋史王旦傳、卷六真宗紀一、卷二一〇宰輔表一及宋宰輔編年録卷三咸平三年條、涑水記聞卷七補。又，「居數日」，宋史王旦傳、涑水記聞卷七作「鎖宿旬日」。據長編卷四六，王旦於咸平三年二月辛亥權知貢舉，癸亥拜給事中、同知樞密院事，乃後十二日，此言「數日」者不確。

恨之。已而制出，除準武勝軍節度使、同中書門下平章事。準入見，泣涕曰：「非陛下知臣，何以至此？」真宗具道公所以薦者，準始愧歎，以爲不可及[一一]。故參知政事李穆子行簡有賢行①，以將作監丞居于家。真宗召見慰勞之，遷太子中允。初，遣使者召見之，不知其所止，真宗命至中書問王某，然後人知行簡公所薦也。公自知制誥至爲相，薦士尤多。其後公薨，史官修真宗實録，得内出奏章，乃知朝廷之士，多公所薦者。

公與人寡言笑，其語雖簡，而能以理屈人。默然終日，莫能窺其際[一二]。及奏事上前，群臣異同，公徐一言以定。今上爲皇太子，太子諭德見公，稱太子學書有法[一三]。公曰：「諭德之職，止於是邪？」趙德明言民饑，求粮百萬斛。大臣皆曰：「德明新納誓而敢違，請以詔書責之。」真宗以問公，公請勑有司具粟百萬於京師，詔德明來取，真宗大喜。德明得詔，慙且拜曰：「朝廷有人！」大中祥符中，天下大蝗，真宗使人於野得死蝗以示大臣。明日，他宰相有袖死蝗以進者[一四]，曰：「蝗實死矣，請示于朝，率百官賀。」公獨以爲不可。後數日②，蝗飛蔽天，真宗顧公曰：「使百官方賀而蝗如此，豈不爲天下笑耶？」宦者劉承規以忠得幸③，病且死，求爲節度使。真宗以語公曰：「承規待此以瞑目。」公執以爲不可，曰：「他日將有求爲樞密使者，奈何[一五]？」至今内臣官不過留後④。

---

① 故參知政事李穆子行簡有賢行　「行簡」，宋史卷二六三李穆傳、長編卷八三大中祥符七年九月壬子條作「惟簡」，李燾注曰：「歐陽修旦墓誌以『惟簡』爲『行簡』，誤也。行簡，馮翊人，自有傳。」按，李行簡傳載於宋史卷三〇一。

② 後數日　「日」字下，歐陽修居士集卷二二太尉文正王公神道碑銘并序及五朝名臣言行録卷二之四太尉魏國王文正公引神道碑有「方奏事」三字。

③ 宦者劉承規以忠得幸　「宦者」、「忠」，歐陽修居士集卷二二太尉文正王公神道碑銘并序作「宦官」、「忠謹」。按，劉承規又名承珪，宋史卷四六六有傳。

④ 至今内臣官不過留後　「官」字原脱，據歐陽修居士集卷二二太尉文正王公神道碑銘并序補。

公任久，人有謗公於上者，公輒引咎，未嘗自辨。至人有過失，雖人主盛怒，可辨者辨之，必得而後已〔一六〕。榮王宫火，延前殿，有言非天災，請置獄劾火事，當坐死者百餘人。公獨請見，曰：「始失火時，陛下以罪己詔天下，而臣等皆上章待罪。今反歸咎於人，何以示信？且火雖有迹，寧知非天譴耶？」由是當坐者皆免。日者上書言宫禁事坐誅，籍其家，得朝士所與往還占問吉凶之説。真宗怒，欲付御史問狀。公曰：「此人之常情，且語不及朝廷，不足罪。」真宗怒不解，公因自取嘗所占問之書進曰：「臣少賤時，不免爲此，必以爲非①，願并臣付獄。」真宗曰：「此事已發，何可免？」公曰：「臣爲宰相執國法，豈可自爲之，幸於不發，而以罪人？」真宗意解。公至中書，悉焚所得書。既而真宗悔，復馳取之，公曰：「臣已焚之矣。」由是獲免者衆。

公累官至太保〔一七〕，以病求罷，入見滋福殿。真宗曰：「朕方以大事託卿，而卿疾如此。」因命皇太子拜公〔一八〕。公言：「皇太子盛德，必任陛下事。」因薦可爲大臣者十餘人。其後不至宰相者，李及、凌策二人而已，然亦皆爲名臣。公屢以疾請，真宗不得已，拜公太尉兼侍中〔一九〕，五日一朝視事，遇軍國大事，不以時入參決。公益恐②，因卧不起，以疾懇辭。册拜太尉、玉清昭應宫使〔二〇〕。自公病，使者存問，日常三四，真宗手自和藥賜之。疾亟，遽幸其第，賜以白金五千兩，辭不受〔二一〕。天禧元年九月癸酉薨于家③，享年六十有一。真宗臨哭，輟視朝三日，發哀于苑中。其子弟、門人、故吏皆被恩澤〔二二〕。即以其年十一月庚申，葬公於開封府開封縣新里鄉大邊村〔二三〕。

① 必以爲非　「非」，歐陽修居士集卷二二太尉文正王公神道碑銘并序作「罪」。

② 公益恐　歐陽修居士集卷二二太尉文正王公神道碑銘并序作「公益惶恐」。

③ 天禧元年九月癸酉薨于家　「癸酉」，長編卷九〇天禧元年九月己酉條、涑水記聞卷七、宋史卷八真宗紀皆作「己酉」。按：九月朔丙申，己酉乃十四日，則是月無癸酉日，故「癸酉」當爲「己酉」之誤。

公娶趙氏，封榮國夫人，後公若干年卒①。子男三人：長曰司封郎中雍，次曰贊善大夫沖，次素。女四人：長適太子太傅韓億[二四]，次適兵部員外郎、直集賢院蘇耆，次適右正言范令孫，次適龍圖閣直學士、兵部郎中呂公弼。公事寡嫂謹，與其弟旭相友悌尤篤[二五]，任以家事，一無所問，而務以儉約率勵子弟[二六]，使在富貴不知爲驕侈。兄子睦欲舉進士，公曰：「吾常以太盛爲懼，其可與寒士争進？」至其薨也，子素猶未官，遺表不求恩澤[二七]。有文集二十卷。乾興元年，詔配享真宗廟廷。

臣脩曰：景德、祥符之際盛矣。觀公之所以相，而先帝之所以用公者，可謂至哉！是以君明臣賢，德顯名尊，生而俱享其榮②，没而長配於廟，可謂有始有卒，如明詔所褒。昔者烝民、江漢，推大臣下之事，所以見任賢使能之功，雖曰山甫、穆公之詩，實歌宣王之德也。臣謹考國史、實録，至於搢紳故老之傳，得公始終之節，而録其可紀者，輒聲爲銘詩，昭示後世，以彰先帝之明，以稱聖恩褒顯王氏、流澤子孫、與宋無極之意。銘曰：

烈烈魏公，相我真宗。真廟翼翼，魏公配食。公相真宗，不言以躬。時有大事，事有大疑。匪卜匪筮，公爲蓍龜[二八]。公在相位，終日如默。問其夷狄③，包裹兵革。問其卿士，百工以職。問其庶民，耕織衣食。相有賞罰，功當罪明。相所黜陞④，惟否惟能。孰其權衡，萬物之平。孰不事君，胡能必信？孰不爲相，胡能有終⑤？公

① 後公若干年卒　「若干年」，歐陽修居士集卷二二太尉文正王公神道碑銘并序作「五年」。
② 生而俱享其榮　「生」字原脱，據歐陽修居士集卷二二太尉文正王公神道碑銘并序補。
③ 問其夷狄　「夷狄」，歐陽修居士集卷二二太尉文正王公神道碑銘并序作「邊事」。
④ 相所黜陞　「陞」，庫本與歐陽修居士集卷二二太尉文正王公神道碑銘并序作「陟」。
⑤ 胡能有終　「胡能」，歐陽修居士集卷二二太尉文正王公神道碑銘并序作「其誰」。

薨于位，太尉之崇。天子孝思，來薦清廟。佑我聖考①，惟時元老。天子念功，報公之隆。春秋從享，萬祀無窮。作爲歌詩，以諗廟工。

辨證：

〔一〕王文正公旦全德元老之碑　本碑文又載於歐陽修居士集卷二二，題曰「太尉文正王公神道碑銘」。高齋漫録有云：「歐公作王文正墓碑，其子仲儀（王素）諫議送金酒盤醆十副、注子二把作潤筆資，歐公辭不受，戲云：『正欠捧者耳。』仲儀即遣人如京師，用千緡買二侍女并獻，公納器物而却侍女，答云：『前言戲之耳。』蓋仲儀初不知薛夫人嚴而不容故也。」按，梁溪漫志卷二文正謚云：「李司空昉、王太尉旦皆謚文貞，後以犯仁宗嫌名，世遂呼爲文正，其實非本謚也。」長編卷八四大中祥符八年五月辛巳朔條注曰：「歐陽修神道碑乃由旦子素遺行録略加删潤耳。」按，王旦，隆平集卷四、東都事略卷四〇、宋史卷二八二有傳。

〔二〕歐陽脩　脩（一〇〇七～一〇七二年）字永叔，號醉翁、六一居士，吉州永豐人。官至參知政事，謚文忠。東都事略卷七二、宋史卷三一九有傳。本書上集卷二四載有蘇轍歐陽文忠公脩神道碑。

〔三〕以百口明符彦卿無罪　石林燕語卷七云：「太祖與符彦卿有舊，常推其善用兵，知大名十餘年。有告謀叛者，亟徙之鳳翔，而以王晉公祐爲代，且委以密訪其事。戒曰：『得實，吾當以趙普所居命汝。』面授旨，徑使上道。祐到，察知其妄，數月無所聞。驛召面問，因力爲辯曰：『臣請以百口保之。』太祖不樂，徙祐知襄州，彦卿竟亦無他。祐後創居第於曹門外，手植三槐於庭，曰：『吾雖不爲趙普，後世子孫必有登三公者。』已而魏公（旦）果爲太保。歐陽文忠作王魏公神道碑，略載此語，而國史本傳不書。」又長編卷一六開寶八年十二月己未條注云：「司馬日記云：『祐坐以百口保大名節度使符彦卿非跋扈，逆上意，故貶。』蓋誤也。開寶二年彦卿已徙鳳翔；祐貶時，彦卿死矣。」李心傳舊聞證誤卷一對此亦有考證，可參見。

① 佑我聖考　「佑」，歐陽修居士集卷二二太尉文正王公神道碑銘并序作「侑」。

〔四〕知淳化三年禮部貢舉　據宋會要輯稿選舉一之三，是年以翰林學士承旨蘇易簡權知貢舉，王旦與翰林學士畢士安、知制誥呂祐之、錢若水權同知貢舉。

〔五〕公以壻避嫌求解職　長編卷三四淳化四年十月癸未條云：「虞部員外郎、知制誥王旦，趙昌言女婿也，昌言既參政，旦以官屬當避嫌，引唐獨孤郁、權德輿故事辭職。」

〔六〕吾固已知之矣　孔平仲談苑卷四云王旦「爲翰林學士，嘗奏事下殿，真宗目送之，曰：『與朕致太平，必斯人也。』後拜平章事」。

〔七〕命公馳自行在代元份留守　宋史王旦傳云：「契丹犯邊，從幸澶州，雍王元份留守東京。遇暴疾。命旦馳還，權留守事。旦曰：『願宣寇準，臣有所陳。』準至，旦奏曰：『十日之間，未有捷報時當如何？』帝默然，良久曰：『立皇太子。』旦既至京，直入禁中，下令甚嚴，使人不得傳播。及駕還，旦子弟及家人皆迎于郊，忽聞後有騶訶聲，驚視之，乃旦也。」涑水記聞卷七稱當時「鄆王留守京師，暴得心疾。詔旦權東京留守事，乘傳而歸，聽以便宜從事」。

〔八〕監修國史　據宋史宰輔表一，王旦加監修國史在景德四年八月。長編卷六六景德四年八月丁巳條載「詔修太祖、太宗正史，宰臣王旦監修國史，知樞密院事王欽若陳堯叟、參知政事趙安仁、翰林學士晁迥楊億並修國史。景德二年，畢士安卒，時寇準止領集賢殿大學士，旦以參知政事權領史館事。及旦爲相，雖未兼監修，其領史職如故，於是始正其名」。

〔九〕故天下至今稱爲賢宰相　孔平仲談苑卷四稱王旦「拜平章事。外撫四夷，内安百姓，官吏得職，天下富庶，頌聲洋溢，旦之力也」。然青箱雜記卷一云王旦「相真宗僅二十年，時值四夷納款，海内無事，天書荐降，祥瑞沓臻，而大駕封岱祠汾，皆爲儀衛使扈蹕。處士魏野獻詩曰：『太平宰相年年出，君在中書十四秋。西祀東封俱已畢，可能來伴赤松遊。』」

〔一〇〕其所薦引人未嘗知　涑水記聞卷六云：「真宗時，王文正旦爲相，賓客雖滿座，無敢以私干之者。既退，旦察其可與言者及素知名者，使吏問其居處。數月之後，召與語，從容久之，詢訪四方利病，或使疏其所言而獻之，觀其才之所長，密籍記其名。他日，其人復來，則謝絶不復見也。每有差除，旦先密疏三四人姓名請於上，上所用者，輒以筆點其首，同列皆莫之知。」

〔一一〕準始愧歎以爲不可及　宋朝事實類苑卷十三王文正引名臣遺事云：「寇公準在樞府，上欲罷之，萊公已知，迺使人告公曰：『遭逢最久，今出，欲一使相，望同年主之。』公大驚曰：『將相之任，極人臣之貴。苟朝廷有所授，亦當辭，豈得以此私有干於人？』

仍亟往白之，萊公不樂。後上議：『寇準令出，與一甚官？』公曰：『寇準未三十歲，已登樞府，太宗甚器之。準有才望，與之使相，令當方面，其風采足以爲朝廷之光。』上然之。翌日降制，萊公捧使相告謝於上前，感激流涕曰：『苟非陛下主張，臣安得有此命？』上曰：『王某知卿。』具道公之言。萊公出謂人曰：『王同年器識，非準可測。』」

［一二］默然終日莫能窺其際　宋朝事實類苑卷一二王文正九引名臣遺事云：「王文正公或歸私第，不去冠帶入静室中默坐。家人惶恐，不敢復前面，而不知其意。後公弟問趙公安仁曰：『家兄歸時一如此，何也？』趙公曰：『見議事，公不欲行而未決。此必憂朝廷矣。』」

［一三］太子諭德見公稱太子學書有法　按文正王公遺事云：「張文懿公士遜在東宫，一日謁公言：『皇太子寫書甚好。』公曰：『皇太子不待應選學士去，不爲學書。』由是文懿日以善道規賛太子。」

［一四］他宰相有袖死蝗以進者曰　據長編卷八七，此爲大中祥符九年七月時事。據宋史宰輔表一，時向敏中與王旦並相。又，「宰相」，大事記講義卷六弭天變却祥瑞作「執政」，且注曰「執政指丁謂」。按，此當以爲「袖死蝗以進」乃姦佞者所爲，遂歸之於丁謂耳。

［一五］他日將有求爲樞密使者奈何　文正王公遺事云：「内殿劉承規病，上諭政府曰：『承規忠勤，宣力不少，令人告朕，乞一節度使。』公曰：『陛下所守者祖宗典故，乞令有司檢詳，有則可除。』翌日，上曰：『承規言死在朝夕，願聞在廷之告，則瞑目無恨矣。』公曰：『今承規若有此命，後有邀朝廷乞登樞府者，奈何？必不可。』遂改殿使，除節度觀察留後、上將軍致仕。上言：『承規得此命亦喜。』公曰：『帶殿使領留後，亦遥郡矣。專秉旄鉞，臣恐於久未便。』」

［一六］公任久至必得而後已　宋史王旦傳云：「寇準數短旦，旦專稱準。帝謂旦曰：『卿雖稱其美，彼專談卿惡。』旦曰：『理固當然。臣在相位久，政事闕失必多。準對陛下無所隱，益見其忠直，此臣所以重準也。』帝以是愈賢旦。……準在藩鎮，生辰，造山棚大宴，又服用僭侈，爲人所奏。帝怒，謂旦曰：『寇準每事欲效朕，可乎？』旦徐對曰：『準誠賢能，無如騃何。』真宗意遂解，曰：『然，此正是騃爾。』遂不問。」

［一七］公累官至太保　涑水記聞卷七云：「大中祥符元年，天書降，以旦爲封禪大禮使，又入爲天書儀衛使，從登封泰山，遷中書侍郎兼刑部尚書、同平章事。受詔作封祀壇頌，遷兵部尚書、同平章事。及祀汾陰，以旦爲汾陰大禮使，遷左僕射、同平章事；受詔作汾

陰祠壇頌，上更欲遷旦官，旦瀝懇固辭，乃止加昭文館大學士及增加功臣而已。及聖祖降，又加門下侍郎。玉清昭應宫成，以旦爲玉清昭應宫使；鑄天尊銅像成，以旦爲迎奉聖像大禮使；寶符閣成，又爲天書刻玉使；車駕幸亳，以旦爲奉祀大禮使。上以兗州壽丘爲聖祖降生之地，於是處建景靈宫，以旦爲朝修使；宫成，拜司空。國史成，進拜司徒。天禧元年，進拜太保，并同平章事。」

〔一八〕因命皇太子拜公　「皇太子」，長編卷九〇天禧元年七月癸丑條稱「皇子」，并注曰：「旦遺行録及神道碑並稱皇太子，按此時未建東宫，今但稱皇子。」又，宋史王旦傳亦云真宗「因命皇太子出拜，旦皇恐走避，太子隨而拜之」，當承之神道碑。

〔一九〕拜公太尉兼侍中　王旦拜太尉兼侍中之年月，據東都事略卷四真宗紀、宋史卷八真宗紀三、宋宰輔編年録卷三、涑水記聞卷七等記載，乃天禧元年五月戊申，在前文所云入見滋福殿以前。

〔二〇〕册拜太尉玉清昭應宫使　涑水記聞卷七云王旦「既而疾甚，求對便座，扶以升殿，上見其癯瘠，惻然許之。旦退，復上奏。明日，册拜太尉，依前玉清昭應宫使，罷知政事，特給宰臣月俸之半，仍令禮官草具尚書省都堂署事之儀」。

〔二一〕賜以白金五千兩辭不受　宋史王旦傳云：「旦與楊億素厚，延至卧内，請撰遺表。且言：『忝爲宰輔，不可以將盡之言，爲宗親求官；止叙生平遭遇，願日親庶政，進用賢士，少減焦勞之意。』仍戒子弟：『我家盛名清德，當務儉素，保守門風，不得事於泰侈，勿爲厚葬以金寶置柩中。』表上，真宗歎之，遂幸其第，賜白金五千兩。旦作奏辭之，藁末自益四句云：『益懼多藏，況無所用，見欲散施，以息咎殃。』即舁至内閾，詔不許。還至門，旦已薨。」按，龍川别志卷上云：「真宗臨御歲久，中外無虞，與群臣燕語，或勸以聲妓自娱。王文正公性儉約，初無姬侍。其家以二直省官治錢，上使内東門司呼二人者，責限爲相公買妾，仍賜銀三千兩。二人歸以告公，公不樂，然難逆上旨，遂聽之。蓋公自是始衰，數歲而捐館。」

〔二二〕其子弟門人故吏皆被恩澤　涑水記聞卷七云：「擢其弟度支員外郎旭爲司封員外郎，兄子大理評事睦爲大理寺丞，弟子衛尉寺丞質爲大理寺丞；外孫韓綱、蘇舜元、范禧並同學究出身；子素、弟子徽俱未官，素補太常寺太祝，徽祕書省校書郎。」

〔二三〕葬公於開封府開封縣新里鄉大邊村　涑水記聞卷七云王旦「性好釋氏，臨終遺命鬀髮著僧衣，棺中勿藏金玉，用茶毗火葬法，作卵塔而不爲墳。其子弟不忍，但置僧衣于棺中，不藏金玉而已」。然長編卷九〇天禧元年九月乙酉條云「祥符以來，每有大禮，輒奉天書以行，旦爲儀衛使，常悒悒不樂。既寢疾，遺令削髮披緇以斂，蓋悔其前之爲也。諸子欲奉遺令，楊億以爲不可，乃已。議者謂旦逢時得君，言聽諫從，安於勢位而不能以正自終，或比之馮道云」。又，國老談苑卷二亦云：「旦疾亟，聚家人謂曰：『吾無狀，久坐台司，今且死矣。當祝髮緇衣，以塞吾平昔之志。』未幾而絶。家人輩皆欲從其言，惟壻蘇耆力排而止之。」

〔二四〕長適太子太傅韓億　蘇舜欽集卷一五太原郡太君王氏墓誌云：「太子少傅、贈太子太保忠憲韓公繼室夫人王氏，太尉文正公旦之長女也。初，文正公在重位，夫人長矣，久擇壻不偶，日有盛族扳求，而文正公輒却之。時忠憲公初第上謁，文正公一見，遂有意以夫人歸焉。族間譁然，以謂韓氏世不甚顯大，而上有親老且嚴；又前夫人蒲氏有子，當教訓撫育，於人情間實難；以夫人少爲族人所寵愛，願於大家著姓爲相宜。文正公曰：『以吾女性孝而淑賢，必能盡力於夫族，且其節行易以顯，亦足見吾家之法度焉。族盛者驕惰恣放，多以侈事相誇逐，是不喜吾女之所向，此非渠輩所曉知也。』遂以夫人歸韓氏。」

〔二五〕與其弟旭相友悌尤篤　按五朝名臣言行録卷二之四太尉魏國王文正公引韓魏公別録云：「王文正母弟傲不可訓。一日逼冬至，祠家廟，列百壺於堂前，弟皆擊破之，家人惶駭。文正忽自外入，見酒流滿路，不可行，俱無一言，但攝衣步入堂。其後弟忽感悟，復爲善，終亦不言。」

〔二六〕而務以儉約率勵子弟　文正王公遺事云：「公每見家人服飾似過，則瞑目曰：『吾門素風一至於此。』亟令減損，故家人或有一衣稍華，出於車中遽易之，不敢令公見。」又云：「有貨玉帶者，持以及門，弟因呈公，公曰：『如何？』弟曰：『甚佳。』公命繫之，曰：『還見佳否？』弟曰：『繫之安得自見？』公曰：『玉亦石也，得不重乎？自負重而使觀者稱好，無亦勞也。我腰間不稱此物，亟還之。』故平生所服，止於賜帶。」又云：「公歸餐，必召諸子，使之席地聚食，乃語左右曰：『剩與菜吃，此輩生長公相家，已驕矣，不可使不知淡薄之味。』」又云：「上宣示曰：『聞卿居第甚陋，朕密令計之，官爲修營其間，更繫卿意增損之。』公頓首曰：『臣所居，乃先父舊廬，當日止庇風雨，臣今完葺過已甚矣，每思先父，常有愧色，豈更煩朝廷？』上再三諭之，公力辭，乃止。」

〔二七〕遺表不求恩澤　按五朝名臣言行録卷二之四太尉魏國王文正公引涑水記聞云：「王魏公與楊文公大年友善，疾篤，延大年於卧內，託草遺奏，言忝爲宰相，不可以將盡之言爲宗親求官，止叙平生遭遇之意。表上，真宗歎惜之，遽遣就第，取子弟名數録進。」

〔二八〕時有大事事有大疑匪卜匪筮公爲蓍龜　青箱雜記卷一云：「世傳真宗任旦爲相，常倚以決事。故歐陽少師撰旦神道碑銘曰：『國有大事，事有大疑。匪卜匪筮，公爲蓍龜。』公雖荷真宗眷委之重，每慎密遠權以自防，故君臣之間，略無纖隙可窺。」

名臣碑傳琬琰集上卷三

晏元獻公殊舊學之碑[一]　文忠公歐陽脩

至和元年六月，觀文殿大學士、行兵部尚書、西京留守、臨淄公以疾歸于京師。八月，疾少間，入見。天子曰：「噫！予舊學之臣也。」乃留侍講邇英閣，詔五日一朝前殿。明年正月，疾作，不能朝。飭太醫朝夕往視。有司除道，將幸其家。公歎曰：「吾無狀，乃以疾病憂吾君。」即馳奏曰：「臣疾少間，行愈矣。」乃止。其月丁亥，以公薨聞。天子震悼，亟臨其喪，以不即視公爲恨[二]。贈公司空兼侍中，謚曰元獻。有司請輟視朝一日，詔特輟二日。以其年三月癸酉，葬公于許州陽翟縣麥秀鄉之北原。既葬，賜其墓隧之碑首曰「舊學之碑」。既又勑史臣脩考次公事，具書于碑下。

臣脩伏讀國史，見真宗皇帝時天下無事，天子方推讓功德，祠祀天地山川，講禮樂以文頌聲，而儒學文章俊賢偉異之人出。公世家江西之臨川，年始十四，一日起田里，進見天子。時方親閱天下貢士，會廷中者千餘人，與夫宮臣、衛官擁列圜視。公不動聲氣，操筆爲文辭立成以獻。天子嘉賞，賜同進士出身[三]，遂登館閣，掌書命，以文章爲天下所宗。逮陛下養德東宮，先帝選用臣屬，即以公遺陛下。由王官、宮臣卒登宰相，凡所以輔導聖德，憂勤國家，有舊有勞，自始至卒，五十餘年。公既薨，而先帝之名臣與陛下東宮之舊人皆無在者，宜其褒寵優異，比公甘盤。臣脩幸得執筆史官，奉明詔，謹昧死上臨淄公事，曰：

公諱殊，字同叔，姓晏氏。其世次晦顯，徙遷不常。自其高祖諱墉，唐咸通中舉進士，卒官江西，始著籍于高安。其後三世不顯。曾祖諱延昌，又徙其籍于臨川。祖諱郜，追封英國公。考諱固，追封秦國公。自曾祖以下皆用公貴，累贈開府儀同三司、太師、中書令兼尚書令。曾祖妣張氏，陳國太夫人。祖妣傅氏，許國太夫人①。妣吴氏，唐國太夫人。

公生七歲，知學問，爲文章，鄉里號爲神童。故丞相張文節公安撫江西，得公以聞[四]。真宗召見，既賜出身，後二日，又召試詩賦論，公徐啓曰：「臣嘗私習此賦，不敢隱。」真宗益嗟異之，因試以他題[五]。以爲祕書省正字，置之祕閣，使得悉讀祕書，命故僕射陳文僖公視其學。明年，獻其所爲文，召試中書，遷太常寺奉禮郎。封祀泰山推恩，遷光禄寺丞。數月②，充集賢校理。明年，遷著作佐郎。丁父憂去官。已而真宗思之，即其家起復，命淮南發運使具舟送之京師。從祀太清宫，賜緋衣銀魚，同判太常禮院。又丁母憂，求去官服喪，不許。今天子始封昇王，公以選爲府記室參軍，再遷左正言、直史館[六]。今天子爲皇太子，以户部員外郎充太子舍人，賜金紫。知制誥，判集賢院，遷翰林學士，充景靈宫判官、太子左庶子，兼判太常寺、知禮儀院。公既以道德文章佐佑東宫，真宗每所諮訪，多以方寸小紙細書問之，由是參與機密，凡所對，必以其藁進，示不洩。其後悉閲真宗閣中遺書，得公所進藁，類爲八十卷，藏之禁中，人莫之見也。

---

① 許國太夫人　「太夫人」原作「太人人」，據文海本、庫本及歐陽修居士集卷二二晏公神道碑銘改。

② 數月　原作「數日」，據歐陽修居士集卷二二晏公神道碑銘改。按，據宋史卷七真宗紀，封泰山進秩在大中祥符元年十月；又玉海卷七三禮儀祥符乾元樓觀酺云：大中祥符二年「四月癸巳，晏殊獻大酺賦，召試學士院，命爲集賢校理」。可證作「數日」者誤。

初，真宗遺詔，章獻明肅太后權聽軍國事。宰相丁謂、樞密使曹利用各欲獨見奏事，無敢決其議者。公建言：「群臣奏事太后者，垂簾聽之，皆毋得見。」議遂定[七]。乾興元年，拜右諫議大夫兼侍讀學士，遷給事中[八]、景靈副使①，判吏部流内銓，以易侍講崇政殿。遷禮部侍郎，知審官院，爲樞密副使，遷刑部侍郎。上疏論張耆不可爲樞密使，由是忤太后旨，坐以笏擊其僕，誤折其齒罷，留守南京[九]。大興學校，以教諸生。自五代以來，天下學廢，興自公始。召拜御史中丞[一〇]，改兵部侍郎兼祕書監、資政殿學士、翰林侍讀學士，知天聖八年禮部貢院②。明年爲三司使，復爲樞密副使，未拜，改參知政事，遷尚書左丞。太后謁太廟，有請服袞冕者，太后以問公，公以周官后服對[一一]。太后崩，大臣執政者皆罷，公爲禮部尚書、知亳州[一二]。徙知陳州，遷刑部尚書。復召爲御史中丞，又爲三司使，知樞密院事，拜樞密使，再加檢校太尉、同中書門下平章事。慶曆三年三月，遂以刑部尚書居相位，充集賢殿大學士，兼樞密使。自公復召用，而趙元昊反，師出陝西，天下弊於兵。公數建利害[一三]，請罷監軍，無以陣圖授諸將，使得應敵爲攻守，及制財用爲出入之要，皆有法。天子悉爲施行，自宮禁先，以率天下，而財賦之職悉歸有司。卒能以謀臣元昊，使聽約束，乃還其王號[一四]。

公爲人剛簡，遇人必以誠，雖處富貴如寒士[一五]，罇酒相對，歡如也。得一善，稱之如己出，當世知名之士如范仲淹、孔道輔等皆出其門[一六]。及爲相，益務進賢材。當公居相府，時范仲淹、韓琦、富弼皆進用，至於臺閣多一時之賢[一七]。天子既厭西兵，閔天下困弊，奮然有意，遂欲因群材以更治，數詔大臣條天下事[一八]。方施行，而小人權倖皆不便。明年秋，會公以事罷[一九]，而仲淹等相次亦皆去，事遂已。公既罷，以工部尚書知潁州，徙

① 景靈副使　「景靈」，歐陽修居士集卷二二晏公神道碑銘作「景靈宮」。
② 知天聖八年禮部貢院　「院」，歐陽修居士集卷二二晏公神道碑銘作「舉」，似是。

知陳州，又徙許州，三遷户部尚書，拜觀文殿大學士、知永興軍，充一路都部署、安撫使。徙知河南府兼西京留守，累進階至開府儀同三司，勳上柱國①，爵臨淄公，食邑萬二千户，實封三千七百户。

公享年六十有五[二〇]。自少篤學，至其病亟，猶手不釋卷。有文集二百四十卷[二一]。嘗奉勑修士訓及真宗實録[二二]，又集類古今文章爲集選二百卷②。其爲政敏，而務以簡便其民[二三]。其於家嚴，子弟之見有時，事寡姊孝謹，未嘗爲子弟求恩澤。其在陳③，上問宰相曰：「晏某居外，未嘗有所請，其亦有所欲邪？」宰相以告公。公自爲表，問起居而已。故其薨也④，天子尤哀悼之，賜予加等，以其子承裕爲崇文院檢討，孫及甥之未官者九人皆命以官。

公初娶李氏，工部侍郎虚己之女；次孟氏，屯田員外郎虚舟之女，封鉅鹿郡夫人；次王氏，太師、尚書令超之女[二四]，封榮國夫人。子八人：長曰居厚，大理評事，早卒；次承裕，尚書屯田員外郎；宣禮，贊善大夫；崇讓，著作佐郎；明遠、祇德，皆大理評事；幾道、傳正，皆太常寺太祝。女六人：長適户部侍郎、同中書門下平章事富弼，次適禮部侍郎、三司使楊察[二五]，其四尚幼。孫十有二人。公既樂善而稱爲知人，士之顯于朝者，多公所薦達[二六]，至擇其女之所從，又得二人者如此，可謂賢也已。銘曰：

有姜之裔，齊爲晏氏。齊在春秋，晏顯諸侯。傳載桓子，嬰稱于丘。其後無聞，不亡僅存。有煒自公，厥聲

---

① 勳上柱國　「國」字原脱，據歐陽修居士集卷二二晏公神道碑銘補。

② 又集類古今文章爲集選二百卷　「二百卷」，東都事略晏殊傳、玉海卷五四藝文宋朝集選同。宋史晏殊傳云其「刪次梁、陳以後名臣述作，爲集選一百卷」。通志卷七〇藝文略總集亦著録作「一百卷」。

③ 其在陳　「陳」，歐陽修居士集卷二二晏公神道碑銘作「陳州」。

④ 故其薨也　「故」原作「改」，據舊鈔本及歐陽修居士集卷二二晏公神道碑銘改。

以振。公之顯聲，實相天子。天子曰噫，予考真宗。唯多名臣，以臻隆盛①。汝初事我，王官東宮。以暨相予，始卒一躬。輔我以德，有勞于邦。公疾在外，來歸自洛。天子曰留，汝予舊學。凡今在廷，莫如汝舊。孰以畀予？惟予聖考。今既亡矣②，孰爲予老？何以贈之，司空侍中。禮則有加，予思何窮！有篆其文，在其碑首。天子之褒，史臣有詔。銘以述之，永昭厥後。

辨證：

[一] 晏元獻公殊舊學之碑　本碑文又載於歐陽修居士集卷二二，題曰「觀文殿大學士行兵部尚書西京留守贈司空兼侍中晏公神道碑銘」。按，晏殊，隆平集卷五、東都事略卷五六、宋史卷三一一有傳。

[二] 以不即視公爲恨　按默記卷上云：「晏元獻自西京以久病請歸京師，留真講筵。病既革，上將臨問之。甥楊文仲謀謂：『凡問疾大臣者，車駕既出，必攜紙錢。蓋已膏肓，或遂不起，即以弔之，免萬乘再臨也。』遂奏：『臣病稍安，不足仰煩臨問。』仁宗然之。實久病，忌攜奠禮以行。然後數日即薨。故歐公作神道碑言：『明年正月，……以不即視公爲恨。』蓋此意也。」

[三] 賜同進士出身　長編卷六〇景德二年五月己未條云：「撫州進士晏殊年十四，大名府進士姜蓋年十二，皆以俊秀聞，特召試。殊試詩賦各一首，蓋試詩六篇，殊屬辭敏贍，上深歎賞。宰相寇準以殊江左人，欲抑之而進蓋，上曰：『朝廷取士，惟才是求，四海一家，豈限遐邇？如前代張九齡輩何嘗以僻陋而棄置耶？』乃賜殊進士出身，蓋同學究出身。」

[四] 故丞相張文節公安撫江西得公以聞　隆平集晏殊傳云：「景德初，李昉、張知白安撫江南，薦之。」又，五朝名臣言行録卷六丞相晏元獻公引溫公日録云：「李虛己知滁州，一見奇之，許妻以女，因薦於楊大年，大年以聞，時年十三。」按，大年，楊億字。

---

① 以臻隆盛　「隆盛」，庫本及歐陽修居士集卷二二晏公神道碑銘作「盛隆」。

② 今既亡矣　「亡」原作「士」，據歐陽修居士集卷二二晏公神道碑銘改。

［五］因試以他題　五朝名臣言行録卷六丞相晏元獻公引温公日録云：「真宗面試詩賦，疑其宿成，明日再試，文采愈美。上大奇之，即除祕書省正字，令於龍圖閣讀書，師陳彭年。」

［六］公以選爲府記室參軍再遷左正言直史館　據長編卷九一天禧二年二月戊辰條、宋史晏殊傳云晏殊乃先除左正言、直史館，再除昇王府記室參軍，似是。

［七］公建言群臣奏事太后者垂簾聽之皆毋得見議遂定　長編卷九八乾興元年二月癸亥條云「先是，輔臣請皇太后所御殿，太后遣内侍張景宗、雷允恭諭曰：『皇帝視事當朝夕在側，何須别御一殿也？』乃令二府詳定儀注，王曾援東漢故事，請五日一御承明殿，皇帝在左，太后坐右，垂簾聽政。既得旨，而丁謂獨欲皇帝朔望見群臣，大事則太后與帝召對輔臣決之，非大事悉令雷允恭傳奏，禁中畫可以下。曾曰：『兩宮異處而柄歸宦者，禍端兆矣。』謂不聽。癸亥，太后忽降手書處分，盡如謂所議。蓋謂不欲令同列預聞機密，故潛結允恭，使白太后，卒行其意。及學士草詞，允恭先持示謂，閱訖乃進。」注曰：「歐陽修作晏殊神道碑云：『丁謂、曹利用各欲獨見奏事，無敢決其議。殊建言：「群臣奏事太后者，垂簾聽之，皆無得見。」議遂定。』附傳、正傳俱無此，今亦不取。」然東都事略、宋史晏殊傳所記皆同歐陽修晏公神道碑，則其皆據晏公神道碑而成文。

［八］遷給事中　宋史晏殊傳云時「太后謂東宮舊臣恩不稱，加給事中」。

［九］坐以笏擊其僕誤折其齒罷留守南京　長編卷一〇五天聖五年正月庚申條載降樞密副使、刑部侍郎晏殊知宣州，云：「先是，太后召張耆爲樞密使，殊言：『樞密與中書兩府，同任天下大事，就令乏賢，亦宜使中材處之。耆無它勳勞，徒以恩倖，遂極寵榮，天下已有私徇非材之議，奈何復用爲樞密使也？』太后不悦。於是從幸玉清昭應宮，從者持笏後至，殊怒，撞以笏，折其齒。監察御史曹修古、王沿等劾奏：『殊身任輔弼，百寮所法，而忿躁無大臣體。古者三公不按吏，先朝陳恕於中書榜人，即時罷黜。請正典刑，以允公議。』殊坐是免，尋改知應天府。」

［一〇］召拜御史中丞　按長編卷一〇六天聖六年八月乙酉條稱「晏殊之出也，上意初不謂然，欲復用之。會李及卒，乙酉，召殊於南京，命爲御史中丞」。

［一一］太后謁太廟有請服衮冕者太后以問公公以周官后服對　續湘山野録云：「明肅太后欲謁太廟，詔禮官草儀。時學臣皆以

周官后服進議，佞者密請曰：『陛下垂簾聽大政，號兩宮，尊稱、山呼及輿御，皆王者制度，入太室，豈當以后服見祖宗邪？』遂下詔服衮冕。」則劉太后未采用晏殊等建議。

〔一二〕太后崩大臣執政者皆罷公爲禮部尚書知亳州　賓退録卷四引朝野遺事云：「章獻后上仙，仁宗始親政，與（呂）夷簡謀以樞密使張耆、副史夏竦、范雍、趙稹，參知政事陳堯佐、晏殊，皆章獻所任用，悉罷之。退告郭皇后，后曰：『夷簡獨不附太后邪？但多機巧，善應變耳。』由是并罷夷簡。」又按長編卷一一二明道二年四月己未條云晏殊「罷爲禮部尚書、知江寧府，尋改亳州」。

〔一三〕公數建利害　據隆平集、宋史晏殊傳與長編卷一一六康定元年三月戊寅條等，晏殊「數建利害」實在其爲三司使時。故黄震黄氏日抄卷六一讀文集歐陽文三稱「晏元獻爲相，當元昊反，請罷監軍，無以陣圖授諸將，此最革弊之大者」，實不確。

〔一四〕乃還其王號　按宋史卷四八五夏國傳雖載宋廷「許册封」元昊「爲夏國主」，然亦稱「元昊帝其國中自若也」。

〔一五〕雖處富貴如寒士　沈括夢溪筆談卷九云晏殊「及爲館職，時天下無事，許臣寮擇勝燕飲，當時侍從文館士大夫爲燕集，以至市樓酒肆，往往皆供帳爲遊息之地。公是時貧甚，不能出，獨家居與昆弟講習。一日選東宫官，忽自中批除晏殊。執政莫諭所因，次日進覆，上諭之曰：『近聞館閣臣寮無不嬉遊燕賞，彌日繼夕，唯殊杜門與兄弟讀書，如此謹厚，正可爲東宫官。』公既受命，得對，上面諭除授之意，公語言質野，則曰：『臣非不樂燕遊者，直以貧無可爲之具。臣若有錢，亦須往，但無錢不能出耳。』上益嘉其誠實，知事君體，眷注日深」。又按東軒筆録卷七云晏殊卒葬陽翟，有盜發其墓，「及穿櫬槨，殊無所有，供設之器，皆陶甓爲之。又破其棺，棺中惟木胎金裹帶一條，金無數兩，餘皆衣服，腐朽如塵矣」。然能改齋漫録卷一二晏元獻節儉有云：「曾南豐與公同鄉里，元豐間，神宗命以史事。其傳公云：『雖少富貴，奉養若寒士。』攷公手帖，則曾傳可謂得實。而景文宋公草公謫辭云：『廣營産以植私，多役兵而規利。』宋亦公門人，而必爲此者，豈當時有不得已歟？沈存中著書，稱公對章聖語：『臣非不樂遊燕，直以貧，無可爲之具；臣若有錢，亦須往。』後生晚進，道聽塗説，以誣大賢。予乃知小説不足信類如此。」

〔一六〕當世知名之士如范仲淹孔道輔等皆出其門　本書本集卷二〇范文正公仲淹神道碑云：「天聖中，晏丞相薦公文學，以大理寺丞爲祕閣校理。」又石林燕語卷九云：「晏元獻公喜推引士類，……孔道輔微時，亦嘗被薦。後元獻再爲御史中丞，復入爲樞府，道輔實代其任。」

〔一七〕當公居相府時范仲淹韓琦富弼皆進用至於臺閣多一時之賢　按本書上集卷五富鄭公弼顯忠尚德之碑云：「時晏殊爲相，范仲淹爲參知政事，杜衍爲樞密使，韓琦與公副之，歐陽脩、余靖、王素、蔡襄爲諫官，皆天下之望。」

〔一八〕數詔大臣條天下事　按，此指施行「慶曆新政」事。

〔一九〕會公以事罷　長編卷一五二慶曆四年九月庚午條載刑部尚書、平章事兼樞密使晏殊罷爲工部尚書、知潁州，云：「殊初入相，擢歐陽修等爲諫官，既而苦其論事煩數，或面折之。及修出爲河北都轉運使，諫官奏留修，不許。孫甫、蔡襄遂言章懿誕生聖躬，爲天下主，而殊嘗被詔誌章懿墓，没而不言。又奏論殊役官兵治僦舍以規利。殊坐是絀。然殊以章獻方臨朝，故誌不敢斥言。而所役兵乃輔臣例宜借者，又役使自其甥楊文仲，時以謂非殊之罪云。」宋史晏殊傳略同。東都事略晏殊傳云：「諫官孫甫、蔡襄彈奏殊撰章懿皇后志文事，因言殊役官兵，治邸舍，懷安苟且，無向公之心，遂罷。」按，晏殊「被詔誌章懿墓」事，詳見於蘇轍龍川别志卷上：「章懿之崩，李淑護葬，晏殊撰志文，只言生女一人，早卒，無子。仁宗憾之，及親政，内出志文以示宰相，曰：『先后誕育朕躬，殊爲侍從，安得不知？乃言生一公主，又不育，此何意也？』吕文靖曰：『殊固有罪，然宫省事秘，臣備位宰相，是時雖略知之，而不得其詳，殊之不審，理容有之。然方章獻臨御，若明言先后實生聖躬，事得安否？』上默然良久，命出殊守金陵，明日以爲遠，改守南都。如許公保全大臣，真宰相也，其有後宜哉。及殊作相，八王疾革，上親往問，王曰：『叔久不見官家，不知今誰作相？』上曰『晏殊也。』王曰：『此人名在圖讖，胡爲用之？』上歸閲讖得成敗之語，并記志文事，欲重黜之。宋祁爲學士，當草白麻，争之，乃降二官知潁州。詞曰：『廣營産以殖貲，多役兵而規利。』以它罪罪之。殊免深譴，祁之力也。」然李心傳舊聞證誤卷二辨龍川别志之誤云：「按國史，明道二年三月章獻崩，四月乙未宰相吕夷簡判澶州，執政晏殊等五人皆遷一官罷。恐非緣志文事也。是時，許公例罷去，安得救解元獻耶？慶曆四年正月燕王薨，九月晏公乃罷相，實用蔡君謨、孫之翰章疏也。『殖私』『規利』亦章疏中語。文定所記二事皆誤。」然宋宰輔編年録卷五載晏殊罷相制詞，其内確有「廣營産以殖私，多役兵而規利」，李心傳所辨亦未全是。

〔二〇〕公享年六十有五　隆平集晏殊傳同，然東都事略晏殊傳作「年六十三」。按，春明退朝録卷上稱晏殊年三十五拜樞密副使，據長編卷一〇三，晏殊爲樞密副使在天聖三年（一〇二五年）十月辛酉，又據上文、長編卷一七八、宋史卷一一仁宗紀，晏殊卒於至和二年（一〇五五年）正月丁亥，可證其享年當以六十五歲爲是。

〔二一〕有文集二百四十卷　隆平集晏殊傳稱「有文集二百四十卷，又有臨川集、二州集、二府集」。宋史卷二〇八藝文志著録作「晏殊集二十八卷，又臨川集三十卷，詩二卷，二府集十五卷，二府别集十二卷，北海新編六卷，平臺集一卷」。

〔二二〕嘗奉敕修土訓及真宗實録　玉海卷一五祥符土訓録云：祥符「三年十二月癸酉，御史知雜事趙湘言：『車駕祀汾陰，請依周禮置土訓、誦訓，録所經州縣山川古跡風俗，繼日聞奏，以資宸覽。』從之。四年正月戊子，命直集賢院錢易、直史館陳越、秘閣集賢校理劉筠宋綬修所過圖經，每頓進一卷，賜名土訓纂録。晏殊亦預修土訓」。按「土訓」，歐陽修居士集卷二二晏公神道碑銘作「上訓」，誤。

〔二三〕其爲政敏而務以簡便其民　五朝名臣言行録卷六之三丞相晏元獻公云：「公剛峻簡率，盜入其第，執而榜之，既委頓，以送官，扶至門即死。累典州，吏民頗畏其悁急云。」

〔二四〕次王氏太師尚書令超之女　據揮麈前録卷二云：「晏元獻夫人王氏，國初勳臣超之女，樞密使德用之妹也。」

〔二五〕長適户部侍郎同中書門下平章事富弼次適禮部侍郎三司使楊察　珍席放談卷下云：「富文忠、楊隱甫皆晏元獻公婿也。公在二府日，二人已升貴仕。富每詣謁，則書室中會話竟日，家膳而去。楊或來見，則坐堂上，置酒從容，出姬侍，奏絃管，按歌舞以相娛樂。人以是知公待二婿之重輕也。二婿之功名年位，亦自不相倫矣。」

〔二六〕士之顯于朝者多公所薦達　呂氏雜記卷下云：「晏元獻殊喜薦士，其得人爲多。其亡也，范忠文鎮爲挽辭曰：『平生欲報國，所得是知人。』」

丁文簡公度崇儒之碑〔一〕　文懿公孫抃

皇祐五年正月庚戌①，觀文殿學士、翰林侍讀學士、行尚書右丞丁公薨于京師。翌日，乘輿臨吊，賜贈物有

① 皇祐五年正月庚戌　「庚戌」，長編卷一七四皇祐五年正月作「辛亥」。按，是月庚戌乃初九，辛亥初十。

加，襚以天官尚書章紱一，不御垂拱朝。太常准功行，謚曰文簡。越三月辛酉，克葬于鄭州新鄭縣旌賢鄉之原。明年，詔臺臣某識其事，以信來世。謹按牒：

公諱度，字公雅，開封祥符人。先世家姑蘇，徙清河，又遷冀。大王父嵩始壯，會梁、晉怙亂，歲歲扼河相持，避不仕，以公貴，贈太保。大父顯①，清泰末與仲弟入契丹②，及還，乃占今籍。性好學，捃橐中金，盡以置經史，得八千餘卷，築大室保藏之。時名儒若寇萊公、馮魏公並遊其門。詩書以卒業，晚應三史舉，不中第，終焉，贈太師。考逢吉，有節行。章聖在藩邸，與張耆、楊崇勳皆給事左右[二]，增家書至萬卷，東朝圖記，蓋有補助。既而張、楊以攀附寖貴，獨引退辭老，授將作監丞致仕，贈中書令。曾王妣張氏、王妣劉氏、妣賀氏，追封衛、韓、魯三國太夫人。

中書令五子，公最少。生八日，目始開。年十一，穎悟端碩，與並時諸生不類。因大啓書室，使之縱觀。公取數帙，指篇目問義安在，的的如成人言。及長，能屬文，雅好謨誥，遂擬爲書命數篇，不錯不襲，詞氣酋然，由是名聞公卿間。祀汾陰之歲，應服勤詞學科，擢上第[三]。釋褐大理評事、通判靜海郡[四]，稍遷太子中允、直集賢院。上踐祚，改太常丞[五]。是時大明繼臨，純健丕迪，四海面内，仰觀功德。公獻書墀下：「博延經臣，以敷講道義；增署諫列，以切劘治體。籍荒田墾闢之數，爲令佐課效，使流庸自占③；限宗屬親疏之別，立補蔭名格，使妾冒不作④。」其言典直正⑤，天子始器之[六]。

---

① 大父顯　「顯」，東都事略、宋史丁度傳及涑水記聞卷一〇皆作「顗」。
② 清泰末與仲弟入契丹　「清泰末」，宋史丁度傳作「清泰初」。
③ 使流庸自占　「占」原作「古」，據庫本改。
④ 使妾冒不作　「妾」，鐵琴銅劍樓本、庫本作「妄」。
⑤ 其言典直正　「直」，庫本作「且」。

進太常博士，加緋魚，守吳興。民有訴訟者，公問狀拳然，坐閤中麗博曲直按昇①，事下吏十無二三者，郡俗大服，牢固無繫。尋爲京西轉運使②。內官督役河陰，暴不循法，叛卒亡命山林凡數百。公選強辯軍校曉諭招還之，止坐首謀。太史奏昌陵有異氣，非吉祥，須增築始可厭。公入對：「陵寢所以寧先神，不時繕修，非經義。」乃止。又徙長葛，治單，鎮許，人宜之。歲中授祠部員外郎，代還，以本官知制誥，錫服三品。大河東北占勁兵處，景德前騎兵戰討有功，其後寢死不補，無以厭重邊。公首講馬射之法，以全其籍。再遷刑部郎中，召入翰林充學士。

元昊反，朝廷議奪官爵，公謂「戎狄酋長，自古盜名號者多矣③。矧夏人萌僭竊心歲且久，削之必不能止叛計，但自損威靈耳」。屬獻謀者言頗異，議遂格[七]。已而賊果齎餘書置境上[八]。時邊遽相屬，大臣奏事或日旰，詔無給休澣假[九]。公引「東晉區區，符堅擁百萬衆入寇，謝安命駕遊適，人心以寧。今醜類跳梁，持柄者過爲勞勩，適足使四疆窺淺深，非良筭，願一切如舊④」。葉清臣議制銅獸符給諸路帥領，調發期會，並沿古制。公言：「今昔殊尚，文質異宜，符若一施，僞將百出。成敗所係，可不慎重？」卒罷之。尋兼侍讀學士，改中書舍人，爲學士承旨。詔獄常用中人充制使，公援「唐時大獄皆三司雜治，況申理冤滯，憲臺之職，可更委御史」。中書制事本，樞密顓兵謀，公稱「古之治天下者，其號令本於一。今二府離軍民之筭，機會措置，猝有同異，則人心得以疑惑，非國體」。上然之，凡兵戎重務，始許通議。故事，諸部監司及藩鎮牧守被命赴職，陛辭日，皆召見賜對，至是

---

① 坐閤中麗博曲直按昇　「博」，庫本作「傅」。
② 尋爲京西轉運使　「京西」原作「西京」，據事略東都、宋史丁度傳及長編卷一〇六天聖六年八月己巳條、涑水記聞卷一〇乙改。
③ 戎狄酋長自古盜名號者多矣　庫本作「昔尉佗自帝，漢文亦祇移書責之」。
④ 願一切如舊　「願」原作「頭」，據庫本改。

罷之。公曰：「臣子領外權，以生齒爲寄，其畀付固甚重，陛下宜臨遣惇諭，勖之條教。奈何德音咫尺耳，陀陀不得聞？非聖人憂元元、與賢者共治之本意。」俄兼端明殿學士①。

西師未解，上問：「用人以資與才，孰先？」公對：「平時較殿最，第資考，俾進用有漸，所以循古法而謹常道。若夫釐大務，扞大患，判大疑，則擢才爲急。」上顧公在翰林久矣，乃不自爲之地，真確厚長者。居無何，諫官或言公請間求用[一〇]，上曰：「度侍從十五年，未嘗一語及私，若安得是説？」因召執政申諭之。慶曆五年，遂用爲工部侍郎、樞密副使，參知政事[一一]。

禁衛竊發，大臣有素善楊懷敏者，議遣官留鞫禁中。公曰：「肘腋之變，事切宗社。當付外廷，窮索證逮，蕩鋤兇醜，以正國家典刑。乃欲依違貸罪黨邪？」固争之，聲色俱厲，及晡然後已[一二]。數月，懇請解職，授紫宸殿學士、翰林侍讀學士，復改觀文殿學士[一三]，歷刑、兵二部侍郎。合宫均慶[一四]，陟尚書右丞。近時政府罷免，例從外職，獨公入觀中。講還，即闔門静居，寵辱進退②若不在己。素康寧，一日以疾聞，上亟遣中貴人挾太醫診脈，藥未再劑，晏然謝去，享年六十四。悲夫！

公坦易疏達，清通敏亮，不喜外飾，率由天誠。讀書止究大義，章句解詁，脱略不記。與士人交，初若無崖岸，無畛域，及游從論議，或一言一事，小戾正道，則辭意勁訐，無毫釐假借之色。性忠赤，朝家事典關治亂安危者，多密疏抗辯，大抵渾渾直致，發於胸中，稽摩隱微，既久乃驗。人問之，則避讓不自名，往往答以他語。間屬

---

① 俄兼端明殿學士　「學士」原作「大學士」，按北宋時無端明殿大學士，東都事略、宋史丁度傳及涑水記聞卷一〇皆作「兼端明殿學士」，據删「大」字。

② 寵辱進退　「辱」原作「辰」，據庫本改。

姦險甚忮，橫啓誣詛，雖衆談錯出，未嘗少回以合時尚。初，章獻皇太后輔政，公鋪道前世緣舅家致敗亂之跡，撰王鳳論以獻，明白委曲，無所諱忌。

嶺南歐希範平①，公白「交州雖外臣，自克占城，勢頗張。又谿洞諸小種土域環接，疑有附險連勢，陰持兩端。廣、邕、欽、梧、雷五州之境，所控尤要害，請飭守臣嚴戍邏，結聲援，踵唐五筦之法，以備侵軼」。未再歲，廣源蠻大擾南方[一五]，如公言。國馬數絀，公因啓[一六]：「苑監古法，非不孳衍，但寓之之令未能經遠。若聽天下郡縣牧養之家不登爲産力，則四方多矣。夫君民猶一體，民馬既足，國何患乎不足？」在中書日，寃人扣待漏院理訴，公縷縷問。或告曰：「丞相亡所詰，己獨然，非自安之計。」公默不應。素知兵書，熟本朝典故[一七]，前後畫便宜，率疆埸間事，語西北尤切。至於軍校進補、士伍番戍、堡障廢置、營部高下、參綜次序，一本祖宗舊制，號稱詳平。侍經筵，讀史傳，據歷代本末，極陳繇邪正致盛衰之説，以感悟主意。每經終及歲時賜與，輒懇懇辭避，且云：「臣與韓琦俱嘗在兩府，琦護塞盡瘁，臣侍顔從容，豈宜蒙賚，益以重過？」上嘉歎者久之。

生平廉畏，自奉泊如，所得俸，稍計伏臘外，均賦宗戚。貧甚者嫁娶送葬，仰公而成，雖疏屬如一。晚歲通性理，紛華玩好，抑絶不視。處一室，左右几案，惟經史子集而已。室之外架二欄，植脩竹，日吟誦其間。賓自遠方至，坐未既，則訪以所過郡邑歲之豐凶、吏之良否、民之苦樂，聞歲豐、吏良、民樂，則衎然如不能勝。其克己憂人如是。朝廷既大享，召群子弟語曰：「昔文正公宰天下僅十五年，及薨，子孫有未齒宦簿者②。吾愛之慕之，自今不復有請矣。若等姑自策厲。」因著慎言賦，以示戒勖。洛中營小園，心念念告老，去章既具草，未上而終，士

① 嶺南歐希範平　按，「歐希範」，諸書多寫作「區希範」。
② 子孫有未齒宦簿者　「宦」原作「宜」，據庫本改。

論深所追惜。

公之踐歷，若吏部南曹、尚書刑部、登聞檢院①、權發遣三司公事、糾察在京刑獄②、管勾祥源觀③、提舉在京諸司庫務，皆一領焉；秘閣、秘書省、審刑院④、吏部流内銓、審官院、三司磨勘司、通進銀臺司、權發遣開封府事、南郊鹵簿使，皆再領焉；太常禮院、尚書都省，皆三領焉。又爲群牧使、河東宣撫副使、契丹生辰使、南郊禮儀使。功臣曰推忠推誠佐理保德，階至光禄大夫，勳爲上柱國，爵封濟陽郡開國公，賦邑二千六百户，真食六百户。所著詩論、制誥、奏議、碑頌等離爲七十卷，藏于家。致道雅正，文辭純緻，較漢、唐名賢不少減。又譔録邇英聖覽十卷、龜鑑精義三卷⑤、慶曆兵録五卷、慶曆繕邊録一卷⑥、國朝具員一卷、編年總録八卷、大唐史略一百卷、管子要略五篇、備邊要覽十篇、寰海後圖。刊定武經總要五十卷⑦，唐書紀十卷、志四十卷，集韻十卷，褒貶

---

① 登聞檢院　「聞」原作「間」，據庫本及宋史卷一六一職官志改。

② 糾察在京刑獄　「糾」原作「純」，據鐵琴銅劍樓本、庫本改。

③ 管勾祥源觀　「祥」原作「詳」，據舊鈔本改。

④ 審刑院　「審」原作「省」，據長編卷一四七慶曆四年三月丁亥條、宋史卷一六三職官志改。

⑤ 龜鑑精義三卷　「三卷」，宋史丁度傳同。隆平集、東都事略丁度傳作「十二卷」，古今合璧事類備要後集卷二三「著聖覽十卷」條引丁度傳作「十三卷」。

⑥ 慶曆繕邊録一卷　「繕」，隆平集、宋史丁度傳及玉海卷一三九慶曆兵録引丁度傳皆作「贍」，當是。長編卷一五五慶曆五年四月庚戌條云丁度「又言契丹嘗渝盟，備預不可忽，因上慶曆兵録五卷、贍邊録一卷」。

⑦ 刊定武經總要五十卷　「五十卷」，宋史丁度傳、卷二〇七藝文志六及晁志卷一四、陳録卷一二皆作「四十卷」。玉海卷一四一慶曆武經總要引書目云「武經總要四十卷，天章閣待制曾公亮等承詔編定，參政丁度總領之。書成，仁宗御製序，冠篇首。内制度十五卷，邊防五卷，故事十五卷，占候五卷」。故碑文云「五十卷」者，似誤。

義例，得太史公之遺法，美哉！

凡三合姓，始娶陳氏，穎川郡夫人，故蔚州刺史贇之孫；再娶吕氏，東平郡夫人，故宰相蒙正之女；三娶張氏，清河郡夫人，故參知政事洎之孫，並先公而没[一八]。輤車之西，皆舉以祔焉，禮也。子男二人：諷，太子中允、集賢校理；諲，光禄寺丞。篤學有行檢，人以世濟待之。女二人：長適大理寺丞方安人，早亡；次適國子監直講楊忱。孫男二人：羲叟、唐叟，俱爲太常寺太祝。女孫三人：長適大理評事范宗賢，二尚幼。嗚呼！有後哉！

君子謂公約以處己，恕以接人，誠以事君。勞焉不自能，美焉不自售，孜孜輔道，始終一節，易所謂「立不易方」者，公得之矣。銘曰：

君子履用，以純誠先。哲人事業，推直道難。二者參立，兹爲本原。有美文簡，奉之周旋。心坦以毅，行方而堅。章聖在宥，汾脽告虔①。巍設科等，大寵俊賢。公試墀下，擢居衆前。帝始御極，龍飛于天。健順丕斡，清明浹宣。公踐朝闈，亨途始焉。灝灝書府，峨峨掖垣。或紬史法，或代王言。公復古誼，其文炳然。玉署詳擇，金華博延。時視詔草，日陪威顔。公講事本，經謀實繁。乃贊萬樞，乃參庶績。推以治體，濟之勤力。内重國論，翊夫柱石。外探兵鈐，綏固疆埸。生也鯁亮，動兮齋慄。不將不迎，不矯不激。不求利權，不取名跡。人其謂何，我則惟一。寢蹈晚節，解還前職。紛乎世華，淡若虚室。裹襮胥照，初終罔易。凝神粹和，匽首歸没。士伍追範，朝家慨惜。詔俾刊録，庸傳行實。嗚呼公兮，古之遺直。

① 汾脽告虔　「脽」原作「睢」，按史記卷一二孝武紀云「始立后土祠汾陰脽上」，宋史卷八真宗紀三云真宗於大中祥符四年中祀汾陰，知「睢」字誤，據改。

辨證：

[一]丁文簡公度崇儒之碑　按丁度，隆平集卷八、東都事略卷六三、宋史卷二九二有傳。

[二]章聖在藩邸與張耆楊崇勳皆給事左右　涑水記聞卷一〇稱丁逢吉「以醫事真宗於藩邸」。

[三]擢上第　涑水記聞卷一〇稱其「第二人登科」。

[四]通判静海郡　東都事略卷六三、宋史丁度傳及涑水記聞卷一〇皆稱「通判通州」。按，輿地紀勝卷四一通州載南唐於海陵縣之東境置静海制置院；後周得淮南，改静海軍，尋建爲通州，分其地置静海、海門二縣；宋天聖元年改曰崇州，尋復曰通州，至政和七年始爲静海郡。又，宋史卷八八地理志四云通州於「政和七年，賜郡名曰静海」。玉照新志卷一亦載「政和七年十二月壬午，詔以宿州零壁爲靈壁縣，以真州爲儀真郡、通州爲静海郡、秀州爲嘉興郡，從九域圖志所奏請也」。故此云「通判静海郡」者，疑有誤字。

[五]改太常丞　宋史丁度傳云其「坐解送國子監進士失實，監齊州税。還知太常禮院，判吏部南曹」。

[六]天子始器之　據宋史丁度傳、涑水記聞卷一〇，仁宗即位，丁度「上書論六事」：一增講讀官，二增諫員，三補廕用大功以上親，四選河北、河東役兵補禁軍，五籍令佐墾田爲殿最，六凡緣公事坐私罪杖者聽保任遷官。時「器之」者乃垂簾之劉太后。

[七]屬獻謀者言頗異議遂格　按長編卷一二三寶元二年六月壬午條云時「詔削趙元昊官爵，除屬籍，揭牓於邊。募人擒元昊，若斬首獻，即以爲定難節度使。元昊界蕃漢職員能帥族歸順者，等第推恩」。

[八]已而賊果賫餘書置境上　按，「餘書」，似當作「嫚書」。長編卷一二五寶元二年閏十二月條云：「是月，元昊復遣賀九言賫嫚書，納旌節，及以所授敕告并所得敕牓，置神明匣，留歸娘族而去。其書略曰：『持命之使未還，南界之兵躁動，於鄜延、麟府、環慶、涇原路九處入界。』又曰：『南兵敗走，收奪旗鼓、符印、槍刀、矛戟甚多，兼殺下蕃人及軍將士不少。』又曰：『既先違誓約，又別降制命，誘導邊情，潛謀害主，諒非聖意，皆公卿異議，心膂妄圖，有失宏規，全忘大體。』又曰：『蕃漢各異，國土迥殊。幸非僭逆，嫉妬何深！況元昊爲衆所推，蓋循拓跋之遠裔，爲帝圖皇，又何不可？』又曰：『嵬迦回，將到詔書，乃與界首張懸敕旨不同。』又曰：『元昊與契丹聯親通使，積有歲年。炎宋亦與契丹玉帛交馳，儻契丹聞中朝違信示賞，妄亂蕃族，諒爲不可。』又曰：『伏冀再覽菲言，深詳微懇，回賜通和之禮，洊行結好之恩。』」

[九] 大臣奏事或日旰詔無給休澣假　隆平集、東都事略丁度傳稱時「知樞密院宋綬私忌不給假」。

[一〇] 諫官或言公請間求用　據宋史丁度傳，指稱丁度「所言，蓋自求柄用」者乃諫官孫甫。按，長編卷一五四慶曆五年正月甲戌條云：「度知甫所奏誤，力求與甫辨。宰相杜衍以甫方使契丹，寢其奏。度深銜衍，且指甫爲衍門人。及甫自契丹還，亟命出守。」

[一一] 參知政事　據長編卷一五九，丁度擢參知政事乃在慶曆六年八月癸酉，稱：「右諫議大夫、參知政事吴育爲樞密副使，樞密副使、工部侍郎丁度參知政事。育在政府，遇事敢言，與宰相賈昌朝數爭議上前，殿中皆失色，育論辨不已，乃請曰：『臣所辨者職也，顧力不勝，願罷臣職。』因與度易位。度爲樞密副使在龐籍後，時籍女嫁參知政事宋庠之子，庠因言於上，以親嫌不可共事，故越次用度。」

[一二] 禁衛竊發至及晡然後已　據涑水記聞卷一〇，此「衛士爲變，事連宦官楊懷敏」。長編卷一九二慶曆八年閏正月辛酉條詳載：「是夕，崇政殿親從官顔秀、郭逵、王勝、孫利等四人謀爲變，殺軍校，劫兵仗，登延和殿屋，入至禁中，焚宫簾，斫傷内人臂。其三人爲宿衛兵所誅，王勝走匿宫城北樓，經日乃得，而捕者即支分之，卒不知其始所謀。樞密使夏竦言於上，請御史同宦官即禁中鞫其事，且言不可滋蔓，使反側者不安。參知政事丁度曰：『宿衛有變，事關社稷，此而可忍，孰不可忍！』固請付外臺窮治黨與，自旦爭至食時，上卒從竦議。」

[一三] 復改觀文殿學士　宋史丁度傳稱御史何郯言「紫宸非官稱所宜」，故丁度即自紫宸殿學士改授觀文殿學士。

[一四] 合宫均慶　宋史卷一二仁宗紀四載皇祐二年九月辛亥「大享天地于明堂」，並「大赦，百官進秩一等」。按，合宫，指明堂。

[一五] 廣源蠻大擾南方　指廣源州蠻儂智高起兵反宋事。據宋史卷一二仁宗紀四云：皇祐四年五月乙巳朔，儂智高「陷邕州，遂陷横、貴等八州，圍廣州」。

[一六] 國馬數絀公因啓　宋史丁度傳載丁度云：「祥符、天聖間，牧馬至十餘萬，其後言者以天下無事，不可虚費，遂廢八監。然猶秦渭環階麟府文州、火山保德岢嵐軍歲市馬二萬二百匹，補京畿、塞下之闕。自西鄙用兵，四年所牧，三萬而已。馬少地閑，坊監誠可罷；若賊平馬歸，則不可闕。今河北、河東、京東西、淮南皆籍丁壯爲兵，請令民畜一戰馬者，得免二丁，仍不計貲産以升户等，則緩急有備，而國馬蕃矣。」通考卷一六〇兵考十二馬政稱皇祐五年丁度上言馬政，然「言不果行」。

[一七] 素知兵書熟本朝典故　宋史丁度傳云：「劉平、石元孫敗，帝遣使問所以禦邊。度奏曰：『今士氣傷沮，若復追窮巢穴，饋

糧千里，輕用人命以快一朝之意，非計之得也。唐都長安，天寶後，河、湟覆没，涇州西門不開，京師距寇境不及五百里，屯重兵，嚴烽火，雖常有侵軼，然卒無事。太祖時，疆埸之任，不用節將。但審擢材器，豐其廩賜，信其賞罰，方陲輯寧幾二十年。爲今之策，莫若謹亭障，遠斥堠，控扼要害，爲制禦之全計。』因條上十策，名曰備邊要覽。」

［一八］並先公而没　涑水記聞卷一〇稱「度早喪妻，晚年學修養之術，嘗獨居静室，左右給使惟老卒一二人而已」。

名臣碑傳琬琰集上卷四

程文簡公琳旌勞之碑[一]　　文忠公歐陽脩

惟文簡公既葬之二年，其子嗣隆泣而言于朝曰：「先臣幸得備位將相，官階品皆第一，爵勳皆第二，請得立碑如令。」於是天子曰：「噫！惟爾父琳，有勞于我國家，予其可忘？」乃大書曰「旌勞之碑」，遣中貴人即賜其家曰：「以此銘爾碑。」又詔史臣脩曰：「汝爲之銘。」臣脩與文簡公故往來，知其人，又嘗誌其墓[二]，又嘗述其世德于冀公太師之碑[三]，得其世次、官封、功行最詳，乃不敢辭。

惟公字天球，姓程氏。曾祖諱新，贈太師；曾祖妣吳國夫人齊氏。祖諱贇明，贈太師、中書令；祖妣秦國夫人吳氏。考諱元白，袁州宜春令，贈太師、中書令兼尚書令、冀國公；妣晉國夫人楚氏。公舉大中祥符四年服勤詞學高第，試祕書省校書郎、泰寧軍節度推官，改著作佐郎、知并州壽陽縣，秘書丞、監左藏庫。天禧中，詔選文學履行，召試，直集賢院。今天子即位，遷太常博士、三司户部判官。會脩真宗實録，而起居注闕①，命公追修大中祥符八年已後，書成，遂修起居注。遷祠部員外郎、提舉諸司庫務，以本官知制誥，同判吏部流内銓。

① 而起居注闕　宋史程琳傳作「而大中祥符以來起居注闕」。

契丹嘗遣使賀天聖五年乾元節①，天子思公前嘗折其使[四]，乃以公爲館伴使。使者果言契丹見中國使者，坐殿上，位次高，而中國見契丹使者位下，當遷[五]。議者以爲小故[六]，可許，雖天子亦將許之。公爭以謂契丹所以與中國好者，守先帝約也，一切宜用故事，若許其小，將啓其大。天子是之，乃止。

歲中，遷諫議大夫②、權御史中丞。明年，拜樞密直學士、知益州。公性方重，寡言笑，凡所處畫，常先慮謹備，所以條目巨細甚悉，至臨事簡嚴，吏莫能窺其際。嘗夜張燈午門③，大集州民，而城中火起，吏如公教不以白，而隨即救止。終宴民去，始稍知火。監軍得告者言軍謀變，懼而入白，公笑曰：「豈有是哉？」監軍惶惑不敢去，公曰：「軍中動静，吾自知之。苟有謀者，不能隱也。」已而卒無事。其他多類此。蜀妖人自言李冰神子，署官屬吏卒，以恐蜀人，公捕斬之。而謗者言公妄殺人，蜀且亂。天子遣人馳視之，使者還言蜀人便公政，方安樂，而誅妖人，所以止亂[七]。由是天子益知公賢，召爲給事中、知開封府。前爲府者，苦其治劇，或不滿歲罷，不然被謗譏，或以事去。獨公居數歲，久而治益精明，盜訟稀少，獄屢空，詔書數下褒美。遷工部侍郎、龍圖閣學士，守御史中丞。丞相張文節公少所稱許，而最知公。方除中丞，文節嘗執筆，喜曰：「不辱吾筆矣④。」久之，天子

① 契丹嘗遣使賀天聖五年乾元節　按歐陽修居士集卷二三程公神道碑銘作「契丹嘗遣使賀上即位，命公迓之，使者妄有所言，公折以理，遂屈服。其後又遣使賀天聖五年乾元節」。

② 遷諫議大夫　按歐陽修居士集卷二三程公神道碑銘、本書中集卷二〇程文簡公琳墓誌銘及東都事略、宋史程琳傳皆作「遷右諫議大夫」。

③ 嘗夜張燈午門　「午門」，歐陽修居士集卷二三程公神道碑銘作「會五門」。

④ 丞相張文節公少所稱許而最知公方除中丞文節嘗執筆喜曰不辱吾筆矣　此三十字，歐陽修居士集卷二三程公神道碑銘置於上文「歲中遷諫議大夫權御史中丞」句下。按，長編卷一〇五天聖五年九月己未條云：「祠部員外郎、知制誥程琳爲諫議大夫、權御史中丞。宰相張知白最器琳，當除命，喜曰：『不辱吾筆矣。』」宋史程琳傳所云同。據宋史宰輔表，張知白於天聖三年十二月拜相，六年罷。是知此處將「丞相張文節公」等三十字置於此處「守御史中丞」下者不確，當從居士集。

思其治，召爲翰林學士，復知開封府①。

明年，爲三司使。不悦苟利，不貪近功。時議者患民税多目，吏得爲姦，欲除其名而合爲一。公以謂合而没其名，一時之便，後有興利之臣必復增之②，是重困民也[八]。議者莫能奪。其於出入尤謹，禁中時有所取，未嘗肯與。宦官怒言：「陛下雖有欲，物在程琳，何可得？」公曰：「臣所以爲陛下惜爾。」天子以爲然。累遷吏部侍郎。

景祐四年，以本官參知政事。公益自信不疑，宰相有所欲私，輒衆折之，其語至今士大夫能道也。初，范仲淹以言事忤大臣，貶饒州。已而上悔悟，欲復用之，稍徙知潤州。而惡仲淹者遂誣以事③，語入，上怒，亟命置之嶺南。自仲淹貶而朋黨之論起，朝士牽連及仲淹者④，皆指爲黨人。公獨爲上開説，上意解而後已。是時，元昊叛河西，朝廷多故，公在政事，補益尤多。而小人僥倖皆不便，遂以事中之，坐貶爲光禄卿、知潁州[九]。已而徙知青州，又徙大名府⑤。居一歲中，遷户部吏部二侍郎、尚書左丞、資政殿學士。北京建，遂以爲留守。宦者皇甫繼明方用事，主治行宫，務廣制度以市恩，公爲裁抑之，與繼明交章上⑥。天子遣一御史往視之，還直公，天子

① 召爲翰林學士復知開封府　按，東都事略程琳傳同。然長編卷一一三明道二年十月己未條載以龍圖閣學士、工部侍郎、權知開封府程琳爲御史中丞，「琳辭中丞不拜，乃授翰林侍讀學士、兼龍圖閣直學士、知開封府」。而隆平集、宋史程琳傳所載略同。按皇宋十朝綱要校正卷四仁宗，程琳未嘗爲翰林學士。此處「翰林學士」當作「翰林侍讀學士」。

② 後有興利之臣必復增之　「後」原作「復」，按歐陽修居士集卷二三程公神道碑銘作「後有」，隆平集程琳傳作「後世有興利之臣復以舊名增之」，東都事略、宋史程琳傳亦作「後」，據改。

③ 而惡仲淹者遂誣以事　「遂」，歐陽修居士集卷二三程公神道碑銘作「遽」。

④ 朝士牽連及仲淹者　「及」上，歐陽修居士集卷二三程公神道碑銘有「出語」二字。

⑤ 又徙大名府　「大名府」原作「大明府」，據庫本及歐陽修居士集卷二三程公神道碑銘改。

⑥ 與繼明交章上　「交章上」，歐陽修居士集卷二三程公神道碑銘作「章交上」。

爲罷繼明，獨委公以建都事[一〇]。

公自知政事，以議論不私見嫉，被貶斥，已而稍復見用，遂與繼明爭曲直，由是益不妄合於世。雖不復大用，而契丹方遣使，數有所求[一一]，兵誅元昊未克，西北宿重兵，公於是時，天子嘗委以河北、陝西之重，留守北京凡四年。遷工部尚書、資政殿大學士、河北安撫使[一二]。慶曆六年，拜武昌軍節度使、陝西安撫使、知永興軍府事。明年，加宣徽北院使、鄜延路經略使、馬步軍都部署、判延州，仍兼陝西安撫使。皇祐元年，加同中書門下平章事，留守北京。其於二方，威惠信著，尤知夷狄情僞，山川險易，行師制敵之要。其在延州，夏人數百驅畜産至界上請降，言契丹兵至衙頭矣，國且亂，願自歸。公曰：「契丹兵至元昊帳下，當舉國取之，豈容有來降者？吾聞夏人方捕叛族①，此其是乎？不然，誘我也。」拒而不受。已而夏人果以兵數萬臨界上，公戒諸堡寨無得輒出兵，夏人以爲有備，引去，自此不復窺邊。

公於河北最久，民愛之，爲立生祠。明年，改武勝軍節度使，猶在北京。又改鎮安軍節度使[一三]。在鎮四年，猶上書言「鎮安一郡爾，不足以自效，願復守邊」。未報②，得疾，以至和三年閏三月某日薨于陳州之正寢③，享年六十有九。天子輟視朝二日，贈中書令，謚曰文簡。明年，享祫太廟推恩，加贈公太師、中書令④。公累階

① 吾聞夏人方捕叛族　「族」原作「俗」，據庫本及歐陽修居士集卷二三程公神道碑銘改。
② 未報　歐陽修居士集卷二三程公神道碑銘作「書未報」。
③ 以至和三年閏三月某日薨于陳州之正寢　「某日」，歐陽修居士集卷二三程公神道碑銘作「七日己丑」，本書中集卷二〇程文簡公琳墓誌銘作「己丑」。
④ 中書令　歐陽修居士集卷二三程公神道碑銘作「尚書令」。

至開府儀同三司，勳上柱國，開國廣平郡爵公①，封户七千四百，而實封二千一百，賜號推誠保德守正翊戴功臣。娶陳氏[一四]，封衛國夫人。子男四人：曰嗣隆，太常博士；嗣弼，殿中丞；嗣恭，太常博士；嗣先，大理寺丞。女五人，皆適良族。

謹按程氏之先，出自重黎。至休父，爲周司馬於程②，其後子孫遂以爲氏。自秦漢以來，世有其人，程氏必顯，而各以其所居著姓，後世因之，至唐尤盛。號稱中山程氏者，皆祖魏安鄉侯昱。公中山博野人也，世有積德，至公始大顯聞。臣脩以謂古者功德之臣，進受國寵，退而銘於器物，非獨私其後世，所以不忘君命，示國有人，而詩人又播其事，聲於詠歌，以揚無窮。今去古遠，爲制不同，而猶有幽堂之石、隧道之碑，得以紀德昭烈，而又幸蒙天子書而名之，其所以照臨程氏，恩厚寵榮，出古遠甚。而臣又得刻銘其下。銘，臣職也，懼不能稱。銘曰：

程以國氏，世遠支分。因居著姓，各以其人。公世中山，在昔有聞。克大自公，厥聲以振。乃秉國鈞，乃授將鉞。出入其勤，夷險一節。帝曰噫歟！余有勞臣③。何以旌之？有爛其文。惟此勞臣，實予同德。憂國在心，匪勞以力。二方有事，諸將無功。俾我舊老，不遑居中。間息近藩，庶休厥躬。有請未報，奄云其終。歿而後已，兹可謂忠。惟帝之褒，其言甚簡。銘以述之，萬世丕顯。

辨證：

[一] 程文簡公琳旌勞之碑　本碑文又載於歐陽修居士集卷二三，題曰「鎮安軍節度使同中書門下平章事贈太師中書令程公神道

---

① 開國廣平郡爵公　歐陽修居士集卷二三程公神道碑銘無「開國」二字。

② 爲周司馬於程　「於程」，歐陽修居士集卷二三程公神道碑銘作「國於程」。

③ 余有勞臣　「余」原作「餘」，歐陽修居士集卷二三程公神道碑銘作「余」，據改。庫本作「予」。

碑銘」。按程琳，隆平集卷八、東都事略卷五四、宋史卷二八八有傳，本書中集卷二〇載有歐陽修程文簡公琳墓誌銘。梁溪漫志卷八程文簡碑誌云：「聞見後録又云：『某公在章獻明肅后垂箔日，密進唐武氏七廟圖，后怒抵之地曰：「我不作負祖宗事！」仁皇帝解之曰：「某但欲爲忠耳。」后既上賓，仁皇帝每曰：「某心行不佳。」後竟除平章事。蓋仁皇帝盛德大度，不念舊惡故也。自某公死，某公爲碑、誌，極其稱贊，天下無復知其事者矣。某公受潤筆帛五千端云。』予按潁濱龍川略志載，進七廟圖乃程文簡也。夫善惡之實，公議不能掩，所謂史官不記，天下亦皆記之矣。然程公墓誌、神道碑，皆歐陽公所爲。凡碑誌等文，或被旨而作，或因其子孫之請，揚善掩惡，理亦宜然。至於是是非非，則天下自有公論。歐陽公一世正人，而謂受潤筆帛五千端，人不信也。」

〔二〕又嘗誌其墓　按，歐陽修撰程文簡公琳墓誌銘。

〔三〕又嘗述其世德于冀公太師之碑　即歐陽修所撰袁州宜春縣令贈太師中書令兼尚書令冀國公程公神道碑銘，載於居士集卷二一。

〔四〕天子思公前嘗折其使　宋史程琳傳稱契丹使來賀仁宗即位，「契丹使者謂琳曰：『先皇帝嘗通使承天，太后獨無使，何也？』琳曰：『南北，兄弟也。先皇帝嘗視承天猶從母，故無嫌；今皇太后迺嫂也，禮不通問。』契丹使者語屈」。

〔五〕使者果言契丹見中國使者坐殿上位次高而中國見契丹使者位下當遷　宋史程琳傳云：「契丹遣蕭蘊、杜防來，蘊出位圖示琳曰：『中國使者坐殿上高位，今我位乃下，請升之。』琳曰：『此真宗所定，不可易。』防曰：『大國之卿，可以當小國之君。』琳曰：『南北雖兩朝，無小大之異，卿嘗坐我殿上，我顧小國耶？』防無以對。」

〔六〕議者以爲小故　按此「議者」，隆平集、東都事略、宋史程琳傳皆稱「宰相」，據宋史宰輔表，是時宰相乃王曾、張知白。

〔七〕蜀妖人自言李冰神子至所以止亂　按長編卷一〇九天聖八年十月癸卯條云：「蜀民歲爲社祠灌口神，有妖人自名李冰神子，置官屬吏卒，聚徒百餘。琳捕其首斬之，而配其社人於内地，道路或以爲冤。事聞，朝廷遣内侍張懷德馳視。懷德視蜀既無事，還奏，得解。」又，宋朝事實類苑卷二三官政治績程文簡引本朝名臣傳云：「蜀州有不逞者，聚惡少百餘人，作灌口二郎神像，私立官號，作士卒衣裝，鐃鼓簫吹，日椎牛爲會。民有駿馬者，遂遣人取之，曰：『神欲此馬。』民拒之，其馬遂死。又率良民從其群，有不願往者，尋得疾病，蓋亦有妖術爾。有白其事，琳皆捕而戮之，曰：『李順由此而起，今鋤其根本，且使蜀中數十年無恙。』」獨醒雜志卷五云：「有方外士爲言蜀道永康軍城外崇德廟，乃祠李太守父子也。太守名冰，秦時人，嘗守其地。有龍爲孼，太守捕之，且鑿崖中斷，分江水一派入永康，鎖孼龍於離堆之下。有功於蜀人，至今德之，祠祭甚盛，每歲用羊至四萬餘。凡買羊以祭，偶產羔者，亦不敢留。永康藉羊稅以充郡計。江鄉人今亦祠之，號曰『灌口二郎』，每祭，但烹一羶，不設他物，蓋有自也。」

［八］是重困民也　隆平集程琳傳云程琳曰：「使牛皮、食鹽之類合爲一，穀、粟、黍、豆合爲一，易於句校，可也。後世有興利之臣，復以舊名增之，是重困民，無已時也。」

［九］坐貶爲光祿卿知潁州　長編卷一二五寶元二年十一月丁酉條云：「降寧武節度使、知樞密院事盛度爲尚書左丞、知揚州，尚書左丞、參知政事程琳爲光祿卿、知潁州，御史中丞孔道輔爲給事中、知鄆州，刑部員外郎、天章閣待制龐籍知汝州，開封府判官、金部郎中李宗簡追一任官勒停，司封員外郎、直集賢院、同修起居注麻溫其落職監當，司門員外郎張純、堂後官國子博士李備遠處監當，光祿寺丞程琰荆湖北路監當，前太常博士直集賢院吕公綽、前太常博士吕公弼王疇罰銅十斤，奉禮郎中丁諷罰銅四斤。先是，權知開封府鄭戩按使院行首馮士元姦贓及私藏禁書事，而士元嘗爲度强取其鄰所賃官舍。故樞密副使張遜第在武成坊，其曾孫偕才七歲，宗室女所生也，貧不自給，乳媪擅出券鬻之。琳陰使士元諭以偕幼，宜得御寶許鬻乃售。其乳媪以宗室女故入宮見章惠太后，既得御寶，琳即市取之，及令弟琰同士元市材木。籍與公綽、公弼皆嘗令士元雇女口。溫其坐託士元賒買鹽，虛作還錢月日，而純與備亦坐託士元引致親戚爲軍巡、推司及府貼司，疇、諷並嘗以簡屬士元理逋負。士元既杖脊，配沙門島，而宗簡輒私發公案欲營救之，開封府推官王逵具以白戩，遂奏移鞫御史臺，獄具，詔翰林學士柳植録問。是日旬休，上特御延和殿，召宰臣等議決之。初，張士遜素惡琳而疾道輔不附己，將并逐二人，察帝有不悦琳意，即謂道輔：『上顧程公厚，今爲小人所誣，宜見上爲辨之。』道輔入對，言琳罪薄，不足深治。帝果怒，以道輔朋黨大臣，又事初下臺，止隔戩、籍入朝，而不隔度及琳，故特貶焉。」宋史程琳傳略同。

［一〇］天子爲罷繼明獨委公以建都事　長編卷一三七慶曆二年閏九月癸未條云：「先是，營建北京，內侍皇甫繼明主營宮室，欲侈大其制以要賞，知大名府程琳以爲方事邊，又欲事土木以困民，不可。既而繼明數有論奏，上遣侍御史魚周詢按視，罷繼明歸闕，命琳獨主其事。」

［一一］而契丹方遣使數有所求　按，指慶曆二年契丹聚兵境上，遣使臣蕭英、劉六符來聘，求割關南十縣地之事。

［一二］遷工部尚書資政殿大學士河北安撫使　長編卷一五五慶曆五年五月壬戌條載知大名府程琳爲資政殿大學士，注曰：「琳兼河北安撫使，在七月戊子，本傳即於加大學士并言之，誤也。」按，本傳之誤當承襲自歐陽修所撰之墓誌、碑文。

［一三］又改鎮安軍節度使　長編卷一七二皇祐四年三月壬子條云：「武勝節度使、同平章事、判大名府程琳爲鎮安節度使，赴本鎮。尋詔琳出入如見任二府儀。琳前後守魏十年，持重不擾。嘗度要害，繕壁壘，增守禦，備植木數萬，曰：『異時樓櫓之具，可以不出於民矣。』人愛之，爲立生祠。」

［一四］娶陳氏　程顥河南程氏文集卷一二家世舊事云：「文簡公一夕夢紫衣持箱幞，其中若勑書，授之曰：『壽州陳氏。』不測所謂，以問伯祖殿直，亦莫能曉。後登科，有媒氏來告，有陳氏求壻，必欲得高第者。問其鄉里，乃壽州人。文簡公年少才高，欲婚名家，弗許。伯祖曰：『爾夢如是，蓋默定矣，豈可違也？』强之使就，後累年猶怏怏。陳夫人賢德宜家，夫婦偕老，享封大國，子孫相繼，豈偶然哉？」

張文懿公士遜舊德之碑［一］　景文公宋祁［二］

惟宋四葉，天以端命付皇帝，既社南邦，乃建元儲。始御資善堂，參聽天下事。真廟委成，群臣道審訓①，奉
上國寶。皇帝即位，叢光合華②，道益大興，天燾地持，罔有不承。惟其佐曰清和張公［三］，由户部吏部二郎中、直昭文館爲壽春友，昇府諮議參軍，以右諫議大夫歷太子左、右庶子，進樞密直學士爲賓客，以樞密副使、給事中領詹事。出入兩宮，實輔實維。逮潛而飛，神攄景發，首貮天極。上之六年，制詔有司：「先帝遺朕寶臣曰士遜，毗

① 群臣道審訓　「道」，景文集卷五七張文懿公士遜舊德之碑作「遵」。
② 叢光合華　「叢」，景文集卷五七張文懿公士遜舊德之碑作「重」。

亮厥初，勤勞我家，外經内幹，聲烈嘉飪。罔德不疇，朕庶幾焉。爾惟相，且類台德。」前此，公已三遷爲尚書左丞，乃以禮部尚書、中書門下平章事分執政事筆[四]。於時綱紀文章①，張設修明。公與二三臣協恭濟虔，風力鋭甚，因其故而奉行之，本其宜而財相之，所以鎮浮抳動、便安元元之道甚備，翕然號稱「職相」。

故樞密使曹利用素貴强，宗子留鄉里，使酒不軌，既具獄，或謂利用並坐[五]，上疑以問執政，衆噤嘿相顧望。公徐曰：「利用大臣，宜不知狀，獨不肖子爲之。」時間語先入②，利用得罪，公以議不合，罷爲刑部尚書、知江寧府[六]。宰相文正王曾亦爲上别白曹事，終曹氏復爵土，還所籍産，官其子孫[七]。居二歲，朝京師，以檢校太傅領定國軍節度、知許州[八]。踰年，用舊官復入相，進中書侍郎兼兵部尚書。明年，上專攬萬務，除門下侍郎，仍前官，遂總魁柄。未幾，以左僕射保留西雒[九]。時楊崇勳亦罷樞密使，以帥節兼台司，同謝殿中，班在公右。帝憮然悟，明日，授公檢校太師、山南東道節度，以宰相秩復守許昌[一〇]。公不以漢相尊廢，事事爲政有體，不曲折煩苛，時時方略縱捨，有足觀者。賦訂在民③，類先與期，故所到皆有惠利仁愛。築大隄環城，以障瀿潦，瘠積燥完，户免墊愁，許人蒙休，鑱碧頌功。移判河南府。久之，上推雅故，復進公爲上宰[一一]，盡還前在丞相府之領。俄封郢國公。戎落叛命，披屬國羌，以動西陲，屯邏怢安④，責戰無素。公建遣近臣出護諸將[一二]，切敕持重，折賊鋭衝，長纓四絡，以須其潰。公去位五年，賊終納款⑤。

① 於時綱紀文章　「時」，景文集卷五七張文懿公士遜舊德之碑作「是」。
② 時間語先入　「間」原作「門」，據庫本及景文集卷五七張文懿公士遜舊德之碑改。
③ 賦訂在民　「訂」，景文集卷五七張文懿公士遜舊德之碑作「更」。
④ 屯邏怢安　「怢」原作「狀」，據庫本改。
⑤ 戎落叛命至賊終納款　此五十四字，景文集卷五七張文懿公士遜舊德之碑闕。

公既以年高位隆，萬或一悔，有不勝任之責，乃七表上還印綬，面陳又十數。雖上之所以拒而留者亦不勝記，公執不回，遂册拜太傅，進封鄧國公[一三]，聽謝，特詔朝朔望、大朝會並綴中書門下班①，出入施繖。與一子五品緋，賜近城園一區，月給實奉[一四]。國朝自中書得老者，以公爲初。辭朔望，惟朝會一再至，至必上眷矚加等，或遣中侍者勞問。嘗御書飛白「千歲」二字②，賜公難老[一五]。公因鋪叙前後所錫書九百函，爲歌一篇，贊成盛德。皇祐元年正月己未薨於第③，享年八十有六。翌日問聞，上駭歎，趣外辦車駕。或言日直陛下元命，不可往。上曰：「股肱實虧，日於何避？」遂行，哭之慟。賜銀三千兩，布帛醪米副之。以太師、中書令賁其柩，進姓宗黨官若職者十有六人④。嗚呼！

公字順之，淳化中，與鄉進士試禁中，占對鴻徹，太宗異之，擢乙科[一六]。調郎鄉主簿、射洪令，以異政聞[一七]，改襄陽令，外憂自免[一八]。還，除祕書著作佐郎、知邵武縣，轉本省丞。號略楊億在翰林，高持風鑒，少所器可，薦公才堪御史[一九]，因授監察御史。頃江南轉運使闕，中書進擬輒却，真宗不次用公，執政賀上得人。換廣南東路，三遷至兵部員外郎。代還，授河北轉運使，改工部郎中。河囓棣州，有詔徙陽信。官見糧多，不可

---

① 聽謝特詔朝朔望大朝會並綴中書門下班　長編卷一二七康定元年五月壬戌條作「聽朔望大朝會綴中書門下班」。

② 嘗御書飛白千歲二字　「書」字原脱，據庫本、舊鈔本及景文集卷五七張文懿公士遜舊德之碑補。

③ 皇祐元年正月己未薨於第　「己未」，文恭集卷四〇太傅致仕鄧國公張公行狀作「己酉晡後」，宋史卷一一一仁宗紀作「庚戌」。長編卷一六六亦於皇祐元年正月庚戌日書張士遜卒，「車駕臨奠」，然又書仁宗於「翌日謂宰臣曰：『昨有言庚戌是朕本命，不宜臨喪。朕以師臣之舊，故不避。』」按，是年正月甲午朔，己酉爲十六日，庚戌十七日，己未二十六日。知張士遜卒於己酉，仁宗於次日庚戌臨奠，故「己未」當爲「己酉」之譌。

④ 進姓宗黨官若職者十有六人　「姓」，據景文集卷五七張文懿公士遜舊德之碑作「陞」。

以遷。公視瀕河數州方歉食，即計餘以貸民，年如約輸入新郡，振乏權羸，衆賴以紓。真宗最公治狀，欲遂寘左右，會王府開，面命公曰：「枚選于衆①，無易而才。」公拜稽首，遂用調護。

公身七尺[二〇]，進退安重，中隱正，外文明，篤於孝友，根於仁愛尉易②[二一]。士大夫歆艷成就，出門下者皆一時鉅人③。施予姻舊，廩稍略足，不問在否幾何。任樞省凡八年，後三至台輔，去位又十年，所遇不同，而事皆可紀。方上諒闇，冢司持衡，排柢時望，陰席權寵。公居其間，防檢百爲，身侔長城，慮先元龜，妖脂讒具，無所投汙，然而卒定大事。蓋乾興時，善公之謀。章獻佐治，軒陛重嚴。公事二聖，外謀必聞，裏言不宣，孝承慈右④，鴻名雙濟。及乾剛獨奮⑤，有弗厭者，一切罷免[二二]，而公見留。辛相文惠陳堯佐門下生竊出上書，妄言變事，又有譏諫官立黨者。公還奏上前，質其誣巇，於是告者結三歲刑⑥，諫官事寢不下[二三]。故明道間，見公之忠，耆德復用。上方厲精聽斷，公朝夕進見，一力匪懈，登畯黜良，緝興化條，大和嘉生，烝薄滲漉。舉天下全盛，視公所以致君至不至邪！大抵相創業者先功，相守成者先德，經綸之業易言，而鎮靖之績難知。公可謂治世之傑輔，皇極之全懿者已。故寶元已來，著公之勞。

公之引年，人間事一不慨意，閱黄老旁行書，粗以應外，精以治内，乘和日化，與相頽靡。再過鄉上冢，召故

① 枚選于衆　「枚」，景文集卷五七張文懿公士遜舊德之碑作「權」。
② 根於仁愛尉易　「尉易」，景文集卷五七張文懿公士遜舊德之碑作「一時」，屬下句。
③ 出門下者皆一時鉅人　「一時」，景文集卷五七張文懿公士遜舊德之碑作「名流」。
④ 孝承慈右　「右」，景文集卷五七張文懿公士遜舊德之碑作「佑」。
⑤ 及乾剛獨奮　「剛」，庫本作「綱」。
⑥ 於是告者結三歲刑　「告者」原作「者告」，據庫本及景文集卷五七張文懿公士遜舊德之碑改。

人長者，散金爲壽，野服巾車，不自貴其貴。百祉蕃并，化爲康寧。偃然牖下，如蜕一委。當此時，搢紳大夫之觀①，又善公終。聖上所以惻怛悼痛，舉哀外次，三不視朝。有司謚爲文懿，匪公孰宜？

凡附官見職者：審官、審刑二院，史館、會靈觀判官，以近臣兼之；契丹國信使，在藩房時，帝所特選；祥源觀使，以宥密領之；集賢殿、昭文館二學士，監國子、南郊大禮使、獻懿二太后園陵使，以執政涖之。邑户萬五千七百，勳階極品，功臣出處更二十六號。

公於書史多所汎覽，爲辭章深純典正，尤嗜詩，所得皆自然經奇，無有彫劂，故禮部尚書清河張詠許爲第一流。生平編次成十集[二四]，既詔索遺藁，家丞録五集以獻，遂秘禁中。信乎有德而又有言者歟！

公之先蓋漢陽王柬之苗裔，系牒湮落，世數失傳。至曾大父諱育，從唐本道帥趙凝府鈎校用度，奏爲大理評事。凝破，避兵泝漢②，止均州鄖鄉，道葬焉。配曰郭氏。大父諱裕，試金吾衛長史，主陰城鹽鐵院。配曰胡氏。父廷朗，隱約違世。配曰趙氏、二龐氏、李氏。三世皆深究浮屠法，取和於天，遺累於人。公爲祖系詩，頗言其詳。漢陽爲讒所軋，叙報不永。委胙在下，必還其初③。故公能推恩，以開府儀同三司、太師、中書令、尚書令、郕楚韓三國公上追先烈，以燕晉魏韓魯越國自妣而上五族爲太夫人。公即魏國所生，七日而母夫人喪，屬公於姑，顧復勞苦，至於成立。公請於朝，封姑爲南陽縣太君。其喪也，如母而不縗。姑子全氏，贈太子左贊

① 搢紳大夫之觀　「紳」原作「抻」，據庫本、舊鈔本及景文集卷五七張文懿公士遜舊德之碑改；「觀」，景文集卷五七張文懿公士遜舊德之碑作「輩」。

② 避兵泝漢　「泝」原作「沂」，據景文集卷五七張文懿公士遜舊德之碑改。

③ 三世皆深究浮屠法取和於天遺累於人公爲祖系詩頗言其詳漢陽爲讒所軋叙報不永委胙在下必還其初　按，此四十三字，景文集卷五七張文懿公士遜舊德之碑闕。

善大夫。

公娶姓三：蔣、黄氏，追封晉陵、英國二夫人；馮氏，封舒國夫人，叶庀宗事，莅薰蘋潔，宜其爲令妻也①。四男子：曰友直，刑部員外郎、直史館；曰友倜，殿中丞；曰友正，將作監丞；曰友誼，奉禮郎，獨早世。上卹其孤，故友直爲史館修撰，友倜任親民官，友正遷大理寺丞②。淬孝礪忠，參持門閥，宜其爲才子也。四女子：孟歸安氏積③，爲工部郎中；仲歸李氏昭遘，爲刑部員外郎、集賢校理；叔歸吕氏公孺，爲太常博士；季歸王氏素，爲刑部郎中。柔則順義，鈿服委它，宜其得賢婿也④。

薨之年夏四月癸酉，克葬公於河南府登封縣天中鄉之原，英、舒二夫人祔焉。諸子以叙公之業有故吏狀，節公之惠有容官議，册愍于朝，誌埋諸幽，奏終藏事，無不如志。惟綷石巋存，可刻以磨，若又著庸其上，顯攄無窮，誰不謂然！乃請而命史臣某係以詞⑤，曰：

惟天興雨，有雲歊蒸。惟辟撫期，有賢挺生。賢者謂誰？英英令君。朅來于朝，對我聖真。帝啓南祉，實護且毗。既在東宫，陟降不違。帝受冒珍，瑞福紛綸。負日當天，四海復晨。内經鴻樞，帝心以嘉。三陟宰司，并秉將牙。公之在朝⑥，施設有方。百工儀儀，莫匪畯良。自狄而戎，疇敢不王⑦！公之出藩，人以阜安。黍稷熾

① 叶庀宗事莅薰蘋潔宜其爲令妻也　此十四字，景文集卷五七張文懿公士遜舊德之碑闕。
② 友正遷大理寺丞　「遷」，景文集卷五七張文懿公士遜舊德之碑作「選」。
③ 孟歸安氏積　「積」，文恭集卷四〇太傅致仕鄧國公張公行狀作「稹」。
④ 淬孝礪忠至宜其得賢婿也　此七十八字，景文集卷五七張文懿公士遜舊德之碑闕。
⑤ 乃請而命史臣某係以詞　「某」，景文集卷五七張文懿公士遜舊德之碑作「祁」。
⑥ 公之在朝　「朝」原作「欺」，據庫本、舊鈔本及景文集卷五七張文懿公士遜舊德之碑改。
⑦ 自狄而戎疇敢不王　此八字，景文集卷五七張文懿公士遜舊德之碑闕。

豐，靡厲靡患。牢圄歲空，吏不傳爰。老還第家，爲國傅臣①。班視台鉉，寵光益振。陶天之和，用克永年。未始疾憂，委化而蟺。帝嘆憖遺，行不便時。殮以衮章，殁軫餘思。凡公猷爲，一代宗臣。有勛在史，有德在民。昔周之奭，佐成以功。叶振權綱，王道郅隆。在唐之説，輔明以嗣。擁全威靈，大猷訖濟。公視二臣，孰爲後先？著辭表阡，風烈永傳。

辨證：

[一] 張文懿公士遜舊德之碑　本碑文又載於宋祁景文集卷五七，題同。按，張士遜，隆平集卷五、東都事略卷五二、宋史卷三一一有傳；胡宿文恭集卷四〇載有太傅致仕鄧國公張公行狀。

[二] 景文公宋祁　祁（九九八～一〇六一年）字子京，安州安陸人。宋庠弟。官至工部尚書、翰林學士承旨。卒，謚景文。宋史卷二八四有傳，本書本集卷七載有范鎮宋景文公祁神道碑。

[三] 惟其佐曰清和張公　按清河，張氏郡望。胡宿文恭集卷四〇太傅致仕鄧國公張公行狀云：「令公本系清河。五世祖唐，任刺史，因僑于漢南。曾祖諱某，以廷尉平總襄鄂七州都計，居襄帥趙凝府。凝爲梁所敗，走江南，因避地鄖鄉，卒葬于斯。祖諱裕，字某，試金吾長史，嘗莅陰城監院，遂占數焉。後榜陰城曰軍，光化是也。」

[四] 乃以禮部尚書中書門下平章事分執政事筆　長編卷一〇六天聖六年三月壬子條云：「張知白既卒，上謀所以代之者。宰相王曾薦吕夷簡，樞密使曹利用薦張士遜，太后以士遜位居夷簡上，欲用之。曾言輔相當擇才，不當問位，太后許用夷簡。夷簡因奏事，言士遜事上於壽春府最舊，且有純懿之德，請先用之，太后嘉其能讓。壬子，樞密副使張士遜爲禮部尚書、平章事，從利用之言也。」

[五] 宗子留鄉里使酒不軌既具獄或謂利用並坐　長編卷一〇七天聖七年正月癸卯條云：「内侍羅崇勳得罪，太后使利用召崇勳

① 爲國傅臣　「傅」原作「傳」，據景文集卷五七張文懿公士遜舊德之碑改。

戒敕之。利用去崇勳冠幘，詬斥良久，崇勳恥恨。會利用從子汭爲趙州兵馬監押，而州民趙德崇詣闕告汭不法事；奏上，崇勳方侍，自請往按治，乃詔龍圖閣待制王博文、監察御史崔暨與崇勳鞫汭於真定府。……崇勳等窮探其獄，獄具，汭坐被酒衣黄衣，令軍民王旻、王元亨等八人呼萬歲；且傳致汭辭，云利用實教之。」宋史曹利用傳載「汭坐被酒衣黄衣，令人呼萬歲，杖死」。

〔六〕利用得罪公以議不合罷爲刑部尚書知江寧府　按長編卷一〇七天聖七年正月癸卯條載太后詢問曹利用事，當時諸宰執皆「皆顧望未有對者，張士遜進曰：『此獨不肖子爲之，利用大臣，宜不知狀。』太后大怒，將并逐士遜。而王曾徐亦爲利用解，太后曰：『卿嘗言利用横肆，今何解也？』曾曰：『利用恃恩素驕，臣每以理折之。今加以大惡，則非臣所知也。』太后意少釋」。又二月丙寅條載張士遜罷相，出爲刑部尚書、知江寧府，云「士遜得宰相，曹利用之薦也。利用長樞密，憑寵自恣，士遜居其間，未嘗有是非之言，時人目之爲『和鼓』。利用得罪，士遜又營救之。利用既斥，士遜隨亦罷。上以士遜東宮舊臣，故加秩而遣之」。

〔七〕終曹氏復爵士還所籍産官其子孫　宋史曹利用傳云：「初，汭事起，即罷利用樞密使，加兼侍中判鄧州。及汭誅，謫左千牛衛將軍、知隨州。又坐私貸景靈宮錢，貶崇信軍節度副使，房州安置，命内侍楊懷敏護送；諸子各奪二官，没所賜第，籍其貲，黜親屬十餘人。宦者多惡利用，行至襄陽驛，懷敏不肯前，以語逼之，利用素剛，遂投繯而絶，以暴卒聞。後其家請居鄧州，帝惻然許之，命其子内殿崇班淵監本州税。明道二年，追復節度兼侍中，後贈太傅，還諸子官，……詔歸所没舊産。」

〔八〕朝京師以檢校太傅領定國軍節度知許州　據長編卷一〇九、卷一一〇，張士遜知許州在天聖八年八月丁未，而爲定國節度使、檢校太傅乃在天聖九年正月辛酉，且云：「時士遜朝京師，冀復入相。天章閣待制鞠詠奏曰：『曹利用擅威福，士遜與之共事，相親厚，援薦以至相位，陛下特以東宮僚屬用之，臣願割舊恩，伸公義，趣使之藩。』士遜乃赴許州。」又卷一二三寶元二年四月乙丑條云「天聖末，士遜亦嘗納女口於宫中，爲御史楊偕所彈云」。東都事略張士遜傳亦載「士遜又嘗納女口於宫中，侍御史楊偕劾其罪，且曰：『此盧杞、李林甫之所不爲也。』」

〔九〕以左僕射保留西雒　長編卷一一三明道二年十月戊午條載門下侍郎兼兵部尚書、平章事張士遜罷爲左僕射、判河南府，樞密使、山南東道節度使楊崇勳罷爲河陽三城節度使、同平章事、判許州，云：「先是，天下蝗旱仍見，士遜居首相，不能有所發明，上頗復思呂夷簡。及百官詣洪福院上莊獻太后謚册，退而奉慰，士遜乃過崇勳園飲酒，日中不至，群臣離立以俟。御史中丞范諷劾奏之，遂與崇勳俱罷，然制辭猶以均勞佚爲言也。」按，張士遜罷相判河南府制詞載於宋宰輔編年録卷四。

〔一〇〕以宰相秩復守許昌　長編卷一一三明道二年十月己未條稱「初，士遜與崇勳俱入告謝，士遜乃位崇勳下，上問其故，士遜對曰：『臣官僕射，而崇勳爲使相。』上因以使相授士遜」，爲山南東道節度使、同平章事、判許州，楊崇勳改判陳州。

〔一一〕復進公爲上宰　長編卷一二一寶元元年三月戊戌條載山南東道節度使、同平章事、判河南府張士遜爲門下侍郎兼兵部尚書、平章事，户部侍郎、同知樞密院事章得象以本官平章事，云：「初，韓琦數言執政非才，上未即聽。琦又言曰：『豈陛下擇輔弼未得其人故耶？若杜衍、孔道輔、胥偃、宋郊、范仲淹，衆以爲忠正之臣，可備進擢。不然，嘗所用者王曾、吕夷簡、蔡齊、宋綬亦人所屬望，何不圖任也？』上雖聽琦罷王隨等，更命士遜及得象爲相。士遜猶以東宫舊恩，或言又夷簡密薦之。」注曰：「夷簡又薦士遜，據陳釋拜罷録。」

〔一二〕公建遣近臣出護諸將　東都事略張士遜傳云：「元昊叛，嫚書始聞，朝廷爲之忿然。士遜即議絶和問罪。時西邊弛備已久，人不知兵，識者以爲憂。既而和事一絶，元昊遂入寇，西鄙用兵。」據宋史張士遜傳，時「士遜又請遣使安撫陝西，帝命遣知制誥韓琦以行」。

〔一三〕遂册拜太傅進封鄧國公　長編卷一二七康定元年五月己未條云：「先是，詔御輦院揀下都輦官年四十以下爲禁軍，輦官千餘人，攜妻子遮宰相、樞密使喧訴，門下侍郎兼兵部尚書、平章事張士遜方朝，馬驚墜地。己未，御史中丞柳植等奏其事，請付有司治，詔樞密院推鞫以聞。時軍興，機務填委，士遜位首相，無所補，諫官以爲言。士遜不自安，七上章請老，又數面陳。壬戌，優詔拜太傅，進封鄧國公致仕。」李燾并注曰：「士遜新傳云諫官韓琦上疏曰：『政事府豈養病坊耶？』士遜亦不安，七上章請老。按，士遜致仕時，琦已知制誥矣，琦家傳及他書『養病坊』等語亦不指士遜，附傳又不載琦嘗有言，新傳必誤，今不取。」檢宋史張士遜傳正云：「時朝廷多事，士遜亡所建明，諫官韓琦論曰：『政事府豈養病之地邪？』士遜不自安，累上章請老，迺拜太傅，封鄧國公致仕。」

〔一四〕月給實奉　長編卷一二七康定元年五月壬戌條云「月給宰臣俸三之一」。

〔一五〕嘗御書飛白千歲二字賜公難老　青箱雜記卷八云：「仁宗篤師傅恩，遇公特厚，致政後，每大朝會，常令綴兩府班。公時已八十餘，而拜跪尚輕利，仁宗悦，乃飛白『千歲』二字賜之。」長編卷一二七康定元年五月辛巳條云：「賜張士遜以宣化門安重誨舊園。上嘗御書飛白『千歲』字賜士遜，士遜因第中建千歲堂。」

［一六］擢乙科　青箱雜記卷八云張士遜「淳化三年孫何榜下及第」。

［一七］以異政聞　文恭集卷四〇太傅致仕鄧國公張公行狀云：「蜀盜甫平，瘡痍迄起，賦重俗惡，不堪長治。或恤公曰：『得射洪何哀，盍易他邑？』公曰：『事不避難，志不求易，有民與社，吾何懼焉？』至即安集勞徠，恩意甚著。夏旱，郡邑馳禱，靡神不舉。公初至邑，齋祓外，次禱于白崖山陸使君之祠。既奠而竣，斂版以俟。時陽驕熾，天無纖陰，須臾，繁雲大合，而雨連屬三日，遠近霑足。涓辰報貺，刻文識其祠下。剽輕聚盜，保匿境内，公廉知主名，陰設方略，詭以輕事，一切捕繫。數日，州果符下，牙將提兵捕劇賊陳漢遇八人，至則賊已獄矣，咸稱神明。轉運使檄請治鄞，便道詣郡，射洪民數百追路，邀持公馬首以歸，曰：『我邑官人也。』郡以其狀白外臺，檄至，聽還本治。其得民心如此。張貳卿守左蜀，有採訪使至郡，詢屬吏之賢否，雍曰：『本郡十邑，屈得一指，惟張射洪耳。』」

［一八］外憂自免　文恭集卷四〇太傅致仕鄧國公張公行狀稱其「内艱不赴」。

［一九］號略楊億在翰林高持風鑒少所器可薦公才堪御史　青箱雜記卷八云張士遜「久困選調，年幾五十，始轉著作佐郎、知邵武縣。還朝，以文贄楊公大年，比三日至門下，連值楊公與同輩打葉子，門吏不敢通，公亦弗去。楊公忽自窗隙目之，知非常人，延入款語，又觀所爲文，以爲有宰相器。未幾，薦爲御史」。

［二〇］公身七尺　曲洧舊聞卷三稱張士遜「身長七尺二寸」。

［二一］根於仁愛尉易　東都事略張士遜傳有云：「然士遜爲人寬厚，亦有過人者。一日，仁宗語士遜曰：『人言范仲淹嘗欲乞廢朕，朕但未見其章疏爾。』士遜曰：『陛下既未見其章疏，不可以空言加罪，望陛下訪之。』積十數請，仁宗曰：『竟未之見也，然爲朕言之者多矣。』士遜力爲辨其不然，仁宗意乃解。其後，士遜歸老，啟國於鄧，仲淹適守鄧州，士遜還鄉，仲淹置酒高會。明日，士遜復置會，揮金甚盛，時人榮之。」

［二二］及乾剛獨奮有弗厭者一切罷免　長編卷一一二明道二年四月己未條載仁宗親政之初，門下侍郎兼吏部尚書、平章事呂夷簡罷爲武勝節度使、同平章事、判澶州；樞密使、昭德節度使、右僕射、檢校太師兼侍中張耆罷爲左僕射、檢校太師兼侍中、護國軍節度使、判許州，尋改陳州；樞密副使、尚書左丞夏竦罷爲禮部尚書、知襄州，尋改潁州；禮部侍郎、參知政事陳堯佐罷爲户部侍郎、知永興

軍；樞密副使、禮部侍郎范雍罷爲户部侍郎、知荆南府，尋改揚州，又改陜州；樞密副使、吏部侍郎趙稹罷爲尚書左丞、知河中府；尚書右丞、參知政事晏殊罷爲禮部尚書、知江寧府，尋改亳州。並稱仁宗始「與夷簡謀，以耆、竦等皆太后所任用，悉罷之。退告郭皇后，后曰：『夷簡獨不附太后耶？但多機巧，善應變耳。』由是并罷」。

〔二一三〕於是告者結三歲刑諫官事寢不下　長編卷一一二明道二年六月癸未條云：「降知永興軍陳堯佐知廬州，爲狂人王文吉所誣也。堯佐罷政，過鄭，文吉挾故怨告堯佐謀反。上遣中官訊問，復以屬御史臺。中丞范諷夜半被旨，詰旦得其誣狀上之，堯佐猶坐是左降。時復有誣諫官陰附宗室者，宰相張士遜置二奏帝前，且言：『憸人誣陷善良以摇朝廷，若一開姦萌，臣亦不能自保。』帝悟，寘文吉於法，誣諫官事亦不下。」注曰：「時孫祖德知諫院，范仲淹爲右司諫，不知宗室謂誰，當考。」

〔二一四〕生平編次成十集　文恭集卷四〇太傅致仕鄧國公張公行狀云其「文集十：曰應制、曰春坊、曰舊帚、曰江嶺、曰許洛、曰歸政、曰過家、曰小集、曰雜文、曰表章」。

名臣碑傳琬琰集上卷五

富鄭公弼顯忠尚德之碑[一]　文忠公蘇軾[二]

宋興百三十年，四方無虞，人物歲滋。蓋自秦漢以來，未有若此之盛者。雖所以致之非一道，而其要在於兵不用，用不久，常使智者謀之而仁者守之，雖至於無窮可也。契丹自晉天福以來，踐有幽薊，北鄙之警，略無寧歲，凡六十有九年。至景德元年，舉國來寇，攻定武、圍高陽不克，遂陷德清，以犯天雄。真宗皇帝用宰相寇準計，決策親征，既次澶淵，諸道兵大會行在。虜既震動，兵始接，射殺其驍將順國王撻覽。虜懼，遂請和。時諸將皆請以兵會界河上，邀其歸，徐以精甲躡其後殲之。虜懼，求哀於上。上曰：「契丹、幽薊，皆吾民也，何多以殺爲！」遂詔諸將按兵勿伐，縱契丹歸國。虜自是通好守約，不復盜邊者三十有九年。

及趙元昊叛，西方轉戰連年，兵久不決。契丹之臣有貪而喜功者，以我爲怯且厭兵，遂教其主設詞以動我，欲得晉高祖所與關南十縣[三]。慶曆二年，聚重兵境上，遣其臣蕭英、劉六符來聘。兵既壓境，而使來非時，中外忿之。仁宗皇帝曰：「契丹吾兄弟之國，未可棄也。其有以大鎮撫之。」命宰相擇報聘者。時虜情不可測，群臣皆莫敢行。宰相舉右正言、知制誥富公[四]。公即入對便殿，叩頭曰：「主憂臣辱，臣不敢愛其死。」上爲動色，乃以公爲接伴。英等入境，上遣中使勞之，英託足疾不拜。公曰：「吾嘗使北，病臥車中，聞命輒起拜。今中使至，而公不起，此何禮也？」英矍然起拜。公開懷與語，不以夷狄待之。英等見公傾蓋，亦不復隱其情，遂去左右，密以其主所欲得者告公，且曰：「可從，從之；不可從，更以一事塞之。」公具以聞[五]。

上命御史中丞賈昌朝館伴，不許割地，而許增歲幣[六]，且命公報聘[七]。既至，六符館之，往反十數，皆論割地必不可狀[八]。及見虜主問故，虜主曰：「南朝違約，塞鴈門，增塘水，治城隍，藉民兵，此何意也？群臣請舉兵而南，寡人以謂不若遣使求地，求而不獲，舉兵未晚也。」公曰：「北朝忘章聖皇帝之大德乎？澶淵之役，若從諸將言，北兵無得脱者。且北朝與中國通好，則人主專其利，而臣下無所獲；若用兵，則利歸臣下，而人主任其禍。故北朝諸臣争勸用兵者，此皆其身謀，非國計也[九]。」虜主驚曰：「何謂也？」公曰：「晉高祖欺天叛君，而求助於北，末帝昏亂，神人棄之。是時中國狹小，上下離叛，故契丹全師獨克。雖虜獲金幣，充歸諸臣之家①，而壯士、健馬物故太半，此誰任其禍者？今中國提封萬里，所在精兵以百萬計，法令脩明，上下一心。北朝欲用兵，能保其必勝乎？」曰：「不能。」公曰：「勝負未可知。就使其勝，所亡士馬，群臣當之歟，抑人主當之歟？若通好不絶，歲幣盡歸人主，臣下所得，止奉使者歲一二人耳，群臣何利焉？」虜主大悟，首肯者久之。公又曰：「塞鴈門者，以備元昊也。塘水始於何承矩，事在通好前，地卑水聚，勢不得不增。城隍皆修舊，民兵亦舊籍，特補其缺耳，非違約也。晉高祖以盧龍一道賂契丹，周世宗復伐取關南，皆異代事。宋興已九十年，若各欲求異代故地，豈北朝之利也哉？本朝皇帝之命使臣則有詞矣，曰：『朕爲祖宗守國，必不敢以其地與人。北朝所欲，不過利其租賦耳。朕不欲以地故，多殺兩朝赤子，故屈己增幣，以代賦入。若北朝必欲得地，是志在敗盟，假此爲詞耳。朕亦安得獨避用兵乎？澶淵之盟，天地鬼神實臨之。今北朝首發兵端，過不在朕。天地鬼神，豈可欺也

① 充歸諸臣之家 「歸」，蘇軾文集卷一八富鄭公神道碑銘及長編卷一三七慶曆二年七月壬戌條皆作「牣」。

哉[一〇]！』」虜大感悟，遂欲求婚[一一]。公曰：「婚姻易以生隙，人命脩短不可知，不若歲幣之堅久也。本朝長公主出降，齎送不過十萬緡，豈若歲幣無窮之獲哉？」虜主曰：「卿且歸矣，再來，當擇一授之，卿其遂以誓書來。」

公歸復命，再聘，受書及口傳之詞于政府。既行，次樂壽，謂其副曰：「吾爲使者而不見國書，萬一書詞與口傳者異，則吾事敗矣。」發書視之，果不同[一二]。乃馳還都①，以晡入見，宿學士院一夕，易書而行。

既至，虜不復求婚，專欲增幣，曰：「南朝遺我書當曰『獻』，否則曰『納』。」公争不可[一三]。虜主曰：「南朝既懼我矣，何惜此二字？若我擁兵而南，得無悔乎？」公曰：「本朝皇帝兼愛南北之民，不忍使蹈鋒鏑，故屈己增幣，何名爲懼哉？若不得已而至於用兵，則南北敵國，當以曲直爲勝負，非使臣之所憂也。」虜主曰：「卿勿固執，古亦有之。」公曰：「自古惟唐高祖借兵於突厥，故臣事之。當時所遺，或稱『獻』、『納』，則不可知。其後頡利爲太宗所擒，豈復有此禮哉！」公聲色俱厲。虜知不可奪，曰：「吾當自遣人議之。」於是留所許增幣誓書，復使耶律仁先及六符以其國誓書來，且求爲「獻」、「納」②。公奏曰：「臣既以死拒之，虜氣折矣，可勿復許，虜無能爲也。」上從之[一四]，增幣二十萬，而契丹平。北方無事，蓋又四十八年矣。契丹君臣至今誦其語，守其約不忍敗者，以其心曉然知通好、用兵利害之所在也。故臣常竊論之，百餘年間，兵不大用者，真宗、仁宗之德，而寇準與公之功也[一五]。

公諱弼，字彦國，河南人[一六]。曾大父内黄令諱處謙，大父商州馬步使諱令荀，考尚書都官員外郎諱言，皆以公貴，贈太師、中書令、尚書令，封鄧、韓、秦三國公。曾祖母劉氏，祖母趙氏，母韓氏，封魯、韓、秦三國太夫人。

---

① 乃馳還都　「還」字原闕，據庫本、蘇軾文集卷一八富鄭公神道碑銘補；鐵琴銅劍樓本作「入」，舊鈔本作「至」。

② 且求爲獻納　范忠宣集卷一六富鄭公行狀、南陽集卷二九富文忠公墓誌銘作「仍求納字」。

公幼篤學，有大度，范仲淹見而識之曰：「此王佐才也。」懷其文以示王曾、晏殊，殊即以女妻之[一七]。仁宗復制科，仲淹謂公曰：「子當以是進。」天聖八年，公以茂材異等中第，授將作監丞、知河南府長水縣。用李迪辟，簽書河陽節度判官事。丁秦國公憂。服除，會郭后廢，范仲淹爭之①，貶知睦州。公上言：「朝廷一舉而獲二過，縱不能復后，即還仲淹②，以來忠言。」通判絳州。景祐四年，召試館職[一八]，遷太子中允、直集賢院。從王曾辟，通判鄆州。

寶元初，趙元昊反，公上疏陳八事，且言：「元昊遣使求割地、邀金帛，使者部從儀物如契丹，而詞甚倨，此必元昊腹心謀臣自請行者。宜出其不意，斬之都市。」又言：「夏守贇庸人也，平時猶不當用，而況艱難之際，可爲樞密乎？」議者以爲有宰相器。召還，爲開封府推官，擢知諫院。康定元年，日食正旦。公言：「請罷燕徹樂，雖虜使在館，亦宜就賜飲食而已。」執政以爲不可，公曰：「萬一北虜行之，爲朝廷羞。」後使虜還者云虜中罷燕如公言，仁宗深悔之。初，宰相惡聞忠言，下令禁越職言事。公因論日食，以謂應天變莫若通下情，遂除其禁[一九]。

元昊寇鄜延，殺二萬人，破金明，擒李士斌③，延帥范雍、鈐轄盧守懃閉門不救，中貴人黃德和引兵先走，劉平、石元孫戰死，而雍、守懃歸罪於通判計用章、都監李康伯，皆竄嶺南。德和誣奏平降賊，詔以兵圍守其家。公言：「平自環慶引兵來援，以姦臣不救故敗，竟罵賊不食而死，宜卹其家。守懃、德和皆中官，怙勢誣人，冀以自免，宜竟其獄。」樞密院奏方用兵，獄不可遂。公言：「大臣附下罔上，獄不可不竟。」時守懃男昭序爲御藥，公奏

---

① 范仲淹爭之　「范仲淹」下，蘇軾文集卷一八富鄭公神道碑銘有「等」字。

② 即還仲淹　「即」，清抄本及蘇軾文集卷一八富鄭公神道碑銘作「宜」。

③ 擒李士斌　按「李士斌」，宋史卷四八五夏國傳等皆作「李士彬」。

乞罷之；德和竟坐腰斬[二〇]。

延州民二十人詣闕告急，上召問，具得諸將敗亡狀。執政惡之，命邊郡禁民擅赴闕者。公言：「此非陛下意，宰相惡上知四方有敗耳。民有急，不得訴之朝，則西走元昊、北走契丹矣。」夏守贇爲陝西都總管[二一]，又以入內都知王守忠爲都鈐轄。公言：「用守贇既爲天下笑，而守忠鈐轄，乃與唐中官監軍無異，將吏必怨懼。盧守懃、黄德和覆車之轍，可復蹈乎？」詔罷守忠[二二]。

時又用觀察使魏昭昞爲同州[二三]，鄭守忠爲殿前都指揮使，高化爲步軍都指揮使。公言：「昭昞乳臭兒，必敗事；守忠與化故親事官①[二四]，皆奴才小人，不可用。」詔遣侍御史陳洎往陝西督修城，且城潼關。公言：「天子守在四夷，今城潼關，自關以西爲棄之耶？」語皆侵執政。自用兵以來，吏民上書者甚衆，初不省用。公言：「知制誥本中書屬官，可選二人置局中書，考其所言可用，用之。」宰相以付學士，公言以「宰相偷安②，欲以天下是非盡付他人」，乞與廷辯。又言：「邊事係國安危，不當專委樞密院。周宰相魏仁浦兼樞密使，國初范質、王溥亦以宰相參知樞密院事。今兵興，宜使宰相以故事兼領。」仁宗曰：「軍國之務當盡歸中書，樞密非古官。」然未欲遽廢，內降令中書同議樞密院事，且書其檢。宰相以內降納上前曰：「恐樞密院謂臣奪權。」公曰：「此宰相避事耳，非畏奪權也。」時西夏首領吹同乞砂、吹同山乞各稱僞將相來降③，補借、奉職[二五]，羈置荆湖。公言：「二人之降，其家已族矣，當厚賞以勸來者。」上命以所言送中書。公見宰相論之，宰相初不知也。公嘆曰：「此豈小

---

① 守忠與化故親事官　「親」原作「觀」，據清鈔本、庫本及蘇軾文集卷一八富鄭公神道碑銘改。

② 公言以宰相偷安　「以」，蘇軾文集卷一八富鄭公神道碑銘作「此」。

③ 吹同山乞各稱僞將相來降　「吹同山乞」，蘇軾文集卷一八富鄭公神道碑銘作「吹同乞山」。按，范忠宣集卷一六富鄭公行狀、南陽集卷二九富文忠公墓誌銘亦作「吹同山乞」。

事，而宰相不知耶？」更極論之。上從公言，以宰相兼樞密使〔二六〕。

除鹽鐵判官，遷太常丞、史館修撰，奉使契丹。二年，改右正言、知制誥，糾察在京刑獄①。時有用僞牒爲僧者，事覺，乃堂吏爲之。開封按餘人而不及吏。公白執政，請以吏付獄。執政指其坐曰：「公即居此，無爲近名。」公正色不受其言，曰：「必得吏乃止。」執政滋不悦〔二七〕，故薦公使契丹，欲因事罪之。歐陽脩上書，引顔真卿使希烈事留公②，不報。使還，除吏部郎中、樞密直學士，懇辭不受。始聞命③，聞一女卒；再受命，聞一男生，皆不顧而行。得家書，不發而焚之，曰：「徒亂人意。」尋遷翰林學士，公見上力辭曰〔二八〕：「增歲幣，非臣本志也，特以朝廷方討元昊，未暇與虜角，故不敢以死争，其敢受賞乎！」

慶曆三年三月，遂命公爲樞密副使，辭之愈力，改授資政殿學士〔二九〕，兼翰林侍讀學士。七月，復除樞密副使。公言：「虜既通好，議者便謂無事，邊備漸弛，虜萬一敗盟，臣死且有罪。非獨臣不敢受，亦願陛下思夷狄輕侮中原之恥，坐薪嘗膽，不忘修政。」因以告納上前而罷。逾月，復除前命。時元昊使辭，群臣班紫宸殿門，上俟公綴樞密院班，乃坐，且使宰相章得象諭公曰④：「此朝廷特用，非以使虜故也。」公不得已乃受。

---

① 二年改右正言知制誥糾察在京刑獄　「二年」，范忠宣集卷一六富鄭公行狀作「二年五月」，南陽集卷二九富文忠公墓誌銘作「明年」，東都事略、宋史富弼傳稱「慶曆二年」。按，長編卷一三三慶曆元年九月戊午條云「知制誥富弼，時糾察刑獄」。則此「二年」乃指康定二年，以爲「慶曆二年」者不確。

② 引顔真卿使希烈事留公　「希烈」，蘇軾文集卷一八富鄭公神道碑銘作「李希烈」。

③ 始聞命　蘇軾文集卷一八富鄭公神道碑銘作「始受命」。

④ 且使宰相章得象諭公曰　「章得象」原作「章德象」，據三朝名臣言行録卷二之一丞相韓國富文忠公引神道碑、東都事略富弼傳改。按，章得象，宋史卷三一一有傳。

時晏殊爲相，范仲淹爲參知政事，杜衍爲樞密使，韓琦與公副之〔三〇〕，歐陽脩、余靖、王素、蔡襄爲諫官，皆天下之望。魯人石介作慶曆聖德詩〔三一〕，歷頌群臣，皆得其實，曰：「維仲淹弼，一夔一契。」天下不以爲過。公既以社稷自任，而仁宗責成於公與仲淹，望太平於朞月之間，數以手詔督公等條具其事。又開天章閣，召公等坐，且給筆札，使書其所欲爲者，遣中使二人更往督之。且命仲淹主西事，公主北事。公遂與仲淹各上當世之務十餘條〔三二〕，又自上河北安邊十三策〔三三〕，大略以進賢、退不肖、止僥倖、去宿弊爲本，欲漸易諸路監司之不才者，使澄汰所部吏。於是小人始不悦矣。

元昊遣使以書來，稱男而不臣。公言：「契丹臣元昊而我不臣，則契丹爲無敵於天下，不可許。」乃却其使，卒臣之。四年七月，契丹來告舉兵討元昊。十二月，詔册元昊爲夏國主，使將行而止之，以俟虜使。公曰：「若虜使未至而行，則事自我出。既至，則恩歸契丹矣。」從之。

是歲，契丹受禮雲中，且發兵，會元昊伐呆兒族，於河東爲近。上問公曰：「虜得無與元昊襲我乎？」公曰：「虜自得幽薊，不復由河東入寇者，以河北平易富饒，而河東嶮瘠，且虞我出鎮定，擣燕薊之虚也。今兵出無名，契丹大國，決不爲此。就使妄動，當出我不意，不應先言受禮雲中也。元昊本與契丹約，相左右以困中國。今契丹背約，結好於我，獨獲重幣，元昊有怨言，故虜築威塞州以備之。呆兒屢殺威塞人，虜疑元昊使之，故爲是役，安能合而寇我哉？」或謂調發爲備，公曰：「虜雖不來，猶欲以虚聲困我，若調發，正墮其計。臣請任之，虜若入寇，臣爲罔上且誤國。」上乃止，虜卒不動。公謂契丹異日作難，必於河朔，既上十三策，又請守一郡行其事。小人怨公不已，而大臣亦有以飛語讒公者〔三四〕。上雖不信，公懼，因保州賊平，求爲河北宣撫使以避之〔三五〕。使將還，除資政殿學士、知鄆州兼京東西路安撫使。讒者不已，罷安撫使。歲餘，讒不驗〔三六〕，加給事中，移知青州，兼京東路安撫使①。

河朔大水，民流京東。公擇所部豐稔者五州[三七]，勸民出粟，得十五萬斛，益以官廩，隨所在貯之。得公私廬舍十餘萬區，散處其人，以便薪水。官吏自前資、待闕、寄居者皆給其禄，使即民所聚，選老弱病瘠者廩之。山林河海之利②，有可取以爲生者，聽流民取之，其主不得禁。官吏皆書其勞，約爲奏請，使他日得以次受賞於朝。率五日，輒遣人以酒肉糗飯勞之。出於至誠，人人爲盡力。流民死者，爲大冢葬之，謂之「叢冢」，自爲文祭之。明年麥大熟，流民各以遠近受糧而歸，凡活五十餘萬人[三八]，募而爲兵者又萬餘人[三九]。上聞之，遣使勞公，即拜禮部侍郎[四〇]。公曰：「救災，守臣職也。」辭不受。前此救災者，皆聚民城郭中，煮粥食之，飢民聚爲疾疫及相蹈藉死，或待次數日不食，得粥皆僵仆，名爲救之，而實殺之。自公立法，簡便周至，天下傳以爲法，至於今不知所活者幾千萬人矣。

王則據貝州叛，齊州禁兵馬達、張青與姦民張握等得劍印于妖師，欲以其衆叛，將屠城以應則。握之壻楊俊詣公告之。齊非公所部[四一]，恐事泄變生，待中貴人張從訓銜命至青③，公度從訓可使，即以事付從訓，使馳至郡，發吏卒取之，無得脱者。且自劾擅遣中使罪，仁宗嘉之。再除禮部侍郎，公又懇詞不受。

遷資政殿大學士，以明堂恩除禮部侍郎，徙知鄭州[四二]，又徙蔡州，加觀文殿學士、知河陽，遷户部侍郎，除宣徽南院使、判并州，兼河東經略安撫使。至和二年，召拜同中書門下平章事、集賢殿大學士，與文彦博並命。

---

① 兼京東路安撫使　「京東路」，蘇軾文集卷一八富鄭公神道碑銘、范忠宣集卷一七富鄭公行狀、南陽集卷二九富文忠公墓誌銘皆作「京東東路」。

② 山林河海之利　「海」，蘇軾文集卷一八富鄭公神道碑銘作「泊」。

③ 待中貴人張從訓銜命至青　「待」，蘇軾文集卷一八富鄭公神道碑銘作「時」。

宣制之日，士大夫相慶於朝，仁宗密覘知之[四三]。歐陽脩奏事殿上，上具以語脩，且曰：「古之求相者，或得於夢卜。今朕用二相，人情如此，豈不賢於夢卜也哉①[四四]！」脩頓首稱賀。仁宗弗豫，大臣不得見，中外憂恐。文彦博與公等直入問疾，内侍止之，不可[四五]。因以監視禳禱爲名，乞留宿内殿，事皆關白而後行，禁中肅然。嘉祐三年，加禮部尚書、昭文館大學士，監脩國史。

公之爲相，守格法，行故事，而附以公議，無心於其間，故百官任職，天下無事。以所在民力困弊，賦役不均，遣使分道相視裁減，謂之寬卹民力。又弛茶禁，以通商賈，省刑罰②，天下便之。六年，丁秦國太夫人憂，詔爲罷春燕。故事，執政遇喪皆起復，公以謂金革變禮，不可用於平世。仁宗待公而爲政，五遣使起之，卒不從命[四六]，天下稱焉。

英宗即位，拜樞密使、同中書門下平章事，遷户部尚書[四七]。逾年，以足疾求解機務，章二十上，拜鎮海軍節度使、同中書門下平章事、判河陽③，封祁國公。公五上章辭使相，且言：「真宗以前，不輕以此授人；仁宗即位之初，執政欲自爲地，故開此。比終仁宗之世，宰相、樞密使罷者皆除使相，至不稱職、有罪者亦然，天下非之。今陛下初即位，願立法自臣始。」不從。

神宗即位，改鎮武寧軍，進封鄭國公。公又乞罷使相，乃以爲尚書左僕射、觀文殿大學士、集禧觀使，召赴闕。公以足疾固辭，復判河陽。熙寧元年，移汝州，且詔入覲。以公足疾，許肩輿至殿門，上特爲御内東門小殿

---

① 豈不賢於夢卜也哉　「卜」原作「十」，據清鈔本、庫本及蘇軾文集卷一八富鄭公神道碑銘改。

② 省刑罰　「罰」，蘇軾文集卷一八富鄭公神道碑銘作「獄」。

③ 判河陽　按，宋史富弼傳作「判揚州」，不確。

見之，令男紹隆入扶，且命無拜，坐語從容至日昃①，賜紹隆五品服。再對，上欲留公爲集禧觀使，力辭赴郡。明年二月，除司空兼侍中、昭文館大學士，賜甲第一區，皆辭不受。復拜左僕射、門下侍郎、同中書門下平章事。

公既至，未見，有於上前言災異皆天數、非人事得失所致者[四八]。公聞之，歎曰：「人君所畏惟天，若不畏天，何事不可爲者？去亂亡無幾矣。此必姦臣欲進邪説，故先導上以無所畏，使輔拂諫諍之臣無所復施其力。此治亂之機也，吾不可以不速救。」即上書數千言，雜引春秋、洪範及古今傳記、人情物理，以明其決不然者。群臣請上尊號及作樂，上以久旱不許②。群臣固請作樂，公又言：「故事，有災變皆徹樂。恐上以同天節虜使當上壽，故未斷其請。臣以爲此盛德事，正當以示夷狄，乞并罷上壽。」從之。即日而雨。公又上疏，願益畏天戒，遠姦佞，近忠良。上親書答詔曰：「義忠言親，理正文直。苟非意在愛君，志存王室，何以臻此？敢不置之枕席，銘諸肺腑，終老是戒。更願公不替今日之志，則天災不難弭，太平可立俟也。」公既上疏謝，復申戒不已，「願陛下待群臣不以同異爲喜怒，不以喜怒爲用捨」。公始見上，上問邊事，公曰：「陛下即位之始，當布德行惠，願二十年口不言兵。」因以九事爲戒。八月，以疾辭位[四九]，拜武寧軍節度使、同中書門下平章事、判河南。復以公請，改亳州。

時方行青苗息錢法。公以謂法行則財聚於上，人散於下，且富民不願請，願請者皆貧民，後不可復得，故持之不行。而提舉常平倉趙濟劾公以「大臣格新法[五〇]，法行當自貴近者始，若置而不問，無以令天下」。乃除左僕射、判汝州。公言：「新法臣所不曉，不可以復治郡，願歸洛養疾。」許之。尋請老，拜司空，復武寧節及平章

① 坐語從容至日昃　「昃」原作「昊」，據清鈔本、庫本及蘇軾文集卷一八富鄭公神道碑銘改。

② 上以久旱不許　「久旱不許」原作「久是子記」，據蘇軾文集卷一八富鄭公神道碑銘改；庫本作「久旱未許」。

事，進封韓國公致仕。

公雖居家，而朝廷有大利害，知無不言。交趾叛，詔郭逵等討之。公言：「海嶠險遠，不可以責其必進，願詔逵等擇利進退，以全王師。」契丹來争河東地界，上手詔問公。公言：「熙河諸郡皆不足守，而河東地界決不可許。」元豐三年官制行，改授開府儀同三司。是歲，故參知政事王堯臣之子同老上言至和三年，仁宗弗豫，其父堯臣嘗與文彦博、劉沆及公同決大策，乞立儲嗣，仁宗許之。會翊日有瘳，故緩其事，人無復知者。以其父堯臣所撰詔草上之。上以問彦博，彦博言與同老合。上嘉公等勳績如此而終不自言，下詔以公爲司徒，且以其子紹京爲閤門祗候。

六年閏六月丙申，薨于洛陽私第之正寢，享年八十。手封遺表，使其子上之，世莫知其所言者[五二]。上聞訃震悼，爲輟視朝，内出祭文，遣使致奠，所以賻卹其家者甚厚。贈太尉，謚曰文忠。十一月庚申，葬于河南府河南縣金谷鄉南張里。

公之配曰周國夫人晏氏，後公四年卒。子男三人：曰紹庭，朝奉郎；曰紹京①，供備庫副使，後公一月卒②；曰紹隆，光禄寺丞，早卒。女四人：長適保寧軍節度使、北京留守馮京，卒；又以其次繼室，封安化郡夫人③；次適承議郎范大琮；次適宣德郎范大珪。孫男三人：定方，承事郎；直清，承奉郎；直亮，假承務郎。

---

① 曰紹京　「紹京」原作「紹宗」，據蘇軾文集卷一八富鄭公神道碑銘、范忠宣集卷一七富鄭公行狀、南陽集卷二九富文忠公墓誌銘及上文改。

② 後公一月卒　「一月」，范忠宣集卷一七富鄭公行狀、南陽集卷二九富文忠公墓誌銘同；蘇軾文集卷一八富鄭公神道碑銘作「十月」，似誤。

③ 封安化郡夫人　「安化郡」，南陽集卷二九富文忠公墓誌銘作「延安郡」。按，新中國出土墓誌河南壹上册安化郡夫人富氏墓誌云：「夫人始以郊祀恩封文安縣君，又封樂安縣君。後文簡公顯，又進封永樂郡君、平樂郡夫人、同安郡夫人、齊安郡夫人、大寧郡夫人、延安郡夫人。後長子諶通籍，又贈爲安化郡夫人。」

公性至孝，恭儉好禮。與人言，雖幼賤必盡敬，氣色穆然，終身不見喜愠。然以單車入不測之虜廷，詰其君臣，折其口而服其心，無一語少屈，所謂大勇者乎！其好善疾惡，蓋出於天資。常言：「君子小人如冰炭，決不可以同器。若兼收並用，則小人必勝；薰蕕雜處，終必爲臭。」其爲宰相及判河陽，最後請老家居，凡三上章，皆言：「天子無職事，惟辨君子小人而進退之，此天子之職也。君子與小人並處，其勢必不勝。君子不勝，則奉身而退，樂道無悶；小人不勝，則交結構扇，千岐萬轍，必勝而後已。小人復勝，必遂肆毒於善良，無所不爲，求天下不亂，不可得也。」

其爲文章，辨而不華，質而不俚。有文集八十卷①、天聖應詔集十一卷、諫垣集三卷②、制草五卷、奏議十三卷③、表章三十卷、河北安邊策一卷、奉使録四卷、青州賑濟策三卷。平生所薦甚衆，尤知名者十餘人，如王質與其弟素、余靖、張瓌、石介、孫復、吴奎、韓維、陳襄、王鼎、張昷之、杜杞、陳希亮之流，皆有聞於世，世以爲知人。

元祐元年六月，有詔以公配享神宗皇帝廟庭[五二]。明年，以明堂恩加贈太師。紹庭請於朝曰：「先臣墓碑未立，願有以寵綏之。」上爲親篆其首曰「顯忠尚德之碑」，且命臣軾撰次其事。謹拜手稽首而獻言曰：

世未嘗無賢也。自堯舜三代以至于今，有是君則有是臣，故仁宗、英宗至于神考，咸有一德，克享天心，則天畀以人，光明偉傑有如公者。觀公之行事，而味其平生，則三宗之盛德，可不問而知也。古之人臣，功高則身危，名重則謗生，故命世之士，罕能以功名始終者。臣觀三宗所以待公，全其功名而保其終始，蓋可謂至矣。方

---

① 有文集八十卷　按，南陽集卷二九富文忠公墓誌銘同，范忠宣公文集卷一七富鄭公行狀云其文集六十卷。又，陳録卷一七著録富文忠集二十七卷。

② 諫垣集三卷　「三卷」，蘇軾文集卷一八富鄭公神道碑銘作「二卷」。

③ 奏議十三卷　晁志卷一九、宋史卷二〇八藝文志七作「奏議十二卷」。

契丹求割地，上命宰相歷問近臣孰能爲朕使虜者，皆以事辭免，公獨慨然請行。使事既畢，上欲用公，公逡巡退避不敢居，而向之詞免者自恥其不行，則惟公之怨，比而讒公，無所不至。及石介爲慶曆聖德詩，天下傳誦，則大臣疾公如仇，構以飛語，必欲致之死地。仁宗徐而察之，盡辨其誣，卒以公爲相。及英宗、神宗之世，公已老矣，勳在史官，德在生民。天子虛己聽公，西戎北狄視公進退以爲中國輕重。然一趙濟敢搖之[五三]。惟神宗日月之明，知公愈深。公雖請老，有大政事，必手詔訪問。又追論定策之勳，以告天下，寵及其子孫，然後小人不敢復議。雍容進退，卒爲宗臣。古人有言曰：「爲君難，爲臣不易。」豈不然哉！公既配食清廟，宜有頌詩，以昭示來世。其詞曰：

五代八姓，十有二君[五四]。四十四年①，如絲之棼。以人爲嬉②，以殺爲儇。兵交兩河，腥聞于天。上帝憎之③，命我祖宗。畀爾鑪椎④，往銷其鋒。孰謂民遠，我聞其呻⑤。寧爾小忍，無殘我民。六聖受命，維一其心。勑其後人，帝命是承。勿劓刵人⑥，矧敢好兵。百三十年，諱兵與刑。惟彼北戎，謂帝我驕。帝聞其言，折其萌芽。篤生萊公，尺箠笞之。既服既馴，則擾綏之。堂堂韓公，與萊相望。再聘于燕，北方以寧。景德元祺，始盟契丹。公生是歲，天命則然。公之在母，秦國寤驚。旌旗鶴雁，降充其庭。云有天赦，已而生公。天欲赦民，公

① 四十四年　按，自後梁太祖朱温於九〇七年篡唐稱帝，至九六〇年趙匡胤代周建宋，實五十四年。此云「四十四年」者誤。
② 以人爲嬉　「嬉」，鐵琴銅劍樓本作「戲」。
③ 上帝憎之　「憎」，蘇軾文集卷一八富鄭公神道碑銘作「厭」。
④ 畀爾鑪椎　「椎」原作「惟」，據庫本改；蘇軾文集卷一八富鄭公神道碑銘作「錘」。
⑤ 我聞其呻　「呻」原作「神」，據鐵琴銅劍樓本、庫本、蘇軾文集卷一八富鄭公神道碑銘改。
⑥ 勿劓刵人　「刵」，清鈔本及蘇軾文集卷一八富鄭公神道碑銘作「刖」。

啓其衷。北至燕然，南至于河。億萬維生，公手撫摩。水潦荐饑，散流而東。五十萬人，仰哺于公。公之在内，自泉流瀕。其在四方，自葉流根。百官惟人，百度惟正。相我三宗，重華協明。帝謂公來，隕星其堂。有墳其丘，公豈是藏。維嶽降神，今歸不留。臣軾作頌，以配崧高。

辨證：

〔一〕富鄭公弼顯忠尚德之碑　本碑文又載於蘇軾蘇軾文集卷一八，題曰「富鄭公神道碑」。按，富弼，東都事略卷六八、宋史卷三一三有傳。又，范純仁撰富公行狀，載范忠宣集卷一七；韓維撰富文忠公墓誌銘，載南陽集卷二九。

〔二〕蘇軾　軾（一〇三七～一一〇一年）字子瞻，一字和仲，號東坡居士，眉州眉山人。嘉祐二年進士，官至吏部尚書。謚文忠。東都事略卷九三、宋史卷三三八有傳；又本書中集卷二六載有蘇轍蘇文忠公軾墓誌銘。

〔三〕欲得晉高祖所與關南十縣　遼史卷一九興宗紀云重熙十年十二月乙未，「上聞宋設關河，治壕塹，恐爲邊患，與南、北樞密吴國王蕭孝穆、趙國王蕭貫寧謀取宋舊割關南十地。」長編卷一三五慶曆二年三月己巳條云：「契丹遣宣徽南院使、歸義節度使蕭英，翰林學士、右諫議大夫、知制誥、同修國史劉六符來致書，曰：『弟大契丹皇帝謹致書兄大宋皇帝：粤自世修歡契，時遣使軺，封圻殊兩國之名，方册紀一家之美。蓋欲洽於綿永，固將有以披陳。竊緣瓦橋關南是石晉所割，迄至柴氏，以代郭周，興一旦之狂謀，掠十縣之故壤，人神共怒，廟社不延。至於貴國祖先，肇創基業，尋與敝境，繼爲善鄰。暨乎太宗紹登寶位，於有征之地，才定并汾，以無名之師，直抵燕薊，羽召精鋭，禦而獲退，遂至移鎮國强兵、南北王府并内外諸軍，彌年有戍境之勞，繼日備渝盟之事，始終反覆，前後諳嘗。竊審專命將臣，往平河右，炎凉屢易，勝負未聞。兼李元昊於北朝久已稱藩，累曾尚主，克保君臣之道，實爲甥舅之親，設罪合加誅，亦宜垂報。邇者郭稹特至，杜防又回，雖具音題，而但虞詐諜。已舉殘民之伐，曾無忌器之嫌，營築長堤，填塞隘路，開決塘水，添置邊軍。既潛稔於猜嫌，慮難敦於信睦。儻或思久好，共遣疑懷，曷若以晉陽舊附之區，關南元割之縣，俱歸當國，用康黎人。如此則益深兄弟之懷，長守子孫之計。緬惟英悟，深達悃悰。適届春陽，善綏沖裕。』先是，西兵久不決，六符以中國爲怯且厭兵，因教其主聚兵幽涿，聲言欲入寇。而六符及英先以書來求關南十縣。」

〔四〕宰相舉右正言知制誥富公　據宋史富弼傳，此宰相乃指吕夷簡。

〔五〕公開懷與語至公具以聞　南陽集卷二九富文忠公墓誌銘云：「至大名尹觴，六符辭，公勸之。六符曰：『在途久荷庇護，今日功虧一簣矣。』公曰：『九仞之功已大，豈以一簣之微而遽棄邪？』六符遂盡觴，退謂公曰：『九仞之言甚善，願卒成之。』公曰：『敢不奉教。』自是英等始開口議論，公亦推誠心與之往復。」范忠宣集卷一七富鄭公行狀所載稍詳：「又一日，英等與公從容語，請卻左右，公即爲屏之。英等曰：『此來蓋因兩國相疑，初聞南朝疑北朝借兵助元昊，而北朝疑南朝將違約襲幽燕。』公曰：『北朝與南朝歡好既久，縱有間言，南朝不疑也。凡疑不可有，有則兩情不通，而姦人得逞其離間之計。若兩朝洞達此理，自然無事。』英等笑而稱善曰：『如此議論通透，夫復何疑？』又曰：『此來國書大意，止欲復晉祖所與故地關南十縣耳。吾主深戒使臣，毋得先泄書意，今不免爲公言之者，欲公先聞於天子，議其可不，思其所以答之耳，吾儕當爲兩朝共惜生民也。』又言：『將來兩朝遣使，必慎擇其人，使通兩主之意，以解其疑。』其意蓋喜公之明決忠信，不以戎狄外之，欲復得如公者以終其事也。六符密謂公之介曰：『六符燕人，與南朝之臣本是一家，今所事者乃是非類，則於公敢不盡情？彼方盛强，且與西夏世婚相黨，南朝慎勿與之失歡也。』因再三詛誓。此皆非虜使所當言，亦由公至誠感動使然。」又，長編卷一三五慶曆二年三月己巳條云：「弼督英等自以先違盟約及其從者皆有懼心可動，故每與之開懷盡言，冀以鉤得其情。英等以故亦推誠無隱，乃密以其主所欲得者告弼，且曰：『可從，從之。不從，更以一事塞之。王者愛養生民，舊好不可失也。』弼具以聞。」

〔六〕不許割地而許增歲幣　范忠宣集卷一七富鄭公行狀云：「仁宗遣御史中丞賈文元公館伴，不許割地，而許以結婚，將以太宗親孫允寧之女嫁其子梁王，或止增歲幣。公聞之，語所親曰：『北朝無名肆慢，朝廷遽有許與，若增歲幣猶可，如結婚其可哉？』」南陽集卷二九富文忠公墓誌銘略同。長編卷一三五慶曆二年三月己巳條云：「朝廷議所欲與，不許割地，而許以信安僖簡王允寧女與其子梁王洪基結婚，或增歲賂，獨弼以結婚爲不可。初，國主之弟宗元者，號大弟，挾太后勢用事，横於國中，嘗自通書幣。上欲因今使答之，令昌朝問六符，六符辭曰：『此於太后則善，然於本朝不便也。』昌朝曰：『即如此，而欲以梁王求和親，皇帝豈安心乎？』六符不能對，既而敵卒罷結婚之議。」

〔七〕且命公報聘　范忠宣公文集卷一七富鄭公行狀、南陽集卷二九富文忠公墓誌銘稱富弼「假資政殿學士、尚書户部侍郎使契丹」。

［八］既至六符館之往反十數皆論割地必不可狀　范忠宣公文集卷一七富鄭公行狀云：「至虜帳，見其館伴劉六符，曰：『公來，得非以向來買中丞言結婚與歲遺事耶？』公曰：『然。』六符曰：『北朝皇帝不允此議，堅要割地。南朝亦嘗議及之乎？』公曰：『北朝若論割地，此必是志在敗盟，假此爲名耳。南朝亦必不從，當横戈相待而已。』六符曰：『若兩朝堅執，則事安得濟？』公曰：『北朝無故求地，南朝不即興兵相拒，而遣使好辭更議。嫁公主、益歲幣，北朝猶不相從，乃是北朝堅執，非南朝執也。』」南陽集卷二九富文忠公墓誌銘略同。

［九］且北朝與中國通好至非國計也　能改齋漫録卷八沿襲富鄭公之言出於元璹云：「東坡撰富鄭公神道碑，載公奉使語曰：『且北朝與中國通好，則人主專其利，而臣下無所獲；若用兵，則利歸臣下，而人主任其禍。故北朝諸臣各勸用兵者，此皆爲其身謀，非國計也。』又曰：『契丹君臣，至今誦其語，守其約，不忍敗者，以其心曉然知通好、用兵利害之所在也。』予按唐鄭元璹謂頡利曰：『漢與突厥，風俗各異。漢得突厥，既不能臣；突厥得漢，復何所用？且抄掠資財，皆入將士；在於可汗，一無所得。不如和好，國家必有重賫，幣帛皆入可汗，坐受利益。』頡利納其言，即引還。乃知鄭公之言，皆出於元璹。」

［一〇］本朝皇帝之命使臣至豈可欺也哉　據范忠宣集卷一六富鄭公行狀、南陽集卷二九富文忠公墓誌銘、長編卷一三七慶曆二年七月壬戌條載，此乃富弼答劉六符之言，非答契丹主之語。

［一一］虜大感悟遂欲求婚　范忠宣集卷一七富鄭公行狀云：「翌日，虜主召公同獵，引公並馬，問公所欲言，公曰：『南朝唯欲歡好之久耳。』虜主曰：『我得地，則歡好可久。』公曰：『南朝皇帝遣臣聞於陛下：「北朝欲得祖宗故地，南朝豈肯失祖宗故地耶？且北朝既以得地爲榮，則南朝以失地爲辱矣。既爲兄弟之國，不可一榮一辱。朕豈忘燕薊舊封，焉有可復之理？即此事政應彼此自喻耳。」』退而六符謂公曰：『皇帝聞公榮辱之言，甚開悟。然金帛必不欲取，唯結婚可議耳。』」南陽集卷二九富文忠公墓誌銘略同。

［一二］發書視之果不同　長編卷一三七慶曆二年八月癸亥條載富弼、張茂實等再使契丹，「吕夷簡傳帝旨，令弼草答契丹書并誓書，凡爲國書二、誓書三，議婚則無金帛。若契丹能令夏國復納款，則歲增金帛二十萬，否則十萬。弼奏於誓書内創增三事：一，兩界溏淀毋得開展；二，各不得無故添屯兵馬；三，不得停留逃亡諸色人。弼因請録副以行。中使夜賫誓書五函并副，追及弼於武强授之。弼行至樂壽，自念所增三事皆與契丹前約，萬一書詞異同，則敵必疑，乃密啟副封觀之，果如弼所料，即奏疏待報，又遣其屬前陵州團練

推官宋城蔡挺詣中書白執政。上欲知敵事，亟召挺問，挺時有父喪，聽服衫帽對便殿。乃詔弼三事但可口陳。弼知此謀必執政欲變己所與北朝所議者，乃以禮物屬茂實，疾馳至京師，日欲晡，叩閤門求對。閤門吏拘以舊制，當先進名，對仍翌日。弼責之，遂急奏，得入見，曰：『執政固爲此，欲致臣於死。臣死不足惜，奈國事何！』上急召呂夷簡等問之，夷簡從容曰：『此誤爾，當改正。』弼語益侵夷簡，晏殊言：『夷簡決不肯爲此，真恐誤爾。』弼怒曰：『殊姦邪，黨夷簡以欺陛下。』遂詔王拱辰易書。其夕，弼宿學士院，明日乃行。」同卷閏九月庚辰條云：「先是，呂夷簡當國，人莫敢抗，弼既數論事侵之，及堂吏以僞署度僧牒誅，夷簡益恨，因薦弼使契丹，變易國書，欲因事罪之。」

［一三］公爭不可　猗覺寮雜記卷下云：「富鄭公使虜，爭『獻』『納』二字甚切。後之議者，以爲二字不必苦爭。孔子適季孫，季孫之宰曰：『君使求假於田，將與之乎？』孔子曰：『吾聞君取於臣，謂之取；與於臣，謂之賜。臣取於君，謂之假；與於君，謂之獻。』季孫悟，遂命其宰：『自今往君有取之，一切不得復言假也。』鄭公力不肯言『獻』，以此也。夫然非博學通古今，其可出疆？」

［一四］上從之　按宋史富弼傳云：「朝廷竟以『納』字與之。」是知此碑文所言頗有諱飾。又，家世舊聞卷上云：「元祐中，李作乂爲楚公言：『蘇子瞻作富公神道碑，言爭歲幣用「獻」字甚力。某以當時國書考之，畢竟許他「納」字，則富公乃是不曾爭得。碑既不言許之，復以能拒虜請爲富公之功，豈非誤乎？』公曰：『此非誤也。大抵大典策與尋常文字不同，須有爲朝廷諱處。如歐陽公作范文正碑，言天子得率百官爲太后上壽，以文正爭而止。後來蘇明允、姚子張修太常因革禮，見當時實□上壽，便以歐陽公作不知此。是亦爲朝廷諱爾。此等文字，必傳之四夷，若人主改過、罪己之類，自是好事，直書無害。若如此二事，則繫國體，不得不諱也。』」

［一五］故臣嘗竊論之百餘年間兵不大用者真宗仁宗之德而寇準與公之功也　按曲洧舊聞卷二云晁説之「於崇寧初嘗爲予言：『富公晚年，見賓客譽其奉使之功，則面頸俱赤，人皆不喻其意。子弟於暇日以問公，公曰：「當吾使北時，元勳宿將皆老死久矣。後來將不知兵，兵不習戰，徒見聘問絡繹，恃以無恐。雖曲不在我，若與之較，則彼包藏禍心，多歷年所，事未可知。忍恥增幣，非吾意也。」吾家兄弟嘗論之，惜乎東坡作神道碑日，不知此一段事也。』」蘇軾文集卷五三答陳傳道五首之三云：「某頃伴虜使，頗能誦某文字，以知虜中皆有中原文字，故爲此碑，謂富公碑也。欲使虜知通好用兵利害之所在也。」朱子語類卷一三〇自熙寧至靖康人物云：「『富公在朝，不甚喜坡公。其子弟求此文，恐未必得，而坡公鋭然許之。自今觀之，蓋坡公欲得此爲一題目，以發明己意耳。其首論富公使虜事，豈苟然哉！』道夫曰：『向見文字中有云，富公在青州活飢民，自以爲勝作中書令二十四考，而使虜之功，蓋不道也。』坡公之文，非公意矣。」

曰：『須要知富公不喜，而坡公樂道而鋪張之意如何？』曰：『意者富公嫌夫中國衰弱而夷狄盛强，其爲此舉，實爲下策。而坡公則欲救當時之弊，故首以爲言也。』先生良久乃曰：『富公之策，自知其下。但當時無人承當，故不得已而爲之爾，非其志也。使其道得行，如所謂選擇監司等事一一舉行，則内治既强，夷狄自服，有不待於此矣。今乃增幣通和，非正甚矣。坡公因紹聖、元豐間用得兵來狼狽，故假此説以發明其議論爾。』」

〔一六〕河南人　范忠宣公文集卷一六富鄭公行狀云富弼「高祖諱璘，因五代之亂，自齊徙居於汴，仕唐至京兆少尹。至鄧公，始遷於洛，今爲河南人」。

〔一七〕殊即以女妻之　東軒筆録卷一四云：「晏元獻判西京，范希文以大理寺丞丁憂，權掌西監。一日，晏謂范曰：『吾一女及笄，仗君爲我擇壻。』范曰：『監中有舉子富皐、張爲善，皆有文行，他日皆至卿輔，並可壻也。』晏曰：『然則孰優？』范曰：『富修謹，張疏俊。』晏曰：『唯。』即取富皐爲壻，皐後改名，即丞相鄭國富公弼。」然邵氏聞見録卷九所載稍異：「富韓公初遊場屋，穆修伯長謂之曰：『進士不足以盡子之才，當以大科名世。』公果禮部試下。時太師公官耀州，公西歸，次陝。范文正公尹開封，遣人追公曰：『有旨以大科取士，可亟還。』公復上京師，見文正，辭以未嘗爲此學。文正曰：『已同諸公薦君矣。又爲君闢一室，皆大科文字，正可往就館。』時晏元獻公爲相，求婚於文正。文正曰：『公之女若嫁官人，某不敢知。必求國士，無如富某者。』元獻一見公，大愛重之，遂議婚。」又，孫公談圃卷上云：「王青，晏元獻公門下常賣人，自號王實頭。常遇奇士，傳一相術，時時相公之奴婢輒中。夫人一日呼至堂下，青遽相其女曰：『此國夫人也。』夫人笑曰：『爲我擇一佳壻。』青應聲曰：『恰有一秀才，姓富，須做宰相。明年狀元及第，在興國寺下。』元獻退朝，夫人具道其事，使人通好。明年，富黜於春官，晏以青爲妄，大悔之。未幾，富中大科，恩比狀元，即大丞相鄭公也。」按，據東都事略晏殊傳，晏殊自樞密副使出「留守南京，興學校，延范仲淹以教授諸生」，而據宋史宰輔表，晏殊於天聖五年正月罷樞密副使，於慶曆二年七月拜宰相。故東軒筆録所云「西京」當爲「南京」之譌，而邵氏聞見録所載乃屬傳聞異辭。

〔一八〕召試館職　長編卷一二〇景祐四年四月丁未條云：「詔學士院自今制策登科人並試策、論各一道。時將作監丞富弼獻所爲文，命試館職，弼以不能爲詩賦辭，上特令試策、論，因有是詔。」

〔一九〕初宰相惡聞忠言下令禁越職言事公因論日食以謂應天變莫若通下情遂除其禁　長編卷一一八景祐三年五月丙戌條云：

「侍御史韓瀆希（吕）夷簡意，請以（范）仲淹朋黨牓朝堂，戒百官越職言事，從之。」按，吕夷簡時爲宰相。又卷一二六康定元年二月丙午條云：「是日改元，仍於尊號去『寶元』二字，悉許中外臣庶上封議朝政得失。自范仲淹貶，禁中外越職言事。知諫院富弼因論日食，以謂應天變莫若通下情，願降詔求直言，盡除越職之禁。於是上嘉納焉。」

［二〇］德和竟坐腰斬　長編卷一二七康定元年四月丙午條載：「腰斬東染院副使、鄜延路都監黄德和于河中府，仍梟首延州城下。」

［二一］夏守贇爲陝西都總管　據長編卷一二七康定元年五月戊寅條，夏守贇時官陝西都部署、經略安撫使。此云「都總管」，乃爲避英宗諱追改。

［二二］詔罷守忠　長編卷一二六康定元年二月己丑條稱「皇城使、文州防禦使、入内副都知王守忠領梓州觀察使，爲陝西都鈐轄。知諫院富弼言：『唐代之衰，始疑將帥，遂以内臣監軍，取敗非一。今守忠爲都鈐轄，與監軍何異？昨用夏守贇，已失人望，願罷守忠勿遣。』不聽」。注曰：「神道碑及實録附傳並云詔罷守忠不遣。按，守忠以二月受命赴陝西，五月乃至陝西罷赴闕，碑、傳皆誤矣。或弼上言在五月間，守忠卒因言故罷，當考。」

［二三］時又用觀察使魏昭昞爲同州　長編卷一二六康定元年正月壬午條載新知滑州、引進使、郢州防禦使魏昭昞知同州。注曰：「碑云昭昞以觀察使知同州，而實録但書防禦使。及四月責降，乃書觀察使，不知何時遷改。據本傳云徙同州，改觀察使，亦無月日，恐相繼即有此命，故碑云爾。」

［二四］守忠與化故親事官　長編卷一二六康定元年正月壬午條注曰：「按，守忠爲殿前副帥，化爲馬軍副帥，乃景祐四年閏四月，弼此時未知諫院。今年十二月，守忠罷殿前副帥，除安遠節度、知徐州；化自馬軍副帥代守忠爲殿前副帥，又與碑不合。」

［二五］補借奉職　范忠宣集卷一六富鄭公行狀云：「補乞砂以奉職，山乞以借職。」

［二六］上從公言以宰相兼樞密使　長編卷一三七慶曆二年七月戊午條載右僕射、兼門下侍郎、平章事吕夷簡判樞密院，户部侍郎、平章事章得象兼樞密使，樞密使晏殊同平章事，云「初，富弼建議宰相兼樞密使」，然仁宗「止令中書同議樞密院事。及張方平請廢樞密院，上乃追用弼議，特降制命夷簡判院事，而得象兼使，殊加同平章事，爲使如故」。

〔二七〕執政滋不悦　長編卷一三三慶曆元年九月戊午條云「杖殺中書守當官周卞於都市，坐於内降度僧敕内僞益童行三十四人也。事既覺，開封府止按餘人，而不問堂吏。知制誥富弼時糾察刑獄，白執政，請以吏付開封，執政指其坐曰：『公即居此，無爲近名。』弼正色不受其言曰：『必得吏乃止。』執政滋不悦。初，劉從德之妻遂國夫人者，王蒙正女也，嘗出入内庭，或云得幸于上。後獲譴奪封，罷朝謁，久之，出入如故。諫官張方平再以疏論列，皆留中。既而有詔復封遂國，弼繳還詞頭，封命遂寢。唐制，惟給事中得封還詔書，中書舍人繳還詞頭，蓋自弼始也。」按，「執政」，東都事略、宋史富弼傳作「吕夷簡」。按，是時吕乃宰相。

〔二八〕尋遷翰林學士公見上力辭曰　長編卷一三八慶曆二年十月丙午條載：「契丹既復修和好，有忌弼功高，妄指他事，譖弼奉使不了，乞斬於都市者。上雖不聽，而弼深畏恐，故每遷官，輒力辭云。」

〔二九〕改授資政殿學士　東軒筆録卷九云：「富鄭公弼，慶曆中以知制誥使北虜還，仁宗嘉其有勞，命爲樞密副使，鄭公力辭不拜，乃改資政殿學士。一日，王拱辰言於上曰：『富弼亦何功之有？但能添金帛之數，厚夷狄而弊中國耳。』仁宗曰：『不然。朕所愛者土宇生民爾，財物非所惜也。』拱辰曰：『財物豈不出於生民耶？』仁宗曰：『國家經費，取之非一日之積，歲出以賜夷狄，亦未至困民。若兵興調發，歲出不貲，非若今之緩取也。』拱辰曰：『犬戎無厭，好窺中國之隙。且陛下只有一女，萬一欲請和親，則如之何？』仁宗憫然動色曰：『苟利社稷，朕亦豈愛一女耶？』拱辰言塞，且知譖之不行也，遽曰：『臣不知陛下能屈己愛民如此，真堯舜之主也。』洒泣再拜而出。」

〔三〇〕時晏殊爲相范仲淹爲參知政事杜衍爲樞密使韓琦與公副之　避暑録話卷三云：「晏公爲相，富公同除樞密副使。晏公方力陳求去，不肯並立。仁宗不可，遂同處二府。前蓋未有比也。」按，富弼乃晏殊之婿。

〔三一〕魯人石介作慶曆聖德詩　詩載徂徠石先生文集卷一，題曰慶曆聖德頌。按，魏泰東軒筆録卷九云：「慶曆中，吕許公罷政事，以司徒歸第，拜晏元獻公殊、章郇公得象爲相，又以諫官歐陽修、余靖上疏罷夏竦樞密使，其他升拜不一。時石介爲國子監直講，獻慶曆聖德頌，褒貶甚峻，而於夏竦尤極詆斥，至目之爲『不肖』，及有『手鋤姦枿』之句。」儒林公議又云：「范仲淹、富弼初被進用，鋭於建謀作事，不顧時之可否。時山東人石介方爲國子監直講，撰慶曆聖德詩以美得人，中有『惟仲淹弼，一夔一契』之句，氣類不同者惡之若仇。未幾，謗訾群興，范、富皆罷爲郡，介詩頗爲累焉。」

〔三二〕公遂與仲淹各上當世之務十餘條　長編卷一四三慶曆三年九月丁卯條云：「上既擢用范仲淹、韓琦、富弼等，每進見，必以太平責之，數令條奏當世務。仲淹語人曰：『上用我至矣，然有後先，且革弊於久安，非朝夕可能也。』上再賜手詔促曰：『比以中外人望，不次用卿等，今琦暫往陝西，仲淹、弼宜與宰臣章得象盡心事國，毋或有所顧避。其當世急務有可建明者，悉爲朕陳之。』既又開天章閣，召對賜坐，給筆札，使疏于前。仲淹、弼皆惶恐避席，退而列奏」，乃云：一曰明黜陟，二曰抑僥倖，三曰精貢舉，四曰擇官長，五曰均公田，六曰厚農桑，七曰修武備，八曰減徭役，九曰覃恩信，十曰重命令。時「上方信嚮仲淹等，悉用其説，當著爲令者，皆以詔書畫一次第頒下，獨府兵，輔臣共以爲不可而止」。

〔三三〕又自上河北安邊十三策　宋朝諸臣奏議卷一三五載富弼上仁宗河北守禦十三策。據玉海卷二五慶曆河北守禦二策云富弼於慶曆四年六月戊午所上，其守策六事，云：「一曰使良將守十九城，分領三十萬衆，縱横救應；二曰擇河朔長貳；三曰詔轉運、安撫舉十七州軍文武官；四曰省歛以寬疲民；五曰募土人爲兵；六曰擇宗室試以政。」其禦策七事，云：「一曰沿邊土兵不令抽起，二曰出精兵擣敵腹心，三曰結邊豪，四曰結高麗，五曰經制山後新路，六曰廣忻、深二城，七曰防河東。」

〔三四〕小人怨公不已而大臣亦有以飛語讒公者　范忠宣集卷一七富鄭公行狀云：「公在西府，力劃久安之弊。時京邑局務如皇城、群牧司之類，有以親近官領之而十年不更代者，公爲立三年之制，仍不許干求久任。由是權倖之徒多不便之。」又東都事略富弼傳云：「初，魯人石介作慶曆聖德詩，歷頌群臣，以弼、仲淹比之夔、契，而詆夏竦，竦怨之。會介奏記於弼，説以行伊、周之事。竦因傾弼等，乃改伊、周曰伊、霍，使女奴陰習介書，爲廢立詔草，飛語上聞。」

〔三五〕因保州賊平求爲河北宣撫使以避之　長編卷一五一慶曆四年八月甲午條云：「保州、廣信安肅軍，自五代以來，別領兵萬人，號緣邊都巡檢司，亦曰天策先鋒。以知州軍爲使，置副二人，析所領卒爲三部，使援鄰道。太祖常用之有功，詔每出巡，別給錢糧以優之。其後州將不復出，内侍爲副，數出巡，部卒偏得廩賜，軍中以爲不均。通判保州、秘書丞新昌石待舉獻計於都轉運使張昷之，仍請合三部兵更出入，季一出，即別給錢糧，餘悉罷，仍請以武臣代内侍。時楊懷敏方任邊事，尤不悦巡檢司。雲翼卒揚言爲亂，知州、如京使、興州刺史劉繼宗心不自安，乃悉令納私所置教閱器仗。會都監韋貴與待舉彎弓賭酒而衆辱之，貴憑酒慢罵曰：『徒能以減削兵糧爲己功。』因激其衆。是日給軍衣，衆遂劫持刀兵入牙門，待舉挈家上城，出東門，入無敵營。會繼宗亦挈家至，與待舉列無敵兵守關城，率神衛招收兵卻入東門，以拒亂兵。既而轉鬬不敵，繼宗、待舉復上城避之，遂自下城，繼宗渡城濠，溺水死，待舉藏鹿角中，爲亂卒所害。衆怨待舉甚，揭其首，衆射之。又疑走馬承受劉宗言與待舉同議，亦害之。始迫緣邊巡檢都監王守一爲首，守一不從而死，乃擁韋貴據城以叛。禮賓副使兼閤門通事舍人、知廣信軍劉貽孫與走馬承受宋有言臨城諭叛兵，有欲降者，計未決，而諸路各進軍來討，遂復固守拒命。」注曰：「按保州兵亂乃八月初五日，朝廷於初九日始知。富弼使河北，實初五日受命，此時朝廷未知保州兵亂也。弼使河北，但欲修飭邊備，未行而保州亂作，朝廷就委弼措置。弼緣此遂行，實非始謀也。其後，弼有辨讒謗劄子卻云因保州亂，堅乞得河北宣撫，蓋小誤。然事適同日，不妨便文。而范純仁行狀、蘇軾神道碑及朱墨史附傳並云弼因保州賊平乞出，則誤甚矣。」

［三六］讒者不已罷安撫使歲餘讒不驗　長編卷一六〇慶曆七年四月庚午條云：「先是，夏竦讒言石介實不死，富弼陰使入契丹謀起兵，朝廷疑之。弼時知鄆州，亟罷京西路安撫使。既而北邊按堵如故，竦讒不效。」按，「京西路」當作「京東西路」。

［三七］公擇所部豐稔者五州　按，據救荒活民書卷三富弼支散流民斛㪷畫一指揮，「五州」乃指京東東路之青、淄、濰、登、萊州。

［三八］凡活五十餘萬人　侯鯖録卷八云：「富鄭公與歐公書云：『某在青州，作得一實頭事，全活數萬人，大勝如二十四考在中書也。』謂賑濟事。」

［三九］募而爲兵者又萬餘人　三朝名臣言行録卷二之一丞相韓國富文忠公引涑水記聞稱富弼於流民中選擇「其間强壯堪爲禁卒者，募得數千人，面刺『指揮』二字，奏乞撥充諸軍」。

［四〇］即拜禮部侍郎　按長編卷一六六皇祐元年二月辛未條注曰：「弼墓誌、神道碑、朱墨史附傳並云：弼先以救災加禮侍，辭不受。又以捕齊兵再加禮侍，亦不受。考其事迹，蓋顛倒也。先加禮侍在去年三月，乃捕齊兵；後加禮侍，則救災之故。蓋河北大水，實緣去年六月河決商胡，民流當夏、秋間。」

［四一］齊非公所部　據宋史卷八五地理志一，齊州原屬京東西路，元豐元年始割屬京東東路。是時富弼乃兼京東東路安撫使，故云「齊非公所部」。

［四二］徙知鄭州　范忠宣公文集卷一七富鄭公行狀、南陽集卷二九富文忠公墓誌銘稱富弼「以秦國太夫人久違鄉里，請京西一郡，徙知鄭州」。

〔四三〕士大夫相慶於朝仁宗密覘知之　范忠宣公文集卷一七富鄭公行狀云：「仁宗遣小黄門數輩密詢於廟堂，聞士論翕然，或舉手相賀。」

〔四四〕豈不賢於夢卜也哉　邵氏聞見後録卷二〇云：「仁皇帝問王懿敏素曰：『大僚中孰可命以相事者？』懿敏曰：『下臣其敢言！』帝曰：『姑言之。』懿敏曰：『唯宦官、宮妾不知姓名者，可充其選。』帝憮然，有間曰：『唯富弼耳。』懿敏下拜曰：『陛下得人矣。』既告大庭相富公，士大夫皆舉笏相賀，或密以聞，帝益喜曰：『吾之舉賢於夢卜矣。』」

〔四五〕内侍止之不可　范忠宣集卷一七富鄭公行狀云：「公與文潞公懼有姦人矯妄之變，遂率輔臣求入侍疾，内侍之長止之曰：『未得詔旨。』公叱之曰：『豈有宰相一日不見天子耶？』遂直入見上。」又，長編卷一八二嘉祐元年正月癸亥條云：「是日，兩府求詣寢殿見上，史志聰難之。富弼責之曰：『宰相安可一日不見天子！』志聰等不敢違。兩府始入福寧殿卧内奏事，兩制、近臣日詣内東門問起居，百官五日一入。」

〔四六〕仁宗待公而爲政五遣使起之卒不從命　長編卷一九三嘉祐六年六月甲戌條云：「或言弼初與韓琦同在二府，左提右挈，圖致太平，天下謂之韓、富。既又同爲宰相，琦性果斷，弼性審謹。琦質直，語或涉俗。俗謂語多者爲『絮』，嘗議政事，弼疑難者數四，琦意不快，曰：『又絮耶！』弼變色曰：『絮是何言與？』又嘗言及宰相起復故事，琦曰：『此非朝廷盛典也。』於是弼力辭起復，且言：『臣在中書，蓋嘗與韓琦論此。今琦處嫌疑之地，必不肯爲臣盡誠敷奏。願陛下勿復詢問，斷自宸慮，許臣終喪。』」

〔四七〕遷户部尚書　長編卷二〇一治平元年四月戊申條云：「嘉祐初，琦與富弼同相，或中書有疑事，往往私與樞密院謀之。自弼使樞密，非得旨令兩府合議者，琦未嘗詢於弼也，弼頗不懌。及太后還政，遽撤東殿簾帷，弼大驚，謂人曰：『弼備位輔佐，他事固不敢預聞，此事韓公獨不能與弼共之耶？』或以咎琦，琦曰：『此事當時出太后意，安可顯言於衆？』弼自是怨琦益深。」注曰：「富弼怨韓琦事，據司馬氏記聞。邵氏見聞録稱富弼謂『韓公欲致弼於族滅之地』，恐弼初無此言也。」宋宰輔編年録卷六并云：「太后還政，弼遷户部尚書，以不預定策懇辭。」又長編卷二〇一治平元年閏五月己巳條云：「弼又兩奏，卒不聽，弼乃受之。」

〔四八〕有於上前言災異皆天數非人事得失所致者　按，此當指王安石。大事記講義卷一六神宗皇帝罷舊相用新進稱「弼聞安石於上前言災異皆天數，非人事所致」云云。

〔四九〕以疾辭位　宋宰輔編年録卷七熙寧二年十月丙申條云：「王安石既得志，專權自恣，盡取祖宗法度紛更之。弼每争不能得，故常移病不入。旬日一再見，三日一復謁告，如是者數矣。久之，遂引疾辭位，上省奏不悦，以手詔責之。弼既得詔，皇恐復入具奏。於是召見垂拱殿，賜弼坐，從容謂曰：『二府中謂卿實無病。』弼頓首謝曰：『實病。』既退，遂稱篤固請，不許。奏五上，又求對固請，上不得已許之。」宋史富弼傳云：「王安石用事，雅不與弼合。弼度不能争，多稱疾求退，章數十上。」

〔五〇〕而提舉常平倉趙濟劾公以大臣格新法　宋史富弼傳稱「提舉官趙濟劾弼格詔旨，侍御史鄧綰又乞付有司鞫治」。

〔五一〕手封遺表使其子上之世莫知其所言者　清波雜誌卷九云：「富鄭公薨，司馬温公、范忠宣來弔哭。公之子紹庭泣曰：『先公有自封押章疏一通，殆遺表也。』二公曰：『當不啓封以聞。』既曰遺表，自有常式，恐難以元封押進御。封可也，押可乎？東坡作公神道碑，止云：『手封遺表，使其子上之，世莫知所以言者。』」按此事，長編卷三三六元豐六年閏六月丙申條記「弼既上疏，又條陳時政之失以待上問，封押付其子紹庭。及卒，司馬光、范純仁來弔哭。紹庭以告曰：『此殆遺表也。』光、純仁曰：『當即具奏，勿復啟。』莫知其所言。後乃得其稾」云云。

〔五二〕有詔以公配享神宗皇帝廟庭　宋史富弼傳云至「紹聖中，章惇執政，謂弼得罪先帝，罷配享。至靖康初，詔復舊典焉」。

〔五三〕然一趙濟敢摇之　步里客談卷下云：「張文潛見富鄭公神道碑，至論趙濟處，曰：『公文固奇，欲加一字可否？』遂改云：『及英宗、神宗之世，公老矣，功在史官，德在生民，北敵西戎視公進退以爲中國輕重，而一趙濟敢摇之。』『一』字固文字關紐也。」

〔五四〕五代八姓十有二君　按，曾鞏元豐類稿卷二七亳州謝到任表有云：「去五代八姓寖微之弊，肇自宋興。」汪應辰文定集卷一八賀沈左相進書加恩云：「惟我宋肇邦，盡革五代八姓因循之敝。」又通考卷一五二兵考四兵制引本論曰：「前日五代之亂可謂極矣，五十三年之間，易五姓十二君，而亡國，被弑者八。」其十二君，指後梁太祖、末帝，後唐莊宗、明宗、閔帝、末帝，後晉高祖、出帝，後漢高祖、隱帝，後周太祖、世宗。而八姓，乃指後梁朱姓，後唐莊宗李姓，後唐末帝王姓（後唐明宗養子），後晉石姓，後漢劉姓，後周太祖郭姓、世宗柴姓，加上滅後晉之契丹耶律氏。

名臣碑傳琬琰集上卷六

司馬文正公光忠清粹德之碑[一]　文忠公蘇軾

上即位之三年，朝廷清明，百揆時叙，民安其生，風俗一變。異時薄夫鄙人①，皆洗心易德，務爲忠厚，人人自重，耻言人過，中國無事，四夷稽首請命。惟西羌夏人叛服不常，懷毒自疑，數入爲寇。上命諸將按兵不戰，示以形勢，不數月，生致大首領鬼章青宜結闕下[二]。夏人十數萬寇涇原，至鎮戎城下，五日無所得，一夕遁去[三]。而西羌兀征聲延以其族萬人來降②[四]。黄河始決曹村，既築靈平，復決小吴，横流五年，朔方騷然。而今歲之秋，積雨彌月，河不大溢，及冬，水入地益深，有北流赴海復禹舊迹之勢。凡上所欲，不求而獲，而其所惡，不麾而去。天下曉然知天意與上合，庶幾復見至治之成，家給人足，刑措不用，如咸平、景德間也。或以問臣軾：「上與太皇太后安所施設而及此？」臣軾對曰：「在易大有上九：『自天祐之，吉無不利。』孔子曰：『天之所助者，順也；人之所助者，信也。履信思乎順，又以尚賢也。是以自天祐之，吉無不利。』今二聖躬信順以先天下，而用司

① 異時薄夫鄙人　「夫」原作「矣」，據庫本及蘇軾文集卷一七司馬温公神道碑改。
② 而西羌兀征聲延以其族萬人來降　「以」，庫本作「率」。

馬公以致天下士，應是三德矣。且以臣觀之，公仁人也，天相之矣。」「何以知其然也？」曰：「公以文章名於世，而以忠義自結人主。朝廷知之可也，四方之人何自知之？士大夫知之可也，農商走卒何自知之？中國知之可也，九夷八蠻何自知之？方其退居於洛，眇然如顏子之在陋巷，纍然如屈原之在陂澤，其與民相忘也久矣，而名震天下如雷霆，如河漢，如家至而日見之①。聞其名者，雖愚無知如婦人孺子，勇悍難化如軍伍夷狄，以至於姦邪小人，雖惡其害己、仇而嫉之者，莫不斂衽變色，咨嗟太息，或至於流涕也。元豐之末②，臣自登州入朝，過八州以至京師，民知其與公善也，所在數千人聚而號呼於馬首，曰：『寄謝司馬丞相，慎毋去朝廷，厚自愛以活百姓。』如是者，蓋千餘里不絕。至京師，聞士大夫言公初入朝，民擁其馬，至不得行，衛士見公，擎跽流涕者不可勝數，公懼而歸洛[五]。遼人、夏人遣使入朝，與吾使至虜中者，虜必問公起居，而遼人敕其邊吏曰：『中國相司馬矣，慎毋生事開邊隙。』其後公薨，京師之民罷市而往弔，粥衣以致奠，巷哭以過車者，蓋以千萬數。上命户部侍郎趙瞻、内侍省押班馮宗道護其喪歸葬。瞻等既還，皆言民哭公哀甚，如哭其私親，四方來會葬者蓋數萬人。而嶺南封州父老相率致祭，且作佛事以薦公者，其詞尤哀。炫薌於手頂以送公葬者凡百餘人③，而畫像以祠公者天下皆是也。此豈人力也哉？天相之也。匹夫而能動天，亦必有道矣。非至誠一德，其孰能使之？記曰：『惟天下之至誠，爲能盡其性；能盡其性，則能盡人之性；能盡人之性，則能盡物之性；能盡物之性，則可以贊天地之化育矣。』書曰：『惟尹躬暨湯，咸有一德，克享天心。』又曰：『德惟一，動罔不吉。德二三，動罔不凶。』或以千

① 如家至而日見之　「日」，鐵琴銅劍樓本作「目」。
② 元豐之末　「末」原作「未」，據庫本及蘇軾文集卷一七司馬温公神道碑改。
③ 炫薌於手頂以送公葬者凡百餘人　「炫」，蘇軾文集卷一七司馬温公神道碑、山右石刻叢編卷一五司馬公神道碑作「炷」；「凡」，鐵琴銅劍樓本作「九」。

金予人而人不喜，或以一言使人而人死之者，誠與不誠故也。稽天之潦不能終朝，而一綫之溜可以達石者，一與不一故也。誠而一，古之聖人不能加毫末於此矣，而況公乎！故臣論公之德至於感人心、動天地，巍巍如此，而蔽之以二言①，曰誠，曰一［六］。」

公諱光，字君實，其先河内人，晉安平獻王孚之後，王之裔孫征東大將軍陽始葬今陝州夏縣涑水鄉，子孫因家焉［七］。曾祖諱政，以五代衰亂不仕，贈太子太保。祖諱炫，舉進士，試祕書省校書郎，終於耀州富平縣令，贈太子太傅。考諱池，寶元、慶曆間名臣，終於兵部郎中、天章閣待制，贈太師、温國公。曾祖妣薛氏，祖妣皇甫氏，妣聶氏，皆封温國太夫人。

公始以進士甲科事仁宗皇帝［八］，至天章閣待制、知諫院。始發大議，乞立宗子爲後［九］，以安宗廟。宰相韓琦等因其言，遂定大計。事英宗皇帝爲諫議大夫、龍圖閣直學士。論陝西刺義勇爲民患［一〇］，及内侍任守忠姦蠹，乞斬以謝天下［一一］，守忠竟以讁死。又論濮安懿王當準先朝封贈期親尊屬故事［一二］，天下義之②。事神宗皇帝爲翰林學士、御史中丞。西戎部將嵬名山欲以横山之衆降，公極論其不可納［一三］，後必爲邊患，已而果然。勸帝不受尊號［一四］，遂爲萬世法。及王安石爲相，始行青苗、助役、農田水利，謂之新法，公首言其害，以身争之。當時士大夫不附安石、言新法不便者，皆倚公爲重。帝以公爲樞密副使，公以言不行，不受命。乃以爲端明殿學士，出知永興軍［一五］，遂以留司御史臺及提舉崇福宫，退居於洛十有五年。及上即位，太皇太后攝政，起公爲門下侍郎，遷正議大夫，遂拜左僕射。公首更詔書以開言路，分别邪正，進退其甚者十餘人［一六］。旋罷保甲、保馬、

① 而蔽之以二言　「二」原作「三」，據舊鈔本及蘇軾文集卷一七司馬温公神道碑及下文義改。

② 天下義之　「義」，山右石刻叢編卷一五司馬公神道碑同，蘇軾文集卷一七司馬温公神道碑作「韙」。

市易及諸道新行鹽鐵茶法，最後遂罷助役、青苗。方議取士、擇守令監司以養民，期於富而教之，凜凜嚮至治矣①。而公卧病，以元祐元年九月丙辰朔薨于位[一七]，享年六十八。太皇太后聞之慟，上亦感涕不已。時方祀明堂，禮成不賀。二聖皆臨其喪[一八]，哭之哀甚。輟視朝，贈太師、温國公，襚以一品禮服，謚曰文正；官其親屬十人。

公娶張氏，禮部尚書存之女，封清河郡君，先公卒[一九]，追封温國夫人。子三人：童、唐，皆早亡；康[二〇]，今爲祕書省校書郎。孫二人：植、相②，皆承奉郎。以元祐二年正月辛酉，葬于陜之夏縣涑水南原之晁村。上以御篆表其墓道曰「忠清粹德之碑」，而其文以命臣軾。

臣蓋嘗爲公行狀，而端明殿學士范鎮取以志其墓矣，故其詳不復再見，而獨論其大方③。議者徒見上與太皇太后進公之速，用公之盡，而不知神宗皇帝知公之深也[二一]。自士庶人至于卿大夫，相與爲賓師朋友，道足以相信，而權不足以相休戚，然猶同己則親之，異己則疏之，未有聞過而喜、受誨而不怒者也，而況於君臣之間乎？方熙寧中，朝廷政事，與公所言無一不相違者，書數十上，皆盡言不諱，蓋自敵以下所不能堪，而先帝安受之，非特不怒而已，乃欲以爲左右輔弼之臣，至爲叙其所著書[二二]，讀之於邇英閣[二三]，不深知公，而能如是乎？二聖之知公也，知之於既同；而先帝之知公也，知之於方異，故臣以先帝爲難。昔齊神武皇帝寢疾，告其子世宗曰：「侯景專制河南十四年矣，諸將皆莫能敵，惟慕容紹宗可以制之。我故不貴，留以遺汝。」而唐太宗亦謂高宗：

① 凜凜嚮至治矣　「凜凜」，蘇軾文集卷一七司馬温公神道碑作「凜凜乎」。
② 相　蘇軾文集卷一七司馬温公神道碑、山右石刻叢編卷一五司馬公神道碑及本書中集卷五一司馬文正公光行狀皆作「桓」。
③ 而獨論其大方　「方」，蘇軾文集卷一七司馬温公神道碑作「概」。

「汝於李勣無恩，我今責出之，汝當授以僕射。」乃出勣爲疊州都督。夫齊神武、唐太宗雖未足以比隆先帝，而紹宗與勣亦非公之流，然古之人君所以爲其子孫長計遠慮者，類皆如此。寧其身不受知人之名，而使其子專享得賢之利①。先帝知公如此，而卒不尽用，安知其意不出於此乎？臣既書其事，乃拜手稽首而作詩曰：

於皇上帝，子惠我民。孰堪顧天，惟聖與仁。聖子受命，如堯之初。神母詔之，匪亟匪徐。聖神無心，孰左右之。民自擇相，我興授之。其相惟何？太師温公。公來自西，一馬二童。萬人環之，如渴赴泉。孰不見公，莫如我先。二聖忘己，惟公是式。公亦無我，惟民是度。民曰樂哉，既相司馬。爾賈于途，我耕于野。士曰時哉，既用君實②。我後子先，時不可失。公如麟鳳，不鷙不搏。羽毛畢朝，雄狡率服。爲政一年，疾病半之。功則多矣，百年之思。知公于異，識公于微。匪公之思，神考是懷。天子萬年，四夷來同。薦于清廟，神考之功。

辨證：

［一］司馬文正公光忠清粹德之碑　本碑文又載於蘇軾蘇軾文集卷一七，題曰「司馬温公神道碑」；又載於山右石刻叢編卷一五，題曰「宋故正議大夫守尚書左僕射兼門下侍郎上柱國河内郡開國公食邑四千一百户食實封壹阡伍伯户贈太師追封温國公謚文正司馬公神道碑」。按，司馬光，東都事略卷八七、宋史卷三三六有傳；又，本書中集卷一八載有范鎮司馬文正公光墓誌銘，卷五一載有蘇軾司馬文正公光行狀。朱子語類卷一三〇自熙寧至靖康人物云：「坡公作温公神道碑，叙事甚略，然其平生大致不踰於是矣，這見得眼目高處。」

① 而使其子專享得賢之利　「子」，蘇軾文集卷一七司馬温公神道碑作「子孫」。

② 既用君實　「君實」原作「君寶」，據庫本及蘇軾文集卷一七司馬温公神道碑及上文改。

〔二〕生致大首領鬼章青宜結闕下　長編卷四〇四元祐二年八月戊申條注曰：「舊録云：『鬼章，西蕃大酋也，桀黠有智謀，所部鋭兵，數爲邊患。熙寧中，誘陷景思立，先帝屢詔王韶欲生致之。至是，與夏人解仇爲援，築洮州居之。詔帥臣以便宜從事，又遣游師雄至熙州諭旨。劉舜卿遣洮東安撫种誼破其城，擒送闕下。始，董氈以鬼章爲將，阿里骨爲相，倚二人爲重。阿里骨久欲篡，獨疑章。及氈病，先帝欲俟其亡，委章圖之，盡取其地，未及施行。及董氈死，阿里骨遂篡，章猶豫不自安，未決，舜卿破其城，取之。』新録辨曰：『復洮州，俘鬼章，具載實録。又當時監察御史常安民有疏論賞种誼太薄，其略以爲鬼章熙寧中于踏白城誘陷景思立，先帝嘗下募賞之令。元祐中，乃陰連西夏，遂犯疆土，入據洮州，屠掠酋豪，無敢誰何。是時种誼守岷州，鬼章之兵已逼，劉舜卿以朝廷方休兵息民，恬不爲慮。其後朝廷遣游師雄使熙河，趣舜卿出兵，然且猶豫累日，始用誼謀。既出，焚飛橋以斷蕃兵之路，扼衝隘以絶傳報之音，卒能生擒鬼章，致之闕下，西夏五十萬衆，至境遁去。此事實也，而紹聖之臣以其功不自己出，乃以爲因其猶豫而取之，此不可不辨。』」

〔三〕夏人十數萬寇涇原至鎮戎城下五日無所得一夕遁去　長編卷四〇五元祐二年九月乙丑條云：「涇原路經略司言夏人夜遁，賜將帥、兵民銀錢絹袍帶有差，仍促具功狀以聞。夏人之寇涇原也，環慶經略使范純粹以是月甲寅得涇原報，純粹亟命副總管曲珍領兵自環州傍附涇原深入牽制，珍翌旦遂行，純粹面戒珍曰：『本路首建牽制應援之策，勿謂鄰路致寇，非我之職，當忘軀報國，解朝廷深憂。』珍鼓激戰士，晝夜疾馳，出境外三百餘里，赴曲六律掌討蕩賊帳，斬一千二百餘級，俘其老弱婦女六百餘人以還。夏人遽釋涇原之圍，議者謂珍有力焉。」

〔四〕而西羌兀征聲延以其族萬人來降　長編卷四〇七元祐二年十二月壬辰條云：「樞密院言：『兀征聲延部族兵七百人、婦女老幼萬人渡河南，正要羈縻得所。令劉舜卿措置，時給糧食，質其首領及强梁之家近親於城中，以防姦詐。仍諭兀征聲延勿失河北地，或據講珠城哩恭宗堡，令河州量事力爲援，或乘機難待報者，聽以便宜從事。方夏人與西蕃連衡，宜多方經畫，嚴戒邊吏，明遠斥堠，先事爲備，以破姦謀。』從之。」

〔五〕公惧而歸洛　本書中集卷五一司馬文正公光行狀云：「神宗崩，公赴闕臨，衛士見公入，皆以手加額曰：『此司馬相公也。』民遮道呼曰：『公無歸洛，留相天子，活百姓。』所在數千人聚觀之。公懼，會放辭謝，遂徑歸洛。」又，揮麈後録卷六云：「司馬温公元豐末來京師，都人疊足聚觀，即以相公目之，馬至於不能行。謁時相於私第，市人登樹騎屋窺瞰。人或止之，曰：『吾非望而君，所願識者，司馬相公之風采耳。』呵叱不退，屋瓦爲之碎，樹枝爲之折。一時得人之心如此。」

[六]曰誠曰一　邵氏聞見後録卷二一云：「予見司馬文正公親書一帖：『光年五六歲，弄青胡桃，女兄欲爲脱其皮，不得。女兄去，一婢子以湯脱之。女兄復來，問脱胡桃皮者。光曰：「自脱也。」先公適見，訶之曰：「小子何得謾語？」光自是不敢謾語。』後公以誠學授劉器之曰：『自不謾語入。』東坡書公神道之石亦曰：『論公之德，至於感人心，動天地，巍巍如此，而蔽以二言，曰誠、曰一云。』」朱子語類卷一三〇自熙寧至靖康人物曰：「温公墓碑云：『曰誠，曰一。』人多議之，然亦未有害。誠者，以其表裏言之；一者，以其始終言之。」

[七]子孫因家焉　嬾真子卷四云「司馬温公祖塋在陝府夏縣之西二十里，地名鳴條山，有墳寺曰餘慶，山下即温公之祖居也」。

[八]公始以進士甲科事仁宗皇帝　宋史司馬光傳云其於仁宗寶元初年「中進士甲科」。

[九]始發大議乞立宗子爲後　宋史司馬光傳云司馬光知諫院，初「仁宗始不豫，國嗣未立，天下寒心，而莫敢言。諫官范鎮首發其議，光在并州，聞而繼之，且貽書勸鎮以死争。至是，復面言：『臣昔通判并州，所上三章，願陛下果斷力行。』帝沈思久之，曰：『得非欲選宗室爲繼嗣者乎？此忠臣之言，但人不敢及耳。』光曰：『臣言此，自謂必死，不意陛下開納。』帝曰：『此何害？古今皆有之。』光退，未聞命，復上疏曰：『臣向者進説，意謂即行，今寂無所聞。此必有小人言陛下春秋鼎盛，何遽爲不祥之事？小人無遠慮，特欲倉卒之際，援立其所厚善者耳。定策國老、門生天子之禍，可勝言哉！』帝大感動，曰：『送中書。』光見韓琦等曰：『諸公不及今定議，異日禁中夜半出寸紙以某人爲嗣，則天下莫敢違。』琦等拱手曰：『敢不盡力！』未幾，詔英宗判宗正，辭不就，遂立爲皇子，又稱疾不入。光言：『皇子辭不貲之富，至于旬月，其賢于人遠矣。然父召無諾，君命召不俟駕，願以臣子大義責皇子，宜必入。』英宗遂受命。」東都事略司馬光傳略同。

[一〇]論陝西刺義勇爲民患　按，司馬光論陝西義勇先後六劄，載司馬光集卷三一、卷三二。其陝西刺義勇事，乃宰相韓琦所主持。宋史司馬光傳云：「詔刺陝西義勇二十萬，民情驚撓，而紀律疎略，不可用。光抗言其非，持白韓琦，琦曰：『兵貴先聲，諒祚方桀驁，使驟聞益兵二十萬，豈不震慴？』光曰：『兵之貴先聲，爲無其實也，獨可欺之於一日之間耳。今吾雖益兵，實不可用，不過十日，彼將知其詳，尚何懼？』琦曰：『君但見慶曆間鄉兵刺爲保捷，憂今復然。已降勑榜於民，約永不充軍戍邊矣。』光曰：『朝廷嘗失信，民未

敢以爲然，雖光亦不能不疑也。』琦曰：『吾在此，君無憂。』光曰：『公長在此地，可也。異日他人當位，因公見兵，用之運糧戍邊，反掌間事耳。』琦嘿然，而訖不爲止。不十年，皆如光慮。」

〔一一〕及內侍任守忠姦蠹乞斬以謝天下　長編卷二〇二治平元年八月甲辰條云：「初，上爲皇子，令守忠宣召，守忠避不肯行，及上即位不豫，遂交鬬兩宫間。於是又擅取奉宸庫金珠數萬兩以獻皇后，因受賞賜，司馬光、吕誨交章劾之。」又宋史司馬光傳云時「遷都知任守忠等官，光復争之，因論『守忠大姦，陛下爲皇子，非守忠意，沮壞大策，離間百端，賴先帝不聽。及陛下嗣位，反覆交構，國之大賊，乞斬於都市，以謝天下』。責守忠爲節度副使，蘄州安置，天下快之」。

〔一二〕又論濮安懿王當準先朝封贈期親尊屬故事　宋史司馬光傳云光宗以養子繼位，「光料必有追隆本生事，即奏言：『漢宣帝爲孝昭後，終不追尊衛太子、史皇孫。光武上繼元帝，亦不追尊鉅鹿南頓君。此萬世法也。』後詔兩制集議濮王典禮，學士王珪等相視莫敢先，光獨奮筆書曰：『爲人後者爲之子，不得顧私親。王宜準封贈期親尊屬故事，稱爲皇伯，高官大國，極其尊榮。』議成，珪即命吏其以手藁爲按。既上，與大臣意殊，御史六人争之力，皆斥去。光乞留之，不可，遂請與俱貶。」

〔一三〕西戎部將嵬名山欲以横山之衆降公極論其不可納　宋史司馬光傳載西夏大將「嵬名山欲以横山之衆取諒祚以降，詔邊臣招納其衆，光上疏極論，以爲：『名山之衆未必能制諒祚，幸而勝之，滅一諒祚，生一諒祚，何利之有？若其不勝，必引衆歸我，不知何以待之？臣恐朝廷不獨失信諒祚，又將失信於名山矣。若名山餘衆尚多，還北不可，入南不受，窮無所歸，必將突據邊城，以救其命。陛下不見侯景之事乎？』上不聽，遣將种諤發兵迎之，取綏州，費六十萬。西方用兵，蓋自此始矣」。

〔一四〕勸帝不受尊號　宋史司馬光傳載神宗初，「百官上尊號」，翰林學士司馬光「當答詔，言：『先帝親郊，不受尊號，末年有獻議者，謂國家與契丹往來通信，彼有尊號，我獨無，於是復以非時奉册。昔匈奴冒頓自稱「天地所生日月所置匈奴大單于」，不聞漢文帝復爲大名以加之也。願追述先帝本意，不受此名。』帝大悦，手詔獎光，使善爲答辭，以示中外」。

〔一五〕及王安石爲相至出知永興軍　據宋史神宗紀：熙寧二年二月庚子，王安石參知政事。甲子，陳升之、王安石創置三司條例，議行新法。六月丁巳，御史中丞吕誨以論王安石罷知鄧州。十一月丙子，頒農田水利約束。三年二月壬申，以翰林學士司馬光爲樞密副使，凡九辭，詔收還敕誥。九月癸丑，司馬光罷知永興軍。十二月丁卯，以韓絳、王安石並同中書門下平章事。戊寅，初行免役法。按，本碑文所云時序不確。又，長編卷二一五熙寧三年九月癸丑條云司馬光爲端明殿學士兼翰林侍讀學士、集賢殿修撰、知永興軍，「先是，上欲以河南授光，王陶既有永興之命，而薛向惡陶，乃薦光于上以代陶，陶爲河南如故。及光辭，上諭光曰：『今委卿長安，邊鄙動静皆以聞。』光曰：『臣守長安，安知邊鄙？』上曰：『先帝時，王陶在長安，夏人犯大順，賴陶得其實。』光曰：『陶耳目心力過人，臣不敢知職外事。』上曰：『本路民間利病當以聞。』光曰：『謹奉詔。』」

〔一六〕進退其甚者十餘人　據宋史卷一七哲宗紀，元豐八年五月戊午，以司馬光爲門下侍郎。七月戊戌，呂公著爲尚書左丞。元祐元年閏二月庚寅，辛相蔡確罷，司馬光拜尚書左僕射；壬辰，以呂公著爲門下侍郎；丙午，以呂大防爲尚書右丞；辛亥，知樞密院事章惇罷；乙卯，范純仁同知樞密院事。四月己丑，辛相韓縝罷；壬寅，呂公著拜辛相，文彥博平章軍國重事。五月丁巳朔，韓維爲門下侍郎。六月甲辰，呂惠卿落職，分司南京。九月丙辰朔，司馬光卒。

〔一七〕而公卧病以元祐元年九月丙辰朔薨于位　月河所聞集云：「司馬温公疾作二十八日，執政往問，囑之曰：『某有數劄子，切爲留意，若不蒙施行，光死不瞑目。』至死，神爽不亂，氣羸不食累日，因如廁努氣，少頃而逝。」

〔一八〕二聖皆臨其喪　月河所聞集稱「九月一日，上以祀天受齋戒，不及出臨喪。初七日，興其第」。

〔一九〕先公卒　司馬光集卷六四叙清河郡君云其「年六十，元豐五年正月壬子晦，終於洛陽」。

〔二〇〕康　邵氏聞見録卷一八稱司馬光「無子，以族人之子康爲嗣」。蘇軾文集蘇軾佚文彙編卷四與堂兄三首之一云：「司馬康是君實之親兄子，君實未有子，養爲嗣也。」

〔二一〕而不知神宗皇帝知公之深也　宋史司馬光傳云「官制行，帝指御史大夫曰：『非司馬光不可。』又將以爲東宮師傅」。

〔二二〕至爲叙其所著書　按，此指神宗爲司馬光資治通鑑撰序事。本書中集卷五一司馬文正公光行狀云：「神宗尤重其書，以爲賢於荀悦，親爲製叙，賜名『資治通鑑』。」按，蘇軾以避家諱，改「序」作「叙」。

〔二三〕讀之於邇英閣　長編卷二一〇熙寧三年四月載甲申，「翰林學士司馬光讀資治通鑑漢賈山上疏」；又丙戌，「司馬光讀資治通鑑張釋之論嗇夫利口」。

賈文元公昌朝神道碑[一]　荆公王安石[二]

公諱某①，字子明，姓賈氏。皇秘書省著作佐郎、贈太師、中書令、尚書令、晉國公諱某之子②，皇太子左贊善大夫、贈太師、中書令、尚書令、齊國公諱某之孫③，晉中書舍人、史館修撰、皇贈太師、中書令諱某之曾孫④。其先南皮人，中徙獲鹿⑤，今葬開封而爲其縣人者⑥，自公皇考始。

公少則莊重謹密，治經章解句達，老師宿學譽歎以爲賢己⑦。天禧元年獻文章，召試，賜同進士出身[三]，除常州晉陵縣主簿、國子監説書，又以江州德化縣令兼潁川郡王伴讀⑧。當是時，孫宣公領國子，一見聽語，待以

---

① 公諱某　「某」，臨川集卷八七賈魏公神道碑作「昌朝」。又「公」字上，臨川集卷八七賈魏公神道碑多「魏公既薨之明年，皇帝篆其墓碑之首曰『大儒元老之碑』，有詔造文賜公子，使之并刻。臣某昧死序列，再拜稽首以聞曰」四十六字。

② 晉國公諱某之子　「某」，王文公文集卷八三、臨川集卷八七賈魏公神道碑作「注」。

③ 齊國公諱某之孫　「公」字原闕，據王文公文集卷八三、臨川集卷八七賈魏公神道碑補。「某」，臨川集卷八七賈魏公神道碑及本書中集卷一七賈文元公昌朝墓誌銘作「璉」。

④ 皇贈太師中書令諱某之曾孫　「中書令」下，臨川集卷八七賈魏公神道碑多「魯國公」三字，本書中集卷一七賈文元公昌朝墓誌銘多「尚書令魯國公」六字。「某」，臨川集卷八七賈魏公神道碑、本書中集卷一七賈文元公昌朝墓誌銘及隆平集、東都事略、宋史賈昌朝傳作「緯」。

⑤ 其先南皮人中徙獲鹿　「人中」原作「中人」，據王文公文集卷八三、臨川集卷八七賈魏公神道碑改乙。

⑥ 今葬開封而爲其縣人者　「今」原作「令」，據王文公文集卷八三、臨川集卷八七賈魏公神道碑改。

⑦ 老師宿學譽歎以爲賢己　「譽」原作「舉」，據王文公文集卷八三、臨川集卷八七賈魏公神道碑改。

⑧ 又以江州德化縣令兼潁川郡王伴讀　「王」下，臨川集卷八七賈魏公神道碑有「院」字。

公相[四]，數舉公學問當在人主左右，大臣有以親嫌者，故久弗用[五]，以知常州宜興、開封東明兩縣，監在京廣濟、永濟兩倉[六]，又召置國子監說書。

景祐元年，積官至尚書都官員外郎。乃始置崇政殿說書，而以公爲之[七]。公於傳注訓詁不爲曲釋，至先王治心守身、經理天下之意，指物譬事，析毫解縷①，言則感心。自仁宗即位，大臣或操法令斷天下事，稽古不至秦漢以上，以儒術爲疏闊。然上常獨意鄉堯舜三代，得公以經開說，則慨然皆以爲善，而公由此顯矣。於是上所質問，多道德之要，公請悉記録，歲終歸太史②[八]。詔以章獻太后故，爲彭城郡王諱其名[九]。公言「母之諱，禮不得以出於宫」。太平興國寺災[一〇]，公以易、春秋進戒，因言：「近歲屢災觀寺③，天意蓋有所在。今此獨可勿繕治，以稱陛下畏天威、愛人力之意。」西域僧以佛骨、銅像來獻，公請加賜遣還，無以所獻示外。上皆從之。以直集賢院、天章閣侍講、史館修撰、判尚書禮部、判太府寺。天章置侍講自公始[一一]。故事，親祠郊廟，燕遊慢戲之物皆在儀衛，公奏除之。未幾④，遂以知制誥、龍圖閣直學士權知通進銀臺司兼門下封駁事，權判吏部流内銓，權知開封府，又以右諫議大夫權御史中丞，兼判國子監，而侍講如初[一二]。

公之爲銓也，河北蝗旱，以公安撫，公舉能詘姦，於利害多所興除。異時縣令俸錢滿萬二千乃舉令⑤，公以爲法如此，則小縣終不得善治，乃請概舉令而與其俸如大縣。其在御史，劉平爲趙元昊所得，邊吏以降敵

① 析毫解縷　「析」原作「折」，據文海本、庫本及王文公文集卷八三、臨川集卷八七賈魏公神道碑改。
② 歲終歸太史　「歸」，臨川集卷八七賈魏公神道碑作「歸之」。
③ 近歲屢災觀寺　「觀寺」，臨川集卷八七賈魏公神道碑作「寺觀」。
④ 未幾　臨川集卷八七賈魏公神道碑作「無幾」。
⑤ 異時縣令俸錢滿萬二千乃舉令　「俸」，王文公文集卷八三賈魏公神道碑作「奉」。按，下文同。

告，議收其族。公言：「漢殺李陵母妻子，陵不歸而漢悔；真宗撫王繼忠家，後賴其力。且平事固未可知。」乃不果收[一三]。侍講林瑀者言「天子即位，當步其日占所得卦以知吉凶」。公奏瑀所言不經，不可用。上即爲公罷瑀[一四]。又奏劾駙馬都尉柴恭信公，奪其州[一五]，人以爲宜。初，元昊反，公言：「兵事起，財不贍①，宜及今度經費，罷減諸不急。」至是，詔與三司合議，一歲所省率緡錢百萬。慶曆二年，契丹來求地請婚，公主其使，責以信義，告之利害，客絀服不能發口[一六]。執政議使契丹攻元昊②，公曰：「契丹許我而有功，則必驕以弱我，而責報無窮已，不且以我市於元昊矣。且唐中極衰時，聽吐蕃擊朱泚，陸贄尚以爲不可，後乃知吐蕃陰與泚合，而陽言助國。今獨安知契丹計不出此？」乃言所以待夷狄者凡六事[一七]，上皆行其策。

三年，遂以本官參知政事。四年，以尚書工部侍郎、檢校太傅爲樞密使。五年，以集賢殿大學士、同中書門下平章事兼樞密使。居兩月，拜昭文館大學士、監修國史。議祔章惠太后太廟，公言其非禮[一八]。及祔獻、懿二后，密敕遷文武位一等，賜外內諸軍特支優給，公又獨奏罷之[一九]。既而敕兩府，公又不從，乃已。元昊歸石元孫，議賜死，公爭言自古將帥被執歸，多不死[二〇]。元孫以不死。

七年，上以旱避正殿，貶食自責。公因稽首遜位[二一]，章六七入，乃除武勝軍節度使、檢校太傅、同中書門下平章事、判大名府兼北京留守、河北安撫使[二二]。妖人王則謀舉大名府反河南、北，使其党挾書妄言，冀得近公。公疑爲姦，考問具服。則惶急不及會，獨嬰貝州以反[二三]。公即使部將王信、孟元、郝質馳兵操攻具往，且請自

① 財不贍　「贍」原作「瞻」，據清鈔本、庫本及王文公文集卷八三、臨川集卷八七賈魏公神道碑改。

② 執政議使契丹攻元昊　「攻」原作「玫」，據庫本及王文公文集卷八三、臨川集卷八七賈魏公神道碑改。

出搏賊，不許。終賊所以擒滅，功居多[二四]。移鎮山南東道、檢校太師，賜號安國公①。公因請寬諸吏民爲則所脅者，而捕河南、北妖人治殺之，無所漏。

河決商胡[二五]，方暑，公暴隄上，躬親指畫，出倉廩與被水百姓，舍其流棄，接以醫藥，所活九十餘萬口。契丹誘亡卒，號爲「南軍②」，以戰夏人，而邊法卒亡自歸者死。公變其法，有歸者故擢超其任③，於是歸者衆，因以知契丹國事，契丹亦因以拒亡卒，黜南軍不用。邊人以地外質，公請重禁絶，主不時贖，則聽人得贖而有之，地盡歸④，邊以不争。

皇祐元年，判鄭州⑤，從公求也[二六]。至見，留爲祥源觀使。既而以尚書右僕射、觀文殿大學士判尚書都省[二七]，朝會班宰相，視其儀物。歲中又求任外，除山南東道節度使、右僕射、檢校太師兼侍中、判鄭州，固辭僕射、侍中，乃改同中書門下平章事。又欲遷公四子各一官，亦以公辭而止。二年，母燕國太夫人薨，命以故官，不起，賜書寵慰，從之。公事燕國以孝聞，上嘗賜銀飾肩輿，士大夫以爲榮。及薨，自鄭歸葬，扶舁蒼然，肩足皆胝，行路瞻望，悲哀歎息。四年，除故官侍中。居頃⑥，出治許州。將行矣，仁宗問易之乾卦，公既講解，又作書以

① 賜號安國公　「號」，臨川集卷八七賈魏公神道碑作「爵」。
② 號爲南軍　「南軍」，本書中集卷一七賈文元公昌朝墓誌銘、宋史賈昌朝傳作「投來南軍」。
③ 有歸者故擢超其任　「擢超其任」，臨川集卷八七賈魏公神道碑作「拔擢超其伍」。
④ 則聽人得贖而有之地盡歸　臨川集卷八七賈魏公神道碑無「則聽」二字，而「地」下有「則」字。
⑤ 判鄭州　「判」，臨川集卷八七賈魏公神道碑作「徙」。
⑥ 居頃　王文公文集卷八三賈魏公神道碑作「居頃之」。

獻①，以亢龍爲戒，手詔褒答，以公所獻藏太史[二八]。五年，又涖大名，安撫河北。中書議塞商胡決，以公異論，故使建言者專其事，公猶争不已[二九]。河果不可塞，建言者得罪[三〇]，而澶、魏、濱、棣、德、博多水死②。公乃請使撫巡振救，人用歸息。

嘉祐元年，進封許國公，又兼侍中，方避未聽，而以樞密使召，卒罷侍中，而以中書門下平章事爲樞密使。三年，以鎮安軍節、右僕射、檢校太師兼侍中充景靈宫使③[三一]，出許州④。七年，以保平軍節、陝州大都督府長史移大名，兼安撫。公凡三至魏及許、鄭，皆以寬惠爲治，人安樂之。它將相賜公使錢，多使牟利，公度所賜爲用，故在所尤不擾。

今皇帝即位，改節度鳳翔，加左僕射、鳳翔尹，進封魏國公。治平元年，求還使、侍中，守許州，凡六七⑤，終不許。二年，乃授許州，入見又辭，所辭不許⑥，使使撫諭，須秋乃發。六月告疾，中人將太醫問視相屬⑦，又力求

---

① 又作書以獻　臨川集卷八七賈魏公神道碑無「以獻」二字。

② 而澶魏濱棣德博多水死　「濱」原作「信」，據臨川集卷八七賈魏公神道碑改。按，宋信州位於江南西路，而宋史賈昌朝傳與卷九一河渠志、長編卷一八一至和二年九月丙子條引歐陽修疏皆作「濱棣德博」，則「信」實「濱」字之譌。

③ 三年以鎮安軍節右僕射檢校太師兼侍中充景靈宫使　「三年」原作「二年」，據王文公文集卷八三賈魏公神道碑、本書中集卷一七賈文元公昌朝墓誌銘及東都事略賈昌朝傳、宋會要輯稿職官七八之二一、宋史卷二一一宰輔表二改。又「鎮安軍節」，王文公文集卷八三賈魏公神道碑作「鎮安軍節度使」。

④ 出許州　「出」上，臨川集卷八七賈魏公神道碑有「又」字。

⑤ 凡六七　「凡」，臨川集卷八七賈魏公神道碑作「至」。

⑥ 所辭不許　臨川集卷八七賈魏公神道碑無「所辭」二字。

⑦ 中人將太醫問視相屬　臨川集卷八七賈魏公神道碑無「將」字。

解將相，乃以左僕射、觀文殿大學士判尚書都省。七月戊寅薨于第①。上親臨哭發涕，爲不視朝二日②，賜龍腦、水銀以斂，制服，出司賓祭吊，別賜黄金給葬。贈司空兼侍中，謚曰文元。以九月甲申葬開封汴陽里晉公之墓兆③〔三二〕。公年六十八，散官開府儀同三司，勳上柱國，號推誠保德崇仁守正忠亮佐運翊戴功臣，邑户萬五千户④，實封五千六百户。公所著書有群經音辯十卷⑤、通紀八十卷、本朝時令十二卷⑥，又奏議、文集合二十卷⑦。

元配王氏，尚書兵部郎中、集賢殿修撰軫之女，追封莒國夫人。繼配陳氏，武信軍節度使康肅公堯咨之女，封魏國夫人。六男子：章，太常博士、集賢校理，早卒；圭，尚書比部員外郎；田，尚書駕部員外郎；青，尚書司門員外郎；齊，大理寺丞；炎〔三三〕，未仕。三女子，國子博士程嗣弼、大理寺丞宋惠國、太常博士龐元英，公婿也。其後天子以炎守將作監丞，又官公内外族親凡若干⑧。

---

① 七月戊寅薨于第　臨川集卷八七賈魏公神道碑無「于第」二字。

② 爲不視朝二日　「視」，臨川集卷八七賈魏公神道碑作「聽」。

③ 以九月甲申葬開封汴陽里晉公之墓兆　「之墓兆」，臨川集卷八七賈魏公神道碑作「墓次」。

④ 邑户萬五千户　「邑户」，王文公文集卷八三賈魏公神道碑作「食邑」。

⑤ 公所著書有群經音辯十卷　「有」下，臨川集卷八七賈魏公神道碑有「春秋要論十卷」六字。又「辯」，王文公文集卷八三賈魏公神道碑作「辨」。

⑥ 本朝時令十二卷　按，宋史卷二〇五藝文志四著録有賈昌朝國朝時令集解十二卷。

⑦ 又奏議文集合二十卷　「合二十卷」，臨川集卷八七賈魏公神道碑作「各三十卷」。按，本書中集卷一七賈文元公昌朝墓誌銘作「奏議三十卷、文集三十卷」；隆平集卷五、東都事略卷六五本傳作「奏議、文集各二十卷」。而宋史賈昌朝傳作「所著群經音辨、通紀、時令、奏議、文集百二十二卷」，則奏議、文集正合二十卷。

⑧ 又官公内外族親凡若干　「若干」，臨川集卷八七賈魏公神道碑作「九人」。

賈氏自誼及耽，傅王相帝，皆以儒學。至公又以經術致將相①，出入文武，有謀有功。當中國治安，四夷集附，寵禄光大，始終安榮②，君臣相遭，於是爲盛。銘曰：

於皇仁宗，時宋之隆。奠此中國，四夷來同。孰夾孰承，有宰魏公。帝曰詢爾，群公卿士。朕欲考古，以求亂治。有博六藝，使熙朕志。魏公乃來，錫帝之求。筵于殿中③，登闡治幽④。乃尹開封，治民不絿。乃丞御史，督制庶尤。膏澤在下，薰烝在上。參國政事，遂都將相。帝巡大塗，公帝之車。帝御廣宫，之屏之墉。文條武鬯，具獻膚功。終徂在天，公則隨邁。廷喪元老，隱加問賚。有銘太史，有謚太常。次詩不誣，斲石墓傍⑤。

辨證：

〔一〕賈文元公昌朝神道碑　本碑文又載於王文公文集卷八三、臨川集卷八七，題曰「贈司空兼侍中文元賈魏公神道碑」。按，賈昌朝，隆平集卷五、東都事略卷六五、宋史卷二八五有傳；本書中集卷一七載有王珪賈文元公昌朝墓誌銘。

〔二〕王安石　安石（一〇二一～一〇八六年）字介甫，號半山，撫州臨川人。官至同平章事，封荆國公。謚文。東都事略卷七九、宋史卷三二七有傳；本書下集卷一四載有王荆公安石傳。

① 至公又以經術致將相　「致」，王文公文集卷八三賈魏公神道碑作「取」。
② 始終安榮　「安」，臨川集卷八七賈魏公神道碑作「褒」。
③ 筵于殿中　「筵」，臨川集卷八七賈魏公神道碑作「進」。
④ 登闡治幽　「治」，臨川集卷八七賈魏公神道碑作「沈」。
⑤ 斲石墓傍　「斲」，王文公文集卷八三賈魏公神道碑作「斫」。按，此句下，臨川集卷八七賈魏公神道碑後附記曰：「初，卜葬公汴陽里，以水故改卜，熙寧元年八月庚申葬許州陽翟縣三峯鄉支流村，奉勅改鄉名曰大儒、村名曰元老里。朝散大夫、右諫議大夫、參知政事、太原郡開國侯、食邑一千一百户、賜紫金魚袋臣王某謹記。」

〔三〕天禧元年獻文章召試賜同進士出身　宋史賈昌朝傳稱「真宗嘗祈穀南郊，昌朝獻頌道左」。長編卷八九天禧元年四月壬午條載賜進士楊偉及第，賈昌朝同出身，云「大禮之初，貢舉人獻賦頌者甚衆，詔近臣詳考，惟偉及昌朝可采，故召試學士院而命之」。

〔四〕孫宣公領國子一見聽語待以公相　按本書中集卷一七賈文元公昌朝墓誌銘云：「孫宣公初判監，命學官各講一經，獨稱公所講有師法。一日往謁宣公，宣公遣人示唐相路隋韋處厚傳，公讀已，宣公乃出見公曰：『後當以經術進如二公，願少勉之。』」此後賈遷太常博士，「是時宣公且老，數辭講禁中，乃薦公爲代」。按，孫宣公指孫奭。

〔五〕大臣有以親嫌者故久弗用　本書中集卷一七賈文元公昌朝墓誌銘云賈昌朝「召試中書，而參知政事陳文惠公與公有親嫌，言公年少，未可入侍經筵。宣公復言『先朝用晏殊、宋綬知制誥，皆年未三十。朝廷用人，可悉限以年邪？』然文惠終抑之」。按，文惠乃陳堯佐謚。賈昌朝繼室陳氏，乃陳堯佐弟堯咨之女。

〔六〕以知常州宜興開封東明兩縣監在京廣濟永濟兩倉　據本書中集卷一七賈文元公昌朝墓誌銘、宋史賈昌朝傳，賈昌朝知宜興、東明兩縣與監在京廣濟倉，皆在其遷太常博士、孫奭舉薦以前。

〔七〕乃始置崇政殿説書而以公爲之　按能改齋漫録卷四辯誤崇政殿説書云：「王荆公所作賈魏公神道碑云：『景祐元年，積官至尚書都官員外郎。乃始置崇政殿説書，而以公爲之。』然予按傅簡公佳話云：『太祖少親戎事，性好藝文，即位未幾，召山人郭無爲於崇政殿講書。至今講官所領階銜，猶曰崇政殿説書云。』據傅簡公所言，則崇政殿説書不始於仁宗景祐元年矣。豈中嘗罷之，而至是再建耶？」

〔八〕公請悉記録歲終歸太史　按本書中集卷一七賈文元公昌朝墓誌銘云：「公因請以聖問所及政教道義之言，令講讀官悉綴録之，以上史館。於是作邇英延義二閣注記。」

〔九〕詔以章獻太后故爲彭城郡王諱其名　長編卷九八乾興元年四月丙午條載「加贈皇太后三代，父太師、尚書令通爲彭城郡王」。按，齊東野語卷四避諱云：「本朝章憲太后父諱通，嘗改通直郎爲同直郎，通州爲崇州，通判爲同判，通進司爲承進司，通奉爲中奉，通事舍人爲宣事舍人。至明道間，遂復舊。」又，長編卷一一三明道二年八月甲辰條載「國子監説書賈昌朝言：『禮母之諱不出於宮。今章獻明肅太后易月制除，猶諱父名，非所以尊宗廟也。』甲辰，詔勿復避」。按：劉太后卒於是年三月甲午。

〔一〇〕太平興國寺災　長編卷一一九載景祐三年七月「庚子，太平興國寺災。是夕大雨震電，火起寺閣中，燔開先殿及寺舍數百楹。辛丑，遣官疏決三京及畿内繫囚，雜犯死罪以上遞降一等，徒以下釋之。其因太平興國寺火，被繫者特放。朝廷始議修復火所焚處，崇政殿説書賈昌朝言：『易震卦之象曰：「洊雷震，君子以恐懼修省。」凡六爻之旨，皆以能自戒懼，乃免咎眚。春秋傳曰：「人火曰火，天火曰災。」竊惟近年寺觀屢災，此殆天示譴告，獨可勿繕治，以示畏天戒、愛人力之意。』從之」。

〔一一〕天章置侍講自公始　石林燕語卷八云：「賈文元爲崇政殿説書。久之，仁宗欲以爲侍講，而難於驟用，乃特置天章閣侍講。天章有侍講自此始，然後亦未嘗復除人。」宇文紹奕考異云：「時以崇政殿説書賈昌朝、王宗道、趙希言並兼天章閣侍講，非專爲賈設也。後高若訥、楊安國、王洙、林瑀、趙師民、曾公亮、錢象先、盧士宗、胡瑗、吕公著、傅求、常秩、陳襄、吕惠卿等皆爲天章閣侍講。此云後亦未嘗復除人，非也。」

〔一二〕而侍講如初　老學庵筆記卷六云：「故事，臺官無侍經筵者。賈文元公爲中丞，仁祖以其精於經術，特召侍講邇英，自此遂爲故事。」又，長編卷一三五慶曆二年三月丁丑條亦云：「權御史中丞賈昌朝侍講邇英閣。故事，臺丞無在經筵者，上以昌朝長於講説，特召之。」

〔一三〕其在御史劉平爲趙元昊所得至乃不果收　據長編卷一二六康定元年三月戊寅條云「始，朝廷信（監軍黄）德和奏，已發禁兵圍平等家，將收其族。天章閣侍講賈昌朝言」云云，然則此事在康定元年間。又據長編卷一三四，賈昌朝於慶曆元年十二月壬辰自龍圖閣直學士兼侍講、禮部郎中、權知開封府爲右諫議大夫、權御史中丞。可證康定元年時賈昌朝尚未任御史中丞，而本書中集卷一七賈文元公昌朝墓誌銘、宋史賈昌朝傳亦云時在賈昌朝權御史中丞之前。碑文此處所云不確。

〔一四〕上即爲公罷瑀　按涑水記聞卷四云林瑀「侍上數年，專以術數悦上意。……瑀與撰天文會元圖上之，言自古聖帝即位，皆乾卦御年，若漢高祖、太祖皇帝亦然。上以其書問御史中丞賈昌朝，對曰：『臣所不習。』瑀與昌朝辨於上前，由是與昌朝不協。上問瑀：『太宗即位之年直何卦？』瑀對非乾卦。又問真宗，亦然。上由是不樂，益厭瑀之迂誕。昌朝因劾奏：『瑀爲儒士，不師聖人之言，專挾邪説，罔惑上聽，不可在近侍。』有詔落侍講，通判歙州。後知成州，坐事失官，遂廢于世」。

〔一五〕又奏劾駙馬都尉柴恭僖公奪其州　按本書中集卷一七賈文元公昌朝墓誌銘云：「駙馬都尉柴宗慶前在鄭州，縱其下擾民。

及遣使問狀，而託疾不即應，更請出爲郡。公劾奏宗慶託國肺腑，而所爲不法，乃復使爲郡，恐益爲民患。於是詔留宗慶京師。」長編卷一三五慶曆二年正月辛亥條所載略同。又，據宋會要輯稿禮五八之九一、宋史卷四六三柴宗慶傳等，柴宗慶謚曰榮密，非「恭僖」。

〔一六〕公主其使責以信義告之利害客絀服不能發口　長編卷一三五慶曆二年三月己巳條云：「命御史中丞賈昌朝館伴，朝廷議所欲與，不許割地，而許以信安僖簡王允寧女與其子梁王洪基結婚，或增歲賂。獨（富）弼以結婚爲不可。初，國主之弟宗元者，號大弟，挾太后勢用事，橫於國中，嘗自通書幣。上欲因今使答之，令昌朝問六符，六符辭曰：『此於太后則善，然於本朝不便也。』昌朝曰：『即如此，而欲以梁王求和親，皇帝豈安心乎？』六符不能對，既而敵卒罷結婚之議。」

〔一七〕乃言所以待夷狄者凡六事　長編卷一三八慶曆二年十月戊辰條云，當時宋廷命御史中丞賈昌朝報使契丹，昌朝力辭，因上疏言：「太祖所命將帥，率多攀附舊臣，親姻貴胄，賞重於罰，威不逮恩，而猶仗神靈，稟成筭，出師禦寇，所向有功。自此已來，兵不復振。近歲恩倖子弟，飾厨傳，沽名譽，不由勳効，坐取武爵者多矣。其志不過利轉遷之速，俸賜之厚爾，禦侮平患，何望於兹？」故「陳救弊之端也，方今邊備之尤切者凡六事」，一曰馭將帥，二曰復士兵，三曰訓營卒，四曰制邊陲，五曰綏蕃部，六曰明探候。

〔一八〕議祔章惠太后太廟公言其非禮　據長編卷一五六慶曆五年七月壬寅條，時翰林學士王堯臣等言「奉詔同詳議三后升祔事。伏詳章獻明肅皇太后、章懿皇太后遷祔真宗廟室，序於章穆皇后之次，請如禮官所議」；而改「章惠皇太后曰章惠皇后，遷於皇后廟，序於章懷皇后之次，揆於禮意，竊所未安」，乃因「章惠皇太后擁佑聖躬，慈均顧復，故景祐中已膺保慶之册，義專繫子禮，須別祠請，仍稱章惠皇太后，依舊享於奉慈廟」。

〔一九〕公又獨奏罷之　宋史賈昌朝傳稱時「昌朝與同列力疏，乃止」。然據長編卷一五七慶曆五年十月辛酉條云：「初，議者請覃恩百官，且優賜軍士。參知政事吴育曰：『無事而啓僥倖，誰爲陛下建此議者，請治之。』已而帝語輔臣曰：『外人怨執政，宜防謗譁。』育曰：『此必建議者欲以動摇上聽，願毋慮。臣既以身許國，何憚此耶？』」按，此云「獨奏罷之」，不確。

〔二〇〕公争言自古將帥被執歸多不死　長編卷一五五慶曆五年五月癸亥條云：「西人歸石元孫，諫官御史奏元孫軍敗不死爲國辱，請斬於塞下，以示西人。宰相陳執中謂宜如所奏，賈昌朝獨曰：『在春秋時，晉獲楚將穀臣，楚獲晉將知罃，亦還其國不誅。』因入對，探袖出魏志于禁傳以奏曰：『前代將臣敗覆而還，多不加罪。』帝乃貸元孫，癸亥，削除官爵，編管全州；其子弟嘗受陣亡恩澤者，並追奪之。」

〔一一〕公因稽首遜位　長編卷一六〇慶曆七年三月乙未條載工部侍郎、平章事賈昌朝罷爲武勝節度使、同平章事、判大名府兼北京留守司、河北安撫使，樞密副使、右諫議大夫吴育爲給事中歸班，云：「昌朝與育數争論帝前，論者多不直昌朝。時方閔雨，昌朝引漢災異册免三公故事，上表乞罷。而御史中丞高若訥在經筵，帝問以旱故，若訥因言陰陽不和，責在宰相，洪範『大臣不肅，則雨不時若』。帝用其言，即罷昌朝等。」東都事略賈昌朝傳云：「宋興以來，御試制科人無第三等者，惟吴育第三等，自餘皆第四等，並爲及第。自天聖六年，始復置。中選者不過一二人，然數年之後即爲美官。昌朝議欲廢之，吴育不可，與昌朝皆論於上前，由是有隙。乃詔自今制科者，不聽自投牒，皆兩制舉焉。育數與昌朝争議，議者不以昌朝爲直。高若訥爲御史中丞，乃言：『大臣廷争不肅，故雨不時若。』育罷，昌朝亦除武勝軍節度使、同平章事，判大名府。」宋史賈昌朝傳云：「明年春旱，帝避正寢，減膳。昌朝引漢災異册免三公故事，上表乞罷。參知政事吴育數與昌朝争議上前，論者多不直昌朝。有向綬者知永静軍，疑通判譖己，誣以事，迫令自殺。高若訥知審刑院，附昌朝議，欲從輕坐。吴育力争，綬卒減死一等。未幾，若訥爲御史中丞，言大臣廷争不肅，故雨不時若。」遂罷賈昌朝、吴育。舊聞誤證卷二云：「仁宗時一歲大旱，時相希温成旨，請出宫人以弭災，上從之，雨未應。上問臺官李柬之，柬之曰：『惟策免之議未行耳。』是夕鎖院，時相出判北京，雨遂霔。出王鞏聞見近録。按賈文元之罷，用中丞高文莊之議也。文元與吴正肅公不協，數争事上前。文莊謂大臣『廷争爲不肅，則雨不時若』，因而罷之。國史所載如此。」其所謂『時相』，即指賈昌朝。

〔一二〕判大名府兼北京留守河北安撫使　石林燕語卷九云：「北京舊不兼河北路安撫使，仁宗特以命賈文元。故文元召，程文簡爲代，乞只領大名一路。後文元再鎮，固求兼領，乃復命之。且詔昌朝罷，則不置。及熙寧初，陳暘叔守北京，遂以文元故事兼領。」

〔一三〕妖人王則謀舉大名府反河南北至獨嬰貝州以反　長編卷一六一慶曆七年十一月戊戌條云：「貝州宣毅卒王則據城反。則本涿州人，歲饑，流至貝州，自賣爲人牧羊，後隸宣毅軍爲小校。貝、冀俗妖幻，相與習五龍滴淚等經及圖讖諸書，言釋迦佛衰謝，彌勒佛當持世。初，則去涿，母與之訣別，刺『福』字於其背以爲記，妖人因妄傳『福』字隱起，争信事之。而州吏張巒、卜吉主其謀，黨連德、齊諸州，約以明年正旦斷澶州浮梁，亂河北。會黨人潘方淨懷刃以書謁北京留守賈昌朝，事覺被執，不待期亟叛。」

〔一四〕終賊所以擒滅功居多　據諸書所載，平王則主要爲文彦博之功，此處所言不確。故長編卷一六二慶曆八年閏正月乙卯條有云：「武勝節度使、檢校太傅、同平章事、判大名府兼北京留守司賈昌朝爲山南東道節度使，加檢校太師，進封安國公，以恩州平也。翰林侍讀學士楊偕言賊發昌朝部中，至出大臣乃能平，昌朝爲有罪，不當賞，弗聽。」

〔二五〕河決商胡　夢溪筆談卷一一官政一云：「慶曆中，河決北都商胡，久之未塞，三司度支副使郭申錫親往董作。凡塞河決，垂合，中間一埽，謂之『合龍門』，功全在此。是時屢塞不合，時合龍門埽長六十步。有水工高超者獻議，以謂：『埽身太長，人力不能壓，埽不至水底，故河流不斷，而繩纜多絶。今當以六十步爲三節，每節埽長二十步，中間以索連屬之。先下第一節，待其至底；方壓第二、第三。』舊工争之，以爲不可，云：『二十步埽不能断漏，徒用三節，所費當倍，而決不塞。』超謂之曰：『第一埽水信未断，然勢必殺半。壓第二埽，止用半力，水縱未断，不過小漏耳。第三節乃平地施工，足以盡人力。處置三節既定，即上兩節自爲濁泥所淤，不煩人功。』申錫主前議，不聽超説。是時賈魏公帥北門，獨以超之言爲然，陰遣數千人於下流收漉流埽。既定而埽果流，而河決愈甚，申錫坐謫。卒用超計，商胡方定。」

〔二六〕判鄭州從公求也　長編卷一六六皇祐元年三月癸卯條載徙判大名府賈昌朝判鄭州，三司使葉清臣出知河陽府，云：「初，河北轉運司失計軍儲，清臣自以汴漕米七十餘萬給之，又請發大名庫錢以佐邊糴，而昌朝格詔不從。清臣固争，且疏其跋扈不臣，宰相欲兩中之，因有是命。」

〔二七〕既而以尚書右僕射觀文殿大學士判尚書都省　石林燕語卷一稱賈昌朝「以武勝軍節度使入爲祥源觀使，留京師，請還節，仁宗特置觀文殿大學士寵之。觀文有大學士，自文元始」。按，文元，賈昌朝謚。又，長編卷一六六皇祐元年六月甲戌條并云：「觀文殿置大學士自此始，仍詔自今非嘗爲宰相毋得除。」

〔二八〕出治許州至以公所獻藏太史　據長編卷一七三皇祐元年九月乙卯條，云賈昌朝初除母喪，召赴邇英閣講乾卦，「手詔褒答，仍以所陳卦義付史館。尋命昌朝判許州。將行，詔講讀官餞於資善堂」。按，碑文所述時序倒錯。

〔二九〕中書議塞商胡決以公異論故使建言者專其事公猶争不已　據本書上集卷二四歐陽文忠公脩神道碑、中集卷一七賈文元公昌朝墓誌銘、中集卷一九唐質肅公介墓誌銘及宋史賈昌朝傳，賈昌朝乃主張復河故道。按，涑水記聞卷五云：「富弼用朝士李仲昌策，自澶州商胡河穿六漯渠，入横隴故道。北京留守賈昌朝素惡弼，陰結内侍右班副都知武繼隆，令司天官二人候兩府聚處，於大慶殿庭執狀抗言『國家不當穿河于北方，致上體不安』」云云。又宋史卷三二一吳中復傳云：「富弼主李仲昌開六漯河，内臣劉恢密告所斷岡與國姓上名同，賈昌朝陰助之，欲以搖弼。」

[三〇] 河果不可塞建言者得罪　本書上集卷二七周侍郎沆神道碑云：「朝廷卒用仲昌議塞之，既塞，不終朝復決，齊、博等州果大被水害。朝廷乃竄仲昌於嶺南，諸阿附其議者亦抵罪。」

[三一] 以鎮安軍節右僕射檢校太師兼侍中充景靈宫使　長編卷一八七嘉祐三年六月丙午條云：「文彦博始求退，諫官陳旭等恐昌朝代之，乃疏昌朝交通女謁，建大第，别爲客位以待宦官。又宦官有矯制者，樞密院釋弗治。昌朝由此罷。然昌朝釋宦官矯制，後驗問無事實。初，温成皇后乳母賈氏，宫中謂之賈婆婆，昌朝以姑事之。諫官劾昌朝交通女謁，指賈氏也。」又，碧雲騢云：「賈昌朝娶陳堯咨女，女嘗逐母夫人入宫，遂識朱夫人。昌朝既貴，又因朱夫人而識賈夫人，謂之賈婆婆。昌朝在府，政事多内相關，故主恩甚隆。昌朝與吳育論事不平而出，因賈婆婆獲厚賜，然遭新相於上前言賈婆婆，上稍厭之。」按，東坡志林卷四云：「温成皇后乳母賈氏，宫中謂之賈婆婆，賈昌朝連結之，謂之姑姑。臺諫論其姦，吳春卿欲得其實而不可。近侍有進對者，曰：『近日臺諫言事，虚實相半，如賈姑姑事，豈有是哉？』上默然久之，曰：『賈氏實曾薦昌朝。』非吾仁祖盛德，豈肯以實語臣下耶？」

[三二] 以九月甲申葬開封汴陽里晉公之墓兆　本書中集卷一七賈文元公昌朝墓誌銘作「熙寧元年八月庚申，葬公許州陽翟縣大儒鄉元老里之原」。按，當屬改葬。

[三三] 炎　宋史賈昌朝傳稱「從子炎」，「以昌朝蔭，更歷莞庫，積遷至工部侍郎」。

名臣碑傳琬琰集上卷七

宋元憲公庠忠規德範之碑[一]　文恭公王珪[二]

治平三年四月辛丑，司空致仕、鄭國公薨于京師。時天子方以災異避殿，有司誤奏毋臨喪，乃作挽辭三章以哀之①，爲廢朝二日，贈公太尉兼侍中，謚曰元憲。五月丙寅，天子成服于苑中，百官慰殿門下。其年十月己酉，葬公許州陽翟縣之三封原。是日，又廢朝。既葬，御篆其碑曰「忠規德範之碑」。既又詔太史臣珪以銘其碑。臣珪方修仁宗皇帝實録，自契丹再盟，陜西亦罷兵，其後天子益鄉文學，興禮樂之事。當是之時，觀公一用經術以相仁宗，而天下俗吏之務不至于朝廷，顧其功豈不茂哉[三]！夫創業之相名易章，守成之相迹難見。在漢丙、魏，嘗有聲于孝宣之世，然推其術，不過能以故事而奉行之，亦未有踔絶見施在民者。維公始終之行事，實邁前人，而又得天子所褒如此，不刻之金石，則無以顯大于後世。臣幸得執史筆、奉明詔，其敢以孤學自辭。謹按：

公諱庠，字公序，開封雍丘人。自其高祖紳，嘗爲唐御史中丞。其後三世仕不顯。曾祖駢，爲漢兖州乾封

① 乃作挽辭三章以哀之　「三」，華陽集卷四八宋元憲公庠神道碑作「二」。

縣令。祖耀，爲周壽州霍丘縣令。父玘，端拱二年以明經及第①，治獄有陰德，終荆南節度推官。自公顯，曾祖而下皆贈開府儀同三司、太師、中書令兼尚書令，封齊、楚、秦三國公②。曾祖妣王氏，繼丁氏；祖妣賈氏；妣王氏，繼高氏、王氏、鍾氏、朱氏③，封齊、魏、楚、梁、漢、晉、秦、燕八國太夫人。

公實鍾夫人所生，少篤學，遭父喪，寓其家安州。夏竦爲州，一見公所爲文，大器之[四]。仁宗在亮陰，詔禮部貢舉，公與其弟祁皆奏名廷中，已而擢公爲第一，亦置祁甲科[五]。於是天下學者以宋氏兄弟爲師法。天聖二年，釋褐爲大理評事、同判襄州。召删定本朝令，遂試學士院，除太子中允、直史館、判登聞鼓院，爲三司户部判官。丁母憂，服除，遷太常丞，判户部勾院，同修起居注，遷左正言。會郭皇后廢，以諫官伏閤争不可得，坐罰金[六]。尋同知禮部貢舉，天下士至私相慶，而材者皆自以爲有得。已而拔收髦儁，比異時爲多。乃知制誥，判登聞檢院。又考試賢良方正科，公言：「朝廷取異士，當令有司設幕，供以飲饌④，不可與武科同試[七]。」皆從其言。知審刑院。會知蘄州王蒙正誣知蘄水縣林宗言辠殊死，公曰：「蒙正本富人子，且倚后家，所爲多不法，可使其志得逞乎？」更請御史詳其獄⑤，而道逢蒙正遣人齎寶賂入京師，御史并收按之，返使坐法廢去[八]。又密州富民王澥者⑥，私釀酒其家，鄰父率其子發之，澥紿奴以爲盜，使盡殺其父子。州以死論奴，公曰：「其使殺人者

① 端拱二年以明經及第　「明經」原作「經明」，據華陽集卷四八宋元憲公庠神道碑改乙。
② 封齊楚秦三國公　「秦」原作「奉」，據鐵琴銅劍樓本、庫本及華陽集卷四八宋元憲公庠神道碑改。
③ 繼高氏王氏鍾氏朱氏　華陽集卷四八宋元憲公神道碑銘無「王氏」二字。
④ 供以飲饌　「饌」，華陽集卷四八宋元憲公庠神道碑作「食」。
⑤ 更請御史詳其獄　「詳」，華陽集卷四八宋元憲公庠神道碑作「訊」。
⑥ 又密州富民王澥者　「王」原作「正」，據鐵琴銅劍樓本、庫本及華陽集卷四八宋元憲公庠神道碑改。

瀰也，況奴爲所給乎？」時宰相亦欲出瀰死，公力争之，瀰乃死[九]。他日，裁異數見，宰相唯能開觀寺爲民祈福。公以謂「裁異之來①，所以戒政事。今設樂于庭，又使民縱觀優慢之戲，恐未足以致嘉應也」，奏罷之。

權判吏部流内銓，歷太常寺、鴻臚寺、國子監、昭文館，進尚書吏部員外郎②。其在鴻臚，言四夷朝貢，請圖其人物衣冠，問其道路遠近與夫風俗好惡之異，藏之有司。明年，除同知樞密院事，宰相以故事知制誥未有除二府者，即召入翰林爲學士[一〇]。又明年，遂拜右諫議大夫、參知政事。

先是，趙元昊反，劉平、石元孫皆以輕敵失軍，因詔中書兼筦樞密院機事。時緣邊諸帥官重者互領陝西四路，以故號令頗不一[一一]，又兵多分屯堡障。公言：「『五大不在邊，五細不在廷。』宜使大帥收重兵内地，它帥自當一道，緩急有警，則舉兵四攻之。」其議久不決，後卒如公計。方朝廷多故，其下詔令及答蕃書，皆須公所裁。公自以材術得進用，天下事有未便者，數論上前，於是爲宰相所忌。會同榜鄭戩爲樞密副使、葉清臣權三司使，或以爲不可並據要職者，遂俱罷[一二]，公得知揚州。

踰年，爲資政殿學士、知鄆州兼京東西路安撫使，進給事中。先是，盜起京東，迹所連逮者，捕繫滿獄，公使一切縱去。後往往得賊區處以告，於是募里諸生數十人，自疏賞格示之。或曰：「諸生且安用也？」公不聽，卒慰遣之，凡捕誅百餘人，盜乃息，諸生皆以賞得官。遂大興郡學，禮師儒，又作詩以風厲之，郡人刻其詩

① 公以謂裁異之來　「以謂」，華陽集卷三六宋元憲公庠神道碑作「言」。

② 進尚書吏部員外郎　華陽集卷四八宋元憲公庠神道碑、宋史宋庠傳作「遷尚書刑部員外郎」。按長編卷一二五寶元二年十一月壬寅條云「翰林學士、刑部員外郎、知制誥宋庠爲諫議大夫、參知政事」，宋宰輔編年録卷四寶元二年十一月壬寅條亦稱宋庠自刑部員外郎除參知政事，故此「吏部」疑爲「刑部」之譌。

學舍下。

慶曆五年，復拜參知政事[一三]。後帝召二府天章閣觀書，出詔目問天下利病事①。宰相倉猝莫敢對[一四]，公獨進曰：「臣等皆待罪二府，固已總萬事而共謀之，不當下同諸生對策。必欲答清意所問，願至中書同上對。」公既退，草數千言立奏之[一五]，皆施用其言。八年，以檢校太傅、尚書工部侍郎爲樞密使。皇祐元年，拜兵部侍郎、同中書門下平章事、集賢殿大學士。明年，詔有司上明堂圖，又博考聲律，更定天地、五方、神州、日月、宗廟、百神祭享所用樂。其秋遂祠明堂，以公爲禮儀使。禮成，加工部尚書。初，公言：「比有近幸之人，多緣内降得横恩，宜因大祀之後斥絶，以新聖政。」於是帝别爲手詔，與赦書同降。又言：「頃詔文武三品以上官得立家廟，而有司不能明諭上意，久之未立，非所以美化也。願詔禮官更議其制[一六]。」帝欲用三司使張堯佐爲使相[一七]，公執以爲不可，既而數上章願罷。帝遂欲用公爲使相，公固辭之，迺以刑部尚書、觀文殿大學士出知河南府[一八]，兼西京留守司，特定大學士雜奉，又詔進見皆如宰相儀。以户部尚書徙許州②，兵部尚書徙河陽，過朝京師。方帝病少間，臣下希聞德音，及公來，延坐勞問者久之。

嘉祐三年，拜檢校太尉、同平章事，復爲樞密使，兼群牧制置使。祫饗太廟，爲儀仗使。其年，封莒國公。間言：「祖宗收方鎮之權，嘗欲畿甸蓄禁兵四十萬。今所蓄不精，且多外補戍更，非彊本之勢。又武臣用恩幸者多得任邊要，而孤寒者常在東南，至老無恩澤。」公乃作科條均其所入官，而恩幸者滋不説。

五年，公數求去位，不許，公固請之[一九]，除河陽三城節度使、檢校太尉、同平章事、判鄭州。明年，徙相州，

① 出詔目問天下利病事　「目」，庫本、舊鈔本作「具」。

② 以户部尚書徙許州　「許」原作「詐」，據鐵琴銅劍樓本、庫本及華陽集卷四八宋元憲公庠神道碑改。

即言「臣年六十七矣①，不可以重禄處閒地②，願乞骸骨以歸」。乃召公還，以老蠲其拜舞，公請不已。英宗即位，以爲武寧軍節度使、徐州大都督府長史，加檢校太師，徙封鄭國公，既又以爲景靈宫使。公嘗有肺疾，及奉仁宗諱，一慟輒嘔血不止。昭陵祔廟，復願上印綬。英宗每見公不以名，且諭以初臨天下，未可遽休大臣〔二〇〕。治平元年，出判亳州。居數月，公請終不已，聽以司空致仕。享年七十一〔二一〕。累階開府儀同三司，勳上柱國，功臣至更二十四號，食邑一萬二千六百户③、食實封四千六百户。

其爲人端厚清畏，進止有法度。即上有所問，必據經以對，退而未嘗與人言。間或薦引士大夫，唯恐其聞之，不敢掠上恩。其接賓客，亹亹論文章不自休，世皆尊名德，而小人亦自遠門下。嘗曰：「殘人矜才，逆詐恃明，吾終身不爲也。」公初名郊，在翰林時，有指公姓名傳以它説者④〔二二〕。仁宗以語公，公因請更之。所著書有掖垣叢志三卷、尊號録一卷、國語補音三卷、紀年通譜十二卷，又文集合四十卷〔二三〕。

夫人胡氏，贈殿中丞銑之女⑤，封陳國夫人。子男五人：充國，尚書都官郎中；均國，國子博士；其三人蚤卒。女一人，封壽安縣君，嫁太子右贊善大夫龐元中。孫八人。公與其弟祁尤相愛友，公出入將相久，而祁亦終學士承旨。宋興，弟兄以文學一時顯者，未有如公家。銘曰：

---

① 臣年六十七矣　「六十七」，華陽集卷四八宋元憲公庠神道碑作「及七十」。

② 不可以重禄處閒地　「閒」原作「間」，據庫本、舊鈔本及華陽集卷四八宋元憲公庠神道碑改。

③ 食邑一萬二千六百户　「二千」，華陽集卷四八宋元憲公庠神道碑作「一千」。

④ 有指公姓名傳以它説者　「傳」原作「傅」，據華陽集卷四八宋元憲公庠神道碑改。

⑤ 贈殿中丞銑之女　「殿」字原脱，據華陽集卷四八宋元憲公庠神道碑補。

於皇仁宗，受天宜君。相孰有人，鄭公之文。帝曰來汝①，予欲考古。公則有承，不遠堯禹。其施維何？聲容被民。公有經術，毗予一人。誰不出處，公位將相。不顯鄭公，士夫之望。始其告休，公年未至。卒莫我違，以聽就第。乃保宏父，一品之章。間有咨詢，據經弗忘。公奄不存，隱加皇席②。大章爛然③，以照公跡。既又錫公，篆于碑首。維碑峨峨，在許之右。史臣次之，矢詩不多。以視後人，遂以永歌。

辨證：

[一] 宋元憲公庠忠規德範之碑　本碑文又載於王珪華陽集卷四八，題曰「推誠保德崇仁守正忠亮佐運翊戴功臣開府儀同三司守司空致仕上柱國鄭國公食邑一萬一千六百户贈太尉兼侍中宋元憲公神道碑銘」。按，宋庠，初名郊，隆平集卷五、東都事略卷六五、宋史卷二八四有傳。

[二] 王珪　珪（一〇一九～一〇八五年）字禹玉，成都華陽人。神宗時拜同平章事、尚書左僕射兼門下侍郎。卒，謚文恭。東都事略卷八〇、宋史卷三一二有傳，本書本集卷八載有李清臣王太師珪神道碑。

[三] 顧其功豈不茂哉　塵史卷下讒謗云：「元憲雍雍然有德之君子，後既登庸，天下承平日久，尤務清凈，無所作爲，有爲者病之。……公嘗自謂時賢多以不才誚我，因爲詩曰：『我本無心士，終非濟世才。虚舟人莫怨，疑虎石曾開。蚊負愁山重，葵傾喜日來。欲將嘲强解，真意轉悠哉。』」五朝名臣言行録卷六之四丞相鄭國宋元憲公云：「宋元憲公初執政，遇事輒分别是非可否，用是斥退。及再登用，遂浮沉偷安云。」

---

① 帝曰來汝　「來汝」，華陽集卷四八宋元憲公庠神道碑作「汝來」。

② 隱加皇席　「加」，華陽集卷四八宋元憲公庠神道碑作「如」。

③ 大章爛然　「大」，舊鈔本作「文」，華陽集卷四八宋元憲公庠神道碑作「天」。

[四] 夏竦爲州一見公所爲文大器之　青箱雜記卷四云：「文莊（夏竦謚）守安州，宋莒公兄弟尚皆布衣，文莊亦異待，命作落花詩，莒公一聯曰：『漢皐珮冷臨江失，金谷樓危到地香。』子京一聯曰：『將飛更作回風舞，已落猶成半面粧。』是歲詔下，兄弟將應舉，文莊曰：『詠落花而不言落，大宋君當狀元及第，又風骨秀重，異日作宰相。小宋君非所及，然亦須登嚴近。』」

[五] 已而擢公爲第一亦置祁甲科　按本卷范鎮宋景文公祁神道碑云：「公兄弟試禮部，糊名籍奏公第一，兄元憲公第三。章獻太后曰：『弟不先兄。』遂擢元憲第一，降公爲第十人。」又，丞相魏公譚訓卷七云：「宋元獻自安州赴開封，試良玉不琢賦，重疊用名字韻，既悟，遷南薰門外，將治歸裝。胥偃内翰爲館職，主文柄，挾卷厠上，改『蘊精』二字，以第一處之。及榜將出，宋使其僕人偵誰爲解元者，僕奔告曰：『秀才爲解元。』宋不知所以，久乃知之。胥既改謄録卷，而真卷送武成廟，乃使刁景純（約）往改之。時天大雨，刁著木屐混於群胥中，得卷改之，宋遂無虞。既殿試，景文爲第一，以其弟也，又方州貢士，遂以開封解元爲狀元。景文降十名。」按，「元獻」當作「元憲」。

[六] 會郭皇后廢以諫官伏閤争不可得坐罰金　長編卷一一三明道二年十一月乙卯條云：「詔稱皇后以無子，願入道，特封淨妃玉京冲妙仙師，名清悟，别居長寧宫。臺諫章疏果不得入，（范）仲淹即與權御史中丞孔道輔率知諫院孫祖德、侍御史蔣堂郭勸楊偕馬絳、殿中侍御史段少連、左正言宋郊、右正言劉涣詣垂拱殿門伏奏，願賜對以盡其言。護殿門者闔扉不爲通，道輔撫銅環大呼。……詔道輔出知泰州，仲淹知睦州，祖德等各罰銅二十斤。」

[七] 不可與武科同試　長編卷一一四景祐元年閏六月甲申條云：「詔御試制科舉人，自今張幕次於殿廡，仍令大官給食。武舉人以别日試之。時知制誥宋郊言：『賢良茂才等科，上所親策，乃與武舉人雜試，非所以待天下特起之士也。宜如故事，命有司設幄供飲膳，斥武舉人就别館。』詔從郊請。」又東都事略宋庠傳云：「當是時制舉人與武舉雜試，庠建言『六科待天下異士，宜設次具酒食禮之，武舉人别試』。仁宗從其請。」

[八] 會知蘄州王蒙正誣知蘄水縣林宗言至返使坐法廢去　長編卷一一九景祐三年八月庚申條云：「初，知蘄州、虞部員外郎王蒙正故入知蘄水縣、太常博士林宗言死罪，詔殿中侍御史蕭定基往按之。定基諭所隨吏蔡顒等曰：『蒙正必賂汝，汝第受之，亟告我。』蒙正果賂顒等直三百萬，定基因以正其獄。庚申，貶蒙正爲洪州别駕。本路轉運使蔣堂坐失察舉，降知越州，副使吳遵路知洪州，提點刑

獄徐越知廬州，同提點刑獄趙日宣爲杭州都監。」又揮麈後録卷二云：「昭陵聘后，蜀中有王氏女，姿色冠世，入京備選。章獻一見，以爲妖艷太甚，恐不利於少主，乃以嫁其姪從德，而擇郭后位中宮。上終不樂之。王氏之父蒙正由劉氏媚黨，屢典名藩。」

［九］時宰相亦欲出澥死公力争之澥乃死　長編卷一二〇景祐四年九月丁卯條云：「密州大姓王澥私釀酒，鄰人往捕之，澥給奴曰：『此盜也。』使盡殺其父子四人。州論奴以法，而澥獨不死。大理寺詳斷官鄭人蔣偕當澥及奴皆大辟，宰相陳堯佐右澥，知審刑院宋郊力争，卒抵澥死。堯佐不悦。」

［一〇］即召入翰林爲學士　長編卷一二一寶元元年三月戊戌朔條載刑部員外郎、知制誥宋郊爲翰林學士，云：「上初欲用郊爲右諫議大夫、同知樞密院事，中書言故事無知制誥除執政者，乃先召入翰林。左右知上遇郊厚，行且大任矣。學士李淑害其寵，欲以奇中之，言於上曰：『宋，受命之號也；郊，交也。合姓名言之爲不祥。』上弗爲意，他日以諭郊，因改名庠。」

［一一］時緣邊諸帥官重者互領陝西四路以故號令頗不一　長編卷一三二慶曆元年六月壬午條載新知河中府、吏部侍郎范雍知永興軍，云：「初，命夏竦判永興，又以陳執中知永興，及兩人分出按邊，而領府事猶如故，乃復使雍守京兆。於是一府三守，公吏奔趨往來，不勝其擾，自昔未嘗有也。」

［一二］於是爲宰相所忌至遂俱罷　長編卷一三二慶曆元年五月辛未條云：「呂夷簡當國，同列不敢預事，唯諸書紙尾而已，獨庠數與争論，夷簡不悦。上顧庠頗厚，夷簡忌之，巧爲所以傾庠未得。及范仲淹擅通書元昊，又焚其報，夷簡從容謂庠曰：『人臣無外交，希文何敢如此？』庠以夷簡誠深罪仲淹也，他日於上前議其事，庠遽請斬仲淹，樞密副使杜衍力言其不可，庠謂夷簡必助己，而夷簡終無一言。上問夷簡，夷簡徐曰：『杜衍之言是也，止可薄責而已。』上從之。庠遂倉皇失措，論者喧然，皆咎庠，然不知實爲夷簡所賣也。於是用朋黨事與戩俱罷。」東都事略宋庠傳云：「仁宗眷之厚，宰相呂夷簡不悦。會范仲淹在延安焚元昊國書，不以聞，而以私書復之，事至朝廷，群公議之。夷簡謬謂不可，庠信之，亟於上前乞斬仲淹，夷簡徐救之。時鄭戩爲樞密副使，葉清臣爲三司使，皆庠同年進士，或誣以朋黨，盡逐之。」

［一三］復拜參知政事　長編卷一五四慶曆五年正月丙戌條云：「上既罷范仲淹，問章得象誰可代者，得象薦庠弟祁，帝雅意屬庠，乃復召用之。」

[一四] 宰相倉猝莫敢對　長編卷一六三慶曆八年三月甲寅條稱仁宗「幸龍圖、天章閣，召近臣、宗室觀太宗游藝集、真宗幸澶淵詩碑及三朝瑞物。又出手詔賜輔臣曰：『朕承祖宗大業，賴文武藎臣，夙夜兢兢，期底於治。間者西陲禦備，天下繹騷，趣募兵師，急調軍食，雖常賦有增，而經用不給。累歲於茲，公私匱乏。加以承平寖久，仕進多門，人浮政濫，員多闕少。又牧宰之職，以惠綏吾民，而罕聞奏最；將帥之任，以威制邊防，而艱於稱職。豈制度未立，不能變通於時邪？簡擢靡臻，不能勸勵於下邪？西北多故，敵意難常。獻奇譎空言者多，陳悠久實效者少。備豫不虞，理當先物，思濟此務，罔知所從。悉爲朕條畫之。』又詔翰林學士、三司使、知開封府、御史中丞曰：『欲聞朕躬闕失，左右朋邪，中外險詐，州郡暴虐，法令非便民者，及朝廷幾事，其悉以陳。』皆給筆札，令即坐上對。而宰相陳執中固辭，上復敦諭，至於三四，乃聽兩府歸而上之。時樞密使夏竦知執中不學少文，故爲帝謀以策訪大臣，面使條對，竦意實欲困執中也。執中方力辭，未許。參知政事宋庠進曰」云云，仁宗「許之。論者以爲知體」。

[一五] 草數千言立奏之　按，即資政殿答手詔，載於元憲集卷三二。

[一六] 願詔禮官更議其制　據宋史宋庠傳，當時宋庠上奏云云，「而議者不一，卒不果復」。

[一七] 帝欲用三司使張堯佐爲使相　據宋史卷四六七張堯佐傳，張堯佐於「仁宗祀明堂，改戶部侍郎，尋拜淮康軍節度使、群牧制置使、宣徽南院使、景靈宮使」。諫官包拯等上疏極言，「御史中丞王舉正留百官班欲廷議不許」，而張亦「辭宣徽、景靈使，從之。未幾，復以宣徽使判河陽」，後召還，徙鎮天平軍，卒。隆平集、東都事略、長編等所載略同，則仁宗似未嘗欲授張堯佐使相。

[一八] 迺以刑部尚書觀文殿大學士出知河南府　宋宰輔編年録卷五皇祐三年三月庚申條引拜罷録云：「先是，弟祁之子與越國夫人張氏門人張彦方者遊，後彦方坐僞造敕牒爲人捕官抵法，諫官包拯等彈奏不戢子弟，并言庠在政府，但務依違，無所建明。及聞人言，即奏求退，至再三上表，不待批答，復入視事。故罷免之。」

[一九] 公數求去位不許公固請之　長編卷一九二嘉祐五年十一月辛丑條云：「殿中侍御史吕誨等論庠：『老疾昏惰，選用武臣，輒紊舊法。加外寬内忌，近者李璋家事，猥陳均州繆例，欲陷璋深罪，阿公主意。賴上明察，不行其言。且交納内臣王保寧，陰求援助。昨除御藥院供奉四人遥領團練使、刺史，保寧乃其一也。三班院吏授官隔過季限，略不懲誡。御前忠佐年當揀退，乃復姑息。其徇私罔公率如此。』章凡四上，右司諫趙抃亦論庠不才，詔從優禮罷之。」東都事略宋庠傳云其「與副使程戡不協，戡罷，而御史言庠昏耄，以河陽

三城節度使、同平章事判鄭州」。

〔二〇〕且諭以初臨天下未可遽休大臣　長編卷二〇〇治平元年正月戊申條云：「宋庠屢請老，上曰：『朕初嗣位，何可遽休大臣？』戊申，命庠判亳州。庠前後所至，以愼静爲治。晚愛信幼子，多與其屬小人遊，不謹。至是諫官呂誨請勅庠不得以二子隨，上曰：『庠老矣，奈何不使其子從乎？』」

〔二一〕享年七十一　隆平集宋庠傳作「年七十」。

〔二二〕有指公姓名傳以它説者　長編卷一二二寶元元年三月戊戌朔條云：「左右知上遇郊厚，行且大任矣。學士李淑害其寵，欲以奇中之，言於上曰：『宋，受命之號也；郊，交也。合姓名言之爲不祥。』上弗爲意。他日，以諭郊，因改名庠。」歸田録卷上云宋郊「爲知制誥，仁宗驟加奬眷，便欲大用。有忌其先進者，譖之謂『其姓符國號，名應郊天』，又曰：『郊者交也，交者替代之名也。宋交，其言不祥。』仁宗遽命改之。公怏怏不獲已，乃改爲庠，字公序」。

〔二三〕又文集合四十卷　陳録卷一七著録宋元憲集四十四卷。宋史卷二〇七藝文志六著録宋庠雞蹠集二十卷；卷二〇八藝文志七著録宋庠緹巾集十二卷，又操縵集六卷、連珠一卷。

宋景文公祁神道碑〔一〕　蜀公范鎮〔二〕

嘉祐五年秋，常山宋公自鄭州移疾還京師。明年夏四月，疾益侵，召門弟子蜀郡范鎮而謂之曰：「疾病者既死，毋受贈典，毋丐子孫恩，毋請謚，毋立碑。我雖戒諸子，恐其弱，不能聞于朝，子其爲我達之。」某退而白于中書，中書諸公相顧戚然。粤五月丁酉，公薨。天子輟視朝。朝廷用故事，贈公刑部尚書。頃之，仁皇帝問公之後事，特官其子。兩禁嘗僚又謂公事業暴於世，不可以無謚，列請於朝，乃謚曰景文。皆非公志也。後二十年，公之諸子來求文以表于墓道。嗚呼！某受言于卧内者，其可違乎？雖然，一時之言，與揚公後世之美以慰其子孫，孰愈哉？於是銘之而不辭也。

公諱祁，字子京。其先周武王封微子於宋，因以爲氏，望于廣平。至公之高祖紳，唐昭宗時爲御史中丞，以言得罪，遂家于開封之雍丘。生四子，以伯仲叔季列東南西北四院，公之系實出西院。曾祖駢，漢兖州乾封令。祖耀，周壽州霍丘令。父玘，皇荆南節度使推官。初，四院之子孫仕者數十人，或以蔭，或以明經，或以明法，或舉進士，皆有才名，然不甚顯；至公之兄弟遂大顯。自曾祖而下，並贈開府儀同三司、太師、中書令兼尚書令，開齊、楚、秦三國爲公。曾祖妣王氏、丁氏，祖妣賈氏，妣王氏、高氏、王氏、鍾氏、朱氏，疏齊、魏、楚、梁、漢、晉、秦、燕八國爲太夫人。

自唐季以來，歷五代，文物掃地盡矣。天聖初，宋興六十餘年，寖明寖昌，而賦詩取士，特卑弱不振。仁皇帝在諒闇，公兄弟試禮部，糊名籍，奏公第一，兄元憲公第三。章獻太后曰：「弟不先兄。」遂擢元憲第一，降公爲第十人[三]。調復州軍事推官。代還，改大理寺丞、國子監直講，直史館[四]，再遷太常博士①、知禮院，兼判吏部南曹②。修廣樂記成，擢尚書工部員外郎。先是，李翰林宗諤、燕龍圖肅相繼言：「太常樂比燕樂爲高，李照乃以縱黍累尺，律下五聲，鐘磬才下兩聲，與其律不相應。」公上言：「照之樂降黃鐘爲太蔟，君實寄於臣管，不可以事天地、宗廟。」會韓魏公爲諫官，亦言照樂無法，乃詔詳定而罷之。尋修起居注，權三司度支判官。

是時陝西用兵，國用日廣。公言：「今大有三冗，小有三費。州縣之地不加廣③，而官五倍，且以十二加之，遷

---

① 再遷太常博士　「常」原作「當」，據鐵琴銅劍樓本、庫本改。
② 兼判吏部南曹　「判」原作「州」，據庫本、舊鈔本改。
③ 州縣之地不加廣　「加」原作「如」，據文海本、庫本、舊鈔本改。

代罪謫，足以無乏[五]。若節其入流，計員補吏，則一冗去矣。僧尼道士已受具戒者且如舊，其徒弟子一切還爲民，可得耕夫織婦五十萬人，則二冗去矣。廂軍不任兵而任役，每役則更調農人，罷招廂軍，又得數十萬人，則三冗去矣。道場齋醮、寺觀置官設徒卒、使相非邊任而享公給者罷之，則三費節矣。三費節，三冗去，使國用饒，雖興師討罪，戎酋可玩於掌股間耳，寧與今日課鹽榷茗爲戚戚計同年而語哉①？」判鹽鐵句院。次當知制誥，會元憲公參知政事，乃爲天章閣待制，判太常禮院、國子監，俄改太常寺兼禮儀事。元憲罷，亦出知壽州，徙陳州。還知制誥，判吏部流内銓。以龍圖閣直學士知杭州，未行，爲翰林學士，知審刑院②，兼提舉諸司庫務，判史館，兼侍讀學士。

元昊之敗契丹也，二國交獻捷。公爲契丹館伴使，耶律褒等妄自誇大③，欲求軍費者。公語以西人亦嘗獻俘，皇帝不之受[六]，因道所俘姓氏、官爵，褒等相顧愕眙④，終其去不敢妄出一語。仁皇帝聞之，欲大用公⑤[七]，會元憲公自天平復參政事，解堂職⑥，兼龍圖閣學士、史館修撰，累遷右諫議大夫，充群牧使。元憲爲樞密，復翰林學士。張美人爲貴妃，公當制，乃先進告。或言公以告代册者，落二職[八]，以本官知許州。未幾，爲翰林侍讀學士。久之，召還[九]，再爲史館修撰，判太常寺、祕閣、祕書省。大享明堂，遷給事中，復兼龍圖閣學士、集賢殿修撰，出知亳州[一〇]。歲餘，以禮部侍郎知成德軍，充本路安撫使兼馬步軍都總管。

① 寧與今日課鹽榷茗爲戚戚計同年而語哉　「同年」，長編卷一二五寶元元年十一月癸卯條引宋祁「論三冗三費」作「同日」。
② 知審刑院　宋史宋祁傳稱其「知審官院」。按，景文集卷三〇有審刑院斷決公案奏狀，則其嘗「知審刑院」。
③ 耶律褒等妄自誇大　「耶律褒」，長編卷一五四慶曆五年正月丙子條、宋會要輯稿蕃夷二之一六作「耶律宗睦」。
④ 褒等相顧愕眙　「眙」原作「貽」，據庫本改；舊鈔本作「然」。
⑤ 欲大用公　原作「闕用大臣公」，據庫本改。
⑥ 解堂職　「堂」原作「棠」，據庫本改。按，宋史宋祁傳作「罷祁翰林學士」。

河北騎軍雖多，而馬常少。公請復馳幕之制〔一一〕，及弛河東、陝西馬禁，聽民間買賣，養馬者不升户等。益募步卒，弩居十之五，弓十之三，槍刀十之二①。轒車爲陣，掘塹爲營，强弩射人，大刀斫馬。如此則騎軍馬多而士精，步人衆而弩强，敵畏。居三月，徙定州。言：「天下根本在河北，河北根本在鎮、定；論兵不得不先河北，謀河北，捨鎮與定，無足議者，請合鎮、定爲一路。夫耻怯尚勇，好論事，甘得而忘死，河北之人殆天性然。若少厲之，不憂不戰。欲兵之强，莫如多穀與財；欲士之訓練，莫如善擇將；欲人樂鬬，莫如賞重而罰嚴；欲敵顧望不敢前，則合鎮、定是矣。」乃積穀百餘萬斛，增大團敵樓十二，棚櫓營會，弓弩刀槍，凡戰之具，莫不更新之，曰「恃吾有以待之也」。公前後論事多施行者，或不施行，亦降詔褒答之。又上禦狄論七篇②，凡虜之山川道路、國俗嗜好，與其君臣向背、兄弟之不相能，及後相殘，覆視其事，若合符節然。

加端明殿學士，尋拜吏部侍郎、知成都府。始至，葺文翁學③，自爲記刻，西南學者奔走請業。公循循指教，莫不中其所偏。代還，道除三司使。元憲公居西府，加龍圖，以三學士知鄭州〔一二〕。唐書成，進尚書左丞〔一三〕。移疾自鄭還也，判尚書都省，序遷工部尚書，復領群牧使、翰林學士承旨，聽一子入侍。病且亟，猶自力以五事切諫，其一言東宫虚位也〔一四〕。又自爲右誌、左銘④，記爵里、姓名而已。初，公修禮書、樂記，詳定慶曆編勑，改定科場條制，覈實提點刑獄考課，知公者謂公爲全能，不知公者以爲禮樂刑政皆出公手，用是毁公，公亦用是多出入藩鎮，不大用矣。嗚呼！其命矣夫，士大夫所以嗟傷之不已也。享年六十四。治平三年五月己酉，祔元憲公

---

① 槍刀十之二　「十」原作「卜」，據鐵琴銅劍樓本、庫本改。
② 又上禦狄論七篇　「禦狄論」，景文集卷四四、長編卷一七四皇祐五年正月壬戌條及東都事略、宋史宋祁傳皆作「禦戎論」。
③ 葺文翁學　「學」下疑脱「堂」字。按，漢書卷八九循吏傳顔師古注云：「文翁學堂於今猶在益州城内。」
④ 又自爲右誌左銘　「右誌左銘」，長編卷一九三嘉祐六年五月丁酉條、宋景文公筆記卷下作「左誌右銘」。

葬于潁昌府陽翟縣三封鄉之先原。

娶劉氏，彭城郡君，先公十七年以亡。子男十五人：定國，進士及第，終太常博士；次不及名；靖國、彥國，國子博士；惠國，尚書虞部員外郎；輔國、奉國、祚國，太子右贊善大夫；順國，大理寺丞；佑國，終祕書省正字；亮國、保國，大理評事；嗣國、俊國、廣國，太常寺太祝。嗣國早亡。孫十人：松年、延年，光禄寺丞；儋年，進士及第，試祕書省校書郎；羲年，試將作監主簿；昌年，未仕；姚年，太廟齋郎；頤年，大理評事；餘尚幼。

公性明果，所至以嚴肅稱。其言事謇謇无所回避，而於論兵若素習然。其爲文章，乃天資也。所著唐書列傳一百五十卷行於世，文集一百五十卷藏于其家①；太學篆隸石經、禮部韻略、集韻，皆公倡之也。銘曰：

宋姓之始，肇自微子。後之苗裔，以國爲氏。望于廣平，世濟其英。至唐中丞，有直其聲。謫居雍丘，處躬裕休。積善儲慶，爲後昆謀。序列四院，以表以勸。公西院出，兄弟赫烜。一門文章，爲國之光。黼黻河漢，帝圖用黄。曰禮曰樂，自性而學。曰刑曰兵，適時而程。息偃翰藩，非猛非寬。文綏安安，武厲桓桓。回翔臺閣，有猷有作。炳焉彬彬，昌焉諤諤。嗚呼上天，德備才全。曷不大用，又嗇其年？泉深地厚，大夜不晝。子孫衆多，必侈于後。

辨證：

[一] 宋景文公祁神道碑　按：宋祁，隆平集卷五、東都事略卷六五、宋史卷二八四有傳。

① 文集一百五十卷藏于其家　「一百五十卷」，晁志卷一九、宋史卷二〇八藝文志七同；隆平集、東都事略、宋史宋祁傳及陳録卷一七作「一百卷」。

〔二〕蜀公范鎮　鎮（一〇〇七～一〇八八年）字景仁，成都華陽人。寶元元年進士，官至户部侍郎，封蜀郡公，謚忠文。東都事略卷七七、宋史卷三三七有傳，本書中集卷一八載有蘇軾范忠文鎮墓誌銘，下集卷九載有司馬光范蜀公鎮傳。

〔三〕遂擢元憲第一降公爲第十人　自警編卷二好生云：「二宋丱角之年，同於黌舍肄業，有胡僧見而謂曰：『小宋他日當魁天下，大宋亦不失甲科。』後十餘年春試罷，復遇僧於廛邸，僧執大宋手而驚曰：『公風神頓異昔時，若能活數百萬命者。』大宋笑曰：『貧儒何力及是？』僧曰：『不然，肖翹之物皆命也，公試思之。』大宋俛思良久，乃笑而言曰：『旬日前所居堂下有蟻穴焉，暴雨所侵，群蟻繚繞穴傍，吾乃戲編竹爲橋以渡之，由是蟻命獲全，得非此乎？』僧曰：『是也。小宋今歲固當首捷，然公不出小宋之下。』二宋私相語曰：『妄也，一歲固無兩魁。』比唱第，小宋果中首選，章獻太后當朝，謂不可以弟先兄，乃以大宋爲第一，小宋爲第十。始信僧言不妄。」按，元憲，宋庠謚。

〔四〕改大理寺丞國子監直講直史館　宋史宋祁傳云「孫奭薦之，改大理寺丞、國子監直講」。又，東原録云：「宋子京明道初召試學士院，試琬圭賦，其辭有曰：『爾功既昭，則增圭之重；彼績不建，則貽玉之羞。是以上無虚授，下靡妄求。』又曰：『爾公爾侯，宜念吾王之厚報。』時翰林盛公度奏御日，極褒稱之曰：『此文有作用，有勸戒，雖名爲賦，實若詔誥詞也。』即授直史館。」

〔五〕且以十二加之遷代罪謫足以無乏　按，東都事略宋祁傳云其奏疏有曰：「國家郡縣素有定官，譬以十人爲額，則常以什二加之，即遷代罪謫，足以無乏。今則不然，一官未缺，十人競逐，紆朱滿路，襲紫成林。州縣之地不廣於前，而官五倍於舊。」據此則本碑文節略似過甚，致文義有所不明。

〔六〕公語以西人亦嘗獻俘皇帝不之受　長編卷一五四慶曆五年正月丙子條云：「先是，元昊既敗契丹，遣使齎表獻俘，詔卻其俘而受其表。及宗睦來，知制誥余靖言：『朝廷受表卻俘，此誠欲敦示大體，兩存其好也。竊緣臣昨到契丹，敵中君臣將元昊表狀皆示與臣，其間亦有毁讟本朝之語，但敵主佯詈元昊小人翻覆，交鬭兩朝，如此而已。臣愚以爲，今亦宜使館伴宗睦者，將元昊獻俘表示與宗睦，兼言本朝不受所獻，復令送還北朝之意，使敵人知本朝聞其敗衄，不敢分外邀求也。』」

〔七〕欲大用公　長編卷一五四慶曆五年正月丙戌條載資政殿學士、給事中、知鄆州宋庠爲參知政事，云：「上既罷范仲淹，問章得象誰可代者，得象薦庠弟祁，帝雅意屬庠，乃復召用之。」

［八］張美人爲貴妃公當制乃先進告或言公以告代册者落二職　長編卷一六五慶曆八年十月庚寅條云：「國朝命妃皆發册，妃辭則罷册禮，然告在有司，必俟旨而後進。又凡制詞既授閤門宣讀，學士院受而書之，送中書結三省銜，官告院用印，然後進内。張美人進號貴妃，祁適當制，不俟旨，寫告不送中書，徑取官告院印用之，亟封以進。妃方愛幸，冀行册禮，得告大怒，擲地不肯受，祁坐是黜。初，祁亦疑進告爲非，謂李淑明於典故，因問之。淑心知其誤，謂祁曰：『第進，何所疑邪？』祁果得罪去。」

［九］爲翰林侍讀學士久之召還　邵氏聞見後録卷一九云宋祁因草張美人告，「出知安州，以長短句詠燕子，有『因爲銜泥汙錦衣，垂下珠簾不敢歸』之句。或傳入禁中，仁皇帝覽之一歎，尋召還玉堂署」。據本碑文及隆平集、東都事略、宋史宋祁傳，宋祁乃出知許州，後以翰林侍讀學士召還。邵博云宋祁出知安州、「召還玉堂署」者皆不確。

［一〇］出知亳州　據長編卷一七〇皇祐三年二月戊申條及隆平集、東都事略、宋史宋祁傳，宋祁乃坐其子與張彦方遊，出知亳州。長編卷一七〇皇祐三年二月戊申條云：「張彦方者，貴妃母越國夫人曹氏客也，受富民金，爲僞告敕，事敗，繫開封府獄。人傳以爲語連越國夫人，知開封府劉沆論彦方死，不敢及曹氏。執政以妃故，亦不復詰。」

［一一］公請復馳幕之制　宋史宋祁傳云其知成德軍，「請弛河東、陝西馬禁，又請復唐馱幕之制」。景文集卷二九云請復唐馱幕之制云：「臣聞唐時出師用兵，每什爲五馱法，馬牛任從所便，其間隨行什物鍋幕之類皆具，故師行萬里，經亘歲月，無所闕乏。自五代之亂，更相侵擾，其兵不出中國，弱者輕齎，强者因糧，遂失五馱法，至今相承，不復討尋。臣伏見朝廷之制，每指揮五百人，指揮使得夾幕一具，副者得單幕一具，馬軍得葉鍋布行槽等若干，步軍得鍋若干，自軍員以下，更無帳幕。或出次野外，雖甚風雨，亦無所庇。又戰士被甲所將衣衾悉自負荷，馬軍則盂杓之類悉在馬上，然則行數百里，人馬强力皆已先疲脱，若逢賊，安能挽蹋擊刺，與争勝哉？故無幕帟，則士卒無所休庇；無馱法，則士卒須自負荷，此于軍戎，亦非小害。臣乞詔近臣檢求唐馱幕法，下殿前、馬步軍司議可復與否，明條利害，上稟朝廷指揮。」

［一二］以三學士知鄭州　長編卷一八九嘉祐四年三月己未條云：「先是，右司諫吴及言祁在定州不治，縱家人貸公使錢數千緡，及在蜀奢侈過度；而（包）拯亦言祁在益部多游宴，且其兄庠方執政，不可任三司，累論之不已。庠因自言身處機密，弟總大計，權任太重，乞除祁外官，故命祁出守，而拯代居其位。」宋史宋祁傳略同。按，邵氏聞見録卷一九有云：「宋子京罷守成都，故事當爲執政，未

至，宰相以兩地見次，盡以他人充之。子京聞報悵然，有『梁園賦罷相如至，宣室釐殘賈誼歸』之句。言者又論蜀人不安其奢侈，遂止爲鄭州，望國門不得入」。并云宰相乃韓琦，而言者即包拯。又，石林詩話卷中云：「宋景文公子京，不甚爲韓魏公所知，故公當國，子京多補外。」邵氏聞見後録卷一九云：「韓魏公與宋尚書同試中書，賦琬圭。宋公太息曰：『老矣，尚從韓家郎君試邪！』蓋宋公文稱已著，韓公以從官子弟二名登科，然世尚未盡知也。或聞韓公則愧謝曰：『某其敢望宋公，報罷必矣。』已而韓公爲奏篇之首，宋公反出其下。後韓公帥中山，作閱古堂，宋公詞有云：『聽説中山好，韓家閱古堂。畫圖名將相，刻石好文章。』韓公見之不悦。」

［一三］唐書成進尚書左丞　按宋章定名賢氏族言行類稿卷四二云：「初，賈昌朝建議脩唐書，始令館職日供唐書所未載者二事，附於本傳，命祁與王堯臣、楊察、張方平爲脩撰，又命范鎮、邵必、宋敏求、吕夏卿爲編脩，而以昌朝提舉。昌朝提舉，王疇編脩，必以爲史出衆手非是，辭之。昌朝罷相，以丁度兼領。度卒，劉沆代之。沆罷，王堯臣代之。堯臣卒，曾公亮代之。唐書初脩，而堯臣以憂去，方平、察相繼出外，祁遂獨秉筆，雖外官亦以藁自隨。久之，又命歐陽脩刊脩，分作紀、志，劉羲叟脩律曆、天文、五行志。將卒業，而梅堯臣入局，脩方鎮百官表。祁與范鎮在局一十七年，王疇一十五年，宋敏求、吕夏卿並各十年。刊纂紀、志六十卷，列傳一百十五卷。至是書成，祁進工部尚書。」

［一四］其一言東宮虚位也　宋史宋祁傳載宋祁遺奏略曰：「陛下享國四十年，東宮虚位，天下係望，人心未安。爲社稷深計，莫若擇宗室賢材，進爵親王，爲匕鬯之主。若六宮有就館之慶，聖嗣蕃衍，則宗子降封郡王，以避正嫡，此定人心、防禍患之大計也。」

名臣碑傳琬琰集上卷八

趙清獻公抃愛直之碑[一]　文忠公蘇軾

故太子少師清獻趙公既薨之三年，其子屼除喪，來告于朝曰：「先臣既葬，而墓隧之碑無名與文，無以昭示來世，敢以請。」天子曰：「嘻！兹予先正，以惠術擾民如鄭子産，以忠言摩上如晉叔向。」乃以「愛直」名其碑，而又命臣軾爲之文。

臣軾逮事仁宗皇帝，蓋嘗竊觀天地之盛德，而窺日月之末光矣。未嘗行也，而萬事莫不畢舉；未嘗視也，而萬物莫不畢見。非有他術也，善於用人而已。惟清獻公擢自御史，是時將用諫官、御史，必取天下第一流，非學術才行備具爲一世所高者不與。用之至重，故言行計從，有不十年而爲近臣者；言不當，有不旋踵而黜者。是非明辨，而賞罰必信，故士居其官者少妄，而天子穆然無爲，坐視其成功①，姦宄消亡，而忠良全安。此則清獻公與其僚之功也。

公諱抃，字閱道。其先京兆奉天人，唐德宗世，植爲嶺南節度使。植生隱，爲中書侍郎。隱生光逢、光裔，並

① 坐視其成功　蘇軾文集卷一七趙清獻公神道碑無「功」字。

掌内外制，皆爲唐閩人。五代之亂，徙家于越。公則植之十世從孫也。曾祖諱雲，深州司户參軍。祖諱湘，廬州廬江尉，始家于衢，遂爲西安人。考諱亞才，廣州南海主簿。公既貴，贈曾祖太子太保，妣陳氏安國太夫人；祖司徒，妣袁氏崇國太夫人、俞氏光國太夫人；考開府儀同三司，封榮國公，妣徐氏魏國太夫人、徐氏越國太夫人。

公少孤且貧，刻意力學。中景祐元年進士乙科，爲武安軍節度推官。民有僞造印者，吏皆以爲當死。公獨曰：「造在赦前，而用在赦後。赦前不用，赦後不造，法皆不死。」遂以疑讞之，卒免死，一府皆服。閲歲，舉監潭之糧料。歲滿，改著作佐郎、知建州崇安縣，徙通判宜州。卒有殺人當死者，方繫獄，病癰未潰，公使醫療之，得不瘐死，會赦以免。公愛人之周類如此。

未幾，以越國喪，廬于墓三年，不宿于家。縣榜其所居里爲「孝弟」，處士孫處爲作孝子傳。終喪，起知泰州海陵①，復知蜀州江原，還通判泗州。泗守昏不事事，監司欲罷遣之，公獨左右其政，而晦其所以然，使若權不己出者，守得以善去。濠守以廩賜不如法，士卒謀欲爲變，或以告，守恐怖，日未夕②，輒閉門不出。轉運使徙公治濠。公至，從容如平日，濠以無事。

曾公亮爲翰林學士，未識公而以臺官薦，召爲殿中侍御史。彈劾不避權幸，京師號公「鐵面御史」。其言常欲朝廷别白君子小人，以謂小人雖小過，當力排而絶之，後乃無患；君子不幸而有詿誤，當保持愛惜，以成就其德。故言事雖切，而人不厭。温成皇后方葬，始命參知政事劉沆監護其役，及沆爲相，而領事如故。公論其當

① 起知泰州海陵　「泰州」原作「秦州」，據蘇軾文集卷一七趙清獻公神道碑、上海圖書館藏趙公神道碑改。按，據宋史卷八八地理志，海陵縣屬泰州。
② 日未夕　「夕」原作「久」，據蘇軾文集卷一七趙清獻公神道碑、上海圖書館藏趙公神道碑改。

罷，以全國體。復言宰相陳執中不學無術，且多過失。章十二上①［一二］，執中卒罷去。王拱辰奉使契丹，還爲宣徽使。公言拱辰平生所爲及奉使不如法事，命遂寢［三］。復言樞密使王德用、翰林學士李淑不稱職，皆罷去［四］。是時，邵必爲開封推官，以前任常州失入徒罪自舉，遇赦而猶罷，監邵武酒税［五］；吳充、鞠真卿發禮院吏代書事，吏以贖論，而充、真卿皆出知軍［六］；呂景初、馬遵、吳中復彈奏梁適，適以罷相②，而景初等隨亦被逐［七］；馮京言吳充、鞠真卿、刁約不當以無罪黜③，而京亦奪修起居注［八］。公皆力言其非是。必以復職知軍，充、真卿、約、景初、遵皆召還，京、中復皆許補故闕［九］。先是，呂溱出守徐［一〇］，蔡襄守泉，吳奎守壽，韓絳守河陽，已而歐陽脩乞蔡，賈黯乞荆南。公即上言：「近日正人賢士紛紛引去，憂國之士爲之寒心。侍從之賢，如脩輩無幾。今皆欲請郡者，以正色立朝，不能諂事權要，傷之者衆耳。」脩等由此不去［一一］，一時名臣賴之以安。仁宗晚歲不豫，而太子未定，中外兇懼。及上既康復，公請擇宗室賢子弟教育於宫中，封建任使，以示天下大本。

已而求郡［一二］，得睦。睦歲爲杭市羊，公爲移文却之。民籍有茶税而無茶地，公爲奏蠲之，民至今稱焉。移充梓州路轉運使，未幾移益。兩蜀地遠而民弱，吏恣爲不法，州郡以酒食相饋餉，衙前治厨傳，破家相屬也。公身帥以儉，不從者請以違制坐之，蜀風爲之一變。窮城小邑，民或生而不識使者［一三］，公行部，無所不至，父老驚喜相慰，姦吏亦竦。

以右司諫召，論事不折如前。入内副都知鄧保信引退兵董吉以燒鍊出入禁中，公言：「漢文成、五利，唐普

① 章十二上　東都事略趙抃傳、古今紀要卷一八趙抃作「章二十上」，考古編卷九臺諫納副本作「數十章」。

② 適以罷相　「相」，上海圖書館藏趙公神道碑作「去」。

③ 刁約不當以無罪黜　「刁」原作「刀」，據庫本、蘇軾文集卷一七趙清獻公神道碑及長編卷一七七至和元年十月癸丑條改。

思、静能、李訓、鄭注，多依宦官以結主，假藥術以市姦者也，其漸不可啓。」宋庠爲樞密使，選用武臣多不如舊法，至有訴於上前者。公陳其不可〔一四〕。陳升之除樞密副使，公與唐介、吕誨、范師道同言升之交結宦官，進不以道，章二十餘上〔一五〕，不省，即居家待罪。詔强起之，乃乞補外。二人皆相次去位，公與言者亦罷。

公得虔州，地遠而民好訟，人謂公不樂。公欣然過家上冢而去。既至，遇吏民簡易，嚴而不苛，悉召諸縣令告之：「爲令當自任事，勿以事諉郡，苟事辨而民悦，吾一無所問。」令皆喜，爭盡力，虔事爲少，獄以屢空。改修鹽法，疏鑿灘石，民賴其利。虔當二廣之衝，行者常自虔易舟而北①。公間取餘材，造舟得百艘，移二廣諸郡，曰：「仕宦之家，有父兄没而不能歸者，皆移文以遣，當具舟載之。」至者既悉授以舟，復量給公使物，歸者相繼於道。

朝廷聞公治有餘力，召知御史雜事，不閱月，爲度支副使。英宗即位，奉使契丹，還未至，除天章閣待制、河北都轉運使。時賈昌朝以使相判大名府。公欲按視府庫，昌朝遣其屬來告曰：「前此監司未有按視吾事者。公雖欲舉職，恐事有不應法，奈何？」公曰：「捨大名，則列郡不服矣。」即往視之，昌朝初不説也。前此有詔募義勇，過期不足者徒二年，州郡不時辨，官吏當坐者八百餘人。公被旨督其事，奏言：「河朔頻歲豐熟，故募不如數，請寬其罪，以俟農隙。」從之。坐者得免，而募亦隨足。昌朝乃愧服曰：「名不虚得矣。」

旋除龍圖閣直學士、知成都。公以寬治蜀，蜀人安之。初，公爲轉運使，言蜀人有以妖祀聚衆爲不法者，其首既死，其爲從者宜特黥配〔一六〕。及爲成都，適有此獄，其人皆懼，意公必盡用法。公察其無它，曰：「是特坐樽酒至此耳。」刑其爲首者，餘皆釋去。蜀人愈愛之。會榮諲除轉運使，陛辭，上面諭曰：「趙某爲成都，中和之政也。」

神宗即位，召知諫院。故事，近臣自成都還，將大用，必更省府，不爲諫官。大臣爲言，上曰：「用趙某爲諫

---

① 行者常自虔易舟而北　「虔」原作「我」，據蘇軾文集卷一七趙清獻公神道碑改；庫本作「此」。

官，賴其言耳。苟欲用之，何傷？」及謝，上謂公①：「聞卿匹馬入蜀，以一琴一龜自隨②[一七]，爲政簡易，亦稱是耶？」公知上意將用其言，即上疏論呂誨、傅堯俞、范純仁、呂大防、趙瞻、趙鼎、馬默皆骨鯁敢言，久謫不復[一八]，無以慰縉紳之望。上納其說。郭逵除簽書樞密院事③，公議不允，公力言之，即罷[一九]。

居三月，擢右諫議大夫、參知政事。感激思奮，面議政事，有不盡者，輒密啓聞，上手詔嘉之。公與富弼、曾公亮、唐介同心輔政，率以公議爲主。會王安石用事，議論不協[二〇]。既而司馬光辭樞密副使，臺諫侍從多以言事求去。公言：「朝廷事有輕重，體有大小。財利於事爲輕，而民心得失爲重；青苗使者於體爲小，而禁近耳目之臣用捨爲大。今不罷財利而輕失民心，不罷青苗使者而輕棄禁近耳目，去重而取輕，失大而得小，非宗廟社稷之福，臣恐天下自此不安矣。」言入即求去，四上章，不許。熙寧三年四月，復五上章，除資政殿學士、知杭州[二一]。

公素號寬厚，杭之無賴子弟以此逆公，皆駢聚爲惡。公知其意，擇重犯者率黥配他州，惡黨相帥遁去。未幾，徙青州。因其俗朴厚，臨以清淨。時山東旱蝗，青獨多麥，蝗自淄、齊來，及境遇風，退飛墮水而盡。

五年，成都以戍卒爲憂，朝廷擇遣大臣爲蜀人所愛信者，皆莫如公，遂以大學士知成都[二二]。然意公必辭，及見，上曰：「近歲無自政府復往者，卿能爲我行乎？」公曰：「陛下有言即法也，豈顧有例哉！」上大喜。公乞以便宜行事，即日辭去。至蜀，默爲經略，而燕勞閑暇如他日，兵民晏然。一日坐堂上，有卒長在堂下，公好諭之

① 上謂公 「公」，蘇軾文集卷一七趙清獻公神道碑作「曰」。

② 以一琴一龜自隨 「龜」，東都事略趙抃傳、石門文字禪卷二九代上湖南使者書、皇朝編年綱目備要卷一七治平四年六月「以趙抃知諫院」條同；而庫本及宋史趙抃傳、太平治迹統類卷一二神宗聖政、夢溪筆談卷九人事一、墨客揮犀卷一〇皆作「鶴」。

③ 郭逵除簽書樞密院事 「逵」原作「達」，據宋史卷二九〇郭逵傳改。

曰：「吾與汝年相若也，吾以一身入蜀，爲天子撫一方。汝亦宜清慎畏戢以帥衆，比戍還，得餘貲持歸爲室家計可也。」人知公有善意①，轉相告語，莫敢復爲非者。劍州民李孝忠集衆二百餘人，私造符牒，度人爲僧。或以謀逆告，獄具。公不畀法吏，以意決之，處孝忠以私造度牒，餘皆得不死。喧傳京師，謂公脱逆黨。朝廷取具獄閲之，卒無以易也。茂州蕃部鹿明玉等蠭聚境上②，肆爲剽掠。公亟遣部將帥兵討之，夷人驚潰乞降，願殺婢以盟。公使喻之曰：「人不可用，用三牲可也。」使至，已縶婢引弓，將射心取血，聞公命，讙呼以聽。事訖，不殺一人。

居二歲，乞守東南，爲歸老計，得越州。吳越大饑，民死者過半，公盡所以救荒之術[一三]，發廩勸分，而以家貲先之，民樂從焉。生者得食，病者得藥，死者得藏。下令脩城，使民食其力。故越人雖饑而不怨。復徙治杭。杭旱與越等，其民尤病。既而朝廷議欲築其城，公曰：「民未可勞也。」罷之。錢氏納國未及百年，而墳廟堙圮，杭人哀之。公奏因其所在，歲度僧、道士各一人，收其田租，爲歲時獻享營繕之費。從之，且改妙因院爲表忠觀。

公年未七十，告老于朝，不許。請之不已，元豐二年二月，加太子少保致仕，時年七十二矣。退居于衢，有溪石松竹之勝，東南高士多從之游。朝廷有事郊廟，再起公侍祠，不至。屼通判温州，從公游天台、雁蕩，吳越間榮之。屼代還，得見，上顧問公甚厚。以屼提舉浙東西常平，以便其養。屼復侍公游杭。始，公自杭致仕，杭人留

① 人知公有善意　「知」原作「如」，據鐵琴銅劍樓本、庫本及蘇軾文集卷一七趙清獻公神道碑改。

② 茂州蕃部鹿明玉等蠭聚境上　「鹿明玉」原作「鹿明王」，據蘇軾文集卷一七趙清獻公神道碑、宋文鑑卷一四八趙清獻公神道碑、續文章正宗卷四趙清獻公神道碑及輿地紀勝卷一四九茂州改。

公不得行，公曰：「六年當復來。」至是適六歲矣。杭人德公，逆者如見父母。以疾還衢，有大星隕焉，二日而公薨，實七年八月癸巳也。訃聞，天子輟視朝一日，贈太子少師。十二月乙酉，葬于西安蓮華山。謚曰清獻。

公娶徐氏，東頭供奉官度之女，封東平郡夫人，先公十年卒。子二人：長曰岏，終杭州於潛縣令；次即岏也，今爲尚書考功員外郎。公平生不治産業，嫁兄弟之女以十數，皆如己女。在官，爲人嫁孤女二十餘人。居鄉，葬暴骨及貧無以歛且葬者，施棺給薪，不知其數。少育於長兄振，振既没，思報其德，將遷侍御史，乞不遷，以贈振大理評事。

公爲人和易温厚[二四]，周旋曲密，謹繩墨，蹈規矩[二五]，與人言如恐傷之。平生不畜聲伎，晚歲習爲養氣安心之術，翛然有高舉意[二六]。將薨，晨起如平時，岏侍側，公與之訣，詞色不亂，安坐而終[二七]。不知者以爲無意於世也。然至論朝廷事，分别邪正，慨然不可奪。宰相韓琦嘗稱趙公真世人標表，蓋以爲不可及也。

公爲吏，誠心愛人，所至崇學校、禮師儒，民有可與與之，獄有可出出之。治虔與成都，尤爲世所稱道。神宗凡擬二郡守，必曰：「昔趙某治此，最得其術。」馮京相繼守成都，事循其舊，亦曰：「趙公所爲，不可改也。」要之以惠利爲本。然至於治杭，誅鋤强惡，姦民屏迹不敢犯。蓋其學道清心，遇物而應，有過人者矣。銘曰：

蕭望之爲太傅，近古社稷臣，其爲馮翊，民未有聞。黄霸爲潁川，治行第一，其爲丞相，名不迨昔。孰如清獻公①，無適不宜。邦之司直，民之父師。其在官守，不專於寬。時出猛政，嚴而不殘。其在言責，不專於直。爲國愛人，掩其疵疾。蓋東郭順子之清，孟獻子之賢，鄭子産之政，晋叔向之言，公兼而有之，不幾於全乎②！

① 孰如清獻公 「如」原作「始」，據庫本及蘇軾文集卷一七趙清獻公神道碑改。

② 不幾於全乎 此句下，上海圖書館藏趙公神道碑有「元祐四年四月乙卯刊」九字。

辨證：

〔一〕趙清獻公抃愛直之碑　本碑文又載於蘇軾文集卷一七，題曰「趙清獻公神道碑」。又，上海圖書館藏碑文拓片，題曰「宋故推誠保德功臣資政殿大學士守太子少保致仕上柱國南陽郡開國公食邑二千五百户食實封陸伯户贈太子少師謚清獻趙公神道碑」，然有闕文。餘師録卷二云：「蘇子由（轍）代兄作趙閲道神道碑云：『臣當逮事仁宗皇帝，未嘗觀也，萬世無不見；未嘗爲也，萬世無不舉。』子瞻笑曰：『尚答制科策耶？』」按，趙抃，東都事略卷七三、宋史卷三一六有傳。

〔二〕章十二上　按宋陳均九朝編年備要卷一五乙未條載至和二年六月陳執中罷相，云：「先是，執中嬖妾張氏笞小婢，出外舍死。御史趙抃列八事劾奏執中，自此章十二上。於是詔置獄，命糾察在京刑獄崔嶧按治之。嶧以爲執中自以婢不恪，笞之死，非張氏殺之。有詔勿推。中丞孫抃與其屬郭申錫、毋湜、范師道、趙抃請合班論奏。閤門言有違近制，詔令輪日入對。抃等既入對，極言執中過惡，請罷之，退，又交論之。抃最後乞解憲職補外，以避執中朋黨中傷之禍，於是得請。」按，趙清獻公文集卷六載奏狀論宰臣陳執中家杖殺女使、奏狀乞差替齊廊勘劾宰臣陳執中家杖殺女使、奏疏論灾異乞擇相、奏狀乞一就推究陳執中家女使海棠非理致命、奏狀乞下陳執中發遣干連人、奏狀乞正陳執中之罪、奏疏乞罷免陳執中、奏劄乞省覽彈陳執中疏、奏狀論范鎮營救陳執中，卷七載奏劄再乞罷免陳執中相位、奏狀引詔書再論陳執中、奏狀乞早罷免陳執中。

〔三〕公言拱辰平生所爲及奉使不如法事命遂寢　長編卷一七九至和二年四月條載：「是月，殿中侍御史趙抃又言：『王拱辰報聘契丹，行及韡淀，未致君命，契丹置宴餞宋選、王士全，拱辰等遂窄衣與會，自以隨行京酒换所設酒痛飲，深夜席上聯句，語同俳優。選及士全因醉，與敵使争，及契丹主自彈琴以勸拱辰酒，拱辰既不能辭，又求私書爲己救解，失禮違命，損體生事，乞加黜降。』宋選尋坐罪責通判宿州，朝廷獨不問拱辰。抃又言，……詔拱辰罰金二十斤放。」又卷一八〇至和二年六月己亥條載三司使、尚書左丞王拱辰爲宣徽北院使、判并州。七月戊辰條稱：「宣徽北院使、判并州王拱辰復爲尚書左丞、端明殿學士兼翰林侍讀學士、知永興軍，從御史之言也。先是，趙抃言：『宣徽使舊是前兩府或見任節度使有勳勞者所除之職，近侍未嘗輕授，又況無功有罪如拱辰者。拱辰舊掌計司，以舉豪民鄭旭被黜。前知并州，姑息兵士，民心不安，與僚屬褻狎，復倖求恩命。近充契丹使，多言生事，既當契丹主彈琴送酒之禮，又有兄弟傳位之語，乃云用間夷狄，飾非矯詐，無所不至。及再爲三司使，交結内臣廖浩然，進未斷商人真珠入内。庇蓋枉法胥吏，舉犯贓張可久監萬盈倉，猥將三司合舉官監當差遣乞盡送審官。罪狀狼籍如此，固宜奪其左丞，降黜不齒，以誡勵中外，奈何復授宣徽使，再判并州？伏覩陛下獨奮宸斷，差除臣僚，外議無不稱頌聖政，惟是拱辰，但有口者皆云不當。伏望收還新命，與一散郡，退而思過，則公論大協。』不報。抃又與郭申錫、范師道、梁蒨、吕景初、馬遵等累章論列，且言：『富弼樞密副使將十年，歷資政殿學士轉大學士，又遷觀文殿學士，方授宣徽使，判并州。如弼宣力，又出自兩府，恩命尚爾遲回，拱辰有罪無功，若遂污此選，必爲中外輕笑。』上乃從之。」按，趙清獻公文集卷七載奏狀論王拱辰等入國狂醉乞行黜降、奏狀論王拱辰入國辱命乞行黜降、奏疏論兩府庇蓋王拱辰、奏狀乞宣王拱辰語録付御史臺、奏狀乞取問王拱辰進納贓味、奏狀乞奪免王拱辰宣徽使、奏劄乞早賜奪免王拱辰宣徽使、奏狀再乞追還王拱辰宣徽使新命、奏狀再乞追寢王拱辰宣徽使新命、奏狀再乞追奪王拱辰宣徽使。

［四］復言樞密使王德用翰林學士李淑不稱職皆罷去　長編卷一八四嘉祐元年十一月辛巳條載樞密使、河陽三城節度使、同平章事王德用罷樞密使，爲忠武節度使、同平章事、景靈宫使，云：「先是，御史趙抃累章言德用貪墨無厭，縱其子納賂，差除多涉私徇，加之羸病，拜起艱難，失人臣禮，乞加貶黜。而德用亦自求去位至五六，乃從之。」又卷一八二嘉祐元年四月丙辰條載翰林學士、兼端明殿學士、翰林侍讀學士李淑兼龍圖閣學士，落翰林學士，云「淑復召入翰林，未閱月，御史中丞張昪等言淑姦邪，又嘗匿服。亟罷之」，故有是命。按，趙清獻公文集卷七載奏狀乞罷免王德用，卷八載奏劄論王德用乞正其罪、奏狀再乞罷免王德用、奏狀乞正王德用罪名貶黜，又卷八載奏狀乞寢李淑充翰林學士指揮、奏狀再論李淑、奏狀再乞追罷李淑、奏狀再乞寢李淑恩命。

［五］邵必爲開封推官至監邵武酒税　宋史卷三一七邵必傳稱邵必「出知常州，召爲開封府推官。坐在常州日杖人至死，責監邵武税，然杖者實不死」。

［六］吴充鞠真卿發禮院吏代書事吏以贖論而充真卿皆出知軍　長編卷一七七至和元年十一月辛酉條載降同知太常禮院、太常博士、集賢校理吴充知高郵軍，太常寺太祝、集賢校理鞠真卿知淮陽軍，云：「禮院故事，常預爲印狀，列署衆銜；或非時中旨有所訪問，不暇徧白禮官，則白判寺一人書填印狀，通進施行。及追贈温成皇后日，有中旨訪問禮典，判寺王洙兼判少府監，廨舍最近，故吏多以事白洙。洙常希望上旨，以意裁定，填印狀進内。事既施行，而論者皆責禮官，禮官無以自明，乃召禮直官戒曰：『自今朝廷訪問，禮典稍大，無得輒以印狀申發，仍責取知委。』後數日，有詔問温成皇后應如他廟用樂舞否，禮直官李亶以事白洙，洙即填印狀，奏云當用樂舞。事

下禮院。充、真卿怒，即牒送亶於開封府，使按其罪。洙抱案卷以示知府事蔡襄曰：『印狀行之久矣，禮直官何罪？』襄患之，乃復牒送亶於禮院。充、真卿復牒送府。如是再三。禮院吏相率逃去。初，真卿好游臺諫之門，會温成皇后神主祔新廟，皆以兩制攝獻官，翰林學士承旨楊察攝太尉，殿中侍御史趙抃監祭，而充監禮。上又遣内臣臨視，内出圭瓚以灌鬯。充言於察曰：『禮，上親享太廟，則用圭瓚；若有司攝事，則用璋瓚。今使有司祭温成廟而用圭瓚，是薄於太廟而厚於姬妾也，其於聖德虧損不細，請奏易之。』察有難色，曰：『日已暮矣，明日行事，言之何及？』而内臣視祭者已聞之，密以奏，詔即改用璋瓚祭之。明日，抃奏蔡襄不按治禮直官罪，畏懦觀望，於是執政以爲充因祠祭教抃上言。又禮直官日在温成葬所訴於内臣，云欲送禮直官於開封府者，充與真卿也。明日，詔禮直官及繫檢禮生各贖銅八斤，充、真卿俱補外。抃及諫官范鎮等皆言充等無罪，不當黜，不報。」

［七］吕景初馬遵吴中復彈奏梁適適以罷相而景初等隨亦被逐　長編卷一七六至和元年六月癸丑條云：「殿中侍御史裏行吴中復上殿彈宰相梁適姦邪，上曰：『近日馬遵亦有彈疏，且言唐室自天寶而後治亂分，何也？』中復對曰：『明皇初任姚崇、宋璟、張九齡爲宰相，遂致太平。及李林甫用事，紀綱大壞，治亂於此分矣。雖威福在於人主，而治亂要在輔臣。』」又七月己巳條稱以殿中侍御史馬遵知宣州，殿中侍御史吕景初通判江寧府，主客員外郎、殿中侍御史裏行吴中復通判虔州，云：「梁適之得政也，中官有力焉。及遵等於上前極陳其過，上左右或言御史捃拾宰相，自今誰敢當其任者。適既罷，左右欲并遵等去之。始，遵等彈適多私，又言：『鹽鐵判官李虞卿，嘗推按茶賈李士宗負貼納錢十四萬緡，法當倍輸。而士宗與司門員外郎劉宗孟共商販，宗孟與適連親，適遽出虞卿提點陝西刑獄。』下開封府鞫其事，宗孟實未嘗與士宗共商販，且非適親，遵等皆坐是黜，而中復又落裏行。」

［八］馮京言吴充鞠真卿刁約不當以無罪黜而京亦奪修起居注　長編卷一七七至和元年十一月乙丑條載太常丞、直集賢院、判磨勘司、同修起居注馮京落同修起居注，云：「時臺諫官争言吴充、鞠真卿不當補外，京最後上書，言愈切。宰相劉沆怒，請出京知濠州，上曰：『京何罪？』然猶落修注。臺諫又争言京不當奪職，請復之，不報。」又十月癸丑條載開封府推官、祠部員外郎、集賢校理刁約提點在京刑獄，云：「初，約見温成皇后壙中物多侈麗，而私言於人，監護内臣乃密以聞，故出之。諫官范鎮言約無過，不當出，乞明降所犯，以解群惑，不報。」按，馮京所言刁約「不當以無罪黜」，當亦及此事。

［九］必以復職知軍充真卿約景初遵皆召還京中復皆許補故闕　據宋史卷三一七邵必傳，邵必「久之，知高郵軍」。又長編卷一八

〇至和二年六月甲午條載太常博士、集賢校理吴充爲群牧判官；七月辛酉條載太常寺太祝、集賢校理鞠真卿同知太常禮院。又京口耆舊傳卷一刁約傳稱其「嘉祐初還朝，判度支院，假太常少卿、直史館」。宋史卷三〇二吕景初傳云景初因「坐謫」，通判江寧府，徙知衡州，「復召還臺」；又卷三〇二馬遵傳云其「謫知宣州，後復爲右司諫，以禮部員外郎兼侍御史知雜事」；卷三一七馮京傳稱「解其記注，旋復之」。長編卷一八一至和二年十月丙申條載主客員外郎吴中復爲殿中侍御史裏行，注曰：「此蓋從趙抃之言，臺官有闕牽復也。」

〔一〇〕吕溱出守徐　長編卷一七八至和二年二月丙午條云：「初，翰林學士吕溱上疏，論宰相陳執中外雖强項，内實姦邪，朝廷故事多不諳練，除改官序常至差錯，平居不接士人，惟陰陽卜祝之流，延入卧内，干預政事。又歷數其過惡十餘事，上還其疏，溱進曰：『若止用口陳，是陰中大臣也，請付執中令自辨。』於是溱改翰林侍讀學士、知徐州。」

〔一一〕脩等由此不去　長編卷一八〇至和二年六月己丑條載殿中侍御史趙抃疏論此事，知制誥劉敞亦言，故「修、黯遂復留」。

〔一二〕已而求郡　長編卷一八四嘉祐元年九月癸卯條載：「先是，宰相劉沆進不以道，深疾言事官，因言：『自慶曆後，臺諫用事，朝廷命令之出，事無當否悉論之，必勝而後已。又專務抉人陰私莫辨之事，以中傷士大夫。執政畏其言，進擢尤速。』遂舉行御史遷次之格，滿三歲者與知州。而抃等又嘗乞避范鎮，各請補外，沆遽引格出之。（范）師道及抃蓋嘗攻沆之短。」按，據長編卷一八〇至和二年六月戊戌條云載「始御史因（陳）執中殺婢事，欲擊之，上未聽。而諫官初無論列者，御史并以爲言，而趙抃攻范鎮尤力，臺官皆助之。鎮累奏乞與御史辨，不報。及御史入對，又言執中私其女子，傷化不道。執中既罷，上以諭鎮，鎮復言：『朝廷置御史，以防讒慝，非使其爲讒慝也。審如御史言，則執中可誅。如其不然，亦當誅御史。』并繳前五奏，乞宣示執政，相與定辨之，卒不報。鎮由是與趙抃有隙」。

〔一三〕民或生而不識使者　夢溪筆談卷九人事一云：「趙閲道爲成都轉運使，出行部内，唯攜一琴一鶴，坐則看鶴鼓琴。嘗過青城山，遇雪，舍於逆旅。逆旅之人，不知其使者也，或慢狎之，公頹然鼓琴不問。」

〔一四〕公陳其不可　按，趙抃奏狀論宋庠乞罷免樞密使、奏劄再論宋庠、奏劄乞檢詳前奏罷免宋庠，載於趙清獻公文集卷九。

〔一五〕章二十餘上　按，趙抃奏疏，載趙清獻公文集卷九奏狀乞罷陳旭樞密副使、奏狀同唐介王陶論陳旭乞寢罷除命、奏劄論陳旭乞黜守遠藩、奏劄乞黜陳旭以革交結權倖之風、奏劄乞早賜宸斷屏黜陳旭、奏狀論陳旭乞制獄推效、奏劄再論陳旭、奏劄乞從竄逐以謝陳旭、奏狀論陳旭自乞遠貶、奏劄論陳旭乞待罪，卷一〇奏狀乞在私家聽候貶竄、奏狀乞辯陳旭姦邪、奏劄乞早除陳旭外任、奏疏乞速行退罷陳旭以解天下之惑、奏劄乞以論陳旭章奏付外施行、奏劄論陳旭乞閑慢州軍差遣、奏劄以論陳旭再乞知州軍差遣等。

〔一六〕初公爲轉運使言蜀人有以妖祀聚衆爲不法者其首既死其爲從者宜特黥配　長編卷一九二嘉祐五年十二月壬申條云：「初，趙抃爲成都轉運使，嘗言：『所部諸州，每年有遊惰不逞之民，以祭賽鬼神爲名，斂求錢物。一坊巷至聚三二百人，作將軍、曹吏、牙直之號，執槍刀、旗旛、隊仗，及以女人爲男子衣，或男子衣婦人衣，導以音樂百戲，三四夜往來不絶。雖已揭牓禁約，然遠方風俗相沿，恐難驟止，請具爲條制。』詔所犯首領以違制論，仍徙出川界，本路監司半歲一舉行。」

〔一七〕以一琴一龜自隨　按，涑水記聞卷一四云：「趙閲道爲人清素，好養生。知成都，獨與一道人及大龜偕行。後知成都，并二侍者無矣。」朱長文琴史卷五趙閲道云：「公好琴，其將命於四方，雖家人不以從行，而琴與龜、鶴未嘗去也。王事之隙，時彈古曲以和平其心志，故終始完潔無疵，爲世師表云。」石林詩話卷上云趙抃「以清德伏一世。平生畜雷氏琴一張，鶴與白龜各一，所向與之俱。始除帥成都，蜀風素侈，公單馬就道，以琴、鶴、龜自隨，蜀人安其政，治聲藉甚。元豐間，既罷政事，守越，復自越再移蜀，時公將老矣，過泗州，渡淮，前已放鶴，至是復以龜投淮中。既入見先帝，問：『聞卿前以匹馬入蜀，所攜獨琴、鶴，廉者固如是乎？』公頓首謝。故其詩有言『馬尋舊路如歸去，龜放長淮不再來』者，自紀其實也。」然太平治迹統類卷一二神宗聖政有云：「人言嘗獨處室中，有一龜效其服氣故也。」

〔一八〕即上疏論吕誨傳堯俞范純仁吕大防趙瞻趙鼎馬默皆骨鯁敢言久謫不復　據長編卷二〇七治平三年正月壬午條、三月辛酉條，卷二〇八治平三年九月乙丑條載，吕誨等遭謫皆因「濮議」事。

〔一九〕郭逵除簽書樞密院事公議不允公力言之即罷　長編卷二〇八治平三年四月五申條載殿前都虞候、容州觀察使郭逵檢校太保，同簽書樞密院事，云：「於是知制誥邵必當制，草詞以進，而言逵武力之士，不可置廟堂，望留誥敕與執政熟議，弗聽。逵既入西府，衆多不服，或以咎韓琦，琦曰：『吾非不知逵望輕也，故事，西府當用一武臣，上欲命李端愿，吾知端愿傾邪，故以逵當之。』……知諫院邵亢、御史吴申吕景文章論祖宗朝樞府參用武臣，如曹彬父子、馬知節、王德用、狄青，勳勞爲天下所稱則可，逵黠佞小才，豈堪大用。不報。」又宋會要輯稿職官七八之二二載治平四年九月二十八日，檢校太傅、同簽書樞密院事郭逵罷爲宣徽南院、知鄆州，云：「初，召逵赴闕，御史張紀、唐淑問具言：『逵自進用以來，人言至今不已。……若用范仲淹兩府出使例落僉書，且在陝西任使，於逵亦未爲損。』又同知諫院滕甫言：『國初邊將雖累著功效，所官不過刺史防團，所授不過沿邊巡檢，故能得其死力，此聖王駕馭將帥之術也。乞罷逵僉書之命。』而逵亦屢乞郡，故有是命。」然則本碑文所稱趙抃「力言之，即罷」之説爲不確。

[二〇] 會王安石用事議論不協　東都事略趙抃傳云：「會王安石用事，下視廟堂如無人，因争新法，怒目同列曰：『公輩坐不讀書耳。』抃折之曰：『君言失矣，如皋夔稷契之時，有何書可讀邪？』安石默然。抃與安石議論多不協。」

[二一] 除資政殿學士知杭州　長編卷二一〇熙寧三年四月己卯條云：「王安石更張政事，抃屢言其不便。及安石家居求去，上諭執政罷青苗法，抃獨欲俟安石參假，由是新法不罷。抃大悔，復上言：『臣近以制置條例司遣使四十餘人，馳傳天下，人情驚擾，物論諠譁，累具奏陳，并與宰臣等數嘗面奏，乞罷諸路提舉官屬，其常平等事，一切責成監司，信賞必罰，孰敢慢者？而王安石彊辨自用，動輒忿争，以天下之公論，爲流俗之浮議，順非文過，違衆罔民。近制置司所差官，如張次山、吴師孟、范世京等七八人，懇辭勇退，惟恐不得所請。夫要職顯任，人之所欲，彼不願就者，蓋知事悉乖戾，不敢當之。昨日安石再舉西川、福建提舉官四員，其愎如此，而欲止人浮言，是所謂惡醉而彊酒也。近臣、侍從、臺諫官力言制置司不便，司馬光因罷樞密副使之命，中外人情，莫不怪駭；李常家居待罪多日；孫覺、張戩、程顥三人，各與安石論列于中書，又悉嘗上殿乞罷言職；今日呂公著、范鎮俱請郡。朝廷事有輕重，體有大小。以言乎財利于事爲輕，而天下之民心得失爲重矣；以言乎提舉官于體爲小，而禁近與耳目之臣用舍爲大矣。今夫不罷財利，而失天下民心，是去重而取輕也；不罷提舉官，而棄禁近耳目之臣，是失大而得小也。今中外人情恟恟如此，更乞酌事之重，惜體之大，罷其輕者小者，變禍爲福，易于反掌耳。』因累章乞罷，遂命出守杭州。」

[二二] 遂以大學士知成都　長編卷二三六熙寧五年閏七月甲戌條載知青州、資政殿學士趙抃爲資政殿大學士、知成都府，云「抃在青州踰年，於是上欲移抃知成都。或言前執政舊不差知成都，成都今又少有人欲去者，上曰：『今人少欲去，但爲職田不多耳。抃清苦，必不爲職田。蜀人素愛抃，抃必肯去。』王安石曰：『陛下特命之，即無不可。』乃詔加職」。

[二三] 公盡所以救荒之術　涑水記聞卷一四云當時「諸州皆牓衢路立賞，禁人增米價。閱道獨牓衢路，令有米者任增價糶之。于是諸州米商輻輳，米價更賤，民無餓死者」。又厚德録卷一云趙抃「嘗知越州，值歲大欠，公召州之富民畢集，勸誘以賑濟之義，即自解腰間金帶置庭下。於是施者雲集，所全活十數萬人」。

[二四] 公爲人和易温厚　厚德録卷一云：「趙閱道少保，寬厚長者，與物無忤。家於三衢，所居甚隘。弟侄有欲悦公意者，厚以直易鄰翁之居，以廣公第。公聞不樂，曰：『吾與此翁三世爲鄰矣，忍棄之乎？』命亟還翁居，而不追其直。」

[二五] 謹繩墨蹈規矩　甲申雜記云：「趙清獻每夜静焚香于庭，具言自晨興至夕，凡與人言及所奏事與其所爲事，諄諄以告諸天。

或問之，則曰：『苟欺其心，則靦于語言，其敢告諸上帝乎？乃所以自警察也。』」

〔二六〕晚歲習爲養氣安心之術翛然有高舉意　五燈會元卷一六青原下十二世清獻趙抃居士云趙抃「年四十餘，擯去聲色，系心宗教。會佛慧來居衢之南禪，公日親之，慧未嘗容措一詞。後典青州，政事之餘，多宴坐。忽大雷震驚，即契悟，作偈曰：『默坐公堂虛隱几，心源不動湛如水。一聲霹靂頂門開，喚起從前自家底。』慧開笑曰：『趙悅道撞彩耳。』富鄭公初於宗門未有所趣，公勉之書曰：『伏惟執事，富貴如是之極，道德如是之盛，福壽康寧如是之備，退休閑逸如是之高，其所未甚留意者，如來一大事因緣而已。能專誠求所證悟，則他日爲門下賀也。』公年七十有二，以太子少保致仕而歸。親舊里民，遇之如故。作高齋以自適，題偈見意曰：『腰佩黃金已退藏，箇中消息也尋常。世人欲識高齋老，衹是柯村趙四郎。』復曰：『切忌錯認。』臨薨，遺佛慧書曰：『非師平日警誨，至此必不得力矣。』」

〔二七〕安坐而終　孫公談圃卷上云：「悅道後歸鄉里。一日，忽遍辭親友。其子屼怪其形色異常，問後事，悅道厲聲斥之。少頃，趺坐而化。」

王太師珪神道碑①〔一〕　黄門李清臣〔二〕

元豐八年四月，丞相王公珪感疾，詔國醫診視，遣尚宮數就問，賜以御膳珍藥。五月己酉薨于位②。訃聞，兩宮震悼，特輟視朝五日，諭三省悉哀故事，恤用優典，賻金帛五千，賜壽昌坊大第處其孤，加贈太師〔三〕。錫符陵录、婆律香，俾佐斂具。貴臣護喪，恩禮視魏國韓忠獻公，勑使督將作穿土斵石治壙。卜開封東明縣清陵鄉

① 王太師珪神道碑　庫本作「王文恭公珪神道碑」。

② 五月己酉薨于位　「己酉」，長編卷三五六元豐八年五月己酉條、太平治迹統類卷一八宣仁垂殿聖政、宋宰輔編年録卷九元豐八年、宋史卷一七哲宗紀皆作「庚戌」。按，己酉爲五月十七日，庚戌乃十八日。

之原，曰「廣阜在旁，小頓大起。五音地學，於商家吉」。將以九月辛酉襄事。有詔尚書右丞李清臣，其爲太師珪銘。臣清臣頓首曰：「臣淺陋，大懼晦太師顯行，天子有命，踧踖弗敢辭。」

臣竊觀熙寧以來，先皇帝憂勞天下，内孝養兩宫，友睦宗姓，外經緯文武，訓兵足食，歛爲訓言，陳爲法度，皆天子神智。然太師陪輔十有五年，其贊策納議爲最多[四]。及先皇帝厭萬機，託國事寶慈宫，建立皇太子以定大統[五]。未幾，今聖踐祚，太皇太后同聽斷，所以安慰人心，肅寧宫禁，流澤兆庶，懷服戎貊，至于天下卒無事。原其功德，實自寶慈宫開佐聖孫，爲宗廟計，而太師一時元臣，與其列請命福寧閣，以及雙日朝延和[六]，謀謨陟降，癯瘁滋力，克終大事，有勳烈焉。

謹推考世次：公五世祖及曁高祖景圖，成都華陽人。曾祖永爲西畿令，從蜀王昶歸朝，授右補闕，遷起居舍人。祖贊，歷侍御史、三司判官，九爲轉運使，更領十州，所至有能名。考諱凖，以辭學擢祕閣校理，終鹽鐵判官。自公貴，三世贈太師、中書令兼尚書令。而曾祖封公于榮國，母尹氏封太夫人于燕國。祖封魏國，考封漢國；祖母丘氏、妣薛氏封太夫人，各從其國。由榮國以下葬河南，始徙籍于舒。

公字禹玉，幼警悟力學，日誦數千言，識者奇之[七]。十二能文辭，二十四舉進士，名在第二，授大理評事、通判揚州。召試優等，遷太子中允、直集賢院。對便殿，賜五品服，同修起居注，爲太常丞，遷博士。試中書，以右正言知制誥，加三品服，拜翰林侍讀學士，入翰林爲學士。丁内艱，喪除復職，兼史館修撰，又兼端明殿學士，進承旨。自起居舍人四遷爲給事中，修仁宗實録成，進尚書禮部侍郎。熙寧三年，參知政事[八]。九年，拜同中書門下平章事、集賢殿大學士。元豐三年，朝廷用階官寄禄，超授銀青光禄大夫①，兼門下侍郎、監修國史。五年

① 超授銀青光禄大夫 「青」原作「素」，據庫本及東都事略王珪傳改。

四月，復三省官，爲尚書右僕射兼門下侍郎①。上日，御史中丞率百官班賀。仁宗、英宗加徽號，爲仁宗册寶使。禮成，封郇國公。上即位，恩加金紫光禄大夫，改岐國公②。

初任揚州，既還朝，遂極文章之選，自是不復更外，無事任要重，靡不歷試。嘗爲三司鹽鐵判官，又判句院、國子監，糾察刑獄，修三司條例，判禮部、刑部，知吏部流内銓、審官、審刑院，提舉集禧觀，判昭文館，權發遣開封府，接伴契丹使，奉使契丹，提舉諸司庫務，權尚書都省。同議茶法，考轉運使、提點刑獄課績。判太常寺者再，知貢舉者四。英宗南郊，先帝兩祀明堂，及原廟成，奉安神御于天元殿，公歷爲頓遞、禮儀、大禮使，又爲慈聖光獻皇后、大行皇帝山陵使。

公臨官不苟，務於稱辦，惡詭激慘覈者，曰：「訐上厲下，吾不爲也。」自初服政，已若宿練。其在揚州，攝行太守事，大校以公年少，藐視不虔，立命捽首付獄③。王倫大掠淮海，將及境，州將恐懼，公奮厲其衆，欲要擊之。賊聞，乃由他道去。公平居言色安徐，猝應事物，初若不用意，而敏捷精盡，雖素慮者無以加也。其迎虜使至北都，使者欲輕裘便面過闕，公折以舊例必朝服，乃紿對服在後乘，公使馳取授之，虜人慚服。慶曆中，契丹數邀求生事[九]，劉六符者號才黠，公出使，六符來會食，聲言將有所議，馳請公以動之，且覘其舉措。公怡然往，六符大爲公屈，卒無所言[一〇]。舊待虜使，應辦疲擾，公建爲三頓，請分供帳食飲器，後先迭用，以周其闕。

---

① 爲尚書左僕射兼門下侍郎　「左」原作「右」，據長編卷三二五元豐五年四月癸酉條注及東都事略卷八神宗紀、王珪傳，宋史卷一六神宗紀、王珪傳改。

② 改岐國公　「岐」原作「歧」，據庫本及宋史王珪傳改。

③ 立命捽首付獄　「捽」原作「椊」，據庫本改。

尤明典章，善論事，其語潔齊易聽，故多施行。嘗言貢舉諸科滯於記誦，已立法使兼通本經大義，將有造浮説以摇前令者，願確守之，法卒不廢。又論伎術官廕子孫，宜各以其類，若醫官使奏醫學，教坊使補色長，不獨使專其業，且以杜入官之濫，至今行之。皇祐中，三聖並配于郊，又温成皇后立廟，薦獻略比太廟，禮官列奏以爲當改[一一]，而大臣猶不從。公曰：「並配以致孝也，而瀆乎帝；后廟以廣恩也，而僭乎親。皆違經背禮，豈可以示後世乎？」遂定配太祖，而改温成廟爲祠殿，薦以常饌，宫臣執事自此正焉。嘗作明堂樂章，因言升歌闋柷敔，無終始之節，而節鼓非雅音，乃詔增柷敔搏拊而黜節鼓。公爲仁宗謚議，奏謂：「賤不誄貴，故臣下稱天以誄天子，讀謚南郊，受之天也。今詞臣草謚議，即降詔命，有司初不預聞，殆非禮意。宜合百官讀謚圜丘①。」上可其議。仁宗既祔廟，以考位配明堂②，而真宗當罷。御史請分太宗之大雩以配真宗，講官和之。公議曰：「嚴公配仁宗，得禮之正，而欲褫遷分祀以苟厭神靈之意，臣恐祖宗弗饗也。」知禮者以其言爲是。及論喪畢禘祫、神主祔廟已嘗吉祭，不當於禫畢復行饋食之禮，以折禮官，衆論遂定。治平中，大議追尊濮王，公於兩制爲議首，執用封期親尊屬故事，執政以爲不然。公持之，卒不奪。其後諫官、御史争論久不決[一二]，帝以手詔裁定③，多如其初[一三]。熙寧元年當郊，上疑於諒闇，公與兩制合奏：「王制三年不祭，唯天地社稷，越紼而行事，不以卑廢尊也。自漢文帝以來，即位而謁廟，至唐德宗以後，踰年而不行郊。真宗居明德太后喪，明年亦祀圓丘④、享太廟。今宜如故事，其冕服、車輅、儀物、音樂緣神事者，皆不可廢。」其年遂行大禮。朝廷將復入閤儀，公曰：「唐紫宸

① 宜合百官讀謚圜丘　「圜」原作「托」，據庫本及宋史卷八禮志改。
② 以考位配明堂　「以」原作「少」，據鐵琴銅劍樓本、庫本改。
③ 帝以手詔裁定　「手」原作「乎」，據庫本改。
④ 明年亦祀圓丘　「圓」，庫本及宋史卷八禮志作「圜」。

爲正衙，不御則喚仗由閤門入，則入閤非盛禮也，此不足復。」

公泛通六經，深於詩書，善史學。其爲文豪贍有氣，閎侈瓌麗而不失義正①，自成一家。掌文誥二十年，每一篇出，四方傳誦之。帝數語大臣：「王珪誥有體，他學士不逮遠矣。」朝廷有大述作，雖已秉政，猶特命爲之。修仁宗、英宗實録及正史，多所刊定，意足而無長語。擬藳上，先帝手詔以比班馬。英宗爲皇子，中書召公草詔，公對曰：「天下屬望立嗣子久矣，然必出自陛下意，則後莫能摇。一有摇動，所以階禍亂也。」帝諭以「決自朕意」，乃進藳[一四]。歐陽文忠公以爲得學士體。公草仁宗遺制[一五]、先帝爲太子册、慶壽宫還政書[一六]，皆宣叙明鬯，人以謂協濟大事，有翰墨之功焉。又記寶文閣，奉詔爲高衛王、康王碑[一七]，發明天子所以崇事聖母之意，天子嘉之。

公榮遇最久，諸臣無以爲比，而謙儉慎默，未嘗有過。有毁者率弗驗，其後眷待愈隆。御史欲誣其子仲端以事，公固請窮治，已而不挂一毫，言者服罪[一八]。英宗嘗召對蘂珠殿，設紫花墩命坐，翊日，賜盤龍金盆以示恩意[一九]。先帝拓熙河，賜之玉帶，前後加勳至極品。元豐二年，增授功臣號，率同列辭上曰：「功臣，自唐中葉以寵從行軍士，非古也。」因詔罷功臣[二〇]。

公自奉甚約，而厚於昆弟，然於親屬終不敢私援薦，不知者至或怨之。子仲脩，以學登進士第，今爲祕書省著作佐郎；仲端，承事郎、籍田令；仲薿，承奉郎；仲岏②、仲煜，承事郎。女長適鄆州教授李格非，早卒；次適前權太常博士閭丘籲，次許嫁前進士鄭居中，並封蓬萊縣君；次尚幼。孫男三人：昭，承奉郎；次晏，次晟。公

① 閎侈瓌麗而不失義正　「瓌」原作「壞」，據庫本改。

② 仲岏　庫本作「仲琓」。

亨年六十七，文集一百卷。夫人鄭氏，奉國軍節度使戩之女，今舉以祔。銘曰：

自公五世，居蜀成都。高祖逮祖，食吏躬儒。維考漢公①，始徙家舒。至于太師，幼奮鄉閭。發爲文章，璣貝瓊琚②。翰林是職，相府是居。事業煌煌，何其偉與！公意愉夷，公貌虚徐。蹈勤履艱，勇則有餘。文武聖皐，造設新書。學以教士，士衆鼉魚。法以練卒，卒勁虎貙。拓洮披夏，聲動穹廬。贊贊厥功，公吁帝俞。聖母神孫，並照天衢。霁褰霧收，六合開除。公于斯時，載符載扶③。有巖岱華，視我丕圖。公卧在疾，錫問趯趯。公終考年，澤賁幽墟④。嗚呼太師，顯孰公如！

辨證：

［一］王太師珪神道碑　按，王珪，東都事略卷八〇、宋史卷三一二有傳。揮麈餘話卷二云徽宗御篆王珪碑額曰「元豐治定弼亮功成」。趙希弁讀書附志卷下王岐公華陽集曰：「哲宗嘗篆其碑額曰『懿文』，徽宗又賜之曰『元豐治定弼亮功臣』。」

［二］李清臣　清臣（一〇三二～一一〇二年）字邦直，相州安陽人。官至中書侍郎、門下侍郎。東都事略卷九六、宋史卷三二八有傳，本書中集卷四九載有晁補之李黄門清臣行狀。按，黄門，門下省之别稱。

［三］賜壽昌坊大第處其孤加贈太師　長編卷三五六元豐八年五月庚戌條載王珪卒，「初贈太尉，再贈太師，謚文恭。禮部言當舉哀成服，詔以大行在殯，罷之」。卷三五七元豐八年六月丁卯條載「賜故左僕射王珪壽昌坊官第，神道碑額曰『懿文』，遺表恩澤十人。詔

---

① 維考漢公　「考」原作「者」，據庫本改。

② 璣貝瓊琚　「貝」字原「具」，據鐵琴銅劍樓本、庫本改。

③ 載符載扶　「符」，據鐵琴銅劍樓本、庫本作「持」。

④ 澤賁幽墟　「澤」字原作「僤」，據庫本、舊鈔本改。

給事中陸佃監護葬事」。卷三七六元祐元年四月辛亥條云「詔故宰相王珪神道碑賜『懿文』爲額，仍差中書舍人錢勰書」。

〔四〕然太師陪輔十有五年其贊策納議爲最多　宋史王珪傳云王珪「自執政至宰相，凡十六年，無所建明，率道諛將順。當時目爲『三旨相公』，以其上殿進呈，云『取聖旨』；上可否訖，云『領聖旨』；退諭稟事者，云『已得聖旨』也」。又卷四七一蔡確傳云：「初議官制，蓋倣唐六典，事無大小，並中書取旨，門下審覆，尚書受而行之，三省分班奏事，柄歸中書。確説王珪曰：『公久在相位，必得中書令。』珪信不疑。確乃言於帝曰：『三省長官位高，不須置令，但令左右僕射分兼兩省侍郎足矣。』帝以爲然。故確名爲次相，實顓大政，珪以左僕射兼門下，拱手而已。」

〔五〕及先皇帝厭萬幾託國事實慈宮建立皇太子以定大統　東都事略王珪傳云：「神宗不豫，珪奏乞立皇太子，請皇太后權同聽政，候聖體康復依舊，神宗首肯之。皇太子既立，未幾，神宗升遐，哲宗即位。」又云：「紹聖四年，章惇奏神宗寢疾之際，中丞黃履及大臣奏請建儲，珪嘗語李清臣『他家事，外廷不當與』。邢恕又誘高遵裕之子士京上書，言『珪當元豐末，命嘗招其兄士充，詢遵裕以建儲意，遵裕怒叱其子勿再往』。及議建儲，珪初無語，蔡確與章惇共詰之，珪乃曰：『上自有子，何議之有！』用此爲珪罪，遂追貶萬安軍司户參軍。元符三年，其子仲脩訴其父冤，乃盡復故官、贈謚。及蔡京用事，以珪爲臣不忠，入黨籍。後以受八寶赦出籍云。」

〔六〕與其列請命福寧閤以及雙日朝延和　長編卷三五三元豐八年三月乙卯條云：「三省、樞密院言：『按儀注：未釋服已前遇隻日，皇帝御迎陽門，日參官並赴起居，依例奏事。每五日，遇隻日於迎陽門垂簾，皇帝坐于簾內之北，宰臣執政官升殿奏事，權屏去左右侍衛。有機速公事，並許非時請對及賜宣召。禮部、御史臺、閤門奏討論故事，詳定御殿及垂簾儀，每朔、望、六參，皇帝御前殿，百官起居，三省、樞密院奏事，應見、謝、辭班退，各令詣內東門進牓子。皇帝雙日御延和殿垂簾，日參官起居太皇太后，移班少西起居皇帝，並再拜。三省、樞密院奏事，三日以上四拜，不舞蹈。候祔廟畢，起居如常儀。簾前通事以內侍，殿下以閤門。凡軍頭司引呈公事，可以權付有司者，續具條奏。吏部磨勘奏舉人，垂簾日引。應見、謝、辭臣僚遇朔、望、參日不坐，並先詣殿門，次內東門，應臺賜者並門賜。』從之。」

〔七〕幼警悟力學日誦數千言識者奇之　宋史王珪傳云：「珪弱歲奇警，出語驚人。從兄琪讀其所賦，喟曰：『騏驥方生，已有千里之志，但蘭筋未就耳。』」

〔八〕參知政事　宋史王珪傳云：「珪典内外制十八年，最爲久次，嘗因展事齋宮，賦詩有所感，帝見而憐之。熙寧三年，拜參知政事。」又長編卷二一八熙寧三年十二月丁卯條注引林希野史云：「王珪參知政事，謝景温曰：『珪徒有浮文，執政豈所宜邪？』上曰：『珪久次，姑容之。中書三員，韓絳奉使，遇齋祠告，遂無可押班，且當用珪。』薛昌朝曰：『執政繫天下輕重，豈但充位押班者？陛下待執政意何薄也？』」按，宋朝事實類苑卷三六王禹玉引倦遊雜録云：「京師祭二社，多差近臣。王禹玉在兩禁二十年，熙寧三年，爲翰林承旨，又膺是任，題詩齋宮曰：『鄰雞未動曉驂催，又向靈壇飲福盃。自笑治聾不知足，明年强健更重來。』執政聞而憐之。」據石林詩話云「世言社日飲酒治聾」。

〔九〕慶曆中契丹數邀求生事　按，指慶曆二年契丹聚兵境上，遣使臣蕭英、劉六符來聘，求割關南十縣地之事。

〔一〇〕六符大爲公屈卒無所言　長編卷一七一皇祐三年八月乙未條載宋廷遣翰林學士曾公亮爲契丹國母生辰使，西京左藏庫使郭廷珍副之；工部郎中、知制誥王洙爲契丹生辰使，閤門通事舍人李惟賢副之；户部判官、屯田郎中燕度爲契丹國母正旦使，内殿崇班、閤門祗候張克己副之；太常博士、直集賢院、同修起居注王珪爲契丹正旦使，東頭供奉官、閤門祗候曹偓副之，云：「使至鞾淀，契丹使劉六符來伴宴，且言耶律防善畫，向持禮南朝，寫聖容以歸，欲持至館中，王洙曰：『此非瞻拜之地也。』六符言恐未得其真，欲遣防再往傳繪，洙力拒之。」與本碑文所載頗異。

〔一一〕皇祐中三聖並配于郊又温成皇后立廟薦獻略比太廟禮官列奏以爲當改　長編卷一九六嘉祐七年正月乙亥條云：「初，諫官楊畋上言：『洪範五行傳曰：「簡宗廟則水不潤下。」又曰：「聽之不聰，厥罰常水。」去年夏秋之交，久雨傷稼，澶州河決，東南數路大水爲災。陛下臨御以來，容受直諫，非聽之不聰也；以孝事親，非簡於宗廟也。然而災異數見，臣愚殆以爲萬幾之聽，必有失於當者；七廟之享，必有失於順者。惟陛下精思而矯正之。』於是詔太常禮院檢詳郊廟未順之事，乃言：『按孝經曰：「郊祀后稷以配天。」春秋曰：「自外至者，無主不止。」然則天地之理，必有所配者，皆侑神作主之意也。且祖一而已，始受命也；宗無豫數，待有德也。自宗而下，功德顯著，自可崇廟祏之制，百世不遷，垂之無窮。至於對越天地，則神無二主，所以奉上帝之尊，示不敢瀆。唐垂拱中，始用三祖同配，至開元十一年，明堂親享遂罷之。皇祐五年詔書：「今南郊且奉三聖並侑，後復迭配如舊禮。」未幾，復降詔：「三聖並侑爲定制。」雖出孝思，然其事頗違經禮。又温成皇后立廟城南，四時祭奠，以待制、舍人攝事，玉帛裸獻，登歌設樂，並同太廟之禮，蓋當時有司失於講求。昔高宗遭變，飾己思咎，祖己訓以祀無豐於暱，而況以變寵列於秩禮，非所以享天心、奉祖宗之意也。』復下兩制議。」

〔一二〕其後諫官御史爭論久不決　皇朝編年綱目備要卷一七治平二年夏四月「詔議崇奉濮王典禮」條云：「元年五月，宰臣韓琦等奏：『請下有司議濮安懿王及譙國太夫人王氏、襄國太夫人韓氏、仙遊縣君任氏合行典禮。』詔須大祥後議之。至是進呈，乃有是詔。翰林學士王珪等相顧不敢先，知諫院司馬光獨奮筆立議，略云：『爲人後者爲之子，不敢復顧其私親。秦漢以來，有自旁支入承大統，推尊其父母爲帝、后，皆見非當時，取譏後世，不敢引以爲聖朝法。臣以爲濮王宜尊以高官大爵，稱皇伯而不名。』賈黯之議亦同。王珪敕吏以光手稿爲案。議上，歐陽修以爲自古無以所生父改稱『伯』者，珪等言非是。中書奏：『漢孝宣、光武皆稱父爲皇考。』太后聞之，手書詰責輔臣，以不當議稱皇考。上詔：『如聞集議，議論不一。宜權罷議，當令有司博求典故，務合禮經。』判太常寺范鎮率禮官上言：『陛下既考仁宗，又考濮王，其議未當。』其列儀禮及漢儒議論、魏明帝詔爲五篇奏之。於是，臺官自中丞賈黯以下各有奏。知雜呂誨亦言：『陛下入繼大統，皆先帝之德。當從王珪等議爲定，封濮安懿王大國，諸夫人典禮稱是。』奏皆留中不報。司馬光又上言曰：『伏見向者詔群臣議濮安懿王合行典禮，王珪等二十餘人皆以爲宜準先朝封贈期親尊屬故事，凡兩次會議，無一人異辭，而政府之意獨欲尊濮王爲皇考，巧飾詞說，誤惑聖聽。政府言：「儀禮、令文、五服年月敕，皆云爲人後者爲其父母之服，若不謂之父母，不知如何立文？」此乃政府欺罔天下之人，謂其皆不識文理也。又言：「漢宣帝、光武皆稱其父爲皇考。」臣案宣帝承昭帝之後，以孫繼祖，故尊其父爲皇考，而不敢尊其祖爲皇祖者，以與昭帝昭穆同也。光武起布衣，誅王莽，冒矢石以得天下，名爲中興，其實創業，雖自立七廟，猶非太過，況但稱皇考，其謙損甚矣。今陛下親爲仁宗之子，以承大業，傳曰：『國無二君，家無二尊。』若復尊濮王爲皇考，則置仁宗於何地乎？』」

〔一三〕帝以手詔裁定多如其初　東都事略、宋史王珪傳云當時追崇濮王典禮，王珪與侍從、禮官合議「宜稱皇伯，三夫人改封大國，執政不以爲然。其後三夫人之稱，卒如初議」。李心傳舊聞證誤卷二辨云：「按史三夫人未嘗加封，故李邦直熙寧八年撰韓魏公行狀曰：『英宗所生，迄今爲仙遊縣君。識者皆疑其非禮意。』元豐二年五月，始詔三夫人並稱曰王夫人，遷祔濮園。未嘗封大國也。李邦直撰禹玉神道碑亦云：『治平中，議追尊濮王，公執用封期親尊屬故事，執政以爲不然，公持之，卒不奪。其後諫官、御史爭論久不決，帝以手詔裁定，多如其初。』邦直所云，但指不稱皇耳。此謂三夫人卒如珪議者，實甚誤。」

〔一四〕帝諭以決自朕意乃進藁　宋史王珪傳云：「嘉祐立皇子，中書召珪作詔，珪曰：『此大事也，非面受旨不可。』明日請對，曰：『海內望此舉久矣，果出自聖意乎？』仁宗曰：『朕意決矣。』珪再拜賀，始退而草詔。」

〔一五〕公草仁宗遺制　長編卷一九八嘉祐八年四月壬申朔條載仁宗崩，「召翰林學士王珪草遺制，珪惶懼不知所爲，韓琦謂珪曰：『大行在位凡幾年？』珪悟，乃下筆」。

〔一六〕慶壽宮還政書　長編卷一九八嘉祐八年四月丁亥條云：「翰林學士王珪上言聖體已安，皇太后乞罷權同聽政。即命珪草還政書，既而不行。」

〔一七〕奉詔爲高衛王康王碑　按，即本書上集卷九所載王珪撰高衛王瓊決策定難顯忠基慶之碑、高康王繼勳克勤敏功鍾慶之碑。

〔一八〕御史欲誣其子仲端以事公固請窮治已而不挂一毫言者服罪　長編卷三一七元豐四年十月庚申條云：「先是，大理寺鞫王琥與石士端妻王氏姦罪，辭及王珪之子仲端，（舒）亶上言琥父子事連仲端甚明，有司以故觀望，不敢盡理根治。仲端亦自訴。上命內侍馮宗道監劾，而事果不實。宗道面奏，乃元告人許貴避罪虛妄，見已結案。上批：『獄丞王援承勘作姦，不可不治。』乃命監察御史裏行朱服、檢正中書刑房公事路昌衡移劾於同文館，仍以宗道監劾。（朱）明之妻翰林學士王安禮之姪也，與集賢校理、知諫院蔡卞連親，知安禮等與珪有隙。明之嘗薦引援，遂諭旨於援，令劾仲端有姦狀，及以證左兩詞互說聞上，退又僞爲上語以語其妻。於是安禮之子防以語（練）亨甫，亨甫以語亶，亶信之以聞。援嘗爲安禮所舉，欲合明之意，故入仲端罪。防傳明之所造上語于亨甫，意欲傳達言事者以聞，根治仲端則事連珪。亨甫以防所傳仲端事語亶，意欲求亶引薦，亶褒稱亨甫，許以言達於上，又漏露所奏及宣諭語。（蔡）京嘗在朝堂與明之語仲端事，云丞相疑吾輩獄事，切須子細。及赴臺再問，報上不實。」於是大理寺丞王援、大理少卿朱明之、承務郎王防各追一官勒停，前權漳州軍事判官練亨甫除名勒停，集賢校理蔡京落職，大理卿崔台符、少卿楊汲「坐知援等爲姦，俱不按發」，故與知諫院舒亶「各罰銅二十斤」。

〔一九〕賜盤龍金盆以示恩意　宋史王珪傳云「濮議」，「始珪之請對而作詔也，有密譖之者。英宗在位之四年，忽召至蘂珠殿，傳詔令兼端明殿學士，錫之盤龍金盆，諭之曰：『祕殿之職，非直器卿于翰墨間，二府員缺，即出命矣。曩有讒口，朕今釋然無疑。』珪謝曰：『非陛下至明，臣死無日矣。』」

〔二〇〕元豐二年至因詔罷功臣　長編卷二九四元豐元年十一月己亥條云：「宰臣吳充王珪、參知政事元絳言：『功臣非古，始唐德宗多難之餘，乃有『奉天』、『定難』之號，不應盛世猶襲陳跡。況陛下即位以來，上徽號至數十而不許，臣等何功，乃例蒙恩，乞於銜位之中悉減罷。」詔答曰：「唐之中世，時屬多虞，制爲功臣，寵厥將吏。因仍弗革，稱謂實繁，溢美過情，空名眩實。施之近世，或適權宜，襲於來今，固非通制。卿等爲國丞弼，悃愊無華，帥先臣鄰，願罷功號，朕用嘉歎，其敢弗從，宜如所請。」於是知樞密院馮京等繼請，從之。遂詔管軍臣僚以下至諸軍班，銜內帶功臣者並罷。」按，宋史卷一五神宗紀亦記此事於元豐元年十一月己亥日，此云「元豐二年」者疑誤。

名臣碑傳琬琰集上卷九

高衛王瓊決策定難顯忠基慶之碑[一]　翰林學士王珪

惟高氏始得姓於齊太公之後，歷秦漢以來，世固多徙而北者。王之先薊門人。方五代擾攘，李景盜據江南，數通使契丹。王之皇祖密國公者，與其子適將虜命至，而景欲太上皇帝御名患中原①，陰使人害密國公②，聲言爲汴人所殺，遷其子濠梁③。積厚報隆，乃有茲冀國。冀國公知人事之變，舉其族内屬，占數于亳之蒙城[二]。

王即冀國之中子也，諱瓊，字寶臣，少起田里，沈勇有大略[三]。太宗尹京邑，聞其材武，召置帳下。太宗嘗燕罷禁中，太祖命同升輦至講武殿，出苑東門，太祖親扶上馬。時王與戴興、王超、李斌④、桑贊等五人皆從，太

---

① 而景欲太上皇帝御名患中原　「太上皇帝御名」，庫本、華陽集卷四九高衛王神道碑銘作「搆」，此乃避宋高宗趙構諱。按，宋高宗於紹興三十二年中退位，稱太上皇帝。

② 陰使人害密國公　「陰」，庫本作「潛」。

③ 遷其子濠梁　「濠梁」原作「豪梁」，據庫本及華陽集卷四九高衛王神道碑銘改。

④ 李斌　原作「李賦」，據華陽集卷四九高衛王神道碑銘及宋史高瓊傳、卷二七五李斌傳改。

宗醉不能穿馬鐙，王左手控轡①，右手代鐙。既出，太祖顧謂王繼恩曰：「此數人者，皆將帥之器也。」特以控鶴官帶及束帛賜之。

太宗即位，補御馬直指揮使，遷御龍弓箭直都虞候。太平興國四年，從征太原，押弓弩兩班，合圍攻城。太原平，太宗引兵自幽州還，聞虜兵盛至，留王夜作引龍直樂于御營②[四]。遲明，王度車駕已遠，乃謂衆曰：「今敵在肘腋，若力拒之，尚可馳潰圍中，不爾則不得脱。」於是衆從王轉戰至行在，而六班率不至。及見王，數加勞存之。太宗欲誅六班，王曰：「陛下晨夕兼行，令不蚤下③，主將之罪也。今衛士皆以材勇選，從下太原，有功未賞，盡誅之可乎？」帝怒遂釋[五]。擢天武軍都指揮使、西州刺史，又爲神衛左厢都指揮使④、西州團練使。再幸大名，爲京新城内巡檢[六]。會盧多遜遣吏私通秦王邸[七]，坐失徼巡，降許州馬步軍都指揮使。

適有亡命卒聚盜于界中，伺知州臧丙出，將劫庫兵以爲亂。王微得之⑤，即白丙，選從卒數十人襲賊，至榆林里⑥。賊窮保民舍，王挺身登牆，賊酋號「青脚狼」者，將注矢射王，王引弓一發，應弦而踣，盡擒其餘黨。丙上其事，稍遷御前忠佐馬步軍都軍頭、薊州刺史。會將北伐，以爲樓舡戰棹都指揮使，部舡千艘趨雄州，城易州。

---

① 王左手控轡　「控轡」，華陽集卷三六高烈武王瓊神道碑作「按輿」。

② 留王夜作引龍直樂於御營　「引龍直」，華陽集卷三六高烈武王瓊神道碑作「引龍真」。按，宋史卷一四二樂志、文獻通考卷一四六樂考作「引龍直」，是。

③ 令不蚤下　「蚤」，華陽集卷四九高衞王神道碑銘作「密」。

④ 又爲神衛左厢都指揮使　「左」，宋史卷二八九本傳作「右」。

⑤ 王微得之　「微」，華陽集卷三六高烈武王瓊神道碑作「偵」。

⑥ 至榆林里　宋史高瓊傳云「至榆林村」。

歷天武左、右廂都指揮使，薊、富二州團練使。

端拱元年，與范廷召、王超、孔守正同時落權，王出單州防禦使，徙貝州兵馬總管。不數月，廷召等復進補軍職，王顔忽忽内思所不及①。駙馬都尉王承衍鎮貝州，公主間入見上，頗知顧王厚，承衍屢慰勉之②。明年，遂制授侍衛親軍步軍都指揮使、歸義軍節度使，廷召等皆列其下[八]。王自單州不一年蒙擢至此，而數爲殿前都指揮使戴興所呰。太宗謂興曰：「朕自幽州還，便欲除瓊此命，蓋已遲十年矣。」及爲并代馬步軍都總管③，時潘美亦爲節度使，同在太原。舊制，領軍職者班其上，王以美數戰有功，乃自陳願班其次而許之[九]。以保大軍節度使爲鎮州行營都總管[一〇]，又以彰信軍節度使爲太宗山陵都總管，復之并代。

咸平中，契丹内寇，閼氏車帳至狼山大夏口[一一]。王方遣偏將王萬海等七人擇兵異道與虜确④，而自據要設伏以邀擊之。俄楊允恭持詔至，趣王出土門，與石保吉、傅潛合軍鎮定以拒賊。會潛擁重兵⑤，畏不出戰，既得罪，乃以王代潛屯冀州，虜尋解去。明年召還，授殿前都指揮使。上鞭箭陣圖，真宗賜對便殿。時言者以高陽之戰，范廷召等所領兵頗聞有不用命者，今釋不誅，後何以責死力？真宗以問王，對曰[一二]：「前日聖恩已釋之。

① 王顔忽忽内思所不及　華陽集卷四九高衛王神道碑銘作「王引領忽忽内恩所不及」，宋史高瓊傳云「瓊頗悒悒」。
② 承衍屢慰勉之　「屢」原作「婁」，據庫本及華陽集卷四九高衛王神道碑銘改。
③ 及爲并代馬步軍都總管　「總管」，宋史卷五太宗紀、卷二八九高瓊傳皆作「部署」。按，宋人避英宗諱，改「部署」爲「總管」，因王珪於神宗時撰此碑文，故稱「總管」。
④ 王方遣偏將王萬海等七人擇兵異道與虜确　按「确」，通「角」。漢書卷五四李廣蘇建傳：「李廣材氣天下亡雙，自負其能，數與虜确。」
⑤ 與石保吉傅潛合軍鎮定以拒賊會潛擁重兵　華陽集卷四九高烈武王瓊神道碑無「傅潛合軍鎮定以拒賊會潛擁重兵」十四字。

今其衆分隸諸將①，一日聞召而欲誅之，方疆場多虞，儻衆懼而變生，臣竊爲國家憂。」真宗遽曰：「微卿，幾至誤事。」王因言：「殿前諸班、捧日、天武諸軍，皆拱衛之兵，其數目益耗②。」真宗曰：「三司以邊儲不足，未暇增補也。」王曰：「臣興國、雍熙中爲軍廂主，方是時，諸指揮皆滿五百人以上，若積計所闕軍食，固當有餘，三司曷爲不足？」雖以其言爲然，而未能遽行。未幾，後殿選補諸軍班，王請於所絀中更選人以益之。或曰：「上意所不欲，王固欲之，且典握禁兵，不懼疑至則身辱乎？」王曰：「我以死許國，安復以疑自顧也！」會馬軍都指揮使、權步軍司葛霸在告，管軍獨有四廂指揮使劉謙一人。王既兼領二司[一三]，乃言：「臣老矣，如有負薪之憂，誰爲可任者？先朝自殿前而下，各置副都指揮使及都虞候，常有十人，職近事親，易以第進。又使士卒預識其威名，緩急臨戎，上下得以附習，此軍制之大要也。」於是施用其言。

景德元年，契丹直抵澶州。真宗北幸，駐蹕于韋城。大臣有勸上南巡者，乃問王行幄③，王惕然曰：「且虜之大入，去國遠鬭，勢不可以持久，況羽檄召天下兵④，行且至，進則可以決有功。今止軍不發，衆情大惑，誰爲陛下建此者？」真宗曰：「將更議於大臣。」王曰：「天子親御六軍，蒙犯霜露，國之安危，事在轉漏，尚何議也[一四]！」遂發韋城，次澶州。將抵浮橋，左右猶躊躕未進，王下馬自扶輦，擁衆渡河[一五]。既而請帝御北城觀兵，漢軍望黃蓋，皆仰呼萬歲，而虜人亦大呼，聲聞數十里，其種酋皆駭視失色。有頃，勁弩伏發，射契丹貴將覽

---

① 今其衆分隸諸將　「今」，華陽集卷三六高烈武王瓊神道碑作「令」。
② 其數目益耗　「目」，華陽集卷四九高衛王神道碑銘作「日」。
③ 乃問王行幄　「乃」，華陽集卷四九高衛王神道碑銘作「召」。
④ 況羽檄召天下兵　「況」原作「呪」，據庫本及華陽集卷四九高衛王神道碑銘改。

死[一六]，遂奉書請盟。

師還，賜燕于行宫，而李繼隆、石保吉、魏咸信酒酣争功，王曰：「天子神武，一舉而折敵，公等何功之與也？」繼隆等愧甚。已而賜黄金三百兩。它日，衛士有白廩粟陳腐者[一七]，王曰：「邊防戰守之兵暴露寒苦，而所食之粟與豉同色。若等日既食太官，月所給又先進樣於上前，豈特諸軍比也？有一言以動吾軍者斬！」於是衆莫敢有言。其後王被疾久不出，輒有遺陳粒於殿下者，中貴人得以聞，人賜精米一斛。王嘆曰：「安有是邪？」遂以疾辭典軍，章數上，拜忠武軍節度使。

王素爲宰相寇準所知。方澶州之行，勸上南巡者王欽若也，準嘗叱欽若[一八]，退而心甚恨。三年，準罷相，欽若知樞密院。王疾甚，真宗趣駕欲臨問，欽若乃言：「天子問疾，所以寵勳臣。今瓊無破敵之功，不可往。」帝勉爲止。其年十二月四日①，王薨建寧里第，享年七十二②。贈侍中。有司請輟視朝一日，終以王有舊勳，特輟二日，官給喪事。明年正月二十九日，葬開封府開封縣吹臺鄉建邑里。

王儀狀英偉，不學古兵法，而臨變中機，奇密如神。典禁兵之日久，顧裨佐不足與計事，特以材自任。方其代傅潛提三路之兵以數十萬，出入進止，其聽號令若一人。虜故憚王，終歲不敢近塞下。王善騎射，與士卒同飲食，賜予輒分其戲下③，家亡所餘。真宗嘗問：「卿子幾人？」曰：「臣子十有四人。臣誠愚不肖，然未嘗不教以知書。」於是賜諸經史於其家[一九]。每戒諸子：「毋曲事要勢，以蕲進身。自吾奮節行間，至秉旄鉞，豈因人力哉？」

---

① 其年十二月四日　「四日」，宋史卷七真宗紀作「戊寅」。按，十月己巳朔，戊寅爲十日。

② 享年七十二　隆平集高瓊傳作「年七十三」。

③ 賜予輒分其戲下　「戲下」，華陽集卷四九高衛王神道碑銘作「麾下」。

又嘗論：「前後與吾同在宿衛者，孰最有聞？」諸子以其所聞者對之，王曰：「與蔚昭敏、李斌孰愈？」諸子曰：「此衆之所非也。」王曰：「吾常與此二人者言，其忠質一心，無銖髮敢欺朝廷。衆之所非，吾是以取也。」王少時嘗醉卧田中，父夜往見有神人擐金甲侍王之側，父竊奇而愛之。父没，王負父骨十餘年，故其後子孫莫不以忠孝承家。

嘉祐八年，王之曾孫女進册爲皇后，以故累贈至太師、尚書令兼中書令、秦國公。治平四年，爲皇太后，遂贈至衛王①，王薨七十一年矣。其葬也，弗及請謚于有司。熙寧九年，天子篤寶慈之養，而念王之功，乃親考六家之書，以「安民有功曰烈，折衝禦侮曰武」，特賜謚曰烈武。又以王墓有窆碑而文未刻，乃詔臣珪述王遺休而刻之，既又賜之篆曰「決策定難顯忠基慶之碑②」。嗚呼，何其盛歟！

臣珪伏思太宗之發燕南，真宗之渡澶北，當是之時，王智有足過人者，一旦濟國家之難，以休兵靖民顯名于後世，顧所施豈不閎哉！與夫自昔將帥搴旗斬馘之事異矣。澤流子孫，與宋無極，殆神理之有相乎！

曾祖冕，贈中書令。祖霸，贈尚書令、密國公。父乾，贈尚書令、冀國公。王娶李氏，追封魏國夫人；繼亦李氏，追封楚國夫人。子長曰繼勳，建雄軍節度使，贈康王；次曰繼忠，四方館使、榮州團練使；次曰繼和，崇儀副使；次曰繼倫，西頭供奉官；次曰繼密，内殿承制、閤門祗候；次曰繼宣，天武捧日四廂都指揮使、眉州防禦使；次曰繼隆，引進使、陵州團練使；次曰繼元，東上閤門使、嘉州刺史；次曰繼荀，右侍禁；次曰繼芳，供備庫使、忠州刺史；次曰繼顒，左侍禁；次曰繼豐，供備庫使、昌州刺史；次曰繼敏，内殿承制；次曰繼昌，西頭供奉官。皆已卒。女十二人。孫西京左藏庫副使遵度等六十三人。曾孫左班殿直士先等一百四十五人。四世孫東

---

① 遂贈至衛王　「遂」，華陽集卷三六高烈武王瓊神道碑作「追」。

② 既又賜之篆曰決策定難顯忠基慶之碑　「定」原作「靖」，據清鈔本、庫本、華陽集卷四九高衛王神道碑銘及本碑文題改。

頭供奉官公庠等七十一人。來孫右班殿直世祚等十三人。銘曰：

紹恢皇圖①，於赫神宗[二〇]。憺我常武②，緊王之雄。威威緊王，出入金革。外動四夷，其武孔碩。王從北征，翼帝之興。六龍安御，天旋日舒③。逮事真宗，決策于河。虜駭枝披，奉書請和。王長六師，闞如暴虎④。燕徒嘽嘽，疇予敢侮。誰謂人遐，尚有遺烈。至今受祉，亦莫我遏。思齊曾孫，實有慈極。天子仁孝⑤，化及萬國。上方念王，幽州之功。澶州之晝，其利亡窮。迺誄王行，迺銘王勞。作碑確峗，在浚之郊。陟彼高岡，望王之塋。千載而下，其凜如生。

辨證：

[一] 高衛王瓊決策定難顯忠基慶之碑　本碑文又載於華陽集卷四九，題曰「推忠保節翊戴功臣忠武軍節度許州管内觀察處置等使開府儀同三司檢校太尉使持節許州諸軍事行許州刺史兼御史大夫上柱國渤海郡開國公食邑八千七百户食實封三千户累贈太師尚書令兼中書令烈武高衛王神道碑銘」。按，高瓊，隆平集卷一七、東都事略卷四二、宋史卷二八九有傳。

[二] 冀國公知人事之變舉其族内屬占數于亳之蒙城　宋史高瓊傳云：「（高）霸將契丹之命，以乾從行使景。方至江左，諜間北使與中夏搆隙，以紓疆埸之難，遂殺霸，居乾濠州，聲言爲汴人所殺。乾在濠州生三子，以江左蹙弱，尋挈族歸中朝，給田亳州之蒙城，因

---

① 紹恢皇圖　「圖」，華陽集卷四九高衛王神道碑銘作「基」。

② 憺我常武　「常」，華陽集卷四九高衛王神道碑銘作「神」。

③ 威威緊王出入金革外動四夷其武孔碩王從北征翼帝之興六龍安御天旋日舒　按，華陽集卷四九高烈武王瓊神道碑無此三十二字。

④ 闞如暴虎　「暴」，華陽集卷四九高衛王神道碑銘作「虣」。

⑤ 天子仁孝　「子」，華陽集卷四九高衛王神道碑銘作「予」。

土著焉。」

［三］少起田里沈勇有大略　宋史高瓊傳稱「瓊少勇鷙無賴，爲盜事敗，將磔于市，暑雨創潰，伺守者稍怠，即掣釘而遁」。後從軍「事王審琦」。

［四］太宗引兵自幽州還聞虜兵盛至留王夜作引龍直樂于御營　宋史卷四太宗紀一云「太宗引兵自幽州還」之原因乃「帝督諸軍及契丹大戰於高梁河，敗績」。對此敗績，宋人筆記多有記載：司馬光涑水記聞卷二云「魏王德昭，太祖之長子，從太宗征幽州，軍中夜驚，不知上所在，衆議有謀立王者，會知上處，乃止」。王銍默記卷上云從軍將士「以平晉不賞，又使之平幽，遂軍變，太宗與所親厚夜遁」得脱，卷中又云「太宗自燕京城下軍潰，北虜追之，僅得脱，凡行在服御寶器盡爲所奪，從人宮嬪盡陷没。股上中兩箭，歲歲必發，其棄天下竟以箭瘡發云」。遼史卷九景宗紀下亦云：乾亨元年「秋七月癸未，（耶律）沙等及宋兵戰於高梁河，少卻；休哥、斜軫横擊，大敗之。宋主僅以身免，至涿州，竊乘驢車遁去。甲申，擊宋餘軍，所殺甚衆，獲兵仗、器甲、符印、糧饋、貨幣不可勝計」。又宋史高瓊傳云「及討幽薊，屬車駕倍道還，留瓊與軍中鼓吹殿後。六班扈從不及，惟瓊首率所部見行在，太宗大悦，慰勞之」。吴曾能改齋漫録卷一二高氏出太皇太后以有陰德之助亦載：「太宗親征北狄，直抵幽州，圍其城。俄一夕大風，軍中震驚，南、北兵皆潰散。而諸將多不知車駕所在，唯節度使高公瓊隨駕。上於倉卒中，大怒諸將不赴行在，翌日欲行軍法。高奏曰：『夜來出不意，諸將若有知陛下所在，豈陛下之福耶？臣獲在左右，亦偶然耳。諸將不可罪。』上悟，皆釋之。」按，吴曾云云有誤，當太宗夜遁時，高瓊留守御帳，並未從駕，且其亦未官節度使。

［五］帝怒遂釋　長編卷二〇太平興國四年七月丙戌條載太宗南還「次金臺驛，内供奉官閻承翰馳奏大軍不整，南嚮而潰。上令殿前都虞候崔翰將衛兵千餘人止之。翰請單騎徑往，至則諭以方略，衆遂定，反命不戮一人。上甚嘉之」。

［六］爲京新城内巡檢　宋史高瓊傳云時「命瓊與日騎右廂都指揮使朱守節分爲京城内巡檢」。

［七］會盧多遜遣吏私通秦王邸　長編卷二三太平興國七年三月戊辰條載：「多遜自言累遣趙白以中書機事密告廷美，去年九月中，又令趙白言於廷美云：『願宮車早晏駕，盡心事大王。』廷美又遣樊德明報多遜云：『承旨言正會我意，我亦願宮車早晏駕。』私遺多遜弓箭等，多遜受之。」故「詔削奪多遜官爵，并家屬流崖州」。

［八］廷召等皆列其下　宋史高瓊傳云時「廷召輩始加觀察使，不得與瓊比」。

［九］王以美數戰有功乃自陳願班其次而許之　宋史高瓊傳稱其「出爲并州馬步軍都部署。時潘美亦在太原，舊制節度使領軍職者居上，瓊以美舊臣，表請居其下，從之」。

［一〇］以保大軍節度使爲鎮州行營都總管　宋史高瓊傳稱其「改鎮州都部署。至道中，就改保大軍節度，典軍如故」。

［一一］閼氏車帳至狼山大夏口　按「閼氏」，匈奴單于之后號。史記韓信盧綰列傳：「匈奴騎圍上，上乃使人厚遺閼氏。」張守節正義：「單于嫡妻號，若皇后。」此指契丹太后蕭綽，遼景宗后、聖宗母。

［一二］上鞭箭陣圖至真宗以問王對曰　據長編卷四八，真宗、高瓊問對在咸平四年三月甲申，而高瓊上鞭箭陣圖，據長編卷五五在咸平六年九月己卯。按，碑文此處所述時序有顛錯。

［一三］王既兼領二司乃言　據長編卷六一景德二年十二月癸未條，高瓊兼領二司爲景德二年間事。宋史高瓊傳亦記此事於景德中。按，下文乃述景德元年契丹南侵事，時序有顛錯。

［一四］大臣有勸上南巡者至尚何議也　長編卷五八景德元年十一月壬申條云時「群臣復有以金陵之謀告上宜且避其鋭者，上意稍惑，乃召寇準問之。……準入對，上曰：『南巡何如？』準曰：『群臣怯懦無知，不異於鄉老婦人之言。今寇已迫近，四方危心，陛下惟可進尺，不可退寸。河北諸軍日夜望鑾輿至，士氣當百倍。若回輦數步，則萬衆瓦解，敵乘其勢，金陵亦不可得而至矣。』上意未決。準出，遇殿前都指揮使高瓊門屏間，謂曰：『太尉受國厚恩，今日有以報乎？』對曰：『瓊武人，誠願效死。』準復入對，瓊隨入，立庭下，準曰：『陛下不以臣言爲然，盍試問瓊等？』遂申前議，詞氣慷慨。瓊仰奏曰：『寇準言是。』且曰：『隨駕軍士父母妻子盡在京師，必不肯棄而南行，中道即亡去耳。願陛下亟幸澶州，臣等效死，敵不難破。』準又言：『機會不可失，宜趣駕。』時王應昌帶御器械侍側，上顧之，應昌曰：『陛下奉將天討，所向必克，若逗遛不進，恐敵勢益張。或且駐蹕河南，發詔督王超等進軍，寇當自退矣。』上意遂決」。又後山談叢卷一云：「契丹侵澶淵，萊公相真宗北伐，臨河未渡。是夕，內人相泣。明日，參知政事王欽若請幸金陵，樞密副使陳文忠公堯叟請幸蜀。真宗以問公，公曰：『此與咋暮泣者何異？』議數日不決，出遇高烈武王而謂之曰：『子爲上將，視國之危不一言，何也？』王謝之。乃復入，請召問從官，至皆默然。楊文公獨與公同，其說數千言，真宗以一言折之曰：『儒不知兵！』又請召問諸將，王曰：『蜀遠，欽若

之議是也。上與後宮御樓船浮汴而下，數日可至。』殿上皆以爲然，公大驚色脱。王又曰：『臣言亦死，不言亦死，與其事至而死，不若言而死。今陛下去都城一步，則城中别有主矣。吏卒皆北人，家在都下，將歸事其主，誰肯送陛下者？金陵可到邪？』公又喜過望，曰：『瓊知此，何不爲上駕邪？』王乃大呼逍遥子，公掖真宗以升，遂渡河而成功。」

［一五］王下馬自扶輦擁衆渡河　涑水記聞卷六云：「上在澶淵南城，殿前都指揮使高瓊固請幸河北，曰：『陛下不幸北城，北城百姓如喪考妣。』馮拯在旁呵之曰：『高瓊何得無禮！』瓊怒曰：『君以文章爲二府大臣，今虜騎充斥如此，猶責瓊無禮，君何不賦一詩詠退虜騎邪？』上乃幸北城，至浮橋，猶駐輦未進，瓊以所執檛築輦夫背，曰：『何不亟行！今已至此，尚何疑焉！』上乃命進輦。」

［一六］射契丹貴將覽死　按，「覽」即「撻覽」之省稱，遼軍大將。按，據長編等載，宋軍射殺撻覽在真宗抵澶州北城之前，此處所述不確。

［一七］衛士有白廩粟陳腐者　宋史高瓊傳記此事於高瓊太宗時任并代馬步軍都總管時，然所述有異：「戍兵有以廩食陳腐譁言者，瓊知之，一日，出巡諸營，士卒方聚食，因取其飯自啖之，謂衆曰：『今邊鄙無警，爾等坐飽甘豐，宜知幸也。』衆言遂息。」按，長編卷六一景德二年十二月癸未條嘗載：「上聞有司給諸班糧米粗惡，不與原樣同，諭權殿前都虞候劉謙令各赴倉换之。諸班指揮使皆言米雖陳次，然已多費用，願不復换。乃詔諸班各特賜米一斛，倉司官吏抵罪有差。」則宋史高瓊傳所載疑出傳聞。

［一八］準嘗叱欽若　按長編卷五七景德元年閏九月癸酉條注曰：「其實準先已決澶淵之議，欽若與（陳）堯叟潛沮之，準因斥言其過。雖斥言其過，蓋未嘗面斥欽若等，固亦不於上前公獻此策。本傳遂云準斥欽若等，恐未必然爾。」

［一九］於是賜諸經史於其家　長編卷六〇景德二年六月乙未條載：「賜殿前都指揮使高瓊板本經史，從所乞也。上崇尚文儒，留心學術，故武毅之臣無不自化。」

［二〇］於赫神宗　按，此「神宗」指太宗。韓琦安陽集卷四一仁宗皇帝哀册文：「惟宋受命，與天無疆。藝祖以武，底寧甹。神宗以文，萬邦一王。真廟紹隆，赫然其光。逮夫仁宗，益熾而昌。」

高康王繼勳克勤敏功鍾慶之碑[一]　翰林學士王珪

熙寧九年秋七月壬申，臣珪奏事殿上，皇帝曰：「朕奉承聖序，方以天下致養於皇太后，而外家賞賜官爵未嘗輒有所加，朕每興言禁中，太后數不許。嘗考國史、實録，見高氏之世次，惟烈武王有子十四人，其長康王，於太后爲大父，歷事三朝，出征入衛，有夙夜之勞。王葬有年矣，而謚未告其第，碑未刻其阡，朕甚悼之。今特賜之謚曰穆武。其爲朕作康穆武王之碑，庸稱所以推崇太后祖考之意。」臣珪謹按：

王諱繼勳，字紹先。自冀國公去濠適亳①，三世爲蒙城人。王生亳之谷陽，少學兵法，好將帥之節。雍熙三年，以父任爲右班殿直，遷西頭供奉官。王儀狀動人，太宗召問其家世，擢寄班祗候，再遷内殿崇班，爲西京陝孟懷號路都巡檢使②。時有群盜作聚山川③，吏久不能捕。王使勇士衷甲飾輜重誘之轘轅道中，賊皆就擒，由是知名。

咸平三年，王均據益州反，以崇儀副使爲益州兵馬都監。提舉諸州軍巡檢事、招安使雷有終以卒五百人授王，攻東郭二門未下，引兵與賊戰彌牟寨，其衆大潰，追擊至嘉州界，生擒賊百餘人，獲僞造黄纖、金塗槍而還。有終益以精卒，復攻二門下之，賊退保子城。王大建麾幟城上，諸將知已拔城，於是有終進薄天長門，賊更出拒戰。時會莫④，王謂有終曰：「賊軍鄉罷，急擊之，可有功。」王乃從數騎往馳賊陳，身被數創，血漬甲縷，馬中矢

① 自冀國公去濠適亳　「亳」原作「毫」，據文海本、庫本、華陽集卷四九高康王神道碑銘及下文改。
② 爲西京陝孟懷號路都巡檢使　「號」原作「虢」，據庫本及華陽集卷四九高康王神道碑銘改。
③ 時有群盜作聚山川　「作」，華陽集卷四九高康王神道碑銘作「保」。
④ 時會莫　「莫」字下，宋史高繼勳傳有「有終欲少休」五字。

死，復更馬以戰。入内都知秦翰以兵來援，賊知不可拒，還走入城。王開圍縱之，均遂夜遁。翼日，王率有終撫循城中，封府庫，勑所部秋毫無所犯。均既誅，天子賜書褒諭，於是以定蜀功進崇儀使。方王拔城，適有中使密傳詔曰：「今賊嬰城自守而久未下，外暴官軍，内斂百姓，顧其册安決？若縱之使跳去，彼烏合之衆，安能久伏林莽虜？」及均敗，正如聖略所出。居亡何，賊黨楊承海、謝才晟復收餘衆保岩谷中，數招貸之不出。又以爲綿漢劍門路都巡檢使。王乃募里中惡少年，輒伺知賊動静。一日，徒步領輕兵馳歷阻險，徑賊所匿處。賊不謂王之至此也，方解衣自如，莫知計所出。王手格殺數人，餘麾衆盡縛之，蜀爲之無盜。王在蜀有威名，號神將。

徙峽路兵馬鈐轄。還朝，陳用兵出入奇正之要，真宗以爲能，改洛苑使、并代路鈐轄。景德元年，契丹犯河北，分兵犯河東。王至岢嵐軍，遇虜五萬衆陳于艸城川。王與知軍賈宗登山上①，裴回望虜軍，謂宗曰：「虜雖衆，而鼓譟不成列，將無人也。我領騎兵三千，雖不足與戰，候虜南去，當臨隘出奇以要擊之，彼前不得戰，退不得還，子可悉衆左右乘之，必大亂。」已而王果得所欲，追殺至寒光嶺②，斬首及自相騰轢以死者萬餘人[二]，焚車帳，獲馬牛、槖駝、器械蓋數萬計。天子復賜書褒諭，遷弓箭庫使、榮州刺史。是歲，朝廷與契丹約和，烈武王大有功於澶淵。明年，爲麟府路鈐轄③。河外環列亭障，而宿兵多轉饟給軍，爲虜所鈔④。王移軍扼兔毛川⑤，以斷虜闌，而軍食滋不乏。

---

① 與知軍賈宗登山上　「登」原作「奏」，據庫本及華陽集卷四九高康王神道碑銘改。

② 追殺至寒光嶺　「嶺」原作「領」，據庫本及華陽集卷四九高康王神道碑銘改。

③ 爲麟府路鈐轄　「府」原作「符」，據華陽集卷四九高康王神道碑銘及宋史高繼勳傳、卷八六地理志改。

④ 爲虜所鈔　「爲」上，華陽集卷四九高康王神道碑銘有「間」字。

⑤ 王移軍扼兔毛川　「兔毛川」，華陽集卷三六高穆武王繼勳神道碑作「險要」。

會契丹新遣使朝京師，以知瀛州。王雖以武功進，而天資達于政事。始至州，凡所設施，嚴而不煩，老吏縮手不敢肆。屬歲大飢，穀價翔起，即召諸里富人謂曰：「今半境之人將轉而入之溝壑。若等家固多積粟，能發而濟振之，若將濟州將之命。」於是皆争出粟，王亦以其直予之，蒙活者萬餘人。明年歲物豐美，有甘棠連理者四本。郡人相與詣闕上其圖，誦王德政，求刻石，王奏止之。歷内藏庫使、宫苑使。奉使契丹［三］，其國人見王爲人英偉，且知故烈武王之子，莫不加憚之，至不敢仰視。還，知定州［四］，徙延州、冀州，又徙貝州。乾興元年，復知瀛州，徙雄州。是歲，契丹坐冬燕京，大縱獵涿、易之野。忽候騎報虜將大入，緣邊皆飭爲備。王獨示之以無事，徐曰：「虜歲賴漢金繒，當内計利害，無敢輕出兵。」已而果渤海之畔虜者群剽兩界中，傳言相驚恐。王因戒邊吏毋得輒往捕，第驅之令遠去。故終王所臨，塞下無生事。又歷東、西上閤門使，昭、隴二州團練使，遂除捧日天武四廂都指揮使、連州防禦使，又知瀛州。於是吏民無幼艾，皆鼓舞王之旌下曰：「不意三見我公之臨也。」

徙渭州。在渭三年，客有獻計者曰：「河南之人思漢久，以王之善用兵，千載之功可就也。」王曰：「我特守方隅，幸而亡犬吠之警，乃敢爲邊生患耶？」輒謝遣之。更步軍、馬軍、殿前都虞候，拜步軍都指揮使①、邕州觀察使，入宿衛。踰年，願復守邊，爲鎮定路馬步軍都總管、威武軍節度觀察使②。

入天聖十年③，制授馬軍副都指揮使、保順軍節度使。明年移節昭信軍，爲章獻明肅太后山陵、章懿太后園陵都總管。又明年，以老上章乞骸骨，不許。它日召見便殿，給一子扶，俾勿拜。自陳：「少起兵間，未嘗以身自

---

① 拜步軍都指揮使　「都指揮使」，宋史高繼勳傳作「副都指揮使」，當是。

② 威武軍節度觀察使　東都事略高繼勳傳作威武軍節度使，華陽集卷四九高康王神道碑銘及隆平集、宋史高繼勳傳皆作威武軍節度觀察留後。按宋制，觀察使上爲節度觀察留後，再上爲節度使，故此處「使」當作「留後」。

③ 入天聖十年　華陽集卷四九高康王神道碑銘無「入」字，似衍。

愛。今年老被病，敢苟生以顧禄乎？願陛下哀憐之。」於是聽罷典軍，以建雄軍節度使知滑州。王雖老，猶遇事精明。方河怒嚙堤，王一夕坐隄上，調揵薪興築，而河怒爲止。滑人每過其隄而思之。王年七十六①，是歲景祐三年②，以七月二十七日薨州之正寢。仁宗惘悼之，爲輟視朝一日，贈太尉，馳使護喪西還。其年十月二日，葬開封府開封縣吹臺鄉建邑之原。

王忠謹有知略，臨機不輕發。尤善御軍，得士卒死力，故以少擊衆，未嘗不有功。其治民，期盡人情之曲折，而略於用刑，今猶愛思之。初典禁兵，捧制書泣下，謂諸子曰：「爾祖有大功朝廷，典此職幾二十年，未始有過失，我何功之有？爾曹念所以報國，唯有忠孝一節爾。」家故宗族蕃，王則推心愛睦之，其賙宦婚喪祭無不及。

曾祖霸，贈尚書令、密國公。祖乾，贈尚書令、冀國公。父瓊，贈太師、尚書令兼中書令、衛王，烈武其謚也。母李氏，魏國夫人。元配康氏唐國夫人，繼室郭氏陳國夫人、王氏周國夫人。子男六人：長遵度，故西京左藏庫副使；次遵範，故右侍禁、閤門祇候；次遵甫，故北作坊副使，贈太師、尚書令兼中書令、武功郡王，皇太后之父也；次遵約，故文思副使；次遵憲，故供備庫副使；次遵揖③，故左班殿直。女三人。孫右班殿直士先等十六人。曾孫右侍禁公景等二十四人。四世孫右班殿直世祚等六人。

臣珪既述王碑而工未就，乃八月庚戌，皇太后勑中使趣其文蚤上，且聞天子有詔賜碑名曰「克勤敏功鍾慶之

---

① 王年七十六　隆平集、東都事略、宋史高繼勳傳皆稱其卒年七十八。

② 是歲景祐三年　「三年」，華陽集卷三六高穆武王繼勳神道碑作「二年」，誤。

③ 次遵揖　「遵揖」，隆平集高繼勳傳作「遵讓」。按，其當原名遵讓，因避濮王允讓諱而改名遵揖。

碑」。臣珪曰：高氏之興，自烈武王有幽、澶之功，至王西定蜀，北戰寒光嶺，爲國捍患，亦未嘗妄殺，惟陰施之及人者深，故天發有來，右我聖后，保翼天子，以母臨天下。則其所以追念王之前勞而褒大之，豈與夫兩京外家恩澤富貴之儗哉！王之子孫，維孝維忠，蟬聯蔓衍而不可窮。今之爲世家言者，高氏盛矣。銘曰：

蒙城之高，世則崛起。銜訓自王，奮豈不偉？蕣蜀燹胡①，禾黍被野。四方既平，澤及牛馬。豹尾神旗，以長六軍。歷臨八州，有惠在民。豈無虎臣，爲國爪牙？嶷嶷維王，能世其家。王發多祥，聿及神保。神罔不懷，使王壽考。誕鍾聖孫，以母天下。思媚周姜，京室以化。后未勝衣，顧王猶在。身履至尊，終念王愛。帝親母家，一門三王。子孫祁祁，申錫無疆。誰言恩腴？莫匪外戚。人孰望王？世載乃績。述宣王碑，天子有命。萬祀猶新，用宏茲慶。

辨證：

［一］高康王繼勳克勤敏功鍾慶之碑　本碑文又載於華陽集卷四九，題曰「推誠保節忠亮翊戴功臣建雄軍節度晉州觀察處置等使金紫光禄大夫檢校司空使持節晉州諸軍事晉州刺史兼御史大夫上柱國渤海郡開國公食邑七千九百户食實封一千六百户累贈太師尚書令兼中書令穆武高康王神道碑銘」。按，高繼勳，隆平集卷一七、東都事略卷四二、宋史卷二八九有傳。

［二］與知軍賈宗登山上至斬首及自相騰轢以死者萬餘人　長編卷五七景德元年八月乙卯條載契丹侵岢嵐軍，「并代鈐轄高繼勳實率兵來援，登高望草城川，謂宗曰：『敵衆而陣不整，將不才也。我兵雖少，可以奇取勝。先設伏山下，戰合必南去，爾起乘之，當大潰。』與戰至寒光嶺，伏發，敵果敗，自相蹂躪者萬餘人，獲馬牛、橐駝甚衆」。

［三］奉使契丹　長編卷七九大中祥符五年十月己酉條載宮苑使、榮州刺史高繼勳爲契丹國主生辰使。云：「舊制，出使必假官，繼勳本秩既崇，不復假官，自是爲例。」

---

① 蕣蜀燹胡　「胡」，華陽集卷三六高穆武王繼勳神道碑作「賊」。

［四］知定州　宋史高繼勳傳稱高繼勳知定州後，「遷西上閤門使、昭州團練使，徙鄜延路鈐轄，坐市馬虧價失官。已而復爲西上閤門使、榮州刺史」。長編卷七九天禧三年正月癸巳條載：「免鄜延路鈐轄、西上閤門使、昭州團練使高繼勳仍削一任，都監曹仁用、監押胡從式並除名，配隸虢州、金州。仁用等坐販易交引，繼勳市馬虧直也。」

名臣碑傳琬琰集上卷十

韓獻肅公絳忠弼之碑[一]　黄門李清臣

元祐三年三月，贈太傅韓獻肅公之柩至京師，厝于潁昌長社縣嘉禾鄉先兆之次。六月十九日甲午，葬靈井村。既事，將勒石隧道，有詔資政殿學士李清臣其撰次獻肅公絳事，而賜額以爲「忠弼之碑」。臣觀于書詩，昔之賢臣，苟有以忠服國事，蓋弗恤厥家。在商有若伊尹暨陟，在周有若召公奭暨虎，後人思念詠欽①，於報亦罔不篤。惟獻肅公嗣世德，有烈在天下，或墜厥實，昧弗著見，載筆之士，是忱有責，矧孝子孝孫懷大戚。今獻肅公既中書舍人攽狀其事，太常、考功、御史與在廷之臣謚其行，右僕射純仁以誌銘昭其幽堂，是於忠弼大慰籲。詔又以屬陋臣。惟獻肅公昔不以不肖視陋臣，是敢重受命，推原帝意，丕揚公之忠，用久于天下。

公字子華。曾祖諱處均，祖諱保樞，真定靈壽人。考諱億，參知仁宗朝政事，謚忠憲。及公與仲、季相繼大用[二]，緜是三世皆贈太師、開府儀同三司，曾祖追封周國公，祖陳國，考冀國。曾祖妣李氏，祖妣郭氏、周氏，妣蒲氏、王氏，各封太夫人于夫之國。忠憲公始葬陳公于長社，遂築第潁昌，以便歲時奉帚薦豆，合其屬以居。公

① 後人思念詠欽　「欽」，庫本作「歌」。

又以德義勸教子孫，孝友、儒學、吏能，士大夫皆稱韓氏。

公少以蔭補太廟齋郎，累遷大理評事。試進士，唱名第三，文章驚動一時。以太子中允通判陳州。忠憲公憂除，召擢太常丞、直集賢院、同知太常禮院。言神主在八室而將祀①[三]，習儀朝廷，不敬，自是徙就尚書省②。遷開封府推官③。醫家子冷清自謂母娠宮中④，生民間，欲以惑衆。既就獄，止羈置蔡州，公奏請乃敢大造誣詐，宜棄都市。仁宗問所以然，公復詳言其狀，清遂伏誅[四]。改戶部判官。南方饑，體量安撫江南，所寬減財力、振捄全活十數事[五]，創爲五則，以均衙前役；斥陂湖利，奪其錮者予貧民；罷信州民運鹽，趣發運司以時輸送；宣州守姦賄不法，收以付獄，州人驩賀。使還稱旨，擢右正言。

時大臣左右朝政，務循故事。公入對曰：「陛下宜用神斷。」他日納疏言「陛下春秋高，願蚤建太子」。仁宗曰：「卿忠，論及此，然幾事也，毋著文墨。」公懷疏以歸，焚于室。故在仁宗、英宗朝，雖所親亦莫知公嘗論此者。入内都知王守忠判内省事，公謂不可假此名，罷之[六]。道士趙清貺出入宰相家，以賄敗，開封府杖之，死于道，民間讙言爲宰相滅口。公請究治宰相與所指者，皆謫去[七]。未久稍遷，公復固争，奏寢弗下。公遂屏處自劾，上遣使慰勞起之。轉禮部員外郎，罷諫職[八]，糾察在京刑獄，同判太常寺兼禮儀事，同修起居注，試知制誥。押班武繼隆遷官，公封還詞頭，陳其罪，出繼隆爲鄆州鈐轄。久之，求補外，遷吏部員外郎，以職知河陽[九]，辭遷官

---

① 言神主在八室而將祀　「八室」，庫本作「太室」。

② 自是徙就尚書省　「省」下，范忠宣公文集卷一五司空康國韓公墓誌有「著爲令」三字。

③ 遷開封府推官　「推官」原作「推言」，據庫本、范忠宣公文集卷一五司空康國韓公墓誌及東都事略、宋史韓絳傳改。

④ 醫家子冷清自謂母娠宮中　「冷清」，范忠宣公文集卷一五司空康國韓公墓誌同，長編卷一六八皇祐二年四月戊辰條及東都事略、宋史韓絳傳皆作「冷青」。

不拜。數月，召判吏部流内銓。

李仲昌塞六塔河不成，瀕河諸郡大水，出爲河北安撫使。時宰相佑仲昌，莫敢斥其罪，公獨劾奏仲昌首事敗河①[一〇]，費國埶民，竄廢南方。遂以龍圖閣直學士爲河北都轉運使。親嫌，徙知瀛州[一一]。從官列奏公宜在朝廷，留知諫院。自以言數不用，不敢汙言職辭，改知審官院。宣祖神御、温成后園皆寓奉先寺。仁宗將幸奉先，或謂因欲臨后園，公預以所聞諫。旦日飭駕，使諭公曰：「朕欲酌神御，非詣后園也。」權同知貢舉，召拜翰林學士，兼群牧使。

仁宗遣使祈嗣茅山，公當草祝辭，因言：「祈嗣顧禱祠何益？夫女御閉於深宫者衆，宦人養子絶人之世者多，非所以順天地、致螽斯之福於上也。」書奏御，仁宗即日出宫人數百，且令裁定宦人養子令。歷吏部員外郎、右諫議大夫，權御史中丞。時近臣守真定已去，從官聯章請貰其罪②。公曰：「法自貴者始，更相援救，則公道廢矣。」遂并劾之[一二]。宫人或納請降度牒、紫方袍者，公具以聞，上亟逐典掌劉氏等[一三]。公在臺，論大臣緣私請薦舉人不稱者，罷十數。凡朝讌在列，無敢有讙譁徙倚不端者。張孜母乳悼獻太子[一四]，孜以襁負從宫中。其後壯長寖貴，領親軍，以掛嫌議出爲外官[一五]，至是復召還。公奏彈宰相引嫌人典宿衛，及數言時政闕失，中書故寢不報。章未下，公自陳論塞骩職事，不敢復造臺。諫官指趣或與公異，乃詆公爲擅去官守，罷知蔡州[一六]。

數月，加翰林侍讀學士、知慶州。熟羌乜臼族劫獄囚，殺追呼吏，據堡不用命，公發兵夷乜臼族。朝廷驚問舉兵狀，未報，聞賊平，壯公策決，賜詔嘉獎。自此熟羌不敢輒叛。嘉祐八年正月，進端明殿學士、知成都府。出

① 公獨劾奏仲昌首事敗河 「劾」原作「刻」，據庫本、舊鈔本改。

② 從官聯章請貰其罪 「貰」原作「貫」，據庫本、舊鈔本及宋史韓絳傳改。

貸倉穀，循致醫藥，葬客死士與貧不能瘞者①。禁邊州伐木夷界，以弭兵爭。閉絶蠶崖關，使夷人貿賣□□亡内覘②。初，張尚書詠給券糴鹽米惠貧户，歲久皆轉入富人。公廢舊券，别以券予貧民，因奏凡三歲視貧富輒改易券故。内侍使蜀，給酒場吏主貿賣，聽使掊取以資費。公奏請加禁約，英宗使内侍省嚴著令，每行必申飭焉。遷給事中，改尚書禮部侍郎，以群牧使召，未至，加户部，權知開封府。視事未幾，權三司使。乃奏均兩川職分田，差劇易爲厚薄；罷合同憑由司，凡宫費悉關三司[一七]。中旨横恩，一切固執弗下[一八]。公即奏：「小人不足徇，即有飛語，願覈實。」英宗曰：「朕在藩邸，頗聞有司以國事爲人情，卿所守固善，其毋憚讒。」京師大雨水，天子繕治，供帳皆辦，真拜使。作永厚陵，裁浮費甚衆。

神宗拜公樞密副使[一九]。樞密府選用西班升朝官，吏挾勢，重有低昂③，人莫敢以勞者自直。公奏置審官西院，釐正選用法付之。禁兵歲减汰數或十耗五六，而將校營壘猶如故，建請併省，以實軍費。兼領制置三司條例司，改參知政事[二〇]。

熙寧三年九月④，夏羌大入慶州境，圍七寨，殺略數千，邊將高敏戰死榆林。以公爲陝西宣撫使[二一]，賜空

---

① 葬客死士與貧不能瘞者　「者」字原闕，據舊鈔本補。

② 使夷人貿賣□□亡内覘　「□□」，庫本作「來往」，文海本作「開外」，按東都事略韓絳傳云韓絳知成都府，「又以兵守蠶崖門，絶蕃部往來，使轉就威、茂交易」，則推知其原文所闕二字似爲「關外」，「開」字形近而譌。

③ 重有低昂　「昂」原作「卬」，據文海本、庫本改。

④ 熙寧三年九月　「三年」原作「二年」，按宋史卷二一一宰輔表二，韓絳爲參知政事在熙寧三年四月；又長編卷二一四熙寧三年八月庚辰條云：「夏人自壬申傾國入寇，攻圍大順城、柔遠寨、荔原堡、淮安鎮、東谷寨、西谷寨、業樂鎮，兵多者號三十萬，少者二十萬，圍或六七日，或一二日。」據改。

名宣告，即軍中賞功，詔許除補所部官。自受命至陛辭，三日而行，賜金繒及織文袍，纔至邊，悉分予將吏。公初行環慶，勞饗蕃漢士傷痍者，賜帛裹瘡。治兵鄜延，使偏將种諤出青澗城，趨銀州界，破撫寧、開光諸帳，屯守囉兀。公欲自高奴通道河東，詔兼河東宣撫使，就拜同中書門下平章事、昭文館大學士[二二]。公遣將出麟府，兵徑虜中凡九日，會囉兀下。又破賊馬户川，斬馘數千，獲纛旗、木符、領盧印。公初至邊，裂諸路兵置七將，間其無備，亟出擣之，至是深入破敵者十七戰，皆捷，招降數萬人，居以曠土①。方築據奪其要害[二三]，而慶將失撫御，兵有叛亡者[二四]。時内外多與公異意，爭歸咎宣撫司，邊事揺矣。公一不辨，以身任其責，罷相知鄧州[二五]。其後既收兵，羌人亦卷廬帳，驅畜産遁去，客食河外，飢死者衆，數年終不能復，而使大酋數叩保安軍求通使，並塞皆空，無賊火。上於是知公爲有功。

明堂禮成，進觀文殿學士。公乃奏：「臣嘗私誓，年六十歸奉先臣丘墓，今落罪籍，乃敢言，願如臣所誓。」章十上，神宗遣使五返，敦諭切至，除知許州，使近田里，公乃不敢辭。閲歲，加大學士，徙知大名府，且使過闕入朝，諭之曰：「西邊之寧，卿之力也。」告辭坐前，因奏有司奉行詔令不稱旨，頗爲苛急，以疲吏民，願寬期會、簡節目。神宗可之。

明年，復拜同中書門下平章事、監修國史[二六]。既在任，請置局中書，鉤考財用，以制出入之節。已而與同列弗合[二七]。時三司使發市易官罪，而同列佑之，欲弗責。方創賈人免行錢，孫尚書永議有異，而同列欲論永罔上，故不實[二八]。上書人鄭俠絞切下獄，而執政馮公京嘗賙俠，同列欲以黨俠爲重坐。公辨帝前，謂不得直，數

① 居以曠土　「土」原作「士」，據庫本、舊鈔本改。

求罷①。上爲逐市易官，稍寬二臣者。而他相至，欲復留故賈人劉佐任市易[二九]。公固言不可，論上前未決。公再拜曰：「臣言不用，辱相位，請從此辭。」上愕曰：「兹小事，何爾耶？」公奏曰：「小事弗伸，況大事乎！」上爲罷佐，遣使持手札諭公使就位，公乃起。

後數月，固稱疾，乃拜觀文殿大學士、禮部尚書、知許州[三〇]。徙知太原府，授建雄軍節度使、知定州[三一]。以年七十告老，不許，復知潁昌府，辭，以爲西太一宫使。請納節，上諭以使相領宫使有近比，辭不已，遂許收建雄軍節度，拜金紫光禄大夫、觀文殿大學士爲宫使。召陪祠南郊，還舊節，知河南府。夏，伊、洛大漲，漂城中。拯護墊溺，給其食，處以官舍；訛言驚衆者刑黥之。募工料材，完倉庫營壘，直平而工作利。築堤障城東南，明年水復至[三二]，與堤平，人賴以免，頌其功刻于石。會行保馬法，主者促期增數，保户迫蹙，馬價暴貴。公爲修奏，止之如初令。裕陵役興，公選才者分責以事，凡所應辦，皆前期爲區處，陵成而下不擾[三三]。

今上登極恩，改鎮江軍節度，封康國公。自神宗更定官制，以開府儀同三司判大名府、北京留守。賜覲見，公數陳避，詔勉行，倚以鎮撫河北。公不得請，就道[三四]。都水使者欲鑿渠郭南，引大河東趨金堤，調工費甚急。公上言：「故道在澶淵，而傍府横引河，功必不就，徒耗財力，駭恐魏人，使流徙，非計也。」三奏，遂罷役[三五]。後復條列故道便利上之。既而公屢請老，上遣使勞撫，不從。公請不已，除集禧觀使。又請凡十餘上，上知不可奪，乃拜司空、檢校太尉致仕。還京師，既而許還潁昌，敕有司供具②。入辭賜對，給一子扶掖，命宰臣宴餞都亭

① 數求罷　「求」字原脱，據三朝名臣言行録卷一〇之一丞相康國韓獻肅公引神道碑補。
② 敕有司供具　「供具」原作「具州」，據庫本改。

驛。公以久雪，上方憂勞，辭宴。未行感疾，太醫診治，元祐三年三月三日薨于寢①，享年七十七。兩宮臨奠，數厚賜，天子成服苑中②，輟視朝兩日。

公自少氣節嶷然，聞其言，見其貌，皆知其必位將相。剛正渾厚，而於交親仁以盡至。朝廷事不可屈撓以私，據理道，論是非，不辨正不已。推引賢能，急於家事，以誠待人無所疑，而知人常不誤。司馬温公方與執政忤[三六]，而公言温公代己爲樞密副使，至於宰相又薦之[三七]。神宗亦可之曰：「卿度光來乎？朕當亟召。」力引吴正憲公忠諒可任大事。宣撫陝西，首薦今左、右丞相爲判官[三八]。常舉布衣王安國能辭章，程頤有經行。士大夫出其門，多知名天下。初，進士科擢速③，公言：「偶程文占上選，未見才實，勞最蹤衆人，指期爲卿輔，殆亡所謂。」自是始議間年一貢士，而殺其恩。嘉祐中，與陳秀公議茶法，官不失常課，刑辟歲省數千人。又言：「差役病民最甚，宜畀上農及官户、單丁、女户簿率錢募衙前吏，凡不可募者存鄉户，則上户免服役，而游手之民得以應募有業矣。」英宗未果行，至熙寧初申講前議。及温公建言一用差法，詔訪利害，公曰：「臣初議謂衙前可募，其後乃并及他役。所募既廣，遂率錢及下户，且多取羨數。以今所宜，第除羨數，免下户錢，惠澤周矣。」因條六事，異温公議。公皆參取焉④。公前此於温公疏外，中援其賢，及議朝廷事，自守不奪所見乃如此。又建言：

---

① 元祐三年三月三日薨于寢　「三月三日」原作「九月三日」，按韓絳卒日，范忠宣公文集卷一五司空康國韓公墓誌作元祐二年三月二日，卷一一祭康國韓公文題下注曰「元祐三年四月十三日」；長編卷四〇九、宋史卷一七哲宗紀作元祐三年三月丙辰。檢丙辰乃三月九日。又，本碑文首言「元祐三年三月，贈太傅韓獻肅公之柩至京師」，則此處「九月三日」當爲「三月三日」之譌，據改。又按，司空康國韓公墓誌「二年」亦爲「三年」之譌。

② 天子成服苑中　按，「中」字以下至「公乃一心」，底本錯葉爲另一文殘篇（詳見卷末附録），今據鐵琴銅劍樓本補。

③ 進士科擢速　三朝名臣言行録卷一〇之一丞相康國韓獻肅公引神道碑作「進士科進擢速」，「擢」上疑脱一「進」字。

④ 公皆參取焉　「公」，三朝名臣言行録卷一〇之一丞相康國韓獻肅公引神道碑作「後」，似是。

「官制錯謬，如近臣乃兼判中書、門下省，細務多關決二府，悤大政。祖宗方耘耡天下，襲唐季，未及更，宜早論定。」其後神宗改官制，約用六典，多如公所陳者。將殁，猶上書懇惻言天下事①。所臨六州，皆生立祠，聞訃，有巷哭者。公撫養孤貧，雖旁宗疏屬，皆仰嫁娶衣食；賙門生故吏之不能自存者，俸禄無所餘。

娶范魯公質之曾孫②，先公而亡，追封韓國夫人。子宗師，今爲朝散大夫。女適進士范紳，早卒，以恩追封仙居縣君。孫男二人：瑜，承事郎；璧，假承事郎。有文集八十卷，奏議四十五卷，内外制、宣撫經制録、治平會計録總二十二卷③，藏于家。嗚呼！如公斯可謂大臣矣。銘曰：

韓出姬姓，同源異譜。支裔綿延，高曾北土。及陳公喪，始南葬許。烈考忠憲，仁宗作輔④。美成之宫，肖像左廡。公於四朝，忠孝文武。内長臣工⑤，外奮師旅。爲民爲防⑥，爲國除蠹。他人之爲，芬葩綺組。公一乃心，忠信是與。匪家惟邦，匪身惟主。公於夸强，弗傴弗俯。公於奇窮，弗震弗侮。義愆公違，義合公處。正邪睽乖，其猶寒暑。卒遂其守，以戴堯禹。凡公德功，辨莫能數。刻銘斯碑，詒示來古。

---

① 猶上書懇惻言天下事　「猶」原作「尤」，據三朝名臣言行録卷一〇之一丞相康國韓獻肅公引神道碑改。

② 娶范魯公質之曾孫　「曾孫」，庫本作「曾孫女」。

③ 治平會計録總二十二卷　「計」字原脱，按太平治迹統類卷二八用度損益、玉海卷一八五食貨會計、宋史卷二〇三藝文志皆作「治平會計録」，據補。

④ 仁宗作輔　原作「作輔仁宗」，出韻，據庫本改。

⑤ 内長臣工　「臣」原作「成」，據庫本改。按，「臣工」，群臣百官。

⑥ 爲民爲防　庫本作「爲民作防」。

辨證：

［一］韓獻肅公絳忠弼之碑　按，韓絳，東都事略卷五八、宋史卷三一五有傳；又范純仁范忠宣公文集卷一五有司空康國韓公墓誌。

［二］及公與仲季相繼大用　東都事略卷五八韓億傳稱韓億八子，其中「絳、縝位宰相，維門下侍郎」。

［三］言神主在八室而將祀　長編卷一九八嘉祐八年六月癸酉條云：「先是，禮院言大行祔廟，而太廟七室皆滿，請增置一室。詔兩制及待制以上與禮官考議。觀文殿學士孫抃等議曰：『……國朝太祖爲受命之祖，太宗爲功德之宗，此萬世不遷者也。故太祖之室，太宗稱孝弟，真宗稱孝子，大行皇帝稱孝孫。而禘祫圖太祖、太宗同居昭位南向，真宗居穆位北向。蓋先朝稽用古禮而著之於祀典矣。大行皇帝神主祔廟，伏請增一室爲八室，以備天子事七世之禮。』詔從之。」按，韓絳同知太常禮院在仁宗時，不當云「八室」，疑此處乃李清臣誤記。

［四］醫家子冷清自謂母娠宮中至清遂伏誅　長編卷一六八皇祐二年四月戊辰條云：「先是醫家子冷青自稱皇子，言其母嘗得幸掖廷，有娠而出，生青，都市聚觀，（錢）明逸捕得。入府，叱明逸曰：『明逸安得不起！』明逸爲起，既而以爲狂，送汝州編管。推官韓絳言青留外惑衆，非所宜。朝議欲遷之江南，翰林學士趙概言：『青言不妄，不當流；若詐，不當不誅。』即詔概與天章閣待制、知諫院包拯追青窮治。蓋其母王氏嘗執役宮禁，禁中火，出之，嫁民冷緒者，始生女，後生青。青不調，漂泊廬山，數爲人言己實帝子。故浮屠號全大道者，挾之入京師，欲自言闕下。獄具，皆論不道，誅死。」於是權知開封府錢明逸罷爲龍圖閣學士、知蔡州。范忠宣公文集卷一五司空康國韓公墓誌云：「公上疏引方遂詐稱戾太子事，論奏甚切，天子遣中使獨以問公，遂追清伏誅。」又，默記卷下載：「皇祐二年，有狂人冷青，言母王氏本宮人，因禁中火，出外，已嘗得幸有娠，嫁冷緒而後生青，爲藥舖役人。與高繼安者謀之，詣府自陳，并妄以神宗與其母繡抱肚爲驗。知府錢明逸見其姿狀魁傑，驚愕起立。後明逸以狂人置不問，止送汝州編管。推官韓絳上言：『青留外非便，宜按正其罪，以絕群疑。』翰林學士趙概亦言：『青果然，豈宜出外？若其妄言，則匹夫而希天子之位，法所當誅。』遂命概并包拯按得奸狀，與繼安皆處死。錢明逸落翰林學士，以大龍圖知蔡州，府推官張式、李舜元皆補外。世妄以宰相陳執中希温成旨爲此，故誅青時，京師昏霧四塞。殊不知執中已罷，是時宰相乃文、富二賢相，處大事豈有誤哉？」按，默記所稱「神宗」當作「仁宗」，而碑文所云錢明逸置冷青不問，「止羈置蔡州」之「蔡州」，因長編卷一六八及東都事略、宋史韓絳傳等皆稱「汝州」，則推知當是因錢明逸罷權知開封府出知蔡州，而遂誤

「汝州」爲「蔡州」。

［五］所寬減財力振捄全活十數事　宋史韓絳傳稱「行便民事數十條」。按，范忠宣公文集卷一五司空康國韓公墓誌云：「公論衙前役最苦，一當其役，或竭産破家，民至嫁母析居，以求分丁減等。公爲五則衙前法奏行之。發運司歲輸信州鹽三十萬，漕不以時，水涸則寓旁近郡，而州配遣上户輦取之。蓋信州上户千三百家，坐鹽事破者八百家矣。公迺趣奏發運司以時輸鹽，遂絶其害。江南歲以賤價市繒紙竹箭及他物種種，民苦之，公乃令優其直，仍以户口多少爲差。兼并之家，私有陂池溪湖而錮其利，公乃以均所近民，使衆共之。信州官莊四百頃，以衙前四十人假官牛以耕，牛死，輸課不已，人至破産。公減其課，召民願種者予之。宣州守廖詢不法，畏民訟其惡，館公於深嚴。公覺之，命駕直入傳舍，訴者果塞門，收治詢抵法。其所設施興置甚多，民皆以爲便。」

［六］公謂不可假此名罷之　宋史韓絳傳云入内都知王守忠判内省事，「絳言：『判名太重，且國朝以來，未有兼判兩省者。』詔自今勿復除」。長編卷一七五皇祐五年九月壬辰條云：「入内都都知、延福宫使、武信軍留後王守忠爲入内内侍省、内侍省都都知。諫官韓絳言『宦官兼判二省，國朝所未有也』，不報。御史俞希孟乞自今更不除前後省都都知，奏可。」注曰：「絳傳云罷守忠判内省事，蓋因神道碑也。其實守忠爲兩省都都知如故。」

［七］道士趙清貺出入宰相家至皆謫去　長編卷一七五皇祐五年七月壬申條載户部侍郎、平章事龐籍以本官知鄆州，云：「初，齊州學究皇甫淵獲賊，法當得賞錢，淵上書願易一官。道士趙清貺者，籍甥也，紿爲淵白籍，而與堂吏共受淵賂。淵數詣待漏院自言，籍乃勒淵歸齊州。有小吏告清貺等受賂事，籍即捕送開封府。清貺及堂吏皆坐贓刺配嶺外，行至許州，死。諫官韓絳言籍陰諷府杖殺清貺以滅口，又言事當付樞密院，不當中書自行，故罷之。然謂籍陰諷開封，覆之無實。」又七月壬辰條云：「降翰林侍讀學士、刑部郎中吕公綽爲龍圖閣學士、知徐州，御史吴祕知濠州，提點淮南路刑獄、度支員外郎、集賢校理孫錫知太平州，度支員外郎王礪知信州。初，諫官、御史言公綽前知開封府受龐籍旨，決趙清貺杖近脊下，故清貺不至配所死。公綽遂得罪，而錫坐前爲推官，礪爲判官，祕亦獨不彈奏，故皆責及之。」按，周必大文忠集卷十五題龐莊敏公帖有宰相龐籍「坐趙清貺事，爲言者所誣，罷守鄆州」之語。

［八］公遂屏處自劾上遣使慰勞起之轉禮部員外郎罷諫職　長編卷一七五皇祐五年十月己亥條云：「户部侍郎、知鄆州龐籍爲觀文殿大學士，龍圖閣學士、刑部郎中、集賢殿修撰、知徐州吕公綽復爲侍讀學士。公綽以趙清貺之死自辨於朝，上察其情，故并籍皆復舊

職。於是知諫院韓絳乃力争，不報。絳家居待罪，上遣使慰勞之。尋除禮部員外郎，罷諫院。」注曰：「宋要録：初，諫官、御史言公綽前知開封府，受籍旨決道士趙清貺，杖近脊下，故不至配所死，公綽坐是黜。其實杖清貺於判官廳，非公綽所臨也。」

［九］求補外遷吏部員外郎以職知河陽　按長編卷一八〇至和二年六月己丑條載趙抃言：「如吕溱知徐州，蔡襄知泉州，吴奎被黜知壽州，韓絳知河陽府，此皆衆所共惜其去。又聞歐陽修乞知蔡州，賈黯乞知荆南府。……今堅欲請郡者非他，蓋傑然正色立朝，既不能曲奉權要，而乃日虞中傷。」又劉敞言：「吕溱、蔡襄、歐陽修、賈黯、韓絳皆有直質，無流心，議論不阿執政。」據卷一七八至和二年二月丙午條云：「初，翰林學士吕溱上疏，論宰相陳執中外雖强項，内實姦邪，朝廷故事多不諳練，除改官序，常至差錯，平居不接士人，惟陰陽卜祝之流，延入卧内，干預政事。又歷數其過惡十餘事，上還其疏，溱進曰：『若止用口陳，是陰中大臣也，請付執中令自辨。』於是溱改翰林侍讀學士、知徐州。」宋胡柯歐陽修年譜云其至和二年「六月己丑，上書論宰相陳執中，已而乞外，改翰林侍讀學士、集賢殿修撰，出知蔡州」。故疑韓絳求補外，亦因其與宰相陳執中不協有關。

［一〇］時宰相佑仲昌莫敢斥其罪公獨劾奏仲昌首事敗河　長編卷一八二嘉祐元年六月戊寅條載兵部員外郎、知制誥韓絳爲河北體量安撫使，云：「時宰相文彦博、富弼主李仲昌六塔河議。及敗事，人莫敢盡言。絳至河北，具得其狀，始請置獄劾治，仲昌等由是俱被竄廢。」又，當時朝中奏劾者頗衆，如長編卷一八三嘉祐元年七月壬辰條載殿中侍御史趙抃言：「臣近兩次彈奏李仲昌等，乞行竄殛，以正典刑。」八月甲子條載胡宿「嘗奏河朔被水災，濱、棣、德、博四州之民皆歸罪於李仲昌、張懷恩、蔡挺三人，乞斬此三人以謝河北，因進呈韓絳體量劄子，仲昌、懷恩、挺卒坐重責」。故此處稱韓絳「獨劾奏」者不確。按，據宋史卷九一河渠志，李仲昌乃貶責英州。

［一一］親嫌徙知瀛州　據長編卷二一三熙寧三年七月壬辰條稱「絳兄綱子宗彦娶（吴）充兄育女也」。又卷一八四嘉祐元年十月庚午條載宣徽南院使、判河中府吴育復爲資政殿大學士、尚書左丞、知河中府，「育以疾自請之」。按，河中府屬河北路，故此處「親嫌」當指吴育而言。

［一二］時近臣守真定已去至遂并劾之　長編卷一九〇嘉祐四年九月癸丑條載翰林侍讀學士、禮部郎中、知和州吕溱落職分司南京，云：「溱既奪兩官，降知和州，李參等猶窮治溱在真定事，收捕指使張宗惠自殺。參等因言溱與宗惠共爲姦利，前貶太輕。權御史中丞韓絳及知諫院唐介等又交論不已。翰林學士歐陽修等言溱所犯法重情輕，宜在末減。絳曰：『兩制有罪，兩制營救，則天下之法屈於

貴者矣。』臺諫遂并劾修等。執政憐溱以忤監司意抵峻法，卒從輕坐。知制誥劉敞草溱謫辭，有『簡直好節，推誠不疑』等語，臺諫又引胡旦、李昌齡故事，乞加敞罪。不報。」宋史韓絳傳云：「真定守吕溱犯法，從官通章請貰之。」又卷三二〇吕溱傳云吕溱徙成德軍，因「豪侈自放，簡忽於事，與都轉運使李參不相能，還判流内銓。參劾其借官麴作酒，以私貨往河東貿易，及違式受餽贐，事下大理議。溱乃未嘗受，而外廷紛然謂溱有死罪。帝知其過輕，但貶秩，知和州。御史以爲未抵罪，分司南京。」

［一三］上亟逐典掌劉氏等　長編卷一九〇嘉祐四年七月丙午條云：「出後宫彭城縣君劉氏於洞真宫爲法正虚妙大師，賜名道一。劉氏自民間入宫爲司飾，又嘗掌供御膳，偶得進幸，恃上恩，多凌慢。一夕，遂在延福宫揭屏風紙自作奏，凡數百字，幾感動上意，然卒逐之。後又坐罪，削髮爲妙法院尼。」又丁未條云：「初，劉氏在掖廷，通請謁爲姦，御史中丞韓絳密以聞，上曰：『非卿言，朕不知此，當審驗之。』後數日，出劉氏及他不謹者，且詔中書召韓絳諭意。劉氏及黄氏在十閤中尤驕恣者也，於是并黄氏皆出之。」

［一四］張孜母乳悼獻太子　按，張孜即張茂實。東都事略卷六二張孜傳云張孜「初名茂實，避英宗藩邸名，改焉」。

［一五］以掛嫌議出爲外官　默記卷上云：「張茂實太尉，章聖之子，尚宫朱氏所生。章聖畏懼劉后，凡後宫生皇子、公主俱不留。以與内侍張景宗，令養視，遂冒姓張。」按宋史卷三二四張孜傳稱：「孜長於宫禁中，内外頗涉疑似，言者請罷孜兵柄，乃出爲寧遠軍節度使、知潞州，徙陳州。仁宗以其無他，復召爲馬軍副都指揮使。」

［一六］公奏彈宰相引嫌人典宿衛至罷知蔡州　長編卷一九一嘉祐五年四月戊申條載降右諫議大夫、權御史中丞韓絳知蔡州，云：「初，絳彈奏宰臣富弼，且言張茂實人以爲先帝子，而引用管軍，事密難測。既而居家待罪，自言不敢復稱御史中丞。上遣中使召，不出。翌日，臺屬官往勸之，乃出，又不秉笏穿朝堂。知諫院唐介、右正言王陶、侍御史知雜事范師道、御史陳經、吕誨、裏行陳洙等皆言：『茂實頃爲狂卒誣詆，已經朝廷辨白；兼復用管軍，乃中書、密院同議，人亦無間言。今絳苟欲以危法中傷人臣，而不知主無根之言，搖動衆聽，翻爲朝廷不便；兼絳舉指顛倒，不足以表率百司。』故出之。」

［一七］罷合同憑由司凡宫費悉關三司　范忠宣公文集卷一五司空康國韓公墓誌云：「公建言：『宫中所用財貨，悉以合同憑由取之，而近時賜與亦用合同，故歲常數十百萬，而外徒知用物益廣，而不知其有常典也。請以其有例者，悉付有司。』上從之。三司始得會計矣。」

〔一八〕中旨橫恩一切固執弗下　長編卷二〇五治平二年七月辛巳條云：「内諸司吏有干恩澤者，絳執不可，上曰：『朕初不知，當爲卿改。』而干者不已，絳執益堅。」

〔一九〕神宗拜公樞密副使　宋史韓絳傳云：「神宗立，韓琦薦絳有公輔器，拜樞密副使。」

〔二〇〕改參知政事　長編卷二一〇熙寧三年四月己卯條載吏部侍郎、樞密副使韓絳參知政事，云：「絳間與王安石同奏條例司事，嘗贊上曰：『臣見王安石所陳非一，皆至當之言可用，陛下宜深省察。』故安石尤德之。侍御史知雜事陳襄言：『竊聞已制命除韓絳樞密副使，兼參知政事，絳以才望序遷，固未爲過。然朝廷所以用絳之意，似乎不厚矣。陛下始以王安石參預大政，首爲興利之謀，先與知樞密院事陳升之同領制置三司條例司，未幾，升之用事，遷爲丞相，而絳又領之。曾不數月，今又以絳參預政事。則是中書選任大臣，皆以利進，自古至治之朝，未有此事也。臣欲乞罷絳參知政事。今後中書選任大臣，必求道德經術之賢以處之，而不得以利進。如陛下不欲追罷已行之命，即乞將制置條例司與青苗補助之法只歸三司，及責之守令相度施行，庶不害于王政，而足以全大臣之節矣。』」

〔二一〕以公爲陝西宣撫使　宋史韓絳傳云：「夏人犯塞，絳請行邊，安石亦請往。絳曰：『朝廷方賴安石，臣宜行。』乃以爲陝西宣撫使。」長編卷二一五熙寧三年九月乙未條云工部侍郎、參知政事韓絳爲陝西路宣撫使度，「仍賜絳詔，如有機事，不可待奏報，聽便宜施行」。

〔二二〕就拜同中書門下平章事昭文館大學士　長編卷二一八熙寧三年十二月丁卯條載：「吏部侍郎、參知政事韓絳依前官平章事、昭文館大學士，遣使即軍中拜之，賜以手札曰：『卿其益勵忠誠，以副朕素望。所有制命，宜即欽承。』又賜以手札曰：『雖卿少懷忠義，有志功名。比遣卿西路者，朕意實有望於卿，必可成就疆事，卿其深體眷注，勿替初終也。』」

〔二三〕方築據奪其要害　長編卷二二一熙寧四年三月丁未條云韓絳宣撫陝西，「得空名告身、宣敕及錦袍、銀帶，撫納降附。入陝西境，散錢與乞人，至邊盡召蕃官，蕃部厚賞犒之，軍士皆怨恨。又奪騎兵馬，曰『此輩不能戰』，以與蕃部，有抱馬首而號泣者。專任种諤及王文諒等，調發倉卒，人不堪命。賊出兵爭撫寧堡，陷之；急攻囉兀城，諸路出師牽制，慶州兵再出，遂作亂。朝廷憂之，乃罷兵，棄囉兀城、撫寧」。宋史韓絳傳云：「絳素不習兵事，注措乖方，選蕃兵爲七軍，用知青澗城种諤策，欲取橫山，令諸將聽命於諤，厚賞犒蕃兵，衆皆怨望；又奪騎兵馬以與之，有抱馬首以泣者。既城囉兀，又冒雪築撫寧堡，調發騷然。」按，據長編卷二二〇熙寧四年二月壬戌條載吳育上言，有曰：「今宣撫司韓絳率麟府萬兵，九日後方至囉兀城，無所定勝取當。而三十萬之民轉餉於道，其資費五六百萬，又將聚兵役四寨，調斂紛紛百出，國計民財，戕壞未已。於彼慮無一分之損。使收威完力，潛形遠遁，鼓氣畜怒，徐爲後圖。而絳不明此理，欲困西賊，夫豈慮大憂深知兵者哉？臣歷訪修寨利害，議者以爲八寨齊興，堡障布列，然後有守之勢，計官私財力，決不可成；縱或成之，於邊防有小利，於國計有大害。小利者，使綏麟府路通，内省沿河屯守之備，外收西賊所恃茶山、鐵冶、竹箭財用之府。大害者，前日城荒堆三泉，民力已困，今繼興三寨諸堡，度境愈遠，費什於前，何以供億？雖嚴刑驅脅，力屈不繼，將見逃潰失職之民，嘯呼轉聚而爲盜，則患不獨在邊，而更在中州矣。」

〔二一四〕而慶將失撫御兵有叛亡者　皇朝編年綱目備要卷一九熙寧四年三月「慶州兵亂，討平之」條云：「王文諒者，夏國用事臣臧訛龐家奴，得罪自歸，王安石薦其才，加閤門祗候。韓絳先遣文諒出界，凡官軍斬級，多奪與蕃軍，至掘塚戮屍爲級。邠、寧廣鋭都虞候吳逵嘗與文諒争馬，文諒怨之，誣以夜至野會與賊鬭，呼逵不至，及扇摇軍士。宣撫司送逵慶州獄四十日，絳至慶州將斬逵，部卒喧呼，乃復送獄。數日，賊攻囉兀甚急，絳命慶州出兵牽制，廣鋭兩指揮謀擁逵爲亂，雨作不授甲，乃止，遂焚北門，大譟縱略，斬關而出。林廣説以逆順，多投降者。時逵已擁衆出，餘黨猶在城下，廣諭降者曰：『亂首去矣，爾曹本非同惡，若聽我，不惟得活，且有功。』因收集者百餘人至營，激厲約束，授以兵器，令攻城下兵，擒戮皆盡，城遂平。」

〔二一五〕罷相知鄧州　長編卷二二一熙寧四年三月丁未條載：「韓絳罷相，以本官知鄧州。制詞責絳云：『聽用匪人，違戾初詔。統制亡狀，綏懷寡謀。暴興征師，深入荒域。卒伍駭擾，横罹轉戰之傷；丁黄馳驅，重疲齎餉之役。邊書旁午，朝聽震驚。』翰林學士元絳辭也。」又曰：「學士院草責絳制，初云『擅興征師』，上以爲非擅興，命改曰『暴興』，以絳實得旨出師，而措置乖方，故貶。」

〔二一六〕復拜同中書門下平章事監修國史　長編卷二五二熙寧七年四月丙戌條云：宰相王安石執政「益自任，時論卒不與。他日，太皇太后及皇太后又流涕爲上言新法之不便者，且曰：『王安石變亂天下。』上流涕，退，命安石議裁損之。安石重爲解，乃已。會久旱，百姓流離，上憂見顔色，每輔臣進對，嗟歎懇惻，益疑新法不便，欲罷之。安石不悦，屢求去，上不許。而呂惠卿又使其黨日詣匭函，假名投書乞留安石，堅守新法。上乃遣惠卿，以手詔諭安石：『欲處以師傅之官，留京師。』而安石堅求去。……又賜手詔曰：『韓絳懇欲得一見卿，意者有所諮議，卿可爲朕詳語以方今人情政事之所宜急者。』安石薦絳代己，仍以惠卿佐之，於安石所爲，遵守不變也。時號絳爲『傳法沙門』、惠卿爲『護法善神』」。

[二七] 已而與同列弗合　據宋史韓絳傳，韓絳行政，乃「數與呂惠卿爭論」。

[二八] 時三司使發市易官罪而同列佑之欲弗責而同列欲論永罔上故不實　范忠宣公文集卷一五司空康國韓公墓誌云：「三司使發市易官職事無狀，且創爲賈人出錢免行法，民不爲便，而詔孫永詳定。執政有主市易者將罪永，公極論，卒責市易官，薄永罪。」

[二九] 而他相至欲復留故賈人劉佐任市易　按，「他相」乃指王安石。長編卷二六〇熙寧八年二月癸酉條云：「始安石薦韓絳及呂惠卿代己，惠卿既得勢，恐安石復入，遂欲逆閉其途，凡可以害安石者，無所不用其智；又數與絳忤。絳乘間白上請復相安石，上從之。」遂以觀文殿大學士、吏部尚書、知江寧府王安石依前官平章事、昭文館大學士。又卷二六四熙寧八年五月丙子條云：「提舉市易司舉劉佐，佐前在市易司，坐法衝替事理重。代佐者不知買賣次第，比較所收息大不及佐，王安石欲許之，韓絳固争以爲佐未合與差遣。安石曰：『市易務自來舉官不拘條制，且七八萬貫場務，須付之能者。』絳固争以爲如此則廢法，上曰：『且令勾當，候合受差遣方許理任，如何？』絳猶以爲不可，再拜乞辭位曰：『如此則宰相不可爲。』上愕然曰：『兹小事，何必爾？』絳曰：『小事尚弗能争，況大事乎？』安石曰：『劉佐之罪，只爲拆換却官文字，然無避事之罪，此何足深責？』」然戊寅條又云：「是日，韓絳請去位，稱疾不出，王安石白上宜罷劉佐，勉慰絳就位。上難改佐事，安石曰：『後有大於此，則不可容。此監當小臣若固争，致絳去位，臣所不敢安也。』上乃聽罷佐。」

[三〇] 乃拜觀文殿大學士禮部尚書知許州　長編卷二六六熙寧八年七月辛巳條云：「詔右贊善大夫、檢正中書刑房公事范純粹，太子中允、檢正孔目房公事馬琉，各罰銅六斤。純粹送審官東院，坐在告追開封府吏治事。琉坐不承受文字也。純粹初與琉争，韓絳頗爲純粹解釋，上不聽，令送御史臺取勘。及是，絳又不以純粹所坐爲然，且言純粹有才，欲別與差遣。王安石言：『豈可因罪更升差遣？』上從安石言，遂送審官，絳力争，弗聽，乃曰：『陛下所見如此，則無可奈何。』即自劾。」注曰：「韓絳先乞罷相，上謂王安石曰：『絳恐爲范純粹，不特爲劉佐也。』」又卷二六七熙寧八年八月庚戌條云：「絳居相位，數與呂惠卿異議，王安石復入，論政愈駁，數稱疾故求罷，而有是命。」又注引邵伯温見聞録曰：「韓絳初以論助役，與王安石同，復拜史館相，爲呂惠卿所不容，出知定州。」按，韓絳出知許州，乃因與王安石議政不合故也，非「爲呂惠卿所不容」，且云「出知定州」亦不確。

[三一] 授建雄軍節度使知定州　據長編卷二九一元豐元年八月癸丑條，此乃因韓絳「以疾乞内徙一藩郡」，故以觀文殿大學士、禮

部尚書、知太原府移知定州。又戊午條載觀文殿大學士、禮部尚書、知定州韓絳爲建雄軍節度使。則韓絳於授知定州五日以後方授任節鎮。

〔三二〕明年水復至　三朝名臣言行録卷一〇之一丞相康國韓獻肅公引行狀云：「後三年，伊、洛復漲如前日，賴堤而免。」

〔三三〕陵成而下不擾　范忠宣公文集卷一五司空康國韓公墓誌云：「裕陵役興，異時昭陵、厚陵官吏營職。至夜分出，妙擇才者，分主其任，視事如平日。有妄傳陵下乏水，人多暍死者，詔益治運水之具數萬計。公以水不乏聞，民賴以不擾，而妄言者遂止。又料所市物次第緩急，榜出之，民得預儲，而價不騰踴。洛人言裕陵成而不知者，公之力也。」邵氏聞見録卷一四云：「元豐末，治神宗山陵，韓康公尹洛，凡上供之物皆預辦，雖中貴人不敢妄有所求。蓋公之子宗師從洛之賢士大夫游，有所聞，必白公施行之。又朱光庭、杜純、孝錫皆府官，公薦爲山陵司屬，二人忠信有餘，多所論列，役成而民被其賜。」

〔三四〕詔勉行倚以鎮撫河北公不得請就道　范忠宣公文集卷一五司空康國韓公墓誌云韓絳「陛見，面諭以『河北水災之餘，非故老大臣，莫能安集』。遣使就第賜告。公以天子新即位，母后共政，不敢復辭，遂赴鎮」。

〔三五〕三奏遂罷役　長編卷三五九元豐八年八月己巳條言韓絳判大名府，「時河決小吴未復，議者欲爲支川，傍北都注故道，魏人惴恐。絳五上疏，乞復澶淵故道，朝廷爲之寢河役」。注曰：「此據絳本傳。」按，宋史卷九二河渠志載元豐八年三月，「知澶州王令圖建議濬迎陽埽舊河，又於孫村金堤置約，復故道」。至元祐元年「九月丁丑，詔祕書監張問相度河北水事。十月庚寅，又以王令圖領都水，同問行河。十一月丙子，問言：『臣至滑州決口相視，迎陽埽至大小吴，水勢低下，舊河淤仰，故道難復。請於南樂大名埽開直河并簽河，分引水勢入孫村口，以解北京向下水患。』令圖亦以爲然，於是減水河之議復起。既從之矣，會北京留守韓絳奏引河近府非是，詔問別相視。二年二月，令圖、問欲必行前説，朝廷又從之。三月，令圖死，以王孝先代領都水，亦請如令圖議。」由此可知碑文及源出碑文之宋國史韓絳本傳所言不確。

〔三六〕司馬温公方與執政忤　據本書中集卷五一司馬文正公光行狀，執政乃指王安石。

〔三七〕至於宰相又薦之　長編卷四〇九元祐三年三月丙辰條注曰：「舊録絳傳云『數薦司馬光可用』。」

〔三八〕首薦今左右丞相爲判官　按，左、右丞相分指吕大防、范純仁。宋史卷三四〇吕大防傳云：「韓絳宣撫陜西，命爲判官。」長編卷二一八熙寧三年十二月庚午條載：「權成都府路轉運使、兵部員外郎、直集賢院范純仁爲陜西、河東宣撫判官。韓絳引純仁自助。」

附録：

按，此葉文字乃殘文，底本錯置於韓獻肅公絳忠弼之碑「天子成服苑」至「忠信是與」間，其文字大異於韓獻肅公絳忠弼之碑，且其中引録哲宗詔文，未見他書記載，故特予附録於左。然檢詳其文義，疑屬韓絳墓誌，撰者未詳，亦未見宋人文獻嘗有述及，待考。

（上闕）中，止樂，不視朝一日。侍臣舉哀，更命有司治餚致祭。有詔曰：「朕以薄德匪躬，渺兹一身，得賴天地覆幬之義，祖宗教養之恩，統御臣民，治臨億兆。獨處深宫，愧無儀型之訓；日省内庭，竊深夕惕之謀。惟藉輔臣洗滌虚靈，涵養性情，經綸化育，啟迪良善。太傅絳始以蔭補授官，繼以科第進顯，文章昡世，忠信自任。服官以來，日夕勤政，莊涖之間，深心養牧。視民之苦，必諄諄瀆聽；利民之興，則亹亹指陳。故遇權顯而不避，與大懟而不懼。執法詳慎，秉公自矢，非禮者必示以刑，不法者必懲以罪。中外悦服，人民歡戴。可謂社稷之臣，有安天下之志。所以委任邊事，舉措允稱得宜；撫衆定略，設施無不盡善。見利則興，遇害則除。總元戎，羌人不敢逞兵犯境；統御師，西酋不敢踰河飲馬。饑饉興則連章賑救，河汎濫則敷陳開導。使民惠而不費，役民勞而不怨。論章奏則平心指斷，修國史則文質相均。絳之輔人，可謂不忝於殷之伊陟、周之畢召。此天所以俾朕以宰天下也。書云：『若金，用汝作礪；若濟大川，用汝舟楫。』誠哉是言，絳之謂歟！嗚呼！孰知天不佑朕，去此輔弼，棄我股肱，贊勷之助，於何而副？治安之謀，與誰而施？宵旰之間，使朕如有所失；寤寐之際，恍惚若有所遇。是命有司，治兹庶饈，臚列靈前，少展朕衷。絳靈有知，來格來馨，爾其饗之。」并賜其額曰「忠弼之碑」，遂官其子。攽爲中書舍人，謚獻肅。贈太傅。又賜錢四十萬，厚賚其家。

公享年七十有七，薨於寢。元祐三年六月十九日甲午，葬公於潁昌長社縣嘉禾鄉之靈井村。公葬也，諸臣哭泣，輓歌拜送。百姓擁道争視而歌曰：「前有一相公韓，西賊聞之心膽寒。今有一相公韓，功在朝廷百姓安。」衢謡里祝，嘖嘖不止。因命某爲銘，某頓首再拜，而并再記焉。銘曰：

猗歟韓氏，其宗尚矣。自周建國，厥姓始出。詩有韓侯，爲天子戚。獲錫甚渥，等於叔伯。迨唐稱晉，更爲晉卿。晉失其緒，三家鼎立。雄峙争强，與秦爲敵。雖爲秦滅，淮陰挺出。厥後子孫，螽斯翼翼。擒虎善武，昌黎載德。迨至皇宋，英豪間出。赫赫魏公，功爛史册。更有獻肅，勳勞載績。正色立朝，匡輔明德。仁義爲本。

（下闕）

名臣碑傳琬琰集上卷十一

范忠宣公純仁世濟忠直之碑[一]　文昭公曾肇[二]

元符三年，今皇帝既即政，虛心求賢，首訪遺老。時故丞相范公以武安軍節度副使安置永州，即日走中貴人湖南致上及皇太后命，勞賜其寵，所咨皆國家大體，蓋將屬以重任[三]。初授光祿卿，分司南京，道進右正議大夫、提舉嵩山崇福宮。不數月，以觀文殿大學士、中太一宮使召，使者問賚相屬。公以疾辭，遣國醫往視，公固請還潁昌里第。上察其不可彊起，許之，然每對輔臣，以不見公爲恨。又手詔公曰：「卿有忠言嘉謀，宜時陳奏，以副朕眷待耆德求治之意。」既而公疾益侵，請老，不許。建中靖國元年正月癸亥薨，年七十有五。上聞震悼，會皇太后崩[四]，不視朝，間對輔臣語及公，輒動容。常贈外，賜其家銀三千兩，贈開府儀同三司，敕潁昌、河南給其葬事[五]，賜「世濟忠直」四字，曰：「以是書於墓隧碑首。」又詔葬爲輟視朝，有司節惠，謚曰忠宣。四月庚子，葬公河南尹樊鄉萬安山之原[六]。

公諱純仁，字堯夫。曾祖唐國公諱贊時。祖周國公諱墉。考楚國公嘗參知仁宗政事，謚文正，諱仲淹。皆累贈太師、開府儀同三司。曾祖妣陳氏，唐國太夫人。祖妣陳氏，周國太夫人；謝氏，秦國太夫人。妣李氏，楚國太夫人。世家蘇州，文正公葬河南[七]，遂爲河南人。

文正公議論設張，紀於國書，暴於天下，有德有勞，爲宋名臣。蓄不盡施，鍾於其子。楚國太夫人夢兒墮月中，承以衣裾，得之，寤而生公。五歲知讀書，八歲能爲其徒誦説書義。十有一歲，喪太夫人，哭泣如成人。既長，力問學，長於論議〔八〕。恩補太常寺太祝。皇祐元年進士起家，歷知常州武進、許州長葛二縣，皆不赴〔九〕。文正公薨，乃出仕，以祕書省著作佐郎知汝州襄城縣。爲政有惠愛，課民種桑，民獲其利，號其桑爲「著作林」。用舉者召編校昭文館書籍，辭不就，簽書許州觀察判官事，州賴以治。賈黯知開封府，薦知襄邑縣。大興學校，士爭歸之。衛士挾牧地暴民田，公取一人杖之。牧地初不隸縣，有詔詰公，公言：「兵須農以養，卹兵當先卹農。」朝廷是之，釋不問〔一〇〕，且聽牧地隸縣自公始。

治平元年，以某官爲江東轉運判官①，擢殿中侍御史〔一一〕。時方議濮安懿王典禮，大臣與從官異論。公言：「陛下親受仁宗詔而爲之子，與前代定策入繼之主異，請如從官議。」繼與御史吕誨等更入論奏，不聽，則皆納告牒，家居待罪〔一二〕。既而内出皇太后手書，尊王爲皇，夫人爲后。公復言：「陛下以長君臨御，奈何使命出房闥？異日或爲權臣矯託之地，非人主自安計。」時已詔罷追尊，趣公就職，公猶以不皆如從官議，請去益堅〔一三〕。上不得已，出公通判安州〔一四〕。公在臺，數言人所難言，及争濮王事，引誼據經，語斥大臣尤切〔一五〕，由是名震天下。徙知蘄州，歷京西提點刑獄、京西陝西轉運副使〔一六〕。召還，除尚書兵部員外郎兼起居舍人、同知諫院〔一七〕。未幾，加直集賢院，同修起居注、判國子監。

神宗初即位，慨然有追迹先王、内修政事、外攘夷狄之志，得王荆公任之，多所更張。公自還朝，即勸上毋開邊隙〔一八〕。又言：「變改法度，人心不寧。書曰：『怨豈在明，不見是圖。』願陛下圖不見之怨。」上問：「何謂『不

① 以某官爲江東轉運判官　據長編卷二〇三治平元年十一月己卯條，范純仁以屯田員外郎、知襄邑縣爲江東轉運判官。

見之怨』?」公曰：「古人所謂『天下之人不敢言而敢怒』者是也①。」上善之，令條古事可爲戒者以聞。公作尚書解以進。及爲諫官，前後爲上言者[一九]，以休兵省事、節用富民、進君子退小人、愛人材、申公論爲急，崇聚斂、事苛刻、親讒佞、任偏聽爲戒。大則廷論，小則疏達，未聽，則連章累牘不苟止。其於君子小人之際，尤反覆激切，無所諱避。嘗論富韓公在相位，不當數移疾杜門，自爲形迹；呂誨不當罷御史中丞；李師中不可守邊；薛向不可任發運使[二〇]，向行均輸法於六路，必將掊克生民，斂怨基禍。他所開陳類如此。上方鋭於求治，又言：「道遠當馴致，事大難速成。人材不可遽求，積弊不可頓革。自古人君欲事功急就，必爲憸佞所乘，不可不察。」公雅與荆公厚善，至是數言其以五霸富國彊兵之術啓迪人主，失天下望[二一]。既而劉琦、錢顗、孫昌齡同時罷御史[二二]，公又言：「琦等一言柄臣，遽以罪絀。今在廷阿附者衆，奈何陛下更以法驅之?」益指切荆公，并及它大臣，詞氣甚厲[二三]。上察其忠，留章弗下，而公請去不已，至闔門不出[二四]。乃罷諫院，留修起居注。公固辭，執政或遣所親諭公「速起，且除知詔誥矣」。公曰：「是以利誘我也。言不用，萬鍾於我何加焉?」録所上章納中書門下，執政見之怒，出知河中府[二五]。

徙成都府路轉運使。坐失察僚佐燕游事，左遷知和州[二六]，徙邢州。未至，加直龍圖閣、知慶州、環慶路經略安撫使。入見，上問公兵法、邊事，皆對非所習，因懇辭邊任，不許[二七]。慶自文正公爲將有恩，公至，會歲艱，賑發以時，全活甚衆。既而蓬生蔽野，結實如栗可食，公私獲助，復爲營來歲耕稼之具，歲以大穰。或言公廪貸過多，遣使按視，民聞之②，争先輸官，比使至，無負者。會屬流人道慶稱冤，按得冤狀。郡將种古訟公挾情變

---

① 古人所謂天下之人不敢言而敢怒者是也　「古人」，范忠宣公文集卷一八范忠宣公行狀、宋史范純仁傳作「杜牧」。按，此乃杜牧阿房宮賦中語。

② 民聞之　「聞」原作「間」，據曾文昭公集卷三范忠宣墓誌銘及長編卷二八〇熙寧十年正月辛巳條改。

獄，詔移獄比郡，出御史治之，逮公就對。部人數萬號泣遮道，童兒相率誦詩隨之，久乃去。獄成，古坐誣告抵罪。公猶以它事奪職，知信陽軍〔二八〕。徙齊州。齊多盜訟，前守率尚威嚴，公獨治以恩信，歲終，犯法者視舊減半。以喪子請罷，得管勾西京留守司御史臺。再知河中府〔二九〕，諭教保甲妨農事甚力。累遷朝議大夫。

元豐八年夏，復以直龍圖閣知慶州。歲中，擢天章閣待制召還，充侍讀①，又除給事中〔三〇〕。時哲宗、宣仁太后共政，司馬温公入相，首革差役法。公聞之，謂人曰：「此事當熟講而緩行，不然，滋爲民病。且宰相職在求人，變法非所先也。」還朝，力爲温公言之〔三一〕。温公有所建請，公復言：「宰相當虚心以延衆論，不必謀自己出。謀自己出，則諂諛得乘間迎合，而正士將卷懷退避。」是時初改熙寧案問自首法，公奏立文太深。又言：「四方奏議大辟，有司一以八年十一月詔書從事，坐死者視舊數倍，非先王寧失不經之意。」蓋公雖與温公同志，及臨事有所矯正類如此〔三二〕。於是人皆服公平直，知前於荆公非苟爲異也。

明年二月，進吏部尚書。不數日，拜中大夫、同知樞密院事〔三三〕。初，公還自慶，兩宫亟遣中使賜大官饍，出手詔問禦備西戎之策，公請罷兵棄地，因使歸所掠漢人，執政持未決。會公入樞府，復申前議。又請予地之外，歸一漢人，予絹十兩，事皆施行。既而夏人未順，公請陜西一郡自効②，不許〔三四〕。會邊臣俘番酋鬼章以獻，兩宫歸功輔臣，褒賜異甚。公請誅鬼章塞上，以謝邊人。而議者欲致其子，收河南故地，故赦不殺。其後又欲官之，公復固争〔三五〕，然鬼章子卒不至。元祐三年春，拜大中大夫、尚書右僕射兼中書侍郎〔三六〕。

---

① 充侍讀　「侍讀」，范忠宣公文集卷一八國史本傳、卷一九范忠宣公行狀及東都事略、宋史范純仁傳皆作「侍講」。

② 因使歸所掠漢人至公請陜西一郡自効　曾文昭公集卷三范忠宣墓誌銘同。鐵琴銅劍樓本作「因使歸所掠漢人，予絹十兩，事皆施行。既而夏人未順，公請陜予地之外歸一漢人，執政持之未決。會公入樞府，復申前議。又請陜西一郡自効」，頗見錯亂。

公自爲執政，務以博大開上意，忠篤革士風。在樞府時，言者攻章惇、鄧綰，公皆力爲救解[三七]。因言：「臣嘗爲綰誣奏坐黜，今日所陳，恐録人之過太深，實係國體。」兩宮感悟，即日遣中使手詔嘉納，因下詔書：「前日希合附會之人，一切勿問。言者亦勿復以言。」既而在廷頗分朋黨，論議多出私意，浸潤之説稍行[三八]。學士蘇軾草策問題，或言引用不當[三九]；韓維罷門下侍郎補外。公奏軾無罪，維盡心國家，勿避嫌謗，不可因讒言絀[四〇]。及在相位，諫官王覿坐論朋黨貶[四一]，公復爲辯君子小人朋黨之異，因極言前世朋黨之禍[四二]，并録歐陽文忠公朋黨論以進。明年，知漢陽軍吴處厚上蔡丞相確安州所爲詩，傳釋以爲謗訕者，遂欲擠之死地。執政主其説，獨公與左丞王存以爲不可[四三]。公進則與同列争於簾前，退則上疏極論無虚日。蔡丞相貶新州，言者指公二人異論，公二人亦堅求罷[四四]。乃以公爲觀文殿學士、知潁昌府。築防備水，後賴其利[四五]。

踰年，進大學士、知太原府、河東經略安撫使[四六]。葬民燼骨未葬者三千餘喪[四七]，又推之一路。夏人犯邊，公直將佐，引咎歸己，章累上，乃貶秩一等，徙知河南府[四八]，再徙潁昌。召還，復爲右相[四九]，仍遷通議大夫。

公前爲相時，有司請歸河故道，二三大臣主其議，公獨争[五〇]，以爲「壅水使高，必難成功。況今公私匱乏，當緩其役」。朝廷爲出近臣往視，還奏如公言。主議者不懌，密啓以手詔督趣，公復固争[五一]，兩宮悟，爲收還手詔。公既罷，而河役復興，調發及潁昌。公又上疏極論，兩宮然之，而役猶不輟。及公再相，又遣從官、御史經度，不能易前説，然主議者必欲成之。後雖暫歸故道，已而復決，人力爲之大敝，至於今未復也。

公遇事不苟，同列患之，或諷公再相時，御史嘗有言[五二]，公即避位，不聽，固請，上亦固留之。時上方親政，於大臣中注意獨厚，有密薦人材者，輒以質於公①。又嘗問先朝法度，公悉心以對，無所回隱。因勸上慎擇執

① 輒以質於公 「輒」，曾文昭公集卷三范忠宣墓誌銘作「輙」，似是。

政、臺諫官[五三]，且言：「仁宗朝委事執政，而臺諫實參論議，可以爲法，然不可用非其人。」上嘉納之。

初，公召還，宣仁嘗稱文正公在天聖、明道間始終一節以勉公[五四]。宣仁崩，小人争論垂簾時事，公力陳太皇太后勤勞公正、保佑扶持之心，請依明道故事，下詔戒妄議者。蓋明道中詔，實文正公啟之，及是，公又以爲言。群御史摭蘇軾所行制詞，以爲訕及先朝。蘇轍常論改先朝法度，引漢武、昭父子爲言，上怒儗非其倫，自門下侍郎貶汝州。御史來之邵以爲責輕，之邵又論宣仁從弟高士敦蜀中不法事。公奏：「御史在位日久，當軾、轍勢盛時，無所論；士敦官蜀日，之邵爲監司，未嘗按謫。一旦乃爾，其情可見。」上之怒轍也，轍不敢自明，公獨前奏：「武帝雄材大略，史無貶詞。況轍所論事與時也，非論人也。」上意稍解[五五]。軾、轍平日與公論異，至是人益服公爲平。

時上方更用大臣，公力請罷[五六]，復以觀文殿大學士加右正議大夫、知潁昌。於是元祐公卿大夫相繼貶竄，公亦坐奪一官[五七]，徙知河南府。辭行，改知陳州。公在位時，上嘗問公：「貶竄之人，殆將永廢？」公前贊曰：「陛下及此，堯舜用心也。」因請以時叙復如法。及罷辭，上又從容諭曰：「卿雖在外，有所見，宜悉以聞，毋事形迹。」至是，上方祀明堂，肆赦，大臣前疏吕丞相大防已下數十人終身勿徙，公即爲申理[五八]，請悉追還，辭甚懇至，忤大臣意，落職知隨州。喪明告老，大臣勿許通[五九]。明年，再貶永州。在永三年[六〇]，怡然自得，或加以横逆，他人莫能堪，而公不爲動，亦未嘗含怒於後也。

公性夷易寬簡，勿以聲色加人，及誼所在，則挺然不少屈。推誠好善，不爲忮克。嘗曰：「吾平生好學，得之『忠』『恕』二字而已矣。」由是所至，人歸其仁而憚其正。歷事四世，始終無間言。自爲布衣以至宰相，廉儉恭遜，不少加損[六一]。政府恩錫，屢斥以廣義莊[六二]。晚年南遷貧甚，得賜，輟均及衆人①。前後任子恩，多先疏族。

---

① 輟均及衆人　「輟」，曾文昭公集卷三范忠宣墓誌銘作「輒」，似是。

故公殁之日，幼子、五孫未官。賴上賻，乃克葬。

公之配王氏，天章閣待制質之女，有賢德，能成公志，封魏國夫人，卒永州，今舉以祔。五子：正民，單州團練推官；正平，忠武軍節度推官；正思，宣德郎；正路、正國。五女：歸將作監主簿崔保孫、朝請郎莊公岳、奉議郎司馬宏、承議郎蔡毂、通直郎郭忠孝。正民、正路，崔氏、司馬氏二女皆前卒。孫男七：直彦，宣義郎；直方，郊社齋郎；直雍、直英、直清、直舉、直儒。孫女一。曾孫一。蓋文正公四子，長子少有大志，不幸疾廢[六三]；公與叔、季克世其家。而公憂國愛君，不以利害得喪二其心。刻意名節，難進易退，雖屢黜廢，志氣彌勵，人以爲有文正公之風焉。其在朝廷，務奬進人材，故天下善類視公用舍以爲消長。有文章、論議三十卷[六四]，而論議之文實傳天下，主於平恕，不爲已甚。世謂使其言行於熙寧、元豐時，後必不至紛更；盡申於元祐中，必無紹聖大臣仇復之禍。今上虚己待公，天下亦幸公復用，而公疾不能朝，以至不起。哀哉！既病，口授諸子遺奏數百言[六五]，讀者益歎其忠。

初，公南還，道遇故人唐義問，屬以後事。比薨，義問適守潁昌，果賴其力。其前知又如此。某晚游公門①，辱知厚甚，手書諉以銘文，誼不得辭。銘曰：

遠矣范宗，陶唐其系。更夏商周，保姓受氏。在晉宣子，以告穆叔。流非不長，止曰世禄。孰爲不朽？維後有人。若公父子，再秉國鈞。有德有言，百世弗泯。公起諸生，至位丞相。一節不回，雖老猶壯。御史抗議，公惟守禮②。諫垣建白，公不言利。封疆之畫，公曰休兵。廟堂之論，公則持平。利害異趣，公爲砥柱。爱惡相

① 某晚游公門　「遊」，鐵琴銅劍樓本作「斿」。

② 公惟守禮　「惟」原作「維」，據鐵琴銅劍樓本及曾文昭公集卷三范忠宣墓誌銘改。

雔，公爲虚舟。世夸以争，公避不有。衆所憚行，公惟恐後①。堂堂嶷嶷，古社稷臣。正色四世，屢亨屢屯。白首南遷，縱心順命。已僵復起，天子之聖。有澤在民，有謀在國。壽非不多，人以爲嗇。惟其倬倬，山高日赫。歸從先君，嵩洛之側②。帝念公賢，賢於詔墨③。後人來哲，不假方策。請視豐碑，世濟忠直。

辨證：

［一］范忠宣公純仁世濟忠直之碑　本碑文又載於曾肇曾文昭公集卷三，題曰「范忠宣墓誌銘」。按，郡齋讀書附志卷下范忠宣公文集云「賜其墓碑曰『世濟忠直』，曾文昭公銘之」。又河朔訪古記卷下亦云：「忠宣公神道碑，則曾文昭公肇撰文，賜曰『世濟忠直之碑』。」然宋宰輔編年録卷十嘗載：「崇寧元年十二月，三省同奉聖旨：范純仁不應謚忠宣，定議覆議官罰銅十斤。其范純仁神道碑令磨毁。……紹興二年七月，廣東運判范正國言乞給還父純仁御書『世濟忠直之碑』爲神道碑額，詔依。」又本碑文中有云「某晚洊公門，辱知厚甚，手書諉以銘文，誼不得辭」，則曾肇所撰當爲「范忠宣墓誌銘」，「世濟忠直之碑」乃屬御賜神道碑額，且有鑒於當時政局，似未别撰神道碑文。而「世濟忠直」碑額亦於崇寧元年「磨毁」，至紹興二年再立墓碑，或將此曾肇墓誌銘書作碑文，故有河朔訪古記卷下云云，本書亦作爲碑文收録之。又按，范純仁，東都事略卷五九、宋史卷三一四有傳；范忠宣公文集卷一八載有國史本傳，卷一八至卷二〇載有李之儀撰范忠宣公行狀。

［二］文昭公曾肇　肇（一〇四七～一一〇七年）字子開，建昌南豐人。治平四年進士，官至吏部侍郎。卒，謚文昭。東都事略卷四八、宋史卷三一九有傳，本書下集卷二〇載有實録曾舍人肇傳。

① 公惟恐後　「後」字原闕，據鐵琴銅劍樓本及曾文昭公集卷三范忠宣墓誌銘補。

② 嵩洛之側　「洛」原作「落」，據舊鈔本及曾文昭公集卷三范忠宣墓誌銘改。

③ 賢於詔墨　「賢」，曾文昭公集卷三范忠宣墓誌銘作「形」，似是。

〔三〕所咨皆國家大體蓋將屬以重任　范忠宣公文集卷二〇范忠宣公行狀云：「徽宗即位，皇太后權同聽政，南遷流人例徙内地。以公爲光禄卿，分司南京，鄧州居住。二聖將復用公，而意若未得伸，乃遣中使至永州，就賜銀合茶藥，問勞委曲曰：『二聖甚知相公在先朝言事忠直，已虚位待相公，不知目疾如何？用何人醫治？只爲左右有不是當人阻隔相公。』公頓首謝。又云：『太后問相公，官家即位，行事如何？天下何説？』公對曰：『唯鼓舞聖德。』又云：『天下有何不便，但奏取來。』公對曰：『敢不奉詔。』又云：『鄧州莫且去否？』公對曰：『已出望外，如歸鄉里。』又云：『離闕日，二聖再三命某言，太后在宫中，皇帝在藩邸，甚知相公是直臣。』公感泣不已。」又云：「召赴闕供職，而公病矣。詔書有『豈唯尊德尚齒，昭示寵優；庶幾鯁論嘉謀，日聞忠告』之語，公捧詔感泣曰：『上果用我矣。目明全失，風痺不隨，恩重命輕，死有餘責。』將至畿内，上又遣中使賜銀合茶藥，促公入覲，仍宣諭渴見之意。公曰：『老臣昏忘，不可勉彊。』中使曰：『朝廷自有優禮。』公曰：『老臣命薄，虚蒙聖眷。』繼又遣中使賜銀絹各五百，以繼道路之費，仍遣國醫診視，醫藥所須，並出内府，一錢不得取於公。又敕須公病愈，乃得歸。公乞免供職，許歸潁昌養疾。上不得已而許，後見輔臣，問公安否，乃曰：『范某得一識其面足矣。』久之，上知公決不能起，始命上宰。」

〔四〕會皇太后崩　據范忠宣公文集卷二〇范忠宣公行狀云范純仁「遂復告老，尋降詔不允。比詔到而公薨矣，實建中靖國元年正月二日也」。宋史卷一九徽宗紀稱范純仁卒於癸酉日，皇太后崩於是月甲戌日。按，是年正月壬戌朔，癸亥即二日，癸酉爲十二日，則二日癸亥范純仁卒，十二日癸酉宋廷得訃訊。又，皇太后崩於十三日甲戌，後於癸酉一日。

〔五〕敕河南潁昌給其葬事　按范忠宣公文集卷二〇范忠宣公行狀云宋廷「添差壻蔡轂通判潁昌府，專督喪舉及存卹喪家諸孤」。

〔六〕葬公河南樊鄉萬安山之原　范忠宣公文集卷二〇范忠宣公行狀云「葬公于河南府河南縣萬安山下文正墓之西北」。

〔七〕世家蘇州文正公葬河南　按本書中集卷一二富弼范文正公仲淹墓誌銘云其「四代祖隨，唐末嘗爲幽州良鄉主簿，遭亂奔二浙，家於蘇之吴縣，自爾遂爲吴人」，至范仲淹「葬于河南縣萬安山尹樊里先壟之側」，遂爲河南人。按，「先壟」指范仲淹母吴國太夫人墓。

〔八〕既長力問學長於論議　范忠宣公文集卷一八范忠宣公行狀云：「文正仕漸顯，一時知名士多所延揖，如孫復、石介、胡旦、李覯輩，率命公從之游。乃博通群書，爲文無有長語，切於語事。文正曰：『是必能世吾家。』」

［九］歷知常州武進許州長葛二縣皆不赴　范忠宣公文集卷一八范忠宣公行狀云其「知常州武進縣，辭不行，改許州長葛，復辭。文正曰：『彼遠固有名，此纔數舍爾，何辭焉？』公曰：『本不欲去親側，遠近非所恤也。』」

［一〇］衛士挾牧地暴民田至釋不問　范忠宣公文集卷一八范忠宣公行狀云襄邑「縣有牧地，衛士歲牧馬，率縱之，壞民田，前此莫之禁。或訴於公，即捕而杖之。主校抗聲曰：『令敢爾耶？』遽白其事，詔劾公甚急，公曰：『衛士非令所當杖，然民吾子也，又兵實資田以養，安忍坐視其抑哉？』亟自列以上，尋報免」。

［一一］擢殿中侍御史　長編卷二〇五治平二年六月辛卯條云：「江東轉運判官、屯田員外郎范純仁爲殿中侍御史，太常博士、權發遣鹽鐵判官吕大防爲監察御史裏行。近制，御史有闕，則命翰林學士、御史中丞、知雜事迭舉二人，而自上擇取一人爲之。至是，闕兩員，舉者未上，内出純仁、大防名而命之。」避暑録話卷三亦云：「國朝監察御史皆用三丞以上，嘗再任通判。人有闕，則中丞與翰林學士、知雜迭舉二人，從中點一人除，宰相不與也。……治平初，御史缺，臺臣如故事以名上，英宗皆不用，内批自除二人，范堯夫以江東轉運判官爲殿中侍御史，吕微仲以三司鹽鐵判官爲監察御史裏行。得人之效，乃見於再世二十年之後，古未有也。」按，范忠宣公文集卷一八范忠宣公行狀云「召爲殿中侍御史，未拜，遷侍御史、知制誥」。

［一二］則皆納告牒家居待罪　范忠宣公文集卷一八范忠宣公行狀云時「濮議」起，「公謂同列曰：『此大事也，不可不辯，蓋將有甚者焉。』乃上疏曰：『陛下昨受仁宗詔命，親許爲仁宗之子，至於封爵，悉用皇子故事。以至纂承大統，天下以陛下爲仁宗之子，與前代入繼之主事體不同，願以大公斷之。』特降詔旨恭依兩制所定。相次果議尊濮王爲皇，夫人爲后。公又疏曰：『仁宗當盛年，立陛下爲子，皇太后不避六宫之怨，力贊先帝，保育陛下，是皆欲陛下繼統承祧，一意大業。不期陛下率然建爲此議，上則違先帝之意，中則傷太后之心，下則失天下之望。』又奏：『歐陽脩首開邪説，妄引經據，以枉道悦人主，以近利負先帝，請寘于理。』累上章未報，公遂繳納告身，居家待罪」。

［一三］時已詔罷追尊趣公就職公猶以不皆如從官議請去益堅　范忠宣公文集卷一八范忠宣公行狀稱：「公言：『此事始因中書之謀，陛下謙慎未行。聞太后曾下手書，切責政府，因此權罷。始末不同，天下將何以取信？此必權臣欲爲非常之事，假母后之命以行其志，或乃出於逼脅。願察臣言，凡繫濮王典禮，陛下自可擇而行之，何必以母后爲説？』既而促公供職，公言：『太后與政府大臣並受先帝顧託，言猶在耳，永昭陵土猶未乾，豈遂忘而弗顧？』再有旨起公，公言：『臣不能早悟陛下，罪益深重，豈可復居言路？臣之心有死

無二。』又中書劄子督迫公出，公乃録前後未降出凡九章四申，又申御史臺，殊號之議遂止。公猶未已」。

〔一四〕上不得已出公通判安州　長編卷二〇七治平三年正月壬午條云：「中書進呈呂誨等所申奏狀，上問執政當如何，韓琦對曰：『臣等忠邪，陛下所知。』歐陽修曰：『御史以爲理難並立，若以臣等爲有罪，即當留御史。若以臣等爲無罪，則取聖旨。』上猶豫久之，乃令出御史。既而曰：『不宜責之太重也。』誨罷侍御史知雜事，以工部員外郎知蘄州；純仁以侍御史通判安州；大防落監察御史裏行，以太常博士知休寧縣。」

〔一五〕及争濮王事引誼據經語斥大臣尤切　長編卷二〇七治平三年正月壬午條云御史呂誨、范純仁、呂大防合奏曰：「豺狼當路，擊逐宜先；姦邪在朝，弾劾敢後。伏見參知政事歐陽修首開邪議，妄引經據，以枉道悦人主，以近利負先帝，欲累濮王以不正之號，將陷陛下于過舉之譏，朝論駭聞，天下失望。政典之所不赦，人神之所共棄。哀、桓之失既難施於聖朝，褒、猶之奸固難逃于公論。當屬吏議，以安衆意。至於宰臣韓琦，初不深慮，固欲飾非，傅會其辭，詿誤上聽，以至儒臣輯議，禮院講求，經義甚明，僉言無屈，自知已失，曾不開陳。大臣事君，詎當如是？（曾）公亮及（趙）槩備位政府，受國厚恩，苟且依違，未嘗辨正。此而不責，誰執其咎？」此奏議亦載范忠宣公文集奏議卷上，題奏論執政尊崇濮王邪議，然其中文字與長編所載有不同，尤其篇首爲「臣伏見執政首開邪議，妄引經證，以枉道悦人主，以近利負先帝」云云，而無長編所引奏議「豺狼當路，擊逐宜先；姦邪在朝，弾劾敢後」諸句以及歐陽修之名，當爲日後收入文集時所删改。又，長編卷二〇七治平三年正月壬午條云范純仁嘗獨奏曰：「且三代以來，未嘗有母后詔令施於朝廷者。秦、漢以來，母后方預少主之政。自此權臣欲爲非常之事，則必假母后之詔令，以行其志，往往出於逼脅，而天下卒不知事由權臣。」故而韓琦見純仁奏文，謂同列曰：「琦與希文，恩如兄弟，視純仁如子姪，乃忍如此相攻乎！」

〔一六〕歴京西提點刑獄京西陝西轉運副使　范忠宣公文集卷一八范忠宣公行狀云其「改京西提點刑獄。未到，移陝西。未到，權陝西轉運副使。未到，權京西轉運使，復移陝西」。

〔一七〕召還除尚書兵部員外郎兼起居舍人同知諫院　據范忠宣公文集卷一八范忠宣公行狀，范純仁爲是官時，神宗已即位，且在其進尚書解之後。

〔一八〕公自還朝即勸上毋開邊隙　范忠宣公文集卷一八范忠宣公行狀云：「召對，神宗問公曰：『卿在陝西久，必精練邊事，城郭甲兵糧儲如何？』公對曰：『城郭粗完，甲兵粗修，糧儲粗備。』上愕然曰：『卿才如此，朕所倚賴，而職事皆言「粗」，何也？』公曰：『粗者，未精之辭，然如是足矣。臣願陛下無留意邊事。陛下若留意邊事，則邊臣觀望，要功生事，結釁夷狄，殘害生靈，耗竭財用，縻費賞爵。不唯目前之害，又將貽他時意外之憂，願陛下深留聖慮。』」

[一九] 及爲諫官前後爲上言者　范忠宣公文集卷一八范忠宣公行狀云：「邊帥种諤坐擅興，謫湖外，俄除秦州都監。公言：『朝廷既許夏人納款，及謂取綏州非本意，今便令諤處邊任，不唯致夷狄疑阻，亦無以戒勵沿邊生事之臣。』又乞催促齎夏國封册詔書使人進發，所貴朝廷恩數速達異國，而疆埸早得寧靜。……公嘗謂人主之勢既重，而又堂陛阻絶，非開廣聰明，則下情無由周察。頃雖有言，止緣一時之事，事過即已。今須推而行之，以防壅蔽。乃上疏言：『兩府之下則有侍從官，寔古九卿之職，是宜朝夕論思，同國休戚。今則將主判司存便爲己之職事，寵亞四輔，報同庶僚。人情既習因循，朝廷不知考核，或有時政得失，唯能退有後言，處之不慚，僅同胡越。願降詔督責，凡朝廷闕失，並須論列。』其所上章疏，付政府詮定，量加賞罰。時上新即位，躬親庶政，公言：『盡心所務，督察細事者，有司之職；經國阜民，選賢任官者，宰相之職；容載如天地，廣大如江河，巍巍蕩蕩，無得而名者，王者之德。願陛下潛晦頤養，擇相而任，廣聽納，察邇言，使愚智效力，上下盡心，自然端拱垂衣，太平可致。』又言：『近日御前揀退年老將校，皆是久歷艱辛，累歲戍邊守之人。既因對御選擇，將來殿前、馬步軍司便爲永例，此軍政也，不可不察。望於其間取稍堪部率者，改隸已以次軍分，以示人主隱恤知難之意。』知秦州孫永以守邊失策，詔以李師中爲代。公言：『帥臣尤須久任，方能練習事。若屢更則難責其效，而又百事從而變易，兵民無不煩擾。兼永忠謹鎮静，師中任術躁動，不若責永後效，依舊在任。』又請用慶曆中故事，增置諫官，以廣言路。又請重定縣令考課之法，以防濫奏。神宗切於求治，臣下多自疏遠召對，延訪得失。公言：『小人之言，聞之似可采，行之必有累。蓋其知小忘大，貪近昧遠，急於奮身，不思害國，願加深察。』又言：『走馬承受妄有論奏，動摇帥臣，過索承奉，其言不可輕信。』又請宣諭執政，如有妄奏邊事及曾惹引生事之人，不得與邊任。又請委監司體量走馬承受，不得於條約外妄陳邊爭及言人長短。其所入文字，乞降出公行。京東轉運使陳汝羨進羨財，及以官綿折還和買絹價，荆湖北路孔延之進納入官，本户不充，則令三四户共買一官。公請重行貶謫，以戒聚斂辱國之臣。」

[二〇] 嘗論富韓公在相位至薛向不可任發運使　按，范忠宣公集奏議卷上有論富弼入相久謝病不出；奏乞詔還吕誨；奏乞令孫永依舊知秦州；奏論薛向，再論薛向，又論薛向。

〔二一一〕公雅與荊公厚善至失天下望　按，范忠宣公集奏議卷上有論新法乞責降、論新法乞責降第二狀等。

〔二一二〕既而劉琦錢顗孫昌齡同時罷御史　宋史卷一四神宗紀云：「熙寧二年」八月癸卯，侍御史劉琦貶監處州鹽酒務，御史裏行錢顗貶監衢州鹽稅，亦以論安石故。乙巳，殿中侍御史孫昌齡以論新法，貶通判蘄州」。東都事略卷七九王安石傳亦云：「御史劉琦、錢顗、劉述又交論安石專肆胸臆，輕易憲度，殿中侍御史孫昌齡亦繼言，皆坐貶。」按，范忠宣公集奏議卷上有論劉琦等不當責降、論劉琦等不當責降第二狀。

〔二一三〕益指切荊公并及它大臣詞氣甚厲　按本書下集卷一四王荊公安石傳云：「同知諫院范純仁既抗疏論辨，又申中書，謂：『安石欲求近功，忘其舊學。尚法令，則稱商鞅；言財利，則背孟軻。鄙老成爲因循之人，棄公論爲流俗之語。異己者指爲不肖，合意者即謂才能。』且謂：『宰相曾公亮依隨，參知政事趙抃不能力救，請罷安石機務，留之經筵。』」

〔二一四〕而公請去不已至闔門不出　范忠宣公文集卷一九范忠宣公行狀云：「公以數言事未見聽，因見上自陳曰：『臣言可用，願加采納。臣言不可用，願罷臣言職，重行貶竄。』上曰：『官家留卿，不可求去。』公曰：『臣爲言事官，言不信於陛下，雖聖恩隆厚，臣愈難當。』遂居家待罪。」

〔二一五〕録所上章納中書門下執政見之怒出知河中府　范忠宣公文集卷一九范忠宣公行狀云：「公言多激切，神宗每優容，而所上章疏未嘗降出，左右近臣亦不得而知，蓋防執政之或聞也。而公每乞宣付中書、樞密院施行。至是，公盡録前後章疏申中書，安石見之怒甚，擕以告上曰：『范某狂妄如此，不可不重貶。』上曰：『范某無罪。』安石爭不已，上久之乃曰：『與一善地。』遂以公知河中府。」

〔二一六〕坐失察僚佐燕游事左遷知和州　范忠宣公文集卷一九范忠宣公行狀云其「竟坐謝景初、李杲卿遊宴事，爲失察覺，降知和州」。按長編卷二二〇熙寧四年二月丁丑條云：「兵部郎中陳經爲成都府路轉運使，新知果州、度支員外郎、祕閣校理雍子方提點成都府路刑獄兼常平等事。仍令經等密體量監司范純仁、謝景初、李杲卿、薛繗燕飲踰違事以聞。先是，權發遣同提點刑獄李元瑜言『純仁等更相會飲，用妓至夜深，至有擲磚石者，不敢根究，而景初、杲卿尤無儀檢，嘗有踰違事』故也。」

〔二一七〕因懇辭邊任不許　范忠宣公文集卷一九范忠宣公行狀云：「因入覲，神宗見公，喜曰：『卿父在慶有威名，卿今繼之，可謂世職也。』公謝曰：『臣不肖，何足繼先臣。』又問曰：『卿兵法必精。』公對曰：『臣儒家，未嘗學兵。』上曰：『卿久隨侍在陝西，必熟邊事。』公對曰：『先臣守邊時臣尚幼，不復記憶。且今日事體恐不同。』公察上意欲攘夷狄、開邊境，徐對曰：『臣不才，陛下若使繕城壘，愛養百姓，不敢辭。開拓侵攘，願別謀才帥。』因堅辭。上曰：『卿才何所不能，但不肯爲朕悉心爾。』公對曰：『臣子之於君父，殺身且不避，豈有不盡心之理？但陛下所問悉非臣所長，不敢上欺。』公又辭，上曰：『不可。』」按，長編卷二五七熙寧七年十月癸巳條、宋史范純仁傳略同。

[二八] 公猶以它事奪職知信陽軍　范忠宣公文集卷一九范忠宣公行狀云：「种古執屬羌爲盜，奏流南方，過慶輒聲冤。公以屬吏果非盜，古乘間訟公爲挾情變獄。朝廷遣御史制勘，獄急而情不可得，古反誣告，然朝廷終不按公。會鄜延呂惠卿密奏公擅回宥州牒，坐是落職，知信陽軍。方公召對，合四州之民無慮數萬，遮道涕泣，挽公馬不得前，皆曰：『公擅回宥州牒而反坐獄，我生不如死。』至是有自投于河者。又有小兒數十號哭，以詩送公，西州至今傳頌。」長編卷二八四熙寧十年壬午條云宋廷「遣監察御史裏行黃廉鞫前知慶州范純仁于寧州。以永興軍路鈐轄种古言：『前知環州，嘗與純仁爭辨蕃部等事，因此挾情捃拾。嘗配流編管人邁布等防送過慶州，遂留住於寧州置獄，而知寧州史籍乃純仁累曾薦舉者，必恐別致誣陷。』故命廉勘實。廉亦以常被純仁薦辭，乃遣御史彭汝礪，又以母老辭，以御史臺推直官遂寧馮如晦代之。」注引滕元發語曰：「昔高平范公之帥環慶也，環將种古以寧守史籍變其熟羌獄，上書訟冤，且言高平公不法者七事。朝廷疑之，即寧州置獄，而馮侯以御史推直實奉詔往訊。是時，高平公言事去，執政有惡之者，欲中以危法久矣。此獄之起，人皆爲懼。及馮侯召對，神宗曰：『帥臣不法，萬一有之，恐誤邊事。然范純仁有時名，卿宜審治，所以遣使者，政恐有差誤耳。』即賜緋衣、銀魚。馮侯拜賜出，執政謂曰：『上怒慶帥甚，君其謹之。』馮侯曰：『上意亦無他。』因誦所聞德音，執政不悦。及考按連逮熟羌之獄，實不可變，而古所言高平公七事皆無狀，附置以聞，執政殊失望。會史籍有異詞，詔遣韓晉卿覆治，執政因言：『范純仁事亦恐治未竟，願令晉卿盡覆。』神宗曰：『范純仁事已明白，勿復治也。』獄具如馮侯章，於是籍、古皆得罪，而高平公獨免。」又引范純仁言行録曰：「環州太守劾熟羌爲盜，獄具，朝廷貸其命，流南方。罪人聲冤帥府曰：『我實非爲盜者。』公送他州辨治，果非盜。環守避罪，訟公挾私情以變獄，意欲朝廷不按治而逐公。神宗遣臺官就寧州置獄，勘治甚峻，卒無私狀可推，環守自坐誣告抵罪。公雖得辨，鄜延帥陰奏公擅回宥州牒，有違慢情罪，坐是落直龍圖閣，知信陽軍。」

[二九] 再知河中府　長編卷三四五元豐七年五月辛酉條載朝散大夫、直集賢院、權管勾西京留守司御史臺范純仁權知河中府，云

「官制初行，上欲召純仁用之，王珪、蔡確言純仁好異論，且疾病不可用。及純仁弟純粹由陝西轉運副使入對，上問純仁無恙否，純粹對以實。上悟，尋有是命」。注曰：「此據邵伯温聞見録。伯温云即除龍圖閣，誤也。」

〔三〇〕歲中擢天章閣待制召還充侍讀又除給事中　據長編卷三六〇元豐八年十月丁丑條云：「初，中旨除朝議大夫、直龍圖閣、知慶州范純仁爲左諫議大夫。」宰輔韓縝、司馬光「以范純仁親嫌爲言」，故丁丑日范純仁改授天章閣待制；丁亥日，天章閣待制范純仁兼侍講。甲戌日，范純仁爲給事中，「純仁以司馬光親嫌辭，不許」。按，容齋三筆卷一四親除諫官云：「元豐八年，詔范純仁爲諫議大夫，唐淑問、蘇轍爲司諫，朱光庭、范祖禹爲正言。宣仁后問宰執：『此五人者如何？』僉曰：『外望惟允。』章子厚（惇）獨曰：『故事，諫官皆薦諸侍從，然後大臣稟奏。今詔除出中，得無有近習援引乎？此門寖不可啓。』后曰：『大臣實皆言之，非左右也。』子厚曰：『大臣當明揚，何爲密薦？』由是有以親嫌自言者，吕公著以范祖禹，韓縝、司馬光以范純仁。子厚曰：『臺諫所以糾大臣之越法者，故事，執政初除，苟有親戚及嘗被薦引者，見爲臺臣，則皆他徙。今天子幼沖，太皇同聽萬幾，故事不可違。』光曰：『純仁、祖禹實宜在諫列，不可以臣故妨賢，寧臣避位。』子厚曰：『縝、光、公著必不私，他日有懷姦當國者，例此而引其親黨，恐非國之福。』後改除純仁待制，祖禹著作佐郎，然此制亦不能常常恪守也。」

〔三一〕還朝力爲温公言之　范忠宣公文集卷一九范忠宣公行狀云范純仁「又曰：『差役一事尤不可暴，當擇人付之，使之施行，以審利害，方可去取。然而不獨此也，賢者在位，能者在職，法度無不變者。』既見光，光即以所上役書稿示公，公曰：『方欲有請也。』力陳不售，又作書告光曰：『此法熟議緩行則不擾，急行則疏略而擾。委非其人，其擾滋甚。公忍以擾重毒吾民耶？大不類公所舉。或已奏難回，則可先行一路，以觀其究竟。』光不從，而持之益堅。公曰：『不從容尚有説，遽爾以益堅之請，是使人不得言爾。不言，人孰不能，亦可以贊公苟取容悦者。若果爾，何如少年合介甫以速富？安用彊顔於此，以媚公求合哉？公未可以我心至誠，便爲民受其賜也，不勝憂懼。』」又長編卷三六七元祐元年二月丁亥條載「初，范純仁自慶州召入，純仁與司馬光素親厚，聞光議復行差役法，……乃言于光，欲且緩議，先行于一州，候見其利害可否，漸推之一路，庶民不騷擾而法可久行。光弗聽，純仁嘆曰：『是又一王介甫矣。』復折簡遺之」云云，司馬光「弗聽也」。

〔三二〕蓋公雖與温公同志及臨事有所矯正類如此　長編卷三八四元祐元年八月辛卯條云：「初，同知樞密院范純仁以國用不足，建請復散青苗錢，四月二十六日指揮，蓋純仁意。時司馬光方以疾在告，不與也。已而臺諫共言其非，皆不報。光尋具劄子乞約束州縣抑配者，蘇軾又繳奏，乞盡罷之。光始大悟，遂力疾入對於簾前，争曰：『不知是何姦邪，勸陛下復行此事？』純仁失色却立，不敢言。青苗錢遂罷，不復散。王巖叟等言所稱大臣，實指純仁也。」注曰：「韓瓘録劉安世語云：『温公與黄門公道合志同，無異同之論，但范堯夫欲行七色錢，稍復免役，温公方病，自力而出，簾前對言：「小人欲以乏財動朝廷，稍復免役之法，不知謂誰？」堯夫失色却立，卒不敢出言。後來堯夫之去，蓋因安世章疏且及前事也。』據劉安世元祐四年五月末劾范純仁疏，則純仁蓋乞令州縣於存留一半常平錢斛之外，依舊散青苗息錢，非欲行七色錢及稍復免役也。韓瓘誤記。」

［三三］拜中大夫同知樞密院事　長編卷三六九元祐元年閏二月丙午條注曰：「吕陶記聞云：『本朝故事，初拜二府，其室家入謝禁中，以幣帛遺典客夫人、茶酒夫人之類，每合率二匹。至吕微仲、范堯夫登庸，贈遺皆倍其數，雅意安在哉！』吕、范二公之妻，恐或未必爾也，當考。」又卷三七〇元祐元年閏二月乙卯條注曰：「吕大忠雜説：『元祐初，申公（吕公著）與司馬温公同爲左、右相，温公久病不出，申公數於簾前薦吕大防、范純仁可大用。已而以大防爲尚書左丞，純仁命未下也。……初，申公薦大防可在密院，純仁可在中書，簾中誤記，遂以大防爲右丞；久之，以純仁同知樞密院。』大防爲右丞，在閏月十八日丙午，純仁爲同知，在閏月二十七日乙卯，相距纔十日。此云久之，恐誤也。」按，邵氏聞見後録卷二一云其「先人嘗言，熙寧、元豐間，司馬文正、范忠宣先後爲西都留臺，吾皆從之遊。至元祐初，文正起爲宰相，忠宣起爲樞密使，吾見之，其話言服用，一如在西都時，但忠宣顔色甚澤，文正清苦無少異，吾以此窺忠宣，其中豈尚以名位爲樂邪？」

［三四］公請罷兵棄地至不許　范忠宣公文集卷一九范忠宣公行狀云：「公在樞府踰年，邊奏未寧，夏人唯受封册，而不遣使入謝，坤成節亦不供奉稱賀，全失恭順。公言：『西賊之勢可慮矣，皆臣竊位無效，以致如此。願除臣陝西郡，萬一用兵，則就近可以備任使。』再奏，不報。」而所謂「事皆施行」，長編卷三八二元祐元年七月癸亥條注云：元祐「元年因二府定議，初許以可還之地，固不曾指名何等地，及四年六月九日，乃舉所還四寨爲葭蘆、米脂、浮圖、安疆也。……其後乾順遂入貢，及稍還永樂所陷漢人，朝廷方以四寨還之」。宋史卷四八六夏國傳下亦云：元祐四年「六月，稍歸永樂所獲人，遂以葭蘆、米脂、浮圖、安疆四砦與之」。按，范忠宣奏議卷下有畫夏國疆界三策。

〔三五〕而議者欲致其子收河南故地故赦不殺公復固争　范忠宣公文集卷一九范忠宣公行狀云：「阿里骨使到，文彦博欲令見之，庶幾其子結兀捉知其父在，僥倖得其心。」按，范忠宣奏議卷下有奏乞誅鬼章、論不當授鬼章陪戎校尉、論不當許阿里骨來使與鬼章相見。

〔三六〕元祐三年春拜大中大夫尚書右僕射兼中書侍郎　據長編卷四〇九、宋宰輔編年録卷九及宋史卷二一二宰輔表三，范純仁拜尚書右僕射兼中書侍郎在元祐三年四月辛巳，此處言「春」者不確。

〔三七〕言者攻章惇鄧綰公皆力爲捄解　宋史卷四七一章惇傳云：「（蔡）確罷，惇不自安，乃駁司馬光所更役法，累數千言。……吕公著曰：『惇所論固有可取，然專意求勝，不顧朝廷大體。』光議既行，惇憤恚争辨簾前，其語甚悖。宣仁后怒，劉摯、蘇轍、王覿、朱光庭、王巖叟、孫升交章擊之。」按，長編卷三七五元祐元年四月乙巳條載有御史林旦攻鄧綰疏及范純仁爲鄧綰求解之疏。

〔三八〕既而在廷頗分朋黨論議多出私意浸潤之説稍行　大事記講義卷二〇哲宗皇帝諸君子自分黨注云：「邵伯温曰：哲宗即位，宣仁同聽政，群賢畢集於朝，賢者不免以類相從，故當時有洛黨、蜀黨、朔黨之語。洛黨以程頤爲領袖，朱光庭、賈易爲羽翼；蜀黨以蘇氏爲領袖，吕陶等爲羽翼；朔黨以劉摯、梁燾、王岩叟、劉安石爲領袖，而羽翼尤衆。是時，既退元豐大臣於散地，皆含怒入骨，陰伺間隙，而諸賢者不悟，自分黨相毀。……元祐之所謂黨，何人哉？程曰洛黨，蘇曰蜀黨，劉曰朔黨，彼皆君子也，而互相排軋，此小人得以有辭於君子也。程明道謂新法之行，吾黨有過。愚謂紹聖之禍，吾黨亦有過。然熙寧君子之過小，元祐君子之過大。熙寧之争新法，猶出於公；元祐之自爲黨，皆出於私者也。」按，程氏外書卷一一云：「温公薨，朝廷命伊川先生主其喪事。是日也，祀明堂禮成，而二蘇往哭温公，道遇朱公掞（光庭），問之。公掞曰：『往哭温公，而程先生以爲慶弔不同日。』二蘇悵然而反，曰：『鏖糟陂裏叔孫通也。』言其山野。自是時時謔伊川。他日國忌，禱於相國寺，伊川令供素饌，子瞻詰之曰：『正叔不好佛，胡爲食素？』正叔曰：『禮，居喪不飲酒食肉。忌日，喪之餘也。』子瞻令具肉食，曰：『爲劉氏者左袒。』於是范淳夫（祖禹）輩食素，秦（觀）、黄（庭堅）輩食肉。吕申公（公著）爲相，凡事有疑，必質於伊川。進退人才，二蘇疑伊川有力，故極口詆之云。伊川主温公喪事，子瞻周視無闕禮，乃曰：『正叔喪禮何其熟也？』又曰：『軾聞「居喪未葬，讀喪禮」。太中康寧，何爲讀喪禮乎？』伊川不答。鄒至完（浩）聞之曰：『伊川之母先亡，獨不可以治喪禮乎？』」貴耳集卷上云：「元祐初，司馬公薨。東坡欲主喪，遂爲伊川所先，東坡不滿意。伊川以古禮斂，用錦囊囊其尸。東坡見而指之曰：『欠一件物事，當寫作信物一角，送上閤羅大王。』東坡由是與伊川失歡。」

〔三九〕學士蘇軾草策問題或言引用不當　大事記講義卷二〇哲宗皇帝諸君子自分黨云：「元祐元年，詔蘇軾、傅堯俞等供職。初，軾與程頤同在經筵，軾喜諧謔，而頤以禮法自守，軾每戲之。朱光庭、賈易積不能平，乃力攻軾所選策題譏仁宗。胡宗愈劾中丞堯俞、御史岩叟右光庭，吕陶右軾，惟諫官汪覿之論得其中，曰：『學士策詞失當，小事也。使士大夫有朋黨之言，大患也。』」

〔四〇〕公奏軾無罪維盡心國家勿避嫌謗不可因讒言絀　按，長編卷三九四元祐二年正月丙子條載有范純仁爲蘇軾求解疏、范忠宣奏議卷下有論韓維不當罷門下侍郎。

〔四一〕諫官王覿坐論朋黨貶　長編卷四一一元祐三年五月癸亥條云：「初，胡宗愈除尚書右丞，諫議大夫王覿疏：『宗愈自爲御史中丞，論事建言多出私意，與蘇軾、孔文仲各以親舊相爲比周，力排不附己者，而深結同於己者。操心頗僻如此，豈可以執政？』内批：『王覿論列不當，落諫議大夫，與外任差遣，仍不得帶職。』」據庚午條，王覿以直龍圖閣知潤州。

〔四二〕公復爲辯君子小人朋黨之異因極言前世朋黨之禍并録歐陽文忠公朋黨論以進　按，范忠宣奏議卷下有奏乞寬王覿之罪、又論王覿乞從文彦博等所言，又有繳奏歐陽修朋黨論。

〔四三〕執政主其説獨公與左丞王存以爲不可　按，因「車蓋亭詩案」，宣仁太后等欲置蔡確於死地，范純仁以爲不可。三朝名臣言行録卷一一之一丞相范忠宣公引言行録云：「前宰相蔡確坐詩語譏訕簾中，臺諫章疏交上，必欲朝廷誅殛，宰執侍從皆爲當然。公獨以爲不可，遂於簾前開陳：『方今聖朝，宜務寬厚，不可以語言文字之間，曖昧不明之過，誅竄大臣。今日舉動，宜與將來爲法式，此事甚不可開端也。』」據長編卷四二六元祐四年五月辛未條云：「太皇太后諭執政：『確黨多在朝。』范純仁進曰：『確無黨。』吕大防曰：『確誠有黨在朝，純仁所言非是。』劉摯亦助大防，言確誠有黨在朝。先是，文彦博同三省入對，太皇太后曰：『蔡確事都無人管，使司馬光在，必不至此。』彦博以下皆慙懼不知所對。是日，執政俱不敢進呈文字。大防、純仁既退，各上疏，並留中。」注引王鞏隨手雜録云蔡確之貶新州實出平章軍國重事文彦博之謀。又按，長編卷四二七元祐四年五月丙戌條載有范純仁簾前進對及奏疏，范忠宣奏議卷下有論誅蔡確當與師臣商量、論不宜分辨黨人有傷仁化。

〔四四〕蔡丞相貶新州言者指公二人異論公二人亦堅求罷　宋史范純仁傳云「司諫吴安詩、正言劉安世交章擊純仁黨確」。按范忠宣公文集卷一九范忠宣公行狀云：「或勸公引去，獨明己之力盡，公曰：『我方慕古人，願爲良臣，不爲忠臣，安得楚楚以自見耶？』言者果復論公，公遂與存俱待罪，不報。繼請補外，竟亦同罷，而宰執內屈，不敢罪公，乃如公請。」

〔四五〕築防備水後賴其利　范忠宣公文集卷一九范忠宣公行狀云：「公到潁，水菑之後，官私屋舍倒皆漂蕩，井邑蕭然。公極力振補，上下康乂。遂環城築長堤，植榆柳，以防其害。後數年，水復至，堤遂有功。」

〔四六〕進大學士知太原府河東經略安撫使　范忠宣公文集卷二〇范忠宣公行狀云其「移鄜延路經略安撫使、知延安府。未行，進大學士、改河東路安撫經略使、知太原府」。據長編卷四四二元祐五年五月丙寅條云：「御史中丞梁燾言：『臣竊聞除范純仁知延安府。延安府爲極邊，密制羌境，雖從來遴擇帥臣，而近未有以舊相臨之者。一旦忽命純仁，竊恐事體太重，非所以尊嚴國威，而徒使黠寇妄意窺我，以爲中外之材，其下無可任者；又謂舊相事權非常，將必有所經營，由此懷疑生事。朝廷本意重延安，而不知所以增羌人之疑也。愚慮所及，不敢遂默，欲乞聖慈別賜處分。』又言：『陝西四路自置帥以來，真宗朝，故相張齊賢、向敏中皆曾領延州。緣當時趙德明雖納欵，信約未定，故命向敏中經略；李繼遷叛擾邊塞，故命張齊賢經略。距七十餘年，蕃、漢之人耳目所不接，又當納欵貢奉之時，驟加相臣臨之，必恐挾疑生事。伏望聖慈早賜施行。』尋改命純仁知太原。」

〔四七〕葬民燼骨未葬者三千餘喪　宋史范純仁傳云：太原「其境土狹民衆，惜地不葬。純仁遣僚屬收無主燼骨，別男女異穴，葬者三千餘。又推之一路，葬以萬數計」。

〔四八〕夏人犯邊公直將佐引咎歸己章累上乃貶秩一等徙知河南府　按范忠宣公文集卷二〇范忠宣公行狀云：「夏人犯麟府神木寨，無所得而去。朝廷猶詰責將吏，公一無所累，上章待罪。上曰：『無所得而去，何罪之有？』公請不已曰：『非將吏失律，乃臣之罪也。人君賞罰必信，不可爲老臣屈。』」長編卷四六八元祐六年十二月壬申條云：「詔范純仁降中大夫。初議落職，嫌太重，欲止降官，又以故事宰相必帶諫議大夫，官制爲太中大夫，今降中大夫，或疑之。既而以純仁外任，遂有此詔。」按，范純仁徙知河南府在是年十一月癸巳。又卷四八〇元祐八年正月庚寅條注曰：「舊録云：先是純仁守太原，城戍徹備，敵寇麟府，大掠而去，純仁初不知也。未幾復官。新録辨曰：因上文是三省、樞密院檢舉，純仁累章自乞再行貶黜，有詔復原官。史官輒以詆誣之私，別立解説。」

〔四九〕召還復爲右相　長編卷四八四元祐八年六月戊午條云：「或曰：（楊）畏與蘇軾、轍俱蜀人，前擊劉摯，後擊蘇頌，皆陰爲轍地。太皇太后覺畏私意，故復自外召用純仁。畏尋又言轍不可大用云。」注曰：「此據邵伯温辨誣。畏爲轍地，恐未必然。」朱子語類卷一三〇本朝四自熙寧至靖康人物稱「子由（蘇轍）深，有物，作頴濱遺老傳，自言件件做得是，如拔用楊畏、來之邵等事皆不載了。門下侍郎甚近宰相，范忠宣、蘇子容（頌）輩在其下。楊攻去一人，當子由做，不做，又自其下用一人；楊又攻去一人，子由當做，又不做，又自其下拔一人。凡數番如此，皆不做。楊曰：『蘇不足與矣。』遂攻之。來亦攻之。二人前攻人，皆受其風旨也」。

〔五〇〕公獨争　據宋史卷九二河渠志二及本書上集卷二七趙樞密瞻神道碑等，當時争言歸河故道不便者尚有蘇轍、王存、胡宗愈、曾肇、趙瞻等人。碑文此處所言不確。按，范忠宣奏議卷下有論回河、再論回河畫一。

〔五一〕主議者不懌密啓以手詔督趣公復固争　長編卷四一五元祐三年十月戊戌條載當時詔曰：「黄河未復故道，終爲河北之患。王孝先等所議已嘗興役，不可中罷，宜接續工料，向去決要回復故道，三省、樞密院速與商議施行。」其後録范純仁論回河奏云云，並注曰：「純仁家傳以爲此詔乃范百禄、趙君錫既受命未行，大臣主議者密啓從中批出。按王存集載中批以十月二十六日出，十一月二日乃遣百禄、君錫，家傳誤也。」按：碑文此處以内出手詔爲近臣范百禄、趙君錫視河使回以後之事，亦誤。

〔五二〕或諷公再相時御史嘗有言　長編卷四八四元祐八年六月戊午條云：「聞將以純仁爲右僕射，（楊）畏又言：『治天下者賞罰號令，而況宰相佐人君出賞罰號令，以示至公哉！純仁去歲帥太原府，守邊無狀，上下失備，西賊乘之犯麟州，蹂踐千里，死者數萬人，方罷帥降官，名在謫籍，而陛下遽命以爲相，是賞罰不正，而功罪未判也。以爲功則罪籍未除，以爲罪則未應除召，況爲相哉？陛下命相而賞罰未明，何以昭示天下哉？』自是七疏，皆不聽。監察御史來之邵又言：『純仁師事程頤，闒狠不才，於國無補。』及純仁至，畏又言：『純仁自頴昌府被召，未入見而張蓋過内門，爲不恭。』太皇太后皆不聽。」

〔五三〕因勸上慎擇執政臺諫官　范忠宣公文集卷二〇范忠宣公行狀云：「是時用二三大臣，皆從中出，而侍從、言事官多不由進擬。公上疏言：『陛下初親政，四方拭目以觀。知人舉直之化小有失當，其繫不細。』疏奏，上爲之動。而中批之人，類由密啓，上乃以所得姓名質之於公，公曰：『天下治亂，實本於此，不可不慎。』」

〔五四〕宣仁嘗稱文正公在天聖明道間始終一節以勉公　范忠宣公文集卷二〇范忠宣公行狀云：「一日奏事次，簾中曰：『卿父文正公在明肅皇后垂簾之初，仁宗親政之後，忠厚正直，見於始終。卿名望衆人所歸，必能繼紹前人。』公頓首謝曰：『臣不肖，何足以當陛下奬勸委任之意！』」按，東都事略、宋史范純仁傳略同。

〔五五〕上意稍解　宋史范純仁傳云：「蘇轍論殿試策問，引漢昭變武帝法度事，哲宗震怒，曰：『安得以漢武比先帝！』轍下殿待罪，衆不敢仰視。純仁從容言：『武帝雄才大略，史無貶辭。轍以比先帝，非謗也。陛下親事之始，進退大臣，不當如訶叱奴僕。』右丞鄧潤甫越次曰：『先帝法度爲司馬光、蘇轍壞盡。』純仁曰：『不然。法本無弊，弊則當改。』哲宗曰：『人謂秦皇、漢武。』純仁曰：『轍所論事與時也，非人也。』哲宗爲之少霽。轍平日與純仁多異，至是乃服，謝純仁曰：『公佛地位中人也。』轍竟落職知汝州。」按，漢書卷六武帝紀贊云：「如武帝之雄材大略，不改文景之恭儉以濟斯民，雖詩書所稱，何有加焉！」顏師古注曰：「美其雄材大略，而非其不恭儉也。」

〔五六〕時上方更用大臣公力請罷　按大事記講義卷二〇哲宗皇帝小人進而君子退云：「紹聖元年二月，以李清臣爲中書侍郎，鄧温伯爲尚書左丞。紹述之説，清臣唱之，温伯和之。先是，楊畏入對，首叛大防，言紹述神宗，疏列章惇、安燾、吕惠卿、鄧温伯、李清臣等行義，乞召章惇爲相。三月，吕大防罷，蘇轍罷門下侍郎。」東都事略范純仁傳云：「哲宗既召章惇爲相，純仁於是請罷。」宋宰輔編年録卷一〇紹聖元年四月壬戌條引長編云：「上既親政，言者争論垂簾。時純仁數稱疾求罷，最後出居慈孝寺，録詔以進，且言『近聞狂人傳播擬策，自云嘗經御覽，又臺官章疏或已取用其説，甚非陛下尊奉先太后勤勞公正、保佑聖躬之意，伏乞特降明詔以信萬方。今妄爲詆訐者既多，陛下容之則妨聖孝，懲之則恐不忍。不若以詔禁約，事得兩便』。訖不從，純仁固求罷。」

〔五七〕公亦坐奪一官　范忠宣公文集卷二〇范忠宣公行狀云：「章惇以公嘗斷國論，援以爲黨，而將因其例。上曰：『范某非黨也，但不肯爲朕留爾。』惇曰：『不肯留即黨也。』上勉從其請，降公一官。」

〔五八〕大臣前疏吕丞相大防已下數十人終身勿徙公即爲申理　據東都事略、宋史范純仁傳，此「大臣」乃指宰相章惇。按，宋文鑑卷五二載范純仁請放吕大防等逐便奏。

〔五九〕喪明告老大臣勿許通　范忠宣公文集卷二〇范忠宣公行狀云時「惇戒堂吏不得上，懼公復有指陳，終移上意」。

〔六〇〕在永三年　邵氏聞見録卷一四云：「章惇用事，元祐黨禍起，忠宣獨不預。至吕汲公（大防）南遷，忠宣齋戒上書救汲公，惇怒，亦謫節度副使，永州安置。忠宣欣然而往，每諸子怨章惇，忠宣必怒止之。江行赴貶所，舟覆，扶忠宣出，衣盡濕，顧諸子曰：『此豈章惇爲之哉？』至永州，公之諸子聞韓維少師謫均州，其子告章惇以少師執政日與司馬公（光）議論多不合，得免行，欲以忠宣與司馬公議役法不同爲言求歸，白公，公曰：『吾用君實薦以至宰相，同朝論事，不合即可，汝輩以爲今日之言，不可也。有愧而生者，不若無愧而死。』諸子遂止。」范忠宣公文集卷二〇范忠宣公行狀云其被貶永州，「曰：『我兩爲真相，報國無狀，今日之貶，無所憾也。』或謂公近名，公聞而嘆曰：『七十之年，兩目俱喪，萬里之行，豈其欲哉？但區區愛君之心不能自已，人若避好名之嫌，則無爲善之路矣。』在永三年，人不堪其憂，公處之有餘裕，非醫藥方書未嘗經理，非修身行己不以語人。預作棺衾，以候瞑目」。

［六一］自爲布衣以至宰相廉儉恭遜不少加損　自警編卷二儉約云：「范忠宣公親族間，有子弟請教於公，公曰：『惟儉可以助廉，惟恕可以成德。』其人書於坐隅，終身佩服。公平生自奉養無重肉，不擇滋味麤糲。每退自公，易衣裋褐，率以爲常。自少至老，自小官至達官，始終如一。」按，曲洧舊聞卷三云：「范氏自文正公貴，以清苦儉約著於世，子孫皆守其家法也。忠宣正拜後，嘗留晁美叔（端彥）同匕筯。美叔退謂人曰：『丞相變家風矣。』問之，對曰：『鹽豉棊子，而上有肉兩簇，豈非變家風乎？』人莫不大笑。」

［六二］屢斥以廣義莊　宋史卷三一四范仲淹傳云范仲淹「好施予，置義莊里中，以贍族人」。

［六三］長子少有大志不幸疾廢　按，范仲淹四子：純祐、純仁、純禮、純粹。宋史卷三一四范仲淹傳云純祐字天成，「性英悟自得，尚節行」。至「寶元中，西夏叛，仲淹連官關陝，皆將兵。純祐與將卒錯處，鉤深擿隱，得其才否，由是仲淹任人無失，而屢有功」。後「從仲淹之鄧，得疾昏廢，臥許昌。……凡病十九年卒，年四十九」。

［六四］有文章論議二十卷　范忠宣公文集卷二〇范忠宣公行狀云「有文集二十卷，臺諫論事五卷，邊防奏議二十卷」。東都事略范純仁傳云「有文集五十卷」。陳録卷一七著録范忠宣集二十卷，又卷二二著録范忠宣彈事五卷、國論五卷。宋史卷二〇八藝文志七著録「忠宣集二十卷，又彈事五卷、國論五卷」。

［六五］既病口授諸子遺奏數百言　宋史范純仁傳云其「疾革，以宣仁后誣謗未明爲恨，呼諸子口占遺表，命門生李之儀次第之。其略云：『蓋嘗先天下而憂，期不負聖人之學。此先臣所以教子，而微臣資以事君。』又云：『惟宣仁之誣謗未明，致保佑之憂勤不顯。』又云：『未解疆場之嚴，幾空帑藏之積，有城必守，得地難耕。』凡八事。建中靖國改元之旦，受家人賀。明日熟寐而卒，年七十五」。

吴武安公玠神道碑[一]　　中書舍人王綸[二]

紹興九年夏六月己巳，武安王吴玠薨。己亥①，有遺表奏聞，上悼之，輟視朝二日，謂輔臣曰：「前此玠以疾革聞，朕甚患之，遣成都守訪善醫者治之，恐不瘳，亟馳以國醫視之，何竟至之不起耶！朕念其勤勞王家，戮力邊疆，豈能置之釋然？」遂官其三子，賜錢三千萬，以慰恤其家。九月丙申，其弟璘奉喪歸葬於德順軍水洛之原②[三]。於是命綸爲銘。綸頓首再拜，書曰：

吴出姬姓。武安王曾祖謙，太子太保。祖遂，太子太傅。父扆，少保。累世顯烈，燁燁史章。母夫人劉氏。王諱玠，字晉卿，世居德順之隴干。少沉毅，尚氣節，讀書通大義③。喜兵法，長於騎射，弱冠即隸涇原軍[四]。殄寇勦賊，屢得奇功。常以少擊衆，以精取勝。

① 己亥　按，紹興九年六月己巳爲二十一日，己亥爲七月二十一日。胡世將吴玠墓誌亦云「七月遺表聞」。故「己亥」上當脱「七月」二字。
② 其弟璘奉喪歸葬於德順軍水洛之原　「水洛」原作「水落」，據舊鈔本、隴右金石録卷四吴玠墓碑及本書本卷明庭傑功績記、宋史卷八七地理志改。
③ 讀書通大義　「通」，鐵琴銅劍樓本、庫本作「能通」。

建炎三年，金人内侵已三載矣①，春渡河，出大慶關。婁宿殘長安，熙帥張深遣偏②將軍劉惟輔刺其帥黑風大王，而張嚴繼以進兵，戰五馬坡，兵敗死之，惟輔遁歸熙州。經制司統領劉彦希棄鳳翔，奔曲端，端斬以徇衆。端與王大兵屯北原，堅壁不動。金人謀取涇州，端拒守麻務，王據青溪嶺，逆擊大破之。轉武義郎、涇原路兵馬都監、知懷德軍。冬，以本道兵復華州。城破，命將士毋殺掠，民皆安堵。轉武功大夫、忠州刺史。劇賊史斌寇興、鳳，據長安，謀不軌。王乘夜出襲其城，斬首領[五]。轉右武大夫。

四年春，擢熙河路馬步軍副總管③。金人謀取環慶，婁宿以數萬衆攻麻亭④。王獎勵士卒，奮力死戰，傷殺過當。曲端劾王違節制[六]，降武顯大夫。未幾，復故官，改秦鳳路馬步軍副總管。先是，王與曲端起兵涇原，招流民潰卒，捍禦金虜，所過人供糧秸，道不拾遺，猛士如林，甲軍蔽野。每戰，必先占高原必勝之地，未嘗敗衄。虜稍北退，守河東，不敢逾河飲馬。時樞密張公浚董師川陝，問策曲端與王。王以高山峻谷駐扎爲固⑤，虜騎善於衝突，俟其隙以破之[七]。幕府以爲懦怯，不用其言。繼而虜囊土逾河驟至，五路失陷[八]，王獨保關繕兵不爲屈。紹興元年春三月，没立郎君逞兵犯原上，王擊敗之，拜忠州防禦使。夏五月，没立郎君復大進，王遣麾下擊

---

① 建炎三年金人内侵已三載矣　「三年」，北盟會編卷一九五引吴玠墓銘、隴右金石録卷四吴玠墓碑及胡世將吴玠墓誌、宋史吴玠傳皆作「二年」。按，「金人内侵已三載矣」，乃自靖康元年金圍攻開封城始。

② 熙帥張深遣偏將軍劉惟輔刺其帥黑風大王　「偏」原作「徧」，據殿本及本書本卷明庭傑功績記、北盟會編卷一九六引吴武安公功績記改。

③ 擢熙河路馬步軍副總管　「熙河路」，北盟會編卷一九五引吴玠墓銘、隴右金石録卷四吴玠墓碑及胡世將吴玠墓誌、宋史吴玠傳皆作「涇原路」，是。

④ 婁宿以數萬衆攻麻亭　「婁宿」，胡世將吴玠墓誌作「婁室」。按婁室，金史卷七二有傳。又「麻亭」，胡世將吴玠墓誌作「麻務鎮」。

⑤ 王以高山峻谷駐扎爲固　「峻」原作「竣」，據本卷明庭傑功績記改。

退，不使其合[九]。轉明州觀察使，有誥詞。未幾，丁母夫人憂，起復，尋兼陝西諸路都統制。虜每與王戰輒敗，冬十月，其帥兀朮糾衆造浮梁跨渭水，連營疊石。王選强弓勁弩射之。虜稍却，以奇兵夾攻，伏發，塡陷坑谷，虜全軍覆没。拜鎮西軍節度使。二年，兼宣撫使司都統制、節度①。三年春，虜以衆三十萬，發諸路簽軍，聲言東歸，反出漢陰，擣梁、洋。王急遣麾下倍道疾馳②，趨金、洋，遺以黄柑止渴，虜駭。遂大戰，凡六晝夜，賊敗衂潛逃[一〇]。自是乃服王之用兵不可與敵，遂遺書間誘。王示以不爲利動，不爲威服，倘有二心，天地鬼神實誅之。上加王檢校少保[一一]。

四年春，賊復大入，轉三河之粟，魚貫蟻附，決意取蜀。師古叛降[一二]，其部下無一人從者。王愛此軍忠義，厚給勞來，合爲一心。四月，徙鎮定國，除川陝宣撫使③。七月，朝廷録功，進檢校少師、奉寧保静軍節度使④。五年春，向天水出奇兵，下秦州。六年，兼營田大使，徙鎮保平静難軍。節浮費，屯田十萬斛，又調戍兵，命梁、洋守將治褒城廢堰，廣溉民田，復業數萬，朝廷嘉之。七年冬，賊廢劉豫[一三]，召諸路兵聲言入蜀，王獨謂不然，策其將去，已而果然。和議成⑤，上以王功高，賜親札，進開府儀同三司、四川宣撫使。而王已病，自以賞過功，固

---

① 兼宣撫使司都統制節度　北盟會編卷一九五引吴玠墓銘、隴右金石録卷四吴玠墓碑、胡世將吴玠墓誌皆作「兼宣撫處置使司都統制，節制興文龍州」。疑此處脱「興文龍州」數字。

② 王急遣麾下倍道疾馳　「急」，鐵琴銅劍樓本、庫本作「亟」。

③ 除川陝宣撫使　按，據北盟會編卷一九五引吴玠墓銘、隴右金石録卷四吴玠墓碑及本卷明庭傑功績記、宋史吴玠傳，吴玠所除乃川陝宣撫副使。

④ 進檢校少師奉寧保静軍節度使　「保静軍」，北盟會編卷一九五引吴玠墓銘、隴右金石録卷四吴玠墓碑、本卷吴武安公功績記序引、功績記及要録卷七八紹興四年七月丙辰條同，而宋史吴玠傳作「保定軍」，不確。

⑤ 和議成　隴右金石録卷四吴玠墓碑作「九年春，和議成」。

辭，優詔不許。九年春疾革，夏六月薨[一四]，享年四十有七，終於官。

子三：長拱，右武郎；次扶、撝[一五]，皆文官。

王撫士卒，同甘苦，至軍政則斬刈不一貸，故人人效死。及第功賞，則斷以公論，無請託之私。性樂善，每觀史傳有可師者，必書之座右。日誦七書[一六]，其用兵本孫吴，而能窮其變化。雖功高貴顯，而居常極儉約，至推以予士，則略無少吝。其殁也，家無餘貲，至無宅以居。戰西戎，不過進退之間，決勝負，虚則擊，實則避，堅忍持久。故葬之日，士卒流涕，百姓俱哀，皆感王之忠義，道王之盛德，莫不愛戴而思慕焉，於是屬綸爲銘。綸謹爲之銘曰：

堂堂吴公，爲國之棟。掃寇除氛，赫濯武功。運籌無遺，人莫能同。天子屢問，信任獨隆。視卒如子，甘苦自共。指揮臨陣，有始有終。邊疆安堵，阡陌交通。節省浮費，屯田萬鍾。褒賞有則，撫卹爲重。上念天子，報國盡忠。允矣武安，休休有容。國之霖雨，惜乎不永。

辨證：

［一］吴武安公玠神道碑　吴玠，宋朝南渡十將列傳卷一〇、宋史卷三六六有傳。按，本碑文，北盟會編卷一九五有載，稱中書舍人王綸吴玠墓銘，乃屬節文；隴右金石録卷四亦載録吴玠墓碑；又乾隆甘肅通志卷四八載録胡世將開府儀同三司贈少師吴玠墓誌。然比勘上述三篇文字，隴右金石録卷四吴玠墓碑與甘肅通志卷四八吴玠墓誌全同，與北盟會編卷一九五引吴玠墓銘大部分内容亦同；而北盟會編卷一九五引吴玠墓銘，與本碑文内容頗有異同，且北盟會編卷一九五引吴玠墓銘末「後胡世將爲川陝宣撫使」至「謚公武安」一段文字，爲本碑文及隴右金石録卷四吴玠墓碑、甘肅通志卷四八吴玠墓誌所無。北京圖書館藏中國歷代石刻拓本彙編第四十三册收有吴玠墓銘，闕失起首一段文字，故撰者已無考；且大部分文字漫漶，然據可識别之文字辨認，與北盟會編卷一九五引吴玠墓銘同。又，

隴右金石録卷四吴玠墓碑後「按語」稱「以碑文考之，蓋每行爲七十字」，亦與吴玠墓銘拓本合；又云此吴玠墓碑「在徽縣鐘樓山，今存」。據嘉慶徽縣志卷一輿地志「鐘樓山」條云：「上建鍾鼓樓，有宋開府吴玠墓志碑。」則隴右金石録卷四所載之吴玠墓碑，實即吴玠墓銘。檢宋史卷三七二王綸傳，云其紹興二十六年試中書舍人，嘗「撰吴玠神道碑，稱上旨，賜宸翰褒寵」。至二十八年除同知樞密院事。則王綸撰吴玠神道碑當在紹興二十六年至二十八年間。又要録卷一八建炎二年十一月末附注引王綸碑文曰「三年冬，劇賊史斌據長安，謀爲不軌」，與本文所云「劇賊史斌寇興鳳，據長安，謀不軌」亦異，然與北盟會編卷一九五引吴玠墓銘、隴右金石録卷四吴玠墓碑合；且本文云吴玠長子「拱，右武郎」，而據要録卷一〇〇、卷一七〇所記，吴拱遷右武郎在紹興六年四月丙寅，至紹興二十五年十一月丁巳，「榮州刺史、階成西和鳳州兵馬都鈐轄、御前後部同統制軍馬吴拱兼知成州」。則王綸撰此神道碑時，云吴拱官右武郎者顯誤。又按，北盟會編卷一九五引吴武安功績序云及「胡宣撫（世將）爲行狀，不詢其子，使二舊吏立供；爲之墓誌，又據行狀而言」。由上推知，胡世將於紹興十年撰吴玠行狀，并據行狀而撰吴玠墓誌，至紹興二十六年後，中書舍人王綸受命撰吴玠神道碑，然其文字多據墓誌。又，北盟會編卷一九五王綸吴玠墓銘稱吴玠曰「公」，而本碑文則稱之曰「王」，據宋史吴玠傳云吴玠「淳熙中追封涪王」，而據卷三四孝宗紀二，「追封吴玠爲涪王」在淳熙三年十二月；又據宋史卷三七二王綸傳，王綸卒於紹興三十一年。因此，王綸不可能撰作本碑文，實爲後人於吴玠追封涪王以後，於王綸吴玠神道碑上有所修訂增删而成本碑文，故文内改稱「公」爲「王」，且有因删略過甚而於文義有損者。又按，因北盟會編卷一九五王綸吴玠墓銘、甘肅通志卷四八胡世將吴玠墓誌，與本碑文關係甚密切，而文字頗多異同，故爲便於研讀，特將此二文附録於後。

〔二〕王綸　綸（？～一一六一年）字德言，建康人。紹興五年進士，歷官中書舍人，至同知樞密院事。紹興三十一年卒，謚章敏。宋史卷三七二有傳。

〔三〕其弟璘奉喪歸葬於德順軍水洛之原　按隴右金石録卷四吴玠墓碑後「按語」云：「碑言歸葬水洛，今墓與碑皆在徽縣者，蓋玠卒於紹興九年六月，是年三月和議初成，金人歸陝西、京西之地，水洛新返，首邱可歸，故初議必葬故鄉，列之行狀。至八月，金人以撻懶主和殺之，世將與璘數言金人必渝盟，宜先爲備。明年四月，金人已大舉入寇，則玠之寄葬河池，蓋不得已。而静寧志乃因襲碑文，以爲玠墓即在水洛，似未考其時世也。」然陸游老學庵筆記卷五云：「吴武安玠葬德順軍隴干縣，今雖隔在虜境，松楸甚盛，歲時祀享不輟，虜不敢問也。」胡世將吴玠墓誌亦云「其弟璘與諸孤奉喪歸葬於德順軍水洛城北原先塋之次」。又明一統志卷三五云「吴玠墓在静寧州南一百二十里」，乾隆甘肅通志卷二五云「吴玠墓在静寧州南一百二十里水洛城北原」。静寧州即德順軍，元初改名。與隴右金石録吴玠墓碑後「按語」所云不同。

〔四〕弱冠即隷涇原軍　隴右金石録卷四吴玠墓碑及本卷明庭傑功績記、胡世將吴玠墓誌、宋史吴玠傳皆云其「未冠，以良家子隷涇原軍」。宋朝南渡十將列傳卷一〇吴玠傳云其「少隷曲端軍」。

〔五〕轉武功大夫忠州刺史劇賊史斌寇興鳳據長安謀不軌王乘夜出襲其城斬首領　按宋史吴玠傳載吴玠拜忠州刺史乃在其斬史斌以後，當是。按，要録卷一八建炎二年十一月「是月」條亦載：「涇原兵馬都監兼知懷德軍吴玠襲叛賊史斌斬之。初，斌侵興元，不克，引兵還關中。義兵統領張宗誘斌如長安，而散其衆，欲徐圖之。曲端遣玠襲擊斌，斌走鳴犢鎮，爲玠所擒。端自襲宗殺之。玠以功遷右武大夫、忠州刺史。」注曰：「吴玠殺史斌，趙甡之遺史繫之今年四月，明庭傑功績記繫三年冬戰青溪、復華州之後。而云『金人内侵已三載矣』，其實二年冬也。王綸撰玠碑，分此三事作二年。按，三年九月長安已陷，而綸碑乃云三年冬，劇賊史斌據長安，謀爲不軌。實甚誤矣。」

〔六〕曲端劾王違節制　要録卷三二建炎四年三月甲辰條云：「初，羅索（婁宿）既陷陝，遂與其副薩里罕（撒離喝）長驅入關，宣撫處置使司都統制曲端聞敵至，遣右武大夫、忠州刺史、涇原路馬步軍副總管吴玠及統制官張中孚、李彦琪將所部拒之於彭原店，端自擁大兵屯於邠州之宜禄以爲聲援。敵乘高而陣，羅索引兵來犯，玠擊敗之。薩里罕懼而泣，金人因目爲『啼哭郎君』。既而敵師復振，官軍敗。端退屯涇州，敵亦引去。端劾玠違節，降武顯大夫，罷總管，復知懷德軍。」

〔七〕王以高山峻谷駐扎爲固虜騎善於衝突俟其隙以破之　要録卷三六建炎四年八月癸未條云宣撫處置使張浚議出師，士大夫多以爲不可，吴玠亦曰：「高山峻谷，我師便於駐隊。敵雖驍果，甲馬厚重，終不能馳突。吾據嵯峨之險，守關輔之地，敵即大至，決不容爭此土。」張浚皆不聽。宋史吴玠傳云：是年「九月，浚合五路兵，欲與金人決戰，玠言宜各守要害，須其弊而乘之」。

〔八〕五路失陷　宋史吴玠傳云宋軍「及次富平，都統制又會諸將議戰，玠曰：『兵以利動，今地勢不利，未見其可。宜擇高阜據之，使不可勝。』諸將皆曰：『我衆彼寡，又前阻葦澤，敵有騎不得施，何用他徙？』已而敵驟至，輿柴囊土，藉淖平行，進薄玠營。軍遂大潰，五路皆陷」。按，參見齊東野語卷二張魏公三戰本末略富平之戰。

〔九〕没立郎君復大進王遣麾下擊退不使其合　胡世將吳玠墓誌云：「夏五月，没立復會烏魯、折合衆數萬，使大將由階、成出散關，先至。公與之大戰三日，大敗而去。没立方攻箭筈關，公復遣擊退，卒不得與二將合。」按，本碑文删節過甚，至述事不明。

〔一〇〕遂大戰凡六晝夜賊敗衄潛逃　宋史吳玠傳云宋、金二軍激戰於饒風關，「金人被重鎧，登山仰攻。一人先登，則二人擁後；先者既死，後者代攻。玠軍弓弩亂發，大石摧壓。如是者六晝夜，死者山積，而敵不退。募敢死士，人千銀，得士五千，將夾攻。會玠小校有得罪奔金者，導以祖溪間路，出關背，乘高以瞰饒風。諸軍不支，遂潰，玠退保西縣。敵入興元，劉子羽退保三泉，築潭毒山以自固，玠走三泉會之。未幾，金人北歸，玠急遣兵邀于武休關，掩擊其後軍，墮澗死者以千計，盡棄輜重去」。中興戰功録「吳玠饒風嶺關」條云：「虜人募軍中，得敢死五千人，約能破我軍者，至漢中日，人賞以銀千錠、馬三疋。黎明，死士從間道攀援而上，犯祖溪關。守將郭仲苟力不能支，求濟師於玠，比至，而虜人已登矣。玠見虜人掩出我師後，遂自饒風一日馳還漢中。祖溪距饒風之左三十里，崇岡牆立，殆非人所行。始也過爲之備，而使仲苟守，故少與之兵。虜人覘得，遂募士出我不意，以故失守。玠至漢中，劉子羽偕至西縣，議欲柵定軍山保聚拒賊。……玠遣統制官姓郭者往抄虜至褒城界，遇渾女郎君部伍將歸，與戰，得生女真四十人，言皆不可解，使譯者問之，始知虜人已引去數日矣。於是子羽與玠急遣兵邀之於武休關，虜盡棄其輜重及所掠人畜而去，後軍爲我軍掩擊及墮溪澗死者以數千計。」按，碑文僅言「賊敗衄潛逃」者，乃爲諱飾吳玠軍敗。

〔一一〕上加王檢校少保　要録卷六九紹興三年十月庚寅條：「起復鎮西軍節度使、涇原秦鳳路經略安撫使、知秦州充陝西諸路都統制兼宣撫處置使司都統制吳玠加檢校少保，以總兵累年，捍禦有功也。」注曰：「玠加檢校官、除利州路制置使，據墓碑乃緣饒風嶺之功，而史所書如此，蓋宣司隐其敗，次第行賞。朝廷雖申命之，却别降此旨耳。」

〔一二〕決意取蜀師古叛降　要録卷七四紹興四年三月辛亥朔條載，時金軍大舉南侵，於三月初與宋軍激戰於仙人關，敗績。并云：「敵之始入也，玠檄召金房鎮撫使王彦、熙河路總管關師古來援。時師古已叛，彦亦不至，獨綿威茂石泉軍安撫使劉錡以所部會之。玠聞師古叛，并其軍麾下，厚資給焉。由是玠軍益以精強。」又卷七二紹興四年正月「是月」條云：「秦州觀察使、熙河蘭廓路馬步軍總管關師古叛降僞齊。時師古自武都率選鋒軍統制李進、前軍統制戴鉞求糧於僞地，襲大潭縣，掩骨谷城，叛將慕容洧拔寨遁去。師古深入至石要嶺，忽遇敵兵，與戰大敗，師古旋師大潭，内懷慚懼，遂单騎降賊。」則知「蜀」字下當有脱文叙仙人關急戰諸事。

〔一三〕賊廢劉豫　北盟會編卷一八二引金虜節要云：「豫之立也，高慶裔推之，粘罕主之，虜主吴乞買從之。豫知恩悉出三人，又三人虜之最用事者，每歲厚有饋獻，蔑視其他酋長，故餘者無不憾之，以謂我等衝冒矢石，拓闢土地，皆爲慶裔輩所賣矣。豫雖有此怨謗，而未至廢逐者，以吴乞買在位，粘罕當權，慶裔用事耳。至是，吴乞買已死，慶裔伏誅，粘罕繼亡，則豫之廢也必矣。」宋史卷四七五劉豫傳云：紹興七年「八月，統制酈瓊執吕祉，以兵三萬叛降豫，尋殺祉。……瓊勸豫入寇，豫復乞師金人，且言瓊欲自效。金人恐豫兵衆難制，欲以計除之，乃佯言瓊降恐詐，命散其兵。金人業已廢豫，而豫日益請兵，遂以女真萬户束拔爲元帥府左都監屯太原，渤海萬户大撻不也爲右都監屯河間。於是尚書省奏豫治國無狀，當廢。十一月丙午，廢豫爲蜀王」。

〔一四〕夏六月薨　要録卷一二九紹興九年六月己巳條云「玠晚節嗜色，多蓄子女，餌金石，以故得咯血疾而死」於仙人關治所。宋史吴玠傳亦載其「晚節頗多嗜欲，使人漁色於成都，喜餌丹石，故得咯血疾以死」。

〔一五〕子三長拱右武郎次扶攜　按隴右金石録卷四吴玠墓碑作「男五：拱，右武郎，扶、攜皆承奉郎，擴、揔尚幼」，宋史吴玠傳亦云其「子五人：拱、扶、攜、擴、揔」，本卷明庭傑功績記所記同本碑文。然據本書上集卷一四吴武順王璘安民保蜀定功同德之碑，擴、揔乃吴璘之子；又北盟會編卷一九五引吴武安功績序云：「方其薨也，其長子未冠，二、季猶幼。」又古今合璧事類備要外集卷七「高宗廟庭」條亦載：「寶文閣待制吴揔上疏，請以其父璘配享廟庭，不報。」可知吴玠確僅有「三子」。

〔一六〕日誦七書　按，「七書」指「武經七書」。晁志卷一四李衛公對問云元豐中，以李衛公對問「并六韜、孫、吴、三略、尉繚子、司馬兵法類爲一書，頒之武學，名曰『七書』」。

附録：北盟會編卷一九五引王綸吴玠墓銘

公諱玠，字晉卿，世居德順之隴干。公少沈毅，有志節，善騎射，知兵，讀書能通大義。未冠，以良家子隸涇原軍。政和中，夏人犯邊，力戰有功，自是威名益振。

建炎二年，金人内侵已三載矣，春渡河，出大慶關，略秦雍，所過城邑輒下。三月還自鞏州，至鳳翔，隴右都護張嚴邀戰失利，敵勢愈張，謀趨涇州。大將曲端拒守麻務鎮，命公爲前鋒。公進據青谿嶺，逆擊大破之，敵始有憚公意。三年冬，劇賊史斌寇興、鳳，據長安，謀爲不軌，公擊斬之，轉右武大夫。

四年春，擢涇原路馬步軍副總管。金人謀取環慶，大將婁室以衆數萬出麻亭。公逆戰於彭店原，士殊死鬬，殺傷過當，敵懼引去。而曲端劾公違節制，坐降武顯大夫，罷總管，論者不平。未幾，復故官職，改秦鳳路馬步軍副總管、知鳳翔府，權永興軍路經略安撫司公事。進復長安，轉右武大夫、忠州防禦使。宣撫處置司將合五路兵，與金人決戰，公謂宜各守要害，以待其弊。秋九月，師次富平，都統制會諸將議戰，公又曰：「兵以利動。今地勢不利，何以戰？宜據高阜，先爲不可勝者。」衆曰：「我師數倍，又前葦澤，非敵騎所宜。」不聽。既而敵驟至，囊土踰淖，以薄吾營。軍遂大潰，而五路悉陷，巴蜀大震。公獨整衆保散關之東曰和尚原，積粟給兵，列柵其上。或謂公宜屯漢中以安巴蜀，公曰：「敵不破我，不敢進。堅壁重兵以臨之，彼懼吾躡其後，保蜀之道也。」

明年改元紹興，春三月，敵將没立果率鋭兵，期必取而後進，公擊敗之。真拜忠州防禦使，兼帥涇原。夏五月，没立復會别將烏魯、折合衆數萬，使二將由階、成出散關先至。公與之大戰三日，大敗而去。没立方攻箭筈關，公復遣麾下擊退，卒不得與二將合。轉明州觀察使。丁母嘉國憂，起復，尋兼陝西諸路都統制。敵自破契丹以來，狃於常勝，至每與公戰輒敗，不勝其憤。冬十月，其元帥四太子者會諸道兵十餘萬，造浮梁跨渭水，自寶鷄連營三十里，又壘石爲城，夾澗水與官軍對拒。公指授諸將，選勁弓弩號駐隊，番休迭射，矢發如雨。敵稍却，則以奇兵旁擊。如是三日，度其困且走，則爲覆於神岔峪。待其歸，覆發，衆衆大亂，俘其將羊哥孛堇及其酋領三百餘人，甲士八百六十八人，尸填坑谷二十餘里，獲鎧仗數萬計。拜鎮西節度使。二年，兼宣撫處置使司都統，節制興文龍州。敵久窺蜀，必欲以奇取之。三年春，裒其兵，又盡發五路叛卒，聲言東去，反自商於出漢陰，擣梁、洋，金州失守。公亟率麾下倍道疾馳，且調兵利、閬。既至，適與敵遇，使人以黄柑遺其師，撒离喝大驚曰：「吴公來何速耶？」遂大戰饒風關，凡六日，敵皆敗，殺傷不可勝計。撒离喝怒斬其千户、孛堇數人，以死犯關，出官軍後。公徐結陣趨西縣，或曰：「蜀危矣。」公曰：「敵去國遠鬬，而死傷大半，吾方全師以制其敝，蜀何憂也！」月餘，敵果退。加檢校少保，充利州路階成鳳州制置使。

四年春二月，敵復大入，犯仙人關。公豫爲壘關旁，曰殺金坪，嚴兵以待。敵據阜戰，且攻壘。公命將士更射，又出鋭兵擊其左右。戰五日，皆捷，敵復遁去。上聞之嘉嘆，賜以親札，曰：「朕恨不撫卿背也。」是役也，敵決意入蜀，自元帥以下皆盡室以來，又以劉豫腹心爲四川招撫使。既不得志，度公終不可幸勝，則還據鳳翔，授甲屯田，爲久留計，自是不復輕動矣。夏四月，徙鎮定國軍，除川陝宣撫副使。秋七月，録仙人關功，進檢校少師、奉寧保静軍節度使。五年春，攻下秦州。六年，兼營田大使，徙鎮保平静難軍。公與敵對壘踰十載，常患遠餉勞民，屢汰冗員、浮費，歲益屯田至十萬斛。又調戍兵，命梁、洋守將治褒城廢堰，廣溉民田，復業者數萬家。朝廷嘉之，每降璽書褒諭。七年冬，敵廢劉豫，且益兵，衆以爲疑，公策其將去。九年春，和議成，上以其功高，復賜親札，進開府儀同三司，遷四川宣撫使，遣内侍賫誥以賜。而公已病甚，扶掖聽命，自以賞過其勞，固辭，優詔不許。六月己巳，以疾薨于仙人關治所，享年四十有七。

公用兵本孫吴，而能知其變，務遠大，不求近效，故能保其必勝。御下嚴而有恩，視卒之休戚如己，而同其甘苦，故人樂爲之死。其任將佐，等功賞，斷以公論，無親故權勢之徇，故麾下諸將多以功顯。既貴，而自奉之約，不逾平時。至推以予士，則不少吝。故家無餘貲，至無宅以居。嗚呼！雖古名將，何以加諸！

後胡世將爲川陝宣撫使，公弟吴璘適在軍中，一日從容問公所以戰，則曰：「璘與先兄束髮從軍，屢戰西戎，不過一進郤之間，勝負決矣。至金人，則勝不追，敗不亂，整軍在後，更進迭郤，堅忍持久，令酷而下必死，每戰非累日不決。蓋自昔用兵所未嘗見。勝之之道，非屢與之遇者，莫能盡知。然其要在用所長，去所短而已。蓋金人之弓矢不若中國之勁利，而中國之士卒不若金人之堅忍。盡吾長技，洞中甲數百步外，則彼固不能及我。據其形便，更出鋭卒，與之爲無窮，以沮其堅忍之勢，則我固有以制彼。至於決機兩陣之間，變化如神，默運乎心術之微，則璘有不能言。」以是知公之深於兵也。十年，詔立廟于仙人關，賜額曰忠烈，謚公武安。

甘肅通志卷四八胡世將開府儀同三司贈少師吴玠墓誌

紹興九年春三月，開府儀同三司吴公以寢疾，奏乞謝事。天子惻然憂之，命四川安撫制置使成都守臣世將訪善醫治疾，又馳國醫往視。公以六月己巳薨於軍，享年四十有七。七月遺表聞，上震悼，輟朝二日，贈公少師，凡恤典悉加厚。其弟璘與諸孤奉喪歸葬於德順軍水洛城北原先塋之次。十一月，上念公之已葬，詔有司賜錢三十萬，擢璘繼龍神衛四廂都指揮使，以慰卹其家，恩義備矣。蓋自天下用兵，乘輿省康吴、會。公以偏師起西鄙，奮孤忠，抑大難，保川陜共五十六州，以重上流之勢，屏翰王室，屹如長城。方敵國深侵，叛臣僭竊，道路阻絶，公未嘗得一見天子，獻其精忠上達。聖主明見萬里之外，謂公可屬大事，當方面，凡軍事不從中御，而賞罰付之不疑，以卒成却敵固圉之功者，惟天子之明，而公之忠也。諸孤以行狀來請，謹序而銘之。

吴氏出泰伯之後，以國爲姓。自季札避位，其子孫家魯、衛之間，厥後散處四方，雖譜諜遺逸，不可盡考，而起守西河、芮國長沙，漢封廣平，皆本德義，尚忠實，爲世良將。而公天挺英奇，崛起數千載之後，赫然功名，與之俱盛，迹其流風餘烈，蓋有自焉。公曾祖諱謙，贈太子太保；李氏，永寧郡夫人。公考諱扆，贈少保；劉氏，嘉國夫人。自少保而上，世居德順，以公貴，追榮三世。

公諱玠，字晉卿。少沉毅，有志節，善騎射，知兵法，讀書能通大義。未冠，以良家子隸涇原軍。政和中，夏人犯邊，力戰有功，補進義副尉，稍擢隊將。從討浙西賊方臘，破其衆，擒酋長一人。及擊破河北羣盗，累功轉忠訓郎、權涇原第十將。夏人攻懷德軍，公以百餘騎突擊追北，斬首級百四十有六，轉秉義郎，擢本路第二副將。自是威名益震。

建炎二年，金人内侵已三載矣，渡河，出大慶關，畧秦雍，所過城邑輒下，自鞏州至鳳翔，隴右都護張嚴邀戰失利，敵勢愈張，謀取涇州。大將曲端拒守麻務鎮，命公爲前鋒。公進據青谿嶺，逆擊大破之，敵始有憚公意。轉武義郎、權涇原路兵馬都監，兼知德順軍。冬，以本道軍復華州，師入，命將無殺畧，居民安堵。轉武功大夫、忠州刺史。三年冬，劇賊史斌寇興、鳳，據長安，謀爲不軌，公執斬之。轉右武大夫。

四年春，擢涇原路馬步軍副總管。金人謀取環慶，大將婁室以兵數衆出麻務鎮。公與戰於彭店原，士殊死鬬，殺傷過半，敵引去。而曲端劾公違節制，坐降武顯大夫，罷總管，論者不平。未幾，復故官職，改秦鳳路馬步軍副總管、鳳翔府兼權永興軍路經畧安撫司。公進復長安，轉右武大夫、忠州防禦使。宣撫處置司將合五路兵，與金人決戰，公謂宜各守要害，以待其敝。秋九月，師次富平，都統制會諸將議戰，公又曰：「兵以利動。今地勢不利，何以戰？宜據高阜，先爲不可勝者。」衆曰：「我師數倍，又前葦澤，非敵騎所宜。」不聽。既而敵驟至，囊土踰淖，以薄吾營。軍遂大潰，而五路悉陷，巴蜀大震。公獨整衆保散關之東和尚原，積粟給兵，列栅其上。或謂公宜屯漢中以安巴蜀，公曰：「敵不可破我，不敢進。堅壁重兵以臨之，彼懼吾躡其後，保蜀之道也。」

明年改元紹興，春三月，敵將没立果率鋭兵犯我，期必取而後進，公擊敗之。拜忠州防禦使，兼帥涇原。夏五月，没立復會烏魯、折合衆數萬，使大將由階、成出散關先至。公與之大戰三日，大敗而去。没立方攻箭筈關，公復遣擊退，卒不得與二將合。轉明州觀察使。丁嘉國憂，起復，尋兼陝西諸路都統制。敵自破契丹以來，狃於常勝，至每與公戰輒敗，不勝其憤。冬十月，元帥四太子者會諸路兵十餘萬，造浮梁跨渭水，自寶鷄連營三十里，又壘石爲城，夾澗水與官軍對拒。公指授諸將，選勁弓弩號駐隊，番休迭射，矢發如雨。敵稍却，則以奇兵旁擊。如是三日，度其困且走，則爲伏於神岔以待其歸。伏發，敵衆大亂，俘其將羊哥孛堇及酋領三百餘人，甲士五百六十人，屍填谷二十餘里，獲鎧仗數萬。拜鎮西節度使。二年，兼宣撫處置使司都統，節制興、文、龍州。敵久窺蜀，必欲以奇取之。三年春，哀其兵，又盡發五路叛卒，聲言東去，反自商於出漢陰，擣梁、洋，金州失守。公亟率麾下倍道疾馳，且調兵利、閬。既至，適與敵遇，使人以黄柑遺其帥撒离喝，驚曰：「吴公來何速耶？」遂大戰饒風關，凡六日，敵皆敗，殺傷不可勝計。撒离喝怒斬其千户、孛堇數人，以死犯關，出官軍後。公徐結陣趨西縣，或曰：「蜀危矣。」公曰：「敵去國遠鬭，而死傷大半，吾方全師以制，蜀何憂耶！」月餘，敵果退。加檢校少保，充利州路階成鳳州制置使。

四年二月，敵復大入，犯仙人關。公豫爲壘，榜曰殺金坪，嚴兵以待。敵據皁戰，且攻壘。公命將士更射，又出鋭兵擊其左右。戰五日，皆捷，敵復遁去。上聞之嘉嘆，賜以親札，曰：「朕恨不撫卿背也。」是役也，敵決意入蜀，自元帥以下皆盡室以來，又以劉豫腹心爲四川招撫使。既不得志，度公終不可倖勝，則還據鳳翔，授甲士田，爲久留計，自是不復輕動矣。夏四月，徙鎮定國，除川陝西宣撫副使。秋七月，録仙人關功，進檢校少師、奉寧保静軍節度使。五年春，攻下秦州。六年，兼營田大使，徙鎮保平静難軍。公與敵對壘十載，常患遠餉勞民，屢汰冗員，節浮費，歲益屯田至十萬斛。又調兵，命梁、洋守將治褒城廢堰，廣溉民田，復業者數萬家。朝廷嘉之，每降璽書褒諭。七年冬，敵廢劉豫，且益兵，衆以爲疑。公策其將去。九年春，和議成，上以其功高，復賜親札，進開府儀同三司，遷四川宣撫使，遣内侍賫詔賜。公以病甚，扶掖聽命，自以賞過其勞，固辭，優詔不許。時輿地既復，方倚綏附，而疾不可爲矣。

公娶張氏，封永寧郡夫人。男五：拱，右武郎；扶、撝，皆承奉郎；擴、揔，尚幼。女四人。

公能樂善，每觀史前事可師者，必書而識之左右。用兵本孫吴，而能知其變，務遠大，不求近效，故能保其必勝。御下嚴而有恩，視卒之休戚如己，而同其甘苦，故人樂爲之用。既貴，而自奉之約，不逾平時。至推以予士，則不少吝。故家無貲，而至無宅以居。嗚呼！雖古名將何加焉！

吴武安公功績記序引[一]　岐下張發①[二]

余與主簿俊民先生相聚於馮康國元通公舍，盤礴有日。忽聞川陜宣撫使吴侯薨，因歎曰：「嗟乎！西南之砥柱去矣。」於是俊民先生太息曰：「噫！昔庭傑於魏公幕府時，見吴侯之用兵與虜戰，世所罕及，即古名將亦不過此。何一旦殁耶！」因相與痛惜，馮公亦哀號不已。嗚咽流涕而泣曰：「何天不佑哲人，而遽奪之速也！念其往日在川陜時，不獨公爾忘私，國爾忘家，且惠澤於民，俊民不能默默無語。」遂歷數其事，發乃握筆而記之。

自政和中，夏人犯邊，侯即鏖戰立功，補進義副尉，權隊將。討浙西方臘，破其衆，擒酋長。又破河北賊，轉忠訓郎、權涇原第十一正將②。夏人攻懷德軍，以百餘騎突擊追北，斬百餘人。轉秉義郎，擢本路第十二副將③。時金人已渡河矣。其將婁宿殘長安，鼓行而西，跨鳳翔，汧、隴不浹旬降，隴右大震。熙帥張深與偏將雖能克敵制勝，而隴右都護張嚴兵敗熙州，經制司劉彦希奔曲端。侯獨屯兵北原，堅壁不動。金人謀取涇州，侯據青溪嶺，逆擊破之，大獲全勝。侯戒將士曰：「毋殘百姓。」金人所傷者，必撫而惠之。虜犯環慶，以數萬攻麻亭。侯與之戰，奮勵士卒，以少擊衆，人皆死鬬，傷殺過多。曲端劾侯違節制，降職[三]。論者咸謂之屈，侯恬不爲意。未幾，復故官，上有親筆付元通詔吴侯。公之忠義，灼見於上矣。

① 岐下張發　「岐」原作「歧」，據北盟會編卷一九五引吴武安功績序改。按，下文同。

② 權涇原第十一正將　本卷明庭傑功績記同。然隴右金石録卷四吴玠墓碑、胡世將吴玠墓誌、宋史吴玠傳皆作「權涇原第十將」。

③ 擢本路第十二副將　本卷明庭傑功績記同。然隴右金石録卷四吴玠墓碑、胡世將吴玠墓誌、宋史吴玠傳皆作「擢本路第二副將」。按，要録卷一五建炎二年四月丙寅條云此時吴玠官涇原第十二副將、秉義郎。

樞密張公董師川陝，移檄諸路將佐與虜戰，問策侯與曲端。侯曰：「虜長於騎，善馳突。我以高山峻谷扎駐①，俟其隙，以奇兵勝之。彼雖馳突，無能爲也。」宣幕將佐以爲懦怯，不聽。都統制會諸將議戰②，侯又曰：「兵以利動，今地勢不利，將何以戰？宜徙據高阜，制賊馬衝。」諸將皆謂不然[四]。既而虜驟至，囊土逾澤，以薄吾營，王師大潰，五路悉陷，巴蜀大震。侯獨整衆保散關之東曰和尚原，積粟繕兵，列栅其上。或謂侯宜進屯漢中，以守巴蜀。王曰③：「賊不破我，詎敢輕進？吾堅壁重兵，下瞰雍甸，彼懼吾襲其虛、躡其後，即保蜀也。」越明年，紹興元年春三月，金將没立郎君犯原上，期必取而後進，侯敗之。五月，没立郎君率衆出大散關，先至，侯與鏖戰三日，連勝[五]。没立郎君方攻箭筈關，侯遣麾下擊退，分兵掩襲，皆潰去。上嘉之，有詔云：「材氣不群，忠勇自奮。策足功名之會，勝聲關隴之間。」侯之忠義，稔聞於上。未幾，丁母夫人憂，起復，尋兼陜西諸路都統制。

金自破契丹以來，狃於常勝，獨與王戰輒敗，不勝其忿。其帥兀朮會諸道兵數萬，造浮梁跨渭水，疊石爲城，與侯拒戰。侯命諸將强弓勁弩射之，賊稍却[六]。侯以奇兵乘險夾攻，如是三日，賊走。侯遣伏俘其將及酋領三百餘人、甲士八百六十，填陷坑谷，獲鎧劫寨，虜全軍覆没，兀朮幾被擒獲。覬奏④，侯曰：「金人雖敗，度必復來。」撒離喝與兀朮不敢窺和尚原，三年春，集其兵三十萬，聲言東歸太原，反自商於出漢陰，擣梁、洋，金州失守。

---

① 我以高山峻谷扎駐　「峻」原作「竣」，據本卷明庭傑功績記改。

② 都統制會諸將議戰　「都統制」，要録卷三七建炎四年九月癸亥條作「都統制劉錫」。又「都統制」三字上，宋史吴玠傳有云「及次富平」。

③ 王曰　按，此篇上下文多稱吴玠爲「侯」，僅此及以下數處忽稱作「王」，疑爲日後因鈔録别篇文字入内而疏於改更者。

④ 覬奏　「覬」，據上下文義，疑爲「凱」字之譌。

侯急遣麾下晝夜疾馳，倍道趨金、洋，先以黄柑數百枚犒其師，曰：「大軍遠來，聊以止渴。」撒離喝以杖投地，大驚曰：「吴侯來何速耶！」不敢進。公遂治饒風嶺柵寨①，據要②。虜已揮中軍急上，遂大戰，凡六晝夜，虜敗衄。撒離喝怒，殺其千户、孛堇十數人，以死犯關；又潛軍間道踰嶺，斷侯歸路。侯按兵乘夜徑趨西縣。或曰：「蜀危矣。」侯曰：「虜已傷大半，且戰且遁，我以全軍抗其吭，蜀無憂焉。」乃分屯諸將，示以乘虚掩襲之勢，虜便潛逃。

撒離喝歸，服侯之用兵，勢不可破，則密遣書百端間誘言：「金國威德之盛，知勇之奇，甲兵之强，公宜相時而動。」侯示曰：「華夷異域，君臣異分，此天下大義，古今常理，順之則治，逆之則亂。披覽傳記，數千百年，夷狄之亂中華，與夫叛臣賊子逞兵犯上，卒不旋踵滅亡，無遺類者，以其悖大義、反常理，神人憤疾，天地不容也。吾世爲宋臣，食趙氏之禄，孕子育孫於中原之地，倘有二心，天地鬼神實誅之！乃辱貽説，使相時而動，足下度玠豈見利忘義者耶？一言之失，駟馬莫及，竊爲足下惜之。」讀公之辭，令人悚然，所謂「社稷之臣安天下」也。撒離喝得書，與諸將熟議攻蜀。兀朮舉兵五十萬欲入川[七]，豫之弟不忘朝廷，密遣使告侯早備[八]。兀朮攻興州仙人關，侯與兀朮相見，兀朮曰：「公若降，當以百里美地贈。」王曰：「已事朝廷，安有二心！」乃定戰，大破兀朮於仙人關。四年春，虜復大入，轉三河之粟，魚貫蟻附，決意取蜀[九]。適師古與虜戰敗，隻身往降。公愛此軍忠義，無一人一騎從師古叛者，捐其家財，厚賚給之。兩軍既合，中外一心。朝廷録功，進檢校少師、奉寧保静軍節度使。

五年春，侯向天水出奇兵，下秦州。余辭幕府他往矣，其後不知何如也。

俊民之語詳，果有未聞知者，詢其由來，則云方忠烈用兵，渠在張魏公幕府，親所聞見，宣司參議馮康國元通

① 公遂治饒風嶺柵寨　按，此處上下文多稱吴玠爲「侯」，僅此及下文數處忽稱「公」，疑亦爲日後因鈔録别篇文字而疏於改更者。

② 據要　本卷明庭傑功績記云「方據要險」，疑此處脱一「險」字。

命記其事。是可信也，因鏤之集中，以補補遺之遺焉。

庭傑字俊民，金堂人。其學貫穿，甚知兵，且練時事而數奇。少遊上庠，嘗干張魏公，欲薦應賢良，近爲彭山主簿。今老矣，休居于家。然聞其耳目聰明尚可用，當有知者云。乾道己丑上元日，岐下張發書。

辨證：

［一］吴武安公功績記序引　本記文亦載於北盟會編卷一九五，題「吴武安功績序」，然與本記文頗有異處，故特附録於篇末，以便省覽。

［二］岐下張發　張發，鳳翔府岐山人。事跡未詳。

［三］降職　宋史吴玠傳云「降武顯大夫，罷總管」。

［四］諸將皆謂不然　宋史吴玠傳云諸將皆曰：「我衆彼寡，又前阻葦澤，敵有騎不得施，何用他徙？」

［五］五月没立郎君率衆出大散關先至侯與鏖戰三日連勝　按，此處所述有誤，出大散關先至者非没立郎君。據本卷明庭傑功績記，云「夏五月，没立及渾女郎君、馬五太師、耿太師復會列將烏魯孛堇，使二將由階、成出大散關，先至。侯與戰三日，連勝。」

［六］侯命諸將彊弓勁弩射之賊稍却　宋史吴玠傳云：「玠命諸將選勁弓强弩，分番迭射，號『駐隊矢』，連發不絶，繁如雨注。敵稍卻，則以奇兵旁擊，絶其糧道。度其困且走，設伏於神坌以待。」

［七］兀朮舉兵五十萬欲入川　要録卷七三紹興四年二月辛丑條云：「宗弼果與其陝西經略使薩里罕、僞四川招撫使劉夔率十萬騎入犯。」按，宋史吴玠傳略同。

［八］豫之弟不忘朝廷密遣使告侯早備　按要録卷七三紹興四年二月辛丑條注曰：「劉豫之弟益方知長安，密使人告玠早爲之備。……劉益密告吴玠事乃據林泉野記，恐未必然，當考。」

［九］四年春虜復大入轉三河之粟魚貫蟻附決意取蜀　按，此即上文所述「大破兀朮於仙人關」事，張發序事顛倒。詳見本卷明庭傑功績記。

附録：北盟會編卷一九五引張發吴武安功績序

忠烈吴武安公，中興名將，其撫養士卒似吴起，其勤儉精力似陶侃，違令必戮似孫武子，憂國遠計、不僥近功似趙充國；身殁之日，知與不知，莫不流涕，又似李廣與羊祜也。是以能勝所難勝，守所難守，以保全蜀。使有數年之壽，則中原之復可幾也。方其薨也，其長子未冠，二、季猶幼。胡宣撫爲行狀，不詢其子，使二舊吏立供；爲之墓誌，又據行狀而言，是以如是之不詳。乾道乙酉，予既作補遺，志其大者凡數十事，以遺其少子參議，且類宸翰、詔命、碑，鏤爲一集，目之曰保蜀忠勤録，庶備國史異時採擇，因使蜀士大夫知本末，而後之爲大將者有所矜式。書成，人喜讀之，薦紳遺傳，已滿四川。然意尚有遺也。近得明庭傑從政所撰功績記，文實語詳，果有未聞知者，詢其來由，則云方忠烈用兵，渠在張魏公幕府，親所聞見，宣撫司參議馮康國元通命記其事。是可信也，因鏤之集中，以補遺焉。岐下張發書。

功蹟記①[一]　明庭傑[二]

庭傑與顯謨馮康國元通太學同舍最久。前此元通自東南還蜀，庭傑偶相際集，盤礴浹旬，出聖上親筆付元通詔吴侯云：「朕以卿提大軍獨當一面，道路遼遠，奏報難盡曲折。昨遣范直方至卿所計議，終恐迹疎，不能詳悉。馮康國每在朕前屢陳卿忠義體國，卿亦素知康國之爲人，因其之官，遣與卿相見。應關陝事宜、規畫措置、財用匱乏、量度節省及講究屯田以便糴買之類，已丁寧康國與卿面議，想卿必能體朕至意。每有所處，可一一開

① 功蹟記　庫本作「吴武安公功績記」。

具奏來。付吴玠。」庭傑伏讀再四，方知聖天子灼見元通、吴侯果相知之深也。邇者元通抵少城總茶馬，吴侯已薨。元通邀予相聚累日，語及吴侯云亡，因出其在宣司日記吴侯功蹟甚詳，令庭傑爲之記。謹拜手而書曰：

吴玠字晉卿，世居德順之隴干。曾祖謙，太子太保。祖遂，太子太傅。父扆，少保。三世皆以義烈聞。侯少沉毅，尚氣節，長於騎射，曉兵法，讀書能通大義。未冠，以良家子隸涇原軍。政和中，夏人犯邊，緣鏖戰立功，補進義副尉，權隊將。討浙西賊方臘，破其衆，擒酋長一人。又破河北賊。累功轉忠訓郎，權涇原第十一正將。夏人攻懷德軍，以百餘騎突擊追北，斬首百四十有六。轉秉義郎，擢本路第十二副將。

建炎三年①，金人内侵已三載矣，春渡河，出大慶關。婁宿殘長安，鼓行而西，跨鳳翔，汧、隴不浹旬降，秦州垂頭，熙河、隴右大震。熙帥張深遣偏將軍劉惟輔總鋭兵三千禦賊②，金人前軍逾鞏州，惟輔留軍熟羊城，以精騎千八百人夜逾新店。賊恃勝不虞，黎明，軍憚伏中，惟輔舞矟刺其帥黑風大王洞胷，屠馬足下，婁宿失勢遁走。深更遣隴右都護張嚴以兵繼進。嚴趨鳳翔，戰五馬坡下，兵敗死之。惟輔自鳳翔石鼻寨遁歸熙州。經制司統領劉彦希棄鳳翔歸曲端，端斬以徇。端與侯大兵屯北原，堅壁不動。金人謀趨涇州，端拒守麻務鎮，遣侯以前軍討賊。侯進據青溪嶺，逆擊大破之。轉武義郎③、涇原路兵馬都監、知懷德軍。冬，以本道兵復華州④，城破，命將

---

① 建炎三年　北盟會編卷一九五引吴玠墓銘、隴右金石録卷四吴玠墓碑及宋史吴玠傳皆作「建炎二年」，是。

② 熙帥張深遣偏將軍劉惟輔總鋭兵三千禦賊　「劉惟輔」原作「劉推輔」，據庫本、舊鈔本、北盟會編卷一九六引吴武安公功績記及下文改。按，劉惟輔，宋史卷四五二有傳。

③ 轉武義郎　北盟會編卷一九六引吴武安公功績記作「轉武功郎」。

④ 以本道兵復華州　「以」，北盟會編卷一九六引吴武安公功績記作「率」。

士無殺掠，民皆按堵。轉武功大夫、忠州刺史。劇賊史斌寇興、鳳，據長安，謀不軌。侯進兵夜襲其城，斌出戰①，斬其首[三]。轉右武大夫。

四年春，擢熙河路馬步軍副總管。金人謀取環慶，大將婁宿以衆數萬攻麻亭。侯逆戰于彭店②，士殊死鬬，殺傷過當，而曲端劾侯違節制，降武顯大夫，論者不直。未幾復故官，改秦鳳路馬步軍副總管[四]、知鳳翔，兼權知永興軍路經略安撫使司公事。進復長安，轉右武大夫、忠州防禦使。先是，侯與曲端起兵涇原，招流民潰卒，捍禦金賊。所過人供粮秸，道不拾遺，猛士如林，甲兵蔽野。每戰，必先占高原必勝之地，未嘗敗衄。賊稍北退，守河東，不敢逾河飲馬。

時朝廷遣樞密張和公董師川陝③，許以便宜，不從中覆④。樞密移檄諸路將臣與賊大戰[五]，召端與侯問籌策。端云：「平原易野⑤，賊便於衝突，而我軍未皆習戰，須教士十年，然後可以大舉。」侯云：「高山峻谷，我師便於駐隊，賊雖驍果，甲馬厚重，終不能馳突。我據嵯峨之險，占關輔之勢，賊雖强悍，不能據我尺寸地。」宣幕僚佐一以爲迂緩，一以爲怯懦，置其言而不用，棄其人而弗親[六]。秋九月，師次富平，都統制會諸將議戰，侯又

---

① 斌出戰　「斌」字原脱，據北盟會編卷一九六引吴武安公功績記補。

② 侯逆戰于彭店　「彭店」，北盟會編卷一九六引吴武安公功績記、隴右金石録卷四吴玠墓碑及要録卷三二建炎四年三月甲辰條、宋史吴玠傳皆作「彭原店」，宋史卷二六高宗紀作「彭原」，北盟會編卷一三七、卷一四二及胡世將吴玠墓誌、齊東野語卷一五曲壯閔本末皆作「彭店原」。

③ 時朝廷遣樞密張和公董師川陝　「張和公」，北盟會編卷一九六引吴武安公功績記、本卷吴武安公玠神道碑、吴武安公功績記序引作「張公」。按，據宋史張浚傳，張浚於紹興十二年封和國公，至孝宗初進封魏國公。

④ 不從中覆　「覆」，北盟會編卷一九六引吴武安公功績記作「制」。

⑤ 平原易野　北盟會編卷一九六引吴武安公功績記作「平陽廣野」。

曰：「兵以利動，今地勢不利，將何以戰？宜徙據高阜，制賊馬衝突。」諸將皆謂不然，云：「我師數倍，又前臨葦澤，非鐵騎所宜。」都不聽。既而賊驟至，囊土逾澤，以薄吾營，王師大潰，五路悉陷，巴蜀大震。侯獨整衆保散關之東曰和尚原，積粟繕兵，列栅其上。或謂侯宜進屯漢中，以守巴蜀。侯曰：「賊不破我，詎敢輕進？吾堅壁重兵，下瞰雍甸，彼懼吾襲其虚，躡其後，保蜀良策也。」

越明年改元紹興，春三月，金國皇姪没立郎君率鋭兵犯原上，期必取而後進，侯擊敗之。真拜忠州防禦使。夏五月，没立及渾女郎君、馬五太師、耿太師復會列將烏魯孛堇①，使二將由階、成出大散關[七]，先至。侯與戰三日，連勝。而没立方攻箭筈關，侯遣麾下擊退，不使與二將合，分兵掩襲，兩皆潰去。轉明州觀察使[八]，誥詞云：「朕以經理二陝，付之樞臣，奉將天威，式遏亂略。非有熊羆之士、不二心之臣，相與戮力盡忠，内撫外禦，則戡定之期，未可歲月冀。虜功來奏，懋賞是宜。忠州防禦使、秦鳳路經略安撫使、馬步軍都總管吴玠材氣不群，忠勇自奮，策足功名之會，騰聲關隴之間。比者擢師涇原，盡護諸將，岐下之戰②，尤爲雋功，獲其酋豪，醜類折北。是用酬其多捷，陟以廉軍。夫雄職美官，朕所以待功能之士也。益奮爾烈，朕無愛焉。可特授前件官。」

未幾，丁母劉氏嘉國夫人憂，起復，尋兼陝西諸路都統制，誥詞云：「孝移於忠者，聖人之格言；國爾忘家者，人臣之彝憲。而況分閫外之寄，統諸路之師，淬勵以須，枕戈待旦，其可以親喪廢乎？觀察使吴玠比以功伐，寢階顯榮，却敵有沉果之機，馭軍適威愛之濟。戰多由率，懋賞既行，遽深風木之悲，方治金革之事。矧臨敵忌

① 耿太師復會列將烏魯孛堇　「列」，北盟會編卷一九六引吴武安公功績記作「别」。
② 岐下之戰　「岐」原作「歧」，據庫本、舊鈔本及北盟會編卷一九六引吴武安公功績記改。

於易將，而軍制庸於舊情①，其安厥常，無曠爾職。苟能揚名於世②，以顯父母，則忠孝之道兩得矣。爾其勉哉！可特授陝西諸路都統制。」

金賊自破契丹以來，狃於常勝，至是與侯戰輒北，不勝其憤。冬十月，其元帥四太子會諸道兵及正甲女真數萬人③，造浮梁跨渭水，自寶鷄連三十里，疊石爲城，與侯拒戰。侯指授諸將選勁弓强弩，期以必死，番休迭射，賊稍却。則以奇兵乘險據隘，横攻夾擊。如是三日，度其必困且走④，侯遣麾下伏神坌峪待其歸。敵果遁走，伏發賊潰，俘其都將羊哥大孛堇及酋領三百餘人、甲士八百六十人，尸填坑谷者二十餘里⑤，獲鎧甲數萬計。乘夜併兵，劫賊大寨，四太子全軍陷没，勦殺殆盡，幾獲四太子。拜鎮西軍節度使[九]。御前差中使任充賚詔就賜云：「兵勢無前，用兼必勝之將；王靈克布，允繄敵愾之威。眷我虎臣，時獻戎捷。受盡護諸將之任，當兼總兩帥之雄。控臨要衝，遏制侵軼。永念雍州之域，久罹羯虜之災。屬敵勢之方張，勵兵鋒而益倍。陰設奇伏，躬率啓行。俘當户之衆酋，殄引弓之群醜。威聲遐暢，凱奏上聞。班勞策勳，敢後疇庸之典？建牙擁節，益隆制閫之權。肆衍户租，仍加真食。並頒徽數，式示眷懷。於戲！迪果毅於戎昭，益申威於武備。乘戰勝之勇氣，用恢復

---

① 而軍制庸於舊情　「舊」，北盟會編卷一九六引吴武安公功績記作「奪」，似是。

② 苟能揚名於世　「苟」，北盟會編卷一九六引吴武安公功績記作「尚」。

③ 其元帥四太子會諸道兵及正甲女真數萬人　「女真」原作「汝真」，據庫本及北盟會編卷一九六引吴武安公功績記改；「數萬」，北盟會編卷一九六引吴武安公功績記、隴右金石録卷四吴玠墓碑、宋朝南渡十將列傳卷一〇、宋史吴玠傳及中興戰功録「吴玠和尚原」條作「十餘萬」。按，「四太子」，本卷吴武安公玠神道碑、吴武安公功績記序引及宋史吴玠傳作「兀朮」。

④ 度其必困且走　「且」，北盟會編卷一九六引吴武安公功績記作「遁」。

⑤ 尸填坑谷者二十餘里　「尸」原作「户」，據庫本及北盟會編卷一九六引吴武安公功績記改。

於故疆。佇卒爪牙之功，行賜山河之誓。勉恭乃事，圖報異恩。可特授鎮西軍節度使、陝西諸路都統制、武功縣開國子、食邑五百户、食實封二百户。」

紹興二年，兼宣撫使司都統制，節度興、文龍州。賊久窺蜀，必欲以奇取之①。皇弟撒離喝與四太子懲前日之敗，不敢窺和尚原。紹興三年春，裒其兵三十萬，又盡發諸路簽軍，聲言東歸太原，反自商於出漢陰，擣梁、洋，金州失守。侯亟率麾下騎兵，倍道疾馳，晝夜數百里，急調兵利、閬，徑趨金、洋。先以黄柑數百枚犒賊帥，曰：「大軍遠來，聊奉止渴。今日決戰，各忠所事。」撒離喝以杖擊地，大驚曰：「吴侯爾來何速耶！」不敢遽進，盤桓累日。侯得以其暇治饒風嶺寨柵。方據要險，而賊已麾中軍急上，遂大戰饒風嶺上。凡六晝夜，賊皆敗衄。撒離喝大怒，斬其千户、孛堇十數人，以死犯關；又潛軍間道踰蟬溪嶺，出官軍後，斷侯歸路。侯按兵乘夜徑趨西縣。或曰：「蜀危矣。」侯曰：「賊掃地而來，去國遠鬬，而死傷太半。吾以全軍扼其吭，蜀可無憂。」侯遂爲清野之謀，分屯諸將，示以擣虚之勢。賊便旋中梁山浹月，一夕潛遁。

撒離喝歸，乃服侯善用兵，勢不能破，則密遣通書百端間誘言：「金國威德之盛、知勇之奇、甲兵之强，公宜相時而動。」侯復書云：

玠謹白金國都統足下：遠蒙示書，具審雅懷。士各有主，不容緘嘿。彼己之情不通，空自猜貳②，無復平定時也。輒攄寫悃愊，用答雅貺③，惟足下亮之。夫華夷異域，君臣異分，此天下大義，古今常理，順之則

① 必欲以奇取之　「取」原作「敦」，據鐵琴銅劍樓本、庫本改。
② 空自猜貳　「自」，北盟會編卷一九六引吴武安公功績記作「相」。
③ 用答雅貺　「用」，北盟會編卷一九六引吴武安公功績記作「覆」。

治，逆之則亂。披觀傳記，數千百年①，夷狄之亂中華，與夫叛臣賊子稱兵犯上②，率不旋踵夷滅，無遺類者，以其悖大義、反常理，神人憤疾，天地不容也。

我太祖皇帝挺生五季，遭時昏亂，堅守臣節，委質柴氏，仗順討逆，功塞宇宙。屬世宗棄代，曆數有歸，百萬之衆，懽呼擁戴，不得已而君之，不殺一士，不墮一城，此與堯舜何異哉！深仁厚德，布濩涵養，行三百年③，民至老死，不識干戈。上下狃習，武備不修，士器不備，盜賊乘之，郡縣瓦解，至今五六年而未定。此蓋太平日久，持盈守成，失其道也。而謂金國威德之盛、甲兵之强，能至是乎？

且金國行師，戰勝得志，亦有由也。陷城破邑，縱士剽掠，恣其所取，卒徒貪得，鼓勇爭奮。勝則勝矣，而殺傷殘賊，變動和氣，亦已甚矣。以此用士，利盡則士不可使；以此決戰，財殫則戰不可必。足下視今之天下何如？遭焚燒者十不存一二，耕農失業，商賈流亡，餓死者相枕藉，所謂財利何有哉？竊憂足下之士，自是不可以使；足下之戰，自是不可以必。足下亦可以少休哉！乃復聚青徐之壤，掖扶斗筲之子，俾半擁虛器。彼劉豫者④，嘗北面本朝，備位臺察，負上皇拔擢之恩，臨難畏懦，不能以死報國，而乘便抵間，僥倖非望，三尺童子皆知鄙棄而唾罵之，其尚何顔面以視聽於天地之間，望天下歸之耶？然金國既以夷亂華，又挑豫賊以臣反君，顧天下大義、古今常理，金國盡掃除之矣。而欲以靖亂，不知適所以召亂也。

① 數千百年　「年」下，庫本有「以來」二字。
② 與夫叛臣賊子稱兵犯上　「上」，北盟會編卷一九六引吴武安公功績記作「順」。
③ 行三百年　北盟會編卷一九六引吴武安公功績記作「行一二百年」，疑此處誤合「一二」爲「三」字。
④ 彼劉豫者　「劉豫」原作「劉裕」，據庫本、北盟會編卷一九六引吴武安公功績記及下文改。按，劉豫，宋史卷四七五有傳。

主上聰明孝友，慈仁恭儉，聞於天下。始奉使金國，不能留，暨京師變故，適從兵藩閫，謳歌攸屬，嗣位應天，實太祖興王之地，天意昭昭可見矣。維揚之役①，大兵奄至，倉皇無備，中外失色。然大駕南下，横衝風濤，幾數千里，如行衽席，厮役之卒，無一不備。而金國之士，流離沈溺者過半，此足以見天之不棄趙氏，卒欲安全之也。今乾象清明，星緯順行，隆冬届寒，日星温晏，陽盛陰剥，此中國之福。民心日以固，士氣日以振，太平可指日而俟。以金國之衆，自稱多材，豈無深明天道，而不知審擇取舍，安定天下，尚爲前之紛紛，果何爲耶？

往者契丹與中國約爲兄弟，騂駹相要②，天日是誓。虜使往來③，絡繹于道，兩朝赤子，實使安之。而我内邪人之謀④，忽棄載書，墜失大信，故上天薄罰，降此災戾。然核其禍端，窮其亂源，鼓作交鬬，金國與有力焉。如聞契丹仇怨金國深入骨髓⑤，渤海、奚、霫從而和之，將會召豪英，糾集族類，借援中朝，南北通歡⑥，復循舊盟，并力合勢，以逞憾于金國。金國之兵，暴露戰鬬，淹閲歲時，力疲氣衰，腹背受敵，足下能保必勝乎？闔機會⑦，殞威名，隳成功，蔓後患，資天下萬世口舌之士詆薄姗笑，金國獨何取也？

玠世爲宋臣，食趙氏之禄，孕子育孫於中原之地，儻有二心，天地鬼神實誅之！乃辱貽説，使相時而動，

---

① 維揚之役　「揚」原作「陽」，據庫本及北盟會編卷一九六引吴武安公功績記改。
② 騂駹相要　「駹」，北盟會編卷一九六引吴武安公功績記作「牡」。
③ 虜使往來　「虜」，庫本及北盟會編卷一九六引吴武安公功績記作「价」。
④ 而我内邪人之謀　「邪」，北盟會編卷一九六引吴武安公功績記作「奸」。
⑤ 如聞契丹仇怨金國深入骨髓　「如」，庫本作「今」，北盟會編卷一九六引吴武安公功績記作「比」。
⑥ 南北通歡　「歡」，北盟會編卷一九六引吴武安公功績記作「款」。
⑦ 闔機會　「會」，北盟會編卷一九六引吴武安公功績記作「事」。

足下度玠，豈苟得忘耻、見利忘義者耶？一言之失，駟馬莫及，竊爲足下惜之。春律方初，萬彙熙泰，逖去墳墓，羈遊萬里之遠，軍中倥傯，頗復樂否？更冀加謹眠食，養以新春和平之福。玠白。

撒離喝得書大不平，日與諸將熟議攻玠。朝廷加侯檢校少保，充利州階成鳳制置使。

紹興四年春二月，賊復大入。撒離喝、四太子蓄忿日久，糾合兵數十萬①，轉三河之粟，魚貫蟻附，決意取蜀。自元帥以下，皆盡室以來，又以劉豫腹心爲招撫使[一〇]，召諸路簽軍列屯寶鷄，綿亘數百里。進攻鐵山，鑿崖開道於仙人關高嶺上，立大栅，下瞰侯營。循嶺東下，直攻侯軍。侯自以萬人當其前，公弟總管吴璘由七方關不待會合②，率輕兵倍道入援其兄。四太子聞之，與皇弟郎君分領萬户酋長擁兵急攻，又往攻殺金平，野砦對壘，剗連珠硬砦數十座，又來侯營前立砲數十座，擊我營。侯令營中併發神臂弓，飛大砲③，斃賊無數。統制官田晟總兵深入追賊，賊又發生兵萬餘擊營左，侯分兵力戰却之。賊不住又添生兵④，擁洞子、雲梯直前搭城身⑤。侯兵向前，用砲打洞子碎，用撞竿撞雲梯倒。賊怒，縛虚棚戰樓，別遣大孛堇擁鋭卒萬餘，一發乘城。侯令統制官楊政領長槍陌刀手深入刺打隔断。賊又遣二孛堇總正甲金人二萬，夾攻栅兩肋。吴璘左右遮護，血

① 糾合兵數十萬　按，此數頗誇大，要録卷七三紹興四年二月辛丑條、宋史吴玠傳及大金國志卷八天會十二年春條皆稱「十萬」。

② 公弟總管吴璘由七方關不待會合　「公」，庫本作「侯」。「七方關」，北盟會編卷一九六引吴武安公功績記作「七盤關」。按，方輿考證卷三五漢中府云七方關「在略陽縣西一百九十里，接階州界。吴玠傳紹興四年敵復大入，攻仙人關，玠以萬人當其衝，吴璘率輕兵由七方關倍道而至。按璘時自階州來也」。蜀中廣記卷二四廣元縣條云九井驛「其上爲七盤關，乃秦、蜀分界處」。則七盤關在利州廣元縣境，此作「七方關」者是。

③ 飛大砲　北盟會編卷一九六引吴武安公功績記作「飛火炮」，似是。

④ 賊不住又添生兵　「不住」，北盟會編卷一九六引吴武安公功績記作「不退」。

⑤ 擁洞子雲梯直前搭城身　「搭」，北盟會編卷一九六引吴武安公功績記作「攻」。

戰殺賊，賊皆引去。撒離喝駐馬四顧，良久云：「吾得之矣。」翌日，號令諸軍併力只攻侯營兑方一樓子①，自寅至午，危甚。姚仲爲統領②，只在樓上酣鬭。樓已傾側，仲以絹爲繩，拽使復正。賊以火焚樓柱，仲以酒壺擊滅火。賊布神臂弓東嶺下，侯亦發神臂弓五百隻，與之對射。賊去③，即遣王萬年、劉鈐轄、濬水王武宣贊分紫、白旗入賊，賊奔潰。抵夜，侯別遣五將分更劫寨，晝夜數十合。金人困憊，死傷以萬計，即斂兵宵遁〔一〕。殺死千户、萬户、甲軍萬餘，得傍牌、衮槍④、金鼓、旗幟數千件。左軍統制張彦夜劫賊横川砦，斬首千級，生擒將領二十人。侯又遣統制官王俊設伏河池，扼賊歸路，生擒百餘人，斬首千級，得馬⑤、旗幟無數。侯悉兵尾襲，直過和尚原去。

上聞之嘉嘆，賜以親札云：「史謂趙充國沉勇有大略，其用兵以全師保勝爲策，乃漢中興良將也。朕嘗思其人，以濟大業。比見宣撫司奏金人擁大兵而來，有吞噬四川之心，卿能保關克敵，挫彼虎狼之鋭，而壯朕興復之威，非謀以濟勇，能若是耶？朕之所思，今乃見之。但恨阻遠，不得撫卿背而慰朕心也。更在不驕其志，益厲軍情，則所謂濟朕莫大之業者，非卿而誰？已降親筆，除卿宣撫使，及繼以朕所御戰袍、器甲等物賜卿，想已必達。今朝廷見議賞典，先飛此數字，聊寫朕懷。」

金人久不得志，則還據鳳翔，授甲屯田，爲久留計，自是不敢輕動。侯以熙河經略司關師古自洮、岷領選鋒

① 號令諸軍併力只攻侯營兑方一樓子　「兑方一樓子」，宋史吴玠傳作「西北樓」。
② 姚仲爲統領　「爲」原作「馬」，據北盟會編卷一九六引吴武安公功績記改。
③ 賊去　北盟會編卷一九六引吴武安公功績記作「賊退去」。
④ 衮槍　北盟會編卷一九六引吴武安公功績記作「衮銃」。
⑤ 得馬　北盟會編卷一九六引吴武安公功績記作「得甲馬」。

統制李進①、前軍統制王師古、後軍統制戴越打粮河州〔一二〕，襲大潭縣，掩骨谷鎮，賊慕洧拔寨去。師古由殺馬谷攻焦山務，焚田家村園子谷②，深入賊境，至石要嶺，忽遇金賊大兵，一戰敗績。師古旋師大潭，内懷慚懼，悉還兵宣司，隻身往降賊。侯愛此軍忠義，無一人一騎從師古叛者，撫存勞徠，捐其家財，厚資給之。兩軍既合，中外一心，失一匹夫於師古，得萬貔貅於行陣，侯由此兵精甚。四月，徙鎮定國，除川陝宣撫副使。秋七月，朝廷録仙人關功，進檢校少師、奉寧保静軍節度使。五年春，侯向天水出奇兵③，下秦州。六年，兼營田大使，徙鎮保平静難軍。

侯與金賊對壘交戰踰十年，熟其軍壘曲折，知其部領堅脆，常以一當百。惟患遠餉勞民，屢汰冗員官，節浮費，歲屯田至十萬斛。又調戍兵，命梁、洋守將治褒城廢堰，廣溉民田，復業數萬，朝廷嘉之，璽書褒賞。七年冬，賊廢劉豫，召諸道兵聲言入蜀。侯獨謂不然，策其將去，已而果然。和議成，上以侯功高，賜親札，進開府儀同三司、四川宣撫使。而侯已病，自以賞過功，固辭，優詔不許。

九年春三月，侯以疾革，乞解事，天子惻然憂之，命成都守胡世將訪蜀善醫者治其疾，又馳國醫往視，未至，而侯以六月己巳薨于軍，享年四十七。己亥，遺表聞，上震悼，輟視朝，特贈少師。九月丙申，其弟璘奉喪葬于德順軍水洛城。十一月戊申④，上念功不已，賜錢三十萬，擢璘龍虎衛四厢都指揮使，以慰恤其家。

---

① 岷領選鋒統制李進　「岷」原作「泯」，據北盟會編卷一九六引吴武安公功績記改。

② 焚田家村園子谷　「園子谷」，北盟會編卷一九六引吴武安公功績記作「圍子谷」。

③ 侯向天水出奇兵　「侯」下，北盟會編卷一九六引吴武安公功績記有「復」字。

④ 十一月戊申　「月」原作「日」，據庫本改。

侯能撫士卒，同其甘苦，至軍政則斬刈不一貸，故人人效死。如建炎二年，曲端屯麻務鎮督戰，侯遣列校三百七十餘人於大谷比較嶺迎戰，矢石未交，望風奔潰，伏匿山谷。四年，侯招兵秦鳳，前三百七十餘人出赴招安，侯問訊再三，搜索非是者五六人斥遣之，餘三百七十人悉斬於遠亭下①，去秦州十里。士卒股慄，自是出戰，人皆效死。至第功賞，則斷以公論，無請託之私。性樂善，每觀史傳有可師者，必書之坐右。日誦七書，其用兵本孫吴，而能窮其變化。雖功高貴顯，而居常極儉約。至推以予士，則略無少吝。其歿也，家無餘貲，至無宅以居。三子：拱，右武郎；扶、撝，皆爲文官承奉郎，以經史自娱。

庭傑嘗試論之曰：漢皇甫規、張奐皆生長山西，應賢良，中高選。規以詩、易傳授門弟子三百餘人。奐著尚書難疑三十餘萬言②，以垂世設教。二公尚棄文就武，俱任度遼將軍，破胡虜以千萬計。觀規自布衣時，以西羌深入，上書「願假近邊無用坐食之兵五千，使規爲將，上可以除患，下可以納降」。奐每言「大丈夫處世，當爲國家誅滅胡虜」。噫！此皆前輩豪俊語。邇者天子知元通與吴侯相知之深，想吴侯諸子必皆稔聞。今元通功高言重③，若他日會晤吴侯家二朝奉，當語之曰：「山西出將，二公家世邊人；將門出將，二公奕世將種。大丈夫當用長槍大劍定天下，安用從文官學弄筆墨耶？」元通曰：「然。俊民論議極有補於世，當併爲我書於吴侯傳末云。」宣撫司薦士明庭傑記。

① 餘三百七十人悉斬於遠亭下　「遠」，北盟會編卷一九六引吴武安公功績記作「邊」。
② 奐著尚書難疑三十餘萬言　「尚書難疑」，北盟會編卷一九六引吴武安公功績記作「尚書疑難」。按，後漢書卷六五張奐傳作「尚書記難」。
③ 今元通功高言重　「今」原作「合」，據庫本及北盟會編卷一九六引吴武安公功績記改。

辨證：

〔一〕功蹟記　此記又載於北盟會編卷一九六，題曰「吴武安公功績記」。

〔二〕明庭傑　庭傑字俊民，懷安軍金堂人。嘗入魏公張浚幕府，後官彭山縣主簿。餘不詳。

〔三〕侯進兵夜襲其城斌出戰斬其首　北盟會編卷一一七載：「會叛賊史斌侵興元不克，引兵還漢中，義兵首領張宗誘斌知長安，而散其衆，欲徐圖之。端遣吴玠襲擊斌，斌走鳴犢鎮，爲玠所擒。端自襲張宗殺之，收復長安。玠以斌凌遲處斬」。

〔四〕改秦鳳路馬步軍副總管　據宋史吴玠傳，吴玠得改官，乃因「張浚惜玠才」。

〔五〕樞密移檄諸路將臣與賊大戰　按，「樞密」指張浚。齊東野語卷二張魏公三戰本末略富平之戰云：「既而賊勢復振，獻策者多以擊虜爲便。浚於是欲謀大舉。」

〔六〕宣幕僚佐一以爲迂緩一以爲怯懦置其言而不用棄其人而弗親　按齊東野語卷二張魏公三戰本末略富平之戰云衆人反對張浚倉促大舉，「浚曰：『吾寧不知此？顧今東南之事方急，不得不爲是爾。』浚以端沮大議，意已不平；而王庶與端有龍坊之憾，因譖之曰：『端有反心久矣，盍早圖之？』浚乃罷端兵柄，遷之秦州獄。其部將張中孚、李彦琪，並諸州羈管。時陝西軍民皆恃端爲命。及爲庶譖，無罪而貶，軍情大不悦。……浚於是決策治兵，移檄河東問罪」。又卷一五曲壯閔本末云：「其秋，兀朮窺江淮，浚議出師，會諸將議所從。端力以爲不然，須十年乃可。端既與浚異趣，時王庶爲宣撫司參謀，與端有宿怨，因譖於浚曰：『端有反心久矣，盍早圖之？』浚積前疑，復聞庶言，大怒，竟以彭原事罷其兵柄，與祠，再謫海州團練副使，萬州安置。」

〔七〕使二將由階成出大散關　據本書上集卷一四吴武順王璘安民保蜀定功同德之碑，此「二將」乃指金將烏魯、折合。要録卷四四紹興元年五月癸卯條注曰：「熊克小曆云『烏嚕、珠赫自階、成、鳳出散關』，蓋據王綸、王曮撰玠、璘碑所云也。然階、成在散關後，不應云出散關，當云自階、成還趨散關，會于和尚原乃可。綸、曮皆江東人，不知蜀口地理，克又因之耳。」按，烏嚕、珠赫，即烏魯、折合。

〔八〕轉明州觀察使　宋史吴玠傳稱「張浚録其功，承制拜明州觀察使」。

〔九〕拜鎮西軍節度使　據宋史吴玠傳云，乃「張浚承制以玠爲镇西军节度使」。

〔一〇〕又以劉豫腹心爲招撫使　宋史吴玠傳云「兀朮、撒離喝及劉夔率十萬騎入侵」。又云：「劉夔乃豫之心腹。」

〔一一〕金人困憊死傷以萬計即斂兵宵遁　宋史吳玠傳云：「玠急遣統領田晟以長刀大斧左右擊，明炬四山，震鼓動地。明日，大出兵。統領王喜、王武率鋭士，分紫、白旗入金營，金陣亂。奮擊，射韓常，中左目，金人始宵遁。」

〔一二〕俟以熙河經略司關師古自洮泯領選鋒統制李進前軍統制王師古後軍統制戴越打粮河州　據要録卷七二載，此乃紹興四年正月時事，在前述仙人關激戰之前。

名臣碑傳琬琰集上卷十三

韓忠武王世忠中興佐命定國元勳之碑[一]　沂公趙雄[二]

上纘祚之十五年，威行德孚，丕冒海隅出日，罔不畏服，罔不願爲臣妾。上益勵精行健，冀大有爲。聞鼓鼙而思勳臣，于昕夕不忘，乃二月甲午制曰：「韓世忠感會風雲，功冠諸將，可特賜謚忠武。」蓋太師韓蘄王之薨之葬，至是已二十有六年，而褒崇益光，遂與漢丞相亮、唐汾陽王子儀同謚。宸奎内出，不由有司，中外偉之。時王子彦古方居蘄國夫人憂，聞詔感泣繼血，即拜疏謝，又拜疏請曰：「草土臣彦古謹昧死言：臣之先臣世忠，發身戎行，逮事徽宗、欽宗，皆著顯效。暨委質太上皇帝，自大元帥霸府洪濟于中興，始終實備大任。仰憑宗社威靈與太上皇帝廟謨神筭，摧勍敵如拉朽，芟劇盜如刈菅，大戰數十，小戰數百，豐功盛烈，光照古今。不幸早棄明時，亦既積年，陛下憫念勳勞，固嘗爵以真王，錫之美謚。獨墓道之石無名與文，惟陛下哀矜，究此光寵，豈獨諸孤顯耀，抑先臣有知，猶當效結草之忠。」天子曰：「嗚呼！惟乃父世忠自建炎中興，實資佐命，式定王國，時惟元勳，予其可忘！」乃親御翰墨，大書曰「中興佐命定國元勳之碑」。翌日，朝諸將于凌虚閣，特詔彦古衰服入見，面賜御書，俾冠于碑首。顧謂諸將曰：「世忠有大功于帝室，今彦古亦克有志世其家，予惟寵嘉之，是用錫此豐碑。諸卿勉哉！」諸將感激奮躍，益知國家之不負臣下也，忠孝之不可以不盡也，功名之不可以不力也，皆趨下再拜。

彥古亦再拜泣而出。既又詔禮部尚書臣雄曰：「汝其銘世忠之碑。」臣雄以謂聖主褒崇元臣，兹事體大，顧末學弗稱，且祖諱與王名謚適同，尋上書懇辭。上遽批出，略曰：「君前臣名，臨文不諱。」不許辭免。臣雄於是惶恐奉詔，謹拜手稽首，上故太師蘄忠武王遺事曰：

王諱世忠，字良臣，姓韓氏。韓氏本古列國，後爲秦所併，子孫自韓原渡河，散居延安，以國爲姓，故王世爲延安人[三]。曾祖諱則，居鄉以義俠聞，家故饒財[四]，賑貧藥病，多所全活。既没，有異人指其所葬地曰①：「代代當生公侯。」後以王貴，贈太師、楚國公。曾祖妣郝氏，吴國夫人。祖諱廣，考諱慶，皆贈太師、秦陳二國公。祖妣高氏，妣賀氏，冀、楚二國夫人。

楚國生五丈夫子②，王其季也。始震之夕，有光芒出屋間③，鄉鄰以爲火，各具綆缶馳救，至則聞王生，皆異焉。就襁褓輒流瞬，瞬則目光如電，楚國洊驚而心奇之。少長，風骨偉岸，尚氣節，能屈西邊諸豪，里中惡少年皆俛首不敢出氣，則争爲之服役。或負責不償者④，王輒爲償，負者後聞，亟持所償愧謝，里俗爲之一變。有冤抑，不以謁郡縣，而謁諸王，咸得其平。由是名聞關陝。嘗過米脂寨姻家會飲，日已夕而關閉，王怒以臂拉門，關鍵應手而斷，旦視之，其木蓋兩拱餘，關吏駭服。年未冠，以敢勇應募鄉州[五]，挽强弓一百斤⑤。嘗乘悍馬，手舞鐵槊，奔馳二郎山峭壁間，觀者膽裂，同列無一人敢繼者。軍府校藝，獨用鐵胎弓，所向雖金石皆洞貫。其騎射絶

---

① 有異人指其所葬地曰　「指」原作「抗」，據庫本、舊鈔本及金石萃編卷一五〇韓蘄王碑改。
② 楚國生五丈夫子　「丈」原作「大」，據庫本、舊鈔本及金石萃編卷一五〇韓蘄王碑改。按，「丈夫子」，指兒子。
③ 有光芒出屋間　「間」原作「聞」，據庫本、舊鈔本及北盟會編卷二一七引韓忠武王中興佐命定國元勳之碑改。
④ 或負責不償者　「責」，吴都文粹續集卷三八趙雄韓忠武王世忠中興佐命定國元勳之碑作「債」。
⑤ 挽强弓一百斤　「一百斤」，北盟會編卷二一七引韓忠武王中興佐命定國元勳之碑作「二百斤」，金石萃編卷一五〇韓蘄王碑作「三百斤」。

人類此。時崇寧四年也。屬西方多事，王每聞邊報遽至①，輒上馬，或不俟鞍而奮。喜與交遊痛飲，資用通有無。或不持一錢，相從謁酒肆貰酒，期於戰獲鬻級以償。王出必多獲，由是同列皆饒給。銀州之役，將從党萬以行②，父母素鍾愛，不許。王固請於陳公曰：「大丈夫當建功業，取公侯，豈宜齪齪自守？」陳公奇其志，乃聽去。軍甫至而城閉③，王直排扉入，斬主將，擲首陴外，三軍乘之，大克。繼而夏人以重兵來寇，次蒿平嶺。王與党萬悉精鋭鏖戰，賊解去，而突騎忽出間道擣我營，將士驚愕，王獨部敢死士殊死鬬，賊少卻。王爲殿，見一騎士甚武，揮槍而前。王問俘者爲誰，曰：「十軍監軍、駙馬郎君兀哆也。」王躍馬從之，斬其首，賊遂大潰。由是西邊益服王威名。經略司圖上其事，且乞優賞。會童貫專制邊事，疑敢勇皆勢家子，有所增飾，止許補一資[六]。衆譁不平，而王恬不芥蔕，當時識者知王器量宏遠矣。從劉延慶築天降山寨，敵據有之④，延慶令王守北門，王夜縋城而上，斬二級，割護城氊以獻。繼逢敵於佛口寨，斬首數級。始補守闕進義副尉。至臧底河，又斬三級。轉進武副尉。

會妖人方臘起桐廬，自號「聖公」，殺掠吏民，自浙河東、西至于江南，毒流蓋千餘里。南方素無兵備，詔調西師討之。王部敢勇五十人，隨王稟以往[七]，遇別將王淵於杭之北關堰橋。會大潦，道不通，賊掩至，淵惶怖不知所出。王造淵説曰：「今賊據險争利，我不以智勝而以力拒，可乎？」淵怒曰：「何人敢爾！」王益辯論不少屈，

---

① 王每聞邊報遽至　「報」字原脱，據北盟會編卷二一七引韓忠武王中興佐命定國元勳之碑補。又「遽」，庫本作「遞」。

② 將從党萬以行　「將」原作「綵」，據庫本及北盟會編卷二一七引韓忠武王中興佐命定國元勳之碑改。按，「党萬」，舊鈔本及北盟會編卷二一七引韓忠武王中興佐命定國元勳之碑作「黨萬」。

③ 軍甫至而城閉　「甫」，北盟會編卷二一七引韓忠武王中興佐命定國元勳之碑作「前」。

④ 敵據有之　「據」原作「遽」，據庫本及金石萃編卷一五〇韓蘄王碑改。

淵曰：「汝雖能言，願聞必勝之說。」王爲調一二，且請以所部邀擊，淵命取軍令狀以去。明日會戰，賊勢張甚，王選敢勇二十餘人伏堰橋傍①，須臾伏發，賊衆大亂，王追至淵舟前，斬首數級，師遂大克[八]。淵乃嘆服曰：「真萬人敵！」盡以所隨白金器賞焉。與淵定交自此始。至今杭人呼堰橋爲「得勝橋」云。時天下忘戰日久，盜起倉卒，天子宵旰南顧，詔能得渠魁者授兩鎮節鉞。王單騎窮追，至睦之清溪洞，賊根據巖屋爲三窟，諸將繼至，莫知所從入。王潛行溪谷間，問野婦，得其洞口，即挺身仗戈而前，榛棘嶔崎，越險數里，擣其巢穴，縛僞八大王，格殺數人，臘遂就擒，併俘以出。辛興宗後至，領兵截洞口，掠王俘以爲己功，故王不受上賞。別帥楊維忠還闕，少伸其事，但超轉承節郎。

朝廷議復燕山，調諸軍以行，至則皆潰[九]。王往見劉延慶，抵滹沱河，獨與蘇格等五騎俱②，逢虜騎二千餘，從者失色。王遣五騎列于高岡，戒勿動。值燕山潰卒來會，然皆重傷者，王即命艤舟河岸，約曰：「虜奔，即鼓噪助聲勢。」王乃獨躍馬薄賊，回折自如。虜疑之，分爲二隊，據坡以視③。王出其不意，突刺二執旗者，因縱擊，格等五騎應於後，舟中潰卒亦鼓噪如約，虜疑我伏發，遂大潰，追斬甚衆。是時山東、河北盜賊蜂起，王從王淵討捕，所在椎鋒，於大名境中殺水賊幾盡，又破湯村强盜，累奇功轉秉義郎。以偏將從梁方平經略東事，賊楊天王、透手滑聚衆數千寇尉氏，一戰擒其渠帥，餘黨悉平。臨沂賊武鬍衆數萬，戰於韓王店，又平之。沂州賊徐進衆五萬，而官軍不滿五千，王止以衙兵五十餘薄賊，誅馘悉盡。又青社賊張先、水鼓山賊劉大郎、望仙山賊高托山、集

① 王選敢勇二十餘人伏堰橋傍　「二十餘」，十將傳卷五、宋史韓世忠傳作「二千」。
② 獨與蘇格等五騎俱　「五騎」，十將傳卷五、宋史韓世忠傳作「五十騎」。
③ 據坡以視　「坡」原作「波」，據庫本及北盟會編卷二一七引韓忠武王中興佐命定國元勳之碑、金石萃編卷一五〇韓蘄王碑改。

路山賊賈進、莒賊徐大郎衆皆不下萬人，大者或跨州兼邑，王每身先諸將，次第擒滅。又殺獲東海賊張夔等，由濟南振旅而歸。於是山東諸盜悉平，轉武節郎。

欽宗即位之初，王方從梁方平防河濬州。金人大軍已壓濬境，方平漫不顧，以爲他盜。王説曰：「今之來者金虜耳。願公速整行陣，爲護河計。河一失守，宗社阽危，公可忽乎！」王忠憤由中，詞氣激烈。方平怒，俾王以三十騎當敵①，名曰「硬探」，實欲致王死地。王遇敵輒戰，以實歸報。方平猶以爲紅巾賊，不設備。及虜進迫屯子橋，則方平脱身遁矣。王師既失主帥，數萬之衆皆潰。虜騎大至，陷數十重圍中，意氣彌壯，挺槍奮躍而前，所嚮披靡，虜嘆異小卻，即潰圍出，殿諸軍，焚橋而歸。至京師，欽宗聞王勇冠軍，召對便殿，且詢方平失律之狀，王條奏甚悉。轉武節大夫。俄召諸路勤王兵入衛，王隸京城四壁爲統領，屬虜人許割三鎮而還〔一〇〕。

王淵爲河北總管，辟王爲先鋒統制。有勝捷軍統制張師正者戰敗，轉徙大名，留守、宣撫使李綱斬之以徇〔一一〕。師正所部本童貫牙兵，初，貫創勝捷軍，極諸軍之選，每禁軍一指揮，所選止一二人，或四三人②，皆人物魁梧、武騎超絶者，纔得五千餘人，後隸師正。師正死，此軍懷反側，遂相約爲亂，鼓行而東，劫掠淄、青間，影附脅從者四五萬，號二十萬，所過亡復噍類，山東復擾③。王以成將寓大名，雅爲綱所器重，遂檄王以所部五百人討之〔一二〕。至淄河，以軍分爲四隊，布鐵蒺藜窒歸路，令曰：「前則有功，退則死。有怯走者，許後隊殺以爲功。」於是士皆效死，莫敢回顧。至夜半，縱兵襲賊砦，賊既驚擾，旦而接戰④，大破之，斬其魁李復，餘悉奔潰。王窮

① 俾王以三十騎當敵　「三十」，北盟會編卷二一七引韓忠武王中興佐命定國元勳之碑作「三千」。

② 或四三人　舊鈔本及北盟會編卷二一七引韓忠武王中興佐命定國元勳之碑作「或三四人」。

③ 山東復擾　「復」，北盟會編卷二一七引韓忠武王中興佐命定國元勳之碑作「俶」。

④ 旦而接戰　「接」，北盟會編卷二一七引韓忠武王中興佐命定國元勳之碑作「復」。

追不已，賊伏潰卒數千，出我不意，王不及介胄，上馬趨之，矢石雨下①，臂、指、吻、鼻中四鏃。王怒，折笴拔弓，拔刃徑前，殺爲首者六人。賊衆又奔，追至宿遷。其衆尚萬餘，謂已遠，王不能及，方擁所掠子女，椎牛縱酒。王單騎疾馳，夜造其營，呼曰：「大軍來矣，速束戈卷甲，吾能保全汝等，以共功名[一三]。」賊自淄河破膽，皆跽請命曰：「願吾父貸死。」因進牛炙斗酒，王下馬，飲啖輒盡，衆莫敢動，悉束手降。黎明，見王所部止此，始悔之，而業已解甲，莫不相顧失色。遷左武大夫、果州團練使。將所降朝京師，欽宗再錫對，慰獎甚渥，賜衣甲槍牌，除正任單州團練使，就命將所部屯滹沱河。

真定失守，王知滹沱形勢已蹙，去之趙。趙守蓋王淵云。淵得王，恃以自固。虜再入寇趙，知王在焉，攻益急，粟單援絶，孤城更數日殆破。王一夕潛將三百人擣其營，虜大驚亂，翌日遁去。後有自虜來者，始知大酋二都統是日被槍以斃，衆遂不能支。除嘉州防禦使。將所部還大名，總管趙野辟爲前軍統制。光堯壽聖憲天體道性仁誠德經武緯文太上皇帝時以天下兵馬大元帥駐濟陽②，王領所部勸進，復自濟陽次南京。虜縱兵逼城，人心兇懼，王據西王臺力戰③，虜稍却。翌日再至，而酋帥白馬三郎以衆數萬薄城。王時所將近千人，與賊遇，即單騎突之，斬酋帥以還，部兵乘勝鏖鬪，虜衆遂潰，南京圍解。郡守帥父老迎謁，居民炷香夾道，多感涕者。於是還詣濟陽勸進，遂扈蹕如南京。

---

① 矢石雨下　「雨」原作「兩」，據文海本、庫本、舊鈔本及金石萃編卷一五〇韓蘄王碑改。

② 光堯壽聖憲天體道性仁誠德經武緯文太上皇帝時以天下兵馬大元帥駐濟陽　「光堯壽聖憲天體道性仁誠德經武緯文太上皇帝」，北盟會編卷二一七引韓忠武王中興佐命定國元勳之碑作「今皇帝」。按，趙雄撰本碑文時在孝宗朝，故稱「今皇帝」者不確。

③ 王據西王臺力戰　「西王臺」，北盟會編卷二一七引韓忠武王中興佐命定國元勳之碑作「宋王臺」，按嘉靖歸德志卷一遺迹云：「閼伯臺，即商丘也，世傳爲閼伯墓，因名。後建王母祠於上，俗又訛爲西王臺。」當即此處。

太上即位①，授光州觀察使②、帶御器械。王請移蹕長安，下兵收兩河，朝議不從。始建御營，以王爲左軍統制。詔平濟州山口賊解大刀、李昱等③[一四]，所嚮剿除。陞定國軍承宣使，依前帶御器械。制曰：「解趙城之圍，威鎮河朔；却胡馬之牧，效著睢陽。」皆紀實也。

車駕幸維揚，王以所部扈從。甫至，賊有張遇者號「一窩蜂」，既破儀真，自金山以衆來降，抵城而不解甲，扈從者危懼。王單騎造其壘，曉以逆順禍福，叱使速降，衆遂解甲聽命。李民擁衆十萬，亦既來降。比至維揚，復狼顧，整勵器械。詔王淵處置，淵以屬王。王往諭旨，誅梗議者劉彦，驅李民以出，縛小校二十九人，送淵戮之。以民隸王軍，分其衆屬大將張俊等，事遂定[一五]。授王京西等路捉殺内外賊盜。時虜再犯河雒，王率敢死士戰于孝義橋，所殺已數千人，而別將以後軍先退[一六]，虜衆乘我，王身被鏃如棘，卒力戰以免。後至汴，詰先退一軍，皆斬左右趾以徇[一七]，威令大振，自是軍不復敗矣[一八]。召還行在，授鄜延路副總管，加平寇將軍④，承節帶、御營統制如故⑤。

---

① 太上即位　「太上」，北盟會編卷二一七引韓忠武王中興佐命定國元勳之碑作「今上」，下文同。按，趙雄撰背文時在孝宗朝，故稱「今上」者不確。又，「即位」，金石萃編卷一五〇韓蘄王碑作「皇帝」。

② 授光州觀察使　「授」，北盟會編卷二一七引韓忠武王中興佐命定國元勳之碑作「換」。

③ 詔平濟州山口賊解大刀李昱等　「解大刀」、「李昱」，北盟會編卷二一七引韓忠武王中興佐命定國元勳之碑作「王大刀」、「李顯」。「李昱」，金石萃編卷一五〇韓蘄王碑作「李皇」，據十將傳卷五、宋史韓世忠傳、要録卷七建炎元年七月庚寅條、皇宋中興兩朝聖政卷一建炎元年七月庚寅條、續宋編年資治通鑑卷一建炎元年秋七月條皆作「李昱」，是。

④ 加平寇將軍　按要録卷一八建炎二年十月癸亥條、皇宋中興兩朝聖政卷三建炎二年十月癸亥條及十將傳卷五、宋史韓世忠傳皆作「平寇左將軍」，當是。

⑤ 承節帶御營統制如故　北盟會編卷二一七引韓忠武王中興佐命定國元勳之碑作「承宣使帶御器械統制如故」。按：要録卷二一建炎三年三月癸卯條載此時韓世忠官定國軍承宣使、帶御器械、鄜延路馬步軍總管、御營平寇左將軍；卷二二建炎三年四月甲寅條載韓世忠因平定苗、劉之功拜武勝軍節度使，充御營左軍都統制。故此處云「承節帶御營統制」者，疑有脱誤。

未幾，詔王領所部如山東。

王聞車駕幸錢塘，遂由海道趨行在。時建炎三年也。未至，有裨校段恩者亡至都下，詭言王兵潰陷虜，物情震駭。殿前統制苗傅、劉正彦素蓄異心，聞王陷没，無復忌憚，遂勤兵反[一九]，殺簽書樞密院事王淵及内侍數十人，奉太上居别宫，凶焰熾甚。神武中軍統制官吴湛又陰與同惡。王在海上聞變，望闕慟哭[二〇]，舉酒酹神曰：「誓與此賊不共戴天！」舟中士卒亦皆慟哭思奮。時禮部侍郎張浚在平江，方議討亂，與諸將環坐，計未有所出，聞王且至，更相慶曰：「韓公之來，此事必辦。」王至見浚，相與號泣曰：「何猶豫爲！」即日與浚定復辟之議[二一]，乃先諸將啓行[二二]。時道路譁言傳、正彦謀挾乘輿以出，中外洶懼。王曰：「賊素知畏我，我至，彼敢爾耶！」尋命偏將張世慶搜絶諸路郵置，使僞命不行[二三]。至嘉禾，造攻具甚急。傅、正彦矯制止王，且除節鉞，王不受命[二四]。會江淮兩浙制置使吕頤浩亦來①，王迎謁于郊，頤浩問曰：「賊計無它虞乎？」王曰：「彼怙勢憑衆，脅取鐵券②，自謂不死，安有他虞？」又問：「可必勝乎？」王曰：「以順討逆，何爲不勝！」頤浩曰：「知彼知己，可以戰矣[二五]。」時楊國夫人及二子質傅軍[二六]，防守甚嚴，王略無顧念。會隆祐太皇宣見楊國③[二七]，楊國詣傅紿曰：「太尉作如許事，公來矣，於太尉何如？」傅乃屈膝拜曰：「願奉兄㛐禮，謹具鞍馬④，煩夫人好爲言。」是日入見，隆祐宣問周悉，執楊國手，垂泣曰：「國家艱危至此，太尉首來救駕，可令速清巖陛。」楊國奉詔，馳出都城，遇傅弟翊於途，告之故，翊色動，手自捽耳。楊國覺翊意非善，愈疾驅，一日夜會王于嘉禾。王見之，

---

① 會江淮兩浙制置使吕頤浩亦來　「制置使」，文海本作「制遏使」。
② 脅取鐵券　「取」原作「助」，據庫本改。
③ 會隆祐太皇宣見楊國　「太皇」，文海本、庫本及金石萃編卷一五〇韓蘄王碑作「太后」。
④ 願奉兄㛐禮謹具鞍馬　「具」原作「其」，據文海本、庫本及金石萃編卷一五〇韓蘄王碑改。按，「㛐」同「嫂」字。

驚曰：「汝輩在耶？」俄而明受詔至，王曰：「吾知有建炎官家，安知明受耶！」斬其使，焚其詔，進兵益急。傅等大懼，遣將領張永載謝罪，且出御札曰：「知卿已到秀州，遠來不易。朕居此極安寧，苗傅、劉正彦本爲宗社，終始可嘉。卿宜知此意，偏諭諸將，務爲協和，以安國家。」王知脅求詔旨，非太上本意，諭永載曰：「天子即復位，事乃可緩。不然，吾今以死決之。」賊得語，知不可解，即日復太上明辟。王晨夜兼行。承宣使張俊遣兵三千助王[二八]，王顧所部或非素所拊循，乃悉收家屬詣軍。及合戰臨平，艤家屬舟岸下，由是師徒登岸擊賊，無一不用命者。賊將苗翊、馬柔吉以重兵負山阻河爲陣①，且於中流植木爲鹿角，以梗行舟。岸間塗淖不可馳，王乃下馬揮戈，令軍中曰：「今日當以死報國，若面不帶數箭者，皆斬！」士殊死鬭。轉至剪刀山下，賊以乘神臂弓數千持滿而待。王瞋目大呼，挺刃徑前，賊辟易，矢不及發。連戰皆大克，直造北關門。傅、正彦自授江東制置使、副提禁旅數萬以遁[二九]。朝廷慮其遂逸去，詔能生擒傅、正彦者，有官人轉承宣使，無官人授正任觀察使，其餘獲逆黨，賞各有差。

王入朝行宮，拜且泣曰：「逆賊不道，主辱臣死。臣願受命，縛此二逆。」因奏曰：「逆賊擁精兵數萬，去甌閩甚邇，萬一寢成巢穴，愈難撲滅，臣請速除之。未審聖意欲生致之耶？抑函首以獻也？」太上曰：「能殺之足矣。」王曰：「臣誓生致之，顯戮都市，爲宗社刷耻。不然，則臣爲欺天。」殿前虎賁有宋金剛、張小眼者，號膂力，王乞以從，欲俾獲俘來上。時所部纔數千人，請止以所部行。太上壯之，酌巨觥以餞，因握手語王曰：「統制吴湛佐二叛爲逆，卿知之乎？」王曰：「此易與耳。」時湛已不自安，嚴兵爲衛。王詣湛與語，手折其中指，遂擒以

① 賊將苗翊馬柔吉以重兵負山阻河爲陣　「馬柔吉」原作「馬柔舌」，據金石萃編卷一五〇韓蘄王碑及十將傳卷五、宋史韓世忠傳、要録卷二二建炎三年四月庚戌條改。

出。門下兵衛驚擾，王按劍叱之，無敢動。又親擒湛黨王世修，同日伏誅。

王遂行[三〇]，詔除武勝軍節度使、御前左軍都統制①。王兼程追襲。賊方圍三衢，聞王師來，即解去，將趨上饒。王恐其或滋蔓閩、廣也，徑自浦城捷出迎之。至漁梁驛，與賊遇，夜半勒兵，距浦城十里。賊跨溪據險設伏，正彦屯溪北，傅屯溪南，相約爲應。俄而接戰，部將李忠信、趙竭節恃勇陷陣，馬彦溥馳救，死之。王挺槍徑前，賊望見，咋曰：「此韓將軍也。」乃潰。擒傅、正彦及傅弟翊[三一]，遣所乞二虎賁護俘獻行宮，斬于建康市。師還至蔣山，太上遣中貴人賜金合茶藥，并御書「忠勇」二字表王旗幟。詔曰：「餘杭之難，卿首奮忠勇，已破凶逆。朕之復辟，惟卿之功。」除檢校少保、武勝昭慶軍節度使、御前左軍都統制[三二]。楊國自碩人超封國夫人，制曰：「智略之優，無愧前史。給内中俸，以示報焉。」功臣妻給俸自楊國始。改除武勝定國軍節度使，依前檢校少師、御前諸軍都統制。

兀朮入寇，車駕復幸臨安，命杜充以尚書右僕射守建康，王守鎮江[三三]，兼制海道。王方治舟秀之青龍[三四]，無何，充以建康叛降于兀朮，兀朮遂自建康取宣城，直至廣德，徑趨臨安。車駕又幸四明。王聞之，亟以舟師赴難。未發，兀朮聞王在京口，遽勒三十萬騎北還[三五]。王即奏願留江上剿除，使絶南牧之患，遂提兵截大江以邀之，先降其將鐵爪鷹李選②[三六]。太上賜札曰：「比在會稽，吕頤浩獻議，欲會兵京口，邀截歸路。遽覽來奏及圖上方略，實契朕懷。惟卿忠憤之誠，謀慮之審，千里之外，不謀而同。載覩規圖，深所嘉嘆。今以獲賊資財物帛盡與將士，并降空名誥劄二百道，用資激賞。」兀朮遣使通問，王亦遣使臣石皐報之，約日會戰。戰數十

① 御前左軍都統制　「御前」，要録卷二二建炎三年四月甲寅條作「御營」。
② 先降其將鐵爪鷹李選　「先降其」，北盟會編卷二一七引韓忠武王中興佐命定國元勳之碑作「獲先鋒」。

百合，虜終不得渡[三七]。復使致詞，願還所掠假道，不聽；請益以名馬，又不聽。虜乃益兵儀真，勢接建康，兀朮軍于南，撻辣軍于北。王提海艦中流，南北接戰，相持黃天蕩四十有八日[三八]。兀朮窘甚，求打話，王酬答如響，時於佩金鳳瓶傳酒縱飲示之。虜見王整暇，色益沮，乃祈假道甚哀。王曰：「是不難，但迎還兩宮，復舊疆土，歸報明主，足相全也。」兀朮語塞。又數日，求登岸會語，王以二人從見之。復伸前懇，而言不順，王怒且罵，引弓將射之，亟馳去。虜自知力憊粮竭，久或生變，而王舟師中流鼓枻，飄忽若神。凡古渡津口，又皆以八面控扼，生路垂絕。乃一夕潛鑿小河三十里，自建康城外屬之江，以通漕渠。刑白馬，剔婦人心，兀朮自割其額祭天①。幸風濤少休，竊載而逃。王諜知其謀，悉舟師督戰，會風弱帆緩，虜得以輕舸渡去[三九]。土人稱爲番人河，其後秦檜主和，更名新開河云。

先是，王治兵鎮江，嘗曰：「是間形勢無如金山龍王廟者，虜必登此觀我虛實。」乃遣偏將蘇德以二百人伏廟中，又遣二百人伏岸下，約曰：「聞鼓聲，岸兵先出②，廟兵繼出。」數日虜至，果有五騎趨入廟，廟中之伏喜，先鼓而出，五騎振策以馳，僅得其二。有一人紅袍白馬，既墜復跳馳而脫，詰二人者，云即兀朮也。是舉也，兀朮僅以身免，俘獲殺傷者不可勝計，所遺輜重山積，所掠男女獲免者不知數，又獲龍虎大王舟千餘艘。捷聞，太上賜札曰：「卿比統帥舟師，邀擊虜寇，忠勇之節，遠近所聞。相拒大江，殆彌兩月，殺傷莫計，俘獲良多。所有已立功人，早以功狀來上，當優與推恩。」又札曰：「胡馬飲江，大肆殘虐。卿感激思奮③，慷慨自期。獨提全軍，往邀歸

---

① 兀朮自割其額祭天　「額」，舊鈔本作「鬚」，北盟會編卷二一七引韓忠武王中興佐命定國元勳之碑作「額血」。

② 岸兵先出　「出」，北盟會編卷二一七引韓忠武王中興佐命定國元勳之碑、金石萃編卷一五〇韓蘄王碑及十將傳卷五、宋史韓世忠傳皆作「入」。

③ 卿感激思奮　「思」，北盟會編卷二一七引韓忠武王中興佐命定國元勳之碑作「忠」。

路。將士用命，水陸齊攻。捷音遽聞，殺獲甚衆。言念忠勞，不忘嘉嘆。」未幾，除檢校少師、武成感德軍節度使、神武左軍都統制。

時劇盜數起，閩中、荆湖震擾[四〇]。朝廷爲出禁旅，遣辛企宗討之①，師老不能平。福帥程邁、監司侯懋等力請改命將帥，章四十三上，太上乃除王福建、江西、荆湖南北路宣撫，副參政孟庾以行[四一]。賊范汝爲據建安，衆踰十萬，至僭造黄紅傘等。王曰：「建居閩嶺上流，使賊沿流而下，則七部皆血肉矣②。」於是選輕鋭航海，徑趨福唐，擁衆而上。福帥迎謁，且言：「賊方鋭，宜少休，以俟元夕。」王笑曰：「吾以元夕凱旋見公矣。」因酹酒以别。師次延平，劍潭湍險，賊焚橋以拒我師。王策馬先浮以濟，師遂濟，士氣益倍。距建寧百里許，賊盡塞途路，埋巨木爲鹿角，散布竹簽、鐵蒺藜、陷馬坑，凡可以旅拒王師者無不用其至。王即命諸軍偃旗仆鼓，捨正路，俾各擇便利，沿山塹溪，披踐榛棘，遂達郡之鳳凰山，繞出賊背，下瞰城邑，如在井底。火樓、巨石、天梯、雲梯，百道齊攻，汝爲震怖，以謂從天而下。五日城陷，汝爲竄身自焚回源洞中[四二]。又有陸必强、葉鐵骨、陸必先、張弓手、熊致遠等皆號賊驍將，分兵四劫，而葉諒者别以一軍再寇邵武，王悉擒斬之。凡殺賊衆三萬餘人，生擒魁首張熊等五百餘人③，士人之附賊如施逵、謝嚮、陸棠等④，皆械送行在所。迺令軍人悉駐城上毋得下，植旗於城之三隅，令士民自相别，農者給牛穀使耕，商賈者弛征禁，爲賊者使民得甘心，脅從者貸遣。建安之民自以爲蒙更生，家立生祠[四三]，共刻其事于石，至今奉香火惟謹。太上賜札曰：「省奏范汝爲已就滅亡，遂釋朕南顧之憂。其餘

① 遣辛企宗討之　「企」原作「金」，據金石萃編卷一五〇韓蘄王碑及十將傳卷五、宋史韓世忠傳、要録卷四五紹興元年六月甲戌條改。

② 則七部皆血肉矣　「部」，庫本及金石萃編卷一五〇韓蘄王碑、十將傳卷五、宋史韓世忠傳皆作「郡」。

③ 生擒魁首張熊等五百餘人　「張熊」，要録卷五一紹興二年正月辛丑條作「張雄」。

④ 陸棠等　「陸」原作「六」，據庫本、舊鈔本及金石萃編卷一五〇韓蘄王碑改。

畸零賊黨并葉諒等，想已招捉，惟務隨宜處置，勿留後患。」又札曰：「卿比執訊獲醜，安靖一方，非特秋毫無犯，給耕夫之牛，使不失時。雖古名將，何以加諸！朕始聞此，喜而不寐，是惟威愛兼得，體我至仁，加惠斯民者也。卿之勞苦，實永朕懷。」

王遂條奏：「江西、湖南群寇，要須以時平定，乘勝撲滅，勢若破竹。」詔從之。王旋師永嘉，若將就休息者，已而道括蒼、上饒，徑至豫章，江濱連營數十里。賊不虞王之猝至，以爲神，大驚，於是曹成、馬友、李宏等次第來降，王悉分配諸軍[四四]，即日移師長沙。山東賊白氈笠劉忠有衆數萬，嘗與兀朮轉戰，頡頏而南，據祁陽之白綿山①，自黔其額②，號「花面獸」。山險重複，營栅相望，凡一年③，莫敢攖其鋒者。王始至，即欲急擊之，曰：「少延歲月，湖南生靈無種矣。」庾不可曰：「功幸已成而師勞，若更趨白綿，有如不捷，前功盡廢。」王曰：「兵家利害，世忠策之審矣，非參政所知。請期半月，當馳捷以獻。」庾不能奪。王即將所部與賊對壘，乃奕碁飲酒，按兵不動者累日，衆莫窺其際。一夕，獨與親信蘇格便服聯小騎直穿賊營，警夜者呵問，王曰：「我也。」蓋王已諜知賊中約以「我」字爲號，故所鄬不疑。遂周覽營而出，喜曰：「此天賜也。」即下令明日破賊會食。遂命諸軍拔栅

① 據祁陽之白綿山　「祁陽」，北盟會編卷一五一紹興二年七月五日條，中興小紀卷一一、卷一二，宋中興紀事本末卷二〇皆稱「潭州」，宋史卷二六高宗紀稱「岳州平江縣」。而白綿山，亦寫作「白面山」。要録卷三八建炎四年十月末云：「盜劉忠據岳州平江縣之白面山，山在平江、分寧、瀏陽三縣之間。」注曰：「趙雄撰韓世忠墓碑云劉忠據祁陽白綿山，據日曆紹興二年二月己丑黄叔敖所奏，乃此『面』字，又不在祁陽，碑恐誤也。」按：平江縣屬岳州，分寧縣屬洪州，而瀏陽縣屬潭州。

② 自黔其額　「黔」，庫本作「黥」。

③ 凡一年　要録卷五六紹興二年七月己卯條作「跨三年」。按，要録卷三八建炎四年十月末云「盜劉忠據岳州平江縣之白面山」，至紹興二年恰三年。疑「一年」爲「三年」之譌。

前行，先遣鋭卒二千銜枚夜進，伏于白縣山上，戒曰：「賊必空壘來戰，若疾馳入，奪中軍望樓，駐麾張蓋。」既而賊以三萬人拒戰，兵交，自寅至巳，賊精兵迭出，勝負未分。俄而所遣鋭卒二千植旗蓋於賊之望樓，傳呼如雷，賊回顧驚愕，進退無所據，遂潰亂。王乃傳麾令上下夾擊，將士争奮，大破之，追斬忠于小舟[四五]，傳首闕下。下令敢掠子女者斬。湖南遂平。戰克之日，與庾所期，如合符契。詔除太尉[四六]，餘如故。又賜札曰：「出師令將期歲，以爾勞苦，繫我憂沖。比又李宏壞植，劉忠敗績，益張吾武，震撓凶徒，朕甚嘉之。且以防秋戒期，狄怨是念，卿其振旅來歸，竭盡智力，以圖大功，而後喜可知也。」

王授鉞以出，掃清三方。太上偉其功，詔樞密院以功狀頒示内外諸將，各務奮勵，共舉中興，以光史册。師還建康，乃置背嵬親隨軍[四七]，皆勇鷙絶倫者。除開府儀同三司，節制依舊，充淮南東路宣撫使，泗州置司。明年，以建康鎮江淮東宣撫使駐鎮江。

是歲，兀朮與酋帥撻孛耶合三路兵入寇，騎兵自泗取揚，步兵自楚取高郵，塵覆飛鳥。太上賜札曰：「覽卿承、楚之奏，良用駭歎。今虜氣正鋭，又皆小舟輕捷，可以横江徑渡。想卿謀畫已定，可保無虞①。更宜率勵將士，戮力剿除，此亦卿前日之所論奏也。浙西趨行朝無數舍之遠，朕甚憂之。卿忠憤憂國，朕所素知，協濟艱難，正在今日。切更多筭，以決萬全。」又札曰：「朕以逆臣劉豫外挾强虜，驅率吾民，遣兵東嚮，觀其措意，必欲圖危社稷，人神所共嫉，覆載所不容。卿爲國大臣②，乃心王室，忠憤之氣，想實同之。今賊犯真、滁，已逼江上，而建康諸渡，舊爲賊衝，萬一透漏，存亡所係。卿宜戮力一心，以赴國家之急，先飭守備，徐圖進取，無失事機，以墮賊

① 可保無虞　「虞」，北盟會編卷二一七引韓忠武王中興佐命定國元勳之碑作「慮」。

② 卿爲國大臣　「國大臣」，北盟會編卷二一七引韓忠武王中興佐命定國元勳之碑作「大將」。

計。朕雖不德，無以君國子民，而祖宗德澤，猶在人心，所宜深念累世涵養之恩，永垂千載忠義之烈。興言及此，當體至懷。」王受詔感泣曰：「至尊憂勤如此，臣子何以生爲！」遂自鎮江濟師，以前軍統制解元守高郵，候虜步兵①，而王親提騎隊往大儀，以當淮泗之寇。伐木爲栅，自斷歸路。大會將佐曰：「金人馬步分道並進，車駕方在江南，有如不勝，必爲社稷憂。諸君奮忠義以報國，此其時矣。吾平昔恨無死所，以拔橋斷路，示無生還之望。」遂大饗士，俟戰士皆感奮，氣自百倍。會朝廷遣魏良臣使虜，至維揚，王置酒送別，杯一再行，流星庚牌沓至。良臣問故，王曰：「有詔移屯守江，乃撤炊爨班師。」良臣切自喜，疾馳去。王度良臣已出境，乃上馬令軍中曰：「視吾鞭所鄉。」於是六軍大集北行，至大儀，勒精兵爲五陣，設伏二十餘處，戒聞嚴鼓之節②，則次第起擊。良臣至虜，虜果問我師動息，悉如所見以對[四八]。兀朮號知兵，聞大軍倉卒南還，喜甚，與群酋厲兵秣馬，直趨江口，至大儀五里所。王縱虜騎過吾軍之東直北，傳小麾③，鼓一鳴，伏者四發。吾軍旗與虜雜出，虜軍亂，我師伍伍迭進。步隊各持長斧斫馬足，虜全裝陷涂淖，弓刀無所施。王東西麾勁騎四面蹂之，虜太半乞降，餘皆奔潰。追殺數十里，兀朮乘千里馬以遁，積尸如丘垤，擒其驍將撻孛耶、女真千户長五百餘人，獲戰馬五百餘匹，器械輜重與平山堂齊④[四九]，軍勢大振。兀朮還泗上，召良臣詰責其賣己，將斬之，良臣好詞以免[五〇]。解元至高郵，亦遇賊虜，設水軍夾河而陣，我師皆願效死。虜整隊迭出，一日之間，合戰十三，士力稍罷，相拒未決。王遣成閔將

---

① 候虜步兵　「候」，北盟會編卷二一七引韓忠武王中興佐命定國元勳之碑作「遏」，似是。

② 戒聞嚴鼓之節　「節」，北盟會編卷二一七引韓忠武王中興佐命定國元勳之碑作「鳴」。按，金石萃編卷一五〇韓蘄王碑作「戒之曰：『聞鼓聲則起而擊。』」

③ 傳小麾　北盟會編卷二一七引韓忠武王中興佐命定國元勳之碑作「旗少麾」。

④ 器械輜重與平山堂齊　「平山堂」，北盟會編卷二一七引韓忠武王中興佐命定國元勳之碑作「山等」。

勁騎往援之，閔與元軍合，復大戰，俘生女真及千户長等，虜敗去[五一]。俄而王至，窮追于淮，虜復大戰，敗潰奔走，相蹈藉没溺死者不可勝計[五二]。

捷書沓至，群臣入賀。太上曰：「世忠忠勇，朕知其必能成功。」賜札曰：「聞卿獨抗大敵，剿殺犬羊，數以萬計，攘逐過淮，全師而還，甚慰朕望。兀朮舉國來寇，憑陵邊圉，非卿智勇冠世，忠義徇國，豈能冒犯矢石，率先士卒，以寡勝衆，俊偉如此！朕深念卿躬擐甲胄之勞，將士摧鋒力戰之苦，夙宵震惻，痛切在躬。得卿來報，頓釋朕懷。」初，虜既傾國内侮，朝廷過計，有勸太上他幸者[五三]，於是降旨議散百司，物論譁然。獨宰相趙鼎與王議合，曰：「戰而不捷，去未晚也。」至是虜既潰敗①，王自淮上振旅凱旋，江左遂安，故論者以此舉爲「中興第一」。除少保、武成感德軍節度使、淮南東路宣撫使，鎮江置司。

王在鎮江，一日，方會諸將置酒，虜帥撻辣恥前敗覆，以書幣來約戰，王即席遣伶人張軫、王愈之持橘、茗爲報。報書略曰：「元帥軍事良苦，下諭約戰，敢不疾治行李，以奉承旨揮也。」撻辣謀屈，卒不來，未幾全軍遁去[五四]。然諸將徘徊顧望，無敢渡江者，王獨請移軍窮邊，經理中原。太上賜札曰：「昨因虜近，議者以經理淮甸爲言，人多憚行，卿獨慨然請以身任其責，朕用嘉之。」又曰：「今聞全師渡江，威聲遐暢②。卿妻子同行否？乍到，醫藥飲食或恐未備，有所須一一奏來也。」改除武寧安化軍節度使，依前少保，充京東、淮東路宣撫處置使兼營田大使，楚州置司，兼節制鎮江。時楚累經殘掠，邑屋皆丘墟榛棘。王至，則撫集流亡，通商惠工，創新營壘，民心安固，軍氣日益振厲。於是曩時煨燼瓦礫之場，化爲雄都會府，隱然爲國長城矣[五五]。劉豫間遣兵入

① 至是虜既潰敗　「敗」原作「敢」，據庫本改。

② 威聲遐暢　「暢」，北盟會編卷二一七引韓忠武王中興佐命定國元勳之碑作「播」。

寇，每爲王所攻卻，生擒僞知鎮淮軍王拱及食粮軍數百，獻于朝。

是年，虜又犯漣水[五六]，王迎擊，殺其將孫統領①，追至金城。時豫之鋭卒盡屯宿遷聖女墩，王以輕兵破之，轉戰至徐之駕口。軍既單弱，而虜援兵訛里耶索、賈舍人踵至，遂以背嵬輕騎五百衝之，爲虜所圍。王突圍拔衆以出，復乘鋭掩擊，過落馬湖五十餘里，殺傷不可計。攻淮揚，旦暮且下，會詔班師，王亟還[五七]。道遇僞齊帥劉猊率金國三路都統太一孛堇②、鑿山水晶相公、青州五路都統、東平府總管及兀朮舉兵自河間與諸道會。王結陣向敵，遣小校郝彦雄造其軍，大呼曰：「錦袍氈笠驄馬立陣前者，韓相公也。」衆咎王，王曰：「不如是，不足以致敵。」及虜騎至，王先以數騎挑之，殺其引戰者二人，諸將乘之，大破虜衆，暴屍三十里。捷聞，太上賜札曰：「卿誠存報國，義獨奮身，長驅濟淮，力戰破賊，俘獲群醜，撫輯遺黎。眷言忠勞，實所嘉歎。然王師之出，本以弔民，上將之威③，尤宜持重，軍旅之外，毋爽節宣。深體至懷，副朕倚注。」特授横海武寧安化軍節度使，賜揚武翊運功臣[五八]，依前少保，充京東淮南東路宣撫處置使兼營田大使。

王以承、楚單弱④，正當寇衝，寇至無以守，乃增大其城，身自督役。役不勞而城固，民恃以無恐，家立生祠以報。先是，移峌陽⑤，與敵接境，王乃多遣間結山東豪俊，俾緩急爲應，東人及太行群盗多願奉

---

① 殺其將孫統領 「統領」，北盟會編卷二一七引韓忠武王中興佐命定國元勳之碑作「統制」。

② 道遇僞齊帥劉猊率金國三路都統太一孛堇 「帥」原作「師」，據舊鈔本及北盟會編卷二一七引韓忠武王中興佐命定國元勳之碑、金石萃編卷一五〇韓蘄王碑改。

③ 上將之威 「上將」，北盟會編卷二一七引韓忠武王中興佐命定國元勳之碑作「主將」。

④ 王以承楚單弱 「單」，北盟會編卷二一七引韓忠武王中興佐命定國元勳之碑作「軍」。

⑤ 移峌陽 「峌陽」，北盟會編卷二一七引韓忠武王中興佐命定國元勳之碑作「淮陽」，金石萃編卷一五〇韓蘄王碑、十將傳卷五、宋史韓世忠傳作「山陽」。按：山陽即楚州，「峌」字似當作「山」。

約東者①。金人廢劉豫，中原軍潰盜起，王以爲機不可失，奏乞全師北討，招納叛亡，爲恢復計，懇請誠切。太上賜札曰：「覽卿來奏，備見忠義許國之意，深用嘆嘉。今疆埸之事，以安静爲先，變故在彼，不必干預，當敦信約。卿其明遠斥堠，謹固封疆，以備不虞，稱朕意焉。」

既而秦檜議和，諸帥已屯建康及武昌[五九]，詔王徙屯京口。王上奏極論虜情叵測，其將以計緩我師，乞獨留此軍蔽遮江淮。太上賜札曰：「覽奏欲依舊留屯淮甸，誓與敵人決於一戰，已悉。朕迫於强敵，越在海隅，每慨然有恢復中原之志，顧以頻年事力未振，姑鬱鬱於此。自去冬敵人深入，卿首剉其鋒，鼓我六師，人百其勇。既至，彼潛師引遁，而卿復率先移屯淮甸[六〇]，進取之計，恃此爲基，朕甚嘉之。前日恐老小或有未便，委卿相度，今得其所奏，益見忠誠，雖古名將，亦何以過？使朕竦然興歎，以謂有臣如此，禍難不足平也。古人有言：『閫外之事，將軍制之。』今既營屯安便，控制得宜，卿當施置自便，勿復拘執。至於軍餉等事，已令三省施行。」

初，國朝軍政日修，虜師屢衂，於是陰謀沮撓吾事。秦檜還自沙漠，力勸太上屈己和戎，銷兵罷將。朝廷遣使交割河南境土，虜亦遣使來議，而使名不遜②[六一]。時檜主議甚力，自大臣、宿將萬口和附，王獨慷慨③[六二]，章上以十數，爲太上開陳和議不可之狀，大略以謂：「虜情詭詐，且陝西諸路，出兵産馬用武之地，豈肯真實交割？」又曰：「但恐以還地爲名，先要山東、河北等路軍民及北人之歸明者，出此聲勢，摇動人情。我若太加卑屈，深慮人心離散、士卒凋沮。」又曰：「今當主辱臣死之際，臣願效死節，激昂士卒，率先迎敵，期於必戰，以決成

① 東人及太行群盜多願奉約束者　「東人」，十將傳卷五、宋史韓世忠傳稱「宿州馬秦」。
② 而使名不遜　「使名」，北盟會編卷二一七引韓忠武王中興佐命定國元勳之碑作「使者」。
③ 王獨慷慨　「慷慨」二字下，北盟會編卷二一七引韓忠武王中興佐命定國元勳之碑有「流涕」二字，金石萃編卷一五〇韓蘄王碑有「泣涕」二字。

敗。若其不克，陛下委曲聽從，事亦未晚。」又曰：「如王倫、藍公佐交割河南地界①，別無符合誑賺，朝廷雖以王爵處之，未爲過當。欲乞令供具委無反復文狀於朝，以爲後證。如臣言虛妄，日後事成虛文，亦乞重寘典憲。」其言深切懇到，出於忠誠，且請單騎赴闕面奏。太上率優詔褒答[六三]，其略曰：「卿勇冠世，獨當一面。國威既震，和議漸諧，南北兵民，可冀休息。究其所自，卿力居多。卿其保護來使，無致疏虞。所乞入朝奏事，俟有機會，當即召卿。衆方懷疑，疆埸事大，正倚卿爲重，未可暫離軍中也。」

其後虜果負約，如王所言。檜甚恐，即上疏曰：「臣聞德無常師，主善爲師；善無常主，協于克一。此伊尹相湯『咸有一德』之言也。臣昨見金國撻辣有講和割地之議，故贊陛下取河南故疆。既而兀朮戕其叔撻辣，監公佐之歸②，和議已變，故勸陛下定弔民伐罪之計。」又曰：「如臣言不可行，即乞行罷免，以明孔聖『陳力就列，不能者止』之義。」其詞反覆無據，由是天下服王精識，而尤檜益深云。

兀朮既再陷三京[六四]，又犯漣水。太上賜札曰：「金人復占據已割舊疆③，卿素蘊忠義，想深憤激，凡對境事宜，可以結約招納等事，可悉從便宜措置。若事體稍重，即具奏來。」王遂率背嵬軍由加口破走兀朮④[六五]，僞守趙榮以宿州降，李世輔以亳州降[六六]。詔除少師，餘官悉如故。

---

① 如王倫藍公佐交割河南地界　「河」字原脱，據庫本及北盟會編卷二一七引韓忠武王中興佐命定國元勳之碑、金石萃編卷一五〇韓蘄王碑、宋史韓世忠傳補。

② 監公佐之歸　「監」，庫本、舊鈔本及北盟會編卷二一七引韓忠武王中興佐命定國元勳之碑、金石萃編卷一五〇韓蘄王碑作「藍」。

③ 金人復占據已割舊疆　「占」原作「古」，據庫本、舊鈔本及北盟會編卷二一七引韓忠武王中興佐命定國元勳之碑、金石萃編卷一五〇韓蘄王碑改。

④ 王遂率背嵬軍由加口破走兀朮　「加口」，北盟會編卷二一七引韓忠武王中興佐命定國元勳之碑、金石萃編卷一五〇韓蘄王碑、要録卷一三七紹興十年八月庚辰條、宋史韓世忠傳、宋會要輯稿兵一四之三一皆作「枷口」，當是。

明年，虜都統周太師者以大軍入寇①，水陸並進，未及渡淮，王督士馬拒戰于淮陽，又走之。因取劉泠莊②，設伏掩擊，遂至沂水③，虜溺水不知其數④[六七]。又遣偏將王勝攻下海州，取懷仁諸縣，破千秋胡陵大寨⑤，擒虜帥郭太師⑥。依前功臣、三鎮節鉞、淮東宣撫處置使兼河南北諸路招討使、營田大使，封英國公。

是年⑦，虜犯淮西。殿帥楊存中合宣撫使張俊之師與戰於鍾離⑧，弗克，詔王赴援。虜別軍數萬屯定遠，王

---

① 明年虜都統周太師者以大軍入寇　「明年」，北盟會編卷二一七引韓忠武王中興佐命定國元勳之碑作「十年」。按，上文叙金人負約事，據要録卷一三五、北盟會編卷二〇〇，乃在紹興十年五月；又據要録卷一三六、北盟會編卷二〇二，金都統周太師入寇在紹興十年六月、泇口鎮之戰前。則此處所云「明年」者不確。

② 因取劉泠莊　「劉泠莊」，要録卷一三〇紹興九年七月己卯條注、宋史卷三六九解元傳及宋會要輯稿兵一四之三〇作「劉冷莊」，北盟會編卷二一七引韓忠武王中興佐命定國元勳之碑作「劉伶莊」。

③ 遂至沂水　「遂」，北盟會編卷二一七引韓忠武王中興佐命定國元勳之碑作「追」。

④ 虜溺水不知其數　「溺水」，北盟會編卷二一七引韓忠武王中興佐命定國元勳之碑作「溺死」。

⑤ 破千秋胡陵大寨　「胡」，要録卷一三七紹興十年八月庚辰條、皇宋中興兩朝聖政卷二六紹興十年八月庚辰條、宋史卷二九高宗紀、宋會要輯稿兵一四之三一作「湖」。

⑥ 擒虜帥郭太師　「郭太師」三字下，北盟會編卷二一七引韓忠武王中興佐命定國元勳之碑有「僞守王山，盡得其軍糧牛馬器甲，即日獻俘闕下，詔除太保」二十三字。金石萃編卷一五〇韓蘄王碑所載同韓忠武王中興佐命定國元勳之碑，惟「王山」作「王中」。按要録卷一三六紹興十年閏六月丁酉條正作「王山」，則作「王中」不確。

⑦ 是年　按，據十將傳卷五、宋史韓世忠傳，此事在「十一年」；又據要録卷一三六、皇宋中興兩朝聖政卷二六，韓世忠除太保、英國公在紹興十年六月甲辰朔。則此處云「是年」者不確。

⑧ 殿帥楊存中合宣撫使張俊之師與戰於鍾離　「張俊」原作「張浚」，按北盟會編卷二一七引韓忠武王中興佐命定國元勳之碑作「張俊」，宋史卷三六五岳飛傳載紹興十一年「兀朮破濠州，張俊駐軍黃連鎮，不敢進；楊沂中遇伏而敗」，而此時張俊官淮西宣撫使，據改。

遣成閔以輕騎擊破之，轉戰數日，兀朮中克敵弓以走，其衆大潰，遂奪鍾離[六八]。捷聞，太上賜札曰：「聞卿親率將士，與賊接戰，追逼直至城下，賊馬一發奔潰過淮，卿已復據濠州①。卿忠義之氣，身先士卒，親遇大敵，嘉歎何已！況卿前後所料賊情，一一必中，今日善後之策，更爲深加思慮措置以聞也。」王因上章極言爵賞之濫，乞自今非破虜、復境土，不畀崇資，以塞倖門。

時和議復成[六九]，秦檜權力益盛，異己者禍如發矢。王復危言苦諫，以謂：「中原士民迫不得已，淪于腥膻，其間豪傑莫不延頸以俟弔伐，若自此與和，日月侵尋，人情銷弱，國勢委靡，誰復振之？」太上復賜札嘉獎。又乞與北使面議，優詔不許。尋再上章，力陳秦檜誤國，詞意剴切，檜由是深怨于王[七〇]。已而盡撤邊備，召諸大將還闕，王及張俊、岳飛除樞密使副②。王上表乞解樞務，避寵丐閑，時論高之。時紹興十一年也。又上表乞骸骨，不許。除太傅，依前三鎮節鉞、充醴泉觀使，進封福國公[七一]，賜第都城，奉朝請。其秋，顯仁皇后騩駕來歸③[七二]，王朝謁于臨平。后以北方獨聞王名，特召至簾前曰：「此爲韓相公耶？」慰問良久，其後賜餉無虛月。

明年，進封潭國公[七三]。十三年，進封咸安郡王[七四]。十七年，以郊恩改鎮南武安寧國之節。太上數召王同家人燕于苑中，眷禮深篤，數賜名馬、寶劍，其他賜予，勞問相踵，然王老矣。二十一年秋，王病不能朝，迺上表

---

① 卿已復據濠州　「濠」字原脱，據北盟會編卷二一七引韓忠武王中興佐命定國元勳之碑、金石萃編卷一五〇韓蘄王碑補。

② 王及張俊岳飛除樞密使副　「張俊」原作「張浚」，據北盟會編卷二一七引韓忠武王中興佐命定國元勳之碑、金石萃編卷一五〇韓蘄王碑、宋史卷三六九張俊傳改。

③ 顯仁皇后騩駕來歸　「騩」，庫本作「鳳」，金石萃編卷一五〇韓蘄王碑作「龍」。按：晉書卷二五輿服志云：「皇后先蠶，乘油畫雲母安車，駕六騩馬。」

謝事。策拜太師，問疾之使肩摩轂擊于道。於是悉召故人列侯①，勉以忠義大節；焚逋券百萬，親視含襚，曰：「吾以布衣百戰致位公王，可以無憾矣。」以是年八月四日薨于私第之正寢[七五]，享年六十有三。疾方革，累詔宣醫診視，訃聞，太上盡然，爲輟視朝，贈通義郡王，賻以内帑金帛各三千疋兩，錫尚方名录②、龍腦香以斂，襚服用一品。所以慰卹其家甚至，遣勑使徐伸護葬事。以是年十月庚子大葬于平江府吴縣胥臺鄉靈嵓山之原③。有詔命中貴策祭于家，又詔奉常貳卿軷祭于都門外。子孫次第進秩[七六]。

娶白氏，秦國夫人；梁氏，楊國夫人[七七]；茆氏，秦國夫人[七八]；周氏，蘄國夫人。子男四人[七九]：長曰彦直，嘗任户部尚書，今爲太中大夫、延水縣開國伯，食邑八百户；次曰彦朴，奉議郎、直顯謨閣，蚤世；次曰彦質，朝奉大夫、直徽猷閣、知黄州；次曰彦古，起復朝奉大夫、充敷文閣待制、知平江府兼節制水軍，今家居終蘄國之制。女八人：長適故朝散郎、通判饒州曹霑；次適宣教郎馮用休；次適宣教郎、知宣州寧國縣王萬脩；次適從政郎劉莒；次適宣教郎、宗正寺主簿胡南逢；次適承議郎、充集英殿修撰、主管佑神觀張子仁；二人爲黄冠。孫男十七人④：曰梴，奉議郎、太社令；曰杕，奉議郎、直秘閣；曰格，宣教郎；曰樞⑤，承務郎；曰松，通仕郎；

---

① 於是悉召故人列侯　「侯」，金石萃編卷一五〇韓蘄王碑作「校」。

② 錫尚方名录　「录」，庫本作「騄」，舊鈔本作「醁」。按，金石萃編卷一五〇韓蘄王碑、宋史韓世忠傳云時賜「水銀」。

③ 以是年十月庚子大葬於平江府吴縣胥臺鄉靈嵓山之原　「庚子」，鴻慶居士集卷三六韓公墓誌銘作「庚午」。按是月庚午乃四日，無庚子日，當以「庚午」爲是。又「靈嵓山」原作「靈品山」，據庫本、舊鈔本及金石萃編卷一五〇韓蘄王碑、鴻慶居士集卷三六韓公墓誌銘改。又按，鴻慶居士集卷三六韓公墓誌銘云「合祔於平江府吴縣胥臺鄉靈巖山秦國夫人之墓」。

④ 孫男十七人　鴻慶居士集卷三六韓公墓誌銘作「孫男四人」。按，韓公墓誌銘撰於紹興二十八年，而本碑文撰於淳熙三年，故有此異。

⑤ 曰樞　「樞」，鴻慶居士集卷三六韓公墓誌銘作「栩」。

曰相，承事郎；曰椿，承務郎；曰楷，承奉郎；曰林，將仕郎；曰森，曰休，曰楫，曰杰，曰本，曰梓，曰樟。孫女八人：一適將仕郎王大昌，餘未行。

今天子乾道紀元之四年，有詔特追封蘄王。又八年，乃賜謚。始王鼎貴，嘗戒戲下及其家人曰：「忠者，臣子不可一日忘，不惟所當常行，抑亦所當常言。吾雖名世忠，汝曹無得以『忠』字爲諱，若諱而不言，是忘『忠』也。吾生不取、死不饗也。」至是得謚忠武。彦古稟述先教，不敢辭，君子以爲通於孝云。

嗚呼！王起西陲布衣，仗劍從戎，不十數年，功名與日月争光，何其盛耶！爲平寇將軍，爲都統制，爲宣撫使，爲處置使①，爲營田大使，爲招討使②，爲樞密使，所踐無非達官要職，而能益彰；平全閩，夷江西，剪湖湘，殲苗劉，摧兀朮，鏖大儀，拓東海，扞揚楚，震淮陽，所當無非勍寇劇賊，而功益俊偉不可及。及和議初定，虜使稍不恭順，王則忿其無禮於吾君，誦言誅之，且下令所部州無得少屈③，虜使爲之沮戢。性不喜便佞，事關廟社，必傴僂玉陛上，流涕極言之，雖不加文飾，而誠意真切，理致詳盡。人主知其出於忠實，不以爲忤也。

秦檜用事，遣中原人親屬還虜中，有戀國恩不忍去，必械縶以送。至謀遣趙榮，王力争曰〔八〇〕：「榮不忘本朝以歸，父母、妻子悉遭屠滅，相公尚忍遣之，無復中原望耶？」弗聽。岳飛之獄，王不平，以問檜，檜曰：「飛子雲與張憲書雖不明，其事體莫須有。」王艴然變色曰：「相公，『莫須有』三字何以服天下〔八一〕！」于時舉朝憚檜權

① 爲處置使　「處」原作「常」，按宋時無官名「常置使」者，明錢穀吴都文粹續集卷三八趙雄韓忠武王世忠中興佐命定國元勳之碑即作「爲處置使」，據改。

② 爲招討使　「招」原作「詔」，按宋時無官名「詔討使」者，庫本及吴都文粹續集卷三八趙雄韓忠武王世忠中興佐命定國元勳之碑作「招討使」，據改。

③ 且下令所部州無得少屈　「令」原作「今」，據文海本、庫本、舊鈔本及金石萃編卷一五〇韓蘄王碑改。

力，皆附離爲自全計，獨王於班列一揖之外，不復與親。每建大議讜言，家人危懼，或乘間勸止，王曰：「今明知其誤國，乃畏禍苟同，異時瞑目，豈可於太祖官家殿下喫鐵棒耶！」言雖質魯，旨深①，士君子至今傳之②。

受人恩，則生平不去心。簽樞王淵識王於微時，待遇絶等。苗劉之亂，淵首遇害，王爲請地厚葬，經紀其家，不遺餘力。初，淵輕財嗜義，家無宿儲，或勸以治生，淵曰：「國家官人以爵使禄，足代其耕也。若切切事錐刀，我何愛爵禄，不爲大賈富商耶？」王敬服其言，故握兵三十年，未嘗爲乾没、貿遷之私，上所錫賚，悉分將士，將士故樂爲之用。太上高其義，察其廉，特賜江東永豐圩田以給其子孫[八二]。王復上書，租賦願與編户同，爲勢家倡。太上欲成其美，從之，優詔獎諭。雖厚撫將士，千金有所不愛，至一官一級，則靳惜如肌肉。嘗謂將佐曰：「爲國立功，人臣常分，吾所以使汝輩功浮於賞者，乃所以遺爾子孫也。天日昭昭，爵禄虛受，終必爲禍。他日爲國爪牙，尤當戒此。」舊制，戰勝第賞，必以首級，軍人貪得，至殺平人以希賞，王始建議不許以首級計功。然諸帥保奏將士武功，左右各有隊伍③，惟王所部，須實有功乃奏，終不以毫髮假人。是以淮東一軍，功最多而崇資者少。城楚州，與士同力役。黄天蕩之戰，楊國在行間，親執桴鼓；家楚州，織薄爲屋。將士有臨敵怯懦者，王遺以巾幗，設樂大讌會，俾爲婦人妝以恥之，其人往往感發自奮，後多得其死力。其制兵器，凡今跳澗以習騎，洞貫以習射，狻猊之鍪，連鎖之甲，斧之有掠陣，弓之有克敵④[八三]，皆王遺法，太上以其制下兵部及頒降諸將者是也。

---

① 言雖質魯旨深　「魯」原作「酓」，據舊鈔本改。按，庫本及吳都文粹續集卷三八趙雄韓忠武王世忠中興佐命定國元勳之碑作「言雖質而意旨深」。

② 士君子至今傳之　「子」原作「了」，據文海本、庫本、舊鈔本及金石萃編卷一五〇韓蘄王碑改。

③ 左右各有隊伍　「右」原作「武」，據文海本、庫本改。

④ 弓之有克敵　「弓」字原闕，據庫本、金石萃編卷一五〇韓蘄王碑及十將傳卷五、宋史韓世忠傳補。

嘗中毒矢洞骨，則以强弩拔之。十指僅全四，不能動，身被金瘡如刻畫。

晚以公、王奉朝請，尤能以道卷舒，絶口不言功名。蓋自罷政居都城，高卧十年，杖屨幅巾，放意林泉壺觴間①[八四]，若未嘗有權位者。而偏裨部曲往往致身通顯，節鉞相望[八五]，歲時造門，類皆謝遣。群工列辟，想聞風采而不可見，則相約於朝班，望王眉宇而慰喜焉。至於外夷遠人、幽閨婦女，皆知有所謂韓郡王者，歲時輒相從詷王年幾、安否②，以爲天下重輕云。而王終日澹然，獨好浮圖法，自號清涼居士。故雖權臣孔熾，王最爲所忌嫉，而能雍容始終，蓋詩所謂「明哲保身」者。屬纊之際，神爽益清，冠佩修然，合爪而逝③。有詔擇日臨奠，檜遣中書吏韓城以危語脅諸孤④，令必辭，諸孤亦緣王遺意，不敢屈勤君父，上表懇免至再，太上黽勉從之。其始終恩遇如此。

臣雄曰：自起、翦以來，山西出將，尚矣。呼吸雷風，動摇山岳，戰勝攻克，卓然以勇略聞者，班班不絶於册書。至於達之以智謀，本之以忠義，如古之所謂名將者，山西蓋亡幾也。秦漢而下，可以言智謀、忠義如古名將者，若諸葛亮、郭子儀，其庶幾乎！王本山西之豪，與起、翦相望，而其智謀、忠義有過前修，無不及焉。方逆傅滔

---

① 放意林泉壺觴間　「放」原作「於」，據庫本及金石萃編卷一五〇韓蘄王碑改。按，吴都文粹續集卷三八趙雄韓忠武王世忠中興佐命定國元勳之碑作「恣」。

② 歲時輒相從詷王年幾安否　「詷」原作「詷」，據庫本及金石萃編卷一五〇韓蘄王碑、吴都文粹續集卷三八趙雄韓忠武王世忠中興佐命定國元勳之碑改。

③ 合爪而逝　「爪」，庫本及吴都文粹續集卷三八趙雄韓忠武王世忠中興佐命定國元勳之碑作「掌」。

④ 檜遣中書吏韓城以危語脅諸孤　「韓城」，要録卷一六二紹興二十一年八月壬申條、宋史全文卷二二上、寶真齋法書贊卷二高宗皇帝親隨手札御書作「韓瑊」，似是。

天，王聞變慟哭，士卒皆哭，莫能仰視，遂自海道徑還。吕頤浩方以賊爲憂，王謂賊既取鐵券，必無他慮；頤浩又慮賊難勝，王則深言逆順之理①，知其必勝，於是頤浩計乃決，傳卒成擒。至如中興之初，倡議西都長安，乘建瓴之勢，東向以圖中原，朝議不從，識者以爲深恨。及維揚危急，六飛南渡，諸帥咸欲西趨岳、鄂，徑往長沙，王獨以謂：「今已失河北、山東，惟有淮、浙號稱富實，若又棄之，更有何地[八六]？」太上嘉納，江左立國之謀於是乎始定。臣雄嘗待罪太史氏，獲覩日曆所紀太上皇帝聖語甚詳，最後論戰論和，章數十上，皆筭無遺策。蓋所謂定大事、決大疑，忠義稟於天資，智謀出於人表，視山西以勇略稱者，不可同年語矣。是以太上洊賜詔曰：「雖古名將，何以加諸！」而皇上特以忠武易名，蓋以王爲亮、子儀之流。惟二聖日月之明，知臣莫若君，德音鏗鍧，天下傳誦。世忠得此嘉獎，其亦可謂死而不朽也耶！

臣觀宣王中興，如采芑、江漢之詩，所述荆蠻來威、王國庶定等事，雖以褒大方叔、召虎之功，然其任賢使能，致此巍巍，則宣王盛德之形容，光明偉傑，不可掩也。臣願頫采周雅，聲爲銘詩，以彰元勳，以歌堯父舜子知人之明，以稱明指，顯耀韓氏，以昭示于億萬世②。其詞曰：

昔在宣靖，崇極而傾。胡酋不恭，神州盡腥。天地重開，真人龍翔。德業巍巍，周宣漢光。凡此中興，誰實佐命？繫時元勳，王國以定。元勳謂何？維師蘄王。王奮山西，起翦之鄉。鐵胎之弓，悍馬長槊。方在童年，氣震山嶽。逮事徽皇，至于欽宗。天下兵動，外阻内訌。王先戎行，是磔是剪。浙西山東，績用丕顯。霸府肇新，來乘風雲。掃清南都，大駕時巡。淮海之間，劇盜蝟起。解甲束戈，如父詔子。帝幸餘杭，王征徐方。逆臣乘

① 王則深言逆順之理　「逆」原作「道」，據庫本、舊鈔本及金石萃編卷一五〇韓蘄王碑改。
② 以昭示于億萬世　「世」原作「毋」，據庫本、舊鈔本及金石萃編卷一五〇韓蘄王碑改。

虛，反易天常。賊虐樞臣，都城喋血。凶燄孔熾，震驚宸闕。王在海上，聞變號呼：凡爾衆士，今當麋軀。吾與群凶，不共戴天！山川鬼神，實臨此言。舟師鼓行，雷動電擊。撓彼凶徒，裂膽褫魄。天位反正，乾清坤夷。生擒渠魁，梟首大逵。有狡汝爲，盜據富沙。流毒全閩，血人于牙。大江之西，重湖之南。蜂屯蟻結，虎猛狼貪。三方百城，地數千里。奪攘矯虔，聲勢相倚。當宁謀帥，宜莫如王。授以斧鉞，往擣其吭。覆其穴巢，鋤其根萌。閱歲未周，三方悉平。奔旗奔師，捷書相望。貸遺脅從，旌别善良。爾商爾財，我弛爾征。爾農爾田，我資爾耕。仁義之兵，弔伐是尚。帝有恩言，卿古名將。胡馬飲江，充叛以降。金陵不支，洊窺上邦。王整虎旅，邀截歸路。虜朮雖强，望風震怖。海艦如雲，江之中流。北剉援兵，南衂歸舟。水戰陸攻，摧枯拉脆。殺傷莫數，俘獲萬計。酋帥小黠，僅脱其身。敵勢寖銷，皇威益信。朮猶不悛，纔數年期，傾國南侵，步騎分馳。逆黨成林，塵暗穹蒼。九重制詔，罪己如湯。王曰呼嗟，君父旰食，臣何生爲，矢死報國！部分將佐，直趨淮壖。親窒歸途，示無生還。妙筭既定，奇計先施①。聲言守江，已駐大儀。衆寡雖殊，我整彼亂。虜騎紛呶，馬足俱斷。四面鏖擊，若降若屠。積骸爲丘，洒血成渠。折馘獻俘，千里相踵，驍將數百，豈計輜重？偏裨在楚，亦以捷聞。王來窮追，虜師大奔。振旅凱歌，天子曰都！世忠忠勇，虜不足誅。江左人心，恃此寧謐。中興以來，武功第一。淮陽鍾離，莫非俊偉。生平戰多，竹帛莫紀。王屯極邊，志清中原。和議既諧，弛强鑠堅。王之論和，忠憤激烈。利害皎然，黑白區别。聖主命之，權臣讎之。明哲令終，天實休之。孰不爲將？孰不建功？動摇丘山，呼吸雷風。惟王天資，與勇將異。達以智謀，本以忠義。大疑大事，決於片詞。較彼起翦，王其過之。王起寒素，飯糗衣紵。出際盛時，蛟龍雲雨。解衣推食，言聽計行。任用不疑，天子之明。三鎮節旄，三事典策。報功惟優，天子之德。惟聖

① 奇計先施 「計」，據文海本作「策」。

天子，使臣以禮。哀榮死生，福禄終始。重華神武，志大有爲。眷言勳勞，恨不同時。真王啓封，貴窮人爵。忠武之謚，如葛如郭。八言衮褒。更瞻雲章。誰克有勳？上不汝忘。豐碑嵓嵓，億載有耀。凡百臣子，其思忠孝。

辨證：

［一］韓忠武王世忠中興佐命定國元勳之碑　本碑文又載於金石萃編卷一五〇，題曰「宋故揚武翊運功臣太傅鎮南武安寧國軍節度使充醴泉觀使咸安郡王食邑一萬八千三百户食實封柒阡貳伯户進封蘄王謚忠武神道碑」；三朝北盟會編卷二一七亦節引之。按，韓世忠，十將傳卷五、宋史卷三六四有傳，又孫覿鴻慶居士文集卷三六載有咸安郡王致仕贈通義郡王韓公墓誌銘。

［二］沂公趙雄　雄（一一二九～一一九三年）字温叔，資州人。隆興元年類省試第一，官至右丞相。謚文定。宋史卷三九六有傳。據宋宰輔編年録卷一八，趙雄於淳熙七年進封沂國公。

［三］故王世爲延安人　鴻慶居士集卷三六韓公墓志銘、建炎以來朝野雜記乙集卷一二渡江後名將皆西北人稱韓世忠爲綏德人。按宋史卷八七地理志三云：「綏德軍，唐綏州。熙寧二年收復，廢爲城，隸延州，在州東北三十里。……元符二年改爲軍。」

［四］家故饒財　按鴻慶居士集卷三六韓公墓誌銘、宋史韓世忠傳云韓世忠「家貧無産業」。

［五］年未冠以敢勇應募鄉州　鴻慶居士集卷三六韓公墓志銘云韓世忠「年十八，始隸延安府兵籍」。

［六］止許補一資　鴻慶居士集卷三六韓公墓誌銘云「宣撫使童貫怒不先己，黜其功不録」。

［七］王部敢勇五十人随王稟以往　按宋史韓世忠傳稱「世忠以偏將從王淵討之」。要録卷四建炎元年夏四月丁丑條亦云韓世忠「已而爲王淵部曲，從討西夏、方臘」。又，長編紀事本末卷一四一討方賊云時遣婺州觀察使、步軍都虞候王稟「領中軍，辛興宗領前軍，楊惟忠領後軍，總裨將王淵、黄迪、劉光弼等與劉鎮合圍夾攻之」。則王淵爲王稟之部將。

［八］師遂大克　按鴻慶居士集卷三六韓公墓誌銘云：「行次浙河，别將王淵駐兵在焉。公扣馬而進曰：『公領騎兵，而戰非其地，奈何？』淵問曰：『汝爲誰？』答曰：『韓世忠也。』淵善其言，移屯據便地。翌日，縱騎搏賊，公率所部突其旁，賊驚奔，追殺無噍類。淵

喜甚，飲公酒，悉舉飲器授之。」

〔九〕朝廷議復燕山調諸軍以行至則皆潰　按宋史卷二二徽宗紀載宣和四年十月己酉，「郭藥師與高世宣、楊可世等襲燕，蕭幹以兵入援，戰於城中，藥師等屢敗，皆棄馬縋城而出，死傷過半」。甲寅，「劉延慶自盧溝河燒營夜遁，衆軍遂潰」。

〔一〇〕屬虜人許割三鎮而還　宋史卷二三欽宗紀云建康元年正月乙亥，「李梲與蕭三寶奴、耶律忠、王汭來索金帛數千萬，且求割太原、中山、河間三鎮，并宰相、親王爲質，乃退師」。

〔一一〕有勝捷軍統制張師正者戰敗轉徙大名留守宣撫使李綱斬之以徇　按十將傳卷五、宋史韓世忠傳云：「時勝捷軍張師正敗，宣撫副使李彌大斬之。」鴻慶居士集卷三六韓公墓誌銘亦云：「尚書李彌大素不知兵，欲誅一二裨佐立威以强軍政，會太原不守，師正遁歸，彌大斬以徇。」又，皇朝編年綱目備要卷三〇靖康元年七月「勝捷軍叛，討平之」條亦云：「初，勝捷軍統制官張師正與金人遇於河北而潰，至大名府，宣撫使李彌大斬師正以徇。」故此處云「李綱斬之以徇」者誤。

〔一二〕雅爲綱所器重遂檄王以所部五百人討之　按鴻慶居士集卷三六韓公墓誌銘云「淵聖皇帝詔公討補」，十將傳卷五、宋史韓世忠傳稱「彌大檄世忠將所部追擊」。則此處云云仍誤以李彌大爲李綱。

〔一三〕大軍來矣速束戈卷甲吾能保全汝等以共功名　按鴻慶居士集卷三六韓公墓誌銘所載云「我輩山西良家子，好勇尚氣，豈肯做賊？此李公繆妄，使若等求活於草間耳」。

〔一四〕詔平濟州山口賊解大刀李昱等　要録卷七建炎元年七月庚寅條云：「命御營使司都統制王淵討軍賊杜用，都巡檢使劉光世討李昱，御營使左軍統制韓世忠、前軍統制張俊分討魚臺、黎驛亂兵。……昱自費縣引兵圍長清，光世遣其將喬仲福追擊斬之。」宋史韓世忠傳亦云：「命王淵、張俊討陳州叛兵，劉光世討黎驛叛兵，喬仲福討京東賊李昱，世忠討單州賊魚臺。世忠已破魚臺，又擊黎驛叛兵敗之，皆斬以獻。」則李昱非韓世忠所討平。

〔一五〕賊有張遇者至事遂定　要録卷一一建炎二年正月辛亥條云：「兩浙制置使王淵招賊張遇降之。遇自金山寺進屯揚子橋，衆號二萬。會淵還行在，自將數百騎入其寨招之，遇見淵器械精明，惶懼迎拜。……淵奏以遇爲閤門宣贊舍人。……遇猶縱兵四劫，扈從者危懼。户部侍郎兼知揚州吕頤浩、帶御器械御營使司前軍統制韓世忠聯騎造其壘，曉以逆順禍福，執其謀主劉彦磔於揚子橋，縛小校二十九人送淵戮之，餘黨怖而釋甲，得其軍萬人隸世忠。」又宋史卷二五高宗紀載建炎二年正月「辛亥，王淵招降張遇，以所部萬人隸韓世忠」。十一月，「京東賊李民詣行在請降，王淵殲其衆，留民爲將」。則碑文此處記事頗有錯訛，而李民降附或與韓世忠無關。

〔一六〕王率敢死士戰於孝義橋所殺已數千人而別將以後軍先退　按宋史韓世忠傳云「翟進合世忠兵夜襲悟室營，不克，反爲所敗。會丁進失期，陳思恭先遁」云云。

〔一七〕詰先退一軍皆斬左右趾以徇　十將傳卷五韓世忠傳云「丁進以此與世忠有隙，尋以叛誅」。

〔一八〕自是軍不復敗矣　按，碑文所言誇飾。因稍後高宗「詔王領所部如山東」，據宋史韓世忠傳稱韓世忠「屯淮陽，會山東兵拒敵。粘罕聞世忠扼淮陽，乃分兵萬人趨揚州，自以大軍迎世忠戰。世忠不敵，夜引歸，敵躡之，軍潰于沭陽，閤門宣贊舍人張遇死之」。韓世忠「在陽城收合散亡，得數千人」。

〔一九〕殿前統制苗傅劉正彥素蓄異心聞王陷没無復忌憚遂勒兵反　宋史卷二五高宗紀云：建炎三年三月「壬午，詔王淵免進呈書押本院文字，扈從統制苗傅怨王淵驟得君，劉正彥怨招降劇盜而賞薄，帝在揚州，閹宦用事恣横，諸將多疾之。癸未，傅、正彥等叛，勒兵向闕，殺王淵及内侍康履以下百餘人。帝登樓，以傅爲慶遠軍承宣使、御營使司都統制，正彥渭州觀察使、副都統制。傅等迫帝遜位于皇子魏國公，請隆祐太后垂簾同聽政。是夕，帝移御顯寧寺」。次日甲申，「尊帝爲睿聖仁孝皇帝，以顯寧寺爲睿聖宫，大赦。以張澂兼中書侍郎，韓世忠爲御營使司提舉一行事務，前軍統制張俊爲秦鳳副總管，分其衆隸諸軍」。又要録卷二一建炎三年三月庚寅條云：「傅、正彥素憚劉光世，又知其與韓世忠、張俊舊不平，欲間之，使爲己用。」則傅、劉發動兵變，與韓世忠是否「陷没」無關，碑文云云不確。

〔二〇〕王在海上聞變望闕慟哭　要録卷二一建炎三年三月丙申條云：「韓世忠以所部至平江。初，世忠在常熟舟中，聞張浚遣人來，被甲持刀，不肯就岸。取浚及統制官張俊所遺書遣人讀之，世忠乃大哭。」

〔二一〕即日與浚定復辟之議　按宋史卷三六一張浚傳云：「會苗傅、劉正彥作亂，改元赦書至平江，浚命守臣湯東野秘不宣。未幾，傅等以檄來，浚慟哭，召東野及提點刑獄趙哲謀起兵討賊。時傅等以承宣使張俊爲秦鳳路總管，俊將萬人還，將卸兵而西。浚知上遇俊厚，而俊純實可謀大事，急邀俊握手語故，相持而泣，因告以將起兵問罪。時吕頤浩節制建業，劉光世領兵鎮江，浚遣人賫蠟書約頤浩、光世以兵來會，而命俊分兵扼吴江，上疏請復辟。傅等謀除浚禮部尚書，命將所部詣行在。浚以大兵未集，未欲誦言討賊，乃託云張俊驟回，人情震讋，不可不少留以撫其軍。會韓世忠舟師抵常熟，張俊曰：『世忠來，事濟矣。』白浚以書招之。世忠至，對浚慟哭曰：『世忠與俊請以身任之。』」張浚遂定進討之謀。

［一二二］乃先諸將啓行　韓世忠於是月丙申日抵平江，據宋史韓世忠傳，時「欲即進兵」，張浚勸云：「投鼠忌器，事不可急，急則恐有不測。浚已遣馮轓甘言誘賊矣。」故於「三月戊戌，以所部發平江。張俊慮世忠兵少，以劉寶兵二千借之。舟行載甲士，綿亘三十里。至秀州，稱病不行，造雲梯，治器械」。按，是月己卯朔，丙申乃十八日，戊戌乃二十日。

［一二三］尋命偏將張世慶搜絶諸路郵置使僞命不行　據要録卷二一建炎三年三月戊戌條載，時命「搜絶諸路郵置」者乃張浚，非韓世忠：韓世忠兵發平江，「浚慮傅等以僞命易置，乃令世忠偏將張世慶搜絶郵傳，凡自杭來者，悉投之水中」。

［一二四］傅正彦矯制止王且除節鉞王不受命　宋史韓世忠傳云：「初，傅、正彦聞世忠來，檄以其兵屯江陰。世忠以好語報之，且言所部殘零，欲赴行在。傅等大喜，許之至，矯制除世忠及張俊爲節度使，皆不受。」據要録卷二一建炎三年三月辛丑條云：時苗、劉以韓世忠「深曉内禪大義，不受張浚詿誤」爲名，特「内降詔書」，授新除捧日天武四厢都指揮使、定國軍承宣使韓世忠爲定國軍節度使，依前御營使司提舉一行事務都巡檢使。

［一二五］會江淮兩浙制置使吕頤浩亦來至可以戰矣　要録卷二二建炎三年四月戊申朔條云「吕頤浩、張浚次秀州，韓世忠以下出郊迓之，具言傅等用意姦回，當益爲備。頤浩謂諸將曰：『國家艱危，君父廢辱，一行將佐力圖興復。今幸已反正，而賊猶握兵居内，包藏姦謀，事若不濟，必反以惡名加我，諸公勉之，漢翟義、唐徐敬業之事，可爲戒也。』注曰：「臧梓勤王記云：頤浩至秀州，問韓世忠等曰：『與賊對壘，能知賊無它虞乎？』對曰：『彼怙勢恃衆，脅取鐵券，自謂不死，無有他虞。』又問曰：『我師可以必勝乎？』曰：『以衆敵寡，以順討逆，可以必勝。』頤浩曰：『知彼知己，可以戰矣。』按此與復辟記所云世忠之語全不同，疑臧梓所書有所潤色，其後趙雄撰世忠碑又引而載之。」

［一二六］時楊國夫人及二子質傅軍　要録卷二一建炎三年三月壬寅條云：「初，苗傅聞韓世忠在秀州，取其妻粱氏及其子保義郎亮于軍中爲質。」十將傳卷五、宋史韓世忠傳略同。

［一二七］會隆祐太后宣見楊國　按宋史韓世忠傳云：「朱勝非紿傅曰：『今白太后，遣二人慰撫世忠，則平江諸人益安矣。』於是召

梁氏人，封安國夫人，俾迓世忠，速其勤王。」按，梁氏即楊國夫人。

〔二八〕承宣使張俊遣兵三千助王　按要録卷二一建炎三年三月戊戌條注曰：「平江實録云世忠軍先發，更益以張俊甲軍千人；而世忠碑云張俊遣兵三千人勤王，二書不同。」

〔二九〕提禁旅數萬以遁　宋史韓世忠傳云「傅、正彦擁精兵二千，开涌金门以遁」。按，要録卷二二建炎三年四月庚戌條略同。

〔三〇〕王遂行　要録卷二二建炎三年四月丙寅條云「韓世忠請身往討賊，以世忠爲江浙制置使，自衢、信追擊之」。

〔三一〕擒傳正彦及傅弟翊　要録卷二三建炎三年五月丁亥條載兩軍激戰，「世忠揮兵以進，正彦墜馬，世忠生擒之，盡得其金帛子女。傅棄軍遁去，墜馬不死，失傅所在。苗瑀收餘卒得千六百人，進破劍川縣，又犯虔州」。又己亥條云：「苗翊率衆出降，未解甲，復用其將孟皐計，欲遁之温、台，裨將江池聞之，殺皐，擒翊，降於制置使周望。其衆皆解甲。……傅夜脱身去，變姓名爲商人，與其愛將張政亡之建陽縣，土豪承節郎詹標覺而邀之，留連數日。政知不免，密告標曰：『此苗傅也。』標執以告南劍州同巡檢吕熙，熙以赴福建提點刑獄公事林杞，杞懼政分其功，與熙謀，使護兵殺政崇安境上，自以傅追世忠授之，遂檻赴行在。」

〔三二〕除檢校少保武勝昭慶軍節度使御前左軍都統制　要録卷二三建炎三年五月丁亥條云「除授宜州觀察使、御營使司後軍統制辛企宗爲御營使司都統制。企宗，道宗兄也，自陝西攜所部由興、洋赴行在，再遷都統制，韓世忠、張俊皆不服，乃命世忠、俊改『御營』爲『御前』」。

〔三三〕命杜充以尚書右僕射守建康王守鎮江　按要録卷二八建炎三年九月丙午朔條云：「是日，上幸登雲門外閲水軍。時諜報金人陷登、萊、密州，且於梁山泊造舟，恐由海道以窺江、浙。初，命杜充居建康，盡護諸將。至是，輔臣言建康至杭州千里，至明、越又數百里，緩急稟命，恐失事機，請以左軍都統制韓世忠充兩浙江淮守禦使，自鎮江至蘇、常界圖山、福山諸要害處悉以隸之。上曰：『未可。此曹少能深識義理，若權勢稍盛，將來必與杜充争衡，止令兼圖山足矣。』」

〔三四〕王方治舟秀之青龍　據宋史韓世忠傳，韓世忠以浙西制置使守鎮江，「既而兀朮分道渡江，諸屯皆敗，世忠亦自鎮江退保江陰」。要録卷二九建炎三年十一月甲子條云：「浙西制置使韓世忠在鎮江，悉所儲之資盡裝海舶，焚其城郭。既聞敵南渡，即引舟之江陰。」卷三〇建炎三年十二月丙申條云：「浙西制置使韓世忠以前軍駐通惠鎮，中軍駐江灣，後軍駐海口。世忠知金人不能久，大治戰艦，俟其歸而擊之。」注曰：「日曆作青龍鎮，鎮此時已改名通惠，紹興元年九月甲戌方復舊名，史誤也。」又卷三一建炎四年正月辛未條載中書舍人兼直學士院汪藻言：「臣痛念自去秋以來，陛下爲宗社大計，以建康、京口、九江皆要害之地，故杜充守建康，韓世忠守京口，劉光世守九江，而以王瓔隸杜充，其措置非不善也。而世忠八、九月間已掃鎮江所儲之資盡裝海舶，焚其城郭，爲逃遁之計。洎杜充力戰於前，世忠、王瓔卒不爲用。光世亦偃然坐視，不出一兵，方與韓相朝夕飲宴，賊至數十里間不知。則朝廷失建康，敵至兩浙，乘輿震驚者，韓世忠、王瓔使之也。失豫章，太母播越，六宮流離者，劉光世使之也。」按，北盟會編卷一三四引李正民己酉航海記云：庚戌正月三日，高宗至章安鎮，「又得韓世忠奏，見在青龍鎮就糧，欲俟敵人之歸，爲邀擊計。初，命世忠駐兵鎮江控扼，後聞胡人自采石濟師，上命遣世忠赴行在，又欲令移軍於常州。吕頤浩請以御筆召之，上曰：『朕於世忠約，必降合同乃來。』於是遣中使賫詔召世忠，而世忠聞采石失守，已離鎮江登舟矣。至是得奏，上優詔答之」。

[三五] 遽勒三十萬騎北還　要録卷三一建炎四年正月丙戌條稱「完顔宗弼留臨安，聞浙西制置使韓世忠自江陰趨鎮江，恐邀其後」，遂自臨安退兵。按，要録卷三二建炎四年四月戊子條注曰：「世忠碑云『烏珠自臨安勒三十萬騎北還』。按此年大帥不出，衆帥分兵，一犯兩浙，一犯江、湖，一犯川、陝，恐其衆不能如此之多。」

[三六] 遂提兵截大江以邀之先降其將鐵爪鷹李選　宋史韓世忠傳云「會上元節，就秀州張燈高會，忽引兵趨鎮江」。又按要録卷三〇建炎三年十二月辛巳條注曰：「趙雄撰韓世忠碑又云：『烏珠北還，王提兵邀之，先降其將鐵爪鷹李選。』此蓋誤。或是選先降烏珠，其後又爲世忠招降，然實非金將也。」

[三七] 約日會戰戰數十百合虜終不得渡　鴻慶居士集卷三六韓公墓誌銘云是時「韓公以兩浙西路制置使提孤軍駐揚子之焦山，募海舶百餘艘，具糗糧，治器械，進泊金山下。連艫相銜爲圜陣，東向邀其歸路。植一幟，書姓名表其上。金人望見，大笑曰：『此物幾上肉耳。』平旦，擁千舟譟而前。先是，公命工鍛鐵相聯爲長綆，貫一大鉤，偏授諸軍之伉健彊有力者。比合戰，分蠻舶爲兩道出其背，每縋一綆，則曳一舟而入。大酋立萬馬江上，鋭爲救，孰視躁擾，莫能進一步。曾不逾時，掩獲數百舟幾盡，遂大敗，閉壁不敢復出」。宋史韓世忠傳亦云「世忠以海艦進泊金山下，預以鐵綆貫大鉤授驍健者。明旦，敵舟譟而前，世忠分海舟爲兩道出其背，每縋一綆，則曳一舟沉之」。

[三八] 兀术軍於南撻辣軍於北王提海艦中流南北接戰相持黄天蕩四十有八日　按要録卷三二建炎四年三月癸未條注曰：「趙雄撰世忠神道碑云『烏珠軍於南，達蘭軍於北』，誤也。是時達蘭止在濰州，遣兵來援。」宋史韓世忠傳亦云：「撻辣在濰州，遣孛堇太一趨淮東以援兀术，世忠與二酋相持黄天蕩者四十八日。太一孛堇軍江北，兀术軍江南，世忠以海艦進泊金山下。」又按，要録卷三二建炎四年三月丁巳條注曰：「宗弼至京口，不得其日。按世忠碑云相持四十有八日，而趙甡之遺史，世忠以四月丙申敗於建康，逆數之，其初與宗弼相遇，當在三月戊申、己酉之間。據諸書，宗弼以三月癸卯去平江，壬子陷常州，則到鎮江又必在壬子之後數日，以時計之，疑是三十八日。」又，鶴林玉露丙編卷二蘄王夫人亦云：「韓蘄王之夫人，京口娼也，……蘄王後立殊功，爲中興名將，遂封兩國夫人。蘄王嘗邀兀术於黄天蕩，幾成擒矣。一夕，鑿河遁去。夫人奏疏言世忠失機縱敵，乞加罪責。舉朝爲之動色。」

[三九] 會風弱帆緩虜得以輕舸渡去　北盟會編卷一三八建炎四年四月二十五日丙申條云：「韓世忠與兀术再戰於江中，爲兀术所敗，孫世詢、嚴永吉皆戰死。金人在建康，韓世忠以海船扼於江中，乘風使篷，往來如飛。兀术謂將軍曰：『使船如使馬，何以破之？』韓常曰：『雖然，見常軍則自遁矣。』兀术令常以舟師犯之，多没。常見兀术，伏地請死，兀术貸之。乃揭榜立賞，許獻所以破海船之策。有福州百姓姓王人，僑居建康，開米鋪爲生，見榜，有希賞之心，乃教兀术於舟中載土，以平板鋪之，穴船板以擢槳，俟無風則出江，有風則不出。海船無風不可動也。以火箭射其篛篷，則不攻自破矣。兀术信之，一夜造火箭成，以戊申出江，擢槳行舟，其疾如風。天霽無風，赫日麗天，海船皆不能動，金人以火箭射篷則火起。世忠海船本備水陸之戰，人皆全裝，馬皆鉄面皮甲，每船有兵，有馬，有老少，有粮食，有輜重，無風不能行，火烘日曝，人亂而呼，馬驚而嘶，被焚與堕江者不可勝計。遠望江中，層層皆火，火船蔽江而下，金人鼓櫂以輕舟追襲之，金鼓之聲，震動天地。世忠敗散，孫世詢、嚴永吉皆力戰而死。兀术既勝，欲之建康府謀北歸，而世忠海船扼於江中，不得去，或獻謀於金人曰：『江水方漲，宜於蘆陽地開掘新河二十餘里，上接江口，舟出江背，皆世忠之上流矣。』兀术信之，乃命掘河，一夜河成，次日早出舟，世忠大驚，金人悉趨建康，世忠尾襲之而已。」續宋編年資治通鑑卷二略云：「敵終不得濟，乃揭榜募人獻所以破海舟之策。世忠引舟出江，天霽無風，海舟不能動。以火箭射海舟篛篷，世忠軍亂，焚溺而死者不可勝數。世忠與餘軍至瓜步，棄舟而陸，奔還鎮江。」要録卷三二建炎四年四月丙申條注曰：「趙雄撰世忠碑載此事，但云『風弱帆緩，敵得以輕舸渡去』，全不載世忠敗績及金人火攻等事，蓋諱之也。」又己亥條云：「時世忠雖已奏捷，而自常、潤來者皆云敵於蔣山、雨花臺各劄大寨抱城，開河兩道以護之，及穴山作洞，

爲逃暑之地。而采石金人已渡復回者，纍纍不絕。」

［四〇］時劇盜數起閩中荆湖震擾　鴻慶居士集卷三六韓公墓誌銘云時「群盜尚猖獗如故，時范汝爲據建州；曹成、馬友、李横衆數萬，轉掠湖南北；而劉忠者，冠白氈笠自表，最彊盛」。要録卷三三建炎四年五月甲子條注引呂中大事記曰：「孔彦舟據鄂，馬友據潭，范汝爲據建州，楊么攄重湖，曾成、李宏在湖南、江西之間，鄧慶、龔富剽掠南雄、英、韶諸郡，而内郡之民皆盜矣。」

［四一］副參政孟庾以行　揮麈後録卷一一云：「孟富文庾爲户部侍郎，紹興辛亥之歲，邊遽少寧，廟堂與一二從官共議，以謂不若乘時間隙，分遣諸將削平諸路盜賊。其方張不易擒者，莫如閩之范汝爲，乃以命韓世忠。而世忠在諸將雖號勇鋭，然病其難制，或爲州縣之害，當選從官中有風力者一人置宣撫使，世忠副之以行。而在廷寔難其選，衆乃謂孟人物既厖厚，且嘗爲韓所薦，首遷本部尚書遣之。又以爲韓官已高，亦非尚書所能令，乃欲以爲同簽書。上意已定，時洪成季擬爲禮部尚書，呂丞相以孟除與成季參預之命同進，上留擬狀，值連數日假告，而已甚播。初，沈必先爲侍御史時，嘗擊去成季，至是沈召還舊列，成季亦復爲宗伯，以呂丞相初拜，未欲論也，至是聞將大用，亟奏成季罷去。上意以謂二相初拜，薦二執政，其一已先擊去，其一萬一又有議之者，二相俱不安矣，遂亟批出富文除參知政事。」

［四二］五日城陷汝爲竄身自焚回源洞中　按宋會要輯稿兵一〇之二六引韓世忠言：「正月四日卯時大兵到建州城下，攻城凡六日，城破。」又言：「其范汝爲走入回源洞，窮迫自縊身死。」又中興小紀卷一二、宋中興紀事本末卷二〇亦云其「自縊死」。

［四三］乃令軍人悉駐城上毋得下至家立生祠　按要録卷五一紹興二年正月辛丑條載：「初，世忠疑城中人皆附賊，欲盡殺之。資政殿大學士李綱時在福州，見世忠曰：『建州百姓多無辜。』世忠受教。及城破，世忠令軍人悉駐城上毋得下，植旗於城之三隅，令士民自相別，農者給牛種使耕，商賈者弛征禁，爲賊脅從者汰遣，獨取其附賊者誅之，由是多所全活。及師還，父老請祠之，世忠曰：『活爾曹者李相公也。』」又宋史韓世忠傳載「世忠初欲盡誅建民，李綱自福州馳見世忠」云云。

［四四］於是曹成馬友李宏等次第來降王悉分配諸軍　據要録卷五三紹興二年閏四月丙午條注，曹成受世忠招安在紹興二年五月半以前。又卷五五紹興二年六月庚寅條云：「武功大夫、貴州團練使、新知復州李宏引兵入潭州，執湖東招撫使馬友殺之。時韓世忠將至長沙。」又乙卯條云：「福建江湖宣撫司前軍統領官解元、後軍統制官程振以所部入潭州，屯於子城之内，新知福州李宏稱疾不出。

夜，宏中軍由恩波門以遁，元遣將李義追擊之。翌旦，元盡拘宏舟檝之在江皋者，引兵至寨中，見宏計事，因悉其兵械以歸。」則馬友爲李宏所殺，李宏被執乃在韓世忠軍抵長沙之後。又按，上文稱李宏新知復州，則推知此「新知福州」之「福」，乃「復」字之誤。又據宋史韓世忠傳，當時韓世忠「得戰士八萬，遣詣行在」。

〔四五〕追斬忠於小舟　按要録卷五六紹興二年七月己卯條注載熊克小曆「又云忠欲投劉豫，途中斬其首以降，益誤矣，蓋趙雄撰世忠碑所書如此。其實忠以七月走淮西，九月在蘄陽爲解元所敗，乃走僞齊，明年四月始被殺也」。

〔四六〕詔除太尉　按要録卷五五、卷五六載，韓世忠「以平閩、湘群盜功遷太尉」在紹興二年六月庚子日，而破劉忠在七月辛巳日。

〔四七〕師還建康乃置背嵬親隨軍　鴻慶居士集卷三六韓公墓誌銘云：「北方之俗善騎，壯士健馬被鐵衣數重，上下山阪如飛，矢刃不能傷，故常以騎兵取勝。公在建康，蒐東南惡少年敢死士爲一軍，教以擊刺戰射之法，號『背嵬軍』，如古羽林、佽飛、射聲、越騎之儔，履鋒鏑，蹈水火，無不一當百。」又雲麓漫鈔卷七云：「韓、岳兵尤精，常時於軍中角其勇健者，令爲之籍。每旗頭、押隊闕，於所籍中又角其勇力出衆者爲之；將、副有闕，則於諸隊旗頭、押隊内取之。別置親隨軍，謂之『背嵬』，悉於四等人内角其優者補之。一人背嵬，諸軍統制而下，與之亢禮，犒賞異常，勇健無比，凡有堅敵，遣背嵬軍，無有不破者。見范參政致能説，燕北人呼酒瓶爲嵬，大將之酒瓶，必令親信人負之。范嘗使燕，見道中人有負罍者，則指云：『此背嵬也。』故韓兵用以名軍。嵬即罍，北人語訛故云。韓軍誤用字耳。」按，宋史韓世忠傳云是年九月，韓世忠「爲江南東西路宣撫使，置司建康」。碑文未言。

〔四八〕虜果問我師動息悉如所見以對　要録卷八一紹興四年十月戊子條云：宋使魏良臣等「晚宿大儀鎮。翌旦，行數里，遇敵騎百十控弦而來，良臣命其徒下馬大呼曰：『勿射，此來講和。』敵乃引騎還天長，問皇帝何在，良臣對曰：『在杭州。』又問：『韓家何在，有士馬幾何？』（王）繪曰：『在揚州，來時已還鎮江矣。』又曰：『得無用計，復還掩我否？』繪曰：『此兵家事，使人安得知？』去城六七里，遇金將聶呼貝勒，同入城，問講和事，且言：『自泗州來，所在州縣多見恤刑手詔及戒石銘，皇帝恤民如此。』……又問：『韓家何在？』良臣曰：『來時親見人馬出東門，望瓜洲去矣。』繪曰：『侍郎未可爲此言，用兵、講和，自是二事，雖得旨抽回，將在軍，君命有所不受，還與未還，使人不可得而知。』又云：『元帥已到高郵，三太子已到泗州，是行皆劉齊間諜所致。劉總管謂韓家有幾萬，岳家有幾萬，俱在淮南，自入境來，何嘗見一人一騎。』」

〔四九〕兀朮號知兵至器械輜重與平山堂齊　要録卷八一紹興四年十月戊子條云：「聶呼貝勒聞世忠退軍，喜甚，引騎數百趨江口，距大儀鎮五里，其將托卜嘉擁鐵騎過五陣之東，世忠與戰不利，統制官呼延通救之得免。世忠傳小麾鳴鼓，伏者四起，五軍旗與敵旗雜出，敵軍亂，弓刀無所施，而我師迭進，背嵬軍各持長斧，上揕人胸，下捎馬足，敵全裝陷泥淖，人馬俱斃，遂擒托卜嘉。」注曰：「趙甡之遺史：世忠以董旼軍於天長，以解元屯于承州，親與呼延通率十餘騎綽路。去大儀鎮十餘里，遇金人鐵騎二百餘，世忠與通方立馬議所以待之，有三四十騎直衝世忠，與戰不利。金人有驍將獨戰世忠，世忠力疲，通自後攻金將，世忠墜馬幾被執，通救止之，世忠復得其馬，回顧金人百餘騎許，世忠據坡扳扼其路，以弓箭當之，世忠得還。……日曆：韓世忠申『十月十三日親令軍馬渡江，到揚州大儀鎮，逢金人掩殺趕及二十餘里，又有伏兵把頭迎敵，厮殺至酉時，殺敵尾襲殘零兵馬，走回天長縣以北，四散前去，殺死番人横屍二十里，不令斫級。活捉到萬户、千户、百人長以下托卜嘉等二百餘人，奪到番馬一百餘疋，衣甲弓箭器械等物三千餘件』。以世忠捷奏考之，所獲人馬亦不及墓碑之數，蓋世忠行狀誇言之，雄不深考耳。以諸書參究，此時完顔宗弼實不在大儀軍中。又據所申擄到器甲弓箭果三千件，亦安得便與平山堂齊耶？如遺史所云，則其捷太小。」

〔五〇〕兀朮還泗上召良臣詰責其賣己將斬之良臣好詞以免　要録卷八一紹興四年十月己丑條云：「初，聶呼貝勒既敗歸，召奉使魏良臣等至天長南門外，良臣等下馬，敵騎擁之而前，貝勒憤甚，脱所服貂帽，按劍瞋目謂曰：『汝等來講和，且謂韓家人馬已還，乃陰來害我。』諸將舉刃示之，良臣等指天號呼曰：『使人講和，止爲國家。韓世忠既以兩使人爲餌，安得令知其計？』往返良久，乃曰：『汝往見元帥。』遂由寶應縣用黄河渡船以濟。」

〔五一〕解元至高郵至虜敗去　要録卷八一紹興四年十月己丑條云：「淮東宣撫司前軍統制解元與金人戰于承州，敗之。初，金人至近郊，元知之，逆料金人翌日食時必至城下，乃伏百人于路要之，又伏百人于城之東北嶽廟下，自引四百人伏於路之一隅。令曰：『金人以高郵無兵，不知我在高郵，必輕易而進。俟金人過，我當先出掩之，伏要路者見我麾旂，則立幟以待，金人進退無路，必取嶽廟走矣，果然，則伏者出。』衆皆諾。又密使人伏樊良，俟金人過，則決河岸以隔其歸路。食時，金人果徑趨城下，元密數之，有一百五十騎，乃以伏兵出，麾旂以招伏要路者，伏兵皆立幟以待。金人大驚，躊躇無路，遂向嶽廟走，元率兵追之。金人前遇兵，無所施其技，盡被擒，凡得一百四十八人，戰馬器械皆爲元所得。」注曰：「世忠神道碑解元至高郵，敵敗去。按日曆捷奏無成閔名。」

［五二］俄而王至窮追於淮虜復大戰敗潰奔走相蹈藉没溺死者不可勝計　按，此事要録諸書皆無記載，疑非事實。

［五三］有勸太上他幸者　建炎以來朝野雜記甲集卷一九韓世忠大儀之勝云當時「朱藏一聞之，勸上避敵」。按藏一，朱勝非字。據宋史宰輔表，時朱勝非爲右僕射、同平章事兼知樞密院事。

［五四］虜帥撻辣恥前敗覆至未幾全軍遁去　十將傳卷五韓世忠傳云：「時虜金副元帥撻辣屯泗州，右都監兀述屯竹塹鎮，爲世忠所扼，以書幣約戰，世忠許之，且使兩伶人以橘、茗報聘。會雨雪，虜饋道不通，野無所掠，至殺馬而食，蕃漢軍皆怨。兀朮夜引軍還，劉麟、劉倪棄輜重遁去。」宋史韓世忠傳略同。按，要録卷八三紹興四年十二月庚子條注曰：「張浚行狀云：『烏珠約日索戰，公再遣世忠麾下王愈以世忠書往問戰期，愈回一日而敵宵遁。』二書差不同，今且云敵遺世忠書，更須詳考。但碑載此事於世忠凱旋之後，則誤也。日曆通書人乃王愈、王德，而墓碑云張軫、王愈，亦須詳考。」則此事在韓世忠除少保之前。

［五五］王至至隱然爲國長城矣　據要録卷八七，韓世忠於紹興五年三月甲申至淮上；而據北盟會編卷一六九，韓世忠於紹興六年三月改除武寧安化軍節度使，充京東淮東路宣撫處置使兼營田大使，楚州置司。按，宋史韓世忠傳云：「世忠披草萊，立軍府，與士同力役。夫人梁親織薄爲屋。將士有怯戰者，世忠遺以巾幗，設樂大宴，俾婦人粧以恥之，故人人奮厲。撫集流散，通商惠工，山陽遂爲重鎮。」十將傳卷五韓世忠傳略同。

［五六］是年虜又犯漣水　據要録卷九四紹興五年十月乙丑條，此事在紹興五年十月，韓世忠置司楚州以前。

［五七］會詔班師王亟還　宋史韓世忠傳云：「時張浚以右相視師，命世忠自承、楚圖淮陽。劉豫方聚兵淮陽，世忠即引軍渡淮，旁符離而北，至其城下。爲賊所圍，奮戈一躍，潰圍而出，不遺一鏃。呼延通與金將牙合孛堇搏戰，扼其吭而禽之，乘鋭掩擊，金人敗去。既而圍淮陽，賊堅守不下，約曰：『受圍一日，則舉一烽。』至是，六烽具舉，兀朮與劉猊皆至。世忠求援於張俊，俊以世忠有見吞意，不從。世忠勒陣向敵，遣人語之曰：『錦衣驄馬立陣前者，韓相公也。』或危之，世忠曰：『不如是，不足以致敵。』敵果至，殺其導戰二人，遂引去。尋詔班師，復歸楚州，淮陽之民，從而歸者以萬計。」按，要録卷九八紹興六年二月辛酉條注曰：「趙雄撰世忠碑云：『攻淮陽，旦暮且下，會詔班師，王亟還。』此與趙甡之遺史所書不同。按世忠實以無援而退，非得城而不取也。……碑又云：『大敗敵衆，暴屍三十里。』恐亦不然。蓋雄所撰碑，第據當時功狀，不參考他書故也。」

〔五八〕特授横海武寧安化軍節度使賜揚武翊運功臣　要録卷一〇〇紹興六年四月甲子條云：「節度開三鎮，大將賜功臣號，皆自此始。」按老學庵筆記卷八云：「紹興中，張俊、韓世忠乃以捍虜有功，拜兩鎮，俄又加三鎮。二人皆武人，不知辭。當時士大夫爲之語曰：『若加一鎮，即爲四鎮，如朱全忠矣，奈何？』」

〔五九〕諸帥已屯建康及武昌　要録卷一一七紹興七年十二月庚午條云「時已命張俊、岳飛皆留屯江内」。宋史卷二八高宗紀云紹興七年閏十月，「張俊棄盱眙，引兵還建康」。又卷三六五岳飛傳云岳飛於紹興八年「還軍鄂州」。

〔六〇〕彼濳師引遁而卿復率先移屯淮甸　要録卷一〇六紹興六年十月丁酉條云：「淮東宣撫使韓世忠統兵過淮，遇敵騎，與阿哩雅貝勒等力戰，既而亦還楚州。……時劉猊將東路兵至淮東，阻世忠承、楚之兵不敢進，復還順昌。」十將傳卷五、宋史韓世忠傳略同。

〔六一〕虜亦遣使來議而使名不遜　北盟會編卷一八九紹興八年十二月一日述「金人退還河南」事云：「金人遣張通古爲詔諭江南使，持詔而來。通古到館旬餘，要與人主抗禮，又要上北面而拜其詔，朝廷議未定，或請列祖宗御容，而置金人詔于其中拜之，至於紛紛不定者累日。通古索備玉輅迎詔書，百官導從，至是猶未決。秦檜主其事，坐於待漏院中，置輅于殿門之外，命三省吏服緋緑腰銀，樞密院吏服紫腰金，盡赴館，候使人出，則咸導從使人，以爲百官也。日高，通古等始出館，馳馬入門。……通古宣詔，其詞不遜，上皆容忍之，賜賚通古等極厚。」

〔六二〕自大臣宿將萬口和附王獨慷慨　按，史載當時宋臣反對和議者甚衆，如宋史卷二九高宗紀載「館職胡珵、朱松、張擴、凌景夏、常明、范如圭上書，極論不可和」；又卷三六五岳飛傳云「會金遣使將歸河南地，飛言：『金人不可信，和好不可恃，相臣謀國不臧，恐貽後世譏。』」碑文此處言「王獨慷慨」者，涉用詞過誇。

〔六三〕太上率優詔褒答　要録卷一二三紹興八年十一月辛丑條云：「京東淮東宣撫處置使韓世忠言：『臣伏讀宸翰，鄰邦許和，臣愚思之，若王倫、藍公佐所議講和割地、休兵息民事蹟有實，別無符合外國誑賺本朝之意，二人之功，雖國家以王爵處之，未爲過當。欲望聖慈各令逐人先次供具委無反覆文狀於朝，以爲後證。如臣前後累具，已見冒犯天威，日後事成虛文，亦乞將臣重置典憲，以爲狂妄之戒。』先是，世忠數上疏論不當議和，上賜以手劄曰：『朕勉從人欲，嗣有大器，而梓宮未還，母后在遠，陵寢宮禁尚爾隔絶，兄弟宗族未遂會聚。十餘年間，兵民不得休息。早夜念之，何以爲心？所宜屈己和戎，以圖所欲。賴卿同心，其克有濟。卿其保護來使，無致疎虞。』世忠既受詔，乃復上此奏，詞意剴切，由是秦檜惡之。」則碑文此處所述顛倒。又，要録卷一二五紹興九年正月己丑條云宋廷命韓肖胄爲報謝使，與金使張通古「先行，而京東淮東宣撫處置使韓世忠伏兵洪澤鎮，詐令爲紅巾，俟通古過則劫之，以壞和議。肖胄至揚州，世忠將郝抃密以告直秘閣、淮東轉運副使胡紡，紡白之肖胄，故通古自真、和由淮西以去。世忠怒，追抃欲殺之，抃棄家依岳飛軍中。世忠奏知鄂州范漴縱之，漴坐奪官，編管汀州，仍命鄂州拘漴，俟獲抃訖赴貶所。」

[六四] 兀朮既再陷三京　宋史韓世忠傳稱紹興十年，「金人敗盟，兀朮率撒離曷、李成等破三京，分道深入」。

[六五] 王遂率背嵬軍由加口破走兀朮　按宋史卷二九高宗紀載紹興十年六月「壬子，兀朮及宋叛將孔彦舟、酈瓊、趙榮等帥衆十餘萬攻順昌府，劉錡率將士殊死戰，大敗之。……乙卯，順昌圍解，兀朮還」。又宋會要輯稿兵一四之三一云紹興十年八月「十六日，韓世忠言：『今月八日，探得蕃賊自滕陽軍路前來，離淮陽軍西北九十里，地名加口鎮劄寨。世忠躬親將帶軍馬前去。初九日拂明，到賊寨十里以來逢賊，綽路馬下活捉十餘人，問得滕陽軍金牌郎君、青州總管三郎君、沂州高太尉等會合馬軍七千餘騎，前來淮陽軍解圍。其蕃賊見世忠軍馬到，一發回頭四散遁走，世忠分頭追趕三十餘里，殺死數百人，活捉到千户長等二十餘人，奪到鞍馬一百匹，旗鼓軍器甚衆。』」可證兀朮北走非因加口之戰，碑文云云不確。

[六六] 僞守趙榮以宿州降李世輔以亳州降　要録卷一二七紹興九年三月丙申條注曰：「按榮之降在未割地之前，不應附於明年五月。而世輔自陜西入夏國後乃來歸，亦不從亳州路。碑蓋誤也。」

[六七] 虜都統周太師者以大軍入寇至虜溺水不知其數　宋會要輯稿兵一四之二八載紹興十年六月「二十八日，淮南宣撫使韓世忠言：『統制官王勝二十七日辰時到淮陽軍界，離城二十餘里，逢見淮陽軍都統周太師親自統押軍馬二千餘騎，水陸轉戰約兩時辰，勝等并背嵬將官成閔鼓率將士，向前血戰，金賊敗走，掩殺入沂河及城壕內，填塞盈滿，殺傷及淹死者甚衆。』」又兵一四之三〇云八月「十二日，韓世忠言：『親率軍馬到淮陽軍，探得沂州滕陽軍劉冷莊三頭項蕃賊前來，尋分遣統制官解元等將帶軍馬迎敵。八月四日早，到地名譚城，逢見金裝馬軍二千餘騎，解元等極力戰鬭，其蕃賊敗而復合，自早至巳，賊方敗走，追殺二十餘里。』」宋史卷三六九解元傳云紹興十年，「略地淮陽，至劉冷莊，騎纔三百，當敵騎數千。元揮戈大呼，衆争奮，敵披靡」。則「取劉冷莊」爲另一戰事，且在破周太師之後。

〔六八〕虜別軍數萬屯定遠至遂奪鍾離　宋史韓世忠傳云：「兀朮恥順昌之敗，復謀再入，詔大合兵於淮西以待。既而金敗於柘臯，復圍濠州。世忠受詔救濠，以舟師至招信縣，夜以騎兵擊金人於聞賢驛，敗之。金人攻濠州，五日而破。破三日，世忠至，楊沂中軍已南奔。世忠與金人戰于淮岸，夜遣劉寶泝流將劫之，金人伐木塞赤龍洲，扼其歸路，世忠知之，全師而還。」按，要録卷一三九紹興十一年三月己酉條注曰：「日曆世忠申初十日與賊接戰，至三日以來，賊馬衮墜直過淮北，世忠亦據濠州。趙雄撰世忠神道碑云：『敵別將數萬屯定遠，王遣成閔以輕騎追之，轉戰數日，烏珠中克敵弓以走，其衆大潰，遂奪鍾離。』以諸書參考，烏珠此時不在濠州；又金人既破濠州，即焚掠而去，不待官軍收復也。碑之所云，皆非其實。」

〔六九〕時和議復成　宋史卷二九高宗紀云紹興十一年十一月，「與金國和議成，立盟書，約以淮水中流畫疆，割唐、鄧二州畀之，歲奉銀二十五萬兩、絹二十五萬匹，休兵息民，各守境土」。

〔七〇〕王復危言苦諫至檜由是深怨于王　要録卷一四二紹興十一年十月癸巳條引録韓世忠此奏，并注曰：「碑在除樞密使之前，誤也。自敵渝盟之後，未嘗有使到。」據宋史韓世忠傳云紹興十一年四月，韓世忠拜樞密使。「及魏良臣使金，世忠又力言：『自此人情消弱，國勢委靡，誰復振之？北使之來，乞與面議。』不許，遂抗疏言檜誤國。檜諷言者論之，帝格其奏不下」。舊聞證誤卷四亦引王明清揮麈録云：「紹興壬戌，罷三大帥兵柄，時韓王世忠爲樞密使，語馬帥解潛曰：『雖曰講和，敵性難測。不若姑留大軍之半於江之北，觀其釁。公其爲我草奏，以陳此事。』解用指爲劄子，韓上之，已而付出。秦會之語韓云：『何不素告我而遽爲是耶？』韓覺秦詞色稍異，倉卒皇恐，即云：『世忠不識字，此乃解潛爲之，使其上耳。』秦大怒。翌日，貶潛單州團練副使，南安軍安置。」李心傳辨云：「按，解承宣初以趙忠簡引爲步帥。紹興八年，忠簡罷，解力求去。九年夏，罷爲福建總管。此時韓良臣爲淮東宣撫使也。十一年四月，韓罷爲樞密使，乃命張、岳二將往山陽總其兵，還屯京口。十四年三月，言者劾解本忠簡之客，不從和議，乃責散官，安置南安軍。王所聞皆誤。先是七年十一月，秦會之爲樞密使，奏令韓還屯京口，韓言：『敵情難測，將以計緩我，乞留此軍遮蔽江淮。』上然之，乃留屯山陽。時忠簡再相，解典步軍在金陵，或指此也。然當張通古來時，韓五上疏力諫，及蕭毅再至，又力論其非，請與敵使面議，且上疏論會之誤國。由是觀之，韓非倉卒退避而諉之他人者。」

〔七一〕除太傅依前三鎮節鉞充醴泉觀使進封福國公　要録卷一四二紹興十一年十月癸巳條稱「世忠再上章，力陳秦檜誤國，詞意剴切。檜由是深怨世忠，言者因奏其罪，上留章不出。世忠亦懼檜陰謀，乃力求閒退，遂有是命。世忠自此杜門謝客，絶口不言兵，時跨驢攜酒，從一二童奴，游西湖以自樂。平時將佐罕得見其面云」。宋宰輔編年録卷一六紹興十一年十月癸巳條亦引遺史云：「臣僚累言韓世忠之罪，上留章不出。世忠亦忌秦檜陰謀而請罷。」

［七二］其秋顯仁皇后軿駕來歸　據要録卷一四六、北盟會編卷二一一等載，顯仁皇后南歸臨安乃在紹興十二年八月，非十一年事，故碑文此處言「其秋」者不確。

［七三］明年進封潭國公　據要録卷一四七，此乃紹興十二年十月壬午日事，與顯仁皇后南歸同年。故此處稱「明年」者不確。

［七四］進封咸安郡王　要録卷一四八紹興十三年二月丙寅條云：「時劉光世始薨，舊功大臣惟世忠與張俊在。俊勳譽在世忠左，特以主和議，故爲秦檜所厚，顧先得王。至是，世忠願輸積年租賦于官，乃有是命。」注曰：「世忠所以得王，墓碑及諸書皆不載。其制詞云：『願會賦租，併歸官府，重惟遠識，實麗前賢。蓋度越于常人，宜顯頒夫異授。』即指此也。」按，韓世忠「願輸積年租賦于官」事載要録卷一四七紹興十二年十二月己卯條，云「太傅、醴泉觀使、潭國公韓世忠奏先蒙賜到田土并私家所置良田歲百數萬石，願以三年所收之數獻納朝廷，以助軍儲，不許。上謂秦檜曰：『唐藩鎮跋扈，蓋由制之不早，遂至養成。今兵權歸朝廷，朕要易將帥，承命奉行，與差文臣無異也。』」又卷一四八紹興十三年正月癸巳條云「韓世忠請以其私産及上所賜田統計從來未輸之税，併歸之官。從之，仍賜詔奬諭」。

［七五］以是年八月四日薨于私第之正寢　要録卷一六二紹興二十一年八月壬申條云：「揚武翊運功臣、太傅、鎮南武安寧國軍節度使充醴泉觀使、咸安郡王韓世忠爲太師致仕。是日，世忠薨于賜第，年六十三。始世忠得疾，上飭太醫馳視，問訪之使相屬于道。將吏問疾卧内，世忠曰：『吾以布衣百戰致位公王，賴天之靈，得全首領，卧家而没，諸君尚哀其死邪？』」

［七六］子孫次第進秩　要録卷一六二紹興二十一年八月壬申條云「其子直敷文閣彦直、直秘閣彦朴、彦質、彦古皆進職二等，孫右承奉郎梃、杕並直秘閣，賜五品服」。

［七七］梁氏楊國夫人　要録卷九二紹興五年八月丁卯條云：「淮東宣撫使韓世忠妻秦國夫人梁氏卒，詔賜銀帛五百匹兩。」

［七八］茆氏秦國夫人　要録卷一三四紹興十年二月「是月」條云：「封少師、京東淮東宣撫處置使韓世忠之妾茅氏爲國夫人，周氏、陳氏並封淑人。」

［七九］子男四人　要録卷四六紹興元年八月戊子條云：「神武左軍都統制韓世忠請以明堂恩澤爲子忠翊郎、閤門祇候亮易文資，許之。諸將以文資禄子孫，蓋自此始。於是浙西安撫大使劉光世已任孫正平爲班行，既而亦請換授，遂以爲例。」又要録卷一一七紹興七年十一月丙辰條注曰：「日曆：『世忠長子亮，紹興四年十二月庚午自右宣教郎特轉三官。』不知亮復是何人，碑誌何以全不及之，當考。」

［八〇］至謀遣趙榮王力争曰　據要録卷一二七紹興九年三月丙申條云：「紹興八年金歸宋河南地，知宿州趙榮既納欵，知壽州王威者亦以城來歸」。又卷一三一紹興九年八月乙亥條云：「初，金人欲得王威、趙榮，已遣還之。韓世忠遺秦檜書曰：『榮、威不忘本朝，以身歸順，父母、妻子悉遭屠滅，相公尚忍遣之，無復中原望耶？』檜慚，且慮世忠沮遏，乃令榮、威自六合趨淮西而去。至是檜奏外間頗有異論，於是詔以榮、威屢抗官軍及驅掠兩州之罪榜諭中外。金國越王宗弼得之，復以榮爲將。」

［八一］相公莫須有三字何以服天下　按，「莫須有」三字始見於此碑文，然諸書所記文字稍異：中興小紀卷二九作「相公言『莫須有』，此三字何以使人甘心」；宋名臣言行録别集下卷八岳飛信國武穆王作「『莫須有』，此三字何足使人甘心」。要録卷一四三紹興十一年十二月癸巳條作「相公，『莫須有』三字何以報天下乎」。岳珂金佗稡編卷八行實編年作「相公言『莫須有』，何以服天下」；卷二四籲天辨誣作「相公，『莫須有』三字何以服天下」。劉時舉續宋編年資治通鑑卷五作「相公，『莫須有』三字何以服天下也」；宋史全文卷二一下作「相公，『莫須有』三字何以服天下乎」。又，宋宰輔編年録卷一六作「相公言『必須有』，此三字何以使人甘心」。朱彝尊曝書亭集卷四五宋學士院中興紀事本末跋有云「所載岳鄂王獄具，秦檜言：『飛子雲與張憲書不明，其事體必須有。』韓蘄王争曰：『相公，「必須有」三字何以使人甘心！』惟徐自明宰輔編年録同之。今群書皆作『莫須有』，恐未若二書之得其實也。」

［八二］特賜江東永豐圩田以給其子孫　鶴林玉露乙編卷二旌忠莊云：「韓世忠嘗議買新淦縣官田，高宗聞之，御札特以賜世忠。其詞云：『卿遇敵必克，克且無擾。聞卿買新淦田爲子孫計，今舉以賜卿，聊旌卿之忠。』故其莊號旌忠。蓋當時諸將各以姓爲軍號，如『張家軍』、『岳家軍』之類，朝廷頗疑其跋扈。聞其買田，蓋以爲喜，故特賜之。世忠之買田，亦未必非蕭何之意也。」按，要録卷五四紹興二年五月乙亥條載「福建、江西、荆湖南北路宣撫副使韓世忠言自來全無纖毫生事，欲以錢三萬八千緡市新淦縣所籍賊徒田宅，慮有違礙，詔以賜世忠」。又卷七四紹興四年三月乙亥條載「鎮江建康府、淮南東路宣撫使韓世忠乞承買平江府朱勔南園及請佃陳滿塘官地千

二百畝，詔以園地賜世忠」；卷一〇一紹興六年五月丙戌條載「詔以平江府陳滿塘地賜韓世忠，以世忠歸所賜南園而請佃塘地也」。

［八三］弓之有克敵　桯史卷五鳳凰弓云：「鄭華原居中在宥府，和子美詵知雄州，嘗以事詣京師，召與語而悅之，遂薦於徽祖。敷奏明辯，大契宸旨，進橫階一等，俾還任。詵因上制勝彊遠弓式，詔施行之。弓製實弩，極輕利，能破堅於三百步外，即邊人所謂『鳳凰弓』者。紹興中，韓蘄王世忠因之稍加損益，而爲之新名曰『剋敵』。」容齋隨筆三筆卷一六神臂弓亦云：「神臂弓出於弩遺法，古未有也。熙寧元年，民李宏始獻之，入內副都知張若水方受旨料簡弓弩，取以進。其法以檿木爲身，檀爲弰，鐵爲蹬子鎗頭，銅爲馬面牙發，麻繩札絲爲弦。弓之身三尺有二寸，弦長二尺有五寸，箭木羽長數寸，射二百四十餘步，入榆木半笴。神宗閱試，甚善之。於是行用，而他弓矢弗能及。紹興五年，韓世忠又侈大其制，更名『克敵弓』。」

［八四］放意林泉壺觴間　齊東野語卷一九清涼居士詞云：「韓忠武王以元樞就第，絕口不言兵，自號清涼居士，時乘小騾，放浪西湖泉石間。」明田汝成西湖遊覽志餘卷七云：「紹興中，秦檜當國，世忠以和議不合，懇疏解樞柄。逍遥家居，常頂一字巾，跨驢周遊湖山，纔以童史四五人自隨，混跡漁樵。」

［八五］而偏裨部曲往往致身通顯節鉞相望　宋史韓世忠傳云：「成閔、解元、王勝、王權、劉寶、岳超起行伍，秉將旄，皆其部曲云。」按，十將傳卷五韓世忠傳略同。

［八六］惟有淮浙號稱富實若又棄之更有何地　宋史韓世忠傳云：「兀朮將入侵，帝召諸將問移蹕之地，張俊、辛企宗勸自鄂、岳幸長沙，世忠曰：『國家已失河北、山東，若又棄江、淮，更有何地？』」按，十將傳卷五韓世忠傳略同。

名臣碑傳琬琰集上卷十四

吴武順王璘安民保蜀定功同德之碑[一]　　翰林學士王曮[二]

乾道八年春，侍衛典步軍臣吴挺一日奏事殿上，泣且言曰：「臣之先臣璘奮身邊部，自太上光堯皇帝朝都車之事，率先請行。肆我陛下即位，一心事君，匪躬宣力，積勞西南，洊被褒厚。而臣無似，不能顯大先臣遠業，乃墓碑至今無辭以勒，後世將泯而無聞。惟陛下矜念假寵於吴氏，而錫之無窮。」天子曰：「嗚呼！惟汝父璘勤勞王家，積四十年，英風義聲，煇耀顯明，九命二伯，淑旗綏章，高其名器，崇其物采矣。爾挺其以是勒于阡。」君錫之名曰「安民保蜀定功同德之碑」。挺拜稽首，悲感若無所容。異日，詔翰墨之臣王曮曰：「爾其爲之銘。」曮承詔辭不獲命，乃論次而書之。謹按：

故太師、奉國軍節度使、新安郡王、追封信王、謚武順吴璘，字唐卿，德順隴干人也。曾大父謙，追封魏國公。大父遂，追封楚國公。考扆，追封魯國公。皆累贈太師。曾祖母李氏、祖妣齊氏、妣劉氏，封魏、楚、魯三國夫人。

王在娠，甫七月而生，意象異常兒，魯國公奇之曰：「是必大吾門。」少長負氣節，善騎射。年十八，以良家子從涇原軍，戰西邊。宣和三年，從統制楊可世入燕，道河北，宿逆旅，夢婦人告曰：「妾家被劫于路，露胔水濱。

幸相公哀之，移封高原。」竊以語其徒，視之信然，因感而葬之。戰歙蒲口，行而飢甚①，老人有餉食者，王食已，視之則不見②，聞者異之。

靖康初，力戰破夏人，補官。既而敗金人於下邽，戰三原，斬千户兀訥耶。從兄武安公玠復華州，破賊史斌。咸以有功遷秩，充永興軍路書寫機宜文字，移辟秦鳳路[三]，兼統領五軍軍馬。名賊號王札手者，脅潰卒寇暴鄠杜間，連破官軍，執永興假守張公輔，妄立名字，勢張甚。武安公檄王討之。王先以書繫箭上③，徧射賊中曰：「明日破賊，立旗爲表，先降旗下者除其罪。」賊卒得之心動。時王所部不滿千人，賊幾萬衆，騎數千。夜半進師，遲明相遇，賊將戰，陣動，奔降旗下者果無數，乘勢搏之。賊據高阜，王遣驍將斂旗鼓，輕兵斮其後，賊遂大潰，斬王札手以報，俘其黨千人。遷武翼郎、閤門宣贊舍人。

時金人乘富平之勝，盡陷陜右，蜀甚危。武安公與王招散亡數千人，保散關之東曰和尚原，練兵積粟，以扼敵衝。紹興元年，我孤軍棲于原上，朝廷音問隔絶，兵單食匱，將士家往往陷賊，人無固志。有謀劫王兄弟北去者，幕府陳遠猷夜入告，武安公與王遽召諸將④，勵以忠義，歃血而誓，諸將感泣，禦虜益力，遂敗敵將没立于原下。没立遣二將烏魯、折合自階、成出散關，又趨和尚原，没立身自犯箭筈關，期將夾攻必破我。王擊退二將，生獲首領蘊逋，斬千户潑察胡。烏魯、折合再合兵直抵原下，王奮擊之，斬其將兀盧，虜敗走。乘勢進擊，二將皆遁。没立亦敗，竟不得相合[四]。時武安公以弱卒抗堅虜，軍政尚嚴，卒伍逃散，往往有全隊誅之者。王則厚撫

① 行而飢甚　「飢」原作「提」，據庫本改。
② 視之則不見　「則」原作「别」，據庫本改。
③ 王先以書繫箭上　「上」字原闕，據庫本補。
④ 武安公與王遽召諸將　要録卷四四紹興元年五月癸卯條稱「玠遽召諸將」，未云及吴璘。

摩之，如家人親愛，以輔成武安公之志，故士卒不敢犯武安公之法，而樂王之恩，戰無不克。丁魯國夫人憂，乞終喪，不許。以破烏魯等功，超遷武德大夫、康州團練使，賜帶①，擢秦鳳路兵馬都鈐轄，統制和尚原軍馬。

虜憤其連敗也，兀朮合諸道兵十餘萬，期必取原而後入蜀，自寶雞而南列栅三十里，武安公嚴兵待之。王率師拒戰數日，率以勁弓彊弩扼其衝，以奇兵邀其傍，間絶其粮道，虜不得休。伺夜虜將飯，然火營中，復選精兵更射其火處。虜不得食，疊石城以自保，復瞰其城射之。虜度必敗，遂以死決，兀朮親擁戰，王亦身督將士。虜分爲三十餘陣以拒我，迭以次出戰，王獨當其衝，隨輒破之。虜雖困而猶整，至神坌②，道狹覆發，遂大亂。王手殺數十百人，俘萬户羊哥孛堇及首領三百餘人、甲士八百六十人，兀朮身中流矢二，獲鎧仗萬計。再以奇功除康州團練使，陞權秦鳳路馬步軍副總管[五]。

時隴州移治方山原，二年，虜圍之且陷，敗之于百查嶺，力戰解圍，五戰皆捷[六]。遷官二等，權知鳳翔府兼安撫事。三年，虜必欲以奇取蜀，乃擣金、洋，戰饒風，犯漢中。王時駐兵和尚原，虜懼掎其後也，乃陽以兵趣蜀，而反自褒谷入鳳州，犯保安程，且合鳳翔諸路軍③，欲道和尚原下。王先以兵迎擊保安程虜，復身督諸軍拒鳳翔虜於百家村，以正兵合，以奇兵擣其腹心，皆敗而走。遷榮州防禦使，陞權副都總管、知秦州，節制階文。時買馬路久未通，王首開之，貿以茶綵，撫以恩信，招致小部族首領四十二[七]，國馬通行，至今賴焉④。

① 賜帶　要録卷四四紹興元年五月癸亥條作「賜金帶」，當是。
② 至神坌　「坌」原作「岔」，據本書上集卷一二功蹟記及宋史卷二七高宗紀，卷三六六吴玠傳、吴璘傳改。按，宋会要輯稿兵一四之二三亦作「神岔」，同誤。
③ 且合鳳翔諸路軍　「且」原作「甘」，據舊抄本及宋名臣言行録别集上卷九吴璘信國武順王改。
④ 至今賴焉　「今」原作「令」，據庫本改。

武安公與王度虜既屢敗不得志，必大舉以與我力争，乃預設壘仙人關旁[八]，曰殺金平。四年春二月，兀朮、撒離合等果極其兵力十餘萬衆，正告由仙人關進取蜀，列栅三十里，彌亘不斷。王前在武、階，以書抵武安公，以殺金平之地去原上遠，前陣散漫，謂須第二陣作隘，牢其限隔，期必死戰，則可取勝。至是，王馳騆會原上，金人已與我對壘。武安公如王策，益治第二隘，多列砲，積石如山。王乃令諸將曰：「金人傾國而來，吾輩報國，正其時也。」因慷慨以刀畫地，中令曰：「死則此死①，敢退者斬！」諸將股慄，遂與虜戰。分爲東西以搏我，東則四太子等，西則韓將軍等軍也。虜極其狡猾，東西相望，遥相掎角以持久，必死困我。王左右援翼，唯急是應。迨暮，虜殺傷彊半，而氣猶鋭，我軍苦戰久，遂斂第二隘以致虜。時軍中頗有異議，欲别擇形勝守者，王奮曰：「方交而退，是不戰而却也。且吾度此虜走不久矣。」請於武安公，夜布火、鼓，易旗幟，迨曉，軍陣精采一變，樂聲震山谷，於是人自勵，有死志。洎虜再搏我第二隘，則人被兩鎧，鐵勾相連，魚貫而上，攻具變化若神。王督士死戰，且射其兩腋，隨殪隨上，幾百餘戰，而虜攻壘兵殆盡，遂走入壁，陽爲備戰而宵遁。前後斬首俘獲不可勝計，虜自是不復窺蜀矣[九]。第功遷定國軍承宣使，陞熙河蘭廓路經略安撫使、知熙州，統制關外軍馬，仍節制階文[一〇]。

五年春，圍秦州下之。六年，創軍名行營右護軍，爲行營右護軍統制軍馬。七年，陞陝西諸路都統制。九年春，改行營右護軍都統制，節制階岷文龍州。金人已廢劉豫，歸我河南地。幕府擬表稱賀，王讀之，愀然曰：「在朝廷休兵息民，誠天下慶。璘等叨竊，不能宣國威靈，亦可愧矣，何賀之有？但當待罪稱謝則可。」幕府謝不及。秋七月，除秦鳳路經略安撫使、馬步軍都總管、知秦州。是年，武安公薨，除龍神衛四廂都指揮使[一一]。朝廷遣簽書樞密院事樓炤出使陝西，會諸將議移諸軍分屯陝右，王不可曰：「虜反覆難信，懼有它變。今我移軍陝

① 死則此死　要録卷七四紹興四年三月辛亥朔條作「死則死此」。

右，蜀口空虛，虜若自南山擣蜀，要我陝右軍，則我不戰自屈矣。當且依山爲屯，控虜要害，遲虜情見力疲，漸可進據。」遂但以牙校三隊赴秦州〔一二〕，且飭階州等山寨以備之。

十年，兀术殺撻辣，金人再寇河南。復以王爲行營右護軍都統制，同節制陝西諸路軍馬。其夏，撒離合果直趨鳳翔，入石壁寨，以要我陝右軍，陝右皆陷，而王獨全師駐蜀口扼虜。川陝宣撫使胡公世將倉卒召諸將計事，皆曰：「虜掩我無備，而我分屯之師未集，宜退守青野原，少避其鋒。」王後至，驚曰：「誰爲此者？可斬也！虜人所以輕犯我者，聞先兄之薨①，且謂我無備。今若少退，墮其計中矣。璘請以身任責。」胡壯之〔一三〕，遂與公檄虜，責其棄信輕舉。率師即日出鳳翔，分遣諸將姚仲等敗折合於石壁，李永琪、向起等破鶻眼②、張太師於扶風〔一四〕，虜餘兵保扶風城，又攻破之，連戰皆捷，折合僅以身免。駐大軍大蟲嶺，陣次有法，步騎相參，氣象雄壯。撒離合自上西平原覘曰：「善戰者立於不敗之地，此安可角？」於是撒離合捨蜀口而北向矣。秋九月，制授鎮西軍節度使，充侍衛親軍步軍都虞候〔一五〕。

十一年，朝廷出師渡淮，宣撫司亦被旨乘機進討，乃以攻取之事屬王。王受命出秦隴，往別宣撫使胡公。胡問方略安出，王曰：「璘當以三陣破虜〔一六〕。」人皆莫測所謂。蓋王襲虜之策已素定，而諸軍莫有知者。攻秦州，州將武誼以衆降。時金人統軍胡盞、習不祝合軍五萬，營丁劉圈③。胡盞善戰，習不祝善謀，二人皆虜之老於兵者，且據險自固，前臨峻嶺，後控臘家城，必謂我軍不敢輕犯。王揣知其情，因直告曰：「明日請戰。」虜聞之笑。

① 聞先兄之薨　「聞」原作「間」，據庫本及宋名臣言行録別集上卷九吳璘信國武順王改。
② 李永琪向起等破鶻眼　「破」原作「彼」，據庫本改。
③ 營丁劉圈　「丁劉圈」，宋史卷二九高宗紀六、皇宋十朝綱要卷二三紹興十一年九月癸丑條、北盟會編卷二〇六紹興十一年九月九日甲辰條同；而要録卷一四一紹興十一年九月丙辰條、皇宋中興兩朝聖政卷二七紹興十一年九月丙辰條、宋史吳璘傳皆作「劉家圈」。

是夜，王率諸軍銜枚涉渭[一七]，令曰：「近賊營方得舉火。」未至里所，萬炬齊發，出虜不意，虜震駭，倉卒備戰，我軍已成列。有聞虜酋以馬撾敲鐙曰：「吾事敗矣！」王猶策習不祝有謀，必謂我趣戰欲速，不肯徑出，胡盞恃其勇，宜可挑取，乃遣輕兵嘗之。胡盞果勒兵與我軍鏖擊數十，更休迭戰，適及我三陣。戰急，大將有請曰：「虜居高臨下，我戰地不利，宜少就平曠以致其師，可勝。」王叱曰：「如此，則我走而虜乘我矣。虜今潰，毋自怯。」王輕裘駐馬陣前，麾軍殊死戰，三陣而虜力果憊，卒如王言。時陝右久隔王化，王一戰而聲振關中，三秦父老企望官軍不日東下，往往擒虜潰兵縛致之。王亦經略，且將大舉進圍臘家城，將破，陝右州郡亦以次納書降，而講和之詔下，遂班師[一八]。胡聞王之捷①，喜曰：「真能踐言矣。」

十二年，上賜褒詔，召王赴在所[一九]，拜檢校少師[二〇]，改充階成岷鳳經略使，還鎮。十四年，始析利州路爲東、西[二一]，改利州西路安撫使，以階、成、岷②、鳳、興、文、龍七州隸焉。十七年，移節奉國軍，改行營右護軍爲御前諸軍都統制，依舊安撫使、知興州。時和議方堅，王獨嚴備，日爲敵至之虞。當是時，西路兵爲天下最。二十一年，太上皇帝親御宸翰，賜王以「守邊安静」，加拜太尉。二十六年，拜開府儀同三司，陞領御前諸軍都統制職事[二二]，判興州。二十九年，册拜少保。王策虜將叛，整備益嚴。

三十一年，虜果敗盟，就拜四川宣撫使。秋九月，虜主亮渡淮，巨酋合喜號西元帥，以兵扼散關，遊騎犯黄牛堡，羽檄交至。王方病在告，適拜宣撫使，即肩輿就道③，止以牙校自隨，駐青野原。既而遊騎退，王曰：「虜自

---

① 胡聞王之捷　「王」原作「主」，據庫本改。

② 岷　宋史吴璘傳作「西和」。按宋史卷三〇高宗紀七，紹興十四年三月丁卯，「避金太祖嫌名，改岷州爲西和州」。五月丙辰，「詔階、成、西和、鳳四州募兵赴行在」。九月辛酉，「分利州爲東、西路，以吴璘爲利州西路安撫使，楊政利州東路安撫使」。知此處當以「西和」爲是。

③ 即肩輿就道　「即」，清抄本作「即日」。

守之兵，不足慮也。」益調內郡兵分道而進，面授諸將方略，所至皆捷。尅秦州，擒僞守蕭濟及其屬來，王即呼前置食，宣上德意，諭無憂死，皆感泣。列城未下者聞之，争欲歸附。破隴州，復洮州、蘭州，獲僞蘭州守安遠大將軍温敦烏也及州戍將明威將軍元顔宗臣等八人①。加拜陜西河東路招討使。王之子挺與虜連戰治平寨，破其衆萬餘人，馘千户二。十一月，虜王亮被戕。十二月，明堂禮成，進封成國公。

三十二年春，復取散關及和尚原，賜敕書褒諭，册拜少傅。王遣都統制姚仲與挺率東、西兩路之軍攻德順，金人左都監自熙河以兵由張義堡駐摧沙，會平凉之師來援。挺率兵戰于瓦亭，大破之。虜畏我軍，號曰「天兵」。別將復原州、環州。三月，諸將攻德順久未下，王知士有惰志，且虜將盡發西兵內外合以拒我，即單騎自秦州晝夜疾馳視師。身擁數十騎，馳逵四城傳呼。南北之人服王威名，思識顔面，以快先覩，一聞相公之來，士氣自倍；登埤咨嗟，不忍發一矢，城中虜已不戰而氣索矣。於是按行營壘，别栅要害，且治夾河戰地以預處我師於便，而致敵於不便。雖隨軍負販奴隸，莫不區别有地。暨戰，先以數百騎嘗虜。虜一鳴鼓，鋭士躍出，馳突我軍，遂空壁與我合。我軍得先治戰地，騎士無不一當十，凡回旋曲折，相搏於高下之間者以百數。王初若無所指顧，逮苦戰久，忽傳呼某將戰不力，其人即殊死鬭。時降帥有覘者曰：「自吾從虜百戰，未嘗見如此，吴公可謂神矣。」翌日，我再出兵，虜堅壁不戰，既又天大風雨雪，虜幸休止，而力實已窮，是夕遂遁去。復德順軍，市不易肆，王入城，父老迎拜擁馬首，幾不能行。時朝廷遣兵部尚書虞公允文宣諭川陜，齎詔勞王，且議軍事。夏五月，遣兵攻破熙州，獲僞都總管劉嗣初、副統石列，繼破鞏州。王之復三路也[二三]，惟鞏最堅守，王遣挺率諸將破之[二四]，斬萬户一，獲兩千户。

① 及州戍將明威將軍元顔宗臣等八人 「元顔」，庫本作「完顔」。

六月，皇帝受内禪，賜親札曰：「昔在舊邸，每共定省，側聞太上皇帝聖訓，謂今日元勳舊德同國休戚，無如卿者。」且曰：「偏師之出，曾不淹時，三路土疆，悉歸版籍。朕聞此事，欣贊慕用，蓋非一日。」王捧詔感泣曰：「臣無橫草功，已蒙太上皇帝不凡之遇。今皇帝所以待臣者益寵，臣何敢愛死！」復遣中使賜御府細鎧、弓矢。

秋八月，除兼陝西河東路宣撫招討使。王策虜必再争德順，乃亟馳赴城下。德順之東曰東山，北曰北嶺。東山小而可守，下瞰城中，北嶺形勢延接，實控扼之地。王至，則連營北嶺，掘重壕，築壘，開戰道，益爲不可犯之計以待虜；且指視諸將以虜它日所營。已而虜果大至，合元顔悉烈等兵十餘萬，正營王所指之地。有酋先引數千騎輕出視東山，去巢穴稍遠，擊之，狼狽趨營。既乃大開壁出師苦戰，自旦及晡，虜敗，先退入壁，自是遂堅守不動。悍酋豁豁萬户復領精兵自鳳翔來援。初，我一軍當北嶺下，傅城下寨，虜騎可以馳突。王至是下令夜移入城，將士不知所謂，頗有口語。既旦，虜果合兵大出，直至其處，已無所得，則數萬騎讙譟城下，意甚自得。王命偃旗卧鼓，士無敢譁，諸將請戰，不應。迨日昃①，虜氣已惰，令諸軍忽鳴鼓，若將趣其營，虜大駭，復亟走壁，遣諸將追襲敗之。當時，非王徙城下之營，則虜幾得志。時虜既堅守不輕出，挺請以輕兵挑虜戰，而以奇兵擣其虚。王采其言，令列陣城下調虜，虜閉營，王則就以其陣移上東山，築堡以守。時雨雪，天大寒，地凍不可入，則燒土而掘之，連夜堡成。甫築畢，而虜兵大至，極力争之，殺傷幾半而不可得。諸將益嘆王之多筭不可及也。虜自是失三路形勝，糧運迂險，雖合喜親提河南、陝右兵而連敗，亡失益衆，尺寸不能進。我斬馘築爲京觀者彌望，而又東山横其衝，北嶺窣其後，三路糧食皆我有，我出兵要虜糧道，虜遂艱食。失東山堡時，猾酋有終夕悵恨

① 迨日昃　「昃」原作「昊」，據庫本改。

者①。王策虜雖衆，無能爲矣。

冬十月，調王彦諸軍將益出兵至秦州，因會宣諭使虞公。虞公抗章以王之勳勞績效聞，上賜親札曰：「覽虞允文奏，知卿智勇兼濟，力抗醜虜。卿歷世忠勞，國家是賴。」王降拜曰：「臣何足以當此！」虜既技窮，度不可與我争，則潛軍水洛，開道隴山，以示我出奇，實亦自便歸計。王乃部置諸將分屯要害，且益出蜀口之師，分德順兵，整陣内外相合以蹙虜。時虜中亦相驚曰：「東南天兵至矣。」十一月，上遣帶御器械梁珂賜御札并玉帶。十二月，閤門宣贊舍人郭昇賜宸翰，并宣旨問疾。隆興元年，拜少師[二五]，有旨恩禮視樞密使。利州防禦使李邦傑來勞，就以告賜。

繼有詔退師矣[二六]。是時議者遥度形勢，以謂兵久在外，雖得三路，恐去川口遠，聲援遼絶，共以其語言之執政，執政力言於上，乞下詔旋軍捍蜀。詔至，王即馳檄諸軍，諭以朝廷欲重根本之意，俾擇利而退。繼上表待罪曰：「蜀門雖固，三路難保。歸師死戰，不無損傷[二七]。」聞者惜之。未幾，上復詔出兵，與張丞相浚淮上之師相掎角，賜王親札曰：「前日德順回師，道遠不知卿籌畫，朝廷過慮，致失機會。」以此知退師本非上意也。初得是旨，幕府請覆奏曰：「苟利社稷，專之可也。此舉所繫甚重，兵不可遽退。」王愀然曰：「璘豈不知此？且三路士馬所出，糧食所聚，吾舊兵已老，非假三路兵未易與虜角。今新附之衆幾十餘萬，仰給三路，圭勺不取外府，而西民樂輸，此誠恢復之基也。議者憂虜擣蜀口之虚，璘百戰從軍，豈不知虜情？且虜持重，必顧慮而後進。方和尚原時，我内外至危急，虜以璘兄弟扼其後，終不敢輕向蜀。況今逆亮死，虜内訌未久，合喜盡西兵頓德順城下，猶不能抗我，豈暇他謀？但主上即位之初，璘握重兵在遠，朝廷俾以詔書從事，璘敢違詔耶？」幕府語塞。

---

① 猾酋有終夕悵恨者　「者」原作「一」，據庫本改。

隆興二年冬十月，虜人犯天水，侵岷州。王病未愈，徑趨成州，分麾下擊之，虜小卻，列營茅城谷。王力疾親提兵至祁山。虜聞之，退師三十里，據黄家街，深溝高壘以守。王曰：「虜深涉吾地，而乃堅壁自固，且黄家街背鞏州，去巢穴近，虜必遁。」未幾，果使來告曰：「我國中已與大朝講和矣。」

繼被詔命，即抗章請朝[二八]。乾道元年，上以親札報可①，即以族行。未半道，奏疏乞解宣撫使，優詔不允。乞致仕，復不許。四月到闕，上遣中使鄭邦美勞問②，賜賚加等。即召對便殿，上慰諭隆渥，面得旨③，許朝德壽宮。太上見王，慨念疇昔，諭王曰：「朕與卿，老君臣也。自今可數入見。」王頓首謝。兩宮存勞之使相踵，御府異饌賜無虚日。初，隆興元年，許立家廟祭五室，及是就頒祭器，有旨許皇子復謁，示異禮也。觀者歎息，以爲前此未有。五月，册拜太傅，進封新安郡王。三上章懇辭，遣中使詔諭不允。後數日，制詔仍領宣撫使，改判興元府。諸子侍王入見，皆蒙異數，恩禮赫奕，寵絶一時。六月，詔還鎮。兩宮燕餞，禮均家人。王入辭德壽宮，奏曰：「臣年近七十，衰病日侵，違離闕庭且萬里，恐不復再瞻天日。」因泣下，太上亦爲垂涕，親解所佩刀賜王曰：「異時思朕，視此可矣。」王之行也，兩宮别賜珍器玉帶甚寵。

秋八月，至漢中。時息兵已踰年，王專留意民事，問民所疾苦。漢中先是夏秋糴以供軍儲，吏多取於民而啬出以規贏，民甚病之。褒城諸縣各有古堰，分水溉田，歲料民田以多寡賦竹木增修，吏沿爲姦。又光道渠久廢，水不下溉，利廢而賦仍在。王以次釐革，糴則使民自概，督諸軍復渠，宣淤築壞，開田數千頃，民甚利之。懲姦

① 上以親札報可　「札」原作「礼」，據庫本改。
② 上遣中使鄭邦美勞問　「使」原作「便」，據庫本改。
③ 面得旨　「旨」原作「有」，據庫本改。

吏，核健訟，以防其病民。外臺以治狀聞，上降詔嘉獎。踰年，改鎮武興。三年夏，復移漢中，開府。未幾得疾，遂請老。先旬日有大星殞，以五月十七日薨于位，春秋六十有六。軍民號哭失聲，至於罷市。請老之奏聞，以太師致仕；遺表上，封信王。上震悼，輟視朝二日，賻銀兩絹匹各千、錢五百萬，太上賜銀千兩。

王之未病也，呼其幕客曰：「爲我草遺表。」客曰：「郡王安寧如此，何遽出不祥語？」王曰：「死生之機，默存吾胷中，人安得知？君第爲之，止直書其事。」且曰：「願陛下毋棄四州①，毋輕出兵。」又先數日，封遺事付其家，令毋啓之。薨之數日啓封，則家廟等數事，語不及它。嗚呼！可謂死不忘君，孝於其親者矣。

王雄姿正志，剛毅静深，喜大節，略苛細，不嚴於刑而人自畏之。讀史傳曉大義，幕府文書輕重之間，亦時自竄定。其愛君憂國之誠，得之於天，雖造次不能忘也。其在闕下，諸子有授美官者，王曰：「上以我故，加汝等以官，我日念無功可報上。汝若不廉勤以自效，吾雖死地下，亦不汝佑。」故其在官，皆兢畏自力。其治軍如其治家，而恩威兼之。愛將犯法，泣涕而斬之，厚撫其孤，不敢以私徇法。士卒有過，必再三語之，不戒而後罰，改過則釋然無芥蔕心。待僚佐以寬，不忍言人過，往往爲覆護之，而亦潛分優劣。士之耿介，雖干犯其意，久而敬之；便辟側媚，中心薄其爲人。知人之明，尤爲當世所重。四川制置使王剛中嘗談劉錡之美，王曰：「信叔有雅量而無英概，今天下雷同譽之，恐不能嘗逆亮②，璘竊憂之。」剛中未領其語，既而錡果以憂憤卒，剛中始歎服。選諸將多以功，或告以薦才者，王曰：「兵官非嘗試，難知其才。今以小善進之，則僥倖者將得志，而邊人宿將之

① 願陛下毋棄四州　按，此「四州」乃蜀口所謂「關外四州」：西和、階、成、鳳州。然宋史吳璘傳、皇宋中興兩朝聖政卷四六乾道三年四月庚寅條作「四川」，誤。

② 恐不能嘗逆亮　「嘗」，庫本及宋史吳璘傳作「當」。

心怠矣。」以故其用王彦、姚仲、李師顔、向起，皆以功顯，爲時名將。平居軍旅之外，家事一不問，舍俸入不嘗一錢。鎮武興二十年，民安之如一日。暨至漢中，凡前政與民榷易争利者，悉除去，蠲逋欠無慮百萬緡。

嘗自著兵法二篇，上篇兵要，下篇陣圖，大略以謂：「虜有四長，我有四短，當反我之短，制彼之長。虜之四長曰騎兵、曰堅忍、曰甲重、曰弓矢。力集番漢所長，兼收而並用之①。制其騎則有分陣、分隊之法，制其堅忍則有更休迭戰之法，制其甲曰勁兵彊弩②，制其弓矢曰以遠尅近、以彊勝弱。」其説甚備，其法循環用之，可至於無窮。陣有圖無書[二九]。王每出師，指麾諸將，風采凛然，不敢仰視，士寧死敵，無敢犯令，故用兵未嘗敗，尤長於持勝。方金人之歸河南，議移屯陝右，王獨乞留兵不出，且益修階州等山寨。其後息兵二十餘年，未嘗一日弛兵備。德順班師，首築皂郊等堡，多堀地網，祁山之戰賴焉。

娶王氏，封吴國夫人[三〇]，先八年卒。男十二人：曰援，曰掖，曰擴，曰揔，曰挺，曰拭，曰拯，曰掞，曰抦，曰揚，曰揆，曰擣。孫男九人：暕、旰、暐、曦③、晦，其五尚幼④。子孫凡二十餘人，持麾典兵，出入禁闥，克紹前修，是以似之，近者言盛者鮮儷也。

臣既書其事，輒申之言曰：蜀之爲國，巖僻而固，有天下者所必争也。漢高祖起南鄭，舉兵而東，收三秦如破竹，不數年間，遂成帝業，而以蜀漢之地爲關輔心腹，不以封建，蓋其斂跡垂翅，有以窺天下之變。間中州之有事，因河渭之上流，裹糧卷甲，起而乘之，足以得志。兹太上皇帝選將勵兵之夙心，而皇上宅中圖大之本指也。

---

① 力集番漢所長兼收而並用之　要録卷一七四紹興二十六年九月庚子朔條作「吾當集蕃漢所長而用之」。

② 制其甲曰勁兵彊弩　「甲」，要録卷一七四紹興二十六年九月庚子朔條作「甲重」。

③ 曦　「曦」即「曦」。按，集韻云「曦」字「从曦省」。

④ 其五尚幼　按，吴璘孫男九人，減去暕、旰、暐、曦、晦，則尚幼者爲四人，疑「五」爲「四」字之譌。

故王之在蜀，上實詔之曰：「異時掃清中原，勒功帝籍，以垂光億世。」又詔之曰：「宜即提鋭旅，直出漢中，吊秦晉之遺民，撫唐虞之都會。」又詔之曰：「關隴之事，一以付卿。三路士多材勇，不患無人，惟卿駕馭激使之耳。」嗚呼！聖天子以保蜀之事屬於王，其注意如此，王能任之①。是以蜀安之後，定秦，定隴，洮、蘭、熙、鞏，十有六州束手來歸②〔三二〕，委命下吏。虜失形勝，勢亟技窮，讋我威靈，鄉風慕義，於是退師通好之令行矣。一日，皇上擁乾休，正坤儀，指咸陽而會龍首，作上都而觀萬國，則王之餘勇遺烈，凜凜生氣，尚可想而知也。然則保蜀之功，其可既乎？吾天子其知之矣。謹爲之銘，曰：

井絡坤隅，時惟蜀都。蠶叢魚鳧，開國有初。岷峨爲望，犍牂爲障。峻滕巨防，天下孰尚？重險積貨，是猍梟鯢。有偉將臣，于時保之。將臣伊誰？惟武順王。喋血轉戰，莫我敢當。因山據原，和尚是名。晝斮其柵，夜披其營。束馬縋車，攀天蹈空。原不可得，蜀不可攻。虜以憤來，合兵作威。扼衝發覆，倏其紛披。虜以奇來，指陵趣谷。擇利鼓儳，擣其心腹。其來以正，椎鋒直進。束隘設險，以死申令。來以多方，有東西軍。左顧右跽，察其嚬呻。烈烈惟王，洪稜無前。如飛如翰，如衝如援。奮其虎貔，厲其熊羆。虜曰罷矣，蜀不可窺。蜀不可窺，厥惟安哉！一夫當關，萬夫莫開。婪婪大酋，去不復留。三陣定謀，一言必酬。迺窺咸秦，于山于川。迺歸三路，我陵我泉。有所失平，將順指令。挈户率輿，爭還國經。皇帝曰嗟，巖巖蜀土。六十二州，以固吾圉。迺同德之碑，保蜀爲正。民其以安，功其以定。倬彼雲章，尚福吴氏。申錫恩睨，昌大而熾。翼子肥家，孝能揚名。千載而下，於昭厥聲。

① 其注意如此王能任之　「此王」二字原闕，據庫本補。

② 十有六州束手來歸　「手來歸」三字原闕，據庫本補。

辨證：

［一］吴武順王璘安民保蜀定功同德之碑　按，吴璘，吴玠弟，宋史卷三六六有傳。

［二］王曮　曮（？～一一七五年）字日嚴，揚州廣陵人。紹興十五年試博學宏詞科中第。乾道八年七月以翰林學士承旨兼修國史。事跡見南宋館閣録卷八。周必大文忠集卷六端明殿學士王日嚴挽詞二首題下注「乙未七月」，則知其卒於淳熙二年。

［三］充永興軍路書寫機宜文字移辟秦鳳路　要録卷二九建炎三年十一月「是月」條稱張浚至秦州，見吴玠「與語大悦，擢爲統制，又使其弟進武副尉璘掌帳前親兵」。

［四］遂敗敵將没立于原下至没立亦敗竟不得相合　要録卷四四紹興元年五月癸卯條云：「時金主晟之姪摩哩（没立）與烏嚕（烏魯）、珠赫（折合）以數萬騎分兩道入犯，摩哩自鳳翔，二將由階、成，約日會和尚原。……是日，二將以勁騎先期而至，陣於原北，玠擊之，四戰皆捷，山谷中路狹而多石，馬不能行，敵棄馬，遂敗去。後三日，摩哩自犯箭筈關，玠遣别將擊之，二軍卒不得合。又五日，敵移寨黄牛嶺，會大風雨雹，翼日引去。」可證碑文述説此戰始末紊亂，誤以爲吴璘嘗兩次擊敗烏魯、折合軍，一戰生獲首領藴逋、斬千户潑察胡，另一戰斬其將兀盧；又兩次擊退没立，一在和尚原北，一在箭筈關。

［五］再以奇功除康州團練使陞權秦鳳路馬步軍副總管　按，吴璘此前「以破烏魯等功，超遷武德大夫、康州團練使」，此時「再以奇功除康州團練使」，則知前次乃遥領，此時方爲正任。又按，宋史吴璘傳云「張浚承制以璘爲涇原路馬步軍副都總管」。又要録卷四八紹興元年十月乙亥條亦云「浚承制以玠爲鎮西軍節度使，璘康州團練使、涇原路馬步軍副總管」。然要録卷六一紹興二年十二月辛亥條載「其時秦鳳路副總管吴璘以兵駐和尚原」云云，卷六六紹興三年六月庚寅條載「康州團練使、秦鳳路馬步軍副總管、統制和尚原軍馬吴璘爲榮州防禦使、知秦州兼節制階文州軍馬」云云，故推知吴璘授任涇原路馬步軍副總管後未久，改任秦鳳路馬步軍副總管。

［六］力戰解圍五戰皆捷　要録卷四八紹興二年三月庚子條云：「是日，陝西都統司同統制軍馬楊政及金人戰于方山原，敗之。時隴州移治方山原，守將范綜以散卒數千駐原上。金人所命陝西經略使薩里罕與叛將張中彦、慕容洧合兵來攻，陝西都統制吴玠命政及吴璘、雷仲救之，大戰三日，焚其水寨。翌日，敵引去。」按，是戰主將乃楊政。

［七］招致小部族首領四十二　按要録卷六六紹興三年六月癸丑條云：「自陝西既陷，買馬路久不通，至是榮州防禦使、知秦州、節

制階文軍馬吴璘始以茶綵招致小蕃三十八族，以馬來市。西馬復通，蓋起於此。」

〔八〕乃預設壘仙人關旁　按宋史吴璘傳云「玠敗於祖溪嶺，時璘猶在和尚原，玠命璘棄原别營仙人關，以防金人深入」。又要録卷七一紹興三年十二月庚戌條云：「先是，敵決意入蜀，遂犯和尚原。統制官吴璘以無糧不能守，拔寨棄去。」注曰：「失和尚原，史及吴玠碑誌皆不載，惟胡世將奏議云『紹興三年冬，吴玠失和尚原』，鄭剛中所奏亦云『和尚原自紹興四年以後便是劉豫管守，不係吴玠地界。』」又曰：「日曆紹興四年十一月八日，吴玠奏：『紹興二年冬，臣又與劉子羽議和尚原距川蜀地遠，終恐糧道不繼，難以持遠，遂於川口仙人關側近殺金平修置山寨。既下原，又得子羽成州及梁、洋軍馬，併力控扼。』按此則和尚原之失不在今冬。玠自奏不應有誤，意者在今年春夏之間饒風交兵之際耳。吴璘神道碑云：『三年，敵戰饒風，時王駐兵和尚原，敵欲道原下，王以兵迎擊，皆敗而走，遷榮州防禦使、知秦州。』詳此，當是璘棄和尚原而歸宣撫司，因令守秦州耳。」

〔九〕虜自是不復窺蜀矣　宋史吴璘傳云「二酋自是不敢窺蜀者數年」。按，碑文云云，頗有誇飾。

〔一〇〕第功遷定國軍承宣使陞熙河蘭廓路經略安撫使知熙州統制關外軍馬仍節制階文　據要録卷七八，吴璘陞承宣使在紹興四年七月丙辰，陞熙河蘭廓路經略安撫使在是年十月間。要録卷八一紹興四年十月壬辰條載吴璘爲熙河蘭廓路經略安撫使、知熙州、統制關外軍馬，楊政爲環慶路經略安撫使、知慶陽府、同統制關外軍馬兼節制成鳳興州，「用宣撫司奏也。關師古之叛也，其所部階、成二州猶在，故命璘、政分領之。自富平後，五路之地悉屬僞齊，經略使虚名而已」。

〔一一〕除龍神衛四廂都指揮使　要録卷一三三紹興九年十一月戊寅朔條載吴璘爲龍神衛四廂都指揮使，云「上諭大臣曰：『吴玠久在蜀，備著忠績，雖已優加恤典，然聞其家頗貧，可賜錢三萬緡，仍進其弟軍職，令撫其家屬。』故有是命」。

〔一二〕遂但以牙校三隊赴秦州且飭階州等山寨以備之　宋史吴璘傳云「樓炤使陝，以便宜欲命三帥分陝而守，以郭浩帥鄜延，楊政帥熙河，璘帥秦鳳，欲盡移川口諸軍於陝西」。吴璘以爲不可，「當且依山爲屯，控虜要害」，故「炤從之，命璘與楊政兩軍屯内地保蜀，郭浩一軍屯延安以守陝」。

〔一三〕撒離合果直趨鳳翔至胡壯之　據要録卷一三五載，碑文此處所記頗有錯倒：紹興十年五月十三日丙戌，「金右副元帥薩里罕自河中渡河入同州界，疾馳二百五十里趨永興軍」。十八日辛卯，「四川宣撫副使胡世將自河池遣涇原經略使田晟以兵三千人迎敵。

始，金人之渡河也，利路經略使楊政尚在鞏州，永興經略使郭浩尚在鄜延，環慶經略使范綜尚在金州，而主管鄜延經略司公事王彥亦未至其地，惟熙河經略使兼宣撫司參謀官孫渥、右護軍都統制兼秦鳳經略使吴璘隨世將在河池。世將倉皇召諸帥議出師，政、晟先至，渥進曰：『河池平地無險阻，敵騎已迫鳳翔，自大散關疾驅一二日可至帳下。頃吴公宣撫偶閲兵至河池，幾爲敵擒，其事不遠。願公去此，治兵仙人原，原雖去河池才五六十里，而殺金平、家計寨天險足恃。元戎身處危地，而欲號令將帥，使用命赴敵，渥不識也。』都統制吴璘抗聲言曰：『和尚原、殺金平之戰，方璘兄弟出萬死破敵時，承宣在何許？今出此懦語沮軍，可斬也！右護軍强半隔限在陝西，未易呼集，敵來，日夜思戰，今聞宣撫舍河池去保山寨，失戰士心。璘請以百口保破敵。』世將壯之，指所坐帳曰：『世將誓死於此矣』」。二十三日丙申，「胡世將命右護軍都統制吴璘將二萬人自河南赴寶雞、渭南以捍敵」。二十七日庚子，「詔右護軍都統制吴璘同節制陝西諸路軍馬，以金人犯陝西故也」。二十八日辛丑，「金人犯鳳翔府之石壁寨，吴璘遣統制官姚仲等拒之」。

〔一四〕李永琪向起等破鶻眼張太師於扶風　宋史吴璘傳云：「璘以書遺金將約戰，金鶻眼郎君以三千騎衝璘軍，璘使李師顔以驍騎擊走之。鶻眼入扶風，復攻拔之，獲三將及女真百十有七人。撒離喝怒甚，自戰百通坊，列陣二十里。璘遣姚仲力戰破之。」

〔一五〕充侍衛親軍步軍都虞候　要録卷一三五紹興十年六月丙戌條云吴璘、楊政、郭浩並爲節度使，「三人皆自龍神衛四廂都指揮使申充侍衛親軍步軍都虞候」。

〔一六〕璘當以三陣破虜　宋史吴璘傳云：吴璘接戰「有新立疊陣法：每戰，以長槍居前，坐不得起；次最强弓，次强弩，跪膝以俟；次神臂弓。約賊相搏至百步内，則神臂先發；七十步，强弓併發；次陣如之。凡陣，以拒馬爲限，鐵鈎相連，俟其傷則更代之。遇更代則以鼓爲節，騎兩翼以蔽於前，陣成而騎退，謂之『疊陣』。諸將竊議曰：『軍其殲於此乎？』璘曰：『古之束伍令也。軍法有之，諸君不識爾。得車戰餘意，無過於此。戰士心定，則能持滿，敵雖鋭，不能當也。房琯知車戰之利可用於平原曠野之間，而不得車戰之法，其敗固宜。敵騎長於奔衝，不爾，無有能抗之者。』」

〔一七〕是夜王率諸軍銜枚涉渭　要録卷一四一紹興十一年九月丙辰條云：「夜半，璘遣（姚）仲與鄜延經略使兼知成州王彥率所部銜枚直進，渡河陟峻嶺截坡上，出其不意，約與敵對柵，然後發火。又遣將張士廉等取間道以兵控臈家城，戒曰：『敵根本在彼，若敗，必趨入城。汝等截門，勿縱一騎入。』二將所部軍行，寂無人聲，又天大陰霧，既上嶺列柵，乃發火。」

〔一八〕而講和之詔下遂班師　要録卷一四一紹興十一年九月癸亥條云：「右護軍都統制吴璘自臈家城班師。初，金統軍孛札在城中，璘急攻之，城且破，朝廷以驛書命璘，遂歸。宣撫副使胡世將聞之，歎曰：『何不降金字牌且來世將處耶？』世將以金人之俘三千人獻於行在，命利路轉運判官郭游卿就俘護中以聲音形貌驗得女真四百五十人，同日斬於嘉陵江上，斂其屍以爲京觀，餘皆涅其面，於界上放還，敵氣大沮。」

〔一九〕召王赴在所　要録卷一四五紹興十二年六月乙丑條載吴璘入朝「既對，命坐賜茶，上問璘前此所以勝敵之方，璘曰：『先令弱者出戰，强者繼之。』他日，上以語輔臣，且曰：『璘善用兵，此正孫臏「三駟」之説，一敗而二勝者也。』」

〔二〇〕拜檢校少師　要録卷一四九紹興十三年五月乙丑條云：「時端明殿學士鄭剛中爲川陝宣撫副使，節制諸將，極其尊嚴。三都統每入謁，必先庭揖，然後就坐。及右護軍都統制吴璘陞檢校少師，來謝，語主閽吏乞講鈞敵之禮，剛中曰：『少師雖尊，猶都統制耳。儻變常禮，是廢軍容。』璘皇恐聽命。」

〔二一〕十四年始析利州路爲東西　按建炎以來朝野雜記乙集卷九利帥東西分合云：「利路自建炎置帥，或在益昌，或在漢中，未嘗分東、西也。紹興十四年，鄭亨仲爲宣撫副使，時吴武順璘在興州，楊襄毅政在興元，郭恭毅浩在漢陰，欲令三帥一體，乃奏分利州爲東、西兩路，東路治興元，西路治興州。」

〔二二〕陞領御前諸軍都統制職事　宋史吴璘傳云：「渡江以來，未有使相爲都統制者，時璘已爲開府儀同三司，故改命之。」

〔二三〕王之復三路也　據宋會要輯稿兵二九之一一，乃指秦鳳、涇原、熙河三路。

〔二四〕惟鞏最堅守王遣挺率諸將破之　據宋史卷三三孝宗紀一，破鞏州在紹興三十二年七月戊戌，時孝宗已受禪登基。

〔二五〕隆興元年拜少師　按宋史卷三三孝宗紀一云紹興三十二年九月辛酉，「以吴璘爲少師」。此云「隆興元年」，似爲賜詔抵吴璘軍中之時。

〔二六〕繼有詔退師矣　要録卷二〇〇紹興三十二年十月「是月」條云宋廷以王之望爲川陝宣諭使。因吴璘與金軍「爭德順軍，或上棄三路之議，宣諭使虞允文力請勿棄，章十餘上，乃罷允文，而命之望。詔璘審度事勢，從長措置務，要保護川蜀，蓋示以棄地之意也。尋詔允文往璘軍前計事畢，赴行在」。據建炎以來朝野雜記甲集卷二〇癸未甲申和戰本末，乃「蜀人楊民望爲吏部郎官，建言宜棄三路」。

［二七］歸師死戰不無損傷　要録卷二〇〇紹興三十二年十二月「是月」條云：「詔吴璘班師詔下，僚屬交諫曰：『將在軍，君命有所不受。此舉所繫甚重，奈何退師？』璘知朝論主和，於是棄德順軍，倉卒引退，金乘其後，正兵三萬，得還者僅七千人，偏裨將佐所存無幾。上尋悔之。」

［二八］繼被詔命即抗章請朝　宋史吴璘傳云：「沈介爲四川安撫制置使，與璘議不協，兵部侍郎胡銓上書，語頗及璘。璘抗章請朝。」

［二九］陣有圖無書　按宋史吴璘傳云吴璘「布陣之法，則以步軍爲陣心、左右翼，以馬軍爲左右肋，拒馬布兩肋之間；至帖撥增損之不同，則係乎臨機」。

［三〇］娶王氏封吴國夫人　按要録卷一八一紹興二十九年二月己丑條有載「封吴璘妾劉氏爲淑人，袁氏、李氏爲碩人」。

［三一］定秦定隴洮蘭熙鞏十有六州束手來歸　按要録卷一九九紹興三十二年五月甲子條云：「初，三大將之出也，興州路得秦隴環原熙河蘭會洮州、積石鎮戎德順軍凡十二郡，金州路得商虢陝華州凡四郡。」

名臣碑傳琬琰集上卷十五

呂文穆公蒙正神道碑[一]　　文忠公富弼[二]

東平呂公相我太宗、真宗垂二十年，咸平六年夏，以疾罷歸第。大中祥符四年四月十九日遂不起，年六十六①。五年十月二十七日，葬于河南府洛陽縣金石鄉奉先里。後五十七年，其子居簡始議琢碑于墓次，請文于里人富某。某義不得辭，輒用纂其世次德業之實，以告諸神曰：

呂氏其先出於炎帝，姜姓，虞夏之際始封于呂，其後遂以所封爲氏。周初，太公望以功國于齊。穆王時，有呂侯爲周司寇，王命作呂刑以訓。至西漢，其裔孫有居東平者，即呂侯之後也。本大支茂，歷世有人，以文武勳德顯名於當時者偉然相望。唐末徙籍太原，國初遷居洛，今遂爲洛陽人也。

公諱蒙正，字聖功。太宗太平興國二年春首拔進士第②，初命將作監丞、通判昇州。四年代還，會帝征太原

---

① 年六十六　隆平集、東都事略、宋史呂蒙正傳皆作「年六十八」。按，揮麈録卷二曰：「本朝名公多厄於六十六，韓忠獻、歐陽文忠、王荊公、蘇翰林，而秦師垣復獲預其數，呂正惠、呂文穆亦然。」則「八」字似誤。

② 太宗太平興國二年春首拔進士第　「二年」原作「三年」，據長編卷一八太平興國二年正月戊辰條、宋史呂蒙正傳、宋會要輯稿選舉二之一改。按，隆平集呂蒙正傳亦作「三年」，誤。

劉氏，朝于行在，道受著作郎、直史館，旋加右拾遺①，服銀緋。五年，轉左補闕、知制誥，服金紫。八年，遷都官郎中，召入翰林充學士。是冬，擢爲左諫議大夫、參知政事，俄陞給事中。端拱元年，拜中書侍郎兼户部尚書、同中書門下平章事、監修國史。未幾，代趙普爲上相。淳化二年，罷爲吏部尚書[三]，奉朝請。四年，復爲上相[四]。至道元年，除授右僕射②、判河南府兼西京留守[五]。真宗紹位，就加左僕射。咸平三年，詔歸。四年，復爲上相，益以昭文館大學士。五年，册拜司空，兼門下侍郎。明年感疾，凡七上章求解政事，改太子太師，仍封萊國公。以告成泰山，進封徐國。祠后土，又進封許國。及薨，天子震怛，哭甚悲，不能視朝者三日。遣使弔祭，賻賜特厚，贈中書令，謚文穆。公以諸子位于朝，累贈太師兼尚書令、秦國公。

始公少時，考妣以口舌偶相戾，遂以異處，然情義内篤，交誓不復嫁娶[六]。考後連佐邊幕，妣居洛中，并留公侍焉。公每感歎憤懣，絶迹于龍門山，躬事薪汲，力奉慈養，而且痛自刻責以爲業，晝夜漏相接，未始少懈。嘗泣淚滿所讀書，而悦悦日若無以爲生者。如是數年，學益富[七]，文益奇，聲動天下，士友益附。太祖開寶末，公侍母氏赴舉東都。時太宗以晉王尹開封，聞公名，召見，復索其所著文，大稱之，期以公輔之器。是秋府薦，甲於鄉書，明年即上第。自此七年，參預國政，總十二年，凡七遷，遂作宰相。領萬務必本於仁義教化，而不專尚條約，鈞酌衡量③，咸適其宜，中外静明，翕然稱治。精於選任，憸庸者不得進[八]。

久之，知蔡州、金部員外郎張紳以贓敗，或譏于帝曰：「紳亦洛人，家甚富。昔吕某方就學苦貧，恨紳不能如

① 旋加右拾遺　「右拾遺」，東都事略、宋史吕蒙正傳及麟臺故事卷三下國史皆作「左拾遺」，當是。
② 除授右僕射　「右僕射」原作「左僕射」，按下文有云「真宗紹位，就加左僕射」，則此處不當作「左僕射」，故據東都事略、宋史吕蒙正傳改。
③ 鈞酌衡量　「鈞」原作「鈎」，據庫本改。

意資其用，今挾權諷下，誣以賄免耳，是豈好貨者也？」帝驟信，立還紳官，而以他事罷公相。公退就常參位，怡然一不自明。踰年，帝得紳贓實，始悟，遽黜紳爲絳州副使[九]。翊日，復以相命公，尉勞優篤，遂及紳事，而公亦不謝。帝既愛其能守法度，而復重其沈毅不撓。俄欲遣人使朔方，諭中書選才而可責以事者聞，公退以名上，帝不許。他日又問，公以前所選對，帝亦不許。他日又問益急，公終不肯易其人。帝盛怒，投其奏書于地曰：「呂蒙正何太執耶，必爲我易之！」公徐對曰：「臣非執，蓋陛下未諒耳。」因固稱「其人可使，餘不及，臣不欲用媚道妄隨人主意，以害國事」。同府皆惕息不敢動，公插笏俛而拾其書，徐懷之而下。帝退，謂親信曰：「是公氣量，我不如。」既而卒用公所選，復命，大稱旨，帝於是益知能任人而加有不可奪之志。上元觀燈，一夕，帝宴近臣于端拱樓，樂車馬之藝，左右顧曰：「五代都邑凋喪，閭巷無幾人，今其全盛如此，可喜可喜！」公避席曰：「乘輿所在，士庶皆走集，故盛。臣常見都外不數里，饑寒而死者甚衆，不必盡然。願陛下視近以及遠，蒼生之幸也。」帝頫顔不語。王禹偁名謇諤，時亦在列，聞其對，爲之汗下，而公侃然復位，無懼色。

帝以西、北二虜弗服，忿之，常議討伐。公切諫：「兵者傷人匱財，不可屢動。漢武郡國萬里外，可謂快其志矣，然天下已困，終悔之。唐文皇親征遼碣，手運土木，卒無功而還，亦悔。是二主者曠百代無比，而用兵皆不免於悔，爲後世非笑。陛下及其未有以悔也，惟早愼之。直宜以道德恩信橫于中而澹乎外，則夷狄自賓。與夫命死官、舉凶器，校其所不足與校於無用之地，而又倖勝於萬一者，豈不遠哉！」帝傾聽褒納，自是伐議遂寢，但用應兵而已[一〇]。

本朝故事，宰相子起家爲水部員外郎，公長子從簡當得之。公以延蔭太寵，非所以愼官賞，勵寒進也①，懇

① 勵寒進也 「進」，庫本作「畯」。

辭不拜，秖受將作監丞，因以爲著例，于今不易[一一]。在河南，會熙陵役作，公念輔政既久，恩寵特殊，羸然曳縗，謁靈輿於境上，伏地哭幾絶，屢哭屢幾絶，行路皆哭，皇皇焉不忍去。不得已，乃出私錢三百萬助復土之費而還。其在疾告也，降醫走使，不絶于道。公以盡瘁積疾，猝未有瘳，累表乞骸骨，優詔不允。已而姑願歸洛，將行，聽肩輿至殿門，俾二子掖而登[一二]，坐而訪問，日昃方罷①，二子咸面推以恩。

公晚築園宅于洛[一三]，至則以琴觴雅宴自肆于其間。間與樵釣野叟駢席而語，不以軒冕累其歡，曠如也。公渾厚淵博，忠亮寬懿，無煩語，不妄顧，與人無親疏、無高下階級，而一歸於至正。其爲諫諍，爲侍從，爲執政，凡嘉猷偉畫，皆不作己出，而密歸之于上，惟上自行之，故人無知者。其有不能秘，須論議別白而後方從者，遂傳焉，則天下稱道聳伏，想望其人，邈如神明。自始仕至再罷相，惟在昇與河南爲外委，餘並處内不出，未嘗一日遠于朝廷。至於河南之行，尚非太皇雅意，蓋强出之，將以遺嗣君以結公心，故章聖初亟復在位。三入相，皆首之[一四]，所以專其任也。丁内外艱，皆奪情而起，不容終制，不欲使他人代也。賜第東都，以安其居，俾無外徙之請也。移疾歸鄉黨積十年，卒不許還政，第詔令休息頤養，而密常使人候其安否。章聖謁陵寢，祀汾陰，再駕西都，皆幸其第。又親視其疾，思復用也。非公謀謨設施，潛運默化，人雖罕得見其跡，而功自被于四海，致時昇平，則疇能感夫兩朝眷遇絶比如此其至者乎！公策名冠天下士，而位登元宰，官至三公，階勳爵邑咸第一。勤畏翼翼，乃心王家，周旋始終，豪髮無玷。以老疾懇請而退，天子慊然，猶欲起其廢而用之。嗚呼，盛矣哉！可謂聖世令德鉅人者矣。

曾王父諱韜，皇主莫州莫縣簿②，贈太保。曾王母太原王氏，封許國太夫人。王父諱夢奇，皇户部侍郎，贈

① 日昃方罷　「昃」原作「昊」，據庫本改。
② 皇主莫州莫縣簿　「主」原作「王」，據庫本改。

太保。王母潁川郡君陳氏，封鄧國太夫人。父諱黽圖，皇起居郎，贈尚書令。母彭城劉氏，封徐國太夫人。公掌誥時，會令君朝京師，公跪而泣于令君、徐國，且告曰：「大人、母氏皆老矣，不肖子不忍見茲睽忤不偶，願復故好，敢以死請。」語訖，又伏于前，泣下不止。令君、徐國不得已，憐而從之，然終異堂而處[一五]。公晨暮交走，咸盡色養，人於是始知公之純孝大行于其家也。

初娶宋氏，封廣平縣君；再娶薛氏，封譙國夫人，皆歿于公之先。男十人：從簡，駕部員外郎；知簡，大理寺丞；惟簡，庫部郎中；承簡，虞部郎中；行簡，比部郎中；次未名；次易簡，奉禮郎；務簡，光禄少卿；居簡，龍圖閣直學士、尚書兵部侍郎；師簡，司農少卿。公退居于里，常召諸子立庭下誨之曰：「吾觀舊史，見唐中葉後至周末，亂離相繼不絕，卿相往往不得其死，而無歸全之所。吾幸生盛時，碩茂尊顯，今又奉身至此，知夫免矣。矧若曹皆得爲王官，其無爲世胄子弟之爲者，以自蹈不淑，且重汙吾，而將以累吾家。」由是諸子夙夜相警勵，不忘詔教，持身謹勑，咸稱善人。惟龍圖公最爲肖公，沉識懿行，動有規法，力以詞業，自登名於英俊之域[一六]，入踐臺閣，出更藩服，藹著嘉績，稔於輿論，異日必能蹋公之武于廊廟之上，而增大乎門構矣，今自海南移典鄭州。餘九人者，先後公皆卒。孫二十五人，曾孫三十一人，並傳公之所誨于其父祖，罔敢不率，人於是又知公之義訓大施于其後。孫皆有官，而曾孫亦有未仕者①。女六人：長嫁光禄寺丞、直集賢院孫暨；次嫁刑部侍郎、參知政事趙安仁；次嫁太常博士周漸；次嫁觀文殿學士、尚書右丞丁度；次早夭②；次嫁永州推官楊巽③。

① 而曾孫亦有未仕者　「未仕」，庫本作「出仕」，於義當是。
② 次早夭　「夭」原作「卞」，據庫本改。
③ 次嫁永州推官楊巽　「推」原作「准」，據庫本改。

文集二十卷①，行於時。銘曰：

天之生賢，而不世出。出不逢時，亡位而没。生而無成，不若勿生。主辰而成，惟公奠京。初隱而學，四方聞聲。舉以魁衆，四方益驚。歲始踰七，遂爲相臣。相我二宗，太皇粤真。三相必首，不令後人。善不有己，造宁密陳。事苟咈鬱，衆皆逡巡。公勇而前，悉心以論。帝怒斯震，公顔益温。居若柔弱，語焉不聞。及以議諍，骨鯁必伸。公久不渝，一心劬劬。帝知忠竭②，始貳終孚。帝嗟乎公，我有不如。百職具舉，萬方以胥。成我太平，匪公曷圖？公處厥位，天子是依。讒免疾去，天下以思。進則以道，勤勞飭之。退必以禮，燕樂適之。曰子芸芸，曰孫群群。厥有肖子，又絶其倫。天其意者，斯爲報與！文石于墓，無窮之所告與！

辨證：

[一] 吕文穆公蒙正神道碑　春明退朝録卷上云神宗御篆吕蒙正碑額曰「淳德守正」。按，吕蒙正，隆平集卷四、東都事略卷三二、宋史卷二六五有傳。

[二] 富弼　弼（一〇〇四～一〇八三年）字彦國，河南府洛陽人。天聖八年以茂材異等科及第，官至同平章事。謚文忠。東都事略卷六八、宋史卷三一三有傳；本書上集卷五載有蘇軾富鄭公弼顯忠尚德之碑。

[三] 罷爲吏部尚書　長編卷三二淳化二年九月己亥條云：「左正言、度支判官宋沆等五人伏閤上書，請立許王元僖爲皇太子，詞意狂率，上怒甚，將加竄殛，以懲躁妄。而沆又宰相吕蒙正之妻族，蒙正所擢用，己亥，制詞責蒙正以『援引親暱，竊禄偷安』，罷爲吏部尚書。初，温仲舒與蒙正同年登第，情契篤密。仲舒前知汾州，坐私監軍家婢，除籍爲民，窮棲京師者屢年。蒙正在中書，極力援引，遂復

---

① 文集二十卷　通志卷七〇藝文略八著録吕文穆集十卷。

② 帝知忠竭　「竭」，庫本作「端」。

籍，驟被任遇，反攻蒙正，蒙正以之罷相，時論醜之。」

〔四〕復爲上相　長編卷三四淳化四年十月辛未條云：「蒙正初爲相時，金部員外郎張紳知蔡州，坐贓免，或言於上曰：『紳，洛中豪家，安肯受賕？乃蒙正未第時，匄索于紳，不能如意，文致其罪耳。』上即命復紳官。蒙正終不自辨，未幾罷相。會考課院得紳舊事實狀，乃黜之。於是，蒙正復爲相，上謂曰：『張紳果實犯贓。』蒙正亦不謝。」

〔五〕除授右僕射判河南府兼西京留守　自警編卷五恬退云：「至道初，呂文穆公罷相，以僕射奉朝請。上謂左右曰：『人臣當思竭節以保富貴，呂蒙正前日布衣臣，擢爲輔相，今退在班列寂寞，想其目穿望復位矣。』劉昌言曰：『蒙正雖驟登顯貴，然其風望不爲忝冒。僕射師長百僚，資望崇重，非寂寞之地，且亦不聞蒙正之鬱悒也。況今巖穴高士，不求榮達者甚多，惟若臣輩苟且官禄，不足以自重矣。』上默然。」按，呂蒙正淳化二年罷相，奉朝請時官吏部尚書，而至道初罷相時雖官僕射，然判河南府兼西京留守，非奉朝請。自警編云云不確。又，長編卷四一至道三年六月甲辰條云與太宗對語者乃錢若水，非劉昌言。

〔六〕考妣以口舌偶相戾遂以異處然情義内篤交誓不復嫁娶　按，此處所云「然情義内篤，交誓不復嫁娶」者不確。呂蒙正父龜圖，據宋史呂蒙正傳云「初，龜圖多内寵，與妻劉氏不睦，并蒙正出之，頗淪躓窘乏，劉誓不復嫁」。隆平集、東都事略呂蒙正傳略同。又，避暑録話卷三云：「呂文穆公父龜圖與其母不相能，併文穆逐出之，羈旅于外，衣食殆不給。龍門山利涉院僧識其爲貴人，延致寺中，爲鑿山巖爲龕居之。文穆處其間九年乃出。」

〔七〕學益富　按默記卷中云：「呂文穆蒙正少時，常與張文定齊賢、王章惠随、錢宣靖若水、劉龍圖煜同學賦于洛人郭延卿。」

〔八〕精於選任憸庸者不得進　自警編卷七用人云：「呂文穆公諸子曰：『大人爲相，四方無事，甚善。但人言無能爲，事權多爲同列所爭。』公曰：『我誠無能，但有一能，善用人耳，此真宰相之事也。』公夾袋中有册子，每四方人替罷謁見，必問其有何人材，客去隨即疏之，悉分門類，或有一人而數人稱之者，必賢也，朝廷求賢，取之囊中。故公爲相，文武百官各稱職者以此。」

〔九〕遽黜紳爲絳州副使　據東都事略、宋史呂蒙正傳，張紳乃貶爲團練副使。

〔一〇〕帝以西北二虜弗服至但用應兵而已　按長編卷三四淳化四年十一月甲寅條云：「上謂侍臣曰：『朕自即位以來，用師討伐，蓋救民於塗炭，若好張皇誇耀，窮極威武，則天下之民幾乎磨滅矣。』宰相呂蒙正對曰：『前代征遼，人不堪命。隋煬帝全軍陷没，唐太宗躬率群臣運土填塹，身先士卒，終無所濟。』上曰：『煬帝昏暗，誠不足語。唐太宗猶如此，何失策之甚也！且治國在乎修德爾，四夷當置之度外。朕往歲既克并汾，觀兵薊北，方年少氣鋭，至桑乾河，絶流而過，不由橋梁。往則奮鋭居先，還乃勒兵殿後，静而思之，亦可爲戒。』蒙正曰：『兵者傷人費財，不可屢動。漢武帝及唐太宗俱英主，然用兵皆不免于悔，爲後世非笑。陛下及其未有悔也，而早辯之，較二王豈不遠哉？』上曰：『朕每議興兵，皆不得已，古所謂王師如時雨，蓋其義也。今亭障無事，但常修德以懷遠，此則清静致治之道也。』蒙正曰：『古者以簡易治國者，享祚長久。陛下崇尚清静，實宗社無疆之休也。』」據此則太宗時已罷議兵，非由呂蒙正奏諫而後「伐議遂寢」也。

〔一一〕秖受將作監丞因以爲著例于今不易　長編卷二九端拱元年閏五月己丑條云：「近制，宰相子起家即授水部員外郎，加朝散階。呂蒙正固讓，止授六品京官，自是爲例。」注曰：「此事見富弼作蒙正神道碑。」又，王明清揮麈後録卷二云：「沈義倫、盧多遜爲相，其子起家即授水部員外郎，後遂以爲常，今之朝奉郎也。呂文穆爲相，當任子，奏曰：『臣忝甲科及第，釋褐止授九品京官，況天下才能，老於巖穴，不能霑寸禄者多矣。今臣男始離襁褓，膺此寵命，恐罹譴責。乞以臣釋褐時所授官補之。』自是止授九品京秩，因以爲定制，以至今日。」按，王明清稱授「九品京秩」者不確。

〔一二〕俾二子掖而登　長編卷五九景德二年二月乙巳條云呂蒙正肩輿至殿門外，真宗「命二子光禄寺丞從簡、校書郎知簡掖以升殿」。

〔一三〕公晚築園宅于洛　邵氏聞見録卷七云呂蒙正「在龍門時，一日行伊水上，見賣瓜者，意欲得之，無錢可買，其人偶遺一枚於地，公悵然取食之。後作相，買園洛城東南，下臨伊水起亭，以『噎瓜』爲名，不忘貧賤之義也」。邵氏聞見後録卷二五呂文穆園云：「伊洛二水，自東南分，徑入城中。而伊水尤清澈，園亭喜得之，若又當其上流，則春夏無枯涸之病。呂文穆園在伊水上流，木茂而竹潤，有亭三：一在池中，二在池外，橋跨池上相屬也。」

〔一四〕三人相皆首之　據長編卷二九端拱元年二月庚子條、宋史卷二一〇宰輔表一等載，呂蒙正初次拜相與趙普同日，然趙普實爲首相，此處所云不確。

[一五] 然終異堂而處　按避暑録話卷三云：「吕文穆公既登第，攜其母以見龜圖，雖許納之，終不與相見，乃同堂異室而居。」

[一六] 自登名於英俊之域　宋會要輯稿選舉九之八載明道二年「十二月十六日，賜國子博士吕居簡同進士出身」。

陳文惠公堯佐神道碑[一]　文忠公歐陽脩

潁川公既葬于新鄭，其子尚書主客郎中述古等七人①，具公之行事及太常之狀、祁伯之銘以來告曰[二]：「惟陳氏世有顯人。我先正文惠公歷事太宗、真宗而相今天子，其出處始終之大節可考不誣如此。故敢請以墓隧之碑。」余爲考其世次，得其所以基于初、盛于中、有于終而大施于其後者，曰：信哉！陳氏載德，晦顯以時。其蓄厚來遠，故能發大而流長。

自公五世以上，爲博州人[三]。皇高祖翔，當五代時，爲王建掌書記，建欲帝蜀，以逆順禍福譬之，不聽，棄官家于閬州之西水[四]，遂爲西水人。皇曾祖齊國公諱詡，皇祖楚國公諱昭汶，皇考秦國公諱省華，皆開府儀同三司、太師、尚書令兼中書令。自翔以下三世，不顯于蜀。至秦公始事聖朝，爲左諫議大夫。其配曰燕國太夫人馮氏。

---

① 其子尚書主客郎中述古等七人　按，陳堯佐有子十人。續通志卷三二三陳堯咨傳後按云：「宋史堯佐傳中不載其有子，堯叟傳載子師古、希古，堯咨傳載子述古、博古。考隆平集堯叟不載其有子；堯佐有子十人，述古、博古、皆堯佐子；堯咨子七人，本傳皆不載。歐陽修所撰陳文惠公神道碑子男十人：長述古；有德古，無博古，德古官館閣校勘，而宋史堯咨傳載子博古亦館閣校勘。紀載互異，並識之，以資考證。」

公其次子也，諱堯佐，字希元。舉進士及第[五]，累遷太常丞、知開封府録事參軍。用理獄有能績，遷府推官。以言事切直，貶通判潮州。自潮還，獻詩數百篇，而大臣亦薦其文學，得直史館，知壽、廬二州，提點府界諸縣公事。丁秦公憂，服除，判三司三勾院、兩浙轉運使①，徙京西、河東、河北三路，糾察在京刑獄。天禧三年，編次御試進士，坐誤差其弟②，貶監鄂州茶場[六]。未至，丁燕國太夫人憂。明年，河決滑州，天子念非公不可塞，乃起公知滑州[七]。乾興元年，作永定陵，徙公京西轉運使，以辦其事。入爲三司户部副使，徙副度支，拜知制誥，兼史館修撰，同知天聖二年貢舉，知通進銀臺司，遷龍圖閣直學士、知河南府，徙并州[八]，知審官院、開封府，拜翰林學士，兼龍圖閣學士。七年，拜樞密副使。其年八月，參知政事[九]。居三歲間，凡三請罷。明道二年，罷知永興軍[一〇]。行過鄭州，爲狂人所誣[一一]。御史中丞范諷辨公無罪，徙知廬州。又徙同州，復徙永興，又徙鄭州。累官至户部侍郎。景祐四年四月，召拜同中書門下平章事[一二]。

公爲人剛毅篤實，好古博學。居官無大小，所至必聞。潮州惡谿鱷魚食人，不可近，公命捕得，鳴鼓于市，以文告而戮之，鱷患屏息。潮人歎曰：「昔韓公諭鱷而聽，今公戮鱷而懼，所爲雖異，其能使異物醜類革化而利人一也。吾潮間三百年而得二公，幸矣。」在潮，修孔子廟、韓公祠，率其州民之秀者就於學③[一三]。

知壽州，遭歲大饑，公自出米爲糜以食餓者，吏民以公故，皆争出米，其活數萬人。公曰：「吾豈以是爲私惠耶？蓋以令率人，不若身先而使其從之樂也。」錢塘江堤以竹籠石，而潮嚙之，不數歲輒壞而復理。公歎曰：「堤

① 兩浙轉運使　宋史陳堯佐傳作「兩浙轉運副使」。
② 坐誤差其弟　「弟」，庫本作「第」。
③ 率其州民之秀者就於學　「於」原作「一」，據居士集卷二〇陳公神道碑銘改。

以捍患，而反病民。」乃議易以薪土。而害公政者言于朝，以爲非便。是時丁晉公參知政事，主言者以黜公，公争不已，乃徙公京西。而籠石爲堤，數歲功不就，民力大困。卒用公議，堤乃成。

河東地寒而民貧，奏除石炭税，減官冶鐵課歲數十萬以便民，曰：「轉運，征利之官也。利有本末，下有餘則上足，吾豈爲俗吏哉！」太行山當河北、河東兩路之界，公以謂晉自前世爲險國，常先叛而後服者，恃此也。其在河東，鑿澤州路，後徙河北，鑿懷州路，而太行之險通。行者德公以爲利，公曰：「吾豈爲今日利哉！」河決壞滑州，水力悍甚，每埽下，湍激并人以没，不見蹤跡者不可勝數。公躬自暴露，晝夜督促，刱爲木龍，以巨木駢齒浮水上下，殺其暴，堤乃成，又爲長堤以護其外。滑人得復其居，相戒曰：「不可使後人忘我陳公。」因號其堤爲「陳公堤」。

開封府治京師，公以謂治煩之術，任威以擊彊，盡察以防姦，譬於激水而欲其澄也。故公爲政，一以誠信。每歲正月夜放燈，則悉籍惡少年禁錮之。公召少年諭曰：「尹以惡人待汝，汝安得爲善？吾以善人待汝，汝其爲惡耶？」因盡縱之，凡五夜，無一人犯法者。太常博士陳詁知祥符縣，縣吏惡其明察，欲中以事，而詁公廉，事不可得，乃欲以奇動京師，自録事已下，空一縣皆逃去，京師果諠言詁政苛暴。是時章獻明肅太后猶聽政，怒詁，欲加以罪。公爲樞密副使，争之①，以謂罪詁則姦人得計而沮能吏，詁由是獲免[一四]。

公十典大州，六爲轉運使，常以方嚴肅下，使人知畏而重犯法，至其過失，則多保佑之，故未嘗按黜一下吏。公貶潮州，其所言事蓋人臣所難言者[一五]。其平生奏疏尤多，悉焚其藁。其他文章，有文集三十卷，又有野廬編、潮陽編、愚丘集，多慕韓愈爲文。與修真宗實録，又修國史。故事，知制誥者常先試其文辭，天子以公文學

① 争之　居士集卷二〇陳公神道碑銘作「力争之」。

天下所知，不復命試。自國朝以來，不試而知制誥者，惟楊億及公二人而已[一六]。

公居官不妄進取，爲太常者十一年不遷①，爲起居郎者七年不遷。自議錢塘堤爲丁晉公所黜，後晉公益用事，專威福。故人子弟以公久于外，多勉以進取，公曰：「惟久然後見吾守。」如是十五年。今天子即位，晉公事敗投海外，公乃見召用。

公初作相，以唐劉蕡所對策進曰：「天下治亂自朝廷始，朝廷賞罰自近始。凡蕡之所究言者，皆當今之弊。此臣所欲言，而陛下之所宜行，且臣等之職也。」天子嘉納之。公在相位不久，其年冬雷，地震，星象數變。公言王隨位在臣上而病不任事，程琳等位皆在下，乃引漢故事，以災異自責求罷，章凡四上。明年三月，拜淮康軍節度使、檢校太傅、同中書門下平章事、判鄭州[一七]。康定元年五月，以太子太師致仕，詔大朝會立宰相班，遂居于鄭。其起居飲食，康寧如少者。後四年，年八十有二，以疾卒于家。

公居家以儉約爲法，雖已貴，常使其子弟親執賤事，曰：「孔子固多能鄙事。」作爲善箴以戒子孫。臨卒，口占數十言，自誌其墓[一八]。

公前娶曰杞國夫人宋氏，後娶曰沂國夫人王氏。子男十人：長曰述古，次曰比部員外郎求古，主客員外郎學古，虞部員外郎道古，大理評事、館閣校勘德古②，殿中丞修古，秘書省正字履古，光祿寺丞游古，大理寺丞襲古，太常寺太祝象古。

---

① 爲太常者十一年不遷　「十一年」，居士集卷二〇陳公神道碑銘作「十三年」。按，五朝名臣言行録卷六之二丞相陳文惠公引神道碑、黄氏日抄卷六一歐陽文引神道碑墓誌亦作「十三年」，當是。

② 大理評事館閣校勘德古　「德古」，居士集卷二〇陳公神道碑銘作「博古」。按，隆平集陳堯佐傳、涑水記聞卷三、長編卷一二〇景祐四年十月乙未條、太平治迹統類卷二七仁宗科舉取士、宋會要輯稿選舉一四之一二皆稱堯佐子博古，宋史卷二八四陳堯咨傳云博古乃陳堯咨子。

秦公三子：長曰堯叟，爲樞密使、同中書門下平章事；季曰堯咨，爲武信軍節度使，皆舉進士第一人及第。三子已貴[一九]，秦公尚無恙，每賓客至其家，公及伯、季侍立左右，坐客蹴踖不安，求去。秦公笑曰：「此兒子輩爾。」故天下皆以秦公教子爲法，而以陳氏世家爲榮。

公之孫四十人，曾孫二人。合伯、季之後，若子共孫①、若曾孫六十有八人，女若孫、曾五十有四人。而仕于朝者，多以材稱於時。嗚呼！可謂盛矣。銘曰：

陳世高節②，在污全潔。閟德潛光，有俟而發。其發惟時，自公啓之。英英伯季，踵武皆來。相車崇崇，武節之雄。高幢巨轂，四世六公。惟世有封，秦楚及齊。尚書中書，儀同太師。祖考在前，孫曾盈後。公居于中，伯季左右。惟勤其始，以享其終。惟能其約，以有其豐。休庸顯問，播美家邦。有遠其貽，有大其繼。刻詩垂聲，以質來裔。

辨證：

[一]陳文惠公堯佐神道碑　本碑文又載於歐陽脩居士集卷二〇，題曰「太子太師致仕贈司空兼侍中文惠陳公神道碑銘」。按，陳堯佐，隆平集卷五、東都事略卷四四、宋史卷二八四有傳。或有稱李淑嘗撰陳堯佐墓誌，王闢之澠水燕談録卷七歌詠稱「陳文惠薨，淑奉詔爲墓誌。淑言堯佐『好爲小詩，間有奇句』。陳之諸子請易之，淑不從」。又邵博邵氏聞見後録卷十七亦云：「慶曆中，翰林侍讀學士李淑守鄭州，題周少主陵云：『弄耜牽車挽鼓催，不知門外倒戈回。荒墳斷隴才三尺，剛道房陵半仗來。』時上命淑作陳文惠公堯佐墓銘，淑書堯佐『好爲小詩，間有奇句』，及有『戹㒟弗咸』等語。陳氏子弟請易去，淑以文先奏御，不可易。陳氏子弟恨之，刻淑周陵詩于

① 若子共孫　「共孫」，居士集卷二〇陳公神道碑銘作「若孫」。

② 陳世高節　「世」，居士集卷二〇陳公神道碑銘作「氏」。

石，指『倒戈』爲謗。上亦以藝祖應天順人，非逼伐而取之，落淑學士。淑上章辨尚書之義，蓋紂之前徒自倒戈攻紂，非武王倒戈也。上知淑深于經術，待之如初。」然據魏泰東軒筆録卷三云：「李淑在翰林，奉詔撰陳文惠公神道碑。李爲人高亢少許可與，文章尤尚奇澁。碑成，殊不稱文惠之功烈文章，但云『平生能爲二韻小詩』而已。文惠之子述古等懇乞改去『二韻』等字，答以已經進呈，不可刊削，述古極銜之。」田況儒林公議同魏泰：「故相陳堯佐既終家居於鄭，翰林學士李淑知鄭州，諸子納其父行實於淑，求神道碑文。淑怨堯佐素不薦引，雖納其潤賂，文有譏薄之意。陳子哀訴求爲改削，淑終不從。其家恥不立石，因摭淑在鄭時詠柴陵詩奏之。」云云。故李燾長編卷一六五慶曆八年十一月乙未朔條云：「初，淑奉詔撰陳堯佐神道碑，少所推稱，其家積憾，求所以報。會淑嘗作周陵詩，有『不知門外倒戈回』之句，國子博士陳求古者，堯佐子也，因上淑詩石本，且言辭涉謗訕，下兩制及臺諫官參定，皆以謂引喻非當，遂黜之。」李淑落翰林學士，依前端明殿學士兼翰林侍讀學士，加龍圖閣學士、集賢殿修撰知應天府，兼南京留守司。綜上所引，知李淑乃奉敕撰陳堯佐神道碑，非墓誌。然因李淑所撰文字「少所推稱」，陳家子弟亦「恥不立石」，故此後又求歐陽修撰此神道碑。

〔二〕祁伯之銘以來告曰　按長編卷九三天禧三年三月己卯條注曰「王舉正誌堯佐墓云」，故此「祁伯」疑爲王舉正之封爵。王舉正字伯仲，官參知政事，乃陳堯佐婿。宋史卷二六六有傳。

〔三〕自公五世以上爲博州人　宋史陳堯佐傳云「其先河朔人」。

〔四〕棄官家于閬州之西水　宋史陳堯佐傳云其「高祖翔，爲蜀新井令，因家焉，遂爲閬州閬中人」。

〔五〕舉進士及第　隆平集陳堯佐傳云其「端拱元年登進士第」。

〔六〕編次御試進士坐誤差其弟貶監鄂州茶場　長編卷九三天禧三年三月己卯條云：「工部郎中陳堯佐、右正言陳執中並奪一官。堯佐爲起居郎，依前直史館，監鄂州茶場。執中衛尉寺丞，監岳州酒税。初，上累定考試條制，舉人納試卷，即先付編排官，去其卷首鄉貫狀，以字號第之，封彌官謄寫校勘，始付考官定等訖，復封彌送覆考官再定等，乃送詳定官啟封，閱其同異，參驗著定，始付編排官取鄉貫狀字號合之，即第其姓名差次，并試卷以聞，遂臨軒放牓焉。大抵欲考校、詳定官不獲見舉人姓名，書翰，編排官雖見姓名，而不復升降，用絶情弊。而堯佐、執中爲編排官，不詳此制，復改易其等級。翌日，內廷覆驗，多所同異，遂悉付中書，命直龍圖閣馮元、太子右諭德魯宗道閱視，仍召堯佐、執中洎考校、詳定官對辨之，堯佐等具伏。王欽若等言：『堯佐等所犯，誠合嚴譴。若屬吏議，其責甚重，請止據罪降黜。』從之。」注曰：「本志云：『先是，編排官兼詳定仍許點檢差失。是歲，分編排、詳定爲二，而堯佐、執中不詳詔意，得詳定試卷，復更升降，放及第畢，禁中參驗，多所同異。故堯佐、執中坐黜責。』與實録所載差別，今且從實録。」并引「王舉正誌堯佐墓云：『編次文卷有差舛，宰相王欽若持其事，降秩左史，司茗榷于鄂渚。』」

［七］乃起公知滑州　長編卷九六天禧四年十月己丑條載：「以前起居郎、直史館陳堯佐免持服知滑州。時三司使李士衡言『滑州方召徒築隄，堯佐素幹事，望專委之』。故有是命」。

［八］徙并州　據長編卷一〇三天聖三年三月丙子條，陳堯佐以樞密直學士徙知并州。「每汾水漲，州人憂溺，堯佐爲築堤，植柳數萬本，作柳溪亭，民賴其利」。

［九］參知政事　據長編卷一〇八天聖七年八月辛卯條云，「參知政事夏竦加刑部侍郎，復爲樞密副使，樞密副使范雍、姜遵、陳堯佐並加給事中，堯佐改參知政事。竦與（宰相吕）夷簡不相悦，故以堯佐易之」。

［一〇］明道二年罷知永興軍　按宋史陳堯佐傳云「太后崩，執政多罷，以户部侍郎知永興軍」。長編卷一一二明道二年四月己未條亦云仁宗親政，以宰執多「太后所任用，悉罷之」。

［一一］行過鄭州爲狂人所誣　長編卷一一二明道二年七月癸未條云「降知永興軍陳堯佐知廬州，爲狂人王文吉所誣也。堯佐罷政過鄭，文吉挾故怨告堯佐謀反，上遣中官訊問，復以屬御史臺。中丞范諷夜半被旨，詰旦得其誣狀上之，堯佐猶坐是左降」。

［一二］召拜同中書門下平章事　長編卷一二〇景祐四年四月甲子條載吏部侍郎、知樞密院事王隨，户部侍郎、知鄭州陳堯佐，並爲平章事，隨加門下侍郎，堯佐守本官，云「吕夷簡嘗密薦二人可用故也」。

［一三］潮州惡谿鱷魚食人至率其州民之秀者就於學　長編卷四九咸平四年八月壬子條云：「潮去京七千里，民俗鄙陋。堯佐至州，修孔子廟，作韓愈祠堂，率其民之秀者使就學。時張氏子年十六，與其母濯於惡溪，爲鱷魚所噬。堯佐以謂昔韓愈患鱷之害，以文投溪中，而鱷爲遠去，今復害人，不可不除。卒使捕得，更爲文，鳴鼓於市而戮之。潮人以比韓愈。」宋史陳堯佐傳則云：「民張氏子與其母濯于江，鱷魚尾而食之，母弗能救。堯佐聞而傷之，命二吏拏小舟操網往捕。鱷至暴，非可網得，至是，鱷弭受網，作文示諸市而烹之，人皆驚異。」

〔一四〕詰由是獲免　長編卷一〇七天聖七年三月戊寅條云：「祠部員外郎、祕閣校理陳詰知祥符縣，治嚴急，吏欲動朝廷使罪詰，乃空一縣逃去，太后果怒。而詰妻宰相呂夷簡妹也，執政以嫌不敢辨，事下樞密院，副使陳堯佐獨曰：『罪詰則奸吏得計，後誰敢復繩吏者？』詰由是獲免。」按，隆平集史陳堯佐傳云陳詰「連姻宰相呂夷簡，有欲因詰中傷夷簡者」。

〔一五〕公貶潮州其所言事蓋人臣所難言者　按長編卷四九咸平四年八月壬子條注曰：「歐陽修墓碑云『堯佐貶潮，其所言事蓋人臣所難言者』，不知何事，當考。據堯佐集，戊戌冬貶潮州。戊戌，咸平元年也」。

〔一六〕自國朝以來不試而知制誥者惟楊億及公二人而已　按避暑録話卷三云：「本朝……知制誥始亦循唐制不試。雍熙初，太宗以李文正公沆及宋湜、王化基爲之，化基上章辭不能，乃始中書並召試制誥三首，遂爲故事。其後梁周翰、薛映、梁鼎亦或不試而用，歐陽文忠公記唯公與楊文公、陳文惠公三人者，誤也。」然梁溪漫志卷二知制誥不試而命又糾葉夢得之失云：「歐陽公歸田録載知制誥不試而命者，楊文公、陳文惠及公凡三人。蓋誤也。實始於至道三年四月，真宗念梁周翰夙負詞名，令加奬擢，乃不試而入西閤。自國初以來，不試而命者，周翰實爲之首，而楊公繼之。葉少藴左丞避暑録話乃謂周翰與薛映、梁鼎亦皆不試而用。此亦誤。映、鼎蓋與大年並命者，獨大年不試而後命云。」

〔一七〕乃引漢故事至判鄭州　長編卷一二一寶元元年三月戊戌朔條載門下侍郎、平章事王隨罷爲彰信節度使、同平章事，户部侍郎、平章事陳堯佐罷爲淮康節度使、同平章事、判鄭州，户部侍郎、參知政事韓億罷歸本班，禮部侍郎、參知政事石中立罷爲户部侍郎、資政殿學士，云：「初，吕夷簡罷，密薦隨與堯佐二人爲相，其意拔引非才、居己下者用之，覬他日上意見思而復相己。及隨與堯佐、億、中立等議政，數忿爭於中書。隨尋屬疾在告，詔五日一朝，日赴中書視事，而堯佐復年高，事多不舉，時有『中書翻爲養病坊』之語。……會災異仍見，（韓）琦論隨等疏凡十上，堯佐亦先自援漢故事求策免，於是四人者俱罷。」

〔一八〕口占數十言自誌其墓　澠水燕談録卷二名臣云：「陳文惠將終前一日，自爲墓誌曰：『宋有潁川先生堯佐，字希元，道號知餘子，年八十不爲夭，官一品不爲賤，使相納禄不爲辱，三者粗備，歸息於先秦國大夫、仲兄丞相棲神之域，吾何恨哉。』」按，「年八十不爲夭」，隆平集、東都事略、宋史陳堯佐傳作「八十二」。

〔一九〕三子已貴　宋史陳堯佐傳云：「陳摶嘗謂其父曰：『君三子皆當將相，惟中子貴且壽。』後如摶言。」

名臣碑傳琬琰集上卷十六

張忠定公詠神道碑〔一〕　　忠獻公韓琦〔二〕

故樞密直學士、禮部尚書、贈左僕射張公，以魁奇豪傑之才，逢時自奮，智略神出，勳業赫赫，震暴當世，誠一世偉人也。琦向守大名①，其孫堯夫主簿元城，一日具書來告曰：「堯夫之曾祖昔事太宗、真宗朝，勤勞内外，有大名於天下。而自葬距今②，歷年多矣，墓碑之刻，闕然未立。請書其實，以表神道，固烈祖之益光也。」琦常總領史局，覩所載公之文武大節，頗亦詳矣。然其絶異之政，與夫遺愛之迹，較然著于人聽者，猶未究悉③。今得與巨賢論次而發揚之，以昭示于後世，誠所願也。

公諱詠，字復之。世本鄄人，後徙居于澶之臨黄，及公葬其先於鄄城，故爲濮之鄄城人④。曾祖諱立，祖諱

① 琦向守大名　「琦」，安陽集卷五〇張公神道碑作「某」。按，下文同。
② 而自葬距今　「距」原作「詎」，據庫本及安陽集卷五〇張公神道碑改。
③ 猶未究悉　「悉」原作「息」，據庫本及安陽集卷五〇張公神道碑改。「究」，安陽集卷五〇張公神道碑作「完」。
④ 故爲濮之鄄城人　「濮」原作「鄴」，據安陽集卷五〇張公神道碑及隆平集、東都事略、宋史張詠傳改。按宋史卷八五地理志，鄄城爲濮州屬縣。

鐸，遭唐末與五代之亂，皆潛養德業，退處無悶。父諱景，以德行自富①，鄉里稱之；公登朝，授大理評事，累贈太常卿[三]。

公少倜儻有大志，尚氣節[四]，然其爲學必本仁義②，不喜浮靡。太平興國四年秋，與忠愍寇公同赴大名舉，府議將首薦公，公以同郡張覃素有文行，既率寇公上書，請以覃爲冠，一府欽歎，遂如公言，士論多之③[五]。明年春，擢進士第[六]，授大理評事、知鄂州崇陽縣事。六年，遇郊恩，改將作監丞。雍熙初，遷著作佐郎。歲滿，權太子中允、通判麟州事。端拱籍田恩，轉秘書丞。代歸，通判相州事。公以親老辭，得監濮州稅。俄遷知開封府浚儀縣④，賜五品服。時寇公與文靖李公⑤、故樞密使宋公湜連薦其才，擢荆湖北路轉運使。淳化初，就改太常博士⑥。制置使稱其能，詔褒美之。太宗素知公可用，召還，拜虞部郎中，賜三品服。未逾旬⑦，擢爲樞密直學士[七]，知通進、銀臺司兼門下封駁事[八]，勾當三班院。時張永德爲并代帥，小校犯法，杖之而死。有詔按罪，公

---

① 以德行自富　「德」，安陽集卷五〇張公神道碑作「儒」。

② 尚氣節然其爲學必本仁義　安陽集卷五〇張公神道碑作「尚氣節，重然諾，爲學必本仁義」。

③ 士論多之　原作「士多論之」，據庫本及安陽集卷五〇張公神道碑、張乖崖集附集卷一張公神道碑改。

④ 俄遷知開封府浚儀縣　「浚儀縣」三字原脱，據安陽集卷五〇張公神道碑、張乖崖集附集卷一張公墓誌銘及東都事略、宋史張詠傳補。

⑤ 時寇公與文靖李公　「寇」字原脱，據安陽集卷五〇張公神道碑補。又，「李公」原作「吕公」，據安陽集卷五〇張公神道碑、張乖崖集附集卷一張公墓誌銘及宋史張詠傳改。按，文靖李公即李沆。

⑥ 淳化初就改太常博士　本書中集卷四四張忠定公詠行狀稱其淳化「三年，遷太常」。張乖崖集附集卷一宋故樞密學士禮部尚書贈左僕射張公墓誌銘稱「淳化四年郊禋，轉太常博士」。按，春明退朝録卷下云：「祖宗時未有磨勘，每遇郊祀等恩，皆轉官。」考宋史卷五太宗紀，淳化元年、三年皆無郊祀，四年正月「辛卯，祀天地於圜丘」。則張詠改太常博士之時當以淳化四年爲是，而非「淳化初」。

⑦ 未逾旬　本書中集卷四四張忠定公詠行狀作「再旬」，張乖崖集附集卷一張公墓誌銘作「浹旬」。

封還詔書，曰：「永德方被邊寄①，若殺一小校，遂摧辱之，臣恐帥體輕而小人慢上矣。」不納。既而果有營卒脅訴其大校者，上始悟公言，而加慰勞[九]。

四年冬，東、西兩川旱②，民飢，吏失救卹，寇大起。五年正月，賊首李順陷成都府。詔遣宣徽使王繼恩充招安使，率兵討之；復命知成都府。五月，繼恩破賊，收成都。上留公，至秋始遣行[一〇]。時關中率民負糧，以餉川師，道路不絶。公至府，問城中所屯兵尚二萬餘人③，而無半月之食。公訪知鹽價素高而有餘積④，乃下其估，使民得以米易鹽⑤。於是民争趨之，未踰月，得米數十萬斛。軍中呼曰⑥：「前所給米者皆雜糠土⑦，不可食，今一一精好，此公真善幹國事者也。」公聞而喜曰：「吾令可行矣。」時益雖收復⑧，諸郡餘盜尚充斥，繼恩恃功驕恣，日以娱樂爲事⑨，軍不戢，往往剽奪民財物。於是悉擒招安司素用事吏至庭，面數其過，將遂斬之，皆股栗求活。公曰：「汝帥聚兵玩寇，不肯出，皆汝輩爲之。今能亟白乃帥，分其兵，尚可免死。」吏呼曰：「惟公所命。兵不分，願就戮。」公釋之。繼恩即日分兵鄰州，當還京師者悉遣之[一一]，不數日，減城中兵半。既而諸軍請食馬芻

---

① 永德方被邊寄　「寄」字原脱，據安陽集卷五〇張公神道碑、張乖崖集附集卷一張公神道碑補。

② 東西兩川旱　「西」原作「南」，據安陽集卷五〇張公神道碑、張乖崖集附集卷一張公神道碑改。

③ 問城中所屯兵尚二萬餘人　「二萬餘人」，安陽集卷五〇張公神道碑及長編卷三六淳化五年九月丁丑條作「三萬人」。

④ 公訪知鹽價素高而有餘積　「而」下，安陽集卷五〇張公神道碑有「廩」字。

⑤ 使民得以米易鹽　「使」，安陽集卷五〇張公神道碑作「聽」。

⑥ 軍中呼曰　「中」下，安陽集卷五〇張公神道碑有「喜而」二字。

⑦ 前所給米者皆雜糠土　「土」原作「士」，據安陽集卷五〇張公神道碑改。

⑧ 時益雖收復　「益」字原脱，據安陽集卷五〇張公神道碑補。

⑨ 繼恩恃功驕恣日以娱樂爲事　安陽集卷五〇張公神道碑「恣」下有「不復出兵」四字，「樂」字作「燕」。

粟，公命以錢給之。繼恩詬曰：「馬不食錢，給錢何也？」公聞之，召繼恩謂曰：「今賊餘黨所在尚多，民不敢出，招安使頓兵城中不出討。芻粟民所輸，今城外皆寇也①，何由得之？」繼恩懼，即時出城討賊[一二]。公計軍食有二歲備，乃奏罷陝西運糧。上喜曰：「向益州日以乏糧爲請，詠至方逾月，已有二歲備。此人何事不能了？朕無憂矣。」公以順黨始以良民，一旦爲賊脅從，復其間有疲弱，偶掛盜籍者，當示以恩信，許其自新，即揭榜諭之。已而首者相踵，公皆釋其罪，使歸田里。一日，繼恩械賊數十人，請公行法。公詢之，悉前所許自首者，復縱之。繼恩恚而問公，公曰：「前日李順脅民爲賊，今日僕化賊爲民②，不亦可乎？」公度繼恩日横不能改，亟以狀聞，願選忠實與繼恩共事③。上命入内内侍省押班衛紹欽充同招安使[一三]，自是繼恩凶勢爲屈。未幾，二人皆召歸，就以劍門總管上官正爲招安使[一四]。順之餘黨，公撫安于内，正擒討于外，再閱月而兩川平。

至道二年，改兵部郎中。繼丁父與母新昌郡太夫人憂④，皆起復。三年秋，西川都巡檢使韓景祐爲所部廣武卒劉旴所逐⑤，遂率衆掠懷安軍，破漢州。公方與僚屬會大慈寺，報至，飲晏如故，舉城憂之。賊又掠邛、蜀，將趨益。適會客，報者愈急，公復不問。其夕，始召上官正謂曰：「賊始發不三四日破數郡，勢力方鋭，不可擊。

---

① 今城外皆寇也　「外」原作「内」，據安陽集卷五〇張公神道碑改。

② 今日僕化賊爲民　「僕」字原闕，據安陽集卷五〇張公神道碑補。又，東都事略、宋史張詠傳作「今日吾化賊爲民」，長編卷三六雍熙五年九月「是月」條作「今日詠與公化賊爲民」。

③ 願選忠實與繼恩共事　安陽集卷五〇張公神道碑於「忠實」下有「可倚者」三字、「共事」下有「庶不敢獨任」五字。

④ 繼丁父與母新昌郡太夫人憂　「郡」原作「縣」，據安陽集卷五〇張公神道碑及本書中集卷四四張忠定公詠行狀、張乖崖集附集卷一宋故樞密學士禮部尚書贈左僕射張公墓誌銘改。又「太夫人」下，安陽集卷五〇張公神道碑有「謝氏」二字。

⑤ 西川都巡檢使韓景祐爲所部廣武卒劉旴所逐　「劉旴」，長編卷四一至道三年八月乙巳條及宋史卷六真宗紀、卷三〇八上官正傳作「劉旰」。

今人得所掠，氣驕，敢逼吾城，乃送死耳。請出兵，比至方井當遇賊，破之必矣。」正即受教，及行，公爲出送于郊，激其盡力[一五]。正至方井，果遇賊，一戰斬旰①，餘黨盡平。衆益服公料敵制勝，人所不及。

真宗即位，遷左諫議大夫。咸平初，就拜給事中，充户部使，改御史中丞。承天節，大臣主齋會，被酒不如禮，公彈糾之無所憚[一六]。二年，與温公仲舒同知貢舉，俄以工部侍郎知杭州軍事②。時歲飢，民冒禁販鹽，捕獲者數百人，公悉寬其罰。官屬抗言不可，公曰：「錢塘十萬家，餓殍如此，若鹽禁益嚴，則聚而爲盜，患益甚矣。俟秋成敢爾，當痛以法繩之。」境内卒以無擾。歲將滿，杭人詣闕請留，有詔褒其善政。五年冬，改知永興軍事。

初，公之自蜀還也，詔以諫議大夫牛冕代公。公聞之曰：「冕非撫御才，其能綏輯乎？」始踰年，果致神衛大校王均之亂[一七]，逐冕，據益州。後雖討平之，而民尚未寧。會益守馬公知節守延安③，上以公前治蜀，長於安集，威惠在人，復以公爲樞密直學士、知益州事，遷刑部侍郎。蜀民聞之，皆鼓舞相慶，如赤子久失父母，而知復來鞠我也。公知民信己，易嚴以易，凡一令之下，人情無不慰愜，蜀始復大治。轉運使黄觀以政迹聞，賜詔嘉獎，就改吏部侍郎。時命謝濤鑄景德大錢于嘉、邛州④[一八]，一當小鐵錢十、銅錢一，于今便之。

景德三年召還，復掌三班院，兼判登聞鼓院。中歲瘍生于頭，不能巾櫛，求知潁州。上以公名臣⑤，有人望，兩守

---

① 一戰斬旰　「旰」下，安陽集卷五〇張公神道碑有「首」字。

② 俄以工部侍郎知杭州軍事　按「知杭州軍事」，據宋制當稱「知杭州軍州事」，「軍」下當脱一「州」字。

③ 會益守馬公知節守延安　「守」，安陽集卷五〇張公神道碑作「徙」。

④ 時命謝濤鑄景德大錢于嘉邛州　「時命謝濤」，安陽集卷五〇張公神道碑作「命謝濤巡撫于蜀，上遣濤謝公曰：『得卿在蜀，朕不復有西顧之憂。』因詔公與濤議」。

⑤ 上以公名臣　「臣」原作「存」，據安陽集卷五〇張公神道碑改。

益部，政無及者，不當屈於小郡，以真定府、青州皆大鎮也，聽公自擇，公皆不就。上曰：「昇州可乎？」公即拜命。大中祥符元年，東封恩轉尚書左丞。時金陵多火災，居者不安，公廉知姦人所爲，潛捕得之，乃命先折其脛，斬之以徇，火患遂絶。中使祠茅山還，言城中有黄雀蔽日而墜，空中聞水聲，上視占書主民勞，謂輔臣曰：「但守臣得人，此固無患。今詠在彼，又何虞也？」三年春，秩滿，昇民請留，遷工部尚書再任。以江東旱，兼昇宣等十州安撫使。祀汾陰，兼禮部尚書①。以瘍疾甚，上章求分司西京②。上聞之③，即令代還[一九]。不能朝④，懇請便郡，遂知陳州事[二〇]。終于八年八月一日[二一]，年七十。上嘗言公有將相器，以疾未及用，至是大痛惜之，命優贈以官。仁宗朝追謚忠定。

公天性正直，濟以剛果，始終挺然，無所屈撓。自力學筮仕，則有澤及天下之心，而以富貴爲薄。逸人傅霖，高蹈之士，與公善⑤。公嘗與夜會劇談，時諸鄰多病瘧，前一夕頓愈。逮登第，與傅詩有「巢由莫相笑，心不爲輕肥」之句，此見公之志也⑥。嘗訪三峯，陳摶一見公，厚遇之，顧謂弟子曰：「此人於名利澹然無情，達必爲公卿，不達爲帝王師[二二]。」其爲高人推重如此。早學擊劍，遂精其術，兩河間人無敵者。平生勇於爲義，遇人急難，苟情有可哀，必極力以濟，無所顧惜。當官凡所施設，動有遠識，始時人或不察⑦，其後卒有大利，民感無窮。至自

---

① 祀汾陰兼禮部尚書　安陽集卷五〇張公神道碑作「祀汾陰恩加禮部尚書」，當是。

② 上章求分司西京　「西京」原作「東西京」，據安陽集卷五〇張公神道碑删「東」字。按，張乖崖集附集卷一宋故樞密學士禮部尚書贈左僕射張公墓誌銘亦作「求分司洛下」。

③ 上聞之　「聞」，安陽集卷五〇張公神道碑作「閔」。

④ 不能朝　「朝」原作「請」，據安陽集卷五〇張公神道碑改。

⑤ 與公善　「善」，安陽集卷五〇張公神道碑作「素善」。

⑥ 此見公之志也　「志」原作「權」，據安陽集卷五〇張公神道碑改。

⑦ 始時人或不察　「不察」，安陽集卷五〇張公神道碑作「不能測」。

奉養，逮于服玩之具，則寡薄儉陋[一三]，雖寒士之不若也。公退闢静室，焚香燕坐，聚書萬卷，往往手自校正，旁無聲色之好。臨事明決，出人意外①。凡斷罪以辭者，人皆集録，于今傳之[一四]。在餘杭，有富民病將死，子方三歲，乃命壻主其貲，而與壻遺書曰：「他日欲分財，即以十之三與子，而以七與壻。」子時長立，果以財爲訟，以其遺書詣府②，請如元約。公閲之，以酒酹地曰：「汝之婦翁，明智人也。時以子幼，故以此屬汝，不然，子死汝手矣。」乃命其財三與壻，而子與其七，皆泣謝而去，服公明斷。

前後治蜀，愛利之政，不可悉紀。舉其大者，則公嘗以蜀地素狹，游手者衆，事寧之後，生齒日繁，稍遇水旱，則民必艱食。時米斗直錢三十六，乃按諸田税③，使如其價，歲折米六萬斛，至春籍城中細民，計口給券，使輸元估糴之，奏爲永制。逮今七十餘年，雖有災饉，米甚貴，而益民無餒色者，公之賜也[一五]。蜀之風尚侈，好游樂，公從其俗，凡一歲之内游觀之所，與夫飲饌之品，皆著爲常法。後人謹而從之則治，違之則人情不安，輒以累罷去。嘗寫其真，自號乖崖子，復自爲贊曰：「乖則違衆，崖則違物④，『乖崖』之名，聊以表德。」及公之亡也，蜀人聞之，皆罷市號慟，得公遺像，置天慶觀⑤，建大齋會，事之如生，至今不解。昔召公之分陝而治，民愛而思之，嘗聽訟于棠下，戒勿翦勿伐；羊公在襄陽，立碑峴首，民戴遺德⑥，過碑輒愴淚。後歷千餘歲，能繼其風，凛然如存，公一人而已。

---

① 出人意外　「人」原作「入」，據清鈔本及安陽集卷五〇張公神道碑改。
② 以其遺書詣府　「以」，安陽集卷五〇張公神道碑作「婿持」。
③ 乃按諸田税　「諸」，安陽集卷五〇張公神道碑作「諸邑」，似是。
④ 崖則違物　安陽集卷五〇張公神道碑及青箱雜記卷一〇作「崖不利物」，宋朝事實類苑卷九引湘山野録作「崖則絶物」。
⑤ 置天慶觀　「天慶觀」下，安陽集卷五〇張公神道碑有「之仙遊閣」四字。
⑥ 民戴遺德　「遺德」原作「道德」，據安陽集卷五〇張公神道碑改。

公有清望①，善臧否人物[二六]。公凡所薦辟方廉恬退之士，嘗曰：「彼好奔競者將自得之，何假告舉？」益不貢士者幾二十年②[二七]，公察郡人張及、李畋、張逵者皆有學行，鄉里所服，遂延獎如禮③，敦勉就舉。後三人悉登科，歷美官[二八]。於是兩川學者知勸，文風益振，由公之誘掖也。文章雄傑有氣骨④，稱其爲人。嘗爲聲賦，梁公周翰覽而歎曰：「二百年不知此作矣。」有文集十卷[二九]。

以天禧四年八月二十九日，葬于陳州之宛丘縣村[三〇]。夫人唐氏，先公而亡；繼王氏⑤，封太原夫人⑥，天禧六年終于陳之私第⑦。子從質，衛尉寺丞，公亡未踰月，哀毁而卒。一女，適翰林王公禹偁⑧。孫四人：約，奉禮郎；綜，駕部郎中；綽，衛尉寺丞；紳，達州石鼓縣令⑨。曾孫二人：堯夫，大理寺丞；堯民，邢州

① 公有清望　「望」，安陽集卷五〇張公神道碑作「鑒」。

② 益不貢士者幾二十年　「年」下，安陽集卷五〇張公神道碑有「學校頽替」四字。

③ 遂延獎如禮　「如」，安陽集卷五〇張公神道碑作「加」，義長。

④ 文章雄傑有氣骨　「雄傑」，安陽集卷五〇張公神道碑作「雄健」。

⑤ 繼王氏　「王氏」下，安陽集卷五〇張公神道碑有「故河陽三城節度使、同中書門下平章事顯之女」十九字。

⑥ 封太原夫人　「太原」下，安陽集卷五〇張公神道碑有「郡」字。

⑦ 天禧六年終于陳之私第　按，自「第」以下至本碑文末，底本錯置於中集卷一六，據鐵琴銅劍樓本、庫本等改正。又，「六年」，安陽集卷五〇張公神道碑作「三年」，張乖崖集附集卷一張公墓誌銘作「二年」。據本書中集卷四四張忠定公詠行狀稱其「後公三年而殁」，因張詠卒於大中祥符八年，後三年即天禧二年，故當以「二年」爲是。又按，天禧年號止五年。

⑧ 適翰林王公禹偁　安陽集卷五〇張公神道碑、張乖崖集附集卷一張公墓誌銘、本書中集卷四四張忠定公詠行狀皆作適王禹偁子奉禮郎嘉祐，則「禹偁」下當有脱字。

⑨ 達州石鼓縣令　「達州」原作「建州」，按宋史卷八七地理志五，石鼓縣乃達州屬縣，熙寧七年省。據改。

龍崗縣令①。銘曰：

太行峙朔，洪河瀉天②。河山之間，實生大賢。賢不徒出，惟聖偶然。發爲事業，文武之全。兩治巴蜀，荐綏南夏。易地以寧③，節荒而化。夫惟管蕭，尚足王伯。如公之才，不宰天下；而俾惠澤，止濡一方。錫民父母，爲國棟梁④。有煒公績，日星之光。何假斯文，始傳其芳？

辨證：

[一]張忠定公詠神道碑　本碑文又載於韓琦安陽集卷五〇、張乖崖集附集卷一，題曰「故樞密直學士禮部尚書贈左僕射張公神道碑」。按，張詠，隆平集卷一三、東都事略卷四五、宋史卷二九三有傳，本書中集卷四四載有宋祁張忠定公詠行狀，張乖崖集附集卷一載有錢易故宋樞密直學士禮部尚書贈左僕射張公墓誌銘。

[二]韓琦　琦（一〇〇八～一〇七五年）字稚圭，相州安陽人。天聖五年進士，官至同平章事。謚曰忠獻。東都事略卷六九、宋史卷三一二有傳，本書上集卷一載有神宗兩朝顧命定策元勳之碑、中集卷四八載有李清臣韓忠獻公琦行狀。

[三]公登朝授大理評事累贈太常卿　張乖崖集附集卷一故宋樞密直學士禮部尚書贈左僕射張公墓誌銘云張景「先以公爲秘書丞時，授大理評事致仕；淳化四年秋卒，以公貴，累贈太常卿」。

---

① 邢州龍崗縣令　「龍崗縣」原作「童崗縣」，按宋史卷八七地理志二、記纂淵海卷二二載邢州屬縣有龍岡縣，宣和二年改名邢臺縣，此處稱「童崗縣」誤，據改。又，自「孫四人」至「邢州龍崗縣令」，安陽集卷五〇故樞密直學士禮部尚書贈左僕射張公神道碑僅作「孫幾人某爲某官」。

② 洪河瀉天　「瀉天」原作「寫文」，據庫本及安陽集卷五〇張公神道碑改。

③ 易地以寧　「地」，安陽集卷五〇張公神道碑作「亂」。

④ 爲國棟梁　「爲」，安陽集卷五〇張公神道碑作「遺」。

〔四〕公少倜儻有大志尚氣節　按聞見近録云：「張乖崖布衣時客長安旅次，聞鄰家夜聚哭甚悲，訊之，其家無它故。乖崖詣其主人，力叩之，主人遂以實告曰：『某在官失不自慎，嘗私用官錢，爲家僕所持，欲娶長女。拒之則畏禍，從之則女子失身。約在朝夕，所以舉家悲泣也。』乖崖明日至門首，候其僕出，即曰：『我白汝主人，假汝至一親家。』僕遲遲，强之而去。出城使導馬前，至崖間，即疏其罪，僕倉皇間以刃揮，墜崖中。歸告其鄰曰：『盛僕已不復來矣，速歸汝鄉，後當謹於事也。』」龍川别志卷下云張詠「少時尚氣節，喜飲酒」。

〔五〕士論多之　儒林公議云：「張詠在白士間，意概不群。秋試求薦於大名，上書公府曰：『昨日公府試罷，群口騰議，以詠名在張覃之右。且覃内寔敏直，外示謙和，樂貧著書十五年，未嘗一日變節，事繼母恭懼，猶初授教時，一家熙熙有若太和之俗。且魏大都也，萬人同辭，謂之君子。』聞者無不佳詠善讓，謂可以勸薄俗。」厚德録卷二云：「張忠定公言：『吾頃與今相寇公、南陽張覃，取大名府解試罷，衆謂吾名居張覃之右。吾上府帥書，言覃之德行於鄉里，有古人風，將以某之文近覃之文，則未知覃之行遠某之萬萬矣。』遂薦覃爲解元。公曰：『士君子當以德義相先，不然未足爲士矣。』」

〔六〕明年春擢進士第　宋史張詠傳云其於太平興國五年登進士乙科。

〔七〕擢爲樞密直學士　長編卷三四淳化四年七月己酉條云：太宗「一日御筆飛白書（向）敏中及虞部郎中鄄城張詠姓名，付宰相曰：『此二人名臣也，朕將用之。』左右因稱其材」，故並命爲樞密直學士。

〔八〕知通進銀臺司兼門下封駁事　長編卷三四淳化四年八月癸酉條云：「通進、銀臺司舊隸樞密院，凡内外奏覆文字必關二司，然後進御，外則内官及樞密院吏掌之，内則尚書内省籍其數以下有司，或行或否，得緣而爲姦，禁中莫知，外司無糾舉之職。樞密直學士向敏中初自嶺南召還，即上言：『通進、銀臺司受遠方疏多不報，恐失事幾。請别置局署，命官專涖，較其簿籍，以防壅遏。』上嘉納之。癸酉，詔以宣徽北院廳事爲通進、銀臺司，命敏中及張詠同知二司公事，凡内外奏章案牘，謹視其出入而勾稽焉，月一奏課，事無大小，不敢有所留滯矣。發敕司舊隸中書，尋令銀臺司兼領之。」

〔九〕上始悟公言而加慰勞　東都事略張詠傳稱其時「詠復引前事爲言，太宗乃改容勞之」。

〔一〇〕上留公至秋始遣行　長編卷三六淳化五年九月條云：太宗「以蜀寇未平」，參知政事蘇易簡薦樞密直學士張詠「可屬四川事，詔詠知益州。既而留半歲不行」，至九月「始命赴部。上面諭之曰：『西川亂後，民不聊生，卿往，當以便宜從事。』」注曰：「詠知益州在九月，不得其日也。……張詠集乃云至道元年春正月受命，夏四月二十八日供職。茅亭客話亦載詠詩年月，與諸書不同，蓋誤。詠自作詩記年月，不應亦誤，恐傳寫錯謬爾。至道元年正月，則詠已在成都矣。」

[一一]繼恩即日分兵鄰州當還京師者悉遣之　按長編卷三六淳化五年九月末附注曰：「韓琦作詠神道碑云：『王繼恩縱軍士剽奪民財，詠召繼恩用事吏，面數其過，將斬之，吏股栗求活，詠赦之，因令勸繼恩分屯兵，繼恩即自分兵屯鄰州，當還京師者遣之。』此事固善，但恐不然。詠誅繼恩帳下卒，猶不欲與繼恩失歡，若果如此，則嫌隙顯矣。且見琦載詠在蜀事或先後失其序，今不取之。」又十二月辛巳條云：「王繼恩御軍無政，其下恃功暴橫，張詠恐軍還日或有意外之變，乃密奏請遣心腹近臣可以彈壓主帥者，亟來分屯師旅。辛巳，命樞密直學士張鑑、西京作坊副使馮守規偕往，召對後苑門，面授方略。……鑑至成都，繼恩猶偃蹇，不意朝廷聞其縱肆。鑑之行，上付以空名宣頭及廷臣數人，鑑與詠即遣部戍兵出境，繼恩麾下使臣亦多遣東還，督繼恩等討捕殘寇，而鑑等招輯反側，蜀民始奠枕矣。」

[一二]繼恩懼即時出城討賊　長編卷三六淳化五年九月「是月」條云：「時四郊尚多賊壘，城門晝閉，王繼恩日務宴飲，不復窮討。官支芻粟飼馬，詠但給以錢。繼恩怒曰：『國家征馬，豈食錢耶？』詠曰：『城中草場，賊既焚蕩，芻粟當取之民間。公今閉門高會，芻粟何從而出？若開門擊賊，何慮馬不食粟乎？』詠已具奏矣。』繼恩乃不敢言。會衛紹欽亦以詔書來督捕餘寇，繼恩始令兵四出。」

[一三]上命入内内侍省押班衛紹欽充同招安使　按長編卷三六淳化五年九月條注曰：「李畋作張詠語録云：『川界既安，兵未凱旋，主帥頗有驕色，詠奏乞遣心腹近臣可以彈壓主帥者，然後抽兵。尋詔衛紹欽爲同捉賊招安使。』韓琦作神道碑，亦載此事，與畋同。按張詠知益州，實録偶失其月日，檢照他書在九月，然則詠與紹欽蓋相先後入川爾。上依詠所乞，遣張鑑、馮守規來，乃十二月事。畋于詠，門人也，記事乃爾謬誤，恐貽人惑，故爲明辨之。」

[一四]就以劍門總管上官正爲招安使　宋史卷五太宗紀載至道元年十一月，以峯州團練使上官正、右諫議大夫雷有終並爲西川招安使，「召王繼恩歸闕」。按「總管」，宋朝事實類苑卷一四張乖崖引張乖崖語録作「部署」，此乃避英宗諱改。

[一五]公爲出送于郊激其盡力　長編卷四一至道三年八月庚申條云上官正「始無出兵意，知益州張詠以言激正，勉其親行，仍盛爲供帳餞之。酒酣，舉爵謂諸軍校曰：『爾曹俱有親弱在東，蒙國厚恩，無以報，此行當亟殄賊，無使逃逸。若師老曠日，即此地還爲爾死所矣。』正由是倍道力戰」。又八月乙巳條云：「時益州鈐轄馬知節亦兼諸州都巡檢，領兵三百，追旴至蜀州，與之角鬬，自未至亥，賊

懼走邛州。招安使上官正飛書召知節還成都計議，知節曰：『賊黨已踰三千，若破邛州，必越新津大江，去我九十里，官軍雖倍，制之亦勞，不如出兵迎擊，破之必矣。』即率所部夜渡江，屯方井鎮，與賊遇，而正亦尋領軍至，共擊斬盱，其黨悉平。」

［一六］承天節大臣主齋會被酒不如禮公彈糾之無所憚　長編卷四七咸平三年十一月辛卯條云是日「日南至，群臣朝會，（平章事張）齊賢被酒，冠弁欹側，幾顛仆殿上。御史中丞劾齊賢失儀，齊賢自陳因感寒，飲酒禦之，遂至醉，頓首謝罪。上曰：『卿爲大臣，何以率下？朝廷自有典憲，朕不敢私。』甲午，齊賢罷守本官。」注曰：「張詠傳云：『詠爲御史中丞，承天節齋會，丞相大僚有酒失者，詠彈奏之。』丞相大僚，疑即齊賢也。然詠咸平二年四月已出知杭州，魏庠實代之，而庠傳乃不載其嘗有彈奏，不知何也。」按，碑文此處所載乃咸平元年承天節宴飲事，與長編所載咸平三年「日南至，群臣朝會」云云，實非一事。

［一七］果致神衛大校王均之亂　長編卷四五咸平二年十二月末云：「西川自李順平後，人心未寧。益州鈐轄、鳳州團練使符昭壽，彥卿之子也，驕恣，不親戎務，有所裁決，但令僕使傳道。多集錦工，織作纖麗，所須物輒配市人齎納，踰半歲不給其直，又縱部曲掠取之。廣羅稻麥，敗，即勒僧道備償。僕使乘勢陵忽軍校，其下皆怨。知州、右諫議大夫牛冕寬弛無政事。時神衛軍戍成都者兩指揮，都虞候王均及董福分主之。福御衆整肅，故所部優贍，均好飲博，軍裝悉以給費。是月甲子，冕與昭壽大閱於東郊，蜀人喜遊觀，兩軍衣服鮮弊不等，均所部皆慚憤，出不遜語。戊寅晦，冕具酒肴犒其牙隊，而昭壽則無所設，軍士益忿，故趙延順等八人謀作亂。」卷四六咸平三年正月己卯條云：「有中使自峨眉山還京師，符昭壽戒馭吏具鞍馬，將出送之。延順等乃悉解厩中馬韁，使跳躍庭下，陽逐而縶之，喧呼之際，延順遂帥其徒，徑登廳事，擊殺昭壽，并殺其二僕，據甲仗庫，取兵器。時冕方坐州廨受官吏賀正，聞變皆逃竄，冕及轉運使張適縋城出奔漢州，惟都巡檢使劉紹榮冒刃格鬥，既而衆寡不敵。延順等尚未有主，或欲奉紹榮爲帥者，紹榮攝弓大罵曰：『我燕人也，比棄狄歸朝，肯與汝同逆邪？亟殺我，我寧死義耳！』延順等亦未敢害之。都監王澤聞變，召王均謂曰：『汝所部兵亂，盍自往招安？』延順左執昭壽首，右操劍，彷徨未知所適，忽見均至，即率衆踴躍，奉均爲主。指揮使孫進不從命，亟殺之。餘兵及驍猛、威武軍悉合而爲亂，紹榮縊死。均僭號大蜀，改元化順，署置官稱，設貢舉，以神衛小校張鍇爲謀主。」

［一八］時命謝濤鑄景德大錢于嘉邛州　按玉壺清話卷六云：「張尚書詠再知益州，轉運使黃觀以治狀條奏，下詔褒美。時賊鋒方斂，紀綱過肅，蜀民尚懷擊柝之惴，而嘉、邛二州新鑄景德大鐵錢，利害未定，橫議蜂起，朝廷慮之。遣謝賓客濤爲西川巡撫，上臨軒諭之

曰：『詠之性剛決强勁，卿之性仁明和恕，卿往濟之，必無遺策。宜以朕意諭詠：「賴卿在彼，朕無西顧之憂，每事宜與濤協心精議，副朕倚屬。」』謝公至蜀，明宣寬詔，尚書公抃蹈泣拜，舉率從稟，竝嚮撫勞，西蜀遂安。」又長編卷五九景德二年二月庚辰條云：「先是，益、邛、嘉、眉等州歲鑄錢五十餘萬貫，自李順作亂，遂罷鑄，民間錢益少，私以交子爲市，姦弊百出，獄訟滋多。乃詔知益州張詠與轉運使黄觀同議於嘉、邛二州鑄景德大鐵錢，如福州之制，每貫用鐵三十斤，取二十五斤八兩成，每錢直銅錢一、小鐵錢十，相兼行用，民甚便之。」

〔一一九〕即令代還　長編卷七八大中祥符五年八月壬寅條云：「知昇州張詠頭瘍甚，飲食則楚痛增劇。御下急峻，賓僚少不如意者，動加詬詈。通判成悦爲吏勤事，而詠性躁果，刑訟多出獨斷，悦嘗以法規正，無所阿順，詠不禮焉，人頗少之。詠累求分務西洛，壬寅，命工部侍郎、集賢院學士薛映代之。」

〔一二〇〕遂知陳州事　宋史張詠傳云其「以疾未見，恨不得面陳所蘊，乃抗論言：『近年虚國帑藏，竭生民膏血，以奉無用之土木，皆賊臣丁謂、王欽若啓上侈心之爲也。不誅死，無以謝天下。』章三上，出知陳州」。東都事略張詠傳略同。

〔一二一〕終于八年八月一日　長編卷八五大中祥符八年八月癸未條云：「詠臨終奏疏，言『不當造宫觀，竭天下之財，傷生民之命。此皆賊臣丁謂誑惑陛下。乞斬謂頭置國門以謝天下，然後斬詠頭置丁氏之門以謝謂』。上亦不以爲忤云。」

〔一二二〕此人於名利澹然無情達必爲公卿不達爲帝王師　按青箱雜記卷一〇云：「公（張詠）布衣時素善陳摶，嘗因夜話謂摶曰：『某欲分先生華山一半住得無？』摶曰：『餘人則不可，先輩則可。』及旦取别，摶以宣毫十枝、白雲臺墨一劑、蜀牋一角爲贈。公謂摶曰：『會得先生意，取某入鬧處去。』曰：『珍重。』摶送公回，謂弟子曰：『斯人無情於物，達則爲公卿，不達爲王者師。』公常感之，後尹蜀，乘傳過華陰，寄摶詩曰：『性愚不肯林泉住，强要青流擬致君。今日星馳劍南去，回頭慚愧華山雲。』」

〔一二三〕至自奉養逮于服玩之具則寡薄儉陋　長編卷八五大中祥符八年癸未條云張詠「素以介潔著稱，晚年在陳州，頗營市産業，或侵刻細民，時論惜之」。隆平集張詠傳略同。

〔一二四〕凡斷罪以辭者人皆集録于今傳之　按，見張乖崖集卷一二、卷一三語録。

〔一二五〕時米斗直錢三十六至公之賜也　東齋記事卷四云：「張尚書詠在蜀時，米㪷三十六文，絹疋三百文。公計兵食外，盡令輸絹。米之餘者，許城中貧民買之，歲凡若干，貧民頗不樂。公曰：『他日當知矣。』今米㪷三百，絹疋三貫，富人納貴絹，而貧人食賤米，皆以當時價，於官無所損益，而貧富乃均矣。此張公之惠，於蜀之人懷思之不能已也。」按，本書上集卷一〇韓獻肅公絳忠弼之碑云：「初，張尚書詠給券糴鹽米惠貧户，歲久皆轉入富人。公（韓絳）廢舊券，别以券予貧民，因奏凡三歲視貧富輒改易券。」

〔二六〕善臧否人物　東軒筆録卷一〇云：「有范延貴者爲殿直，押兵過金陵，張忠定公詠爲守，因問曰：『天使沿路來，還曾見好官員否？』延貴曰：『昨過袁州萍鄉縣，邑宰張希顔著作者，雖不識之，知其好官員也。』忠定曰：『何以言之？』延貴曰：『自入萍鄉縣境，驛傳橋道皆完葺，田萊墾闢，野無墮農，及至邑則鄽肆無賭博，市易不敢誼爭，夜宿邸中，聞更鼓分明，以是知其必善政也。』忠定大笑曰：『希顔固善矣，天使亦好官員也。』即日同薦于朝，希顔後爲發運使，延貴亦閤門祗候，皆號能吏也。」

〔二七〕益不貢士者幾二十年　按宋朝事實類苑卷五七引張乖崖語録云：「蜀中士子，舊好古文，不事舉業，迨十五年，無一預解名者。」

〔二八〕後三人悉登科歷美官　東齋記事卷四云：「初，蜀人雖知向學，而不樂仕宦。張公詠察其有聞於鄉里者，得張及、李畋、張逵，屢召與語民間事，往往延入卧内，從容欵曲，故公於民情無不察者，三人之佐也。其後三人皆薦於朝，俱爲員外郎，而蜀人自此寖多仕宦也。」

〔二九〕有文集十卷　晁志卷一九著録張乖崖集十卷，宋史卷二〇八藝文志七著録張詠集十卷；又陳録卷一七著録乖崖集十二卷、附録一卷，并云：「近時郭森卿宰崇陽，刻此集，舊本十卷，今增廣并語録爲十二卷。」

〔三〇〕葬於陳州之宛丘縣村　張乖崖集附集卷一宋故樞密學士禮部尚書贈左僕射張公墓誌銘云「權葬於陳州宛丘縣孝悌鄉謝村里」。

曾諫議大夫致堯神道碑①〔一〕　文忠公歐陽脩

公諱致堯，字某②，撫州南豐人也。少知名江南，當李氏時，不就鄉里之舉〔二〕。李氏亡，太平興國八年舉進

① 曾諫議大夫致堯神道碑　按，底本錯置此碑文於中集卷一六，據鐵琴銅劍樓本、庫本改移。又底本有「命舉人以官」至「福禄來叢」一葉，乃中集范鎮宋諫議敏求墓誌銘中文字，錯置於此，今改移至宋諫議敏求墓誌銘。

② 字某　按，東都事略、宋史曾致堯傳稱其字正臣。

士及第，爲符離主簿。累遷光祿寺丞、監越州酒稅。數上書言事，獻文章。太宗奇之，召拜著作佐郎、直史館。使行視汴河漕運，稱旨[三]，遷秘書丞，爲兩浙轉運使[四]。

諫議大夫魏庠知蘇州，恃舊恩，多不法，吏莫敢近，公劾其狀以聞。太宗驚曰：「是敢治魏庠，可畏也。」卒爲公罷庠。洛苑使楊允恭以言事見幸，無不聽，事有下公，常厝不行。允恭以訴，太宗遣使者問公，公具言其不可。公既繩其大而人所難者，至其小易，則務爲寬簡①。歲終，其課爲最[五]，徙知壽州。壽近京師，諸豪大商交結權貴，號爲難治。公居歲餘，諸豪斂手，莫敢犯公法[六]，人亦莫見其以何術而然也。公於壽尤有惠愛，既去，壽人遮留數日，以一騎從二卒逃去。過他州，壽人猶有追之者。再遷主客員外郎，判三司鹽鐵勾院[七]。

是時，李繼捧以銀夏五州歸朝廷[八]，其弟繼遷亡入磧中爲寇。太宗遽遣繼捧往招之，至則誘其兄以陰合，卒復圖而囚之。自陝以西，既苦兵矣。真宗初即位，益欲來以恩德，許還其地，使聽約束。公獨以謂繼遷反覆，不可予[九]。繼遷已得五州，後二年果叛，圍靈武。議者又欲與之[一〇]，公益爭爲不可。言雖不從，真宗知其材，將召以知制誥，而大臣有不可者，乃已[一一]，出爲京西轉運使②。

王均伏誅，奉使安撫西川，誤留詔書于家。其副潘惟岳教公上言「渡吉栢江③，舟破亡之」以自解，公曰：「爲臣而欺其君，吾不能爲也。」乃上書自劾，釋不問。其後惟岳入見禁中，道蜀事，具言公所自劾者，真宗嗟歎久之。

---

① 則務爲寬簡　「寬簡」原作「寬盬」，據庫本及居士集卷二〇曾公神道碑銘改；清抄本作「寬明」。

② 出爲京西轉運使　「京西」原作「西京」，據居士集卷二〇曾公神道碑銘及王安石曾諫議致堯墓誌銘、東都事略曾致堯傳改。

③ 其副潘惟岳教公上言渡吉栢江　「潘惟岳」當作「潘惟吉」，據宋史卷二五八潘美傳，其乃潘美侄。長編卷四九咸平四年八月丁卯條即云「命户部員外郎直史館曾致堯、太常博士王勵、供備庫使潘惟吉、通事舍人焦守節分往川、峽諸州提舉軍器，察官吏之能否」。按，下文「惟岳」同。

繼遷兵既久不解，丞相張齊賢經略環慶以西，署公判官以從。公曰：「西兵十萬，皆屬王超。超材既不可專任，而兵多勢重，非易可指麾。若不得節度諸將，事必不集。」真宗難其言，爲詔陝西聽經略使自發兵而已。公度言終不合，乃辭行。會召賜金紫，公謝曰：「臣嘗言丞相某事未効，不敢受賜。」由是貶黄州團練副使[一二]。公已貶，而王超兵敗，繼遷破清遠軍，朝廷卒亦棄靈州。

公貶逾年，復爲户部員外郎、知泰州①。丁母憂，服除，拜吏部員外郎、知泉州，徙知蘇州[一三]，又徙知揚州。上疏論事，語斥大臣尤切，當時皆不悦[一四]，又徙知鄂州。坐知揚州誤入添支俸多一月[一五]，雖嘗自言，猶貶監江寧府酒税。用封禪恩，累遷户部郎中。大中祥符五年五月某日卒于官②，享年六十有六。遺戒「無以佛污我」，家人如其言。

公之曾祖諱某，某官；曾祖妣某氏，某縣君。祖諱某，某官；祖妣某氏，某縣君。考諱某，某官；妣某氏，某縣君。子男七人，曰某。女若干人。用其子易占恩，再遷右諫議大夫。初葬南豐之東園，水壞其墓，某年月日，改葬龍池鄉之源頭。慶曆六年夏，其孫鞏稱其父命以來請曰：「願有述。」遂爲之述曰：

維曾氏始出於鄫，鄫爲姒姓之國，微不知其始封。春秋之際，滅鄫而子孫散亡③。其在魯者，自别爲曾氏。蓋自鄫遠出於禹，歷商周千有餘歲，常微不顯。及爲曾氏，而蒧④、參、元、西始有聞于後世。而其後又晦，復千有餘歲而至於公。夫晦顯常相反覆，而世德之積者久，則其發也，宜非一二世而止。矧公之有不得盡施，而有以

① 復爲户部員外郎知秦州　「泰州」原作「秦州」，據居士集卷二〇曾公神道碑銘及王安石曾諫議致堯墓誌銘、東都事略、宋史曾致堯傳改。

② 大中祥符五年五月某日卒于官　「某日」，王安石曾諫議致堯墓誌銘作「二十日」。

③ 滅鄫而子孫散亡　「滅」上，居士集卷二〇曾公神道碑銘有「莒」字。

④ 而蒧　「蒧」原作「箴」，據庫本、居士集卷二〇曾公神道碑銘及史記卷六七仲尼弟子列傳改。

遺其後世乎？是固不宜無銘者矣。公當太宗、真宗時，言事屢見聽用[一六]，自言西事，不合而出，遂以卒于外。然在近所言①，如在朝廷而任言責者，至其難言，則人有所不敢言者。余於其論議既不能盡載，而亦有所不得載也。取其初不見用、久而益可思者特詳焉，所以見公之志也。銘曰：

公於事明，由學而知。先知逆決，有若蓍龜。告而不欺，不顧從違。初雖不信，後必如之。公所論議，敢人之難。古稱君子，有德有言。德蓄不施，言猶可聞。銘而不朽，公也長存。

辨證：

[一] 曾諫議大夫致堯神道碑　本碑文又載於歐陽修居士集卷二〇，題曰「尚書户部郎中贈右諫議大夫曾公神道碑銘」。按，曾致堯，東都事略卷四八、宋史卷四四一有傳，本書中集卷二載有王安石曾諫議致堯墓誌銘。

[二] 當李氏時不就鄉里之舉　按王安石曾諫議致堯墓誌銘云「李氏有江南，上公進士第一，不就」。

[三] 使行視汴河漕運稱旨　王安石曾諫議致堯墓誌銘云：「使自汴至建安軍行漕，詔曰：『凡三司、州軍事有不中理者，即驗之。』最鈎得匿貨以五百萬計。」

[四] 遷秘書丞爲兩浙轉運使　王安石曾諫議致堯墓誌銘稱「除祕書丞、兩浙轉運副使，改正使」。

[五] 歲終其課爲最　宋史曾致堯傳云其「出爲兩浙轉運使，嘗上言：『去歲所部秋租，惟湖州一郡督納及期，而蘇、常、潤三州悉有逋負，請各按賞罰。』太宗以江、淮頻年水災，蘇、常特甚，所言刻薄不可行，詔戒致堯毋擾。俄徙知壽州」。

[六] 諸豪斂手莫敢犯公法　王安石曾諫議致堯墓誌銘云：「壽俗富貲自豪，陳氏、范氏名天下，聞公至，皆迎自戢，公亦盡歲無所罰。」

---

① 然在近所言　「近」，居士集卷二〇曾公神道碑銘作「外」，似是。

［七］再遷主客員外郎判三司鹽鐵勾院　據宋史曾致堯傳，其遷官主客員外郎在真宗即位以後。

［八］李繼捧以銀夏五州歸朝廷　宋史卷四太宗紀云「夏州留後李繼捧獻其銀、夏、綏、宥四州」，然東都事略卷一二七附録五西夏傳稱其「以夏、銀、綏、宥、静五州之地來歸」，史文互異。按吴天墀西夏史稿第一章以爲静州「廢置不常」，而静難軍節度使李繼捧此時所轄者，「似以四州八縣之説爲正確」。

［九］公獨以謂繼遷反覆不可予　長編卷四二至道三年十二月甲寅條云刑部郎中、知揚州王禹偁準詔上疏言五事，太宗「即召禹偁還朝，既用其策，以夏、綏、銀、宥、静五州賜趙保吉（李繼遷）」。據王安石曾諫議致堯墓誌銘，曾致堯上疏諫曰：「羌虚欵屬我，我分地王之，非計也。今羌席此，劫他種以自助，不過二三年，患必復起矣。宜擇行人塞下，調兵食，待其變而已。」

［一〇］議者又欲與之　據長編卷五〇咸平四年十二月丁卯條，時知制誥楊億上疏以爲當棄靈州，而宰執大臣李沆、張齊賢等亦有此意。

［一一］而大臣有不可者乃已　長編卷四七咸平三年十月庚午條載以職方郎中、直秘閣黄夷簡爲光禄少卿，主客員外郎、直史館曾致堯爲户部員外郎，云：「先是，宰相張齊賢薦夷簡、致堯宜掌詔命。嘗有急制，值舍人已出院，即封除目命夷簡草之，議者以爲不可。於是召試，詞亦不工，故但進秩而已。」按，東都事略曾致堯傳云：「真宗知其才，欲以爲知制誥，召試矣，而宰相李沆不可，乃出爲京西轉運使。」又卷四〇李沆傳云：「真宗又問沆治道所先，沆曰：『不用浮薄新進喜事之人，此最爲先。』真宗問其人，沆曰：『如梅詢、曾致堯輩是矣。』真宗深以爲然。故終真宗之世，數人者皆不進用。」又宋史曾致堯傳云「張齊賢薦其材任詞職，命翰林試制誥，既而以輿議未允而罷」。

［一二］由是貶黄州團練副使　長編卷五一咸平五年正月甲辰條云「以右僕射張齊賢爲邠寧環慶涇原儀渭、鎮戎軍經略使、判邠州，令環慶、涇原兩路及永興軍駐泊兵並受齊賢節度」。丁未條載「以户部員外郎、直史館曾致堯爲邠、寧等路經略判官，賜金紫。始，張齊賢欲引致堯自助，致堯謂齊賢曰：『西兵十萬，王超既已都部署矣，公徒領一二朝士往臨之，超肯從吾指麾乎？吾能以謀付與超，而有不能自將乎？若不得節度諸將，無補也。』齊賢且告於上，詔經略使得自發諸州駐泊兵而已。致堯既受命，乃不欲行，因抗疏言：『宰相向敏中以非功德進官，臣論其不可用。今臣受命未有效，不敢冒章紱之賜。』朝論疾致堯狂躁，詔下御史獄鞫其罪，責授黄州團練副使，

奪金紫。」注曰：「按實録云：致堯除判官，中謝日，即賜金紫，俄抗疏自陳。王安石墓銘、歐陽修神道碑並稱致堯先辭行，召賜金紫，遂云云，似飾説也。致堯以丁未日賜金紫，戊申日奪之，其抗疏則不得其日。然致堯方中謝時，實未始辭行，既受賜，乃悔，因抗疏。蓋將以釣奇而取名耳。此朝論所以疾其狂躁也。大抵碑、銘譽致堯過當，而國史毀之亦已甚。今參酌删修。龍川别志云：『命致堯副温仲舒安撫陝西。致堯於閤門納疏，言仲舒不足與共事。輕鋭之黨，無不稱快。李沆在中書，不喜也，因用他人副仲舒而罷致堯。』按國史、實録，則致堯所副乃張齊賢，非仲舒也。恐别志或傳聞之誤。然所稱仲舒不足與共事，疑致堯實指齊賢，故國史、實録云致堯詞旨狂躁。惟齊賢嘗薦致堯，不當如此報之。既云狂躁，則反覆背恩，亦未可知也。齊賢竟罷經略，並坐此故耶？然致堯墓銘乃專論向敏中，未嘗及齊賢也。」

[一三] 徙知蘇州　王安石曾諫議致堯墓誌銘云：「公常謂選舉舊制非是，請得論改之。陳省華子堯咨受請，殿上爲姦，以弟昪舉人敗，省華、堯咨有邪巧材，朝廷皆患惡，而方幸，無敢斥之者。公入十餘疏辨之，移知蘇州。」

[一四] 上疏論事語斥大臣尤切當時皆不悦　王安石曾諫議致堯墓誌銘稱「天子方崇符瑞，興昭應諸宮，且出幸祠。公疏言：『昔周成王既卜世三十，卜年七百，然觀於周禮，其經緯國體，人事微細無不具，則知王者受命，必修人事，以稱天所以命之之意，不舉屬之天以怠人事也。』終曰：『陛下始即位，以爵禄待君子。近年以來，以爵禄畜盜賊。』大臣愈不懌」。

[一五] 坐知揚州誤入添支俸多一月　宋史曾致堯傳稱其「坐知揚州日冒請一月奉」。

[一六] 公當太宗真宗時言事屢見聽用　宋史曾致堯傳云：「致堯性剛率，好言事，前後屢上章，奏辭多激訐。」

名臣碑傳琬琰集上卷十七

馮勤威公守信神道碑[一]　荆公王安石

馮氏有家於滑州之白馬者，莫知其所以從①，至魯公而嘗以公開國於始平日，其本出於漢杜陵楚相唐之後也。

公諱守信，字中孚。自爲兒童，狀貌嶷然，慷慨有大意，人固已奇之矣。既冠，從其鄉人受學，以三禮舉於鄉。會太平興國初，取兵民間，公出應選，有司以公儒者，欲免之，公曰：「吾以子弟免，而父兄任其勞，此儒者所不爲。」遂行，以才武給宿衛。太宗征河東，公奮身冒兵，數取俘馘以獻于行在，太宗壯而勞之。以功數遷至弓箭直副指揮使。真宗兩駕河北，皆命公帥其所領先駈以禦契丹，而所斬虜最諸將，遷天武軍都指揮使②[二]、封州刺史，充御前忠佐馬步軍都軍頭。

公雖在軍旅，數以孝經、論語爲人講説，人嘗以儒者目之。至是真宗召問，出孝經使講「天子」一章，因言：

---

① 莫知其所以從　「其」下，臨川集卷八八馮公神道碑有「始」字。「從」，王文公文集卷八四馮魯公神道碑作「徙」。

② 遷天武軍都指揮使　「天」原作「大」，據王文公文集卷八四馮魯公神道碑、臨川集卷八八馮公神道碑及東都事略馮守信傳改。

「自天子至於士，不可以無學，學不必博。孝經、論語，皆聖人之誨學者言行之要，臣愚不足以盡識，然所以事陛下，不敢一日而忘此。」真宗嘆息者久之。由封州數遷捧日天武四厢都指揮使、英州防禦使、知瀛州，兼高陽關都部署[三]。由瀛州召還，領步軍司公事。

當此時，河決滑州，天子以爲憂，問誰可使者，公自言「少長河上，能知河利害」。詔以公爲侍御親軍步軍副都指揮使、容州觀察使、知滑州，兼脩河都部署[四]。河怒動埽，埽且陷，公坐其上自若也①，遂號其部人以一日塞之。天子賜手書獎諭。詔還[五]，領步軍如初。已而遷威塞軍節度。是歲天禧五年也，公年六十七②，以八月二日薨于位。天子悼慟③，爲之罷朝三日④，贈太尉，賜錢三百萬。勑宣慶使蔣州團練使韓守英、禮部郎中直集賢院石中立給護其喪事，遂以其年九月二十四日，葬開封之祥符縣黄溝鄉大里之原。

公曾祖諱倫，祖諱筠，皆不仕。考諱蘊⑤，贈官至左屯衛大將軍。先夫人劉氏，玉城縣君⑥；後夫人張氏，清河郡夫人。子男十三人於是：文懿，左侍禁；文吉、文掘⑦、文德、文慶、文顯、文質、文貴、文鋭，並右班殿直；

① 公坐其上自若也　「上」下，臨川集卷八八馮公神道碑有「指畫」二字。
② 公年六十七　王文公文集卷八四馮魯公神道碑及東都事略馮守信傳作「年六十六」。
③ 天子悼慟　「悼」原作「博」，據王文公文集卷八四馮魯公神道碑、臨川集卷八八馮公神道碑及東都事略馮守信傳改。
④ 爲之罷朝三日　「三日」，臨川先生文集卷八八馮公神道碑作「二日」。
⑤ 考諱蘊　「考」原作「者」，據文海本、庫本及王文公文集卷八四馮魯公神道碑、臨川集卷八八馮公神道碑改。
⑥ 玉城縣君　原作「王城縣君」，據王文公文集卷八四馮魯公神道碑、臨川集卷八八馮公神道碑改。按，據宋史卷八七地理志三，玉城縣爲虢州屬縣，「熙寧四年，省玉城縣爲鎮」，入虢略縣。
⑦ 文掘　臨川集卷八八馮公神道碑作「文握」。

文燦、文俊，並右侍禁；文郁、文雅，皆早卒①。

公孝謹忠篤，遇人以恩。祖母夫人疾病，公不釋帶以侍，輒數月。常患世醫不足賴以爲養，力學方藥，遂通其術。公弟常欲上其子爲公子，以取高蔭，公對之慨然曰：「吾自行伍，蒙主上拔擢至此，予欲棄軀以報久矣，顧未有所，奈何欺之？」是歲②，并公子無所蔭，曰：「以明吾心於弟，非有愛也。」韋城董方廉直，爲公所友，其卒，有二女無以嫁，公爲選士辦裝嫁之若己子。公將兵治民，寬簡有法，故人人便愛之③，而無敢犯。所居有迹，賢士大夫多稱之者。

公葬之三十二年，而以其子故，累贈至中書令兼尚書令，追封魯國公。又二年，始請謚於天子，賜之謚曰勤威[六]。又五年，文顯爲西京左藏庫副使、提點開封府界諸縣鎮公事，始作碑以表公墓，而以銘來請。予問誄於太史④，問諸故老，以考公子之所告，而得公之所爲如此。於是爲銘曰：

允顯真宗⑤，俊藝在工。相協于武，有來馮公。馮公頷頷，奮節金革。有聲中邦，外動夷狄。自公在野，手不去經。率其所學，以撫戎兵。公之所撫，貔貅豹虎。指揮進退，妥若兒女。武失以虣⑥，文罷於柔。維時馮公，兩取其優。孰施其文？有壤千里。孰致其武？宿衛天子。帝咨馮公，爾往視河。河決已塞，滑人來歌。帝

① 皆早卒 「早」，臨川集卷八八馮公神道碑作「已」。
② 是歲 原作「楚歲」，據王文公文集卷八四馮魯公神道碑、臨川集卷八八馮公神道碑及長編卷九五天禧四年六月丙申條改。
③ 故人人便愛之 「便」，臨川集卷八八馮公神道碑作「畏」，似是。
④ 予問誄於太史 王文公文集卷八四馮魯公神道碑、臨川集卷八八馮公神道碑作「予問誄於太常，問書於太史」，似是。
⑤ 允顯真宗 「顯」，臨川集卷八八馮公神道碑作「文」。
⑥ 武失以虣 「失」，臨川集卷八八馮公神道碑作「窒」。

聞而嘉，勞以手敕。公拜稽首，匪臣之力。帝曰來爾，予釐爾勤。授之麾節，留掌我軍。方朝告薨，有詔罷視。弔贈賻葬，哀榮終始。追拜爲令，尚書中書。賜爵國公，胙以魯墟。士生顯榮，没則多已。維時馮公，至今受祉。有周方虎①，咸有褒詩。至漢充國，雄爲之辭。誰能詩公？傳亦無止②。刻碑墓門，公實有子。

辨證：

［一］馮勤威公守信神道碑　本碑文又載於王安石王文公文集卷八四，題曰「侍衛親軍步軍副都指揮使勤威馮魯公神道碑」；臨川集卷八八，題曰「護衛忠果功臣侍衛親軍步軍副都指揮使威塞軍節度新州管内觀察處置等使銀青光禄大夫檢校司空使持節新州刺史兼御史大夫上柱國始平郡開國公食邑二千一百户食實封二百户累贈太師中書令兼尚書令追封魯國公謚勤威馮公神道碑」。按，馮守信，東都事略卷四二有傳。

［二］遷天武軍都指揮使　東都事略馮守信傳云其「又從真宗北巡，次衛南頓，真宗問曰：『契丹入寇，汝輩何以展效？』守信曰：『臣等備宿衛，常願必死。今乃上勞大駕親征，將帥之過也。』真宗嘉其忠，授天武軍都指揮使」。

［三］由封州數遷捧日天武四廂都指揮使英州防禦使知瀛州兼高陽關都部署　東都事略馮守信傳云其「授天武軍都指揮使，累遷萊州團練使。守信雖起行伍，然本田家子，頗知民間疾苦，爲政無害。徙滄州。未幾，選爲龍神衛四廂都指揮使、英州防禦使。出知定州，徙高陽關，知瀛州」。

［四］知滑州兼脩河都部署　長編卷九四天禧三年七月戊辰條載：「步軍都虞候、英州防禦使馮守信自言『占籍滑州，頗習隄防利害』，即命爲修河都部署、知滑州。」

---

① 有周方虎　「有」，臨川集卷八八馮公神道碑作「在」。

② 傳亦無止　「傳」，臨川集卷八八馮公神道碑作「流」。「亦」，王文公文集卷八四馮魯公神道碑、臨川集卷八八馮公神道碑作「示」。

［五］遂號其部人以一日塞之天子賜手書獎諭詔還　按長編卷九五天禧四年六月丙申條云：「滑州言河決於天臺山下。初議修河，以天臺決口去水稍遠，聊興葺之。及西南隄成，乃於天臺口旁築月隄，亦非牢固。議者咸請再葺，修河都部署馮守信曰：『吾奉詔止修西南埽，此非所及也。』會馬軍都指揮使王守贇外任，京師缺舊城巡檢，守信承召亟歸。及是，河復決，走衛南，汎徐、濟，害如三年而益甚，人皆以罪守信焉。」

［六］賜之謚曰勤威　長編卷一七三皇祐四年七月辛未條載考功議上故司空致仕張齊賢等謚，其「威塞節度使馮守信謚曰勤威。自齊賢而下皆祖宗舊臣，已葬而未謚，其家始請之」。

康刺史延澤神道碑［一］　翰林學士王禹偁［二］

立功名之謂賢，齊得失之謂道，悟死生之謂達。三者有一，則可以爲聞人矣，況兼之乎？其誰則然？吾見于康公矣。

公諱延澤，字潤之，代北人也①。其先蓋夏后氏之苗裔，曰淳維②，世有北土，自立君長。其別處康居者，即始祖也。西漢時，康居國王納質于大單于，其後單于內附，遂有雲中，以國爲姓。曾祖嗣，皇任蔚州蕃漢都知兵馬使，累贈太子太師。祖諱公政，皇任代州都知兵馬使，累贈太傅。考諱某③，皇任河中節度使④、檢校太尉兼侍

① 代北人也　「北」原作「比」，據庫本及小畜集卷二八前普州刺史康公預撰神道碑改。
② 曰淳維　「曰」原作「白」，據庫本及小畜集卷二八前普州刺史康公預撰神道碑改。
③ 考諱某　據宋史康延澤傳，延澤父名福。按，康福，舊五代史卷九一、新五代史卷四六有傳。
④ 皇任河中節度使　「任」原作「在」，據文海本、庫本及小畜集卷二八前普州刺史康公預撰神道碑改。

中，贈太師，謚曰武安。公有世禄世功①，載在武安碑，此不復書。公即太師之次子。母衛國夫人高氏。晉天福中，起家補東頭供奉官。歷漢逮周，垂二十載，艱難險阻，靡不備嘗。以功轉染院副使。

我太祖神德皇帝之開國也，以荆、湘未下②，詔宣徽南院使李處耘、襄帥慕容延釗出偏師南討，而公實從焉[三]。時江陵高保融死，朝議以其子繼冲權領軍府，因命公齎璽書，乘馹騎以弔撫焉，且覘便宜，二帥留襄陽以待之。公宣諭而回，盡得機事，前導師旅，長驅而南，平定荆、湘，易于拾芥。尋轉染院使，監護荆南軍，賞功也。

乾德中，受代歸朝。會國家有平蜀之役，詔公爲北路前軍都監[四]。至固鎮，主將王全斌請公領前軍先入，以張萬友佐焉。尋擊白水、閣子二寨破之，勒兵會乾渠渡下。蜀人恃險，出萬仞寨以待王師。以公與萬友選死士百人，先登水西寨，以兵繼之，縱火燔燒，柵木俱盡，遂取之。明日，全斌中軍方至，乃合逼置口，走之，遂下興州。與夔峽兵合，進擊西縣、三泉，生獲僞興元節度使韓保貞③，公皆有力焉。由是乘勝討逐，越大小漫天，累戰皆獲。赴利州，夜半拔之。蜀人由桔柏江以遁，乃燒浮橋，保劍門④，恃天險也。諸將方議進擊，會有蜀卒來降，自言知山川道路，且告曰：「自益光江東有路曰來蘇，直抵劍門南二十里，蜀人設寨以扼之，此捷徑也[五]。」于是全斌欲自來蘇路入，諸將莫有言者。公曰：「來蘇小路，無煩主帥，可使偏裨以副。大將親扣劍門，劍門精兵所聚也，且蜀人聞來蘇軍入，必分兵以禦我，此必克之勢也。」乃命公與史延德往焉。公曰：「書稱『徯我后，后來其

① 公有世禄世功　「有」，小畜集卷二八前普州刺史康公預撰神道碑作「其」。
② 以荆湘未下　「湘」原作「襄」，據小畜集卷二八前普州刺史康公預撰神道碑及下文改。按，宋代周，襄州即屬宋地。
③ 生獲僞興元節度使韓保貞　「韓保貞」，宋史康延澤傳作「韓保正」，乃因避仁宗諱而改字。
④ 保劍門　「保」字原脱，據小畜集卷二八前普州刺史康公預撰神道碑補。

蘇』。今路名來蘇，天啓吊伐之義也。」遂捨車馬，披榛梗。而蜀帥王昭遠、趙崇韜果留小將守劍門，引軍于青彊店下。由是全斌克劍南①，獲趙、王二帥，席卷而西矣。時蜀世子玄喆統鋭兵守綿州，聞劍門不守，乃棄城而去。蜀主遂令伊審徵奉表歸順。全斌因請公以一百騎先入成都，安撫軍民，且伺必降之意。是時蜀國餘兵尚有七萬，公往也，人情危之。公既至，以二十騎自衛，入見蜀主，諭以禍福，示以恩信，蜀之君臣舞蹈感悦。留三日，盡封府庫，齎魚鑰而還。全斌等遂平蜀國，遣蜀主歸于京師。詔公爲成都府兵馬都監。

而蜀軍復亂，且以全師雄爲首[六]，所在殺知州、通判以應，普州劉澤、遂州王可寮②、果州宋德並授師雄僞署。朝廷以公爲普州刺史。公詣全斌，請衛兵赴理所，與公四十人[七]。公發成都，至簡州，招敗亡之士，得刀手一千人，取器甲以給之，乃教戰陣，立部伍，擁之而去。至郡境，有賊申雕領衆五千來犯，公一戰敗之，擒七百人，授僞命者立斬一百輩，餘皆釋之。乃懸榜示人，諭以逆順，招集團結，得刀手三千人，敗劉澤三萬人，自是賊勢稍沮。公雖至普州，廨宇盡爲煨燼，迺依山設屋，權駐師徒。而兵亂之餘，無食可守，公披攘群盜，且戰且行，直至遂州，輦運儲蓄，以至成城畚鍤，靡不具焉。既至，而王可寮等數郡賊兵合勢來戰，公又敗之，逐至合州③，赴江溺死者不可勝紀。未半年，普、遂、資、簡、昌、合六州飛奏以聞④，優詔褒美，且命與曹璨充東川七州招安巡檢使，仍賜錢帛，委公等随軍賞給。自全師雄亂後，東路艱難，賊害使臣，抄掠琛賮者多矣。時師雄雖死，賊衆尚有萬人，立謝行本爲主，以羅七君等佐佑之。聞公警巡，望風而遁，遂以賊衆保于金堂，非公所部也。公迺越境以

① 由是全斌克劍南　「劍南」，小畜集卷二八前普州刺史康公預撰神道碑作「劍門」。
② 遂州王可寮　「王可寮」，長編卷六、卷七作「王可僚」，本書下集卷一實録王中書全斌傳、宋史康延澤傳作「王可璙」。
③ 逐至合州　「逐」原作「遂」，據小畜集卷二八前普州刺史康公預撰神道碑改。
④ 普遂資簡昌合六州飛奏以聞　「奏」，小畜集卷二八前普州刺史康公預撰神道碑作「捷」，義長。

討之，賊衆又遁，因駐師以待焉，卒平狂寇[八]。先是，金堂、新都、洛縣等民爲賊逼脅，皆餉饋資給之，公則出令招誘，許以自新，約旬不來，無少長皆殺。民歸者萬餘户，咸得安堵，輸税縣官。故民心有懷，賊黨自潰。加以全斌等同心經略，兩川悉平。

及奉詔班師，主將獲罪，皆以殺降兵、受蜀賂故也[九]。黜公爲唐州教練使，天下人爲公惋歎。公處之自若，不出怨言，惟築室墾田，聚書訓子而已。十年間，闢草萊，植桑柘，居泌水之上，遂爲富家，家到于今賴之。開寶末，太祖幸西洛，祀南郊，始起公爲供奉官，留監左藏庫。今上即位，就除左藏庫副使，兼水北皇城大内巡檢，又召公爲東京畿内都巡檢使。俄而公之猶子六人皆恣用家財，不事生産，公以禮義勖之，反生怨懟，乃撾登聞鼓，願析祖業以自給。詔公以理處割。事未定，會靈昌河決，公受詔塞之。諸子復訴公違詔，遂罷使職[一〇]，退居洛陽。不數年，向之猶子已飢寒于道路。上躬耕之歲，公會恩例當起。權河南尹許仲宣頗相勸激，公曰：「三代爲將，道家所忌。吾自蔚州太師而下，世傳將帥。今幸功名以繼祖禰，年享壽考，運逢理平，使子孫去櫜鞬，襲縫掖，熙熙自樂，以終天年，吾願足矣。吾嘗讀李廣傳，見其兵敗，削爲庶人，幸匈奴犯邊，被召而起。及軍吏簿責，自刎帳下，欲望灞陵獵①，其可得乎？古人成敗，取則不遠。」以老疾爲辭，而奏其子焉②。

淳化三年，公七十六矣，一旦謂其子懷珪曰：「吾衰耄若此，死在朝夕，苟以先太師之靈，得保首領以没于地，吾無恨。然吾有平蜀微功，思預刻吾墓，其誰能之？吾聞商山王副使舊直紫微，有文稱于代。又嘗任長洲宰，時汝爲姑蘇從事，亦同僚也。試爲我請焉。」懷珪曰：「預凶事，非禮也，且心所不忍。」公曰：「此人子之大

---

① 欲望灞陵獵　「獵」，小畜集卷二八前普州刺史康公預撰神道碑作「夜獵」。

② 而奏其子焉　「子」，小畜集卷二八前普州刺史康公預撰神道碑作「二子」。

情，名教之舊制也，吾則不然。且古之達者，以生爲寄，以死爲歸。今吾官歷二千石，年踰七十六，吾不死而安歸乎？吾欲生前自視其文，知辭無愧而功不誣也。」懷珪不得已，命其子齎書而來。

某據事狀，次而書之。大率平蜀之功，公居第一。離而辯之，其功有五：若先入蜀境，擊白水、閣子二寨，開王師破竹之勢，其功一也；徑赴來蘇，分蜀人青强之力，使劍門勢解，其功二也；以二十騎入見蜀主，其功三也；以四十人定普州，其功四也；越所部擒羅七君，其功五也。至于謨議機權，賞罰威戮，所不盡者，有公之自著平蜀實録在焉[一二]。初，全師雄之亂也，諸將議殺降兵二萬七千人，恐爲內應。公獨請擇老幼疾病者七千人釋之，然後起二萬人，以十爲率，皆反接之，若連鷄貫魚，桴江而下，以兵衛之。比賊衆知之，可二百里矣。若寇來劫奪，殺之于江，如此則殺有名矣。雖不見用，可謂仁乎！國家議罪，果以殺降爲名。有先見之明，不免于戾者，命矣夫！

公形貌魁傑，智謀宏遠，剛而有變，勇而能仁，負將材，喜兵法，雖爲王公之子，耻以恩澤封侯，故能立功於當年，齊得失以知命，悟生死而無懼，雖古之名將，世之達人，何以過此？與夫伏劍而悔降兵、仰藥而罪地脉者，不亦賢乎？

公始娶安氏，別駕某之女也①，先公而亡。男五：懷玉②，進士不第，早亡；次懷珪，前平江軍節度推官、試大理司直；次懷理，以侍親幹家，未聽入仕；次懷璟、懷璉，並補三班奉職。孫二人：贊華，舉進士；贊臣，尚幼。公再娶李氏，封隴西縣君，秦王儼之第七女也。以某年某月某日終于西京私第，某年某月某日葬于某

① 別駕某之女也　「別駕」上，小畜集卷二八前普州刺史康公預撰神道碑有「蔚州」二字。

② 懷玉　原作「懷王」，據文海本、庫本及小畜集卷二八前普州刺史康公預撰神道碑改。又，前普州刺史康公預撰神道碑「懷玉」上有一「長」字。

鄉某里①，禮也。銘曰：

神德皇帝，駕馭英雄。始即南面，乃平西戎。孰爲前蒐？時維我公。白水寨碎，來蘇路通。劍門天險，一旦憧憧。蜀既送款，衆尚七萬。其誰先之？公膺是選。擁騎二十，揚鞭入見。諭以禍福，蜀民舞抃。事訖而還，王師席卷。全蜀雖定，群凶未收。帝命我公，歐攘懷柔。剌舉一郡，警巡七州。盜死原野，人服田疇。定功議賞，理當封侯。孰爲獷狡，唁唁吠叫？讁去泌陽，前勳弗較。三月不仕，古人相弔。矧惟我公，十年不調。不調維何？熙熙而笑。太祖起之，厥官尚微。我后增秩，暮年有輝。徼巡西洛，按察東畿。竟坐家事，終成罷歸。君子知命，達人息機。先人弊廬，可庇風雨。知止知足，何思何慮②？慶見曾孫，名揚先祖。謂死爲歸，預銘厥墓。不朽之功，永光壠樹。

辨證：

〔一〕康刺史延澤神道碑　本碑文又載於王禹偁小畜集卷二八，題曰「前普州刺史康公預撰神道碑」。因是碑文撰作於其生前，故稱「預撰」。按，康延澤，宋史卷二五五有傳。

〔二〕王禹偁　禹偁（九五四～一〇〇一年）字元之，濟州巨野人。太平興國八年進士，官至翰林学士。隆平集卷一三、東都事略卷三九、宋史卷二九三有傳，本書下集卷七載有曾鞏王翰林禹偁傳。

〔三〕而公實從焉　長編卷四乾德元年正月戊午條載時「遣酒坊副使河間盧懷忠、氈毯使洛陽張勳、染院副使康延澤等帥步騎數千人並赴襄州」從征江陵。

---

① 某年某月某日葬于某鄉某里　「某里」原作「其里」，據清鈔本、庫本及小畜集卷二八前普州刺史康公預撰神道碑改。

② 何思何慮　「何思」原作「可思」，據庫本及小畜集卷二八前普州刺史康公預撰神道碑改。

〔四〕詔公爲北路前軍都監　據宋史康延澤傳，康延澤時任鳳州路馬軍都監。

〔五〕此捷徑也　按長編卷六乾德三年正月甲戌條云：「侍衛軍頭向韜曰：『得降卒牟進言，益光江東越大山數重，有狹徑名來蘇，蜀人於江西置柵，對岸可渡。自此出劍門南二十里，至青疆店與官道合。若大軍行此路，則劍門之險不足恃也。』」

〔六〕而蜀軍復亂且以全師雄爲首　長編卷六乾德三年三月「是月」條云：「初，詔發蜀兵赴闕，並優給裝錢，王全斌等擅減其數，仍縱部曲侵撓之，蜀兵憤怨思亂。兩路隨軍使臣亡慮百數，全斌及王仁贍、崔彦進等共護恤之，不令部送，但分委諸州牙校。蜀兵至緜州，果劫屬縣以叛。會文州刺史全師雄挈其族趨京師，過緜州，師雄嘗爲蜀將，有威惠，恐叛兵脅之，乃棄其家自匿。後數日，叛兵搜得之江曲民舍，遂推以爲帥，衆十餘萬，號『興國軍』。全斌遣馬軍都監朱光緒將七百騎往招撫之，光緒盡滅師雄之族，納其愛女及橐裝。師雄怒，不復有歸志。」

〔七〕公詣全斌請衛兵赴理所與公四十人　長編卷六乾德三年「是歲」條云：「八月己酉，詔以西川兵馬都監康延澤爲普州刺史。延澤詣王全斌請兵護送之任，全斌才給以百人。」

〔八〕卒平狂寇　長編卷七乾德四年「是歲」條云：「羅七君與宋威懷、唐陶肩等共據銅山之險爲寨。延澤旋破謝行本，拔銅山，擒羅七君。（丁）德裕及王全斌等分兵招撫，賊衆悉平。」

〔九〕主將獲罪皆以殺降兵受蜀賂故也　長編卷六乾德三年三月「是月」條云：因全師雄亂，「郵傳不通者月餘，全斌等懼。時蜀兵幾三萬人屯城南教場，全斌慮其應賊，徙置夾城中，將盡殺之。康延澤請釋其老幼病者七千人，餘則以兵護送，浮江而下。若賊果來劫奪，即殺之未晚也。全斌等不從」。四月辛丑朔條載「王全斌誘殺蜀兵二萬七千人於夾城中」。又卷八乾德五年正月壬子條云時「僞蜀臣民往往詣闕訟全斌及王仁贍、崔彦進等破蜀時豪奪子女玉帛及擅發府庫、隱没貨財諸不法事」，故太祖「令中書門下追仁贍及全斌、彦進與訟者質證，凡所取受隱没共爲錢六十四萬四千八百餘貫，而蜀宫珍寶及外府他藏不著籍者又不與焉，并按以擅尅削兵士裝錢、殺降致寇之由，全斌、仁贍、彦進皆具伏」。丙辰，「詔全斌、仁贍、彦進三人元從軍將等曾受僞蜀士庶子女、鞍馬、金帛者，並即時給還其主，諸軍將士有所受者，一切不問」。

〔一〇〕諸子復訴公違詔遂罷使職　宋史康延澤傳稱其「坐與諸姪争家財失官」。

〔一二〕有公之自著平蜀實録在焉　陳録卷七著録平蜀實録一卷，云：「左藏庫副使康延澤撰。平蜀之役，延澤以内染院使爲鳳州路馬軍都監。王全斌等既得罪，延澤亦貶唐州團練使。按本傳載蜀軍二萬七千人，諸將慮其爲全師雄内應，欲盡殺之，延澤請簡老弱疾病七千人釋之，餘以兵衞浮江而下，諸將不能用。此書叙述甚詳。邯鄲書目云不知作者，館閣書目亦然。攷王元之所撰延澤墓誌，知其所爲也。」

張刺史綸神道碑[一]　文正公范仲淹[二]

舜，天下知其德也，惟歷試諸難；禹，天下知其功也，惟盡力溝洫。聖人率天下以勤，故能成務。逮夫王道缺離，坐飾話言，六代之風，亡實而落，君子弗觀也。我朝用舜禹之道，平成萬邦，風化天下，於諸侯莫敢不勞，而有清河張公之最焉。大貽厥心①，則明則粹，拳拳四方，老於王鹽，爲舜禹之臣，至矣。

公諱綸，字昌言②。其先因職命氏，源流蓋遠。孝友之基，自仲而大。五世食韓，並爲正卿。厥生帝師，首造天漢③。唐失公譓，文皇以慟[三]。暨安史亂華，衣冠喪緒。降及五代，不可以禄。幽芳密照，需于遠郊。今爲汝陰人也④。皇考諱震，王考諱元[四]，皆含仁竦義，映于一鄉。考諱煦，累贈尚書都官郎中。太夫人翟氏，累贈

① 大貽厥心　「大」，范文正公文集卷一二宋故乾州刺史張公神道碑作「天」。

② 字昌言　隆平集、東都事略、宋史張綸傳云其字公信。

③ 首造天漢　「天」，范文正公文集卷一二宋故乾州刺史張公神道碑作「大」。

④ 今爲汝陰人也　按，東都事略、宋史張綸傳亦云其潁州汝陰人，然隆平集張綸傳稱其棣州人。

高平縣太君①。都官端修有大識，謂時否之傾家可起也，與夫人諄諄早暮，篤子以文。公刻景鍛志，鏗然有就。既而慷慨與人語方略，郡國異之。以造秀再送于春官，所向弗合②，退居於易。

時太祖既定大業，太宗乃輯群瑞，經營天下，使旌交路，復署士三班，以走命于四方。公曰：「抱關蹶張[五]，昔賢或爲之。」部以名聞，首充其選。自兹周旋，至于光大。其進秩也，四命至東頭供奉官、閤門祇候，歷崇班、承制于内殿，改禮賓、六宅副使，遷文思使、昭州刺史，荐拜西上、東上閤門使，除乾州刺史。

其更任也，淳化中主榷酤於大名之屬邑。及王均亂蜀，方行天討，公使于軍中[六]。賊平，監慶州兵馬。西戎方豪，我摧其鋒，遷益簡路巡檢使③。真宗皇帝思清天下之刑，命公按荆湖諸州獄④。還，乃刺舉畿赤⑤，制權右、振綱目也。俄以邊略典辰溪郡[七]。又平涼、鎮戎二城，西陲之機鍵，公歷專之[八]。南夷再亂，持節安撫辰、鼎、澧三州溪洞[九]。事定，朝廷以東南諸路鹽鐵饋運⑥，命使孔艱，及公而諧[一〇]，六年有大績⑦。遷領天水郡⑧，實提

① 累贈高平縣太君　「縣」字原脱，據范文正公文集卷一二宋故乾州刺史張公神道碑補。按，宋史卷一七〇職官志十叙封載宋制：觀察留後、觀察使、防禦使、團練使等「並母郡太君、妻郡君」，將軍、刺史等「母封縣太君、妻縣君」。

② 所向弗合　「向」，范文正公文集卷一二宋故乾州刺史張公神道碑作「尚」。

③ 遷益簡路巡檢使　按，東都事略張綸傳云其爲「益彭簡等州巡檢使」，宋史張綸傳作「益彭簡等州都巡檢使」。

④ 命公按荆湖諸州獄　按，東都事略、宋史張綸傳稱其徙荆湖提點刑獄。

⑤ 乃刺舉畿赤　按，宋史張綸傳云其「遷東頭供奉官、提點開封府界縣鎮公事」。

⑥ 朝廷以東南諸路鹽鐵饋運　「饋運」下，范文正公文集卷一二宋故乾州刺史張公神道碑有「之重」二字。

⑦ 六年有大績　「績」原作「續」，據庫本及范文正公文集卷一二宋故乾州刺史張公神道碑改。

⑧ 遷領天水郡　長編卷一〇六天聖六年八月甲戌條云張綸自發運副使改知秦州。按，天水郡，秦州之郡號。

重兵，以壓諸羌①，蓋西諸侯之長焉②。及朝廷有均勞之議，徙横海軍，又徙瀛州，充高陽關兵馬鈐轄，重北門也。歲餘請老，不獲命，復莅清池郡③，而露章至于再三。今上念功不廢，詔以本郡寵之〔二〕，爵命如故。時景祐紀號之二載也。明年孟春庚寅，啓手足于正寢，享年七十有五。上聞而悼之，舉延世之典，命二子進級。即以仲月某日葬于汝陰縣之懷音鄉④。

公初娶富春孫氏；再娶彭城劉氏，生子曰孝傑，與夫人皆亡。今夫人江夏黄氏⑤，出大夫之宗，能循法度，封本邑君。生子曰孝標、孝孫，皆早世；曰紹宗，今爲侍禁，曰紹先，爲殿直⑥，並幼。公位二千石，權嘗亞大總管，階至光禄，爵爲郡公，考終于鄉邦⑦，國人榮之⑧，君子謂不充其器。

初，蜀師之役，中軍雷侯辟公以行⑨，如左右手。平定坤維，公有力焉。時降寇八百人叛，據嵓險，中軍督公追斬，戒無遺類。公往視之，曰：「此窮寇也，急之生患。」乃諭其向背，寇莫不誠聽，束手歸公，以見中軍，而全活

---

① 以壓諸羌　「諸」，范文正公文集卷一二宋故乾州刺史張公神道碑作「庶」。

② 蓋西諸侯之長焉　「諸侯」原作「諸俟」，據文海本、庫本改。范文正公文集卷一二宋故乾州刺史張公神道碑作「庶侯」。

③ 復莅清池郡　宋史張綸傳云其「歷知秦、瀛，兩知滄州」。按，清池郡乃滄州之郡號，而上文横海軍乃滄州之軍號。

④ 即以仲月某日葬於汝陰縣之懷音鄉　「某日」，范文正公文集卷一二宋故乾州刺史張公神道碑作「庚申」。「鄉」原作「先」，據鐵琴銅劍樓本、庫本改。又「懷音鄉」下，范文正公文集卷一二宋故乾州刺史張公神道碑有「從先域也」四字。

⑤ 今夫人江夏黄氏　「今」原作「金」，據鐵琴銅劍樓本、庫本改。

⑥ 曰紹宗今爲侍禁曰紹先爲殿直　按，隆平集張綸傳云其「子孝先、紹先」。

⑦ 考終于鄉邦　「鄉」原作「卿」，據文海本、庫本及范文正公文集卷一二宋故乾州刺史張公神道碑改。

⑧ 國人榮之　「人」字原脱，據范文正公文集卷一二宋故乾州刺史張公神道碑補。

⑨ 中軍雷侯辟公以行　「雷侯」下，范文正公文集卷一二宋故乾州刺史張公神道碑作「有終」二字。

焉[一二]。詩云：「正直是與，神之聽之。」而況於不殺乎！

公再至益、簡，屬寇戎之後，民求息肩。新軍復驕，且敢肆暴。公曰：「兵猶火也，將不可向邇。」磔數輩麾下，其衆乃戢，蜀人賴之[一三]。詩云：「民亦勞止，汔可小休。式遏寇虐，無俾民憂。」

公之典辰溪也，彼夷人中彭姓一族，稱其强黠，溪洞數州①，置兄弟以爲守，國家因其請焉。後乃驕叛邊鄙，既襲城邑，朝廷患之。公至，築蓬山館，理新興柵，以要其夷道，且省戍兵。條舉十事，不及四五，而有平涼之行。夷又侵我，帝復召公曰：「僉謂彼可殲焉，朕惟弗忍，汝往圖之。」公再拜稽首曰：「惡草惟微②，天地不絶其類，先王毆之，無猾夏耳。」帝曰：「俞，惟康厥民居。」公馳傳以臨，謂彼夷者，不威不懲，不見利不勸，迺以謀夫駭其族曰③：「天家使且至④，方檄兵四道，焚若山林，毀若巢穴，弗滅弗已。」夷乃大懼請命。公曰：「納爾爵秩，歸我老孺，天子聖且仁，吾爲君請。」夷如其教，乃疾置以聞。詔原之，復其命數，貢賜如平日。生齒之還者，對以刀布，作石柱，刻夷人之誓，揭于疆首[一四]。自兹威懷，迄今將二十年，蔑復爲患。詩云：「式固爾猷，淮夷卒獲。翩彼飛鳥⑤，集于泮林。食我桑黮，懷我好音。」謂夷如惡禽，亦感而化。

---

① 彼夷人中彭姓一族稱其强黠溪洞數州　長編卷九四天禧三年七月戊辰條注引「范仲淹誌綸墓」作「彼蠻人中彭姓一族稱其强，占溪洞數州」。

② 惡草惟微　「惟」，庫本及范文正公文集卷一二宋故乾州刺史張公神道碑作「雖」，似是。

③ 乃以謀夫駭其族曰　「謀」，范文正公文集卷一二宋故乾州刺史張公神道碑、長編卷九四天禧三年七月戊辰條注引「范仲淹誌綸墓」作「諜」，似是。

④ 天家使且至　「天」原作「大」，據范文正公文集卷一二宋故乾州刺史張公神道碑、長編卷九四天禧三年七月戊辰條注引「范仲淹誌綸墓」改。

⑤ 翩彼飛鳥　「鳥」，范文正公文集卷一二宋故乾州刺史張公神道碑、長編卷九四天禧三年七月丙辰條注引「范仲淹誌綸墓」及毛詩正義魯頌泮水皆作「鴞」，是。

然公之使東南也，鹺利方剥，議者咸欲深文重禁，以籠其民。公曰：「天與之，我取之，又可戕乎？」奏通、泰、楚三州亭民除其宿逋，佑以熬波之具①，貨入于縣官，而增與之直，民力遂振。復創杭、秀、海三郡鹽亭，自是鹽筴大充于諸路[一五]。信乎！「百姓足，君孰與不足？」

時江東大水，民胥艱食，公請治五渠以洩于海。議者謂：「澤國下流，江海與平，波潮者通夜不息，沙從而塞，欲道焉而何極？」公曰：「不然，江海善下，故能爲百谷主。彼日之潮，有損與盈，三分其時，損居二焉。衆川乘其損而趨之，曾莫禦哉！彼沙者，歲月而積，闢以農隙，豈安於災而怪于力？」僉從我謀，而蘇、秀蒙其利[一六]。又淮南漕河界湖之東偏，歲時決溢，汩我農畝，涸我粮道。公請增長堤二百里，旁錮巨石爲十閘，以疏其横流[一七]。舍役伍于堤上，不力一民，而日廣月高。復樹以美木，今山陽郡東歷高郵，抵廣陵，塗無畏日，南北人歌焉。詩云：「蔽芾甘棠，勿翦勿伐，召伯所茇。」謂思其人，愛其樹也。

又海陵郡有古堰，亘百有五十里，厥廢曠久，秋濤爲患。公請修復，議者難之，謂將有蓄潦之憂。公曰：「濤之患，歲十而九；潦之災，歲十而一。獲九而亡一，不亦可乎？」且請自爲郡而圖焉，詔以本使兼領之[一八]。堰成，復逋户二千有六百②。郡民建生祠以報公，于今祠之。詩云：「樂只君子，民之父母。樂只君子，德音不已。」謂利及生民，則樹無窮之名焉。

公嘗使于夏臺，時納款惟初，見公之儀，知朝廷禮樂，始盡其心焉。復三使于北疆[一九]，聽公之言，知天子神聖，永懷其好焉。詩云：「四國于蕃，四方于宣。」謂夷狄爲患，則往蕃屏之；恩澤弗暨，則往宣暢之。其公之

① 佑以熬波之具　「熬」原作「獒」，據文海本、庫本及范文正公文集卷一二宋故乾州刺史張公神道碑改。
② 復逋户二千有六百　「二千有六百」，宋史張綸傳同，隆平集、東都事略張綸傳作「三千六百」，東齋記事卷三作「萬二千七百」。

謂乎！

逮于貳膳之年[二〇]，聖倚彌重，歷雄武、河間、横海三大鎮。時天下無事，公謹其法制，安以清浄，如叔子之在襄陽[二一]，仁信著于疆外。

公長七尺，氣勇過人。昔在西北，歷戰十二，大弓長甲，操擐自若，諸將伏其彊力。公性剛不遠仁，故無暴；明不深物，故無怨。孝親之心，皓首如孤時，言必涕下，感動左右。復常好施與，宗族同其有亡。中外孤藐，一養于家。雖享禄不薄，屢膺蕃庶之賞，徹樂之日，門中索然。舊淮、汴間運卒凍殍，歲常比比。及公爲使，每冬以俸泉市絮襦千數，衣其不自存者[二二]，且飼而休之①，使得卒歲，曰：「此有司之過，即使僵仆道塗②，以累上仁。」其愛君勤人如此而深也。

今文武班有考績之制，率當自表。公曰：「國家廉讓之風未衰，則吾豈敢？」終身不爲言。其階干通顯，並天子疇其勳異，不得而謝焉。公祗事三朝幾五十年，無一銖之罰。又景德而降，權寄不絶，保任官材僅三百人，一無累者。其明哲於人如此而博也。

公發身如班定遠，事邊如馬伏波，修水利如邵南陽，議食貨如耿大農。有一于兹，名聳後世，公實兼之，宜其被金石而不朽矣。將終，召掾曹沛國朱寀草理命於牀下③，且謂：「某嘗從事于使部，僅知所存。在甲令，五品而上立神道碑。如不得已，宜爲我請。」孝子致其詞，某不敢讓。惟公雄謀偉行，布于四方，非耳目可涯；又多陰

① 且飼而休之　「休」原作「怵」，據范文正公文集卷一二宋故乾州刺史張公神道碑改。

② 即使僵仆道塗　「即」，范文正公文集卷一二宋故乾州刺史張公神道碑作「那」，似是。按，詩小雅桑扈曰：「不戢不難，受福不那。」鄭玄箋：「王者位至尊，……然而不自斂以先王之法，不自難以亡國之戒，則其受福禄亦不多也。」

③ 召掾曹沛國朱寀草理命於牀下　「召」原作「君」，據范文正公文集卷一二宋故乾州刺史張公神道碑改。

德於人，無能名焉。敢言其略，以顯我國家君子之休。其銘曰：

天生張侯，維嶽之濱。星萃于上，炳爲哲人，儀玆聖辰。維侯之德，柔文剛武；弗無矜寡，弗有彊禦，猶仲山甫。維侯之言，迺宣聖謨，于彼西北；西北有孚，邦家之樞。維侯之功，克顯克大；攘彼戎寇，禦彼災害，吾民是賴。我生既勤，我年斯臻。迺懷故園，迺謀嘉賓。鼓缶而嬉，以休厥身。帝錫我侯，歸牧于鄉①。錦裘煌煌，鸞衡鏘鏘。故老飲歌，吾閭之光。我侯爲何，四方是力？誠加于物，心竭于國，始終一德。侯斯往焉，帝用惻然。遺烈在人，史其舍旃，垂千萬年。

辨證：

[一] 張刺史綸神道碑　本碑文又載於范仲淹范文正公文集卷一二，題曰「宋故乾州刺史張公神道碑」。按，張綸，隆平集卷一九、東都事略卷一一二、宋史卷四二六有傳。

[二] 范仲淹　仲淹（九八九～一〇五二年）字希文，蘇州吳縣人。大中祥符八年進士，官至參知政事。謚文正。隆平集卷八、東都事略卷五九、宋史卷三一四有傳；本書上集卷二〇載有歐陽修范文正公仲淹神道碑，中集卷一二載有富弼范文正公仲淹墓誌銘。

[三] 唐失公謹文皇以慟　舊唐書卷六八張公謹傳云：公謹「進封鄒國公。轉襄州都督，甚有惠政。卒官，年三十九。太宗聞而嗟悼，出次發哀，有司奏言：『準陰陽書，日子在辰，不可哭泣，又爲流俗所忌。』太宗曰：『君臣之義，同於父子，情發於衷，安避辰日？』遂哭之」。

[四] 皇考諱震王考諱元　按，禮記祭法曰：「是故王立七廟，一壇一墠，曰考廟，曰王考廟，曰皇考廟，曰顯考廟，曰祖考廟。」故此處「皇考」指曾祖父，「王考」指祖父。

[五] 抱關蹶張　按，「抱關」乃「抱關擊柝」之略，指守關巡警之吏；「蹶張」，謂勇健有力。史記張丞相列傳曰「申屠丞相嘉者，梁

---

① 歸牧于鄉　「牧」原作「收」，據庫本及范文正公文集卷一二宋故乾州刺史張公神道碑改。

人，以材官蹶張從高帝擊項籍，遷爲隊率」。裴駰集解：「徐廣曰：『勇健有材力開張。』如淳曰：『材官之多力，能腳蹋强弩張之，故曰蹶張。』」此指從軍。隆平集張綸傳稱其「淳化中，舉進士不中，補奉職」；東都事略張綸傳云「嘗舉進士不中，補三班奉職」。

[六] 公使于軍中　宋史張綸傳云其「遷右班殿直，從雷有終討王均於蜀」。

[七] 俄以邊略典辰溪郡　宋史張綸傳云其「奉使靈夏還，會辰州溪峒彭氏蠻内寇，以知辰州。綸至，築蓬山驛路，賊不得通，乃遁去」。長編卷八一大中祥符六年十一月丙辰條稱「以東頭供奉官張綸爲辰州都巡檢使，招撫蠻人」。注曰：「按此所云招撫蠻人，當是魏進武等。綸本傳乃言『溪洞彭氏蠻内寇，以綸知辰州。綸至，築蓬山驛路，賊不得通，乃遁去』。與實録事似不同。傳蓋因范仲淹神道碑也。」然長編卷八二大中祥符七年二月庚申條又載「荆湖北路轉運司言蠻賊魏進武已招赴盧溪縣請罪，詔前所遣兵悉還屯，止留五百人戍縣境。尋又詔知辰州張綸於盧溪縣建道場五晝夜，仍豐潔致祭」。則以張綸知辰州爲是。

[八] 又平涼鎮戎二城西陲之機鍵公歷專之　長編卷八二大中祥符七年四月癸亥條云：「張綸尋徙知原州。辰州吏民列上治績，提點刑獄以聞，乞加旌擢。樞密院擬狀不行。上出以示宰相曰：『綸清苦自守，移官三千里，誠可念也。本與高紳不協，紳乃王欽若近親，若此朋徇耶？當特改官遣之。』」注曰：「又據綸本傳，乃自辰徙渭，非原州也，當考。」又卷九一天禧二年二月乙亥條載：「秦州部署曹瑋言『知鎮戎軍、内殿崇班張綸昨召赴闕，令使契丹。綸頗知蕃情，政治詳敏，使還望復委本任』。詔可。會溪蠻入寇，即命爲辰、澧等州緣邊五溪十洞巡檢安撫使。綸在鎮戎，嘗奏開原州界壕，至車道峴約二十五里，以限隔戎寇，從之。」或由此而誤張綸自辰州移知原州。

[九] 持節安撫辰鼎澧三州溪洞　宋史張綸傳云「蠻復入寇，爲辰州、澧、鼎等州緣邊五溪十峒巡檢安撫使」。又長編卷九四天禧三年七月戊辰條云「尋命綸知鼎州，其安撫招捉蠻人事悉罷」。注曰：「綸知鼎州在七月庚辰，今并書。招捉蠻人事亟罷，本史、會要並不詳，當考。」

[一〇] 朝廷以東南諸路鹽鐵饋運命使孔艱及公而諧　東都事略、宋史張綸傳云除張綸江淮發運副使，隆平集張綸傳稱江淮發運使。按，長編卷一〇三天聖三年六月丙寅條、夢溪筆談卷一二官政二等皆稱「發運副使」，是。

[一一] 詔以本郡寵之　隆平集、東都事略、宋史張綸傳稱其「徙知潁州」。按，因張綸潁州人，故稱「本郡」。

[一二] 時降寇八百人叛至而全活焉　宋史張綸傳云時「有降寇數百據險叛，使綸擊之，綸馳報曰：『此窮寇，急之則生患，不如諭以向背。』有終用其説，賊果棄兵來降。以功遷右侍禁、慶州兵馬監押」。

〔一三〕磔數輩麾下其衆乃戢　宋史張綸傳云「所部卒縱酒掠居民，綸斬首惡數人，衆乃定」。

〔一四〕作石柱刻夷人之誓揭于疆首　長編卷九二天禧二年八月壬寅條云：「辰澧鼎州都巡檢使張綸言：『下溪州刺史彭儒猛納先所略人口、器甲等，乞修貢如故。』詔賜儒猛錦袍、銀帶，令辰州通判劉中象賫詔至明灘，與歃血爲誓，遣之。」又東都事略張綸傳稱張綸「諭蠻酋以禍福，使脩貢，仍令還所掠民。綸遣官與之盟，刻石于境上」。

〔一五〕復創杭秀海三郡鹽亭自是鹽筭大充于諸路　長編卷一〇六天聖六年八月甲戌條云：「綸天禧末爲發運副使，時鹽課積虧者十年，綸乃奏除通、泰、楚三州鹽户宿負，官助其器用，鹽入優與之直，由是歲增課數十萬。復置鹽場於杭、秀、海三州，歲入課又三百五十萬。居三歲，增上供米八十萬。在江、淮踰六年，爲民興利除害甚衆。」宋史張綸傳所云稍異：「復置鹽場于杭、秀、海三州，歲入課又百五十萬。居二歲，增上供米八十萬。」按，海當指海陵郡，即泰州。

〔一六〕時江東大水至而蘇秀蒙其利　長編卷一〇一天聖元年閏九月丁未條云：「淮南江浙荆湖制置發運使趙賀言，蘇州太湖塘岸壞，及並海支渠堙廢，浸民田。即詔賀與兩浙轉運使徐奭領其事，伐石增堤，浚積潦，自吴江東赴海。流民歸占者二萬六千户，歲出苗租三十萬。發運司占隸三司軍將，分部漕船，舊皆由三司吏自遣，受賕不平，或數得詣富饒郡，因以商販，貧者至不能堪其役。賀乃籍諸州物産厚薄，分劇易爲三等，視其功過自裁定，由是吏巧不得施。是歲，漕米溢常額一百七十萬。」注曰：「張綸傳云『疏五渠，導太湖入于海，復租米六十萬』，與趙賀傳稍不同。本志又云賀同内侍張永和爲此役。今止從賀傳。」

〔一七〕公請增長堤二百里旁錮巨石爲十閘以疏其横流　宋史張綸傳云其「開長蘆西河以避覆舟之患，又築漕河隄二百里于高郵北，旁錮鉅石爲十礎，以泄横流」。長編卷一〇三天聖三年六月丙寅條稱「發運副使張綸請開真州長蘆口爲河，屬之江，以免舟楫漂失之患，詔從之」。又七月庚辰朔條稱「發運使方仲荀、副使張綸又言真、楚諸州運河宜作水閘石牕分水，以溉民田。詔漸爲之，無遽猝擾農。綸等訖成其役，民甚便焉」。

〔一八〕又海陵郡有古堰至詔以本使兼領之　長編卷一〇四天聖四年八月丁亥條云：「詔修泰州捍海堰。先是，堰久廢不治，歲患海濤冒民田，監西溪鹽税范仲淹言於發運副使張綸，請修復之。綸奏以仲淹知興化縣，總其役。難者謂濤患息則積潦必爲災，綸曰：「濤之患十九，而潦之災十一，獲多亡少，豈不可乎？」役既興，會大雨雪，驚濤洶洶且至，役夫散走，旋濘而死者百餘人。衆讙言堰不可復，詔遣中使按視，將罷之。又詔淮南轉運使胡令儀同仲淹度其可否，令儀力主仲淹議。而仲淹尋以憂去，猶爲書抵綸，言復堰之利。綸表三請，願身自總役。乃命綸兼權知泰州，築堰自小海寨東南至耿莊，凡一百八十里，而於運河置閘，納潮水以通漕。踰年堰成，流逋歸者二千六百餘户，民爲綸立祠。」注曰：「張綸兼權知泰州，乃五年八月辛卯。」

〔一九〕復三使于北疆　宋史張綸傳載張綸嘗兩使契丹，一在知鎮戎軍時，一在爲昭州刺史時。

〔二〇〕逮于貳膳之年　按，「貳膳之年」指七十歲。禮記王制云「五十異粻，六十宿肉，七十貳膳，八十常珍」。孔穎達疏：「貳，副也；膳，善食也。恒令善食有儲副，不使有闕也。」

〔二一〕如叔子之在襄陽　按，叔子，西晉名將羊祜字。

〔二二〕每冬以俸泉市絮襦千數衣其不自存者　長編卷一〇六天聖六年八月甲戌條云張綸「性喜施與，漕卒多凍餒道死者，綸見之歎曰：『此有司之過，非所以體上仁也。』推俸錢市絮襦千數，衣其不自存者」。

李觀察士衡神道碑〔一〕　文正公范仲淹

聖王之教萬民也，資天地之生以爲食，藉山海之出以爲貨。食均于上下，貨通于遠邇，則可以通郊廟，廩卿士，聚兵以征伐，振民於災害。然非得絶代能臣，持變通之數於天下，則孰與成當世之務哉？故夷吾作輕重之權以霸齊，桑羊行均輸之法以助漢。近則隋有高熲①，唐有劉晏，皇朝有左丞陳公恕，是皆善天下之計者也。爾後朝廷重此任，而常難其才。天禧二年七月甲戌②，制曰：「樞密直學士、刑部侍郎士衡可三司使。」告謝之日，天

① 近則隋有高熲　「高熲」原作「高穎」，據范文正公文集卷一三宋故同州觀察使李公神道碑及隋書卷四一高熲傳改。

② 天禧二年七月甲戌　「二年」，范文正公文集卷一三宋故同州觀察使李公神道碑作「三年」，不確。按：李士衡爲三司使之時，長編卷九二、皇朝編年綱目備要卷八、玉海卷三二聖文御製論天禧寬財利論皆在天禧二年。

子面褒其能，屬以大計，賜内帑錢二百萬緡以助經費，復親製寬財利論以賜之。公當職五年間，天子有事於南郊，又御端門，既今上即位，並大賚天下；至于真宗山陵，再塞大河之決，其供億不可勝紀，公皆優游以辦，霈然有餘力。蓋周知天下之利，使流而不竭，中外服其通焉。

公字天均，隴西成紀人也[二]。曾祖渙，贈尚書屯田郎中。祖徹，贈左諫議大夫。父益，贈吏部尚書。尚書娶惠氏，贈扶風郡太君。生子五人，公居其仲。

幼負氣節，從鄉先生學①，即有聲于西州。太平興國八年春，天子親策天下士，公中第，釋褐爲京兆鄠縣主簿。府知其才[三]，俾權領獄掾。咸陽縣有民殺人，具辭以送府，父子五人皆伏加功之坐[四]。公告于尹曰：「嘗試辨之，蓋殺人者一，餘四人掩其骸耳，安可盡辟乎？」尹覆之，卒從公議，即謂公曰：「是四人者，非子之明，則冤于地下矣。子有陰施，後當貴乎？」移知眉州彭山縣，就除大理評事。以父憂去職[五]。服除，由寇萊公薦[六]，領京兆渭橋輦運，改司農丞，除著作佐郎，通判邠州。

真宗即位，遷秘書丞、知劍州。咸平三年春，益州兵亂，推王均爲首。既破漢州，急來趨劍，欲絶王師之路。公告于衆曰：「賊來方鋭，孰可與鬭？吾城無守具，而有芻糧之積，使賊能得之，非徒肉吾一州，必據險以阻大兵，則兩川諸城無援以守，盡下於賊矣。不如焚其儲蓄，擁州民，輦庫帛，退守劍門，與劍門之兵合以拒戰，賊可圖焉。」衆從之。既而賊至，得吾空壘，無資與粮②，險不可據，遂大沮其謀。公知其窮，手署榜以示寇曰：「爾等得無父母妻子之愛？蓋脅從而來，何不歸我，復爲王人？」得降卒千有九百。乃與劍門鈐轄裴臻併兵擊賊，斬首

① 從鄉先生學　「學」字原脱，據范文正公文集卷一三宋故同州觀察使李公神道碑補。

② 無資與糧　「無」字原脱，據庫本及范文正公文集卷一三宋故同州觀察使李公神道碑補。

數千級。賊敗，走保成都。公即馳驛入奏，自引棄城守關之咎，且言平賊利害。帝深加獎歎，擢拜度支員外郎，賜五品服。俄而大兵得出劍門，兩川諸城聞王師來，無復摇動，均賊遂平，如公始謀焉。會帥臣言公不當棄城[七]，朝廷方任帥，不得已，謫監虔州關征。

尋召還，判三司鹽鐵勾院。時度支使梁鼎上言：「陝西舊制，許人入粟塞下，率高其估，以池鹽償之，人得賈于邊市。今請借民力轉粟以備塞，復轉鹽于邊，官自鬻之，歲得緡錢三十萬，以給西兵。」朝廷可其奏，命鼎爲陝西制置使。公上言非便，復與執政争於帝前曰：「邊路阻險，舟車不能通。每歲轉粟與鹽，民力可支乎？徒能奪農時，沮商利。異日農商失業，財力俱屈，後復變法，人將安信？又官自鬻鹽則價重，價重則邊人市虜中青鹽食之，虜爲利矣。臣請通鹽商如前，使人入粟塞下，則農不奪時，商不易業，外不爲虜利。苟能寬民力，沮虜計，雖緡錢不足，陛下以諸路之羡助之，有何不可？」帝然之[八]。公謝以忠憤而言不覺切直，帝曰：「爲臣當如此，宜無改焉。」鼎至陝西，果無效而罷，卒如公言。

領荆湖北路轉運使①，歲餘徙陝西②，進司封員外郎，賜金紫。即保任能吏數十，分掌榷酤，獲遺利蓋億計，乃奏罷朝廷助邊錢帛歲三十萬。天子朝陵，幸西洛，進兵糧五十萬石。京西路乏粟，又進三十萬石助之。入拜祠部郎中、度支副使。朝廷以兩河屯兵之計，擇使爲難，輟公以司封郎中領河北轉運使。建言：「民乏泉貨③，每春取絹直於豪力，其息必倍。本道歲給諸軍帛七十萬疋，不足則市於民。請使民預受其直，則公私交濟。」制

---

① 領荆湖北路轉運使　「路」字原脱，據范文正公文集卷一三宋故同州觀察使李公神道碑補。
② 歲餘徙陝西　「徙」原作「從」，據范文正公文集卷一三宋故同州觀察使李公神道碑改。
③ 民乏泉貨　「乏」原作「之」，據范文正公文集卷一三宋故同州觀察使李公神道碑改。

從之，今行于諸道[九]。天子東封，詔公駐澶州，同幹供億事[一〇]。慶成，拜右諫議大夫，領使如故。及祀汾陰，又以公提舉京西、陝西轉運司事。車駕既行，以長安爲關輔之要，命公鎮安之。祀事畢，召還，進給事中。朝廷謂坤維之奥，宜得巨人，拜樞密直學士、知益州。朞月召還，有圖任意。會河朔闕漕①，帝曰：「河朔未可無卿。」除都轉運使[一一]，恩數廪禄加常制一等。

公再至兩河，夙夜共職。積穀郡邑，率如京坻。議者謂所積太廣，必將腐敗。朝廷遣使視之[一二]，公奏曰：「豈不爲九年之意耶？」帝悟，遽命罷其使。明年大蝗，民多阻飢，公悉發倉廪以賑之②，仍輦濟京西路。君子謂公知政矣。大河決于無棣，將圯其城。時以數州丁力晝夜營護，役死者相枕藉，而水不降。公奏曰：「是不可以州矣，請亟遷以避患。」朝廷從之[一三]。後數月，水出舊城丈餘，民不爲魚，公之力也。就遷工部侍郎。相州繫囚十四人，盜瓜傷其主，吏以極法論。公曰：「餓夫何至此？」皆貸死以聞。朝廷閲其奏，即下密詔：「民有歲凶爲盜，長吏得屈法以全之。」公兩使河朔凡數年，天子封太山，祀汾陰，幸亳社，進緡錢、繒纊、糧芻巨萬數[一四]，又請罷内帑錢歲百萬，屢詔褒之。

魏人飢，命公知天雄軍[一五]。又東齊大歉，盜寇充斥，進刑部侍郎、知青州。盜有聚山林、出爲郡邑之患者，先是，係其妻子，棘環于通衢。公至，遽出之，戒曰：「虐爾何贖？爾惟從賊所之，俟其自新，則復爾閭井。」賊聞之少懈。又下教曰：「賊輩爲魁所制，爾能伺而梟之，吾將以功論。」旬浹間，盜有梟二魁之首獻者，餘皆散亡。或來請命，公録之如教，齊人遂安。天子遣中使獎勞。

---

① 會河朔闕漕　「漕」，范文正公文集卷一三宋故同州觀察使李公神道碑作「須」。

② 公悉發倉廪以賑之　「發」字原脱，據范文正公文集卷一三宋故同州觀察使李公神道碑補。

及爲三司使[一六]，陝西舊科吏人采木送京師①，度三門之險，破散者太半；又每歲市羊，亦遣吏送，而羊多斃于道。二者吏皆破産以償，西人苦兹五十年矣。公請募商旅送木于京師，如入粟法，售以池鹽。又請許其吏私市羊以副之，免關征筭，得補其亡失。自是西人鮮復破産。視天下之弊如此比者，日更月除，不可殫書矣。

遷吏部侍郎，以足疾求罷，優詔不允，而許五日一至便殿奏事②，拜則以通事舍人掖之③。今上即位，拜尚書左丞，復求解職。朝廷優寵老臣④，遂得請，除同州觀察使、知陳州[一七]。時大水侵城，人有言水入城以誑衆者，公命立斬之，人心始寧。乃築大防以完其州。改潁州，復涖陳州。會曹襄悼公得罪，公以親累，授左龍武軍大將軍，分司西京[一八]。未幾，進左衛大將軍，還長安故居。

後二年遘疾，以天聖十年五月二十六日薨，享年七十有四。以其年八月某日⑤，葬于京兆萬年縣白鹿鄉之原。景祐元年，其子詣闕，理公有勞於國，非意左遷。天子閔然，降制追復同州觀察使。

公娶太原王氏，封平晉縣君，早亡；又娶馮翊雷氏，封延安郡君，後公十六年而終。男六人：丕顯，不仕；

---

① 陝西舊科吏人采木送京師　「采」原作「來」，據庫本及范文正公文集卷一三宋故同州觀察使李公神道碑改。

② 而許五日一至便殿奏事　「至」字原脱，據范文正公文集卷一三宋故同州觀察使李公神道碑補。

③ 拜則以通事舍人掖之　「以通事舍人掖之」以下至本碑文末，底本錯置於中集卷十八，據鐵琴銅劍樓本、庫本移正。又底本有「詔三省侍從臺閣之臣皆往觀焉」之「三省侍從臺閣之臣皆往觀焉」以下至「尚告來者」，乃中集卷一八范忠文公鎮墓誌銘中文字，底本錯置於此，今據鐵琴銅劍樓本、庫本及蘇軾文集卷一四改移至范忠文公鎮墓誌銘下。

④ 朝廷優寵老臣　「老臣」，庫本及范文正公文集卷一三宋故同州觀察使李公神道碑作「老成」。

⑤ 以其年八月某日　「某日」，庫本及范文正公文集卷一三宋故同州觀察使李公神道碑作「二十七日」。

丕績，同學究出身，並早世。丕諒，太常博士、集賢校理，由方略改崇儀使、邠寧環慶路兵馬鈐轄，後公十一年而亡。丕緒，尚書水部郎中。丕遠，殿中丞。丕旦，國子博士。女三人：長適益州郫縣主簿宋肩遠①，次適曹襄悼公利用，次適定國軍節度觀察留後曹琮。孫男若干人。

公性慷慨，善辯論②，明於知人，凡保任才吏數百員。嘗力薦呂文靖公、陳文惠公，又嘗薦太傅張鄧公③。公服官五十二載，專尚寬恕，刑政之下，活人多矣。自古能臣言邦國之利，鮮不斂怨於下而傷其手者。公則疏通利源，取而不奪，允所謂善天下之計者也[一九]。銘曰：

> 舜歌南風兮阜時之財，何以聚人兮易不云哉。富國彊兵兮孰謂霸才？弗富弗彊兮王基其摧。巍巍先帝兮法道法天，大烹之盛兮包羅俊賢。拔公之才兮屬諸利權，公之感遇兮惟力是宣。封乎泰山兮祀于汾脽④，千乘萬騎兮雲駕波馳。公常景從兮朝詢夕咨，供億何筭兮無一不宜。入司邦賦兮帝曰汝通，屢行大賚兮如泉不窮⑤。太上繼明兮遇之愈隆，公則請老兮命以觀風。久於貨政兮人將無徒，公常寬之兮民易以趨。曾不加賦兮抑有羨餘，全歸故廬兮其樂只且。安安而壽兮高枕以終，門閥不圮兮表于關中。峨峨之碑兮章章厥功，映于國史兮千古不空。

---

① 長適益州郫縣主簿宋肩遠　「遠」字原脱，據庫本及范文正公文集卷一三宋故同州觀察使李公神道碑補。

② 善辯論　「善」字原脱，據庫本及范文正公文集卷一三宋故同州觀察使李公神道碑補。

③ 又嘗薦太傅張鄧公　「太傅」原作「太博」，據文海本、庫本及范文正公文集卷一三宋故同州觀察使李公神道碑改。

④ 封乎泰山兮祀于汾脽　「脽」原作「睢」，據范文正公文集卷一三宋故同州觀察使李公神道碑改。按，宋真宗於大中祥符四年中祀汾陰，史記卷一二孝武紀云「始立后土祠汾陰脽上」。

⑤ 屢行大賚兮如泉不窮　「大」原作「天」，據庫本及范文正公文集卷一三宋故同州觀察使李公神道碑改。按，大賚，即重賞。

辨證：

［一］李觀察士衡神道碑　本碑文又載於范仲淹范文正公文集卷一三，題曰「宋故同州觀察使李公神道碑」。按，李士衡，宋史卷二九九有傳，作「李仕衡」。

［二］隴西成紀人也　宋史李仕衡傳稱其「秦州成紀人，後家京兆府」。

［三］府知其才　據宋史李仕衡傳，時守京兆者乃田重進。

［四］父子五人皆伏加功之坐　按，「加功」，唐律疏義卷一七謀殺人曰：「已傷者絞，已殺者斬，從而加功者絞。謂同謀共殺，殺時加功，雖不下手殺人，當時共相擁迫，由其遮遏，逃竄無所，既相因籍，始得殺之，如此經營，皆是加功之類，不限多少，並合絞刑。同謀從而不加功力者，流三千里。」則所謂加功，指實助殺人之行爲。

［五］以父憂去職　長編卷二八雍熙四年五月丁丑條云：「初，秦州長道縣酒場官李益，家饒於財，僮僕常數百，關通朝貴，持吏短長，郡守以下皆畏之。民負益息錢者數百家，官爲徵督，急於租調，獨觀察推官馮伉不爲屈。伉一日騎出，益遣奴捽下，毀辱之。伉兩上章論其事，皆爲邸吏所匿，不得通，後因市馬譯者附表以訴。上大怒，詔捕之。詔未至，權貴已先報益，使亡去。上愈怒，命物色捕益愈急，數月，得於河内富人郝氏家，械送御史臺，鞫之，益具伏。丁丑，斬益，籍其家。益子士衡先舉進士，任光禄寺丞，詔除其籍，終身不齒。州民聞益死，皆醵錢飲酒以相慶。」

［六］服除由寇萊公薦　宋史李仕衡傳云：「後會赦，寇準薦其材，盡復其官。」

［七］會師臣言公不當棄城　長編卷四六咸平三年正月丁未條云「其後川峽招安使言士衡棄城，乃復坐黜責焉」。據甲午條載，時「以户部使、工部侍郎雷有終爲瀘州觀察使、知益州，兼提舉川、峽兩路軍馬招安巡檢捉賊轉運公事；御廚使李惠、洛苑使、富州團練使、帶御器械石普，供備庫副使李守倫，並爲川、峽兩路捉賊招安使」。

［八］帝然之　按宋史李仕衡傳云真宗「不聽，遂行鼎議，而關中大擾，乃罷鼎度支使」。

［九］制從之今行于諸道　長編卷七三大中祥符三年閏二月己未條稱「河北轉運使李士衡言：『本路諸軍歲給帛七十萬，當春時，民多匱乏，常假貸於豪右，方納租賦，又償逋負，以故民間之利愈薄。請官預給帛錢，俾及期輸送，民既獲利，官亦用足。』詔從之，仍令優

與其直。其後遂推其法於天下」。

[一〇] 天子東封詔公駐澶州同幹供億事　長編卷七一大中祥符元年五月壬戌條：「王欽若言泰山下醴泉出，河北轉運使李士衡奏罷內帑所助錢八萬緡，於是又請輦本路金帛芻粟四十九萬赴京東，以助祀事。上曰：『士衡臨事有心力，可獎也。』遂賜褒詔。丁謂因請留士衡於澶州，管勾東封事，詔從之。」

[一一] 除都轉運使　宋史李仕衡傳云「河北闕軍儲，議者以謂士衡前過助封祀費，真宗聞之，以爲河北都轉運使」。長編卷八〇大中祥符六年四月庚辰條亦云：「以樞密直學士、給事中李士衡爲河北都轉運使。先是，上曰：『議者言士衡用河北錢五十萬貫助東封，致令管內闕乏。』丁謂曰：『士衡貢東封見錢止十萬餘，即薪芻總計五十萬爾。』上曰：『官吏艱于經畫，輒以此爲辭，當復任士衡，責其集事，以塞衆多之言。』故有是命。」

[一二] 議者謂所積太廣必將腐敗朝廷遣使視之　長編卷八〇大中祥符六年四月庚辰條云李士衡「其後積粟塞下，至鉅萬斛。或言粟腐不可食，朝廷遣使取視之，而粟不腐也」。

[一三] 大河決于無棣至朝廷從之　長編卷八四大中祥符八年正月戊戌條云：「先是，河北轉運使李士衡、張士遜等言：『河流高於州城者丈餘，朝命累年役兵修固，蓋念徙城重勞民力。而去冬盛寒，尚有衝注，若凍解，必致決溢，爲患滋深。今請於州之北七十里陽信縣界，地名八方寺，即高阜改築州治，以今年捍隄軍士助役，則永久之利。』詔可。令權度支判官張績、內侍押班周文質乘傳與士衡、士遜等同驕莅其事，三月而役成。」按，徙棣州城乃大中祥符八年事，而上所謂「明年大蝗」，據長編卷八七，實爲大中祥符九年六月間事。

[一四] 天子封太山祀汾陰幸亳社進緡錢繒纊糧芻巨萬數　宋史李仕衡傳云「封泰山，獻錢帛、芻糧各十萬」；「祀汾陰，又助錢帛三十萬」；「駕如亳州，又貢絲綿、縑帛各二十萬」；「南郊，復進錢帛八十萬。先是，每有大禮，仕衡必以所部供軍物爲貢，言者以爲不實。仕衡乃條析進六十萬皆上供者，二十萬即其羨餘。帝不之罪」。

[一五] 命公知天雄軍　宋史李仕衡傳云其「遷尚書工部侍郎、權知天雄軍」，然據長編卷九一天禧二年三月戊戌條載「徙河北都轉運使李士衡知青州」。則李士衡時乃以河北都轉運使權知天雄軍事。

[一六] 及爲三司使　長編卷九二天禧二年七月甲戌條云：「以樞密直學士、刑部侍郎李士衡爲三司使，代馬元方也。士衡以足疾

表求門謝，許之。上作寬財利論賜士衡，又出内藏錢二百萬貫以助經費，士衡因請刻聖制于本廳，從之。士衡方進用，王欽若害之，欲言而未有路。會上論時文之弊，欽若因言：『路振，文人也，然不識體。』上曰：『何也？』曰：『士衡父誅死，而振爲贈告，乃曰「世有顯人」。』上頷之，士衡以故不大用。」

［一七］除同州觀察使知陳州　長編卷九九乾興元年七月庚午條云：「上初即位，三司使、尚書左丞李士衡屢以足疾求罷職，太后諭曰：『先帝稱卿全曉金穀利害，以比高頴、劉晏，宜少安於位，俟畢山陵，當遂大用。』及是又固以請，庚午，授同州觀察使、知相州，尋改知陳州」。

［一八］會曹襄悼公得罪公以親累授左龍武軍大將軍分司西京　按曹襄悼公，即樞密使曹利用，謚襄悼。隆平集卷一〇曹利用傳云曹利用因「趙人告其從子汭逆謀，遂罷」，後又「貶節度副使，房州安置，至襄州，内臣楊懷敏逼使自縊，以暴疾卒聞」。宋史李仕衡傳云：「曹利用，士衡婿也。利用被罪，降士衡左龍武軍大將軍，分司西京。」

［一九］允所謂善天下之計者也　宋史李仕衡傳云：「仕衡前後管計事二十年，雖才智過人，然素貪，家貲至累鉅萬，建大第長安里中，嚴若官府。」

名臣碑傳琬琰集上卷十九

馬正惠公知節神道碑[一]　　荆公王安石

推忠保順同德翊戴功臣、彰德軍節度觀察留後、特進、檢校太尉、使持節相州刺史、兼御史大夫、上柱國、扶風郡開國公、食邑六千六百户、食實封二千二百户、謚曰正惠馬公，以天禧三年十月戊戌葬開封祥符縣某鄉某里。至嘉祐七年，公孫慶崇始來請銘，以作公碑。序曰：

馬氏故扶風人，至公高祖而徙處雲中。贈太師諱某者，於公爲曾祖。贈太師、中書令諱某者，於公爲祖。龍捷左厢都指揮使、江州防禦使，贈太師、中書令、尚書令、蔡公諱某者①，於公爲父。蔡公從太祖定天下，力戰有功。當是時，雲中已爲契丹所得，故馬氏又徙處浚儀，今開封府祥符也。

公諱知節，字子元。蔡公之終也，年七歲，太祖召見禁中[二]，有司言例當補殿直，詔特授西頭供奉官，而賜以名。開寶五年，年十八，監彭州兵馬，以嚴飾見憚如老將。太平興國三年，領兵戍秦州清水。姦人李飛雄乘驛

① 贈太師中書令尚書令蔡公諱某者　按，據隆平集、東都事略、宋史馬知節傳，馬知節父名全義。

稱詔捕公及秦隴巡檢劉文裕等①，將繫之秦州，因盜庫兵以反。公辨其詐，與文裕執飛雄治殺之[三]。五年，監潭州兵馬，改東頭供奉官。

雍熙二年，又監博州兵馬。劉廷讓敗於君子驛②，而契丹歸矣。公方料丁壯，集芻糧，繕城治械如寇至。吏民初不悦其生事也，已而契丹果至，度不可攻，乃去。四年，改西京作坊副使，將屯于冀州。端拱元年③，移知定遠軍。時議發河南十三州之民轉饟河北，公告轉運使樊知古：「此軍聚兵少而積粟多，簸其腐，尚可得十七。」知古用此得粟五十萬斛，以罷河南之役。事聞朝廷，太宗嘉之。二年，深州新蹂於契丹，城郭廬舍多壞而流民衆，乃移公知深州。公至數月，則壞者完，流者復，舉州忘其寇戎之故，而以公爲能撫我。會保州不治，移往代之。淳化二年，又移知慶州。羌萬人以怨程德元來寇，公誘其渠帥，諭以威信，即皆引去。四年，遷西京作坊使、知梓州。

五年，李順爲亂於蜀之西川，以公往討，又以爲先鋒，平劍州。召還，至三泉，而復以公與王繼恩討賊。繼恩怒公抗直，使守彭州，盡收其軍，而與之羸卒三百。賊率其衆至，號十萬。公力戰一日，亡其卒太半，乃夜獨出，招救兵復入，賊終不能得城而以敗去[四]。除成都府兵馬鈐轄[五]，遷洛苑使。五年，除蜀漢九州都巡檢使，已而又兼成都府兵馬鈐轄。真宗即位，改内苑使。蜀卒劉旴聚黨數千人爲亂④，所攻數州，至輒取之。公以卒三百追至蜀州，與戰，旴走邛州[六]。而招安使上官正召公歸成都計事，公爲正畫曰：「賊破邛州，必乘勝劫掠，度江

① 姦人李飛雄乘驛稱詔捕公及秦隴巡檢劉文裕等　「李飛雄」原作「李飛誰」，據庫本及王文公文集卷八三、臨川集卷八七馬公神道碑與下文改。
② 劉廷讓敗於君子驛　「廷」原作「延」，據宋文鑑卷一四六王安石馬正惠公神道碑銘改。按，劉廷讓，宋史卷二五九有傳。
③ 端拱元年　「端」原作「揣」，據庫本、舊鈔本及王文公文集卷八三、臨川集卷八七馬公神道碑與宋史卷五太宗紀改。
④ 蜀卒劉旴聚黨數千人爲亂　「劉旴」，長編卷四一至道三年八月乙巳條、宋史卷六真宗紀及卷三〇八上官正傳作「劉旰」。又「數千人」，長編卷四一至道三年八月乙巳條作「踰三千」，隆平集馬知節傳作「三千」，宋史馬知節傳作「二千」。

薄我。既息而戰，我軍雖倍，未易敵也，不如迎其弊急擊，破之必矣。」遂行，次方井，與正合，殺旰等無噍類[七]。真宗賜書獎諭，賞以錦袍金帶。

咸平元年，加登州刺史、知秦州。諸羌質子，有三十年不釋者，公悉歸之[八]。諸羌德公，訖去，無一人犯塞。小泉銀坑久不發，掌吏盡産以償歲課，而責之不已，公奏得釋而歸其産[九]。四年，就除西上閤門使、知成都府，兼本州兵馬鈐轄[一〇]。有告龍騎士謀爲變者，所引以千數，公捕殺其首七人，而置其餘無所問。自乾德後，歲漕蜀物，以富人爲送吏，多坐漂失籍其家①。公奏擇三班使臣及三司軍大將代之，而課其漕事爲賞罰，至今便之[一一]。六年，移鄜延路駐泊兵馬都總管、兼知延州[一二]。蜀人於公去②，皆環以泣。公至延州，羌方以兵覷邊，會上元，開門張燈，示以無爲③，而羌卒不能爲寇[一三]。

又移知鎮州[一四]，兼本州兵馬都總管。景德元年，契丹入邊，民入保城，公與之約：盜一錢者死。有盜錢二百者④，公即殺之。於是自澶以北，城郭皆晝閉。詔使過，公輒留之，而募人間行送詔，皆得其報以聞。又以便宜使所至受諸漕輓給邊之物，故契丹欲虜掠，無所得[一五]。車駕澶州⑤，大將王超提卒數十萬，逗留不赴。公屢趣之，不爲動，移書譙讓，乃始出師，猶辭以中渡無橋。至則公先已度材⑥，一夕而橋就。上聞，手詔褒之，且知公

---

① 多坐漂失籍其家　「失籍」原作「没於」，據鐵琴銅劍樓本、庫本及臨川集卷八七馬公神道碑改。
② 蜀人於公去　「於」原作「愛」，據鐵琴銅劍樓本、庫本及臨川集卷八七馬公神道碑改。
③ 示以無爲　「示」原作「公」，據鐵琴銅劍樓本、庫本改；臨川集卷八七馬公神道碑作「視」。
④ 有盜錢二百者　按，長編卷五九景德二年乙卯條稱「俄有竊童兒錢二百者」。
⑤ 車駕澶州　「駕」下，臨川集卷八七馬公神道碑有「次」字。
⑥ 至則公先已度材　「至」字原脱，據王文公文集卷八三、臨川集卷八七馬公神道碑補。

果可以屬大事也。二年①，移知定州〔一六〕，又除東上閤門使、樞密院都承旨。三年，遂以檢校太保簽書樞密院事。

祥符元年，東封泰山，以爲行宮都總管。自此行幸，必以公爲都總管，而皆許之專殺。公部分明，約束審，出入肅然，而未嘗輒戮一人〔一七〕。於是邊將言契丹近塞，大臣議皆請發兵以備，公獨議使邊將移書問狀，從之〔一八〕。契丹解去。遷檢校太傅。四年，加宣徽北院使。五年，除樞密副使。當是時，契丹已盟，中國無爲，大臣方言符瑞〔一九〕，而公每不然之，獨常從容樞極言天下雖安②、不可忘戰去兵之意，及他爭議甚衆，真宗以公言爲是③。七年，除潁州防禦使、知潞州〔二〇〕。州之税賦常移以輸邊，公爲論其害，自是所輸不過鄰州而已。

天禧元年，移知大名府，兼駐泊兵馬都總管。使中貴人勞問，賜白金二千兩。居頃之，遂以爲宣徽南院使、知樞密院事、檢校太尉。有足疾，時詔内朝別爲一班，免其蹈舞。二年，疾病賜告，求去位，真宗不許，而數使中貴人勞問，又幸其第，賜白金三千兩。已而度公實病，不可强以事，乃罷以爲彰德軍節度觀察留後，而公固求外鎮，終不許〔二一〕。居久之，稍間，入謁，真宗輒使閤門祇候二人，伺公至，即扶以入，因掖其拜起。數屏左右問事，常聽用。三年，又求外鎮，乃以公知貝州④，兼本州兵馬都總管。將行矣，召見，又將付以政，公固辭謝，久之乃已，而更以公爲本鎮〔二二〕。至五月，公疾作，詔使公子洵美將太醫往視，而魏、潞二鎮之人亦皆奔走來問，爲公請禱。已而公疾革，真宗又使公弟之子成美馳傳召公歸京師〔二三〕，而公以八月壬寅不起矣，享年六十五。真宗爲

---

① 二年　原作「一年」，據王文公文集卷八三馬公神道碑及長編卷五九景德二年正月甲寅條改。

② 獨常從容樞極言天下雖安　臨川集卷八七馬公神道碑無「樞」字。

③ 真宗以公言爲是　「真宗」二字下，王文公文集卷八三、臨川集卷八七馬公神道碑有「多」字。

④ 乃以公知貝州　「貝州」原作「具州」，據王文公文集卷八三、臨川集卷八七馬公神道碑及東都事略、宋史馬知節傳改。

之震悼罷朝，詔贈侍中，録其子孫，賻賜皆加等。

公前夫人丁氏，某郡君；後夫人沈氏，某郡夫人。子男二人：洵美，終西京作坊使、英州刺史；之美，終內殿承制、閤門祗候。孫十六人，其十四人皆已卒，而慶宗今爲右班殿直，慶崇今爲文思使、知恩州。

公少忼慨，以武力智謀自喜，又能好書，賓友儒者[二四]，所與善必一時豪傑。有集二十卷，其文長於議論。自始仕以至登用，遇事謇謇，未嘗有所顧憚。王冀公、丁晉公用事，每廷議，得其不直，輒面詆之[二五]。真宗初或甚忤，然終以此知公，而天下至今稱其正直。銘曰：

在浚西南，誰封誰樹？有宋正惠，馬公之墓。公當太宗、真宗之時，暨暨諤諤，謀行計施。以羸擊强，以少捕衆，以賤抗貴，維公之勇。雖貴雖衆，雖强必克。維公之敏，亦維公直。帝曰直哉，汝予良弼！見國而已，不知家室。內朝十年，典掌機密。暨予一心，綱紀庶物。元功宗謀，莫汝敢匹。公曰孤臣，敢曠于榮。讒説不用，是維帝明。士或困窮，莫知其有。既榮以位，正或見醜。公於可願，兩得其尤。不訖大耋，天爲不謀。德歉於年，孰云苟老①？有賚後世，公爲壽考。刻趺篆首，作此銘詩。陳之隧道，永矣其詒。

辨證：

［一］馬正惠公知節神道碑　本碑文又載於王安石王文公文集卷八三、臨川集卷八七，題曰「檢校太尉贈侍中正惠馬公神道碑」。按，馬知節，隆平集卷一〇、東都事略卷四三、宋史卷二七八有傳。

［二］年七歲太祖召見禁中　長編卷三建隆三年十二月丁亥條載「贈龍捷左廂都指揮使、江州防禦使馬全義爲鎮國節度使。全義

---

① 孰云苟老　「苟」，臨川集卷八七馬公神道碑作「耇」，疑是。

寢疾，上日遣醫診視，中使勞問不輟，且諭密旨曰：『候疾少間，當授河陽節鉞。』全義時疾已革，但叩頭稱謝。及卒，上爲之流涕，特加寵秩。一子才七歲，召入禁中，賜名知節，補西頭供奉官，仍優恤其家」。按，東都事略、宋史馬知節傳云時召見者爲太宗，誤。

〔三〕公辨其詐與文裕執飛雄治殺之　按宋史卷四六三劉文裕傳云：「先是，秦州內屬，羌人爲寇，朝廷遣周承瑨、田仁朗、王侁、梁崇贇、韋韜、馬知節及文裕領兵屯清水縣，飛雄至，稱制盡縛之。……初，飛雄詐宣制時，自言我上南府時親吏，文裕因哀告飛雄曰：『我亦嘗依晉邸，使者豈不嘗救之乎？』飛雄低語謂文裕曰：『爾能與我同富貴否？』文裕覺其詐，僞許之。飛雄即命左右釋文裕縛。文裕策馬前附耳語仁朗，仁朗佯墜馬，若卒中風眩狀。飛雄共前視之，又釋其縛。仁朗奮起搏飛雄，與文裕共擒之。」故長編卷一九太平興國三年五月壬寅條注曰：「馬知節傳云知節先辨飛雄之詐，因語文裕，與文裕傳不同，當考。」

〔四〕乃夜獨出招救兵復入賊終不能得城而以敗去　長編卷三六淳化五年五月戊寅條云：「王繼恩之克劍州也，西京作坊使馬知節實爲先鋒。知節將家子，每以方略自任。繼恩挾勢驕倨，惡知節不附己，群小從而間之。繼恩遣知節守彭州，配以羸兵三百，彭之舊卒召還成都。知節屢乞師，繼恩弗聽。賊十萬衆攻城，知節率兵力戰，自寅至申，衆寡不敵，士多死者。逮暮，退守州廨，慨然嘆曰：『死賊手，非壯夫也！』即橫槊潰圍而出，休于郊外。黎明，救兵至，遂鼓譟以入，賊衆敗去。上聞而嘉之曰：『賊盛兵少，知節不易當也。』授益州鈐轄。」

〔五〕除成都府兵馬鈐轄　按，李順亂平，宋廷降成都府爲益州，至仁宗嘉祐五年再陞爲成都府。故碑文此處稱「成都府兵馬鈐轄」者不確，長編卷四一至道三年八月「是月」條即稱馬知節官益州鈐轄。又，下文稱馬知節知成都府者，亦不確。

〔六〕公以卒三百追至蜀州與戰旰走邛州　長編卷四一至道三年八月「是月」條云：「西川都巡檢使韓景祐行部至懷安，帳下廣武卒劉旰謀作亂，夜率衆襲景祐，逾垣獲免。旰遂掠懷安，破漢州及永康軍、蜀州，所至城邑，望風奔潰。時益州鈐轄馬知節亦兼諸州都巡檢，領兵三百，追旰至蜀州，與之角鬭，自未至亥，賊懼，走邛州」。

〔七〕遂行次方井與正合殺旰等無噍類　長編卷四一至道三年八月「是月」條云：「招安使上官正飛書召知節還成都計議，知節曰：『賊黨已踰三千，若破邛州，必越新津大江，去我九十里，官軍雖倍，制之亦勞，不如出兵迎擊，破之必矣。』即率所部夜渡江，屯方井鎮，與賊遇，而正亦尋領軍至，共擊斬旰，其黨悉平。旰自起至滅凡十日。庚申，詔以正爲南作坊使，賜知節錦袍金帶，將士錫賚有差。」

［八］諸羌質子有三十年不釋者公悉歸之　長編卷四九咸平四年十月癸卯條云「秦州嘗質羌酋支屬二十輩，殆踰二紀，知節始至，悉遣還，且曰：『此亦人也，豈不懷土乎？』蕃落感其惠，訖受代，無犯塞者」。按，隆平集、東都事略、宋史馬知節傳略同。

［九］公奏得釋而歸其産　長編卷四九咸平四年十月癸卯條云：「小泉銀坑鑛久不發，而歲課不除，主吏破産備償猶未盡，知節三奏其事，得請蠲之，仍許以日收爲額」。按，宋史馬知節傳云「知節請蠲之，章三上，乃允」，與此碑文「公悉歸之」云云，皆不確。

［一〇］知成都府兼本州兵馬鈐轄　長編卷四九咸平四年十月癸卯條云：「知益州宋太初與鈐轄楊懷忠不協，上以蜀土始安，慮其臨事矛盾」，故「亟召太初還」，而「徙知秦州馬知節代之」。仕學規範卷一四涖官引真宗朝名臣傳亦云：「會知益州宋大初與鈐轄楊懷忠不協，以知節諳其習俗，乃授西上閤門使、知益州，兼本路轉運。」按，長編卷五二咸平五年八月癸酉條載「以知閬州、國子博士黄觀權益州路轉運使，代屯田員外郎張巽；以巽爲陝西轉運使，代太常博士李易直；以易直知衛州。巽與知益州馬知節不協，迭相論奏，易直先與錢若水經度邊事，在道縱酒少檢，故有是命。仍令知節兼本路轉運使事，如有大事，與黄觀同議」。又卷五四咸平六年四月庚午條載「徙知益州、西上閤門使馬知節知延州兼鄜延駐泊部署，命鈐轄楊懷忠、轉運使黄觀權同知益州」。則推知武臣馬知節知益州時，又兼益州兵馬鈐轄，而正任益州鈐轄乃楊懷忠；至五年八月，馬知節又兼益州路轉運使事，時正任轉運使乃黄觀。碑文漏載馬知節兼益州路轉運使事。

［一一］自乾德後至至今便之　仕學規範卷一四涖官云：「自乾德平蜀後，歲貢羅綺，動逾萬計，籍里比補牙校部舟運，歷三峽而下，沉覆殆半，破産不能償，州民深以爲患。知節請擇廷臣省吏二十人，凡舟二十艘爲一綱，以二人主之，三載一代，而較其課。自是鮮敗事者，蜀人賴焉。」又長編卷五四咸平六年四月庚午條云：「自乾德平蜀，每歲上供紈綺，動踰萬計，籍里民補牙校部舟運，由嘉陵抵荆渚，沈覆殆半，破産以償者甚衆，州民患之。知節請擇廷臣省吏二十人，凡舟十二艘爲一綱，以二人主之，三歲一代，而較其課。自是鮮有敗者。」

［一二］移鄜延路駐泊兵馬都總管兼知延州　長編卷五四咸平六年四月庚午條載徙知益州、西上閤門使馬知節知延州兼鄜延駐泊部署，云其「承寇亂之後，戢兵撫俗，甚著威惠，然嫉惡太過，兵民有犯，多徙配它境，人頗怨懼。朝議務安遠俗，恐知節不協蜀人之情，以其素有武幹，故移守西邊，仍手詔諭以委屬之意」。

［一三］會上元開門張燈示以無爲而羌卒不能爲寇　按長編卷五五咸平六年十一月癸卯條注曰：「本傳云：『知節在延州，値戎人

將入寇，適值上元，遽令張燈，累夕大啟城門，敵人不測，即引去。』按知節以今年四月庚午自益州徙延州，纔半歲，又徙鎮州，安得以在延州值上元也？今不取。」

[一四] 又移知鎮州　長編卷五五咸平六年十一月癸卯條云：「鎮州程德元政事曠弛，上以勁兵所聚，思得威名鎮撫，癸卯，徙延州馬知節代焉。復降手札敦諭，令疾置之任」。

[一五] 又以便宜使所至受諸漕輓給邊之物故契丹欲虜掠無所得　隆平集馬知節傳云：「詔發澶、魏六州糧輸定武。時方虜內寇，知節守鎮州，曰：『糧之來，資寇也。』止令於舟車所至收之。虜無所得而遁。」按，東都事略、宋史馬知節傳略同。

[一六] 移知定州　長編卷五九景德二年乙卯條云：「上以河北守臣宜得武幹善鎮靜者，乙卯，命西上閤門使馬知節知定州，孫全照知鎮州，刑部侍郎趙昌言知大名府，給事中馮起知澶州，洺州團練使上官正知貝州，莫州團練使楊延朗知保州，滁州刺史張禹珪知石州，崇儀使張利涉知滄州，供備庫使趙繼昇知邢州，西上閤門副使李允則知雄州，供備庫副使趙彬知霸州。上親録其姓名付中書，且曰：『朕如此裁給當否，卿等共詳之。』畢士安曰：『陛下所擇皆才適於用，望付外施行。』從之。」

[一七] 而未嘗輒戮一人　長編卷七〇大中祥符元年十月壬辰條載：「詔行在諸色人有犯罪，並赴行宮都部署馬知節，諸軍即送殿前副都指揮使劉謙，量罪區斷，情理重者以軍法從事，不須奏聞；所在州縣犯罪人送軍頭司，未得引見，令樞密院詳度指揮。上虔心祀事，不欲決罰，且虞小民輕冒禁法，故預戒之。自降詔至訖事，未嘗戮一人，惟二人犯徒流者。」

[一八] 於是邊將言契丹近塞大臣議皆請發兵以備公獨議使邊將移書問狀從之　按長編卷六九大中祥符元年八月癸丑條云：「河東轉運司言，偵得契丹點集兵馬，邊民頗懼，望增屯兵。上曰：『近北面亦言戎人聞國家東封，調發輦運，慮因行討伐，率衆堅壁，以打圍爲名，巡邏境上。且朝廷自與之修好，固無釁隙，若聞其疑擾，即驟益防兵，彼必愈致猜慮。』乃詔邊臣率如常制，無得生事。」

[一九] 大臣方言符瑞　大事記講義卷六真宗皇帝求直言注曰：「景德、祥符以後，王欽若唱『神道設教』之説，丁謂唱『大計有餘』之議，而天書降矣。」

[二〇] 除潁州防禦使知潞州　長編卷八二大中祥符七年六月乙亥條云：「樞密使王欽若罷爲吏部尚書，陳堯叟爲户部尚書，副使

馬知節爲潁州防禦使。欽若性傾巧，敢爲矯誕，知節薄其爲人，未嘗詭隨。……欽若寵顧方深，知節愈不爲之下，爭於上前者數矣。及王懷信等上平蠻功，樞密院議行賞，欽若、堯叟請轉一資，知節云：『邊臣久無立功者，請重賞以激其餘。』議久不決。上趣之，知節忿恚，因面訐欽若之短。既而不暇奏稟，即超授懷信等官。上怒，謂向敏中等曰：『欽若等議懷信賞典，堅稱與侍其旭例不同，當須加等。朕語之曰：「爵賞有勢，國家不惜。」蓋懷信來告樞密院略無酬奬，止望依侍其旭例爲幸。欽若等奏，當具取進止。今乃並與所奏不同，不具劄子，亦不進卷，便直劄送中書，懷信與供備庫副使。始則稽留不行，終又擅自超擢，敢以爵賞之柄高下爲己任。近位如此，朕須束手也。』又曰：『欽若等異常不和，事無大小，動輒爭競。朕於臣下止可如此爾，其如事君之禮人所具瞻何！知節又歷詆朝列，審刑、審官、兩制、三館、諫官、御史都無其人，其薄人厚己也如此。』於是三人者俱罷。欽若、堯叟各守本官；知節以檢校太傅、宣徽北院使兼副使但除防禦使，尋出知潞州。」

［一二一］而公固求外鎮終不許　長編卷九一天禧二年閏四月癸卯條云馬知節罷，「留止京師，以便醫藥。知節表求赴任，詔不允」。

［一二二］將行矣至已而更以公爲本鎮　宋史馬知節傳云其「將行，真宗閔其癯瘁，止命歸鎮」。

［一二三］真宗又使公弟之子成美馳傳召公歸京師　長編卷九四天禧三年八月乙未條云馬知節病，「所苦寖劇，遣其子將太醫往診視。俄求還京師，復遣其姪乘傳齎詔俞其請，至則已卒，遺命諸子令辭詔葬」。

［一二四］又能好書賓友儒者　欒城先生遺言云馬知節「以將家子得讀書之助，作詩蓋其餘事耳。蚤知成都，以抑强扶弱爲蜀人所喜。然酷嗜圖畫，能第其高下。成都多古畫壁，每至其下，或終日不轉足。蜀中有高士孫知微以畫得名，然實非畫師也，公欲見之而不可得。知微與壽寧院僧相善，嘗於其閣上畫惠遠送陸道士、藥山見李習之二壁，僧密以告公，公徑往從之。知微不得已，擲筆而下，不復終畫，公不以爲忤，禮之益厚。知微亦愧其意，作蜀江出山圖，伺其罷去，追至劍門贈之。蓋公之喜士如此」。

［一二五］王冀公丁晉公用事每廷議得其不直輒面詆之　涑水記聞卷五載：「真宗末，王冀公每奏事，或懷數奏，出其一二，其餘皆匿之，既退，以己意稱聖旨行之。嘗與馬知節俱奏事上前，冀公將退，知節目之曰：『懷中奏何不盡出之？』」按，未嘗見馬知節面詆丁謂之記載，待考。

王武恭公德用神道碑[一]　　文忠公歐陽脩

惟王氏之先爲常山真定人，後世葬河南①，而密分入于管城，遂爲鄭州管城人。其封國仍世于魯。惟魯武康公事太宗皇帝，秉節治戎，出征入衛，乃受遺詔輔真宗，有勞有勤，報卹追崇，以有兹魯國，是生魯武恭公。少以父任爲西頭供奉官②。至道二年，遣五將討李繼遷，公從武康公出鐵門，爲先鋒，殺獲甚衆。軍至烏白池，諸將失期，不得進。公告其父曰：「歸師過險，争必亂。」乃以兵守隘，號其軍曰：「亂行者斬！」由是士卒無敢先後，雖武康公亦爲之按轡[二]。追兵望其軍整，不敢近。武康公歎曰：「王氏有子矣。」後以御前忠佐爲軍頭，巡檢邢洺[三]。男子張洪霸聚盜二州間③，歷年吏不能捕。公以氈車載勇士，爲婦人服，盛飾誘之邯鄲道中，賊黨争前邀劫，遂皆就擒，由是知名。

公以將家子宿衛真宗，爲内殿直、殿前左班都虞候[四]、捧日左厢都指揮使，累遷英州團練使。今天子即位，改博州團練使[五]、知廣信軍，徙知冀州，遷康州防禦使，歷龍神衛、捧日天武四厢都指揮使，侍衛親軍步軍、馬軍、殿前都虞候，步軍副都指揮使，桂、福二州觀察使。是時，章獻太后猶臨朝，有詔補一軍吏。公曰：「補吏，軍政也。敢挾詔書以干吾軍！」亟請罷之。太后固欲與之，公不奉詔，乃止。及太后上僊，有司請衛士坐甲，公以

---

① 後世葬河南　「河南」下，居士集卷二三王公神道碑銘有「密縣」二字。按，據下文有「而密分入于管城」之句，此處疑有脱字。

② 少以父任爲西頭供奉官　「少」字上，居士集卷二三王公神道碑銘有「公」字。

③ 男子張洪霸聚盜二州間　「張洪霸」，居士集卷二三王公神道碑銘及臨川集卷九〇魯國公贈太尉中書令王公行狀作「張鴻霸」。

爲故事無爲太后喪坐甲，又不奉詔。於是天子知公可任大事，明道二年，拜檢校太保、簽署樞密院事[六]，遂爲副使。明年，以奉國軍留後同知院事。又明年，領安德軍節度使[七]。又明年，加檢校太尉、宣徽南院使[八]。

公爲將，善撫士，而識與不識，皆喜爲之稱譽。其狀貌雄偉動人，雖里兒巷婦，外至夷狄，皆知其名氏。御史中丞孔道輔等因事以爲言，乃罷公樞密，拜武寧軍節度使。言者不已，即以爲右千牛衛上將軍、知隨州[九]。士皆爲之懼[一〇]，公舉止言色如平時，惟不接賓客而已。久之，徙知曹州。而孔道輔卒，客有謂公曰：「此害公者也[一一]。」公愀然曰：「孔公以職言事，豈害我者？可惜朝廷亡一直臣。」於是言者終身以爲媿，而士大夫服公爲有量。

慶曆二年，起公爲保静軍留後、知青州。未行，而契丹聚兵幽涿，遣使者有所求[一二]，自河以北皆警。乃拜公保静軍節度使、知澶州[一三]。契丹使者過澶州見公，喜曰：「聞公名久矣，乃得見於此耶！」公爲言已衰老，中國多賢士大夫，因指坐客，歷陳其世家，使者竦聽[一四]。是歲，徙真定府定州等路都部署，改宣徽南院使、判成德軍。未行，徙判定州，兼三路都部署。公治其軍，無撓其私，亦不貸其過。居頃之，士皆可用。契丹使人覘其軍，或勸公執而戮之，公曰：「吾軍整而和，使覘者得吾實以歸，是屈人兵以不戰也。」明日，大閱于郊，公執桴鼓誓師，號令簡明，進退坐作，肅然無聲。乃下令曰：「具糗糧，聽鼓聲，視吾旗所嚮。」契丹聞之震恐。復會議和，兵解，徙知陳州。道過京師，天子遣中貴人問公欲見否，公謝曰：「備邊無功，幸得蒙恩徙内地，不敢見。」

明年，徙河陽，不行，以宣徽使奉朝請，已而出判相州。六年，拜同中書門下平章事，判澶州。明年，徙鄭州，封祁國公[一五]。又明年，乞骸骨，不許，以爲會靈觀使。已而復判鄭州，徙澶州，除集慶軍節度使，徙封冀國公①。

① 徙封冀國公　「冀」原作「翼」，據居士集卷二三王公神道碑銘及臨川先生文集卷九〇魯國公贈太尉中書令王公行狀、長編卷一六九皇祐二年十月丙辰條改。

皇祐三年，遂以太子太師致仕，大朝會許綴中書門下班。居一歲，天子思之，起爲河陽三城節度使、同中書門下平章事、判鄭州[一六]。六年，以本官爲樞密使，徙封魯國公。既而上以富公弼爲宰相。是歲，契丹使者來，公與之射。使者曰：「天子以公典樞密，而用富公爲相，得人矣[一七]。」語聞，上喜，賜公御弓一、矢五十。公善射，至老不衰。嘗侍上射，辭曰：「幸得備位大臣，爲天下所視①，臣老矣，恐不能勝弓矢。」上再三諭之，乃手二矢再拜，一發中之，遂將釋復位，上固勉之，再發又中。由是左右皆歡呼，賜以襲衣金帶。

自寶元、慶曆之間，元昊叛河西，兵出久無功，士大夫争進計策，多所改作。公笑曰：「奈何紛紛？兵法不如是也。使士知畏愛，而怯者勇，勇者不驕。以吾可勝，因敵而勝之爾，豈多言哉？」其在樞密，亦嘗自請臨邊，不許[一八]。凡大謀議，必以諮之。其在外，則遣中貴人詔問，其言多見施用。

公自致仕復起掌樞密，凡三歲，以老求去位，至六七。上爲之不得已，以爲景靈宮使，徙忠武軍節度使[一九]，又以爲同群牧制置使，五日一朝，給扶者以子若孫一人。是歲，公年七十有八矣。明年二月乙未，以疾薨於家②。詔輟視朝二日，發哀于苑中，贈太尉、中書令。其遺言曰：「臣有俸禄，足以具死事，不敢復累朝廷，願無遣使者護喪，無厚賻贈。」天子惻然③，哀公志，以黄金百兩、白金三千兩賜其家，固辭，不許。以其年五

---

① 爲天下所視　「爲」上，居士集卷二三王公神道碑銘有「舉止」二字。

② 是歲公年七十有八矣明年二月乙未以疾薨於家　按，王德用享年，隆平集、東都事略王德用傳亦稱年七十八，然本碑文及臨川集卷九〇魯國公贈太尉中書令王公行狀、宋史王德用傳皆稱年七十九。又，「乙未」，居士集卷二三王公神道碑銘、臨川集卷九〇魯國公贈太尉中書令王公行狀作「辛未」，長編卷一八五嘉祐二年二月壬戌條作「壬戌」，宋史卷一二仁宗紀作「癸酉」。檢嘉祐二年二月丁未朔，壬戌爲十六日，辛未二十五日，癸酉二十七日，然是月無「乙未」，故疑「乙未」爲「己未」之譌，即十三日。

③ 天子惻然　「惻」原作「側」，據庫本、舊鈔本及居士集卷二三王公神道碑銘改。

月甲申葬于管城①。明年，有詔史臣刻其墓碑。

臣愚以謂自國家西定河湟，北通契丹，罷兵不用，幾四十年。一日元昊叛，幽燕亦犯約②，二邊騷動，而老臣宿將無在者。公於是時，屹然爲中國鉅人名將，雖未嘗躬矢石，攻堅摧敵，而恩信已足撫士卒，名聲已足動四夷。遂登朝廷，典掌機密。以老還仕，復起于家，保有富貴，享終壽考。雖古之將帥，及于是者其幾何人？至於出入勤勞之節，與其進退綢繆君臣之恩意，可以褒勸後世，如古詩書所載，皆應法可書。

謹按：魯武恭公諱德用，字元輔。曾祖諱方，追封蔣國公；祖諱玄，追封邢國公③，皆贈中書令。父諱超，建雄軍節度使，贈尚書令，追封魯國公，謚曰武康。公娶宋氏，武勝軍節度使延渥之女，初爲安定郡夫人，追封榮國夫人[二〇]。五男四女[二一]。男曰咸熙，東頭供奉官，蚤卒；次曰咸融，西京左藏庫使、果州團練使；次曰咸庶，内殿崇班，早卒；次曰咸英，供備庫副使；次曰咸康，内殿承制。銘曰：

魯始錫封，以褒武康。爰暨武恭，乃克有邦。桓桓武恭，其容甚飭。韙其名聲，以動夷狄。公治軍旅，不寬不煩。恩均令齊，千萬一人。公在朝廷，出守入衛。乃登大臣，與國謀議。公曰老矣，乞臣之身。帝曰休哉，汝予舊臣。亟其强起，秉我樞鈞。禮不筋力，老于敢侮④？公來在庭，拜毋蹈舞。若子與孫，助其興俯。凡百有位，誰其敢儔？惟時黄耇，天子之優。富貴之隆，亦有能保。孰享其終，如公壽考。公有世德，載勳旂常。刻銘有詔，俾嗣其芳。

① 以其年五月甲申葬于管城 「于」原作「天」，據庫本及居士集卷二三王公神道碑銘改。
② 幽燕亦犯約 「亦」原作「不」，據居士集卷二三王公神道碑銘改。
③ 追封邢國公 「邢國公」，居士集卷二三王公神道碑銘作「邘國公」。
④ 老于敢侮 「于」，居士集卷二三王公神道碑銘作「予」。

辨證：

[一] 王武恭公德用神道碑　本碑文又載於歐陽脩居士集卷二三，題曰「忠武軍節度使同中書門下平章事武恭王公神道碑銘」。春明退朝録卷上云仁宗御篆德用碑額曰「清賢」。按，王德用，隆平集卷一一、東都事略卷六二、宋史卷二七八有傳，王安石臨川集卷九〇有魯國公贈太尉中書令王公行狀。

[二] 由是士卒無敢先後雖武康公亦爲之按轡　長編卷四〇至道二年九月己卯條云：太宗部分諸將攻討李繼遷，「李繼隆自環州，范廷召自延州，王超自夏州，步軍都虞候、容州觀察使頴川丁罕自慶州，西京作坊使、錦州刺史張守恩自麟州，凡五路，率兵抵烏白池，皆先授以方略」。時「超子德用年十七，爲先鋒，部萬人戰鐵門關，斬首十三級，俘掠畜産以萬計。及進師烏白池，敵鋭甚，超不敢進，德用請乘之，得精兵五千，轉戰三日。敵既却，德用曰：『歸師過險必亂。』乃領兵距夏州五十里，先絶其險，下令曰：『敢亂行者斬！』一軍肅然，超亦爲之按轡。敵躡其後左右，望其師整，不敢近」。又臨川集卷九〇魯國公贈太尉中書令王公行狀稱師「及歸，公又請殿。將至隘，公以爲歸之至隘而爭先，必亂，亂而繼遷薄我，必敗，於是又請以所護兵馳前至隘而陣。武康爲公令於軍曰：『至陣而亂行者斬！』公亦令曰：『至吾陣而亂行者，吾亦如公令。』至陣，士卒帖然以此行，而武康公亦爲之按轡」。

[三] 巡檢邢洺　臨川集卷九〇魯國公贈太尉中書令王公行狀稱其於「大中祥符元年，爲邢、洺、磁、相巡檢，提舉捉賊」。

[四] 爲内殿直殿前左班都虞候　臨川集卷九〇魯國公贈太尉中書令王公行狀稱大中祥符「八年，遷散員内殿直都虞候。天禧四年，爲殿前左班都虞候、柳州刺史」。

[五] 今天子即位改博州團練使　據臨川集卷九〇魯國公贈太尉中書令王公行狀，王德用改博州團練使在天聖三年。

[六] 於是天子知公可任大事明道二年拜檢校太保簽署樞密院事　宋史王德用傳云：「仁宗閲太后閤中，得德用前奏軍吏事，奇之，以爲可大用，拜檢校太保、簽書樞密院事。德用謝曰：『臣武人，幸得以馳驅自效，賴陛下威靈，待罪行間足矣。且臣不學，不足以當大事。』帝遣使者趣入院。」孔平仲談苑卷三云：「夏守恩作殿帥，舊例諸營馬糞錢，分納諸帥。守恩受之，夫人别要一分。王德用作都虞候，獨不受。又章獻上仙，内官請坐甲，王獨以謂不須。興國寺東火，張耆樞相宅近，須兵防衛，王不與。以此數事，作樞密副使。」

[七] 又明年領安德軍節度使　長編卷一一九景祐三年十二月丁卯條載奉國留後、同知樞密院事王德用知樞密院事。又卷一二〇

景祐四年四月庚午條載奉國留後、知樞密院事王德用爲定武節度使,「尋改德用爲安德節度使」。按,碑文漏載王德用嘗於景祐三年擢知樞密院事。

［八］又明年加檢校太尉宣徽南院使　長編卷一二一寶元元年三月辛丑條載安德節度使、知樞密院事王德用爲宣徽南院使、定國節度使,依前知樞密院事。按,碑文漏載王德用同時改定國節度使事。

［九］其狀貌雄偉動人至知隨州　長編卷一二三寶元二年五月壬子條云:「王德用狀貌雄毅,面黑而頸以下白晳,人皆異之。其居第在泰寧坊,直宮城北隅。開封府推官蘇紳嘗疏德用『宅枕乾岡,貌類藝祖』,帝匿其疏不下。御史中丞孔道輔繼言之,語與紳同,且謂德用得士心,不宜久典機密。壬子,罷爲武寧節度使,赴本鎮。德用尋以居第獻,詔隸芳林園,給其直。」又卷一二四寶元二年八月己巳條云:「降武寧節度使王德用爲右千牛衛上將軍、知隨州,仍特置判官一員。初,德用既以孔道輔言罷知樞密院,而河東都轉運使王沿又言德用嘗令府州折繼宣市馬。至是,德用以馬與券來上,乃市於商人,然猶用言者而再貶之。」又孫公談圃卷上云「王德用號『黑王相公』。……除樞密使,孔道輔上言德用『貌類藝祖,宅枕乾岡』,即出知隨州。謝表云:『貌類藝祖,父母所生;宅枕乾岡,先朝所賜。』時人莫不多其言」。

［一〇］士皆爲之懼　長編卷一二四寶元二年八月己巳條、宋史王德用傳稱「家人皆惶恐」。

［一一］而孔道輔卒客有謂公曰此害公者也　據長編卷一二九康定元年十二月乙未條,王德用知曹州。「德用道過許州,梅詢謂德用曰:『道輔害公者,今死矣。』德用曰:『孔中丞以其職言,豈害德用者?朝廷亡一忠臣,可惜也。』」

［一二］而契丹聚兵幽涿遣使者有所求　按宋史王德用傳云「契丹遣使者劉六符來求復關南地,以兵壓境」。

［一三］乃拜公保静軍節度使知澶州　長編卷一三五慶曆二年二月辛丑條云「契丹將渝盟,上起德用於曹州,復留後,知青州。不數日,改澶州。入見上,流涕言:『臣前被大罪,陛下幸赦而不誅,今不足辱命。』上慰勞曰:『河北方警,藉卿威名鎮撫爾。』又賜手詔以遣之,即拜」爲保静軍節度使。

［一四］公爲言已衰老中國多賢士大夫因指坐客歷陳其世家使者竦聽　按,契丹使者乃劉六符。長編卷一三五慶曆二年四月甲午條云:「初,劉六符見德用於澶州,喜曰:『聞公名久,乃幸見於此。今歲大熟,非公仁政所及邪?』德用謝曰:『明天子在上,固嘗多豐

年。』因言已衰老，中國多賢士大夫，指坐客歷陳其家世，六符竦聽。」

〔一五〕封祁國公　長編卷一六一慶曆七年十二月戊申條云時「加恩百官」，保静節度使、同平章事王德用封祁國公。「舊制，將相食邑萬户即封國公。王旦爲相，過萬户，而謙抑不封。是歲南郊，中外將相唯（夏）竦滿萬户，中書請封英國。因詔節度使帶平章事，未滿萬户皆得封」。於是德用等使相「皆封國公。其後遂以封邑合萬户者徹國」。

〔一六〕起爲河陽三城節度使同中書門下平章事判鄭州　長編卷一七二皇祐四年六月丁亥條載太子太師致仕王德用爲河陽三城節度使、同平章事、判鄭州，云：「時將相王姓者數人，而閭閻婦女小兒皆號德用『黑王相公』。德用雖致仕，乾元節上壽，預班廷中。契丹使語譯者曰：『黑王相公乃復起耶？』帝聞之，遂更付以方鎮。」

〔一七〕契丹使者來公與之射使者曰天子以公典樞密而用富公爲相得人矣　按長編卷一八四嘉祐元年十一月辛巳條注曰：「德用本傳云：『德用自鄭州復爲樞密使。明年，富弼相。會契丹使耶律防至，德用與之射玉津園，防曰：「天子以公典樞密，而用富公爲相，可謂得人矣。」帝聞之喜，賜御弓一、矢五十。』按：防乃至和二年乾元節使者，四月己亥入見，丁未辭，而召富弼入相，實六月丙申，防安得留京師至此時？云云必誤。德用墓銘王珪作，神道碑歐陽修作，並有是言。范純仁作富弼行狀亦有是言，本傳蓋因之。墓銘指耶律防，而神道碑但稱契丹使者，豈修已覺其誤，故没其姓名耶？純仁又出修後。大抵德用再入西府耄矣，云云殆溢美，今削去不書。嘉祐二年三月，防復來，此時德用已卒。」

〔一八〕其在樞密亦嘗自請臨邊不許　東都事略王德用傳云：「時契丹來求關南故地，詔德用會議二府。德用入奏言：『臣愚無狀，願陛下假臣二十萬兵，得先士卒以當匈奴，臣不勝大願。』仁宗不許。」

〔一九〕上爲之不得已以爲景靈宫使徙忠武軍節度使　長編卷一八四嘉祐元年十一月辛巳條載樞密使、河陽三城節度使、同平章事王德用罷樞密使，爲忠武節度使、同平章事、景靈宫使，云：「先是，御史趙抃累章言德用貪墨無厭，縱其子納賂，差除多涉私徇，加之羸病，拜起艱難，失人臣禮，乞加貶黜。而德用亦自求去位至五六，乃從之。」注曰：「江鄰幾雜志云：『富、范議建儲，王德用在密府，合掌加額云：「置這一尊菩薩何地？」永叔聞之，罵作「老衙官」。及爲神道碑，頗溢美。』議建儲，即是此年春事。趙抃劾德用不任職，或由此。蓋抃亦嘗奏請建儲也，然無所考見。江氏稱『范、富』，誤也。」按，長編卷一八三嘉祐元年七月丙戌條云：「文彦博、富弼等之共議建儲，未嘗與西府謀也。樞密使王德用聞之，合掌加額曰：『置此一尊菩薩何地？』或以告翰林學士歐陽修，修曰：『老衙官何所知？』」遂上疏論建儲，有曰：「臣又見樞密使狄青出自行伍，遂掌樞密，始初議者已爲不可，今三四年間，外雖未見過失，而不幸有得軍情之名，且武臣掌國機密而得軍情，豈是國家之利？臣前有封奏其說甚詳，具述青未是奇材，但於今世將帥中稍可稱爾。雖其心不爲惡，而不幸爲軍士所喜，深恐因此陷青以禍，而爲國家生事。欲乞且罷青樞務，任以一州，既以保全青，亦爲國家消未萌之患。蓋緣軍中士卒及閭巷人民以至士大夫間，未有不以此事爲言者，惟陛下未知之爾。」雖其「疏凡再上，皆留中不出」，然據宋史宰輔表，是年八月癸亥，狄青罷樞密使，判陳州；十一月辛巳，王德用亦罷樞密使。因王德用亦武臣爲樞密使，「掌國機密」，且軍民間頗有威望，故王德用被罷，與歐陽修此疏亦頗有關係。

〔一二〇〕初爲安定郡夫人追封榮國夫人　臨川集卷九〇魯國公贈太尉中書令王公行狀云其夫人宋氏「累封安定郡夫人，先公卒，後以子追封榮國夫人」。

〔一二一〕五男四女　臨川集卷九〇魯國公贈太尉中書令王公行狀云其「女四人：長嫁尚書駕部郎中張叔詹，其次嫁太常博士程嗣恭、國子博士寇諲，皆早卒」。

名臣碑傳琬琰集上卷二十

范文正公仲淹神道碑[一]　文忠公歐陽脩

皇祐四年五月甲子，資政殿學士、尚書禮部侍郎①、汝南文正公薨于徐州，以其年十有二月壬申，葬于河南尹樊里之萬安山下[二]。公諱仲淹，字希文。五代之際，世家蘇州[三]，事吴越。太宗皇帝時，吴越獻其地，公之皇考從錢俶朝京師，後爲武寧軍掌書記以卒。公生二歲而孤，母夫人貧無依，再適長山朱氏。既長，知其世家，感泣去之南都[四]。入學舍，掃一室，晝夜講誦。其起居飲食，人所不堪，而公自刻益苦[五]。居五年，大通六經之旨，爲文章論説，必本於仁義。祥符八年舉進士，禮部選第一，遂中乙科，爲廣德軍司理參軍，始歸迎其母以養。及公既貴，天子贈公曾祖蘇州糧料判官諱某爲太保②，祖秘書監諱某爲太傅③，考諱某爲太師④，妣謝氏爲吴國

---

① 尚書禮部侍郎　居士集卷二一范公神道碑銘作「户部侍郎」，而東都事略、宋史范仲淹傳亦稱「户部侍郎」。又隆平集范仲淹傳載范仲淹「知杭州，遷禮部侍郎，祀明堂恩，進户部，徙青州，疾甚，請穎州，未至，卒」。本書中集卷一二范文正公仲淹墓誌銘同隆平集范仲淹傳。則知碑文此處云「尚書禮部侍郎」者不確。

② 天子贈公曾祖蘇州糧料判官諱某爲太保　「某」，居士集卷二一范公神道碑銘、金石萃編卷一三四范文正公神道碑作「夢齡」。

③ 祖秘書監諱某爲太傅　「某」，居士集卷二一范公神道碑銘、金石萃編卷一三四范文正公神道碑作「贊時」。

④ 考諱某爲太師　「某」，居士集卷二一范公神道碑銘、金石萃編卷一三四范文正公神道碑作「墉」。

夫人。

公少有大節，於富貴、貧賤、毀譽、歡戚，不一動其心，而慨然有志於天下，常自誦曰：「士當先天下之憂而憂，後天下之樂而樂也。」其事上遇人，一以自信，不擇利害爲趨捨。其所有爲，必盡其方，曰：「爲之自我者當如是，其成與否，有不在我者，雖聖賢不能必，吾豈苟哉！」天聖中，晏丞相薦公文學，以大理寺丞爲秘閣校理[六]。以言事忤章獻太后旨，通判河中府。久之，上記其忠，召拜右司諫。當太后臨朝聽政，時以至日大會前殿①，上將率百官爲壽。有司已具，公上疏言天子無北面，且開後世弱人主以彊母后之漸，其事遂已。又上書請還政天子，不報[七]。及太后崩，言事者希旨，多求太后時事，欲深治之。公獨以謂太后受託先帝，保佑聖躬，始終十年，未見過失，宜掩其小故以全大德[八]。初，太后有遺命，立楊太妃代爲太后。公諫曰：「太后，母號也，自古無代立者。」由是罷其册命[九]。

是歲大旱蝗，奉使安撫東南[一〇]。使還，會郭皇后廢，率諫官、御史伏閤争，不能得，貶知睦州[一一]，又徙蘇州。歲餘，即拜禮部員外郎、天章閣待制[一二]，召還，益論時政闕失，而大臣權倖多忌惡之。居數月，以公知開封府[一三]。開封素號難治，公治有聲，事日益簡，暇則益取古今治亂安危爲上開說。又爲百官圖以獻[一四]，曰：「任人各以其材而百職修，堯舜之治不過此也。」因指其遷進遲速次序曰：「如此而可以爲公，可以爲私，亦不可以不察。」由是吕丞相怒，至交論上前。公求對，辯語切，坐落職知饒州[一五]。明年，吕公亦罷[一六]。

公徙潤州[一七]，又徙越州。而趙元昊反河西，上復召相吕公。乃以公爲陝西經略安撫副使，遷龍圖閣直學士[一八]。是時新失大將[一九]，延州危。公請自守鄜延捍賊，乃知延州[二〇]。元昊遣人遺書以求和，公以謂無事請

① 時以至日大會前殿　「時」，長編卷一〇八天聖七年十一月癸亥條注引歐陽修范仲淹神道碑作「將」。

和難信，且書有僭號，不可以聞，乃自爲書，告以逆順成敗之説甚辯。坐擅復書奪一官，知耀州[二一]。未逾月，徙知慶州。既而四路置帥[二二]，以公爲環慶路經略安撫招討使、兵馬都部署，累遷諫議大夫、樞密直學士。

公爲將務持重，不急近功小利。於延州築清澗城[二三]，墾營田，復承平、永平廢寨，熟羌歸業者數萬户。於慶州城大順以據要害，又城細腰、胡盧，於是明珠、滅臧等大族皆去賊，爲中國用[二四]。自邊制久隳，至兵與將常不相識。公始分延州兵爲六將，訓練齊整，諸路皆用以爲法[二五]。公之所在，賊不敢犯。人或疑公見敵應變爲如何，至其城大順也[二六]，一旦引兵出，諸將不知所嚮，軍至柔遠，始號令告其地處所①，往築城。至於版築之用，大小畢具，而軍中初不知。賊以騎三萬來争，公戒諸將：「戰而賊走，追勿過河。」已而賊果走，追者不渡，而河外果有伏。賊失計，乃引去。於是諸將皆服公爲不可及。公待將吏，必使畏法而愛己。所得賜賚，皆以上意分賜諸將，使自爲謝。諸蕃質子，縱其出入，無一人逃者。蕃酋來見②，召之卧内，屏人徹衛，與語不疑。公居三歲，士勇邊實，恩信大洽。乃決策謀取横山，復靈武。而元昊數遣使稱臣請和，上亦召公歸矣。初，西人籍爲鄉兵者十數萬，既而黥以爲軍，惟公所部但刺其手，公去兵罷，獨得復爲民。其於兩路既得熟羌爲用，使以守邊，因徙屯兵就食内地，而紓西人饋輓之勞。其所設施，去而人德之，與守其法，不敢變者，至今尤多。

自公坐吕公貶，群士大夫各持二公曲直，吕公患之，凡直公者，皆指爲黨，或坐竄逐[二七]。及吕公復相，公亦再起被用，於是二公歡然，相約戮力平賊[二八]。天下之士皆以此多二公，然朋黨之論遂起而不能止[二九]。上既賢公可大用，故卒置群議而用之。慶曆三年春，召爲樞密副使，五讓不許，乃就道[三〇]。既至數月，以爲參知政

---

① 始號令告其地處所　「所」，居士集卷二一范公神道碑銘作「使」，屬下句。

② 蕃酋來見　「蕃」原作「審」，據文海本、庫本及居士集卷二一范公神道碑銘改。

事[三一]。每進見，必以太平責之。公歎曰：「上之用我者至矣，然事有先後，而革弊於久安，非朝夕可也。」既而上再賜手詔，趣使條天下事，又開天章閣，召見賜坐，授以紙筆，使疏於前。公惶恐避席，始退而條列時所宜先者十數事上之[三二]。其詔天下興學，取士先德行、不專文辭，革磨勘例遷以別能否，減任子之數而除濫官，用農桑考課守宰等事方施行，而磨勘、任子之法，僥倖之人皆不便，因相與騰口，而嫉公者亦幸外有言，喜爲之佐佑。會邊奏有警，公即請行[三三]，乃以公爲河東陝西宣撫使。至則上書願復守邊，即拜資政殿學士、知邠州，兼陝西四路安撫使。其知政事，纔一歲而罷[三四]，有司悉奏罷公前所施行，而復其故。言者遂以危事中之[三五]，賴上察其忠，不聽。

是時夏人已稱臣，公因以疾請鄧州。守鄧三歲[三六]，求知杭州，又徙青州。公益病，又求知潁州，肩舁至徐①，遂不起，享年六十有四。方公之病，上賜藥存問。既薨，輟朝一日，以其遺表無所請，使就問其家所欲，贈以兵部尚書，所以哀卹之甚厚[三七]。

公爲人外和内剛，樂善汎愛。喪其母時尚貧，終身非賓客食不重肉。臨財好施，意豁如也。及退而視其私，妻子僅給衣食[三八]。其爲政所至，民多立祠畫像[三九]。其行己臨事，自山林處士、里閭田野之人，外至夷狄，莫不知其名字[四〇]，而樂道其事者甚衆。及其世次、官爵，誌于墓、譜于家、藏于有司者②，皆不論著，著其繫天下國家之大者，亦公之志也歟。銘曰：

范於吴越，世實陪臣。俶納山川，及其士民。范始來此③，中間幾息。公奮自躬，與時偕逢。事有罪功，言

---

① 肩舁至徐　「舁」原作「舁」，據庫本及居士集卷二一范公神道碑銘改。
② 藏于有司者　「藏」上原衍一「家」字，據庫本及居士集卷二一范公神道碑銘改。
③ 范始來此　「此」，居士集卷二一范公神道碑銘、金石萃編卷一三四范文正公神道碑作「北」。

有違從。豈公必能，天子用公。其艱其勞，一其初終。夏童跳邊，乘吏殆安①。帝命公往，問彼驕頑。有不聽順，鋤其穴根②。公居三年，怯勇隳完。兒憐獸擾，卒俾來臣。夏人在廷，其事方議。帝趣公來，以就予治。公拜稽首，茲惟難哉。初匪其難，在其終之。群言營營，卒壞于成。匪惡其成，惟公是傾。不傾不危，天子之明。存有顯榮，歿有贈謚。藏其子孫，寵及後世。惟百有位，可勸無怠。

辨證：

[一] 范文正公仲淹神道碑　本碑文又載於歐陽脩居士集卷二一，題曰「資政殿學士户部侍郎文正范公神道碑銘」；金石萃編卷一三四，題曰「宋推誠保德功臣資政殿學士金紫光禄大夫尚書户部侍郎護軍汝南郡開國公食邑二千三百户食實封陸伯户贈兵部尚書謚文正公□公神道碑銘」。春明退朝録卷上云仁宗御篆仲淹碑額曰「褒賢」。按，范仲淹，隆平集卷八、東都事略卷五九、宋史卷三一四有傳，本書中集卷一二載有富弼范文正公仲淹墓誌銘，范仲淹全集附録一載有張唐英范仲淹傳、宋太師中書令兼尚書令魏國公文正公傳。

[二] 葬于河南尹樊里之萬安山下　新見歐陽脩九十六篇書簡之三三云范仲淹「治命與母墳同域」。

[三] 五代之際世家蘇州　本書中集卷一二范文正公仲淹墓誌銘云：「公之先始居河内，後徙于長安。唐垂拱中，履冰相則天，以文章稱，實公之遠祖也。四代祖隨，唐末嘗爲幽州良鄉主簿，遭亂奔二浙，家於蘇之吴縣，自爾遂爲吴人。」

[四] 再適長山朱氏既長知其世家感泣去之南都　宋史范仲淹傳稱范仲淹幼從母入朱家，「從其姓，名説」。中吴紀聞卷二范文正公復姓云：「范文正公幼孤，隨其母適朱氏，因從其姓，登第時姓名乃朱説也。後請于朝，始復舊姓。」宋范文正公年譜引家録云：「公以朱氏兄弟浪費不節，數勸止之。朱兄弟不樂曰：『我自用朱氏錢，何預汝事？』公聞此疑駭。有告者曰：『公乃姑蘇范氏子也，太夫人攜

---

① 乘吏殆安　「殆」，庫本及居士集卷二一范公神道碑銘作「怠」。

② 鋤其穴根　「穴」原作「定」，據庫本及居士集卷二一范公神道碑銘、金石萃編卷一三四范文正公神道碑改。

公適朱氏。』公感憤自立，決欲自立門户，佩琴劍徑趨南都。謝夫人亟使人追之，既及，公語之故，期十年登第來迎親。」

［五］入學舍掃一室晝夜講誦其起居飲食人所不堪而公自刻益苦　宋史范仲淹傳稱其「依戚同文學。晝夜不息，冬月憊甚，以水沃面；食不給，至以糜粥繼之，人不能堪，仲淹不苦也」。五朝名臣言行録卷七之二參政范文正公引遺事云：「公處南都學舍，晝夜苦學五年，未嘗解衣就寢，夜或昏怠，輒以水沃面，往往饘粥不充，日昃始食。同舍生或饋珍膳，皆拒不受。」又墨客揮犀卷三云范仲淹「修學時，最爲貧窶，與劉某同在長白山僧舍，日惟煮粟米二升，作粥一器，經宿遂凝，以刀爲四塊，早晚取二塊，斷虀十數莖，醋汁半盂，入少鹽，暖而啗之，如此者三年」。

［六］晏丞相薦公文學以大理寺丞爲祕閣校理　涑水記聞卷一〇云：「晏丞相殊留守南京，仲淹遭母憂，寓居城下。晏公請掌府學，仲淹常宿學中，訓督學者，皆有法度，勤勞恭謹，以身先之。……服除，至京師，上宰相書言朝政得失及民間利病，凡萬餘言，王曾見而偉之。時晏殊亦在京師，薦一人爲館職，曾謂殊曰：『公知范仲淹，捨不薦，而薦斯人乎？已爲公置不行，宜更薦仲淹也。』殊從之，遂除館職。」

［七］以言事忤章獻太后旨至又上書請還政天子不報　長編卷一〇八天聖七年十一月癸亥條云：「冬至，上率百官上皇太后壽于會慶殿，乃御天安殿受朝。祕閣校理范仲淹奏疏言：『天子有事親之道，無爲臣之禮；有南面之位，無北面之儀。若奉親于内，行家人禮可也。今顧與百官同列，虧君體，損主威，不可爲後世法。』疏入，不報。晏殊初薦仲淹爲館職，聞之大懼，召仲淹詰以狂率邀名，且將累薦者。仲淹正色抗言曰：『仲淹繆辱公舉，每懼不稱，爲知己羞。不意今日反以忠直獲罪門下。』殊不能答。仲淹退，又作書遺殊申理前奏，不少屈，殊卒媿謝焉。又奏疏請皇太后還政，亦不報。遂乞補外，尋出爲河中府通判。」注曰：「歐陽修作仲淹神道碑云：『太后將以至日大會前殿，上率百官爲壽。仲淹言之，其事遂已。』按仲淹疏入，不報。上壽會慶殿，未嘗已也。豈修謂止在便殿，不在前殿，爲聽仲淹之言乎？然供帳便殿，實自王曾執奏，非由仲淹矣。修蓋誤，今不取。富弼作仲淹墓碑亦云：『疏奏，遂罷上壽儀，然后頗不懌，尋出爲河中府通判。』弼亦誤，今但取其出倅河中附見于此。僧文瑩以爲仲淹時任右司諫，太后先遣中使諭令勿言。此妄也，今不取。」按，涑水記聞卷一〇云：「頃之，冬至立仗，禮官定議欲媚章獻太后，請天子帥百官獻壽于庭，仲淹奏以爲不可。」宋史范仲淹傳云：「章獻太后將以冬至受朝，天子率百官上壽。仲淹極言之，且曰：『奉親于内，自有家人禮，顧與百官同列，南面而朝之，不可爲後世法。』且上疏請

太后還政，不報。」隆平集范仲淹傳略同。關於太后「罷上壽儀」，蘇軾文集卷七二范文正諫止朝正有云：「歐陽文忠公撰范文正神道碑，載章獻太后臨朝，仁宗欲率百官朝正太后，范公力爭乃罷。其後軾先君奉詔修太常因革禮，求之故府，而朝正案牘具在。考其始末，無諫止之事，而有已行之明驗。先君質之於文忠公，曰：『文正公實諫而卒不從，墓碑誤也，當以案牘爲正耳。』」然西塘集耆舊續聞卷三歐陽文忠薛參政墓誌云：「余謂文忠於志不苟作。……蓋所以書於墓誌者，不欲開後世弱人主、强母后之漸，而公文必傳於不朽，其爲戒深矣。」又，僧文瑩所記之誤，見續湘山野録云：「范文正公仲淹爲右司諫，章獻劉太后聽政，忽遣一巨璫諭之曰：『今後凡有大號令，不須强上拗，三五年爲一宰相，不難致。』公覺其言甘，必有所謂。果誕告冬至日，大會前殿，仁宗率群臣爲壽。有司將具，公上疏曰：『臣聞王者尊稱，儀法配天，故所以齒輅馬、踐厩芻尚皆有諫，況屈萬乘之重，冕旒行北面之禮乎？此乃開後世弱人主以强母后之漸也。陛下果欲爲大宫履長之賀，於闈掖以家人承顔之禮行之可也。抑又慈慶之容御軒陛，使百官瞻奉，於禮不順。』」又按，據宋史范仲淹傳、長編卷一一二，仁宗召范仲淹爲右司諫，乃在「太后崩」後之明道二年四月庚申日。

〔八〕宜掩其小故以全大德　長編卷一一二明道二年五月癸酉條載：仁宗因范仲淹諫言，特下詔曰：「大行皇太后保佑冲人，十有二年，恩勤至矣。而言者罔識大體，務詆訐一時之事，非所以慰朕孝思也。其垂簾日詔命，中外毋輒以言。」

〔九〕公諫曰太后母號也自古無代立者由是罷其册命　長編卷一一二明道二年四月己未條云：「仲淹初聞遺詔以太妃爲皇太后，參決軍國事，亟上疏言：『太后，母號也，未聞因保育而代立者。今一太后崩，又立一太后，天下且疑陛下不可一日無母后之助矣。』時已删去『參決』等語，然太后之號訖不改，止罷其册命而已。」注曰：「富弼墓誌云：『上悟，止存后號而止。』恐當日删去『參決』等語，未必緣仲淹奏疏，今且附見。罷其册命，此據歐陽修神道碑。」

〔一〇〕是歲大旱蝗奉使安撫東南　宋史范仲淹傳云：「歲大蝗旱，江淮、京東滋甚。仲淹請遣使循行，未報。乃請間曰：『宫掖中半日不食，當何如？』帝惻然，迺命仲淹安撫江淮，所至開倉振之，且禁民淫祀，奏蠲廬舒折役茶、江東丁口鹽錢，且條上救敝十事。」

〔一一〕會郭皇后廢率諫官御史伏閤争不能得貶知睦州　長編卷一一三明道二年十二月乙卯條云：「初，郭皇后之立非上意，寖見疎，而后挾章獻勢，頗驕。後宫爲章獻所禁遏，希得進。及章獻崩，上稍自縱，宫人尚氏、楊氏驟有寵。后性妬，屢與忿争。尚氏嘗於上前出不遜語侵后，后不勝忿，起批其頰，上亦起救之，后誤批上頸。上大怒，有廢后意。内侍副都知閻文應白上出爪痕示執政近臣，與謀之。呂夷簡以前罷相，故忌后。而范諷方與夷簡相結，諷乘間言后立九年無子，當廢。夷簡贊其言，上意未決，外人籍籍頗有聞者。右司諫范仲淹因對，極陳其不可，且曰：『宜早息此議，不可使聞于外也。』居久之，乃定議廢后。夷簡先敕有司無得受臺諫章疏。乙卯，詔稱皇后以無子，願入道，特封淨妃玉京沖妙仙師，名清悟，別居長寧宮。臺諫章疏果不得入，仲淹即與權御史中丞孔道輔率知諫院孫祖德、侍御史蔣堂郭勸楊偕馬絳、殿中侍御史段少連、左正言宋郊、右正言劉渙詣垂拱殿門，伏奏皇后不當廢，願賜對以盡其言。護殿門者闔扉不爲通，道輔撫銅環大呼曰：『皇后被廢，奈何不聽臺諫入言？』尋詔宰相召臺諫諭以皇后當廢狀，道輔等悉詣中書，語夷簡曰：『人臣之於帝后，猶子事父母也。父母不和，固宜諫止，奈何順父出母乎！』衆譁然，爭致其說。夷簡曰：『廢后自有故事。』道輔及仲淹曰：『公不過引漢光武勸上耳，是乃光武失德，何足法也！自餘廢后，皆前世昏君所爲。上躬堯舜之資，而公顧勸之效昏君所爲，可乎？』夷簡不能答，拱立曰：『諸君更自見上力陳之。』道輔與范仲淹等退，將以明日留百官揖宰相廷爭。而夷簡即奏臺諫伏閤請對，非太平美事，乃議逐道輔等。始至待漏院，詔道輔出知泰州，仲淹知睦州，祖德等各罰銅二十斤。故事，罷中丞必有告辭，至是直以敕除。又遣使押道輔及仲淹亟出城。仍詔諫官、御史自今並須密具章疏，毋得相率請對，駭動中外。」

〔一二二〕歲餘即拜禮部員外郎天章閣待制　長編卷一一六景祐二年三月己丑條注曰：「仲淹自外驟居侍從，必有故，史無其說，或緣富弼上疏也。」按，富弼有上仁宗論廢嫡后逐諫臣疏，明道二年十二月上，載宋朝諸臣奏議卷二八，論及天子逐言官之失，「願陛下急且追還仲淹，復其諫職」云云。

〔一二三〕以公知開封府　本書中集卷一二范文正公仲淹墓誌銘云：「公自還闕，論事益急。宰相陰使人諷公：『待制主侍從，非口舌任也。』公曰：『論思者，正侍臣之事，予敢不勉？』宰相知不可誘，乃命知開封府，欲撓以劇煩而不暇他議，亦幸其有失即罷去。」孔平仲談苑卷三云：「范仲淹字希文，知開封府事，決事如神，京師謠曰：『朝廷無憂有范君，京師無事有希文。』」又，塵史卷上忠讜云：「仁宗朝有內侍怙勢作威，傾動中外，文正時尹京，乃抗疏列其罪欲上，凡數夕，環步於庭，以籌其事。家有藏書預言兵者悉焚之，戒其子純祐等曰：『我今上疏言斥君側宵人，必得罪以死。我既死，汝輩勿復仕宦，但於墳側教授爲業。』既奏，神文嘉納，爲罷黜內侍。」據長編卷一一七景祐二年十二月辛亥朔條，此內侍即昭宣使、恩州團練使、入內都都知閻文應，時落都都知，爲秦州鈐轄，尋改鄆州鈐轄；其子入內供奉官、勾當御藥院士良爲內殿崇班，罷御藥院。「時諫官姚仲孫、高若訥劾文應方帝宿齋太廟，而文應叱醫官聲聞行在；郭皇后暴蕘，中外莫不疑文應置毒者，並請士良出之，故有是命。文應又稱疾留。仲孫復論文應，乃亟去。文應專恣，事多矯旨付外，執政不敢違。天章閣待制范仲淹將劾奏其罪，即不食，悉以家事屬其長子，曰：『吾不勝，必死之。』上卒聽仲淹言，竄文應嶺南，尋死於道」。

〔一四〕又爲百官圖以獻　宋史范仲淹傳載「時吕夷簡執政，進用者多出其門。仲淹上百官圖」云云。按「百官圖」，甲申聞見二録補遺稱「擬資叙班簿圖」。

〔一五〕公求對辯語切坐落職知饒州　長編卷一一八景祐三年五月丙戌條云：「仁宗嘗訪政事於吕夷簡，「夷簡曰：『仲淹迂闊，務名無實。』仲淹聞之，爲四論以獻，一曰帝王好尚，二曰選賢任能，三曰近名，四曰推委，大抵譏指時政。又言：『漢成帝信張禹，不疑舅家，故終有王莽之亂。臣恐今日朝廷亦有張禹壞陛下家法，以大爲小，以易爲難，以未成爲已成，以急務爲閑務者，不可不早辨也。』夷簡大怒，以仲淹語辨於帝前，且訴仲淹越職言事，薦引朋黨，離間君臣。仲淹亦交章對訴，辭愈切，由是降黜」。

〔一六〕明年吕公亦罷　據宋宰輔編年録卷四，吕夷簡與王曾於景祐四年四月甲子並罷相，乃因議政紛爭故爾，非緣范仲淹事。

〔一七〕公徙潤州　長編卷一二〇景祐四年十二月壬辰條載「徙知饒州范仲淹知潤州，監筠州税余靖監泰州税，夷陵縣令歐陽修爲光化縣令。上諭執政令移近地故也」。因此前「京師地震」，直史館葉清臣上疏有曰：「陛下憂勤庶政，方夏泰寧，而一歲之中，災變仍見，必有下失民望，上戾天意，故垂戒以啟迪清衷，而陛下泰然不以爲異，徒使内侍走四方，治佛事，治道科，非所謂消伏之實也。頃范仲淹、余靖以言事被黜，天下之人齰舌，不敢議朝政者行將二年。願陛下深自咎責，詳延忠直敢言之士，庶幾明威降鑒，而善應來集也。」故「書奏數日，仲淹等皆得近徙」。又載：「范仲淹既徙潤州，讒者恐其復用，遽誣以事，語入，上怒，亟命置之嶺南。參知政事程琳辨其不然，仲淹訖得免。自仲淹貶，而朋黨之論起，朝士牽連出語及仲淹者，皆指爲黨人。琳獨爲上開説，上意解乃已。」

〔一八〕乃以公爲陝西經略安撫副使遷龍圖閣直學士　長編卷一二六康定元年二月癸丑條載降振武節度使、知延州范雍爲吏部侍郎、知安州，「坐失劉平、石元孫也」。而「時賊兵尚圍塞門、安遠寨，延州諸將畏避，莫敢出捄。及聞范雍責命，衆憂駭，訴於安撫使韓琦，願無使雍去」，故韓琦請「召越州范仲淹委任之」。至三月戊寅，即命范仲淹「復天章閣待制，知永興軍。始用韓琦之言也」。按，涑水記聞卷八云范仲淹「康定元年復天章閣待制、知永興軍，尋改陝西都轉運使。會許公自大名復入相，言于仁宗曰：『范仲淹賢者，朝廷將用之，豈可但除舊職耶？』即除龍圖閣直學士、陝西經略安撫副使」。又宋史范仲淹傳云時「夏竦爲陝西經略安撫、招討使，進仲淹龍圖閣直學士以副之」。

［一九］是時新失大將　東都事略卷六仁宗紀云時「元昊圍延州，劉平、石元孫與賊戰于三川口，王師敗績，平死之」。

［二〇］公請自守鄜延捍賊乃知延州　長編卷一二八康定元年八月庚戌條載陝西經略安撫副使范仲淹兼知延州，徙知延州張存知澤州，云：「先是，諸將爭言攻取之策，存以爲『殊方狂僭，自古有之。今大兵出征，臣恐生民偏受其弊。若元昊果有悛悔懷服之心，無他邀求，雖名號未正，臣謂亦可闊略，與其責虚名於外域，曷若拯實弊於生民也』。乃自陝西都轉運使徙延州，遷延不即行。既至，與仲淹議邊事，乃云素不知兵，且以親年八十求内徙。仲淹因自請代存，從之。」

［二一］坐擅復書奪一官知耀州　宋史范仲淹傳云：「元昊歸陷將高延德，因與仲淹約和，仲淹爲書戒喻之。會任福敗於好水川，元昊答書語不遜，仲淹對來使焚之。大臣以爲不當輒通書，又不當輒焚之，宋庠請斬仲淹，帝不聽。降本曹員外郎、知耀州。」長編卷一三〇慶曆元年正月「是月」條云：「元昊使人於涇原乞和，又遣寨主高延德詣延州與范仲淹約，言己卯至保安軍。仲淹既見延德，察元昊未肯順事，且無表章，不敢聞於朝廷，乃自爲書，諭以逆順，遣監押韓周同延德還抵元昊」。又卷一三一慶曆元年四月條云「始韓周等持仲淹書入西界，逆者禮意殊善。行既兩日，聞山外諸將敗亡，周等抵夏州，留四十餘日。元昊俾其親信野利旺榮爲書報仲淹，別遣使與周俱還，且言『不敢以聞兀卒』，書辭益慢。仲淹對使者焚其書，而潛録副本以聞，書凡二十六紙，其不可以聞者二十紙，仲淹悉焚之，餘又略加删改。書既達，大臣皆謂仲淹不當輒與元昊通書，又不當輒焚其報。吕夷簡詰周不稟朝命，擅入西界，周言經略專殺生，不敢不從。坐削官，監通州税。宋庠因言於上曰：『仲淹可斬也。』杜衍曰：『仲淹本志蓋忠於朝廷，欲招納叛羌爾，何可深罪！』夷簡亦徐助衍言，知諫院孫沔又上疏爲仲淹辨。上悟，乃薄其責」，降陝西經略安撫副使兼知延州、龍圖閣直學士、户部郎中范仲淹爲户部員外郎、知耀州，職如故。按後山談叢卷四云：「范文正公帥鄜延，答元昊書不請。宋元憲（庠）請斬，云：『度必擅以土地、金帛許之。』晏元憲（殊）、鄭文肅（戩）請驗其書，仲淹素直，必不隱。書既上，乃免。」

［二二］既而四路置帥　長編卷一三四慶曆元年十月甲午條云：「徙判永興軍、宣徽南院使、忠武節度使、陝西馬步軍都部署兼經略安撫緣邊招討使夏竦判河中府，知永興軍、資政殿學士、工部侍郎、同陝西馬步軍都部署兼經略安撫緣邊招討使陳執中知陝州。竦雅意在朝廷，及任西事，頗依違顧避，久之無功，又與執中議論多不合，皆上表乞解兵柄，而諫官張方平亦請罷竦統帥。執中又言兵尚神

密，千里稟命，非所以制勝，宜屬四路各保疆圉，與方平議論略同。朝廷是之。於是兩人俱罷，始分陝西爲四路焉。樞密直學士、起居舍人、管勾秦鳳路部署司事兼知秦州韓琦爲禮部郎中，樞密直學士、刑部郎中、管勾涇原路部署司事兼知渭州王沿爲右司郎中，龍圖閣直學士、户部郎中、管勾環慶路部署司事兼知慶州范仲淹爲左司郎中，龍圖閣直學士、禮部郎中，管勾鄜延路部署司事兼知延州龐籍爲吏部郎中，並兼本路馬步軍都部署、經略安撫緣邊招討使。」

〔二三〕於延州築清澗城　據宋史范仲淹傳，范仲淹乃「用种世衡策，城清澗以據賊衝」。

〔二四〕又城細腰胡盧於是明珠滅臧等大族皆去賊爲中國用　本書本集卷二五范仲淹种院使世衡神道碑云：「惟環西南占原州之疆，有明珠、滅臧、康奴三種，居屬羌之大，素號彊梗，在原爲孽，寖及于環。撫之，很不我信；伐之，險不可入。北有二川，交通于夏戎，朝廷患焉。其二川之間，有古細腰城，復之可斷其交路。又明年，予爲宣撫使，乃諭君與原守蔣偕共幹其事。君久悉利病，即日起兵會偕于細腰，使甲士晝夜築之。夏戎固忌此城，君遣人入虜中，以計款之，兵遂不至。又召明珠等三族酋長犒撫之，俾以禦寇。彼既出其不意，又亡外援，因而服從，君之謀也。」

〔二五〕公始分延州兵爲六將訓練齊整諸路皆用以爲法　長編卷一二八康定元年八月庚戌條云：「先是，詔分邊兵，部署領萬人，鈐轄領五千人，都監領三千人，有寇則官卑者先出。仲淹曰：『不量賊衆而出戰以官爲先後，取敗之道也。』爲分州兵爲六將，將三千人，分部教之，量賊衆寡，使更出禦賊，賊不敢犯。既而諸路皆取法焉。賊相戒曰：『無以延州爲意，今小范老子腹中自有數萬兵甲，不比大范老子可欺也。』『大范』蓋指雍云。」注曰：「如京使、鄜延都監朱吉第一將，内殿承制、鄜延都監梁紹熙第二將，供備庫使、延州都監許遷第三將，供備庫使、延州都監周美第四將，内殿崇班、閤門祇候、延州都監鄭從政第五將，西頭供奉官、延州都監張建侯第六將。」

〔二六〕至其城大順也　宋史范仲淹傳云：「慶之西北馬鋪砦，當後橋川口，在賊腹中。仲淹欲城之，度賊必争，密遣子純祐與蕃將趙明先據其地，引兵隨之。諸將不知所向，行至柔遠，始號令之，版築皆具，旬日而城成，即大順城是也。」

〔二七〕吕公患之凡直公者皆指爲黨或坐竄逐　宋史范仲淹傳云范仲淹遭貶，「殿中侍御史韓瀆希宰相旨，請書仲淹朋黨，揭之朝堂。於是祕書丞余靖上言曰：『仲淹以一言忤宰相，遽加貶竄，況前所言者在陛下母子夫婦之間乎，陛下既優容之矣。臣請追改前命。』太子中允尹洙自訟與仲淹師友，且嘗薦己，願從降黜。館閣校勘歐陽修以高若訥在諫官，坐視而不言，移書責之。由是，三人者偕坐貶。」又長編卷一二二寶元元年十月丙寅條載：「詔戒百官朋黨。初，呂夷簡逐范仲淹等，既踰年，夷簡亦罷相，由是朋黨之論興。士大夫爲仲淹言者不已，於是內降劄子曰：『向貶仲淹，蓋以密請建立皇太弟姪，非但詆毁大臣。今中外臣僚屢有稱薦仲淹者，事涉朋黨，宜戒諭之。』故復下此詔。」

〔二八〕及呂公復相公亦再起被用於是二公歡然相約戮力平賊　長編卷一二二寶元元年十月丙寅條云：「參知政事李若谷建言：『近歲風俗薄惡，專以朋黨汚善良。蓋君子、小人各有類，今一以朋黨目之，恐正臣無以自立。』帝然其言。」又卷一二七康定元年五月己卯條載以起居舍人、知制誥韓琦爲樞密直學士，陝西都轉運使、吏部員外郎、天章閣待制范仲淹爲龍圖閣直學士，並爲陝西經略安撫副使，同管勾都部署司事，云：「初，仲淹與呂夷簡有隙，及議加職，夷簡請超遷之，上悅，以夷簡爲長者。既而仲淹入謝，帝諭仲淹使釋前憾，仲淹頓首曰：『臣向所論蓋國事，於夷簡何憾也。』」而宋史范仲淹傳亦載：「夷簡再入相，帝諭仲淹使釋前憾。仲淹頓首謝曰：『臣鄉論蓋國家事，於夷簡無憾也。』」按，避暑録話卷二云：「歐文忠作范文正神道碑，累年未成。范丞相（純仁）兄弟數趣之，文忠以書報曰：『此文極難作，敵兵尚强，須字字與之對壘。』蓋是時，呂申公客尚衆也。余嘗於范氏家見此帖。其後碑載初爲西帥時與申公釋憾事曰：『二公歡然，相約平賊。』丞相得之，曰：『無是。吾翁未嘗與呂公平也。』請文忠易之，文忠怫然曰：『此吾所目擊，公等少年，何從知之？』丞相即自刊去二十餘字，乃入石。既以碑獻文忠，文忠卻之曰：『非吾文也。』……范公忠義，欲以身任社稷，當西方謀帥時，不受命則已，苟任其責，將相豈可不同心？歡然釋憾，乃是美事，亦何傷乎？然余觀文正奏議，每訴有言，多爲中沮不得行。未幾，例改授觀察使。韓魏公等皆受，而公獨辭甚力，至欲自械繫以聽命，蓋疑以俸厚啖之。其後卒以擅答元昊書罷帥奪官，則申公不爲無意也。文忠蓋録其本意，而丞相兄弟不得不正其末，兩者自不妨。惜文忠不能少損益之，解後世之疑，豈碑作於仁宗之末，猶有諱而不可盡言者，是以難之耶？」墨莊漫録卷八亦云歐陽修「後爲范公作神道碑，言西事，呂公擢用希文，盛稱二人之賢，能釋憾而共力於國家。希文子純仁大以爲不然，刻石時，輒削去此一節，云：『我父至死未嘗解仇。』公亦嘆曰：『我亦得罪於呂丞相者。惟其言公，所以信於後世也。吾嘗聞范公自言平生無怨惡於一人，兼其與呂公解仇書，見在范文正公文集中，豈有父自言無怨惡於一人，而其子不使解仇於地下？父子之性，相遠如此。』」此後朱熹以爲范、呂釋憾，而周必大卻云未也，紛論未已。然黃氏日抄卷三四讀本朝諸儒理學書晦庵先生文集云：「又議論呂許公、范文正相與，其後歐公載同心國事，而忠宣（范純仁）削之，曲盡其情。愚謂忠宣削之誠是也，文正平生爲呂公所賣，晚不得已，卒爲國家强起耳。歐公他人也，不知其細，可爲兩家調停之語。忠宣爲人之子，家庭之所聞見悉矣，豈可厚誣乃翁心事哉？」按，黄震以爲歐陽修「他人也，不知其細」者，不確。其范、吕二人明争復多暗鬬者，如葉夢得所言，范仲淹此後「每訴有言，多爲中沮不得行」，乃至諸多貶責遭遇，吕夷簡於其間「不爲無意也」。然天子親諭二人爲國事而「使釋前憾」，則歐陽修「二公歡然，相約平賊」云云，既有消弭朋黨日益激化之義，亦隱含「碑作於仁宗之末，猶有諱而不可盡言者」之原因。

〔二九〕然朋黨之論遂起而不能止　長编卷一四八慶曆四年四月戊戌條云「上謂輔臣曰：『自昔小人多爲朋黨，亦有君子之黨乎？』范仲淹對曰：『臣在邊時，見好戰者自爲黨，而怯戰者亦自爲黨。其在朝廷，邪正之黨亦然，唯聖心所察爾。苟朋而爲善於國家，何害也？』初，吕夷簡罷相，夏竦授樞密使，復奪之，代以杜衍，同時進用富弼、韓琦、范仲淹在二府，歐陽修等爲諫官。石介作慶曆聖德詩，言進賢退姦之不易，姦蓋斥夏竦也，竦銜之。而仲淹等皆修素所厚善。修言事，一意徑行，略不以形迹嫌疑顧避。竦因與其黨造爲黨論，目衍、仲淹及修爲黨人。修乃作朋黨論上之」云云，「於是爲黨論者惡修，擿語其情狀，至使内侍藍元震上疏言：『范仲淹、歐陽修、尹洙、余靖，前日蔡襄謂之「四賢」，斥去未幾，復還京師，「四賢」得時，遂引蔡襄以爲同列，以國家爵禄爲私惠，膠固朋黨，苟以報謝當時歌詠之德。今一人私黨止作十數，合五六人門下黨與，已無慮五六十人，使此五六十人遞相提挈，不過三二年，布滿要路，則誤朝迷國，誰敢有言？挾恨報讎，何施不可？九重至深，萬幾至重，何由察知？』上終不之信也」。

〔三〇〕慶曆三年春召爲樞密副使五讓不許乃就道　長编卷一四〇慶曆三年四月甲辰條載陝西四路經略安撫招討等使韓琦、范仲淹並召爲樞密副使，「琦、仲淹凡五讓不許，乃就道」。按，召范仲淹爲樞密副使在慶曆三年四月甲辰，非在春間。

〔三一〕以爲參知政事　按宋史范仲淹傳云參知政事「王舉正懦默不任事，諫官歐陽修等言仲淹有相材，請罷舉正，用仲淹，遂改參知政事。仲淹曰：『執政可由諫官而得乎？』固辭不拜，願與韓琦出行邊。命爲陝西宣撫使，未行，復除參知政事」。長编卷一四二載慶曆三年七月丁丑，以樞密副使、右諫議大夫范仲淹爲參知政事，資政殿學士兼翰林侍讀學士、右諫議大夫富弼爲樞密副使，云「仲淹曰：『執政可由諫官而得乎？』固辭不拜。弼直攜誥命納於帝前，口陳所以牢避之意，且曰：『願陛下坐薪嘗膽，不忘修政。』上許焉，乃復以誥命送中書。弼因乞補外，累章不許」。甲申，樞密副使任中師爲河東宣撫使，范仲淹爲陝西宣撫使，其「仲淹既辭參知政事，願與韓琦迭出行邊，上因付以西事。而仲淹又言河東亦當爲備，中師嘗守并州，上即命使河東。兩人留京師，第先移文兩路云」。八月丁未，再命以范仲淹爲參知政事、富弼爲樞密副使。

［三二］每進見至始退而條列時所宜先者十數事上之　長編卷一四三慶曆三年九月丁卯條云「上既擢用范仲淹、韓琦、富弼等，每進見，必以太平責之，數令條奏當世務。仲淹語人曰：『上用我至矣，然有後先，且革弊於久安，非朝夕可能也。』上再賜手詔促曰：『比以中外人望，不次用卿等。今琦暫往陝西，仲淹、弼宜與宰臣章得象盡心事國，毋或有所顧避。其當世急務有可建明者，悉爲朕陳之。』既又開天章閣，召對賜坐，給筆札，使疏于前。仲淹、弼皆惶恐避席，退而列奏」云云，所上十事：一曰明黜陟，二曰抑僥倖，三曰精貢舉，四曰擇官長，五曰均公田，六曰厚農桑，七曰修武備，八曰減徭役，九曰覃恩信，十曰重命令。「上方信嚮仲淹等，悉用其說，當著爲令者，皆以詔書畫一，次第頒下，獨府兵，輔臣共以爲不可而止」。注曰：「仲淹正傳刪取十事太略，又改覃恩信爲第八、重命令爲第九、減徭役爲第十。今悉依仲淹奏議詳著之。」

［三三］而磨勘任子之法至公即請行　長編卷一五〇慶曆四年六月壬子條載參知政事范仲淹爲陝西河東路宣撫使，云：「始仲淹以忤呂夷簡放逐者數年，士大夫持二人曲直，交指爲朋黨。及陝西用兵，天子以仲淹士望所屬，拔用護邊。及夷簡罷，召還倚以爲治，中外想望其功業，而仲淹亦感激眷遇，以天下爲己任，遂與富弼日夜謀慮，興致太平。然規摹闊大，論者以爲難行。及按察使多所舉劾，人心不自安；任子恩薄，磨勘法密，僥倖者不便。於是謗毀寖盛，而朋黨之論滋不可解。然仲淹、弼守所議弗變。先是，石介奏記於弼，責以行伊、周之事，夏竦怨介斥己，又欲因是傾弼等，乃使女奴陰習介書，久之習成，遂改伊、周曰伊、霍，而僞作介爲弼撰廢立詔草，飛語上聞。帝雖不信，而仲淹、弼始恐懼，不敢自安於朝，皆請出按西北邊，未許。適有邊奏，仲淹固請行，乃使宣撫陝西、河東。」注曰：「正傳謂仲淹及弼更張無漸，規摹闊大，論者以爲不可行。此當時群小人謗仲淹及弼，故云爾。李清臣、蒲宗孟因而著之，未可信也。……契丹與西界會兵討呆兒族，亦據弼奏議，國史及仲淹墓誌、神道碑皆不明言也。」又注曰：「蘇轍龍川別志云：『范文正公篤於忠亮，雖喜功名，而不爲朋黨。早歲排呂申公，勇於立事，其徒因之矯枉過直，公亦不喜也。自睦州還朝，出領西事，恐申公不爲之地，無以成功，乃爲書自咎，解仇而去。後以參知政事宣撫陝西，申公既老，居鄭，相遇於途。文正身歷中書，知事之難，有悔過之語。於是申公欣然，相與語終日。申公問：「何爲亟去朝廷？」文正言：「欲經制西事耳。」申公曰：「經制西事，莫如在朝廷之便。」文正爲之愕然。故歐陽公爲文正神道碑，言二公晚年歡然相稱，由此故也。後生不知，皆咎歐陽公。予見張公言，乃信之。』按，轍所志未必盡可據，如言『經制西事，

莫如在朝廷之便』，仲淹豈不知此？但當時自以讒謗可畏，不得不少避之，故仲淹及富弼皆求出使。其出使，固知必不久安于朝，非緣夷簡之言，仲淹乃覺也。魏泰東軒雜記亦云，今並不取。」

〔三四〕其知政事纔一歲而罷　長編卷一五四慶曆五年正月乙酉條稱「仲淹、弼既出使，讒者益甚，兩人在朝所施爲，亦稍沮止，獨杜衍左右之，上頗惑焉。仲淹愈不自安，因奏疏乞罷政事。上欲聽其請，章得象曰：『仲淹素有虚名，今一請遽罷，恐天下謂陛下輕黜賢臣，不若且賜詔不允，若仲淹即有謝表，則是挾詐要君，乃可罷也。』上從之。仲淹果奉表謝，上愈信得象言。於是，弼自河北還，將及國門，右正言錢明逸希得象等意，言弼更張綱紀，紛擾國經，凡所推薦，多挾朋黨，心所愛者盡意主張，不附己者力加排斥，傾朝共畏，與仲淹同。又言：『仲淹去年受命宣撫河東、陝西，聞有詔戒勵朋黨，心懼彰露，稱疾乞醫。纔見朝廷別無行遣，遂拜章乞罷政事、知邠州，欲固己位，以弭人言，欺詐之跡甚明。乞早廢黜，以安天下之心，使姦詐不敢效尤，忠實得以自立。』明逸疏奏，即降詔罷仲淹、弼。」

〔三五〕言者遂以危事中之　長編卷一五七慶曆五年十月辛酉條載「帝嘗遣中使察視山東盜賊，還奏盜不足慮，而言兖州杜衍、鄆州富弼，山東尤尊愛之，此爲可憂。帝欲徙二人淮南」。參知政事吴育曰：「盜誠無足慮，然小人乘時以傾大臣，非國家之福。」其「議遂格」。又十一月乙未條載：「詔以邊事寧息，盜賊衰止，知鄆州富弼、知青州張存並罷安撫使，知邠州范仲淹罷陝西四路安撫使。其寔讒者謂石介謀亂，弼將舉一路兵應之故也。仲淹先引疾求解邊任，是日改知鄧州。」

〔三六〕守鄧三歲　長編卷一六三慶曆八年二月戊寅條載「改新知荆州范仲淹復知鄧州。仲淹在鄧二年，鄧人愛之。及徙荆南，衆遮使者請留，仲淹亦願留，詔從其請」。

〔三七〕所以哀卹之甚厚　長編卷一七二皇祐四年五月丁卯條云范仲淹「卒，贈兵部尚書，謚曰文正。初，仲淹病，帝嘗遣使賜藥存問，既卒，嗟悼者久之，又遣使就問其家。既葬，帝親篆其碑曰『褒賢之碑』」。

〔三八〕及退而視其私妻子僅給衣食　清夜録云：「范文正公欲求退，子弟請治屋宅園圃。公曰：『吾死無幾，何暇爲此？西都園林相望，孰障吾遊，豈必有諸己乃爲樂乎？有俸賜且賙宗族。』及歸姑蘇日，有絹三千匹，盡散與閭里親族朋舊，曰：『親族鄉里見我生長，幼學壯行，爲我助喜，何以報之？祖宗積德百餘年，始發於我。今族衆皆祖宗子孫，我豈可獨享富貴？』」長編卷一七二皇祐四年五月丁卯條云其「好施予，置義莊里中，以贍宗屬」。

〔三九〕其爲政所至民多立祠畫像　東齋記事補遺云：「范文正鎮青社，會河朔艱食。時青賦在博州置場收納，民大患輦置之苦。而河朔斛價不甚翔踊，公止戒民本州納價，每斗三鍰，給鈔與之。俾簽幙者輓金往幹，曰：『博守席君夷亮，余嘗薦論，又足下之婦翁也。攜書就彼坐倉，以倍價招之，事必可集。』齎巨榜數十道，介其境則張之。郡中不肯假廩，寄僧舍可也。』簽幙稟教行，及至，則皆如公料。村斛時爲厚價所誘，貿者山積，不五日遂足，而博斛亦衍。斛金尚餘數千緡，按等差給還，青民因立像祠焉。」又長編卷一七二皇祐四年五月丁卯條云其「爲政忠厚，所至有恩。邠、慶二州之民與屬羌，皆畫像立生祠。及其卒也，羌酋數百人爲舉哀於佛寺，號之如父，齋三日而去」。

〔四〇〕外至夷狄莫不知其名字　澠水燕談録卷二名臣云：「范文正公以龍圖閣直學士帥邠、延、涇、慶四郡，威德著聞，夷夏聳服，屬户蕃部率稱曰『龍圖老子』，至於元昊亦以是呼之。」

趙康靖公槩神道碑〔一〕　文忠公蘇軾

宋有天下百二十有五年，六聖相師，專用一道曰「仁」，不雜他術。刑以不殺爲能，兵以不用爲功，財以不聚爲富，人以不作聰明爲賢。雖有絶人之材，而德不至，終不大用。六聖一心，守之不移。故自建隆以來至于今，卿相大臣號多長者，記人之功，忘人之過，含垢匿瑕，犯而不校，以爲常德。是以四方乂安，兵革不試，民之戴宋，有死無二。自漢以來，未有如今日之盛者。此六聖之德，而衆長者之助也。易曰：「師正①，丈人吉。」詩曰：「雖無老成人，尚有典刑。」書曰：「如有一介臣，斷斷猗，無他技，其心休休焉，其如有容，人之有技，若己有之，人

① 師正　蘇軾文集卷一八趙康靖公神道碑作「師貞」。按，此乃避仁宗諱，改「貞」作「正」。

之彥聖，其心好之，不啻若自其口出，是能容之，以保我子孫黎民。」故太子少師趙公，服事三帝四十餘年，其德合於易之所謂「丈人」、詩之所謂「老成」、書之所謂「一介臣」者。

公諱概[二]，字叔平。其先河朔人也，徙於宋之虞城七世矣。曾祖著，後唐國子毛詩博士，贈太師、中書令。妣劉氏，楚國太夫人。祖惠，宋州楚丘令，贈太師、中書令兼尚書令①、韓國公。妣李氏，燕國太夫人。父幹，尚書駕部員外郎，贈太師、中書令兼尚書令、魯國公。妣張氏，魯國太夫人；高氏，唐國太夫人。

公七歲而孤，篤學自力。年十七舉進士，當時聞人劉筠、戚綸、黄宗旦皆稱其文辭必顯於時，而其器識宏遠，則皆自以爲不及。當赴禮部試，楚守胡令儀醵黄金以贈之②，公不受。天聖五年，擢進士第三人，授將作監丞、通判海州。歸見父老故人，幅巾徒步，人人至其家。召試學士院，除著作郎、集賢校理，出知漣水軍。

公爲進士時，鄧餘慶守漣水，館公於官舍，以教其子。餘慶所爲多不法，公謝去。數月，餘慶以贓敗。及公爲守，將至，或榜其所館曰豹隱堂，賦者三十餘人[三]。歲飢，公勸誘富民，得米萬石，所活不可勝數。漣水有魚池，利入公帑，歲殺魚十餘萬，公始罷之，作放生碑池上。

移守通州，入爲開封府推官。奏事殿中，賜五品服，且欲以爲直集賢院。宰相以例不可，出知洪州。屬吏有鄭陶、饒奭者，挾持郡事，肆爲不法，前守莫能制。州有歸化兵，皆故盜賊配流已而選充者。奭與郡人胡順之共造飛語以動公曰：「歸化兵得廩米陳惡，有怨言，不更給善米，且有變。」公笑不答。會歸化卒有自容州戍所逃還

---

① 贈太師中書令兼尚書令　華陽集卷六〇趙公墓誌銘作「贈太師中書令」。

② 楚守胡令儀醵黄金以贈之　「令」原作「今」，據清鈔本、庫本、蘇軾文集卷一八趙康靖公神道碑及范文正公文集卷一二宋故衛尉少卿分司西京胡公神道銘改。

犯夜者，公即斬以徇，收陶下獄，得其姦贓，且奏徙㚄歙州，一郡股栗[四]。城西南隅當大江之衝，水歲爲民患。公建爲石堤，高丈五尺，長二百丈，用石九千段，取之有方，民不以爲勞。明年夏堤成，而水大至，度與城平，恃堤以全，至于今賴之。

遷刑部員外郎[五]，同知宗正寺，出知青州，改直集賢院。賦税未入中限，敕縣不得輒催科。是歲，夏税先一月辦。坐失舉張誥，奪官罷歸。起監密州酒[六]，徙楚州糧料院，以郊赦還官職，知滁州。山東大賊李小二過境上①，告人曰：「我東人也。公嘗爲青州，東人愛之如父母，我不忍犯。」遂寇廬、壽，犬牙不入境。

召修起居注，朝廷欲同修玉牒②[七]。久之，除歐陽修起居注。朝廷欲驟用脩而難於躐公，公聞之，乃請郡自便。以爲天章閣待制[八]，賜三品服，糾察在京刑獄。遷兵部員外郎，遂知制誥，勾當三班院。會郊禮當進階封，且任一子京官，乞以母封郡太君。宰相謂公「學士擬封不久矣」，公曰：「母年八十二，朝夕不可期，願及今以爲榮。」許之。後遂以爲例。改知審官院，判秘閣，與高若訥同判流内銓。若訥言往嘗知貢舉，聞母病不得出，幾不能生。公矍然，即請郡以便親，宰相謂公曰：「旦夕爲學士，可少待也。」公不聽，遂除蘇州[九]。

明年，丁母憂。服除，召入翰林爲學士，知貢舉。館伴契丹泛使，遂報聘焉。會獵於興雲山之西，請公賦詩。詩成，契丹主親酌玉盃以勸公③，且以素扇授其近臣劉六符寫公詩，置之懷袖[一〇]。使還，加侍讀學士。歷右司

① 山東大賊李小二過境上　「李小二」，宋史趙槩傳作「李二」。
② 朝廷欲同修玉牒　「同」，蘇軾文集卷一八趙康靖公神道碑作「用」。
③ 契丹主親酌玉盃以勸公　「玉」原作「王」，據庫本及蘇軾文集卷一八趙康靖公神道碑改。

郎中、中書舍人，提舉在京諸司庫務。姦人冷清詐稱皇子①，遷之江南。公曰：「清言不妄，不可遷；若詐，亦不可不誅。」詔公與包拯雜治之，得其實，乃誅清。李參爲河北轉運使，職事辦治，進秩一等，且官其一子。郭申錫爲諫官，争之曰〔一一〕：「參職事所當辦，無功不可賞。」上怒，欲罪申錫。公言：「陛下始面諭申錫，毋面從吾過，今黜之，何以示天下？」乃止。

以龍圖閣學士、禮部侍郎知鄆州，徙南京留守，拜御史中丞。中官鄧保吉引剩員燒銀禁中②，公力言其不可，遂出之〔一二〕。又言張茂實不宜典兵衛，未行。會公拜樞密副使，復言之，乃出茂實知曹州〔一三〕。拜參知政事〔一四〕。方是時，皇嗣未立，天下以爲憂。仁宗命英宗領宗正，公言宗正未足爲重，遂與執政建言，宜立爲皇太子，從之。

英宗即位，遷户部侍郎，又遷吏部。熙寧初，遷左丞。公年七十矣，求去位，不許，章數上，乃以爲觀文殿學士、吏部尚書、知徐州〔一五〕，遂請老不已，以太子少師致仕。

居睢陽十五年，猶以讀書著文、憂國愛君爲事。集古今諫争事爲諫林一百二十卷③，奏之〔一六〕。上甚喜，賜詔曰：「士大夫請老而去者，皆以聲問不至朝廷爲高，得卿所奏書，知有志愛君之士，雖退休山林，未嘗一日忘

---

① 姦人冷清詐稱皇子　「冷清」，長編卷一六八皇祐二年四月戊辰條作「冷青」，云：「先是，醫家子冷青自稱皇子，言其母常得幸掖廷，有娠而出，生青。」

② 中官鄧保吉引剩員燒銀禁中　「鄧保吉」，長編卷一九四嘉祐六年八月丙寅條、宋朝諸臣奏議卷八四趙抃上仁宗論董吉燒煉及本書上集卷八趙清獻公抃愛直之碑、中集卷二四王尚書陶墓誌銘皆作「鄧保信」，當是。又「剩員」下，蘇軾文集卷一八趙康靖公神道碑有「董吉」二字。

③ 集古今諫争事爲諫林一百二十卷　「一百二十卷」原作「一百一十卷」，據蘇軾文集卷一八趙康靖公神道碑改。按，華陽集卷六〇趙公墓誌銘、宋史趙概傳、玉海卷六一元豐諫林條亦作「一百二十卷」。

也。當置左右①，以時省閱。」上祠南郊、明堂，率嘗召公陪祀，每辭以老疾，間嘗一至都下，亦以足疾辭不入見②。詔中貴人撫問，二府就所館宴勞之。累階至特進，勳上柱國，封天水郡開國公，賜號推忠保德翊戴功臣。元豐初，省功臣號。三年官制改，解特進。

六年正月十五日薨於永安坊里第，享年八十八③。輟視朝一日，贈太師，謚康靖。前作遺範以戒子孫，纖悉必具。以某年月日葬于宋城縣天巡鄉④，地與日皆公所自卜也。

娶李氏，封汝陰郡夫人，先公二十五年卒于鄆州。子榮緒，殿中丞；敦緒，將作監主簿，皆早亡。元緒，宣德郎；公緒，校書郎。女二人：長適光禄寺丞王力臣，幼適朝奉大夫程嗣恭。孫男四人：嗣徽，通直郎；嗣真，宣義郎；嗣賢，試校書郎；嗣光，未命。曾孫男六人：韡，太廟齋郎；餘未名。

公爲人樂易深中，恢然偉人也。平生與人實無所怨怒，非特不形於色而已。專務掩惡揚善，以德報怨，出於至誠，非勉强者，天下稱之，庶幾漢劉寬、唐婁師德之徒云。始歐陽脩躐公爲知制誥，人意公不能平。及脩坐累

① 當置左右　「左右」，蘇軾文集卷一八趙康靖公神道碑作「坐右」。

② 亦以足疾辭不入見　「辭」原作「詞」，據文海本、庫本及蘇軾文集卷一八趙康靖公神道碑改。

③ 享年八十八　東都事略卷七一、宋史卷三一八本傳同；華陽集卷六〇趙公墓誌銘、長编卷三三二元豐六年正月辛卯條稱「年八十六」。按，長编卷二九八元豐二年五月辛巳條載趙概自稱「臣年八十有二」，則推知其享年當以「年八十六」爲是。

④ 以某年月日葬於宋城縣天巡鄉　華陽集卷六〇趙公墓誌銘載「其年四月二十二日，葬虞城縣天巡鄉」。按，本碑文前稱趙概家族「徙於宋之虞城七世矣」，又張方平集卷三七朝政大夫贈禮部尚書天水趙公神道碑銘載趙概父既葬於虞城縣天巡鄉。又按，大清一統志卷一五四云趙概墓在歸德府商邱縣北天巡鄉；河南通志卷四九云趙概墓在歸德府城北天巡鄉。而北宋時，宋城縣乃應天府附郭縣，虞城縣位於應天府城東北，故疑天巡鄉嘗自虞城縣改屬宋城縣，遂有虞城、宋城之異。

對詔獄，人莫敢爲言，公獨抗章言：「脩無罪，爲仇人所中傷，陛下不可以天下法爲人報仇①。」上感悟，脩以故得全。公既老，脩亦退在汝南，公自睢陽往從之游，樂飲旬日[一七]。蘇舜欽爲進奏院，以群飲得罪[一八]。公言與會者皆一時名人，若舉而棄之，失士大夫望，非朝廷福。張詰以贓敗竄海上②，公坐貶累年，而憐詰終不衰，間使人至海上勞問餽給之。代馮浩爲鄆州，吏舉按浩侵用公使錢三十萬，當以浩職田租償官③。公曰：「浩吾同年也，且知其貧，不可。」以己俸償之。公所爲大略如此。至於敦尚契舊，葬死養孤，蓋不可勝數。

余於公爲里人，少相善也[一九]，退而老於鄉，日從公游，蓋知之詳矣。元緒以墓碑爲請，義不可以辭④。

銘曰：

維古任人，仁義是圖。仁近於弱，義近於迂。課其功利，歲計有餘。在漢孝文，發政之初。欲以利口，登進嗇夫。有臣釋之，實矢厥謨。世謂長者，絳侯相如。皆訥於言，有口若無。豈效此子，喋歷巧諛⑤。帝用感悟，老成是親。清净無爲，鑒于暴秦。歷祀四百，世載其仁。赫赫我宋，以聖繼神。於穆仁宗，如歲之春。招延朴忠，屏遠佞人⑥。豈獨左右，刑于庶民。維時趙公，含德不發。如圭如璧，如金如錫。置之不愠，用之不懌。帝識其心，長者之傑。遂授以政，歷佐三葉。濟于艱難，不疐不跋。公在朝廷，靖恭寡言。不忮不求，孰知其賢？

① 陛下不可以天下法爲人報仇　「爲人報仇」，蘇軾文集卷一八趙康靖公神道碑作「爲仇人報怨」。

② 張詰以贓敗竄海上　「贓」原作「憐」，據蘇軾文集卷一八趙康靖公神道碑改。

③ 當以浩職田租償官　「租」原作「祖」，據文海本、庫本及蘇軾文集卷一八趙康靖公神道碑改。

④ 義不可以辭　「辭」原作「詞」，據庫本及蘇軾文集卷一八趙康靖公神道碑改。

⑤ 喋歷巧諛　「喋歷」，庫本及蘇軾文集卷一八趙康靖公神道碑作「喋喋」。

⑥ 屏遠佞人　「佞」原作「佞」，據文海本、庫本及蘇軾文集卷一八趙康靖公神道碑改。

望其容貌，有恥而悛。薄夫以敦，鄙夫以寬。今其亡矣，吾誰與存？作此銘詩，以詔後昆。

辨證：

［一］趙康靖公概神道碑　本碑文又載於蘇軾文集卷一八，題曰「趙康靖公神道碑」，題下注曰「代張文定公作」。張文定即張方平，謚文定。按，趙概，東都事略卷七一、宋史卷三一八有傳，王珪華陽集卷六〇載有太子少師致仕上柱國天水郡開國公食邑四千五百户食實封一千四百户贈太子太師謚康靖趙公墓誌銘。

［二］公諱概　華陽集卷六〇趙公墓誌銘云：「初名公禋，其後夢神人持名簿，視其上有金書『趙概』字，遂更今名。」按避暑録話卷下云：「趙康靖公初名禋，直史館黄宗旦名知人，一見公曰：『君他日當以篤厚君子稱于世。』因使改名約。已而忽夢有持文書示之若公牒者，大書『趙概』二字。初弗悟，既又夢有遺之書者，題云『祕書丞通判汝州趙概』，始疑其或諭己，乃改後名。」

［三］或榜其所館曰豹隱堂賦者三十餘人　華陽集卷六〇趙公墓誌銘云：「至是公得知漣水軍，故人葺公舊館爲豹隱堂，朝賢自兩禁而下凡三十餘人皆賦詩，刻於石。」按，碑文此處所記過略而欠明晰。詩話總龜卷十八紀實門中引古今詩話云：「趙平叔客漣水軍，郡守召置門下。數年，平叔以館職守漣水。後守以所居爲豹隱堂，石曼卿有詩云：『熊飛清渭逢何暮，龍卧南陽去不還。昔日客爲今郡守，蔚然惟在立談間。』士大夫留詩甚多，莫可偕者。」

［四］收陶下獄得其姦贓且奏徙亶歙州一郡股栗　華陽集卷六〇趙公墓誌銘稱其「知洪州。事久不舉，而節度推官鄭陶常持郡短長，公至，則收陶下吏，窮治其不法，坐免去。又著作佐郎、監州倉饒亶喜生事，挾郡人胡順之密告歸化卒得廩米陳惡，將爲亂，公曰：『諸營未嘗得新米，歸化卒皆配隸人，可獨得乎？』二人者愀然曰：『事至，將奈何？』公卒不聽。會有歸化卒自戍所逃歸，夜入里人家爲盜，公遽命斬於市，一郡爲之股栗」。按，未述及徙饒亶歙州事。

［五］遷刑部員外郎　長編卷一二〇景祐四年閏四月壬午條載「命刑部員外郎、直史館宋祁權同修起居注。先是，召用太常丞、集賢校理、知宣州葉清臣，而清臣未至。祁以父名玘，且病羸不任久立，辭之。改命刑部員外郎、集賢校理趙概」。按，碑文未載趙概嘗權

同修起居注。

［六］起監密州酒　華陽集卷六〇趙公墓誌銘云其「坐失舉張諧奪官，宰相念公貧不能自給，起監密州酒稅」。宋史趙概傳云其「坐失舉澠池令張諧免，久乃起，監密州酒」。長編卷一三四慶曆四年十二月戊戌條云「復祠部員外郎趙概爲直集賢院，知滁州。概前坐失保任，落職監當，至是以赦復之。所保任張諧也，諧坐贓流海上，概責亦累年，而憐諧終不衰，人謂概長者」。

［七］朝廷欲同修玉牒　華陽集卷六〇趙公墓誌銘云趙概「知宗正寺，同修玉牒」。按，碑文未載趙概嘗知宗正寺。

［八］以爲天章閣待制　東都事略趙概傳云：「朝廷欲驟用脩，躐概知制誥，而以概爲天章閣待制。人意概不能平，而概恬如也。」按，厚德録卷一云：「趙康靖公概與歐陽文忠公同在館，乃同修起居注。概性厚重寡言，修意輕之。及修除知制誥，是時韓（琦）、范（仲淹）在中書，以概爲不文，乃除天章閣待制，概澹然不屑意。及韓、范出，乃復除知制誥。」

［九］遂除蘇州　涑水記聞卷三云：歐陽脩「甥嫁爲修從子晟妻，與人淫亂，事覺，語連及脩。脩時爲龍圖閣直學士、河北都轉運使。疾韓（琦）、范（仲淹）者皆欲文致脩罪，云與甥亂。上怒，獄急，群臣無敢言者，概乃上書言：『脩以文章爲近臣，不可以閨房曖昧之事輕加汙衊。臣與脩踪跡素疎，脩之待臣亦薄，所惜者朝廷大體耳。』書奏，上不悦，人皆爲之懼，概亦淡然如平日。久之，脩終坐降爲知制誥、知滁州。執政私曉譬概令求去，迺出知蘇州」。又長編卷一五七慶曆五年八月甲戌條云：「修既上疏論韓琦等不當罷，爲黨論者益忌之。初，修有妹適張龜正，卒而無子；有女，實前妻所生，甫四歲，以無所歸，其母攜養於外氏，及笄，修以嫁族兄之子晟。會張氏在晟所與奴姦，事下開封府。權知府事楊日嚴前守益州，修嘗論其貪恣，因使獄吏附致其言以及修。諫官錢明逸遂劾修私於張氏，且欺其財。詔（蘇）安世及（王）昭明雜治，卒無狀，乃坐用張氏奩中物買田立歐陽氏券，安世等坐直牒三司取録問吏人而不先以聞，故皆及于責。……獄事起，諸怨惡修者必欲傾修，而安世獨明其誣，雖忤執政意，與昭明俱得罪，然君子多之。」

［一〇］會獵於興雲山之西至置之懷袖　長編卷一六八皇祐二年三月己酉條載翰林學士趙概爲回謝契丹國信使，云「契丹主席上請概賦信誓如山河詩。詩成，契丹主親酌玉杯勸概飲，以素摺疊扇授其近臣劉六符寫概詩，自置袖中」。

［一一］李參爲河北轉運使職事辦治進秩二等且官其一子郭申錫爲諫官爭之曰　長編卷一八七嘉祐三年五月乙酉條注引此段，且曰：「按申錫此時不爲諫官，參轉諫議大夫在嘉祐元年十一月；以司封郎中遷少府監，爲河北轉運使，在元年八月。自八月至十一月，

才四月爾，所云『職事辦治』，亦未詳，恐皆謬誤。」

〔一二〕中官鄧保吉引剩員燒銀禁中公力言其不可遂出之　長編卷一九四嘉祐六年八月丙寅條載左騏驥使、榮州防禦使、入内副都知鄧保信落都知，爲許州鈐轄，云「初，保信奏令退軍董吉於芳林園點化黄金，趙概、趙抃、王陶等時在言職，皆陳其不可，弗聽。久之，吉術無驗，又竊金以逃。既捕獲抵罪，而保信猶出入禁中。御史陳洙、諫官龔鼎臣共劾保信欺罔，乞正典刑，故黜之」。則黜鄧保信在嘉祐六年八月，而據本書中集卷二四王尚書陶墓誌銘，趙概、趙抃、王陶上諫言在嘉祐五年。

〔一三〕又言張茂實不宜典兵衛未行會公拜樞密副使復言之乃出茂實知曹州　長編卷一九三嘉祐六年五月己亥條載馬軍副都指揮使、淮康節度使張茂實落管軍，知曹州，云：「初，趙概代韓絳爲御史中丞，亦言茂實不宜典宿衛，未聽。及概爲樞密副使，復言之。而言者又劾茂實販易公使，所遣卒殺人于外。茂實因以老自請解兵權，始命出守。」

〔一四〕拜參知政事　青箱雜記卷八稱其「爲人寛厚長者，留滯内相十餘年，晚始大用，參貳大政」。

〔一五〕以爲觀文殿學士吏部尚書知徐州　宋史趙概傳云：「熙寧初，拜觀文殿學士、知徐州，自左丞轉吏部尚書，前此執政遷官未有也。」

〔一六〕集古今諫争事爲諫林一百二十卷奏之　長編卷二九八元豐二年五月辛巳條云：「太子少師致仕趙概上所集諫林。其言曰：『臣年八十有二，行將就木，無所干求，以申臣素志爾。』上批：『可降詔奬諭，庶以勸爲學老而無斁者。』」

〔一七〕公既老脩亦退在汝南公自睢陽往從之游樂飲旬日　青箱雜記卷八云趙概「治平中退老睢陽，素與歐陽文忠公友善，時文忠退居東潁，公即自睢陽乘興挐舟訪之。文忠喜公之來，特爲展宴，而潁守翰林吕公亦預會。文忠乃自爲口號一聯云：『金馬玉堂三學士，清風明月兩閑人。』兩閑人，謂公與文忠也」。又苕溪漁隱叢話後集卷二三六一居士引蔡寛夫詩話云：「康靖先告老，歸睢陽，文忠相繼謝事，歸汝陰。康靖一日單車特往過之，時年幾八十矣，留劇飲踰月，日於汝陰縱游而後返。前輩挂冠後，能從容自適，未有若此者。文忠嘗賦詩云：『古來交道愧難終，此會今時豈易逢。出處三朝俱白首，凋零萬木見青松。公能不遠來千里，我病猶堪嚼一鍾。已勝山陰空興盡，且留歸駕爲從容。』因牓其游從之地爲會老堂。明年，文忠欲往睢陽報之，未果行而薨。兩公名節，固師表天下，而風流襟義又如此，誠可以激薄俗也。」

〔一八〕蘇舜欽爲進奏院以群飲得罪　長編卷一五三慶曆四年十一月甲子條云：「監進奏院右班殿直劉巽、大理評事集賢校理蘇舜欽，並除名勒停。工部員外郎、直龍圖閣兼天章閣侍講、史館檢討王洙落侍講、檢討，知濠州；太常博士、集賢校理刁約通判海州。殿中丞、集賢校理江休復監蔡州税，殿中丞、集賢校理王益柔監復州税，並落校理。太常博士周延雋爲秘書丞，太常丞、集賢校理章岷通判江州，著作郎、直集賢院、同修起居注呂溱知楚州，殿中丞周延讓監宿州税，校書郎、館閣校勘宋敏求簽書集慶軍節度判官事，將作監丞徐綬監汝州葉縣税。先是，杜衍、范仲淹、富弼等同執政，多引用一時聞人，欲更張庶事。御史中丞王拱辰等不便其所爲。而舜欽仲淹所薦，其妻又衍女也，少年能文章，議論稍侵權貴。會進奏院祠神，舜欽循前例用鬻故紙公錢召妓女，開席會賓客。拱辰廉得之，諷其屬魚周詢、劉元瑜等劾奏，因欲動揺衍。事下開封府治。於是舜欽及巽俱坐自盗，洙等與妓女雜坐，而休復、約、延雋、延讓又服慘未除，益柔并以謗訕周、孔坐之。同時斥逐者，多知名士，世以爲過薄。」

〔一九〕余於公爲里人少相善也　按，本碑文乃蘇軾代張方平作，而張實南京宋城人，故此處有「余於公爲里人」之説。又，趙概執政後嘗舉張方平，長編卷二〇七治平三年正月辛巳條載端明殿學士兼龍圖閣學士、知徐州張方平爲翰林學士承旨。「初，上謂執政『學士獨王珪能爲詔，餘多不稱職』，因問方平文學如何。歐陽修對曰：『方平亦有文學，但挾邪不直。』曾公亮以爲不聞其挾邪，趙概又以爲無迹，故卒命之。……御史呂大防言：『竊聞參知政事趙概舉張方平、錢明逸，乞加超用。傳播之初，實驚物聽。方平、明逸皆以制策登科，早列侍從，不聞有嘉猷善狀，著于時論，而出領事任，所至不治，豈足以謀謨廟堂之上，經綸天下之務哉？竊以概備位輔臣，與國一體，不能昌言公論，進賢退不肖，而牽於私舊，引非其人，失大臣憂國致君之道。伏望出臣此章，下概問狀，以懲不恪。』」